औद्योगिक समाजशास्त्र
INDUSTRIAL SOCIOLOGY

औद्योगिक समाजशास्त्र
INDUSTRIAL SOCIOLOGY

लेखिका
गीताञ्जलि
एम० काम० (स्वर्णपदक प्राप्त)
रिसर्चस्कालर (वाणिज्य)

डिस्कवरी पब्लिशिंग हाऊस
नई दिल्ली–110 002

प्रथम संस्करण: 2007
Reprint : 2012

ISBN: 978-93-5056-672-5

प्रकाशक
डिस्कवरी पब्लिशिंग हाउस
4831/24, अन्सारी रोड, दरियागंज
नई दिल्ली—110 002
दूरभाष—23279245
फैक्स—23253475
e-mail: dphbooks@rediffmail.com
dphtemp@indiatimes.com

Printed at : Dynamic Printers

प्रस्तावना

औद्योगिक समाजशास्त्र का विषय क्षेत्र वर्तमान समय में अत्यधिक विस्तृत हो गया है। इसके अन्तर्गत सभी प्रकार के औद्योगिक संगठन आते हैं। औद्योगीकरण के वर्तमान दौर में विकास की गति तीव्र से तीव्रतर होती जा रही है। औद्योगीकरण के फलस्वरूप महत्त्वहीन बन चुके श्रमशक्ति को इस कम्प्यूटरीकृत युग में अपना पुराना वैभव वापस नहीं मिल पाया है। समाज भी औद्योगीकरण की इस द्रुत रफ्तार से अपने आपको अछूता नहीं रह पाया क्योंकि औद्योगीकरण का मुख्य आधार समाज ही है। अतएव समाज भी आज औद्योगीकरण के साथ-साथ अपने आपको परिवर्तित करता जा रहा है। अर्थात् औद्योगीकरण एवं समाज आपस में सम्बन्धित हैं। अगर समाज प्राचीन परम्पराओं की तरफ आकर्षित होता है तो विकास की गति धीमी हो जाती है। इस कारण सामाजिक विकास एवं औद्योगीकरण परस्पर एक-दूसरे से सम्बन्धित हैं।

औद्योगिक प्रगति के कारण मशीनों की संख्या में लगातार वृद्धि होती जा रही है। यही वजह है कि कई विद्वानों की धारणाएँ इस तरफ सोचने के लिए प्रेरित हो रही हैं कि मनुष्य यंत्रवत् हो गया है और धीरे-धीरे मनुष्य का स्थान मशीनें ग्रहण करती जा रही हैं। किन्तु इस तथ्य से कोई इंकार नहीं कर सकता कि मशीनों की कितनी ही प्रगति क्यों न हो जाए, उन्हें संभालने के लिए मनुष्य की कहीं न कहीं जरूरत पड़ेगी ही। समाज को संचालित करने के लिए भी एक व्यवस्था होती है। जिसे प्रशासन की संज्ञा दी जाती है। प्रशासन का संचालन कुशलतापूर्वक हो इसका उत्तरदायित्व प्रशासनिक कर्मचारियों की कर्तव्यनिष्ठा, सतर्कता, ईमानदारी तथा कार्य-कुशलता पर आधारित होता है। वर्तमान में कार्मिक प्रशासन के क्षेत्र में

नौकरशाही एक महत्त्वपूर्ण अवधारणा है। आज नौकरशाही की अवधारणा का अध्ययन राजनीति शास्त्र, इतिहास, समाजशास्त्र, लोक प्रशासन, अर्थशास्त्र, राजनीति शास्त्र, समाजशास्त्र आदि विषयों में किया जाता है।

जीवन के प्रत्येक क्षेत्र में नेतृत्व का काफी महत्त्व रहा है। ठीक इसी प्रकार औद्योगिक दुनिया में भी नेतृत्व का अत्यंत प्रमुख स्थान है। सामाजिक, आर्थिक, राजनीतिक, राष्ट्रीय एवं अंतर्राष्ट्रीय हर स्तर पर नेता एवं नेतृत्व के बारे में पढ़ा या सुना जाता है। नेता एवं नेतृत्व की धारणा वर्तमान समय में ही नहीं पाई जाती है अपितु अति प्राचीन काल से समाज में यह धारणा पाई जाती रही है। जब मनुष्य असभ्य अवस्था में था एवं जंगलों में निवास करता था तब भी नेता होते थे एवं आज जब वह सभ्यता के उच्चतम शिखर पर पहुँचने का दावा कर रहा है तब भी नेता अलग-अलग रूपों में दृष्टिगोचर हो रहे हैं। जहाँ नेता है वहाँ नेतृत्व का होना स्वाभाविक है। भारत के गाँवों से लेकर देश तक आज नेता एवं नेतृत्व के दर्शन हो सकते हैं। यह आज एक व्यापक अवधारणा बन गई है। मानव एक सामाजिक प्राणी है। वह अपनी मूल प्रवृत्ति के अनुसार समाज में रहना पसंद करता है। वह अपनी अलग-अलग प्रकार की जरूरतों की पूर्ति के लिए भी समूह का निर्माण करता है तथा उसमें निवास करता है। इन समूहों के द्वारा अपने उद्देश्यों की पूर्ति के लिए वह अलग-अलग प्रकार के आदर्शों, नियमों एवं कार्य पद्धतियों का निर्माण करता है। समूह में इन आदर्शों एवं नियमों का पालन कर पाने, कार्य पद्धतियों के अनुसार कार्य संपन्न करवाने तथा समूह के सदस्यों में एकता तथा संगठन बनाए रखने के लिए नेतृत्व की आवश्यकता पड़ती है। इसलिए नेतृत्व एक सार्वभौमिक घटना है। कहने का तात्पर्य यह है कि समाज चाहे सरल हो या जटिल, आदिम हो या सभ्य, परंपरागत हो या मुक्त, किसी-न-किसी रूप में प्रत्येक समाज में नेतृत्व अवश्य पाया जाता है।

'औद्योगिक समाजशास्त्र' विषय पर स्तरीय पुस्तकों के अभाव के कारण, इस विषय पर मेरी लेखनी चली। प्रस्तुत पुस्तक के प्रथम अध्याय में औद्योगिक समाजशास्त्र क्या है? इसका विस्तृत परिचय दिया गया है। औद्योगीकरण एवं समाज, सामाजिक सर्वेक्षण विधि और औद्योगिक समाजशास्त्र, आर्थिक व्यवस्था, नेतृत्व, श्रम श्रम संघ एवं श्रम कल्याण सहित कई अन्य अनुक्रम की सहायता से इस पुस्तक को पाठकोपयोगी बनाने का प्रयास किया गया है। इस पुस्तक की भाषा को सरल, सहज तथा प्रवाहमय बनाने का मैंने अपनी ओर से भरसक प्रयत्न किया है। पाठकों से इस पुस्तक से जुड़ी प्रतिक्रियाएं सादर आमंत्रित हैं।

—लेखक

अनुक्रम

1

औद्योगिक समाजशास्त्र : परिचय

औद्योगिक समाजशास्त्र 'समाजशास्त्र' की एक विशिष्ट शाखा है जिसका सम्बन्ध उद्योग एवं औद्योगीकरण के साथ ही शहरीकरण से भी होता है। बीसवीं शताब्दी के द्वितीय दशक के पश्चात् समाजशास्त्र की एक विशेष शाखा के रूप में औद्योगिक समाजशास्त्र को मान्यता प्राप्त हुई तथा 1930 ई. के आसपास विद्वानों द्वारा इस शब्द का व्यापक प्रयोग किया जाने लगा। विभिन्न विद्वानों, मैकाइवर एवं पेज, मोरिस गिन्सर्ग, ऑगस्ट काम्टे, मैक्स वेबर, जॉनसन, दुर्खीम, गिडिंग्स, वार्ड, कौस, किम्बल, यंग, गिलिन एवं गिलिन, फेयरचाइल्ड, हाबहाउस, सोरोकिन, बर्जेस, फीचर एवं अन्य द्वारा की गई समाजशास्त्र की परिभाषाओं के आधार पर यह स्पष्ट होता है कि मानवीय सम्बन्धों के व्यवस्थित अध्ययन के वैज्ञानिक अध्ययन को समाजशास्त्र या समाजविज्ञान के नाम से जाना जाता है। असल में सामाजिक ताना-बाना एवं इसके उद्‌विकास का व्यवस्थित अध्ययन समाजविज्ञान के तहत किया जाता है। औद्योगिक समाजविज्ञान या शास्त्र भी समाजविज्ञान की ही एक विशेष शाखा है जिसका सम्बन्ध मुख्य रूप से उद्योग एवं औद्योगीकरण से है। औद्योगिक शब्द 'समाजशास्त्रीय सिद्धान्त' को जब वस्तुओं के वितरण एवं उत्पादन के साथ ही साथ उद्योग के विकास के आधार पर प्रभावित करता है तो वह औद्योगिक समाजशास्त्र के अध्ययन का आकर्षक बिन्दु हो जाता है। संकुचित रूप में उद्योग, कारखाने तक ही सीमित रहता है, लेकिन व्यापक अर्थों में इसके तहत उत्पादन एवं वितरण के साथ-साथ विकास की अवधारणा भी सम्मिलित हो जाती है।

औद्योगिक समाजशास्त्र की अलग-अलग विद्वानों ने अपने-अपने ढंग से परिभाषा व्यक्त की है जो निम्न है–

(क) पार्कर तथा अन्य–"औद्योगिक समाजविज्ञान इसकी व्याख्या करता है कि आर्थिक रूप-व्यवस्था दूसरी उप-व्यवस्थाओं से किस तरह सम्बन्धित है तथा वह इसका भी आकलन करता है कि उस उप-व्यवस्था की विशिष्ट कार्य संगठनों और भूमिकाओं में कैसी संरचना है और किस तरह लोग उन भूमिकाओं को निभाते हैं।"

(ख) "औद्योगिक समाजविज्ञान विशेषतः कार्यों के अभिप्रायों, आदर्शों और उन अपेक्षाओं का विश्लेषण करते हैं, जो विभिन्न कार्य संगठनों में उन्हीं कार्यों व एक ही संगठन में कार्यों से सम्बन्धित होती है। इसका सम्बन्ध कार्य संगठनों में लागू (संयोज्य) किए जाने वाली संरचना से भी है, जबकि वह सुव्यवस्थित रूप में कार्यों का सम्बन्ध प्रत्येक से व लोगों का सम्बन्ध कार्यों से स्पष्ट करती है।"

मैकाइवर तथा पेज–"औद्योगिक समाजविज्ञान, औद्योगिक सम्बन्धों का अध्ययन है।"

डब्लू. ई. मूर–"औद्योगिक समाजशास्त्र वह विज्ञान है जिसके अन्तर्गत औद्योगिक जीवन शैली के रूप में औद्योगिक तंत्र विश्लेषण का अध्ययन किया जाता है।

डी.सी. मिलर एवं डब्लू वाई फार्म–"औद्योगिक समाजशास्त्र वह विज्ञान है जिसके अन्तर्गत कार्य करने वाले कर्मचारियों की भूमिका, मशीनों, संयंत्रों एवं सामाजिक संगठन का अध्ययन किया जाता है।"

फार्म तथा मिलर–"औद्योगिक समाजविज्ञान, सामान्य समाजविज्ञान की वह विशिष्ट शाखा है, जिसे और उपयुक्त शब्दावली में, कार्य संगठन या आर्थिक स्थिति का समाजविज्ञान कहा जा सकता है।"

डी. सी. कोलमैन–"औद्योगिक समाजशास्त्र कार्य का समाजशास्त्र है।"

जे. एच. स्मिथ–"औद्योगिक समाजशास्त्र में एक सामाजिक व्यवस्था के रूप में उद्योग एवं उन तमाम तकनीकी, आर्थिक, सामाजिक एवं राजनीतिक तत्त्वों या कारणों का अध्ययन किया जाता है जो उस व्यवस्था की संरचना, प्रकार्यों एवं परिवर्तनों को प्रभावित करते हैं। उद्योग से तात्पर्य सामूहिक रूप में कार्य करने वाले सभी संगठनों से होता है।"

लुप्टन–"औद्योगिक समाजशास्त्र औद्योगिक संस्थानों एवं उनको प्रभावित करने वाले बाह्य प्रभावों की सामाजिक-व्यवस्था का अध्ययन है।"

उक्त वर्णन के आधार पर यह निष्कर्ष निकाला जा सकता है कि औद्योगिक समाजशास्त्र, समाजशास्त्र की वह विशिष्ट शाखा है जिसके अन्तर्गत उद्योग एवं इससे सम्बन्धित समस्याओं का अध्ययन किया जाता है।

औद्योगिक समाजशास्त्र की प्रकृति

हर विज्ञान की तरह औद्योगिक समाजविज्ञान का भी एक निश्चित स्वरूप होता है। औद्योगिक समाजविज्ञान के स्वरूप का ज्ञान इसके अलग-अलग क्षेत्रों के माध्यम से ज्ञात होता है। औद्योगिक समाजविज्ञान के क्षेत्र को निम्नलिखित भागों में विभक्त किया जा सकता है। जिससे इस विज्ञान का स्वरूप स्पष्ट होता है–

1. औद्योगिक सामाजिक व्यवस्था के रूप में कारखाना–औद्योगिक समाजविज्ञान का प्रथम स्वरूप कारखाना या औद्योगिक संस्थान है। इसकी वजह यह है कि औद्योगिक समाजविज्ञान कारखाने के अध्ययन से सम्बन्धित है। औद्योगिक समाजविज्ञान में कारखाने का अध्ययन सामाजिक व्यवस्था के रूप में कया जाता है। सामाजिक व्यवस्था एक जटिल प्रतिमान है जिसमें समाज के अलग-अलग भाग अपने निश्चित कार्यों का सम्पादन करते हुए आपस में अन्तर्सबंधित और अन्तःनिर्भर रहते हैं। सामाजिक व्यवस्था का हर भाग एक-दूसरे से अन्तर्संबंधित रहता है।

व्यक्ति की भूमिका इस सामाजिक व्यवस्था में एक अभिनेता के रूप में होती है तथा इसके पद और कार्य निश्चित होते हैं। सामाजिक व्यवस्था विभिन्न छोटी-बड़ी उप-व्यवस्थाओं में विभाजित रहती है। ये उपविभाग अपने निश्चित उद्देश्यों को पूरा करते हैं। इस तरह कारखाने का अध्ययन एक समुदाय के रूप में किया जाता है। इसमें काम करने वाले समस्त व्यक्तियों के पदों और भूमिकाओं का वर्णन किया जाता है। इस तरह इसमें कर्मचारियों के व्यवहार का मूल्यांकन किया जाता है।

इस तरह औद्योगिक समाजविज्ञान कारखाने का सामाजिक संगठन के रूप में अध्ययन करता है। इस संगठन को विशाल समाज का एक अंग मानकर अध्ययन किया जाता है। कारखाना सामाजिक व्यवस्था का वह भाग है, जो औपचारिक सम्बन्धों पर आधारित है इसलिए भी कारखाने का अध्ययन प्रमुख है। इसके द्वारा व्यक्ति के विकास और संगठन को एक नई दिशा मिलती है।

2. कार्य तथा परिस्थिति–औद्योगिक समाजविज्ञान का दूसरा स्वरूप कार्य और परिस्थितियों के अन्तः वैयक्तिक सम्बन्धों का अध्ययन करना है। अन्तःवैयक्तिक (Inter-personal) सम्बन्धों का अध्ययन और इसकी माप करने में मोरेनो (Moreno) का नाम प्रमुख है। जिस विधि की सहायता से इसने अध्ययन किया था, उसे 'समाजमिति' (Sociometry) के नाम से जाना जाता है।

औद्योगिक समाजविज्ञान के तहत कार्य के सम्बन्ध में निम्नलिखित का अध्ययन किया जाता है–

(क) कार्य और व्यक्ति की का अन्तर्संबंध,
(ख) कार्य के विभिन्न प्रकार,
(ग) कार्य के आधार–
  (अ) मनोवैज्ञानिक आधार,
  (ब) सामाजिक सुधार।
(घ) एक कार्य से दूसरे कार्य की अन्तःनिर्भरता और इसकी प्रतिक्रियाएँ
(ङ) कार्य की श्रेणियाँ, तथा
(च) कार्य प्रशिक्षण एवं कार्य परिवर्तन की व्यवस्था।

औद्योगिक समाजविज्ञान के अन्तर्गत परिस्थितियों के सम्बन्ध में निम्न अध्ययन किए जाते हैं–

(क) आर्थिक परिस्थितियाँ तथा कार्य, सामाजिक-धार्मिक परम्पराएँ और मनोवैज्ञानिक क्षमताएँ,
(ख) श्रम संघ तथा कार्य,
(ग) समय निर्धारण और स्थान सम्बन्धी विशेषताओं का अध्ययन तथा
(घ) मजदूरी सम्बन्धी परिस्थितियाँ।

इस सम्बन्ध में जो अध्ययन किए गए हैं, उनसे यह मालूम होता है कि परिस्थितियाँ कार्य को प्रभावित करती हैं। इसके साथ ही कार्य परिस्थितियों को प्रभावित करते हैं। आधुनिक युग में कार्य और परिस्थितियों का मनोवैज्ञानिक आधार पर अध्ययन किया जाता है। इस तरह के अध्ययन से निम्न प्रकार की परिस्थितियों का अध्ययन किया जाता है–

(क) व्यक्ति की भूमिका को सही दिशा प्रदान करना,
(ख) तनाव को कम करना तथा
(घ) संघर्षों के कारणों की खोज करना आदि।

3. व्यवसाय का समाजशास्त्र तथा सामाजिक वर्ग–औद्योगिक समाजविज्ञान का तीसरा स्वरूप व्यावसायिक समाजविज्ञान और सामाजिक वर्गों का अध्ययन करना है। इसके तहत व्यवसाय में संलग्न कर्मचारियों का अध्ययन करने हेतु सामाजिक अनुसंधान की निदर्शन (Sampling) पद्धति का चयन किया जाता है। निदर्शन पद्धति की मदद से जिन कर्मचारियों का अध्ययन किया जाता है, उनसे प्राप्त तथ्यों और सूचनाओं का समाजीकरण (Generalization) किया जाता है और

सामान्य नियमों का निर्माण किया जाता है। इस अध्ययन का प्रमुख विषय होता है कर्मचारियों की पारिवारिक पृष्ठभूमि का अध्ययन करना और इसके आधार पर कर्मचारियों की व्यावसायिक प्रवृत्ति का पता लगाना। इसके साथ ही ऐसी सामाजिक तथा औद्योगिक घटनाओं का अध्ययन किया जाता है, जिनका सम्बन्ध व्यावसायिक कार्यक्रमों से होता है।

व्यवसाय तथा सामाजिक वर्गों के मध्य अन्तःसम्बन्धों का अध्ययन करने हेतु व्यावसायिक सामाजिक संस्तरण का अध्ययन किया जाता है। इसमें सामाजिक वर्गों का अध्ययन आय, शिक्षा, और व्यवसाय के आधार पर किया जाता है। ये सभी आधार वर्ग संरचना और व्यक्तित्व को प्रभावित करते हैं।

4. आर्थिक संस्थाओं का समाजशास्त्रीय विश्लेषण—औद्योगिक समाजशास्त्र का चौथा स्वरूप आर्थिक संस्थानों के समाजशास्त्रीय विश्लेषण से सम्बन्धित है। इसके तहत आर्थिक व्यवहारों का अध्ययन किया जाता है। इसमें आर्थिक संस्थाओं का सामाजिक सम्बन्धों के नियामक के रूप में अध्ययन किया जाता है। इसमें अध्ययन की मुख्य विषय वस्तु सम्पत्ति होती है। इसकी मदद से कार्य-व्यवहार का अध्ययन किया जाता है। सामाजिक स्थिति के निर्धारण में उत्तराधिकार, जीवनस्तर, व्यवहार और कार्य की भूमिका प्रमुख होती है। सामाजिक मूल्य आर्थिक संस्थाओं को प्रभावित करते हैं।

आधुनिक युग में जितने भी आर्थिक संगठन हैं, वे शक्ति समूहों के रूप में परिणत हो गए हैं। इनसे हर व्यक्ति का सामाजिक और आर्थिक व्यवहार प्रभावित होता है।

5. नगरीकरण—नगरीकरण औद्योगिक समाजविज्ञान का पाँचवां और अन्तिम आधार है। आधुनिक औद्योगिक व्यवस्था के कारण नगरीकरण का जन्म होता है। इसका कारण यह है कि औद्योगिक विकास के साथ ही साथ कारखानों की संख्या में भी बढ़ोतरी होती है। कारखानों में वृद्धि के साथ ही साथ श्रमिकों की संख्या में भी वृद्धि होती है। इस वृद्धि का नतीजा यह होता है कि एक छोटा-सा स्थान बृहत् नगर के रूप में बदल जाता है। विशाल नगरों की स्थापना के कारण ग्रामों और नगरों का जो अन्तर था, वह प्राप्त हो गया। नगरीकरण के कारण नई व्यवस्थाओं का जन्म हुआ। साथ ही अनेक प्रकार की नागरिक समस्याओं का जन्म और विकास हुआ।

नगरीय समाजविज्ञान (Urban Sociology) समाजविज्ञान की एक पृथक् शाखा है। इस शाखा के तहत नगरीय समस्याओं का अध्ययन किया जाता है। औद्योगिक समाजविज्ञान में श्रमिकों और उद्योग से सम्बन्धित समस्याओं का

अध्ययन किया जाता है। इसका कारण यह है कि औद्योगिक परिस्थितियाँ नगरों की समस्याओं को प्रभावित करती हैं। उदाहरण के लिए यदि औद्योगिक श्रमिक हड़ताल करते हैं तो इससे सम्पूर्ण नगरीय जीवन प्रभावित होता है। इसी तरह विभिन्न प्रकार की ऐसी घटनाएँ होती रहती हैं, जिनसे नागरिकों का जीवन प्रभावित होता है। इनमें बिजली, नल, यातायात तथा इसी तरह की घटनाएँ सम्मिलित हैं। श्रमिकों की जो समस्याएँ होती हैं, उनका सम्बन्ध मात्र श्रमिकों तक ही नहीं रह जाता है, बल्कि इन समस्याओं के प्रति नागरिकों की मनोवृत्तियों का भी निर्माण होता है। औद्योगिक कर्मचारियों की अनेक प्रकार की समस्याएँ होती हैं और नागरिकों का इन समस्याओं से प्रभावित होना स्वाभाविक है।

विषय-क्षेत्र

औद्योगिक समाजशास्त्र का विषय क्षेत्र आधुनिक समय में काफी व्यापक हो गया है। औद्योगिक समाजशास्त्र के तहत सभी प्रकार के औद्योगिक संगठन आते हैं। उद्योगों की बढ़ती संख्या के कारण इसका क्षेत्र काफी बढ़ गया है तथा भविष्य में और भी बढ़ने की संभावना है। औद्योगिक समाजविज्ञान का क्षेत्र अलग-अलग विद्वानों के द्वारा दी गई परिभाषाओं के आधार पर ही निर्धारित किया जा सकता है, जिसमें कुछ प्रमुख विद्वान क्रमशः नासो एवं फार्म, वेर्न्स एवं स्नाइडर हैं। इन लोगों ने औद्योगिक समाजशास्त्र के क्षेत्र को स्पष्ट शब्दों में वर्णित किया है।

बर्न्स (Burns) ने औद्योगिक समाजविज्ञान के क्षेत्र को निम्न भागों में विभाजित किया है—

(1) नौकरशाही व्यवहार पर आधारित मजदूरों की प्रवृत्तियों और व्यवहारों का अध्ययन।

(2) कार्यों का अध्ययन करना। इसकी सहायता से कार्यों की माँग, कार्य करने की दशाओं और कार्य करने के उद्देश्यों के बीच सन्तुलन स्थापित किया जाता है।

(3) उन समूहों का अध्ययन करना जो कार्य करते हैं। साथ ही कार्य करने वाले व्यक्तियों के साथ प्रबन्धकों के व्यवहारों का अध्ययन करना।

(4) औद्योगिक सम्बन्धों का विश्लेषण करना। इसके अन्तर्गत श्रमसंघों का ऐतिहासिक विकास, सौदेबाजी की व्यवस्था तथा श्रमसंघों के प्रकारों का अध्ययन किया जाता है।

(5) उद्योगवाद का व्यक्ति पर पड़ने वाले प्रभावों का अध्ययन।

नासो और **फार्म** के अतिरिक्त अन्य विचारकों ने भी औद्योगिक समाजविज्ञान के क्षेत्र का निर्धारण किया है। इन विचारकों में श्री स्नाइडर (Shri Snider) का नाम सर्वाधिक महत्त्वपूर्ण है। स्नाइडर ने औद्योगिक समाजविज्ञान के क्षेत्र का निर्धारण अच्छे ढंग से किया है। उनका कहना है कि समाजविज्ञान विशेष विज्ञान है और इस रूप में यह ऐसे अनेक क्षेत्रों की विवेचना करता है, जिनको अधिकांश विद्वान भुला देते हैं। इसके साथ ही समाजविज्ञान में ऐसे अनेक तत्त्वों का अध्ययन किया जाता है जिनको अन्य विज्ञान अपनी परिधि से बाहर मानते हैं। उदाहरण के लिए कारखानों में औपचारिक समूह को ठीक उसी प्रकार समझा जाता है जैसे बाहर के समाजों में छोटे समूहों की स्थिति होती है। इसका परिणाम यह होता है कि समूहों से उसी प्रकार का व्यवहार भी किया जाता है। एक समाज वैज्ञानिक किसी कारखाने के औद्योगिक सम्बन्धों का गम्भीरता से अध्ययन करता है।

नासो तथा **फार्म** ने इसके अध्ययन क्षेत्र की व्याख्या करते हुए कहा, 'व्यावसायिक समाजविज्ञान,' औद्योगिक समाजविज्ञान की एक उपशाखा हो सकती है, जो एक स्वतन्त्र उपक्षेत्र को निर्मित करती है।'

नासो और **फार्म** ने व्यावसायिक समाजविज्ञान को औद्योगिक समाजविज्ञान की एक उपशाखा माना है। इन विद्वानों के अनुसार व्यावसायिक समाजविज्ञान के मुख्य पाँच भाग हो सकते हैं, जिनका अध्ययन इसके तहत किया जाता है। नासो और फार्म ने व्यावसायिक समाजविज्ञान के जो पाँच भाग बतलाए हैं, वे निम्नलिखित प्रकार से हैं–

(क) व्यावसायिक ढांचे का विश्लेषण।
(ख) एक विशेष व्यवसाय का सामाजिक सदस्य के रूप में अध्ययन।
(ग) कार्य की सामाजिक प्रकृति और इससे सम्बन्धित घटनाओं का अध्ययन। जैसे आराम, अवकाश और बेरोजगारी आदि।
(घ) व्यक्तिगत व्यवसायों का अध्ययन।
(ङ) व्यावसायिक समाजविज्ञान के तीसरे भाग में इसका विश्लेषण किया जाता है कि किस प्रकार व्यावसायिक संरचना और व्यक्तिगत व्यवसाय सामाजिक संरचना के अन्य पक्षों से सम्बन्धित होते हैं।

औद्योगिक समाजशास्त्र का महत्त्व

औद्योगिक समाजविज्ञान के महत्त्व से यह अर्थ है कि इस विषय का अध्ययन क्यों किया जाता है? इस विषय के अध्ययन से व्यक्ति और समाज को क्या फायदा

है, समाज में इस विषय की क्या उपयोगता है? व्यक्ति और समाज के सम्बन्धों के अध्ययन में औद्योगिक समाजविज्ञान की क्या उपयोगिता है? समाजविज्ञान के होते हुए भी औद्योगिक समाजविज्ञान की क्या जरूरत है? इन सभी प्रश्नों के उत्तर में औद्योगिक समाजविज्ञान की उपयोगिता निहित है। औद्योगिक समाजविज्ञान, औद्योगिक समाज का क्रमबद्ध अध्ययन है तथा इसके ज्ञान की सहायता से औद्योगिक सम्बन्धों की व्यवस्थित व्याख्या की जा सकती है। अरस्तू का यह कहना अक्षरशः सही है कि ''मनुष्य एक सामाजिक प्राणी है। समाज के बिना वह अपने अस्तित्व की रक्षा नहीं कर सकता, समाजीकृत होना तो पूरी तरह असम्भव है। औद्योगिक समाज 'समाज' का ही अभिन्न अंग है। औद्योगिक समाज में व्यवस्था, प्रगति और औद्योगिक समाज के व्यक्तियों के व्यक्तित्व के समुचित विकास के लिए औद्योगिक समाजविज्ञान की जरूरत से इनकार नहीं किया जा सकता है।

बीसवीं शताब्दी 'औद्योगिक और अणु युग' (Industrial and Atom Age) की शताब्दी है। विश्व में 'औद्योगिक क्रान्ति' (Industrial Revolution) की धूम मची है। मानव समाज का ज्यादातर भाग औद्योगिक क्रान्ति के परिणामों से प्रभावित है। औद्योगिक समाजविज्ञान के द्वारा औद्योगिक समाज के बारे में व्यवस्थित और वैज्ञानिक जानकारी प्राप्त होती है। आज का जीवन और समाज औद्योगिक जीवन की ओर लगातार अग्रसर होता जा रहा है। हम 'औद्योगिक क्रान्ति' से अपने को दूर भी नहीं रख सकते, साथ ही इसके प्रचार और प्रसार की उपेक्षा भी नहीं कर सकते। इस दृष्टि से औद्योगिक समाजविज्ञान ही एक ऐसा शास्त्र है जिसके द्वारा औद्योगिक समाज के बारे में ज्ञान होता है। चूँकि आज का मानव औद्योगिक समाज में रहने वाला प्राणी है, इस दृष्टि से भी औद्योगिक समाजविज्ञान का महत्त्व है।

आधुनिक मानव के लिए औद्योगिक समाजविज्ञान का महत्त्व निम्न कारणों से है—

1. औद्योगिक समाज में स्थिरता स्थापित हेतु—स्थिरता किसी भी समाज की प्रगति और विकास हेतु जरूरी है। यही बात औद्योगिक समाज पर भी लागू होती है। स्थिरता के द्वारा ही औद्योगिक समाज प्रगति कर सकता है। स्थिरता का अर्थ यह नहीं है कि परिवर्तन एकदम ही नहीं होंगे। परिवर्तन तो होंगे ही लेकिन वे सामाजिक मूल्यों और आदर्शों के अनुरूप होंगे। औद्योगिक समाज में जितनी मात्रा में गतिशीलता होगी, उसमें विघटनकारी तत्त्व उसी मात्रा में क्रियाशील होंगे। औद्योगिक समाज में कभी-कभी व्यक्ति परिस्थितियों से अनुकूलन नहीं कर पाते हैं। औद्योगिक समाजविज्ञान के अध्ययन से हम औद्योगिक समाज की परिस्थितियों से

शीघ्र ही अनुकूलन कर लेते हैं। इससे सामाजिक स्थिरता बनी रहती है तथा औद्योगिक समाज संगठित रहता है और प्रगति करता है।

2. व्यक्तिगत संगठन में मददगार—अक्सर ऐसी धारणा बनती जा रही है कि औद्योगिक समाज विघटित व्यक्तियों को जन्म देते हैं। व्यक्ति समाज का सबसे छोटा अणु है चाहे वह समाज औद्योगिक हो या अन्य। व्यक्ति एक ऐसी कड़ी है जो समस्त संस्थाओं और समूहों से सम्बद्ध है। व्यक्ति समाजरूपी विशाल भवन की नींव है। व्यक्ति के आधार पर ही औद्योगिक समाज का संगठन या विघटन आधारित करता है। औद्योगिक समाजविज्ञान का अध्ययन करने से हमें औद्योगिक व्यक्ति और औद्योगिक व्यक्तित्व के सम्बन्ध में जानकारी प्राप्त होती है। इसके माध्यम से व्यक्तिगत जीवन को अधिक संगठित किया जा सकता है।

3. पारिवारिक संगठन में मददगार—औद्योगिक क्षेत्रों में व्यक्त जीवन, भीड़-भाड़, स्वस्थ मनोरंजन का अभाव, पाली व्यवस्था (Shift System) आदि का सबसे ज्यादा प्रभाव परिवार पर पड़ता है। आवास की समस्या के कारण विभिन्न श्रमिक अपने परिवार से दूर रहते हैं। कारखानों में उन्हें अत्यन्त थका देने वाला कार्य करना पड़ता है। वहाँ स्वस्थ मनोरंजन के साधनों का अभाव पाया जाता है। फलस्वरूप वे जूआ (Gambling) और मद्यपान का सहारा लेते हैं। परिवार के अभाव में वे अपनी यौन-सम्बन्धी मूलभूत आवश्यकता की पूर्ति नहीं कर पाते हैं। इसका नतीजा यह होता है कि वे वेश्यावृत्ति की ओर अग्रसर होते हैं। प्रारम्भिक अवस्था में उन्हें जुआ, मद्यपान और वेश्यावृत्ति की ओर बढ़ने में थोड़ी-सी झिझक का अनुभव होता है किन्तु धीरे-धीरे वे इसके अभ्यस्त हो जाते हैं और इसकी कमी उनके मस्तिष्क में बेचैनी पैदा करती है। वे इसके साथ अनुकूलन कर लेते हैं और सामान्य जीवन का अंग बना लेते हैं। इससे दो प्रकार से पारिवारिक विघटन को प्रोत्साहन मिलता है—

(क) वे परिवार जो औद्योगिक क्षेत्रों में रहते हैं, उनकी ओर श्रमिक का लगाव कम हो जाता है। कारखाने के कार्यों के अतिरिक्त जो समय बचता है वह शराब पीने और जूआ खेलने में बीत जाता है। साथ ही कमाई का सारा पैसा भी परिवार से बाहर ही खर्च हो जाता है। इससे परिवार में आर्थिक संकट की स्थिति पैदा हो जाती है। स्त्री-पुरुष में संकट सामान्य बात हो जाती है। इससे पारिवारिक विघटन को बल मिलता है, और

(ख) जो परिवार औद्योगिक क्षेत्रों से दूर हैं, उनसे श्रमिक के लगाव की मात्रा में कमी होने लगती है। शराबखोरी और जूए के कारण उसके पास ठोस मात्रा में पैसे

भी नहीं रहते। साथ ही छुट्टी और छुट्टी के कारण कटने वाले वेतन के भय से भी वह अपने परिवार के पास जाने में असमर्थ रहता है। इससे भी पारिवारिक विघटन को बढ़ावा मिलता है।

औद्योगिक समाजविज्ञान ज्ञान की वह शाखा है जिसमें औद्योगिक आवास और औद्योगिक परिवार का अध्ययन किया जाता है। इस तरह औद्योगिक समाजविज्ञान की सहायता से हम औद्योगिक क्षेत्रों में कार्य करने वाले व्यक्तियों के परिवारों को संगठित कर सकते हैं।

4. ज्ञान की एक शाखा के रूप में--ज्ञान की कोई सीमा नहीं है और न इसे सीमाओं में बाँधना सम्भव है। समाज काफी विशाल और गहन है तथा इसमें विभिन्न प्रकार के ज्ञान-विज्ञान हैं। औद्योगिक समाजविज्ञान भी एक प्रकार का ज्ञान है। इस तरह औद्योगिक समाजविज्ञान का अध्ययन करके मनुष्य अपने ज्ञान में वृद्धि कर सकता है।

5. औद्योगिक समाज के बारे में वैज्ञानिक ज्ञान—औद्योगिक समाजविज्ञान, औद्योगिक जीवन और घटनाओं का व्यवस्थित और क्रमबद्ध अध्ययन है। औद्योगिक समाजविज्ञान में हम जिस समाज का अध्ययन करते हैं उसका सम्बन्ध किसी विशिष्ट राष्ट्र या समाज आदि के औद्योगिक समाज से न होकर सम्पूर्ण संसार के औद्योगिक सम्बन्धों का चित्र प्रस्तुत करता है। जब हम औद्योगिक समाजविज्ञान का अध्ययन करते हैं तो इसमें समाज की अलग-अलग संस्थाओं और उनके सम्बन्धों का ज्ञान होता है। उदाहरणार्थ औद्योगिक परिवार, औद्योगिक समाज में विवाह, राज्य, धर्म, समुदाय, पड़ोस आदि का स्वरूप और व्यक्ति की इनके संदर्भ में भूमिका। ये विभिन्न संस्थाएँ और समूह जीवन में क्या योगदान देते हैं, इसका ज्ञान भी औद्योगिक समाजविज्ञान के अध्ययन के द्वारा ही प्राप्त किया जा सकता है। इन संस्थाओं के ज्ञान की मदद से हम श्रेष्ठ से श्रेष्ठतर जीवन बिताने का प्रयास करते हैं। औद्योगिक समाजविज्ञान के ज्ञान की मदद से संकीर्णता समाप्त होती है। इस दृष्टि से औद्योगिक समाजविज्ञान का जीवन में ज्यादा महत्त्व है।

6. औद्योगिक समाजविज्ञान, औद्योगिक समाज की समस्याओं को सुलझाने में मददगार है—यदि हम प्राचीन औद्योगिक समाज की समस्याओं की तुलना आज की औद्योगिक सामाजिक समस्याओं से करें तो ऐसा मालूम होता है कि इनका आधुनिक रूप काफी विकराल है। यदि इन समस्याओं का वैज्ञानिक और बौद्धिक समाधान न किया गया, तो ये समस्याएँ सम्पूर्ण समाज को ही समाप्त कर देंगी। इस दृष्टि से औद्योगिक समाज में व्याप्त इन समस्याओं के उन्मूलन की जरूरत है।

किन्तु प्रश्न यह पैदा होता है कि इन समस्याओं का वैज्ञानिक हल किस प्रकार किया जाए?

विकासवादी सिद्धान्त के अनुसार समाज का विकास सरल से जटिल की ओर हुआ है। इससे यह निष्कर्ष निकलता है कि प्राचीन औद्योगिक समाज अत्यन्त सरल था और आधुनिक औद्योगिक समाज काफी जटिल हो गया है कि निरन्तर जटिलतर होता जा रहा है। यह जटिलता में वृद्धि के साथ औद्योगिक समाज की समस्याओं में वृद्धि होती जा रही है।

आधुनिक औद्योगिक समाज की जो महत्त्वपूर्ण समस्याएँ हैं, उन्हें निम्न शीर्षकों के तहत रखा जा सकता है–

(क) तालाबन्दी तथा हड़ताल की समस्या,
(ख) औद्योगिक श्रमिकों के आवास की समस्या,
(ग) उद्योगों तथा मशीनों से उत्पन्न दुर्घटनाओं की समस्या,
(घ) श्रमिकों की भर्ती की समस्या,
(ङ) श्रमिकों की मजदूरी की समस्या,
(च) बीमारी, स्वास्थ्य तथा स्वच्छता से सम्बन्धित समस्याएँ,
(छ) कार्य करने की दशाओं से संबद्ध समस्याएँ,
(ज) श्रमिकों के मनोरंजन से सम्बन्धित समस्याएँ,
(झ) श्रमिकों के बच्चों की शिक्षा तथा खेल-कूद से सम्बन्धित समस्याएँ,
(य) सामाजिक सुरक्षा से सम्बन्धित समस्याएँ आदि।

इसी तरह अनेक ऐसी समस्याएँ हैं, जो औद्योगिक समाज में व्याप्त हैं और वहाँ रहनेवाले व्यक्तियों के व्यक्तित्व को कुंठित करती हैं। औद्योगिक समाज परिवर्तनशील है। इसमें लगातार विकास और वृद्धि होती जा रही है। इस कारण भी औद्योगिक समाज की समस्याओं में लगातार वृद्धि होती जा रही है। साथ ही, इन समस्याओं की प्रकृति भी जटिलतर होती जा रही है। औद्योगिक समाज की प्रगति के जरिए इन समस्याओं को सुलझाना जरूरी है। इन समस्याओं को ठीक तरह से तभी सुलझाया जा सकता है जब इन समस्याओं की प्रकृति और कारणों को ठीक तरह से समझ लिया जाए । ये सभी समस्याएँ औद्योगिक समाज से सम्बन्धित हैं। अतः औद्योगिक समाज के बारे में जानकारी प्राप्त करने से इन समस्याओं को सरलता से सुलझाया जा सकता है। औद्योगिक समाजविज्ञान, औद्योगिक समाज के वैज्ञानिक ज्ञान से सम्बन्धित है। इस तरह औद्योगिक समाजविज्ञान के ज्ञान की मदद से इन समस्याओं को सरलता से सुलझाया जा सकता है।

8. राष्ट्रीय शान्ति और प्रगति में मददगार—औद्योगिक समाजविज्ञान की राष्ट्रीय शान्ति और उन्नति में भी मदद ली जा सकती है। हर राष्ट्र का अन्तिम उद्‌देश्य शान्ति की स्थापना और प्रगति करना है। किसी भी राष्ट्र की प्रगति का आधार उस राष्ट्र के श्रमिकों की सशक्त भुजाएँ ही हैं। राष्ट्रीय उन्नति तभी हो सकती है जब राष्ट्र का जीवन शान्तिमय हो। अशान्ति से परिपूर्ण देश कभी भी प्रगति नहीं कर सकता। राष्ट्र में अशान्ति विभिन्न कारणों से हो सकती है, जिसमें औद्योगिक कलह (Industrial Disputes) भी एक है। जैसे-जैसे सभ्यता का विकास होता जा रहा है, औद्योगिक कलह में वृद्धि होती जा रही है। इस कलह का कारण संकीर्णता और वस्तुस्थिति के प्रति ज्ञान की कमी है। औद्योगिक समाजविज्ञान में औद्योगिक जीवन और समाज का वैज्ञानिक अध्ययन किया जाता है। इसकी सहायता से राष्ट्रीय जीवन में औद्योगिक अशान्ति को दूर किया जा सकता है। किसी भी राष्ट्र की प्रगति उसके विशाल उद्योगों पर आधारित होती है, इसलिए औद्योगिक प्रगति के लिए औद्योगिक समाज का ज्ञान जरूरी है।

9. व्यवसाय के चुनाव में सहायक—यदि हम व्यावसायिक दृष्टि से विचार करें तो औद्योगिक समाजविज्ञान की उपयोगिता से इनकार नहीं किया जा सकता। औद्योगिक समाजविज्ञान की व्यावहारिक जीवन में सबसे ज्यादातर उपयोगिता है। समाज में लगातार उद्योगों में वृद्धि हो रही है और वहाँ पर ऊँचे पदों पर कार्य करने के लिए उन व्यक्तियों को प्राथमिकता दी जाती है जिन्हें औद्योगिक समाजविज्ञान की जानकारी होती है। इस तरह औद्योगिक समाजविज्ञान के ज्ञान में हमें व्यवसायों के चुनाव में सहायता मिलती है।

10. सामाजिक और श्रम-कल्याण में मददगार—आधुनिक औद्योगिक जीवन अनेक सामाजिक और श्रम सम्बन्धी समस्याएं व्याप्त हैं। इस तरह की समस्याओं में लगातार वृद्धि होती जा रही है। इन समस्याओं के समाधान के बिना सामाजिक प्रगति और शान्ति की कल्पना नहीं की जा सकती। ये सभी समस्याएँ ऊपरी तौर पर तो सरल प्रतीत होती हैं किन्तु इनका समाज पर भयावह प्रभाव पड़ता है। औद्योगिक समाजविज्ञान श्रम और सामाजिक कल्याण का वैज्ञानिक ज्ञान भी प्रदान करता है। इसलिए औद्योगिक समाजविज्ञान का ज्ञान भी इस दृष्टि से उपयोगी है।

11. औद्योगिक योजना में मददगार—अन्य विकासशील देशों की तुलना में यद्यपि भारत में अभी औद्योगिक विकास कम हुआ है। किन्तु इसका भविष्य काफी उज्ज्वल है तथा स्वतन्त्रता के पश्चात् जो औद्योगिक प्रगति हुई है वह पर्याप्त एवं सन्तोषजनक है। इस दृष्टि से यदि यहाँ एक ओर उद्योगों का विकास हुआ तो इन

क्षेत्रों में समुचित नियोजन की जरूरत को आज भी अनुभव किया जा रहा है। देश की औद्योगिक प्रगति में औद्योगिक नियोजन का काफी महत्त्व है। भारत के औद्योगिक क्षेत्रों में आज भी स्थायी श्रमशक्ति (Permanent labour Force) का अभाव खटक रहा है। यही वजह है कि श्रम संघों (Trade Unions) का विकास नहीं हो पा रहा है। इसका मुख्य कारण औद्योगिक नियोजन का अभाव ही है। औद्योगिक समाजविज्ञान के ज्ञान की मदद से औद्योगिक नियोजन में प्रभावशाली ढंग से प्रगति की जा सकती है।

आज समाज में उद्योग के क्षेत्र में लगातार वृद्धि हो रही है। इस दृष्टि से औद्योगिक समाजविज्ञान का महत्त्व काफी बढ़ गया है।

भारत में औद्योगिक समाजशास्त्र का महत्त्व

इससे पहले औद्योगिक समाजविज्ञान के सामान्य महत्त्व की विवेचना की गई है। यह विवेचना सभी देशों में औद्योगिक समाजविज्ञान के महत्त्व को प्रतिपादित करती है और इसके द्वारा विश्व में औद्योगिक समाजविज्ञान के महत्त्व का ज्ञान होता है। औद्योगिक समाजविज्ञान के ये महत्त्व भारतवर्ष में भी सामान्य रूप से लागू होते हैं। साथ ही इनकी सहायता से भारतीय औद्योगिक समाज की समस्याओं का समाधान किया जा सकता है।

भारत 1947 से पहले एक पराधीन देश था और इसने गुलामी की सांस लेते हुए कई सदियाँ गुजारी हैं। गुलामी के समय में भारत में औद्योगिक विकास कम ही हुआ था। साथ ही जो कुछ था उसे पंगु (Handicapped) की संज्ञा दी जा सकती है। इसका परिणाम यह हुआ कि–

(i) भारत में औद्योगिक विकास नहीं हुआ,

(ii) औद्योगिक समाज में विभिन्न प्रकार की समस्याओं का जन्म और विकास होता रहा।

स्वतन्त्रता के बाद देश ने औद्योगिक प्रगति की है। इस विकास को दृष्टि में रखते हुए भारत में औद्योगिक समाजविज्ञान के महत्त्व में भी वृद्धि हुई है। संक्षेप में भारत में औद्योगिक समाजविज्ञान का महत्त्व निम्न कारणों से है–

1. भारत में हर रोज औद्योगिक समस्याओं की दर में वृद्धि होती जा रही है। औद्योगिक समाजविज्ञान में हम इसका अध्ययन करते हैं कि इन समस्याओं का वैज्ञानिक निदान किस तरह किया जाए। इस दृष्टि से भी भारत में औद्योगिक समाजविज्ञान का महत्त्व है।

2. भारत के परम्परागत औद्योगिक ढाँचे में लगातार परिवर्तन और परिवर्द्धन हो रहा है। इस दृष्टि से भी औद्योगिक सामंजस्य के लिए भारत में औद्योगिक समाजविज्ञान के अध्ययन-अध्यापन की जरूरत है।
3. विश्व के अन्य विकासशील देशों में औद्योगिक समाजविज्ञान का पठन-पाठन पृथक् विषय के रूप में किया जाता है। इस औद्योगिक जीवन से सम्बन्धित जानकारी नागरिकों को होती है। इस दृष्टि से भारत में औद्योगिक समाजविज्ञान का व्यापक महत्त्व है। इससे ज्ञान की नई शाखा का विकास होगा और समाज की प्रगति में मदद मिलेगी।
4. भारत में औद्योगिक समाजविज्ञान इसलिए भी उपयोगी है क्योंकि सामाजिक जीवन में उद्योगों का महत्त्व है। उद्योग और जीवन अन्तःसम्बन्धित हैं। इन्हें एक दूसरे से अलग नहीं किया जा सकता। औद्योगिक समाजविज्ञान ज्ञान की वह शाखा है जिसमें उद्योगों का अध्ययन किया जाता है इस दृष्टि से भी भारतवर्ष के लिए औद्योगिक समाज विज्ञान का महत्त्व है।

औद्योगिक समाजशास्त्र का उद्‌भव तथा विकास

औद्योगिक समाजशास्त्र का उदय प्रथम महायुद्ध के पश्चात् हुआ था। यह 20वीं सदी के तीसरे दशक में अस्तित्व में आया लेकिन यह स्मरणीय है कि समाजशास्त्र एवं उद्योग के मध्य संबंध काफी प्राचीन काल से रहे हैं। अगर विश्व के प्राचीन इतिहास पर दृष्टिपात किया जाए तो यह पता चलता है कि विकास का क्रम जनजातीय अर्थव्यवस्था से बढ़ते-बढ़ते औद्योगिक स्तर पर आता है। लेकिन भारतीय संदर्भ में देखने से यह पता चलता है कि औद्योगीकरण अपने विस्तृत स्वरूप को सैंधव सभ्यता के अंतर्गत ग्रहण किए हुए है। इसे विश्व की प्रथम कांस्यकालीन नगरीय सभ्यता के रूप में विद्वानों द्वारा मान्यता प्राप्त भी है।

समाज की अवधारणा अत्यंत प्राचीन है तथा यह सदैव परिवर्तनशील रहा है। आज के समय में परिवर्तन की गति अत्यंत तीव्र है। विश्व के सभी भागों में यह परिवर्तन होता रहता है। भले ही कहीं इसकी गति थोड़ी तीव्र हो एवं कहीं थोड़ी मंद। इस परिवर्तन का मूल कारण औद्योगिक आविष्कार है। औद्योगिक क्रांति (Industrial Revolution) के कारण सामाजिक संगठन का परिवर्तित होना आवश्यक हो गया है। आज औद्योगिक क्रांति में निरंतर वृद्धि हो रही है एवं औद्योगिक समाजों का निर्माण होता जा रहा है। औद्योगिक समाजशास्त्र का समाजशास्त्र की एक नई शाखा के रूप में उदय औद्योगिक समाजों में वृद्धि के कारण हुआ है। इसे समाजशास्त्र की

वर्तमान प्रवृत्तियों का परिणाम कहा जा सकता है। आज समाजशास्त्र की नई-नई शाखाओं का दिन-प्रतिदिन विकास होता जा रहा है जिसमें औद्योगिक समाजशास्त्र भी एक शाखा है। औद्योगिक समाजशास्त्र सिर्फ औद्योगिक समाज के अध्ययन से ही संबंधित नहीं है बल्कि इसके अंतर्गत कार्यों के सामाजिक संगठन का विश्लेषण भी किया जाता है। औद्योगिक समाजशास्त्र के अंतर्गत व्यवसायों के साथ-साथ उन सभी समूहों का अध्ययन किया जाता है जो कार्य को प्रभावित करते हैं। संगठनात्मक समाजशास्त्र का विकास औद्योगिक समाजशास्त्र के आधार पर ही हुआ है। जहाँ तक औद्योगिक समाजशास्त्र के उद्भव एवं विकास का सवाल है, यह कहा जा सकता है कि यह अल्पकालिक है। इसके उद्भव एवं विकास में विभिन्न विद्वानों एवं विभिन्न संस्थाओं का योगदान रहा है। इसके उद्भव एवं विकास को निम्नलिखित आधार पर विभक्त करके देखा जा सकता है–

(क) औद्योगिक समाज शास्त्र में मेसाचुसेट्स का अंशदान,
(ख) कारनेल विश्वविद्यालय का अंशदान,
(ग) औद्योगिक समाजशास्त्र में एल्टन मेयो का योगदान,
(घ) औद्योगिक समाजशास्त्र में किंग्सले डेविस का अंशदान,
(ङ) येल यूनिवर्सिटी का अंशदान,
(च) वर्ष 1946 का अंशदान।

(क) औद्योगिक समाज शास्त्र में मेसाचुसेट्स का अंशदान–औद्योगिक समाजशास्त्र के उद्भव एवं विकास में मेसाचुसेट्स का भी योगदान रहा है। 1944 में मेसाचुसेट्स में एक संस्थान की स्थापना की गई। इस संस्थान के निदेशक कर्ट लेविन थे। इस संस्थान की स्थापना का उद्देश्य निम्नलिखित दो तत्त्वों के अध्ययन को दृष्टि में रखकर किया गया था–

(क) समूह गतिशीलता एवं
(ख) मानवीय समस्याओं का अध्ययन।

इस संस्थान में सामाजिक समस्याओं के साथ-साथ श्रम समस्याओं एवं श्रमिकों की सामाजिक-आर्थिक दशाओं का भी अध्ययन किया गया था। इसमें औद्योगिक समाजशास्त्र की विषय वस्तु को एक पृष्ठभूमि प्रदान की गई थी।

(ख) कारनेल विश्वविद्यालय का अंशदान–औद्योगिक समाजशास्त्र के उद्भव एवं विकास में कारनेल विश्वविद्यालय का भी योगदान रहा है। 1944 में न्यूयार्क के कारनेल विश्वविद्यालय में एक स्कूल की स्थापना की गई। इस संस्थान की स्थापना दो तत्वों के अध्ययन को ध्यान में रखकर की गई थी जो निम्नलिखित हैं–

(क) औद्योगिक संबंध तथा

(ख) श्रम समस्याएँ।

इस संस्था की विधिवत् शुरुआत 1 नवंबर, 1945 से हुआ। इस संस्था की स्थापना का मूल उद्देश्य ऐसे व्यक्तियों को प्रशिक्षण प्रदान करना था जो अपने जीवन का प्रारंभ औद्योगिक एवं श्रम संबंधों से करना चाहते थे। इस तरह यह पता चलता है कि औद्योगिक समाजशास्त्र के उद्भव एवं विकास में कारनेल विश्वविद्यालय का भी योगदान रहा है।

(ग) औद्योगिक समाजशास्त्र में एल्टन मेयो का योगदान—औद्योगिक समाजशास्त्र के उद्भव एवं विकास में एल्टन मेयो का योगदान काफी ज्यादा रहा है। इसीलिए मेयो को 'औद्योगिक समाजशास्त्र का पिता' (Father of Industrial Sociology) भी कहा जाता है। इन्होंने सर्वप्रथम औद्योगिक समाजशास्त्र के क्षेत्र में कार्य किया था। एल्टन मेयो ने औद्योगिक समाजशास्त्र का कार्य एक कपड़ा मिल एवं टेलीफोन का सामान बनाने वाली तीन संस्थाओं से शुरू किया था। तत्पश्चात् औद्योगिक समाजशास्त्र से संबंधित शोधकार्यों को होटल, विश्रामगृह, रेलवे लाइन, बीमा कंपनियों, बैंक, अस्पताल, श्रम संघ, विश्वविद्यालय, स्कूल, शक्ति संस्थानों, कार्यालयों, कल्याणकारी एजेंसियों, ऐच्छिक संगठनों, खेतों, कारखानों एवं खदानों आदि तक विस्तृत किया गया। मेयो ने श्रम समस्याओं एवं सामाजिक समस्याओं के अध्ययन में भारी दिलचस्पी दिखाई। मेयो ने जितने भी अनुसंधान कार्य किए उसमें उनके सहयोगियों का भी योगदान रहा है। उनके साथ कार्य करने वाले विद्वानों में टी.एन. ह्वाइटहेड (T.N. Whitehead), बी.एस. सेलेकमैन (B.S. Selekman) एवं एफ.जे. रूथलिसबर्गर (F.J. Roethlisberger) आदि प्रमुख थे। इन विद्वानों ने श्रमिक एवं श्रम समस्याओं के संबंध में महत्त्वपूर्ण तथ्यों का प्रतिपादन किया था। ये तथ्य निम्न प्रकार हैं—

(क) श्रमिक जब कार्य करता है तब वह इस कार्य को व्यक्तिगत हैसियत से नहीं करता है बल्कि सामूहिक हैसियत से करता है।

(ख) श्रमिकों में सामूहिक भावना ज्यादा मात्रा में पाई जाती है तथा वे अपने को संगठित कर लेते हैं।

मेयो (Mayo) ने अपने अध्ययन के आधार पर दो पुस्तकें लिखीं जो निम्नलिखित हैं—

(क) औद्योगिक सभ्यता की मानवीय समस्याएँ

(ख) औद्योगिक समाज की सामाजिक समस्याएँ।

(घ) औद्योगिक समाजशास्त्र में किंग्सले डेविस का अंशदान—प्रो. किंग्सले डेविस ने भी औद्योगिक समाजशास्त्र के क्षेत्र में अपना अनुपम योगदान दिया। औद्योगिक समाजशास्त्र के उद्भव एवं विकास में उनका नाम आदर के साथ लिया जाता है। उन्होंने यह सुझाव दिया था कि समाजशास्त्र के पाठ्यक्रम में औद्योगिक समाजशास्त्र को भी सम्मिलित किया जाए। उनके सुझाव पर 1939-40 में पेन्सिलवानिया स्टेट कॉलेज (संयुक्त राज्य अमेरिका) में औद्योगिक समाजशास्त्र प्रारंभ हुआ। इस तरह औद्योगिक समाजशास्त्र के उद्भव एवं विकास में उनका योगदान अतुलनीय रहा है।

(ङ) येल यूनिवर्सिटी का अंशदान—येल विश्वविद्यालय ने औद्योगिक समाजशास्त्र के उदय तथा विकास में अत्यंत महत्त्वपूर्ण योगदान दिया है। इस विश्वविद्यालय में एक संस्थान की स्थापना की गई जिसका संचालक ई.वाई. बेक्की को बनाया गया। इस संस्था की स्थापना का उद्देश्य भी श्रम एवं उद्योगों से संबंधित शिक्षा प्रदान करना था। इस संस्थान में चार प्रकार के कार्य किए जाते थे जो निम्नलिखित हैं—

(क) शिक्षण
(ख) शोध
(ग) पुस्तकालय तथा
(घ) सामुदायिक सेवा।

इस तरह औद्योगिक समाजशास्त्र के उद्भव एवं विकास में येल विश्वविद्यालय का नाम भी प्रमुखता से लिया जा सकता है।

(च) वर्ष 1946 का अंशदान—1946 का वर्ष औद्योगिक समाजशास्त्र के जन्म तथा विकास की दृष्टि से अत्यंत महत्त्वपूर्ण साबित हुआ। इसने औद्योगिक समाजशास्त्र को एक नए विषय के रूप में प्रतिष्ठित किया। 1946 ई. में अनेक विश्वविद्यालयों एवं समाजशास्त्र विषय में औद्योगिक समाजशास्त्र को एक अलग विज्ञान के रूप में मान्यता प्रदान की गई। तब से अब तक इस विषय का लगातार विकास होता आ रहा है। इस विषय में विद्वानों ने भी अपनी इच्छा जताई। परिणामस्वरूप 1946 में 'अमेरिकी समाज वैज्ञानिक समाज' (American Sociological Society) ने औद्योगिक समाजशास्त्र नामक नए विभाग की स्थापना कर डाली। इसके साथ ही इस विषय पर विभिन्न अनुसंधान केंद्रों की स्थापना की गई। इसके पश्चात् से अमेरिका में विभिन्न 'सर्वेक्षण अनुसंधान केंद्रों' (Survey Research Centres) की स्थापना की गई। इन केंद्रों में कुछ प्रमुख केंद्र निम्नलिखित हैं—

(क) मिशीगन अनुसंधान केंद्र,
(ख) कोलंबिया अनुसंधान केंद्र,
(ग) कैलीफोर्निया अनुसंधान केंद्र,
(घ) सेवावर्गीय अनुसंधान मंडल, ओहिगे स्टेट विश्वविद्यालय,
(ङ) उत्तर कैरोलिना सामाजिक विज्ञान संस्थान, वाशिंगटन विश्वविद्यालय,
(च) औद्योगिक संबंध संस्थान—शिकागो, मिनिसोटा, कैलिफोर्निया, येल, इलिनाइस एवं मिशीगन स्टेट विश्वविद्यालयों में,
(छ) समाज विज्ञानीय अनुसंधान प्रयोगशाला, वाशिंगटन,
(ज) प्रशासकीय अनुसंधान केंद्र, पिट्सबर्ग,
(झ) व्यापारिक अनुसंधान केंद्र, हार्वर्ड, तथा
(ञ) राष्ट्रीय जनमत अनुसंधान केंद्र, शिकागो एवं अन्यत्र।

औद्योगिक समाजशास्त्र के क्षेत्र एवं विषय-सामग्री को मजबूती प्रदान करने में विभिन्न समाज वैज्ञानिकों ने अपना योगदान दिया है। इन समाज वैज्ञानिकों में कुछ प्रमुख समाज वैज्ञानिक निम्नलिखित हैं—

(क) एल्टन मेयो,
(ख) किंग्सले डेविस,
(ग) टी.एन. ह्वाइटहेड,
(घ) एफ.जे. रूथलिसबर्गर,
(ङ) इ. वाइट बेक्के,
(च) बी.एम.,
(छ) जान बी. फाक्स,
(ज) कर्ट लेविन,
(झ) एल.जे.ओ. रूरकी,
(ञ) वाल्टर डीट्ज,
(ट) सी.आर. डूले,
(ठ) एम.जे. काणे,
(ड) डेलबर्ट सी. मिलर,
(ढ) विलियम कोनोबर,
(ण) विलियम एच. फार्म,
(त) हारबिसन,
(थ) चैपिल,

(द) ह्यूजेस,

(ध) गार्डनर एवं

(न) होमन्स।

औद्योगिक समाजशास्त्र की अवधारणा को द्वितीय महायुद्ध ने बदल दिया। औद्योगीकरण को आर्थिक दिवालियेपन ने बुरी तरह प्रभावित किया। इस समय पश्चिमी देशों ने उत्पादन बढ़ाने पर ज्यादा जोर दिया एवं तृतीय विश्व के देशों को अपना बाजार दिया। इससे आर्थिक उपनिवेशीकरण की भावना को काफी बल मिला। इस प्रकार औद्योगिक समाजशास्त्र के स्वरूप एवं अवधारणाओं में काफी परिवर्तन हुआ। समस्त विश्व में औद्योगिक समाजशास्त्र की अवधारणा में समानता स्थापित करने की कोशिश की गई। इसके लिए कुछ कदम उठाए गए जो निम्न प्रकार से हैं–

औद्योगिक समाजशास्त्र की अवधारणा में समानता स्थापित करने के लिए पहला कदम 'ट्रेनिंग विदिन इंडस्ट्री सर्विस' (Training Within Industry Service) के रूप में उठाया गया। इसकी स्थापना का सुझाव हैंडरसन (Handerson) ने दिया था। इस संस्थान की स्थापना के पीछे कुछ उद्देश्य निहित थे। उद्देश्य यह था कि श्रमिकों के कार्यों का निरीक्षण करने वाले व्यक्तियों को प्रशिक्षित किया जाए। ऐसा विश्वास व्यक्त किया गया कि प्रशिक्षण के माध्यम से श्रमिकों की परिस्थितियों का विश्लेषण करके अधिक सहयोग प्राप्त किया जा सकेगा। साथ ही उत्पादन में भी वृद्धि होगी।

'जाब रिलेटेड ट्रेनिंग' (Job Related Training) ने उठाया। औद्योगिक समाजशास्त्र की अवधारणा में समानता स्थापित करने के लिए दूसरा कदम 'Training Within Industry Service' का कार्य निम्नलिखित चार औद्योगिक प्रशिक्षकों को सौंपा गया–

(क) वाल्टर डीट्जए

(ख) एम.जे. काणेए

(ग) सी.आर. दूले एवं

(घ) विलियम कोनोवर।

इन चारों विद्वानों ने पारस्परिक सहयोग से 'Job Related Training' नामक एक इकाई की स्थापना की। इस इकाई की स्थापना का प्रमुख उद्देश्य उद्योगों में मानवीय परिस्थितियों का विश्लेषण करना था। इसमें 10 घंटे प्रशिक्षण दिया जाता था। इसने 5 लाख व्यक्तियों को प्रशिक्षित किया। इसने औद्योगिक क्षेत्रों से संबंधित चार तरह के व्यक्तियों को प्रशिक्षित किया–

(क) आफिस सुपरवाइजरए
(ख) बिजिनेस एक्जीक्यूटिवए
(ग) प्लान्ट सुपरिंटेंडेंटए
(घ) प्लान्ट फोरमैन।

औद्योगिक समाजवाद की उत्पत्ति का मुख्य कारण

आधुनिक उद्योगवाद को औद्योगिक समाजशास्त्र की उत्पत्ति का प्रमुख कारण माना जा सकता है। बड़ी-बड़ी मशीनों के कारण उद्योगों के क्षेत्रों में जो क्रांति हुई उसके परिणामस्वरूप आधुनिक उद्योगवाद की शुरुआत हुई। उद्योग मानव जीवन का अभिन्न अंग है। इसका महत्त्व प्राचीन काल से लेकर आज तक रहा है। आधुनिक उद्योगवाद का प्रभाव समाज की संरचना पर पड़ा एवं इससे समाज की सभी संस्थाएँ प्रभावित हुईं एवं इन संस्थाओं में परिवर्तन की गति तीव्र हो गई। उद्योगवाद के पनपने के कारण एक विशाल श्रमिक वर्ग का निर्माण हुआ। इससे श्रम संघों को प्रोत्साहन मिला है। श्रम संघों के कारण हड़ताल तथा तालाबंदी आम घटना हो गई। इसके कारण विभिन्न सामाजिक समस्याओं को प्रोत्साहन मिलता है। इससे समाज की विभिन्न संस्थाएँ परिवार, राज्य, धर्म, विवाह एवं नैतिकता आदि प्रभावित होती हैं। ये सभी संस्थाएँ समाज की संरचना एवं संस्थाओं की कार्य प्रणाली को प्रभावित करती हैं। उद्योग अपने आप में एक संगठन है। उद्योगों का यदि समुचित संगठन किया जाए तो इससे उत्पादन में वृद्धि के साथ-साथ सामाजिक संबंधों में भी वृद्धि होगी। इसलिए ऐसा महसूस किया गया कि औद्योगिक संगठन एवं इनमें कार्य करने वाले व्यक्तियों के आपसी संबंधों के बारे में जानकारी प्राप्त की जाए।

औद्योगिक समाजशास्त्र की उत्पत्ति के कारणों का यदि विश्लेषण किया जाए तो यह पता चलता है कि औद्योगिक समाजशास्त्र की उत्पत्ति तथा विकास निम्नलिखित कारणों से हुआ—

(क) औद्योगिक समाज की समस्याओं का अध्ययन तथा उसे सुलझाने हेतु औद्योगिक समाजशास्त्र की उत्पत्ति हुई। आधुनिक उद्योगवाद औद्योगिक समाजशास्त्र के मूल में है। इसने समाज में विभिन्न प्रकार की समस्याओं को विकसित किया जिससे औद्योगिक समाजशास्त्र की उत्पत्ति को बल मिला।

(ख) समाज में उद्योग के महत्त्व का अध्ययन करने हेतु औद्योगिक समाजशास्त्र की उत्पत्ति हुई। उद्योग एवं समाज गहरे रूप से अंतर्संबधित हैं। इन्हें एक-दूसरे से अलग नहीं किया जा सकता।

(ग) औद्योगिक समाजशास्त्र, समाजशास्त्र की एक विशिष्ट शाखा है। 20वीं शताब्दी में विशिष्ट सामाजिक विज्ञानों का जन्म हुआ।

औद्योगिक समाजशास्त्र का इतिहास समाज शास्त्र के एक विशेष शाखा के रूप में करीब 90 वर्ष पुराना है। यदि भारत के संदर्भ में देखा जाए तो यह कहा जा सकता है कि भारत में आधुनिक दृष्टिकोण से औद्योगिक समाजशास्त्र की शुरुआत हुए लगभग 52-53 वर्ष हुए हैं। इस अवधि में औद्योगिक समाजशास्त्र की अवधारणा में काफी परिवर्तन हुए हैं। 1990 के आस-पास औद्योगिक समाजशास्त्र की अवधारणा में काफी बदलाव आया। इसका कारण सर आर्थर डंकल (Sir Arther Dunkle) द्वारा पारित प्रस्ताव था। आर्थर डंकल द्वारा पारित प्रस्ताव ने विश्व स्तर पर आर्थिक एकीकरण को प्रोत्साहित किया। इसका परिणाम यह हुआ कि औद्योगिक समाजशास्त्र के अंतर्गत आर्थिक वैश्वीकरण को बढ़ावा मिला। इससे नए दृष्टिकोण का विकास हुआ। इस प्रस्ताव के द्वारा तृतीय विश्व के देशों में व्यापार संतुलन पर बल दिया गया तथा उन्हें विकासशील देशों की श्रेणी में खड़े होने को प्रोत्साहित किया गया। विकसित देशों ने व्यापारिक संतुलन बरकरार रखने के लिए आयात को अपने देशों के लिए प्रोत्साहन की नीति अपनाने पर काफी जोर दिया। भारत भी इससे अछूता नहीं रहा। भारत भी सार्क देशों के बीच अपनी आयात नीति को प्रोत्साहित करता है तथा निर्यात को जान-बूझकर कम करता है ताकि सार्क देशों के मध्य व्यापारिक संतुलन कायम रहे।

उक्त वर्णन से यह पता चलता है कि औद्योगिक समाजशास्त्र की उत्पत्ति एवं विकास के अनेक कारण हैं। इसकी उत्पत्ति एवं विकास का इतिहास काफी प्राचीन नहीं है। लेकिन इसी अवधि में इसने नए आयामों को छुआ है। ऐसा नहीं है कि औद्योगिक समाजशास्त्र का यह विकास तुरंत हो गया। इसने धीरे-धीरे विभिन्न बाधाओं को पार करते हुए प्रगति की है। आधुनिक समय में यह बहुत तीव्र गति से विकसित हो रही है। इसका कारण यह है कि वर्तमान युग औद्योगीकरण का युग है। आज चारों ओर उद्योग-धंधों का जमावड़ा है तथा दिन-प्रतिदिन इसे विकसित करने का प्रयत्न किया जा रहा है। अतः यह स्वाभाविक है कि औद्योगिक समाजशास्त्र का विकास हो। ऐसा हो भी रहा है एवं आशा की जाती है कि अपने आने वाले दिनों में औद्योगिक समाजशास्त्र का और अधिक विकास होगा।

वर्तमान औद्योगिक संगठन

आधुनिक औद्योगिक संगठन (Modern Industrial Organisation) परम्परागत औद्योगिक संगठन से विभिन्न मुद्दों के आधार पर पृथक् है। विभिन्न

प्रकार के तथ्यों में यह नवीनता को स्वीकार किए हुए है तथा आधुनिक औद्योगिक व्यवस्था के अनुसार अपने-आपको ढाले हुए है। उद्यमकर्ता (Entrepreneur) ही आधुनिक औद्योगिक संगठन का मुख्य चालक होता है। आधुनिक औद्योगिक संगठन का स्वरूप इसी बात पर निर्धारित होता है कि आज का उद्योग वस्तुतः किस तरह संगठित एवं वास्तविक रूप से संचालित होता है। आधुनिक औद्योगिक संगठन का स्वरूप इस बात पर भी निर्भर करता है कि उसकी कार्य-प्रणाली क्या है तथा उनके कार्य क्या हैं? उद्योग का स्तर तथा भविष्य भी आधुनिक औद्योगिक संगठन की प्रकृति को निर्धारित करता है।

आधुनिक औद्योगिक संगठन के स्वरूप को निम्न आधार पर समझा जा सकता है—

1. पेशेवर—आधुनिक औद्योगिक संगठन का स्वरूप मुख्य रूप से पेशेवर है। औद्योगिक संगठन का प्रमुख उद्देश्य व्यापारिक हित को साधना होता है जनता की भलाई तथा श्रमिकों की कल्याणकारी योजनाओं से ये अपने-आपको सम्बन्धित नहीं रखते थे। यदि ये कभी श्रमिकों के संघर्ष के सहगामी भी बनते हैं तो उनका प्रमुख उद्देश्य इसके द्वारा अपना हित साधना होता है। असल में व्यापारिक हित साधना ही उनका मुख्य उद्देश्य रह गया है। इसके लिए ये राष्ट्रीय कानून या अन्तर्राष्ट्रीय वाणिज्यिक कानून की अवहेलना करने से भी नहीं चूकते हैं।

2. निरंकुश—आधुनिक औद्योगिक संगठन अधिनायकीय स्वरूप को ग्रहण किए हुए है। राष्ट्रीय कानून के तहत लिमिटेड कम्पनी के नियम का पालन नहीं करना ये श्रेयस्कर समझते हैं तथा ऐसा करते हैं। औद्योगिक संगठन के ऊपर अपने स्वामित्व एवं अधिकार को बरकरार रखने हेतु स्वयं प्रबन्धक एवं महाप्रबन्धक के साथ मालिक भी बने रहते हैं या ऐसे व्यक्ति को प्रबन्धक बनाया जाता है जो उनके स्वामित्व को बरकरार रखने में सहायक होता है। इस तरह आधुनिक औद्योगिक संगठन अधिनायकवादी स्वरूप की भावना से ग्रसित है। अपने स्वामित्व को ये किसी भी हालत में बरकरार रखते हैं तथा अधिनायकवाद की भावना के तहत ये अपने व्यापारिक हित को ज्यादा प्रश्रय देते हैं।

3. पुश्तैनी—आधुनिक औद्योगिक संगठन अपने पुश्तैनी अधिकार को बरकरार रखते हैं तथा इसके लिए वैध-अवैध किसी भी प्रकार का कार्य करते हैं। टाटा ग्रुप, मोदी ग्रुप, डालमिया ग्रुप, बिरला ग्रुप, अम्बानी ग्रुप, कोका कोला ग्रुप आदि बड़ी औद्योगिक इकाइयाँ सरकार के कानून के तहत भी अपने पुश्तैनी अधिकार को बरकरार रखने में सक्षम हैं। इन बड़े व्यापारिक संगठनों का एक ही उद्देश्य होता है कि ज्यादा-से-ज्यादा पुश्तैनी व्यापार एवं सम्पत्ति को बढ़ाया जाए।

4. संवैधानिक—आधुनिक औद्योगिक संगठन का वैधानिक स्वरूप भी होता है। आधुनिक औद्योगिक संगठन अपने व्यापार को अत्यधिक बढ़ाने के साथ ही साथ इस बात पर भी ध्यान देते हैं कि राष्ट्रीय कानून की परिधि या गिरफ्त में वे नहीं आए। इसके लिए वह अपने शेयरों का सबसे अधिक भाग शेयर-होल्डरों की अपेक्षा अपने पास रखता है जिससे कम्पनी के ऊपर उनका पुश्तैनी स्वामित्व भी बरकरार रखता है। दूसरी ओर वे सरकार द्वारा समय-समय पर किए गए औद्योगिक सुधार का भी पालन करते हैं जिससे वैधानिक स्वरूप भी बरकरार रहता है। जब कभी श्रम कानून के तहत किसी तरह का विवाद उठ खड़ा होता है तो ये अपने-आपको वैधानिकता के दायरे में रखना अधिक पसंद करते हैं।

5. सलाहकार—आधुनिक औद्योगिक संगठन परामर्शक स्वरूप को भी ग्रहण करता है। हर राज्य का एक वाणिज्यिक संगठन होता है जिसे चैम्बर ऑफ कॉमर्स (Chamber of Commerce) के नाम से जाना जाता है। इन सभी राज्य-स्तरीय वाणिज्यिक संघों का एक अखिल भारतीय वाणिज्यिक संघ होता है। अखिल भारतीय वाणिज्यिक संघ समय-समय पर सरकार से परामर्श भी करते हैं, ताकि देश की औद्योगिक स्थिति किसी तरह सुदृढ़ हो। मुद्रास्फीति, थोक मूल्य सूचकांक आदि पर ये समय-समय पर राष्ट्रीय परामर्श भी जारी करते हैं। आज के आर्थिक वैश्वीकरण (Economic globalisation) के युग में ये राष्ट्रीय कम्पनियाँ अपने अस्तित्व को बरकरार रखने के लिए सरकार को विभिन्न बिन्दुओं पर परामर्श भी देती हैं। इस परामर्श का उद्देश्य विश्व औद्योगिक स्पर्द्धा के अनुरूप अपने-आपको ढालना होता है ताकि औद्योगिक प्रतिस्पर्द्धा में ये टिके रहें। इस तरह ये एक परामर्शक का भी कार्य करते हैं।

आधुनिक औद्योगिक संगठन को दो भागों में विभक्त किया जा सकता है—औपचारिक संगठन एवं अनौपचारिक संगठन। दोनों का वर्णन निम्न रूप में व्यक्त किया जा सकता है—

1. औपचारिक संगठन—एक बड़े औद्योगिक संस्थान के सभी प्रकार के कार्यों को समन्वित रीति से चलाने के लिए एक औपचारिक संगठन व्यवस्था की जरूरत पड़ती है जो हर संस्थान में अलग प्रकार का होता है। इसकी संरचना बहुत कुछ औद्योगिक इकाई के आधार पर निर्भर करती है। औद्योगिक इकाई की उत्पादन-प्रणाली एवं उत्पादित वस्तुएँ भी इस संगठन की संरचना को प्रभावित करती हैं।

इस तरह औपचारिक संगठन नीचे से ऊपर की ओर या ऊपर से नीचे की तरफ एक व्यवस्थित क्रम में संगठित एवं व्यवस्थित रहता है जिसे 'परसोपानिक

व्यवस्थित क्रम (Hierarchial managed sequence) कहा जा सकता है। बर्नार्ड ने इस बात पर ज्यादा जोर दिया है कि "सभी औपचारिक संगठन काफी छोटे-छोटे संगठनों से मिलकर बना होता है। बिना छोटे संगठनों को मिलाकर बड़ा संगठन बनाना असम्भव होता है।" पूर्व वित्त मंत्री डॉ. मनमोहन सिंह, जो प्रसिद्ध अर्थशास्त्री के रूप में विख्यात है, ने औपचारिक संगठन के पदसोपानिक क्रम के कानूनीकरण एवं निजी निगमित क्षेत्रों के साथ ही साथ सार्वजनिक क्षेत्रों की रुग्ण इकाइयों के सुधार पर काफी ध्यान देने की वकालत की थी तथा राष्ट्रीय कानून के अन्तर्गत इन कम्पनियों के ऊपर सख्त नियंत्रण रखने की आवश्यकता को महसूस किया।"

प्रत्येक औपचारिक संगठन कुछ कार्यकारी कार्य करते हैं। जटिल संगठनों के निचले स्तर पर यह कार्य अक्सर एक व्यक्ति द्वारा सम्पादित किया जाता है जो फोरमैन, पर्यवेक्षक या अन्य कोई व्यक्ति भी हो सकता है। बर्नार्ड ने इस तथ्य पर ध्यान देते हुए कहा कि "प्रायः उच्चपदस्थ हैसियत से किसी एक अन्य व्यक्ति द्वारा विभिन्न इकाई संगठनों के कार्यकारियों को मिलाकर, अर्थात् सामूहिक रूप से कार्यकारी संगठन बनाए जाते हैं। इस प्रकार कार्यकारी कार्यों में दक्षता रखने वाले व्यक्ति अक्सर एक जटिल संगठन के दो प्रकार के इकाई संगठनों में योगदान करते हैं—एक तो तथाकथित काम करने वाली इकाई होती है एवं दूसरी कार्यकारी इकाई।"

औपचारिक संगठन के तहत अनेक इकाइयाँ या अवयव कार्य करते हैं जिसमें कुछ इस तरह हैं—

(क) अधिकारीतन्त्र का पदसोपान—वृहद् औद्योगिक संगठन का प्रबन्ध अधिकारीतन्त्र के माध्यम से होता है। अधिकारी तंत्र में ऊपर से लेकर नीचे तक सत्ता के अलग-अलग स्तर होते हैं। हर स्तर पर व्यवस्थित अधिकार एवं कर्तव्य होते हैं तथा उनका एक निर्दिष्ट पदसोपान रहता है। अधिकारीतंत्र में निर्धारित नियमों के अनुसार कार्य होता है। यद्यपि, इस अधिकारीतंत्र में सरकारी कार्यालय में लाल फीताशाही कार्य करती है लेकिन निजी निगमित संगठनों में यह नहीं होता है क्योंकि पुश्तैनी स्वामित्व किसी न किसी प्रकार कार्य करता है।

(ख) लाइन तथा स्टाफ अभिकरण—किसी भी औद्योगिक प्रतिष्ठान की प्रबन्ध-व्यवस्था को दो भागों में विभाजित किया जा सकता है, जिन्हें क्रमशः लाइन एवं स्टाफ संगठन कहा जाता है। औद्योगिक संगठन की संरचना का वह भाग, जिसका सम्बन्ध काम लेने या उत्पादन से होता है, लाइन संगठन कहलाता है। सैद्धान्तिक रूप से यह माना जाता है कि सर्वोच्च प्रबन्धक से लेकर निम्नस्तर तक का श्रमिक एक क्रम में बँध होता है तथा किसी न किसी रूप में उत्पादन से संबद्ध

होता है। यह कारखाने या औद्योगिक इकाई के आकार पर निर्भर करता है। उद्योग में संलग्न सभी व्यक्तियों की संख्या के आधार पर यह निर्भर करता है कि उद्योग का उत्पादन कितना है तथा इसी के आधार पर औद्योगिक इकाई का लाइन एवं स्टाफ संगठन कार्य करता है। इस प्रकार लाइन एवं स्टाफ संगठन एक पिरामिड की तरह कार्य करता है।

इस तरह उत्पादन का आधार बाजार होता है। बाजार में उत्पादित वस्तुओं की गुणवत्ता कितनी अधिक है, इसका मूल्यांकन खपत के आधार पर निर्धारित होता है। स्टाफ संगठन साधारणतया उत्पादन के वितरण में लगा होता है। लाइन संगठन विशेष परिस्थिति में स्टाफ संगठन बन जाता है तथा स्टाफ संगठन विशेष परिस्थिति में लाइन संगठन में परिवर्तित हो जाता है। इस तरह लाइन एवं स्टाफ संगठन में अन्तर करना काफी दुष्कर कार्य है तथा यह समय एवं परिस्थिति पर निर्भर करता है।

लाइन तथा स्टाफ संगठन विभिन्न स्तर पर समन्वीकृत हो जाता है। मूर ने इसके अनेक स्तर बनाए हैं–

1. विशेषज्ञों का सलाहकारों के रूप में एकीकरण,
2. लाइन संगठन से विशेषज्ञों का सीधा एकीकरण एवं
3. समस्त स्तरों पर स्टाफ से एकीकरण या समाकलन।

औपचारिक संगठन के अनेक स्तर या अनेक भेद हैं जो क्रमशः इस प्रकार हैं–

(i) जूट उत्पादन–इस औद्योगिक संगठन में भी लाइन एवं स्टाफ स्तर पर पदसोपानिक क्रम में कर्मचारी व्यवस्थित रहते हैं तथा जूट से सम्बन्धित उत्पादन से सम्बन्धित रहते हैं।

(ii) संचार–एक स्तर से दूसरे स्तर तक सूचनाएँ, आदेश, सुझाव, आवेदन आदि तत्काल पहुँचाने के लिए एक समुचित संचार-व्यवस्था काफी आवश्यक होती है। इसके तहत लाइन एवं स्टाफ संगठन अपनी सक्रिय भूमिका अदा करते हैं। लाइन के पदसोपान का माध्यम ही संचार का प्रमुख आधार बन जाता है। एक अच्छी दो-तरफा संचार व्यवस्था ऊपर से नीचे एवं नीचे से ऊपर किसी भी कुशल प्रबन्ध का आवश्यक अंग है।

(iii) टेक्सटाइल–इस संगठन का कार्य टेक्सटाइल से संबद्ध उद्योग के सम्बन्ध में व्यवस्थित क्रम का निर्धारण करना होता है।

(iv) कार उद्योग संगठन,

(v) साइकिल उद्योग संगठन,

(vi) वायुयान उद्योग संगठन आदि।

असल में औपचारिक संगठन के तहत वे सभी औद्योगिक संगठन आते हैं जिनके सभी अवयव लाइन एवं स्टाफ के आधार पर पदसोपानिक क्रम में व्यवस्थित होते हैं तथा जिसमें काफी तादाद में कर्मचारियों को रोजगार प्राप्त होता है। इसके अलावा औपचारिक संगठन संवैधानिक कानून से बँधे होते हैं।

अनौपचारिक संगठन—अनौपचारिक संगठन वह संगठन होता है जो लाइन एवं स्टाफ के नियम के अनुसार पदसोपानिक क्रम में व्यवस्थित नहीं होता तथा बड़ी मात्रा में इसमें कर्मचारियों को कार्य करने का अवसर नहीं मिलता। यह संगठन एक प्रकार से लघुतर या व्यक्तिगत इकाई के जैसा होता है। इस तरह अनौपचारिक संगठन एक प्रकार से सहायक संगठन की तरह होता है जिसका सम्बन्ध प्रत्यक्ष रूप से देश की अर्थव्यवस्था से सम्बन्धित नहीं होता। जैसे-रिक्शा चालक संगठन, ऑटो रिक्शा चालक संगठन, सब्जी-विक्रेता संगठन आदि।

औद्योगिक समाजशास्त्र और अन्य सामाजिक विज्ञान

औद्योगिक समाजशास्त्र, औद्योगिक क्षेत्र में वर्तमान सामाजिक संबंधों का अध्ययन करता है। जैसा कि विचित्र है कि मनुष्य के संगठन औपचारिक तथा अनौपचारिक होते हैं। इसी प्रकार मानव संगठन भी औपचारिक तथा अनौपचारिक होते हैं। औद्योगिक संस्थानों में मनुष्य के दोनों ही संगठन पाए जाते हैं। इन्हीं संगठनों के औपचारिक एवं अनौपचारिक संबंधों का अध्ययन औद्योगिक समाजशास्त्र के अंतर्गत किया जाता है। जहाँ तक मानवीय संबंधों का प्रश्न है, यह कहा जा सकता है कि ये सदैव जटिल एवं बहुपक्षीय होते हैं। इसलिए यह निर्धारित कर पाना कठिन होता है कि कौन-से संबंध विशुद्ध औद्योगिक हैं एवं कौन-से संबंध सामाजिक या आर्थिक हैं। इन्हीं कारणों से विभिन्न सामाजिक विज्ञानों के बीच परस्पर संबंध पाया जाता है। विभिन्न सामाजिक विज्ञानों के क्षेत्र एक-दूसरे की सीमा का उल्लंघन भी करते हैं। इसी से यह पता चलता है कि औद्योगिक समाजशास्त्र का अन्य सामाजिक विज्ञानों से संबंध है। औद्योगिक समाजशास्त्र में मुख्यतया वर्तमान औद्योगिक व्याख्या के परिणामस्वरूप विकसित हुए सामाजिक संबंधों एवं इनके प्रभावों का अध्ययन करने वाला विज्ञान है। इसी प्रकार के संबंधों का अध्ययन थोड़ी बहुत भिन्नता के साथ अर्थशास्त्र, समाजशास्त्र तथा मनोविज्ञान आदि सामाजिक विज्ञान भी करती हैं। अतः यह स्वाभाविक है कि इनका औद्योगिक समाजशास्त्र के साथ संबंध हो। इनके बीच संबंध एवं अंतर दोनों ही पाए जाते हैं।

समाजशास्त्र से सम्बन्ध

इन दोनों समाजशास्त्रों के बीच काफी गहरा संबंध है। इनके बीच घनिष्ठता का पता इसी बात से चलता है कि औद्योगिक समाजशास्त्र, समाजशास्त्र की ही एक शाखा है। दोनों विज्ञानों के बीच कुछ समानताएँ भी पाई जाती हैं तथा कुछ अंतर भी पाए जाते हैं।

समानता—पहले दोनों के बीच पाए जाने वाली समानताओं का उल्लेख किया जा रहा है जो निम्नलिखित हैं—

1. औद्योगिक समाजशास्त्र एवं समाजशास्त्र दोनों ही विज्ञानों में प्रश्नावली, अनुसूची, साक्षात्कार एवं अवलोकन के द्वारा तथ्य इकट्ठा किए जाते हैं।
2. औद्योगिक समाजशास्त्र एवं समाजशास्त्र दोनों ही विषयों के अध्ययन में वस्तुनिष्ठता पाई जाती है।
3. औद्योगिक समाजशास्त्र एवं समाजशास्त्र दोनों विषयों की विषय-सामग्री लगभग एक समान होती है।
4. औद्योगिक समाजशास्त्र तथा समाजशास्त्र दोनों ही विज्ञानों में भविष्यवाणी करने की क्षमता पाई जाती है और यह क्षमता प्राकृतिक विज्ञानों की तुलना में कम होती है।
5. औद्योगिक समाजशास्त्र तथा समाजशास्त्र दोनों ही विज्ञानों द्वारा प्राप्त किए गए निष्कर्ष एवं परिणाम करीब-करीब सही होते हैं।
6. औद्योगिक समाजशास्त्र तथा समाजशास्त्र दोनों ही एक विज्ञान हैं एवं दोनों का अध्ययन भी वैज्ञानिक होता है।
7. औद्योगिक समाजशास्त्र एवं समाजशास्त्र दोनों विज्ञानों की अध्ययन विधियाँ एवं प्रविधियाँ समान होती हैं।
8. औद्योगिक समाजशास्त्र तथा समाजशास्त्र दोनों ही विज्ञान मानवीय संबंधों का अध्ययन करते हैं।

असमानता—औद्योगिक समाजशास्त्र एवं समाजशास्त्र के बीच बहुत अधिक समानताएँ पाई जाती हैं। लेकिन इसका अर्थ यह नहीं है कि इन दोनों विज्ञानों के बीच कोई भी असमानता नहीं है। इन दोनों विज्ञानों में कुछ असमानताएँ भी पाई जाती हैं जो निम्न हैं—

1. जहाँ औद्योगिक समाजशास्त्र का क्षेत्र संकुचित है वहीं समाजशास्त्र का क्षेत्र विस्तृत है।

2. औद्योगिक समाजशास्त्र की विषय वस्तु औद्योगिक संबंध है जबकि समाजशास्त्र की विषय वस्तु सामान्य सामाजिक संबंध है।
3. औद्योगिक समाजशास्त्र का विशिष्ट अध्ययन करता है जबकि समाजशास्त्र सामान्य एवं विस्तृत अध्ययन करता है।
4. औद्योगिक समाजशास्त्र में प्रयोग की जाने वाली विधियों के अतिरिक्त भी समाजशास्त्र में कुछ विधियों का प्रयोग किया जाता है। इन विधियों में ऐतिहासिक विधि, तुलनात्मक विधि एवं प्रयोग विधि आदि प्रमुख हैं।
5. औद्योगिक समाजशास्त्र का ज्ञान औद्योगिक क्षेत्रों में खासतौर से उपयोगी होता है जबकि समाजशास्त्र का ज्ञान समाज के सभी क्षेत्रों में उपयोगी होता है।
6. औद्योगिक समाजशास्त्र में सिर्फ औद्योगिक संबंधों का अध्ययन किया जाता है, इसलिए इसका क्षेत्र सीमित कहा जा सकता है जबकि समाजशास्त्र में सभी प्रकार के सामाजिक संबंधों का अध्ययन किया जाता है, इसलिए इसका क्षेत्र विस्तृत कहा जा सकता है।

उक्त वर्णन के आधार पर कहा जा सकता है कि औद्योगिक समाजशास्त्र एवं समाजशास्त्र में कुछ समानताएँ एवं कुछ असमानताएँ पाई जाती हैं। लेकिन इसका तात्पर्य यह नहीं है कि दोनों विज्ञानें एक-दूसरे से संबंधित नहीं हैं। इन दोनों विज्ञानों में घनिष्ठ संबंध पाए जाते हैं। इन दोनों को एक-दूसरे का पूरक कहा जा सकता है। औद्योगिक समाजशास्त्र औद्योगिक संबंधों का अध्ययन करता है जो समाजशास्त्र के सामान्य ज्ञान के बिना पूर्ण नहीं हो सकता है। इसी प्रकार औद्योगिक संबंधों के अध्ययन को छोड़कर समाजशास्त्र के अध्ययन को पूर्ण नहीं माना जा सकता है। इस प्रकार यह कहा जा सकता है कि औद्योगिक समाजशास्त्र एवं समाजशास्त्र में घनिष्ठ संबंध पाया जाता है। इस तथ्य की पुष्टि कार्ल मार्क्स (Karl Marx) ने भी की है। उन्हीं के शब्दों में, "समाज के विकास-क्रम को समझने के लिए समाज की औद्योगिक एवं आर्थिक परिस्थितियों को समझना आवश्यक है।" इस तरह मार्क्स के इस कथन से भी पता चलता है कि औद्योगिक समाजशास्त्र एवं समाजशास्त्र में घनिष्ठ संबंध पाया जाता है।

मनोविज्ञान से संबंध

इन दोनों के मध्य गहरा संबंध स्थापित है। औद्योगिक समाजशास्त्र उद्योग से संबंधित मानवीय संबंधों का अध्ययन करने वाला विज्ञान है, जबकि मनोविज्ञान मानव व्यवहार का वैज्ञानिक अध्ययन करने वाला विज्ञान है। मनोविज्ञान को परिभाषित करते हुए थाउलैस (Thouless) ने 'General and Social Psychology' में लिखा है, "मनोविज्ञान मानवीय अनुभव एवं व्यवहार का यथार्थ विज्ञान है।" इस परिभाषा से यह पता चलता है कि मनोविज्ञान मानव से संबंधित विज्ञान है। औद्योगिक समाजशास्त्र भी मानवीय संबंधों का अध्ययन करने वाला विज्ञान है। इस प्रकार दोनों विज्ञानों में समानता है। औद्योगिक समाजशास्त्र एवं मनोविज्ञान दोनों का विषय-क्षेत्र भी मिलता-जुलता है। दोनों ही विज्ञानें यथार्थ एवं तथ्यात्मक हैं। दोनों का दृष्टिकोण वैज्ञानिक है। साथ ही प्राकृतिक विज्ञानों की तुलना में दोनों में भविष्यवाणी करने की क्षमता कम है। इस तरह यह पता चलता है कि दोनों विज्ञानों में विभिन्न समानताएँ पाई जाती हैं जो इनके घनिष्ठ संबंध की द्योतक हैं।

औद्योगिक समाजशास्त्र तथा मनोविज्ञान में उक्त समानताओं के साथ-साथ कुछ असमानताएँ भी पाई जाती हैं जो निम्न हैं–

1. औद्योगिक समाजशास्त्र के अध्ययन की इकाई औद्योगिक समूह है, जबकि मनोविज्ञान के अध्ययन की इकाई व्यक्ति है। जहाँ औद्योगिक समाजशास्त्र के तहत मनुष्य या मनुष्यों के समूह का अध्ययन एक बड़े समूह, अर्थात् औद्योगिक पर्यावरण या पूरे समाज के प्रसंग में किया जाता है वहीं मनोविज्ञान सांस्कृतिक एवं भौगोलिक पर्यावरण से निकलकर मनुष्य का वैज्ञानिक अध्ययन करता है। इस प्रकार दोनों में विषय-सामग्री संबंधी अंतर पाया जाता है।
2. औद्योगिक समाजशास्त्र एवं मनोविज्ञान की अध्ययन प्रणालियाँ अलग-अलग हैं। औद्योगिक समाजशास्त्र के अध्ययन के लिए परिमाणात्मक एवं गुणात्मक पद्धतियों का प्रयोग किया जाता है, जबकि मनोविज्ञान के अध्ययन के लिए प्रयोगात्मक एवं विकासात्मक पद्धतियों का प्रयोग किया जाता है।
3. औद्योगिक समाजशास्त्र एवं मनोविज्ञान दोनों के अध्ययन का दृष्टिकोण भिन्न-भिन्न होता है। मैकाईवर (MacIver) ने इस संबंध में 'Community : A Sociological Study' में लिखा है, "यह केवल सामान्य सामग्री की ओर दृष्टिकोण का अंतर है।" ("It is a difference of attitude in regard to a common material.") औद्योगिक समाजशास्त्र का दृष्टिकोण यह है कि सामाजिक व्यवहारों का आधार मानव की समूह में रखने की प्रवृत्ति है, जबकि मनोविज्ञान का दृष्टिकोण यह है कि मानव के प्रत्येक व्यवहार का आधार मानव मन या चेतना है।
4. औद्योगिक समाजशास्त्र का दृष्टिकोण सामाजिक है जबकि मनोविज्ञान का दृष्टिकोण वैयक्तिक है।

उक्त वर्णन के आधार पर कहा जा सकता है कि औद्योगिक समाजशास्त्र एवं मनोविज्ञान में बहुत सारी समानताओं के साथ-साथ कुछ असमानताएँ भी पाई जाती हैं। फिर भी दोनों विषय एक-दूसरे से घनिष्ठ रूप से संबंधित हैं, क्योंकि दोनों ही मानव के अध्ययन से संबंधित हैं।

औद्योगिक मनोविज्ञान से संबंध

औद्योगिक समाजशास्त्र एवं औद्योगिक मनोविज्ञान के बीच भी घनिष्ठ संबंध पाया जाता है। दोनों विषयों के संबंधों को जानने से पूर्व यह जानना आवश्यक प्रतीत होता है कि दोनों विषय क्या हैं?

"औद्योगिक समाजशास्त्र, समाजशास्त्र की वह शाखा है जिसके अंतर्गत औद्योगिक सामाजिक संबंधों का अध्ययन किया जाता है।" करीब-करीब सभी विद्वानों ने इसे इसी रूप में परिभाषित किया है। इसकी विषय वस्तु उद्योग एवं औद्योगिक संबंध के इर्द-गिर्द ही घूमती है।

औद्योगिक मनोविज्ञान, मनोविज्ञान की वह शाखा है जो औद्योगिक परिस्थितियों में मानव व्यवहार का अध्ययन करती है। मनोविज्ञान को मानव व्यवहार का विज्ञान कहा जा सकता है। इस तरह का व्यवहार सामाजिक, आर्थिक एवं शैक्षणिक सभी क्षेत्रों में दिखाई पड़ता है। इन विभिन्न क्षेत्रों में मानव व्यवहार का अध्ययन करने के लिए मनोविज्ञान की विभिन्न शाखाओं का विकास हुआ है। शिक्षा के क्षेत्र में मानव व्यवहार का अध्ययन करने हेतु शैक्षणिक मनोविज्ञान, सामाजिक परिस्थितियों में मानव व्यवहार का अध्ययन करने हेतु सामाजिक मनोविज्ञान एवं औद्योगिक परिस्थितियों में मानव व्यवहार का अध्ययन करने हेतु औद्योगिक समाजशास्त्र का जन्म हुआ। वर्तमान युग में उद्योगों का महत्त्व बहुत अधिक हो गया है। इसमें विभिन्न समस्याएँ भी आती रहती हैं। इससे देश की आर्थिक स्थिति बिगड़ती है। देश का भविष्य औद्योगिक विकास पर निर्भर करता है। अतः यह आवश्यक मालूम होता है कि इस क्षेत्र में व्यावहारिक अध्ययन हेतु एक विज्ञान हो। औद्योगिक मनोविज्ञान का मनोविज्ञान की एक शाखा के रूप में विकास इसी उद्देश्य को लेकर किया गया। औद्योगिक मनोविज्ञान औद्योगिक क्षेत्र में व्यवहार के सिद्धांतों का विशेष अध्ययन करने के लिए एवं उनके संबंध में अनुसंधान के लिए स्थापित की गई है।

औद्योगिक मनोविज्ञान को विभिन्न विद्वानों ने परिभाषित किया है। इन विद्वानों द्वारा दी गई परिभाषाएँ निम्न प्रकार से हैं—

हैरेल (Harrell) ने औद्योगिक मनोविज्ञान को परिभाषित करते हुए 'Industrial Psychology' में लिखा है, "औद्योगिक मनोविज्ञान उद्योग एवं व्यवसाय में

काम करते हुए लोगों का अध्ययन है।" इस परिभाषा से यह पता चलता है कि औद्योगिक मनोविज्ञान वास्तविक औद्योगिक एवं व्यावसायिक परिस्थितियों में काम करते हुए लोगों के व्यवहार का अध्ययन है। हैरेल के अनुसार औद्योगिक परिस्थितियों या व्यवसायों में औद्योगिक मनोविज्ञान की विषय वस्तु सदैव व्यक्ति ही रहता है। इसका कारण यह है कि व्यक्ति ही मनोविज्ञान का अध्ययन विषय है। उन्होंने आगे लिखा है, "औद्योगिक मनोविज्ञान अनेक वस्तुओं का एक जटिल अध्ययन है, परंतु वह सदैव व्यक्तियों अथवा कार्य की स्थिति में समूहों के रूप में लोगों का अध्ययन है।"

स्मिथ (Smith) ने औद्योगिक समाजशास्त्र को परिभाषित करते हुए 'An Introduction to Industrial Psychology' में लिखा है, "व्यावहारिक प्रयोजनों के लिए औद्योगिक मनोविज्ञान की परिभाषा उन लोगों के आचार के अध्ययन के रूप में की जा सकती है जो जीविकोपार्जन के लिए अपने हाथों अथवा मस्तिष्क के कार्य का विनिमय करते हैं।" इस परिभाषा से यह पता चलता है कि औद्योगिक मनोविज्ञान में शारीरिक एवं मानसिक किसी भी रूप में उद्योगों में कार्य करने वाले व्यक्तियों का अध्ययन किया जाता है। औद्योगिक मनोविज्ञान औद्योगिक संदर्भ में मानव व्यवहार का अध्ययन करने वाला विज्ञान है।

औद्योगिक मनोविज्ञान को परिभाषित करते हुए ब्लम (Blum) ने 'Industrial Psychology and its Social Foundations' में लिखा है, "औद्योगिक मनोविज्ञान व्यवसाय एवं उद्योग में मानव संबंधों से संबंधित समस्याओं के प्रति मनोवैज्ञानिक तथ्यों एवं सिद्धांतों का प्रयोग या विस्तार है।" इस परिभाषा से यह पता चलता है कि औद्योगिक मनोविज्ञान में व्यवसाय एवं उद्योग के क्षेत्र में मानव संबंधों में मनोवैज्ञानिक तथ्यों एवं सिद्धांतों का प्रयोग किया जाता है। औद्योगिक मनोविज्ञान औद्योगिक क्षेत्रों में उठने वाली अनेक समस्याओं को सुलझाता है।

उक्त परिभाषाओं कि औद्योगिक मनोविज्ञान, मनोविज्ञान की वह शाखा है जिसमें औद्योगिक परिस्थितियों में मानव व्यवहार का अध्ययन किया जाता है एवं औद्योगिक क्षेत्र में उत्पन्न होने वाली व्यवहार संबंधी समस्याओं को सुलझाने के विषय में अनुसंधान किया जाता है।

औद्योगिक समाजशास्त्र एवं औद्योगिक मनोविज्ञान में गहरे संबंध पाए जाते हैं। दोनों अपने-अपने अध्ययनों में एक-दूसरे की मदद लेते हैं। औद्योगिक मनोविज्ञान उद्योग में कार्य करने वाले व्यक्तियों के मनोविज्ञान पर कार्य करने की बाहरी एवं आंतरिक परिस्थितियों यथा—उत्प्रेरकों, प्रेरणाओं एवं नीतिमत्ता आदि के

प्रभाव का अध्ययन करता है। इसमें औद्योगिक संबंधों के मनोवैज्ञानिक पहलुओं का अध्ययन किया जाता है। यह अध्ययन औद्योगिक समाजशास्त्र के लिए विशेष रूप से प्रमुख होता है। इसका कारण यह है कि हर सामाजिक तत्त्व का एक मनोवैज्ञानिक पहलू होता है। साथ ही प्रत्येक सामाजिक घटना के कुछ मनोवैज्ञानिक प्रभाव भी पड़ते हैं। ये प्रभाव ज्यादा महत्त्वपूर्ण होते हैं। इस प्रकार यह पता चलता है कि औद्योगिक समाजशास्त्र एवं औद्योगिक मनोविज्ञान के परस्पर सहयोग से औद्योगिक समाज में मनुष्यों के कार्य करने की भीतरी एवं बाहरी परिस्थितियों में जरूरी बदलाव करके ज्यादा-से-ज्यादा निपुणता, अनुकूलन एवं संतोष प्राप्त कर सकते हैं। इस तरह यह कहा जा सकता है कि औद्योगिक समाजशास्त्र एवं औद्योगिक मनोविज्ञान एक-दूसरे से संबंधित हैं। इन दोनों में समानताओं के साथ-साथ कुछ असमानताएँ एवं अंतर भी हैं जो निम्न प्रकार से हैं—

1. औद्योगिक समाजशास्त्र एवं औद्योगिक मनोविज्ञान दोनों की विषय-सामग्रियों में भेद पाया जाता है। औद्योगिक समाजशास्त्र संपूर्ण औद्योगिक संबंधों का अध्ययन करता है, जबकि औद्योगिक मनोविज्ञान केवल उन संबंधों का अध्ययन करता है जो मानसिक क्रियाओं से संबंधित होते हैं।
2. औद्योगिक समाजशास्त्र औद्योगिक समाज के भौतिक पहलुओं का अध्ययन करता है, जबकि औद्योगिक मनोविज्ञान विशेष रूप से औद्योगिक समाज तथा औद्योगिक जीवन के मानसिक पहलुओं का अध्ययन करता है। इस प्रकार यह पता चलता है कि दोनों विज्ञानों में पहलुओं से संबंधित अंतर है। औद्योगिक समाजशास्त्र एवं औद्योगिक मनोविज्ञान में तीसरी असमानता क्षेत्र से संबंधित है। औद्योगिक समाजशास्त्र का क्षेत्र तुलनात्मक रूप से व्यापक है जबकि औद्योगिक मनोविज्ञान का क्षेत्र सीमित है।
3. औद्योगिक समाजशास्त्र एवं औद्योगिक मनोविज्ञान में बहुत सारी असमानताओं के बावजूद दोनों एक-दूसरे से घनिष्ठ रूप से संबंधित हैं। एक के बिना दूसरे का कार्य नहीं चल सकता है। अगर यह कहा जाए कि ये दोनों विज्ञान एक-दूसरे के पूरक हैं तो इसमें कोई अतिशयोक्ति नहीं होगी।

औद्योगिक औषधि विज्ञान से संबंध

आधुनिक समय में औद्योगिक औषधि को सामाजिक औषधि की एक महत्त्वपूर्ण शाखा माना जाता है। सामाजिक औषधि ज्ञान की वह शाखा है जिसके द्वारा सामाजिक रोगों से संबंधित पर्याप्त ज्ञान प्राप्त किया जा सके। इसमें संक्रामक

रोगों एवं चिकित्सा संबंधी अध्ययन किया जाता है। औद्योगिक समाजशास्त्र का औद्योगिक औषधि से गहरे संबंध हैं। औद्योगिक औषधि में औद्योगिक संस्थाओं का अध्ययन किया जाता है एवं श्रमिकों के वातावरण के आवश्यक औषधियों की खोज की जाती है। इसमें औद्योगिक परिस्थितियों में होने वाले रोगों का अध्ययन खासतौर से किया जाता है।

औद्योगिक औषधि मुख्य रूप से औद्योगिक श्रमिकों की स्वास्थ्य सेवाओं का विकास, सामान्य श्रमिकों को स्वास्थ्य सेवाएँ प्रदान करने एवं विकलांग श्रमिकों की स्वास्थ्य सेवाओं से संबंधित है। इन सभी का औद्योगिक समाजशास्त्र के लिए अत्यधिक महत्त्व है। इसकी सहायता के लिए उन रोगों को दूर किया जा सकता है जो औद्योगिक परिस्थितियों में उत्पन्न होते हैं। ये कभी-कभी पीढ़ी दर पीढ़ी चलते रहते हैं। ये संक्रामक रोग का रूप धारण कर लेते हैं। इस प्रकार यह पता चलता है कि औद्योगिक समाजशास्त्र एवं औद्योगिक औषधि एक-दूसरे से घनिष्ठ रूप से संबंधित हैं। औद्योगिक समाजशास्त्र एवं औद्योगिक औषधि में उपर्युक्त संबंधों एवं समानताओं के साथ-साथ कुछ असमानताएँ एवं अंतर भी पाए जाते हैं जो निम्नलिखित हैं–

1. औद्योगिक समाजशास्त्र संपूर्ण है जबकि औद्योगिक औषधि उसका एक अंग या भाग है।
2. औद्योगिक समाजशास्त्र का क्षेत्र उद्योग है जबकि औद्योगिक औषधि का संबंध औद्योगिक परिस्थिति में औषधि है।
3. औद्योगिक समाजशास्त्र में समस्त औद्योगिक समाज एवं जीवन का अध्ययन शामिल किया जाता है जबकि औद्योगिक औषधि में केवल उन्हीं पहलुओं का अध्ययन किया जाता है जिनका संबंध रोग की परिस्थितियों से होता है।

उक्त वर्णन के आधार पर कहा जा सकता है कि औद्योगिक समाजशास्त्र एवं औद्योगिक औषधि दोनों में समानताओं के साथ-साथ असमानताएँ भी हैं। लेकिन इसके बावजूद दोनों एक-दूसरे से घनिष्ठ रूप से संबंधित हैं।

भूगोल से संबंध

औद्योगिक समाजशास्त्र एवं भूगोल में घनिष्ठ संबंध पाए जाते हैं। भूगोल भू-खण्ड के वातावरण एवं परिस्थितिशास्त्र संबंधी दशाओं का अध्ययन करता है। इसमें किसी भी देश की जलवायु, भूमि की रचना, खनिज पदार्थ तथा मनुष्यों पर भौगोलिक परिस्थितियों आदि के प्रभाव का अध्ययन किया जाता है। भौगोलिक

परिस्थितियों में पर्वत, मैदान, नदी, समुद्र एवं जंगल आदि के प्रभाव का अध्ययन किया जाता है। भूगोल (विशेषकर मानव भूगोल) आधुनिक समय में महत्त्वपूर्ण माना जा रहा है। इसलिए औद्योगिक समाजशास्त्र एवं भूगोल एक-दूसरे से घनिष्ठ रूप से संबंधित हैं।

औद्योगिक समाजशास्त्र तथा भूगोल के बीच निम्नलिखित संबंध हैं–

1. भूगोल में भौतिक परिस्थितियों (भूमि, जलवायु एवं प्राकृतिक साधन) आदि का अध्ययन किया जाता है। इनका उद्योगों की संख्या, प्रकार एवं विकास पर महत्त्वपूर्ण प्रभाव पड़ता है। इसलिए औद्योगिक समाजशास्त्र एवं भूगोल में आपसी संबंध पाया जाता है।
2. औद्योगिक समाजशास्त्र तथा भूगोल दोनों ही प्राकृतिक परिस्थितियों एवं साधनों आदि मनुष्य, उद्योग एवं व्यापार पर प्रभाव का अध्ययन करते हैं। इस प्रकार यह पता चलता है कि दोनों में घनिष्ठ संबंध पाया जाता है।
3. औद्योगिक समाजशास्त्र तथा भूगोल एक-दूसरे को उनके अध्ययन में सहायता प्रदान करते हैं। भूगोल की एक महत्त्वपूर्ण शाखा मानव भूगोल है जिसमें भौगोलिक परिस्थितियों का मानव की शारीरिक विशेषताओं तथा मनोवैज्ञानिक प्रवृत्तियों पर प्रभाव का अध्ययन किया जाता है। इसमें आवास के आकार-प्रकार, वस्त्रों की बनावट, आवागमन के साधन, गतिशीलता, परिवार तथा विवाह की संस्थाओं आदि पर भौगोलिक परिस्थितियों के प्रभाव का अध्ययन किया जाता है। इस अध्ययन से औद्योगिक समाजशास्त्र को सहायता मिलती है। इसका कारण यह है कि औद्योगिक समाजशास्त्र में भी औद्योगिक समाज पर भौगोलिक परिस्थितियों के प्रभाव का अध्ययन किया जाता है। इस प्रकार यह कहा जा सकता है कि औद्योगिक समाजशास्त्र एवं भूगोल परस्पर संबंधित हैं।
4. औद्योगिक समाजशास्त्र तथा भूगोल में पारस्परिक संबंध पाया जाता है। भूगोल की शाखा व्यावसायिक भूगोल में औद्योगिक जीवन की भौगोलिक परिस्थितियों का अध्ययन किया जाता है। इसका औद्योगिक समाजशास्त्र से गहरा संबंध होता है। इसका कारण यह है कि औद्योगिक समाजशास्त्र में उद्योगों एवं व्यवसायों की भौतिक परिस्थितियों की जानकारी आवश्यक हो जाती है।

उक्त वर्णन के आधार पर कहा जा सकता है कि औद्योगिक समाजशास्त्र एवं भूगोल एक-दूसरे से परस्पर संबंधित हैं। इन दोनों में परस्पर संबंध के साथ-साथ कुछ अंतर भी पाए जाते हैं जो निम्नलिखित हैं–

1. औद्योगिक समाजशास्त्र में औद्योगिक संबंधों एवं परिस्थितियों का अध्ययन

किया जाता है, जबकि भूगोल में भौगोलिक परिस्थितियों एवं संबंधों का अध्ययन किया जाता है।

2. औद्योगिक समाजशास्त्र की विषय वस्तु औद्योगिक परिस्थितियाँ होती हैं, जबकि भूगोल की विषय वस्तु भौगोलिक परिस्थितियाँ होती हैं।
3. औद्योगिक समाजशास्त्र का क्षेत्र सीमित है जबकि भूगोल का क्षेत्र तुलनात्मक रूप से व्यापक है।
4. औद्योगिक समाजशास्त्र भूगोल की तुलना में अधिक अर्वाचीन है।
5. औद्योगिक समाजशास्त्र की विषय वस्तु में तीव्र गति से बदलाव होता है जबकि भूगोल की विषय वस्तु अपेक्षाकृत कम परिवर्तित होती है।

उक्त वर्णन के आधार पर यह कहा जा सकता है कि औद्योगिक समाजशास्त्र एवं भूगोल में बहुत सारी समानताएँ एवं असमानताएँ पाई जाती हैं। इसके बावजूद दोनों में गहरा संबंध पाया जाता है।

अपराधशास्त्र से संबंध

औद्योगिक समाजशास्त्र एवं अपराधशास्त्र में निकट का संबंध पाया जाता है। जिस तरह औद्योगिक समाजशास्त्र एक नवीन विषय है उसी प्रकार अपराधशास्त्र भी एक नवीन विषय है। दोनों अपने-अपने क्षेत्रों में सीमित अध्ययन करते हैं। इस अध्ययन के द्वारा कार्य-कारण संबंधों का पता लगाकर वे अपने-अपने क्षेत्रों में समस्याओं के सुलझाव के उपाय बताते हैं। अपराध से औद्योगिक समाजशास्त्र को इसलिए सहायता मिलती है क्योंकि अपराध औद्योगिक समाज की एक महत्त्वपूर्ण विशेषता है। इस प्रकार यह पता चलता है कि औद्योगिक समाजशास्त्र एवं अपराधशास्त्र दोनों एक-दूसरे को अध्ययन में सहायता प्रदान करते हैं। अतः इन्हें एक-दूसरे से अंतःसंबंधित कहा जा सकता है।

औद्योगिक समाजशास्त्र तथा अपराधशास्त्र के बीच उपर्युक्त समानताओं के साथ-साथ कुछ असमानताएँ भी पाई जाती हैं जो निम्नलिखित हैं—

1. औद्योगिक समाजशास्त्र की विषय वस्तु उद्योग है जबकि अपराधशास्त्र की विषय वस्तु अपराध एवं उससे संबंधित घटनाएँ हैं।
2. औद्योगिक समाजशास्त्र का क्षेत्र औद्योगिक समाज या औद्योगिक संबंध है जबकि अपराधशास्त्र का क्षेत्र अपराधी समाज या अपराधी संबंध है।
3. औद्योगिक समाजशास्त्र का क्षेत्र सीमित है जबकि अपराधशास्त्र का क्षेत्र तुलनात्मक रूप से व्यापक है।

औद्योगिक समाजशास्त्र एवं अपराधशास्त्र में उपर्युक्त समानताओं एवं असमानताओं के आधार पर यह कहा जा सकता है कि दोनों विज्ञानों में घनिष्ठ एवं निकट के संबंध पाए जाते हैं।

अर्थशास्त्र से संबंध

औद्योगिक समाजशास्त्र का अर्थशास्त्र के साथ काफी गहरा संबंध पाया जाता है। दोनों ही सामाजिक विज्ञान हैं। जहाँ औद्योगिक समाजशास्त्र औद्योगिक संबंधों का अध्ययन करने वाला विज्ञान है वहीं अर्थशास्त्र समाज के आर्थिक पक्ष का अध्ययन करने वाला विज्ञान है। उद्योग एवं अर्थव्यवस्था एक-दूसरे से संबंधित होते हैं। इस तरह दोनों विज्ञानों का अध्ययन क्षेत्र करीब एक-सा प्रतीत होता है।

औद्योगिक समाजशास्त्र एवं अर्थशास्त्र में संबंधों को स्पष्ट करने से पहले यह जानना अनिवार्य प्रतीत होता है कि औद्योगिक समाजशास्त्र एवं अर्थशास्त्र क्या है। औद्योगिक समाजशास्त्र उद्योग-जगत् में पाए जाने वाले औद्योगिक संबंधों एवं सामाजिक संबंधों के अध्ययन से संबंधित विज्ञान है। अर्थशास्त्र आर्थिक संबंधों का अध्ययन करने वाला विज्ञान है। अर्थशास्त्र को परिभाषित करते हुए फेयरचाईल्ड, बक एवं स्लेसिंगर (Fairchild, Buck and Slesinger) ने 'Principles of Economics' में लिखा है, "अर्थशास्त्र मनुष्य की उन क्रियाओं का अध्ययन करता है जो कि आवश्यकताओं को सन्तुष्ट करने के भौतिक साधनों को प्राप्त करने के लिए की जाती है।" इस परिभाषा से यह मालूम होता है कि अर्थशास्त्र आर्थिक संबंधों का अध्ययन करने वाला विज्ञान है। ये आर्थिक संबंध समाज में ही पाए जाते हैं। मानवों द्वारा ही आर्थिक आदान-प्रदान किया जाता है। औद्योगिक समाजशास्त्र मानव संबंधों का अध्ययन करता है। आर्थिक क्रियाओं एवं सामाजिक क्रियाओं में गहरे संबंध पाए जाते हैं। दोनों एक-दूसरे को प्रभावित करती हैं। इससे यह मालूम होता है कि औद्योगिक समाजशास्त्र एवं अर्थशास्त्र में घनिष्ठ संबंध पाया जाता है। इन दोनों विषयों के अध्ययन की समस्याएँ भी काफी हद तक समान होती हैं। कुछ समस्याएँ ऐसी होती हैं जिनका अध्ययन दोनों विज्ञान समान रूप से करती हैं। इन समस्याओं में बेकारी की समस्या, निर्धनता की समस्या, आर्थिक नियोजन की समस्या, निम्न आर्थिक स्तर की समस्या एवं उत्पादन संबंधी समस्याएँ आदि मुख्य हैं। इन सभी समस्याओं के समाधान के लिए दोनों विज्ञानों के विशेषज्ञों की राय ली जाती है। इस तरह यह मालूम होता है कि औद्योगिक समाजशास्त्र एवं अर्थशास्त्र में बहुत हद तक समानताएँ पाई जाती हैं जो इन दोनों विज्ञानों के बीच पाए जाने वाले घनिष्ठ संबंधों का द्योतक कहा जा सकता है।

उक्त वर्णन के आधार पर यह कहा जा सकता है कि औद्योगिक समाजशास्त्र एवं अर्थशास्त्र में बहुत हद तक समानताएँ पाई जाती हैं। लेकिन इसका तात्पर्य यह नहीं है कि इन दोनों विज्ञानों के मध्य कोई असमानता नहीं है। इन दोनों विज्ञानों के बीच कुछ असमानताएँ पाई जाती हैं जो निम्नलिखित हैं—

1. औद्योगिक समाजशास्त्र के अध्ययन का दृष्टिकोण सामाजिक होता है जबकि अर्थशास्त्र के अध्ययन का दृष्टिकोण आर्थिक होता है।
2. औद्योगिक समाजशास्त्र का ध्यान समाज पर केंद्रित होता है, जबकि अर्थशास्त्र का ध्यान हमेशा समाज में होने वाली आर्थिक घटनाओं पर केंद्रित होता है।
3. औद्योगिक समाजशास्त्र का क्षेत्र ज्यादा विस्तृत है जबकि अर्थशास्त्र का क्षेत्र अपेक्षाकृत सीमित है। जहाँ औद्योगिक समाजशास्त्र उद्योग व्यवस्था के समाज पर पड़ने वाले सभी प्रभावों का अध्ययन करता है वहीं अर्थशास्त्र सिर्फ आर्थिक प्रभाव के अध्ययन तक अपने आपको सीमित रखता है।
4. औद्योगिक समाजशास्त्र एवं अर्थशास्त्र दोनों विज्ञानों की अध्ययन पद्धतियाँ अलग-अलग हैं। जहाँ औद्योगिक समाजशास्त्र में प्रश्नावली, साक्षात्कार, अनुसूची एवं अवलोकन विधियों का प्रयोग किया जाता है वहीं अर्थशास्त्र में आगमन एवं निगमन पद्धतियों से आर्थिक घटनाओं का अध्ययन किया जाता है। इस तरह दोनों के अध्ययन पद्धतियों में अंतर पाया जाता है।
5. औद्योगिक समाजशास्त्र जिन विषयों के सामाजिक पक्ष का अध्ययन करता है, अर्थशास्त्र उन्हीं विषयों के आर्थिक पक्ष का अध्ययन करता है।

उक्त वर्णन के आधार पर यह कहा जा सकता है कि औद्योगिक समाजशास्त्र एवं अर्थशास्त्र में समानताओं के साथ-साथ असमानताएँ भी पाई जाती हैं। लेकिन इतना अवश्य कहा जा सकता है कि औद्योगिक समाजशास्त्र एवं अर्थशास्त्र में अनेक असमानताओं के बावजूद एक-दूसरे के अत्यधिक निकट हैं एवं दोनों में घनिष्ठ संबंध पाया जाता है।

2

औद्योगीकरण एवं समाज

औद्योगिक समय को औद्योगिक युग की संज्ञा दी जाती है। औद्योगीकरण के वर्तमान दौर में विकास की गति तीव्र से तीव्रतर होती जा रही है। औद्योगीकरण के फलस्वरूप महत्त्वहीन बन चुके श्रमशक्ति को इस कम्प्यूटरीकृत युग में अपना पुराना वैभव वापस नहीं मिल पाया है। समाज भी औद्योगीकरण की इस द्रुत रफ्तार से अपने-आपको अछूता नहीं रह पाया क्योंकि औद्योगीकरण का मुख्य आधार समाज ही है। यदि औद्योगिक उत्पादन की खपत समाज में नहीं हो पाए तो औद्योगीकरण की दिशा परिवर्तित हो जाएगी। अतएव समाज भी आज औद्योगीकरण के साथ-साथ अपने आपको परिवर्तित करता जा रहा है। अर्थात् औद्योगीकरण एवं समाज आपस में सम्बन्धित हैं। अगर समाज प्राचीन परम्पराओं की तरफ आकर्षित होता है तो विकास की गति धीमी हो जाती है। इस कारण सामाजिक विकास एवं औद्योगीकरण परस्पर एक-दूसरे से सम्बन्धित हैं। विकास की इस गति ने कई प्राचीन रूढ़िवादी परम्पराओं को समाप्त-सा कर दिया है जो समाज के विकास में बाधक था।

औद्योगीकरण वर्तमान युग का सबसे महत्त्वपूर्ण शब्द है। सभ्यता के विकास के साथ ही साथ इस शब्द के महत्त्व में भी बढ़ोतरी होती जा रही है। यदि इस शब्द का विश्लेषण करें तो स्पष्ट होता है कि इस शब्द की उत्पत्ति उद्योग से हुई है। उद्योग मानव जीवन का आधार है एवं इसके अभाव में मनुष्य अपने प्रयत्न की रक्षा नहीं कर सकता। वैसे भी उद्योग का सामान्य अर्थ है परिश्रम करना या प्रयत्न (Efforts)

करना आदि। मौलिक प्रश्न तो यह है कि व्यक्ति परिश्रम क्यों करता है? क्या परिश्रम किए बगैरे वह जिन्दा नहीं रह सकता? इसके उत्तर में केवल इतना ही कहा जा सकता है कि परिश्रम मानव जीवन के लिए आवश्यक है। मनुष्य की अनेक आवश्यकताएँ होती हैं और वह इन जरूरतों की पूर्ति हेतु परिश्रम करता है। वह जीवनयापन के साधनों को अपनाता है और इन्हीं साधनों को उद्योग के नाम से जाना जाता है।

उद्योगों का सफलतापूर्वक सम्पादन तभी सम्भव हो सकता है जब मशीनें यन्त्र हों। इसका परिणाम यह होता है कि उद्योगों में यन्त्रों तथा मशीनों को अपनाने की प्रक्रिया शुरू होती जाती है। इसी प्रक्रिया को यन्त्रीकरण (Mechanization) के नाम से जाना जाता है। वैसे तो हर उद्योग में यन्त्रों की जरूरत होती है, किन्तु यन्त्रीकरण उस प्रक्रिया को कहते हैं जिसके द्वारा यन्त्र ही उद्योगों के आधार होते हैं। औद्योगीकरण वह प्रक्रिया है जिसके द्वारा बड़े पैमाने पर नयें उद्योगों को शुरू किया जाता है और साथ ही जो छोटे उद्योग होते हैं उन्हें विशाल उद्योग में परिवर्तित किया जाता है।

औद्योगीकरण के प्रमुख कारण

औद्योगीकरण एक प्रक्रिया है। इस प्रक्रिया के कई कारण हैं। इन कारणों को संक्षेप में निम्न भागों में विभक्त किया जा सकता है–

1. अन्य शक्तियों का आविष्कार–वैज्ञानिकों ने यंत्रों को संचालित करने हेतु वाष्प के अलावा अन्य कई प्रकार की शक्तियों का भी आविष्कार किया। इन शक्तियों में बिजली, पेट्रोल, डीजल, अणुशक्ति आदि प्रमुख हैं। इन शक्तियों ने औद्योगीकरण को आगे की तरफ ले जाने में महत्त्वपूर्ण योगदान दिया।

2. मशीनों का आविष्कार–नवीन मशीनों के आविष्कार से औद्योगिक क्षेत्र में नयें युग का सूत्रपात हुआ। मशीनों ने उद्योगों को क्रान्तिकारी परिवर्तनों की तरफ मोड़ दिया। नयें मशीनों से पहले गृह-उद्योगों की प्राथमिकता होती थी। गृह-उद्योगों की यह अवस्था कई शताब्दियों तक चलती रही। नयें मशीनों के आविष्कार के कारण शनैः शनैः ग्रामीण उद्योग-धन्धों का पतन शुरू हो गया। उद्योगों से सम्बन्धित कई मशीनों का निर्माण होता गया। इससे उद्योगों की एक स्थान पर स्थापना की गई। फलस्वरूप औद्योगीकरण की प्रक्रिया तेज हुई।

3. उत्पादन विधियों का आविष्कार–अन्तिम आविष्कार जिसने औद्योगीकरण की प्रक्रिया को आगे बढ़ाया, वह उत्पादन हेतु नई-नई विधियों (Techniques) का आविष्कार है। इन आविष्कारों के कारण औद्योगीकरण को अत्यधिक बल मिला है।

4. सभ्यता का विकास—औद्योगीकरण का प्रथम और सबसे महत्त्वपूर्ण कारण है सभ्यता का विकास। सामाजिक बदलाव के कारण समाज और इसकी संस्थाएँ आगे की ओर विकसित हुई हैं। उद्योग भी समाज की संस्था है, अतएव उद्योग का विकास होना स्वाभाविक है। आज हम औद्योगीकरण का जो विशाल रूप देख रहे हैं, उसका कारण सामाजिक बदलाव और सभ्यता का विकास ही है। भविष्य में जैसे ही सभ्यता का विकास होगा, उद्योगों का भी विकास होता चला जाएगा।

5. खनिज पदार्थों का उत्पादन—औद्योगीकरण की प्रक्रिया को गति मुहैया करने में सबसे बड़ा हाथ खनिज पदार्थों का है। इन खनिज पदार्थों में लोहे तथा कोयले का उत्पादन (Production of Iron and Coal) महत्त्वपूर्ण है। औद्योगीकरण आर्थिक विकास की एक गाड़ी है। इस गाड़ी के दो चक्र हैं—लोहा तथो कोयला। जैसे-जैसे लोहे और कोयले के उत्पादन में उन्नति होती गई और औद्योगीकरण आगे की तरफ अग्रसर होता गया, वैसे-वैसे मानव-ज्ञान में बढ़ोतरी हुई। इसका परिणाम यह हुआ कि लोहे तथा कोयले का उचित उपयोग किया जाने लगा। इन सबका फले यह हुआ कि औद्योगीकरण को बल मिला।

6. वाष्प का आविष्कार—वाष्प के आविष्कार ने औद्योगीकरण को क्रान्तिकारी बदलाव की तरफ मोड़ दिया। वाष्प के अधिकार के कारण मशीनों का संचालन वाष्प के द्वारा किया जाने लगा। इससे औद्योगिक क्षेत्रों में उन्नति हुई। इसके कारण उत्पादन क्षमता का भी विकास हुआ।

औद्योगीकरण की मान्य परिभाषाएं

1. फेयरचाइल्ड—"औद्योगीकरण तकनीकी विकास की वह प्रक्रिया है जिसमें श्रम-विभाजन के साथ विशेष कार्य-शक्ति द्वारा क्रेता एवं विक्रेता के मध्य संतुलन स्थापित होता है। इससे शहरीकरण को बढ़ावा मिलता है।"

2. स्टेले—"दोनों (औद्योगीकरण तथा उत्पादन) एक अन्तर्सम्बन्धी प्रक्रिया के ही अंग हैं, एक-दूसरे के बिना आगे नहीं बढ़ सकता। यह कथन सत्य है कि—

(i) उच्च उत्पादकता से औद्योगीकरण को प्रोत्साहन मिलता है तथा

(ii) औद्योगीकरण से उच्च उत्पादकता को बढ़ावा मिलता है।

अतः औद्योगीकरण का अर्थ कारखानों, मिलों, खानों, शक्ति संयंत्रों, रेलवे आदि निर्माण सम्बन्धों एवं घनिष्ठ रूप से सम्बन्धित क्रियाओं, विशेषकर वे क्रियाएँ जिनसे आधुनिक बाह्य आर्थिक ढांचे का निर्माण होता हो, के महत्त्व में पूर्ण एवं सम्बन्धित विकास से है। इसे संक्षिप्त अर्थ में आर्थिक विकास की व्यापक प्रक्रिया का ही विचार औद्योगीकरण में निहित है।"

3. संयुक्त राष्ट्रसंघ—"औद्योगीकरण आर्थिक विकास की व्यापक प्रक्रिया का केवल अंगमात्र है, जिसका उद्द्देश्य उत्पादन के साधनों की क्षमता में बढ़ोतरी करके जन-जीवन के स्तर को उठाना है।"

4. पं. नेहरू—"सभी राष्ट्र जिस देवता की आराधना करते हैं, वह देवता है—औद्योगीकरण, वह देवता है—मशीन, वह देवता है—विशाल उत्पादन और प्राकृतिक शक्ति एवं संसाधनों के अधिकाधिक लाभप्रद उपयोग का।"

5. ममोरिया—"औद्योगीकरण एक प्रक्रिया है जिसके अन्तर्गत उत्पादन कार्यों से सम्बन्धित अनेक बदलाव होते रहते हैं। जिसके अन्तर्गत किसी व्यावहारिक साहस का यन्त्रीकरण, नयें उद्योग की स्थापना, नए बाजार की खोज एवं किसी नए क्षेत्र का शोषण होता है। संक्षेप में, औद्योगीकरण एक सोधन है जिसके द्वारा पूँजी का लगातार विकास किया जाता है।"

6. पीकांक चांग—"औद्योगीकरण वह प्रक्रिया है जिसमें उत्पादन कार्यों में क्रमबद्ध बदलाव होते रहते हैं। इसके अन्तर्गत वे आधारभूत बदलाव आते हैं, जो किसी उपक्रम के यन्त्रीकरण, नयें उद्योगों के निर्माण, नए बाजार की स्थापना तथा किसी नए क्षेत्र के विदोहन के साथ-साथ होते हैं। यह एक प्रकार से पूँजी को गहन एवं विस्तृत बना देने की प्रक्रिया है।"

7. बाउर एवं यामे—'विस्तृत अर्थों में, औद्योगीकरण आर्थिक विकास तथा रहन-सहन के स्तर में सुधार की कुंजी माना जाता है। प्रचलित विचारधारा के अनुसार निर्माण उद्योग के रूप में औद्योगीकरण को आर्थिक स्थिरता लाने एवं निर्धनता को दूर करने की संजीवनी माना गया है।"

8. राष्ट्रसंघ—"औद्योगीकरण की प्रक्रिया केवल निर्माण उद्योग तक ही सीमित नहीं है? अपितु इसके द्वारा किसी भी देश की सम्पूर्ण आर्थिक संरचना परिवर्तित की जा सकती है।"

संक्षेप में, "औद्योगीकरण वह प्रक्रियो है, जिसकी मदद से नयें उद्योगों की स्थापना की जाती है तथा प्राचीन उद्योगों को वृहद्‌ पैमाने में परिवर्तित किया जाता हैं इस बदलाव हेतु विशाल यन्त्रों और मशीनों का उपयोग किया जाता है। इसका उद्द्देश्य आर्थिक विकास और राष्ट्रीय उन्नति में बढ़ोतरी करना होता है।"

औद्योगीकरण की प्रमुख विशेषताएँ

औद्योगीकरण के ऊपर जो परिभाषाएँ दी गई हैं उन परिभाषाओं का स्मरण रखते हुए औद्योगीकरण की निम्नांकित विशेषताएँ निर्धारित की जा सकती हैं—

1. औद्योगीकरण का प्रत्यक्ष सम्बन्ध आर्थिक तथा औद्योगिक क्रियाओं से है।
2. औद्योगीकरण एक प्रक्रिया है। इसका अभिप्राय है कि औद्योगीकरण के कारण उद्योगों में लगातार बदलाव और परिवर्द्धन होते रहते हैं। औद्योगीकरण एक गतिशील शब्द है।
3. उद्योगों की स्थापना का मुख्य उद्देश्य जीवनोपयोगी वस्तुओं का उत्पादन करना होता है। इसीलिए ऐसा कहा जाता है कि औद्योगीकरण का सम्बन्ध उत्पादन से है।
4. यन्त्रों तथा मशीनों के अभाव में औद्योगीकरण की स्थापना नहीं की जा सकती है। अतएव ऐसा कहा जाता है कि औद्योगीकरण और यन्त्रीकरण परस्पर संबंधित हैं।
5. औद्योगीकरण की प्रक्रिया के दो अनिवार्य तत्त्व हैं–
   (अ) नयें उद्योगों की स्थापना और
   (आ) प्राचीन तथा छोटे उद्योगों को वृहत् पैमाने के उद्योगों में परिवर्तित करना।
6. औद्योगीकरण के द्वारा प्राकृतिक शक्तियों का शोषण किया जाता है।
7. इससे पूँजी का विकास एवं विस्तार किया जाता है और
8. औद्योगीकरण का उद्देश्य आर्थिक विकास और राष्ट्रीय उन्नति करना होता है।

औद्योगीकरण का उद्विकास

औद्योगीकरण का उद्विकास मानव समाज के उद्विकास से घनिष्ठ रूप से सम्बन्धित है। मानव समाज को 'औद्योगिक क्रान्ति' (Industrial Revolution) अथवा औद्योगीकरण को गति प्रदान करने का श्रेय दिया जाता है। मानव समाज में अति प्राचीनकाल से उद्योग-धन्धों की अनिवार्यता का अनुभव किया जाता रहा है। किन्तु आधुनिक औद्योगीकरण का जन्म औद्योगीकरण क्रान्ति का परिणाम है। औद्योगीकरण में उत्पादन के साधनों में बदलाव करके उत्पादन की मात्रा में क्रान्तिकारी बढ़ोतरी की जाती है। आधुनिक समाजों का उत्पादन केवल उपभोग के लिए न होकर विनिमय और बाजार हेतु होता है।

मानव समाज के औद्योगिक इतिहास का अध्ययन करने से यह स्पष्ट मालूम होता है कि 1760 तक समस्त उद्योग 'हस्तकला' के स्तर तक के ही थे। उत्पादन में बढ़ोतरी के लिए जिन सामान्य कल-पुर्जों और मशीनों का उपयोग किया जाता

था, उन सभी का संचालन मानव शारीरिक शक्ति के द्वारा करता था। हस्तकला युग के औद्योगिक समाज की मुख्य विशेषताएँ निम्न थीं–

1. कारीगर स्वयं ही श्रमिक तथा पूँजीपति की दोहरी भूमिका निर्वाह करता था। कारीगर ही सभी औद्योगिक नीतियों का निर्धारण, संचालन और निर्देशन करता था।
2. श्रमिक अपने द्वारा निर्मित वस्तुओं को किसी बाजार आदि में न भेजकर सीधे उपभोक्ताओं को देता था।
3. श्रमिक के श्रम का बहुत बड़ा मूल्य होता था। कारीगर ही उत्पादन की सभी दशाओं (कच्चा माल, उत्पादन-प्रकार, मूल्य आदि) का निर्धारण करता था।
4. औद्योगिक क्षेत्रों में जहाँ भी मालिक एवं श्रमिक के बीच सम्बन्धों की व्यवस्था का प्रश्न है, वे अत्यन्त स्वाभाविक तथा घनिष्ठ होते थे तथा
5. औद्योगिक संघर्ष जैसी वर्तमान समस्याओं का पूर्णतया अभाव था।

औद्योगिक क्रान्ति–1785 में सबसे पूर्व वाष्प शक्ति का उपयोग सूती कपड़ा मिलों को चलाने हेतु किया गया था। शारीरिक शक्ति के स्थान पर वाष्प शक्ति का उपयोग ने औद्योगिक ढाँचे में क्रान्तिकारी बदलाव किए। इन्हीं क्रान्तिकारी बदलावों के कारण इस युग को 'औद्योगिक क्रान्ति का युग' के नाम से सम्बोधित किया गया। औद्योगिक क्रान्ति ने मानव समाज के मध्य क्रान्तिकारी बदलाव किए। सामाजिक सम्बन्ध प्रभावित हुए। मानव समाज में जागरूकता का विकास हुआ। औद्योगिक क्रान्ति ने एक नए औद्योगिक समाज को जन्म दिया। इस नवीन औद्योगिक समाज की मुख्य विशेषताओं में से कुछ इस प्रकार हैं–

1. कारखाना पद्धति का उदय,
2. श्रमिकों का मशीनीकरण तथा उनकी कारीगरी की भावना का अन्त,
3. श्रमिकों में अपने कार्य एवं निर्माण की वस्तुओं में आत्मसन्तोष की भावना का अन्त। यही कारण है कि आज श्रमिक किसी भी अद्‌भुतकारी वस्तु के निर्माण में असमर्थ हैं,
4. श्रमिकों में भय तथा असुरक्षा की भावना का विकास,
5. उत्पादन प्रक्रिया में पूँजी के महत्त्व में बढ़ोतरी,
6. बेरोजगारी तथा मन्दी की समस्या का जन्म और विकास।

भारत में औद्योगीकरण

औद्योगीकरण को आधुनिक शब्द माना जाता है, किन्तु इस तरह की धारणा गलत है। मानव सभ्यता के अतीतकाल से लेकर वर्तमान तक औद्योगीकरण की

प्रक्रिया लगातार गतिशील रही है। भारत में प्राचीनकाल में औद्योगीकरण अपनी उन्नत अवस्था में था। भारत में औद्योगीकरण के इतिहास को निम्न भागों में विभक्त करके समझा जा सकता है–

1. अतीत भारत में औद्योगीकरण–भारतीय उद्योगों का विकास काफी गौरवपूर्ण रहा है। 18वीं शताब्दी के अन्त तक औद्योगिक क्षेत्र में भारत अग्रणी देश था। यही कारण है कि भारत को संसार का वर्कशाप (Workshop of the world) कहा जाता था। भारतीय औद्योगिक आयोग ने प्रतिवेदन में लिखा है, ''उस समय जब आधुनिक औद्योगिक प्रणाली के जन्म-स्थान पश्चिम यूरोप में असम्भ्य कबीले बसे हुए थे, भारत अपने शासकों की धन-सम्पत्ति और अपने कारीगरों की कलापूर्ण चातुराई हेतु प्रसिद्ध था।'' एडवर्ड थार्नटन ने लिखा है, ''जब मिस्र के पिरामिड नील नदी की घाटी की ओर नीचे को झाँक रहे थे, जब यूनान एवं इटली जो यूरोपीय सभ्यता के जन्मस्थान हैं–जंगली किसानों के निवास स्थान थे, भारत धन-धान्य एवं वैभव का उद्‌गम स्थान था।''

भारतीय इतिहास अपने गौरवपूर्ण अतीत के प्रमाणों से भरा पड़ा है। चाणक्य के अर्थशास्त्र, जातक कथाओं, धार्मिक ग्रन्थों तथा विदेशी यात्रियों द्वारा लिखित यात्रा वर्णनों से भारतीय उद्योगों की झलक मिलती है। यूनानी लेखक हेरोडोटस (ई. पू. 485) ने लिखा है, ''भारत में उच्च कोटि का कपास, जो भेड़ की ऊन से भी श्रेष्ठ है, भारतीय वस्त्रों के निर्माण में प्रयोग की जाती थी।'' भारतीय सूती वस्त्र उद्योग अपनी चरमसीमा पर पहुँच गया था। ढाका की मलमल तो विश्व प्रसिद्ध वस्तु है। बुकानेन के शब्दों में ''ढाका की मलमल जिसे 'बुनी हवा' (Woven wind) कहते थे, 400 से अधिक काउण्ट्स की बनती थी तथा एक पूर्ण विकसित युवती हेतु निर्मित साड़ी एक अँगूठी के अन्दर से निकाली जा सकती थी।'' मानचेस्टर के एक व्यापारी ने ढाका की मलमल को 'वस्तु की छाया मात्र' (Shadow of Commodity) कहा था।

सूती वस्त्रों के अतिरिक्त भारत में बनारस, अहमदाबाद, सूरत, बड़ौदा, रायचूर, तंजौर, त्रिचनापल्ली आदि स्थानों में रेशमी कपड़ों का निर्माण किया जाता था। इन कपड़ों में चाँदी एवं सोने की कढ़ाई की जाती थी। राजस्थान में पत्थर पर मीनाकारी का काम होता था। संगमरमर के काम हेतु आगरा का ताजमहल संसार में अपना शान नहीं रखता है। इसके अलावा हाथीदाँत का काम, कागज उद्योग, चमड़ा उद्योग तथा काँच के कार्य भी होते थे। इस तरह कहा जा सकता था कि प्राचीन भारत में औद्योगीकरण अपने चरमोउत्कर्ष पर था। भारत में उद्योगों की स्थिति शनैः शनैः

परिवर्तित होती गई। कई घटनाओं और परिस्थितियों के संघात के कारण भारत में अतीत के उद्योगों का पतन हो गया।

भारत में अतीत के उद्योगों के पतन के जो मुख्य कारण थे, वे इस प्रकार है–

1. भारत में अंग्रेजों का आगमन तथा उपनिवेश की स्थापना।
2. भारतीय माल पर प्रतिबन्धात्मक कर।
3. अंग्रेजों की व्यापारिक नीति। भारतीय उद्योगों को समाप्त कर इंग्लैण्ड में निर्मित माल की भारत में बिक्री।
4. मशीनीकरण और इससे पैदा हुई प्रतियोगिता।
5. भारतीय अर्थव्यवस्था को कृति की तरफ मोड़ देना।
6. इंग्लैण्ड की औद्योगिक क्रान्ति एवं इसका प्रभाव।
7. नवाबों तथा राजाओं की समाप्ति।
8. व्यक्तियों में नई रुचियों का जन्म। पाश्चात्य सभ्यता का प्रभाव तथा इसका अनुकरण।
9. यातायात तथा संदेशवाहन के साधनों का विकास तथा
10. कारीगरों की उदासीन प्रवृत्ति।

2. वर्तमान भारत में औद्योगीकरण–अतीत भारत के गौरवपूर्ण उद्योगों के विनाश की प्रक्रिया 19वीं सदी तक पूरी हो गई। अंग्रेजों के शासनकाल से देश के आर्थिक तथा औद्योगिक क्षेत्र में एक नयें युग का सूत्रपात होता है। औद्योगिक क्रान्ति ने इंग्लैण्ड में पूँजीवाद उत्पादन व्यवस्था को विकसित किया। कई विदेशी कम्पनियाँ भारत आईं। उद्योगों के साथ ही भारत में यातायात का भी विकास हुआ। इन सबका परिणाम यह हुआ कि भारत में नयें औद्योगिक व्यवस्था का जन्म हुआ। भारत में औद्योगीकरण की प्रक्रिया का विधिवत् सूत्रपात यद्यपि 1947 के पश्चात हुआ, परन्तु भारत में सूती वस्त्र और जूट की मिलों में वाष्प शक्ति का उपयोग 1857 से ही हो गया था। भारत सरकार ने द्वितीय पंचवर्षीय योजना में औद्योगीकरण को सर्वोच्च प्राथमिकता दी। इससे उद्योगों के विकास के साथ-साथ स्वचालित मशीनों का उपयोग भी बढ़ता जा रहा है।

भारत में औद्योगीकरण की जरूरत

औद्योगीकरण हर देश के लिए उपयोगी है। इसी कारण भारत में भी इसका महत्त्व किसी तरह कम नहीं है। भारत में वास्तविक औद्योगीकरण की प्रक्रिया स्वतन्त्रता के बाद ही शुरू होती है। भारत में निम्न कारणों से औद्योगीकरण की जरूरते है–

1. भारत आर्थिक दृष्टि से सम्पन्न देश नहीं है। देश के सन्तुलित आर्थिक विकास हेतु औद्योगीकरण की अत्यन्त जरूरते है।
2. भारत कृषि-प्रधान देश होते हुए भी यहाँ के हल, बैल, बीज, पशु आदि अत्यन्त पिछड़ी अवस्था में हैं। इसके साथ ही भारतीय किसान रूढ़िवादी तथा अन्धविश्वासी है। इसका कारण भी स्पष्ट है। भारतीय किसान को कृषि हेतु वर्षा पर आश्रित रहना पड़ता है। इस दृष्टिकोण से भारत की उन्नति हेतु औद्योगीकरण आवश्यक है।
3. औद्योगीकरण का जनसंख्या पर भी प्रभाव पड़ता है। भारत में आबादी की जो तीव्रगति से बढ़ोतरी हो रही है उसे रोकने और सन्तुलन बनाए रखने हेतु भी औद्योगीकरण जरूरी है।
4. भारत में बेरोजगारी दिन-प्रतिदिन बढ़ती जा रही है। बेरोजगारी को खत्म करने हेतु औद्योगीकरण ही एकमात्र उपाय है। औद्योगीकरण से कई व्यक्तियों को रोजगार दिया जा सकता है।
5. भारत में प्रति व्यक्ति आय भी अत्यन्त कम है। इस आमदनी में बढ़ोतरी हेतु जरूरत है कि भारत में औद्योगीकरण को अपनाया जाए।
6. औद्योगीकरण के द्वारा युद्ध सामग्री का उत्पादन किया जा सकता है। इससे राष्ट्र की सैन्य शक्ति में बढ़ोतरी होती है। इसलिए सामाजिक दृष्टि से भी भारत में औद्योगीकरण जरूरी है।
7. औद्योगीकरण ही एक ऐसा साधन है जिसके द्वारा लघु और विशाल उद्योगों में सामंजस्य स्थापित किया जा सकता है। भारत में जहाँ लघु उद्योगों की जरूरत है। औद्योगीकरण अति आवश्यक है।
8. औद्योगीकरण ही एक ऐसा साधन है जिसकी मदद से देश का सर्वांगीण विकास किया जा सकता है।

अन्त में, दूसरे देशों की तुलना में भारत में उद्योग की जरूरत अधिक है। इसका कारण यह है कि भारत में प्राकृतिक साधन ज्यादा हैं, अर्थव्यवस्था विकास की प्रक्रिया में है और सामान्य जनता का रहन-सहन का स्तर निम्न है। इन सबकी व्यवस्थित उन्नति हेतु औद्योगीकरण आवश्यक है।

औद्योगीकरण का समाज एवं दूसरे क्षेत्रों पर प्रभाव

औद्योगीकरण का जीवन के हर क्षेत्र पर प्रभाव पड़ा है। इस प्रभाव को निम्न भागों में विभक्त किया जा सकता है–

1. नगरीय जनसंख्या में बढ़ोतरी–औद्योगीकरण का सबसे ज्यादा प्रभाव जनसंख्या पर हुआ है, जिसके परिणामस्वरूप–

(अ) ग्रामीण जनसंख्या में कमी आई है और

(आ) ग्रामीण जनसंख्या के शहरों की तरफ स्थानान्तरण के कारण नगरीय जनसंख्या में बढ़ोतरी हुई है।

2. कृषि का यन्त्रीकरण–औद्योगीकरण का दूसरा प्रभाव कृषि पर पड़ा है। औद्योगीकरण से पूर्व कृषि परम्परात्मक आधार पर होती थी एवं इसका एकमात्र उद्देश्य जीवनयापन करना था। औद्योगीकरण के कारण कृषि में क्रान्तिकारी बदलाव हुए हैं और आज इसका स्वरूप व्यावसायिक हो गया है।

3. आवास समस्या–विशाल ग्रामीण जनसंख्या द्वारा शहरों की ओर स्थानान्तरण के कारण शहरों में आवास की समस्या ने भीषण रूप धारण कर लिया है। खासकर श्रमिकों हेतु मकानों की कमी के कारण गन्दी बस्तियों का विकास हुआ है।

4. शासकीय संस्थाओं का विकास–औद्योगीकरण से पूर्व शासकीय संस्थाएँ इतनी मात्रा में नहीं थीं, जितनी कि आज हैं। शहरों में विशाल आबादी आ जाने के कारण जरूरतों में बढ़ोतरी और व्यवसाय को स्थापित करने के लिए कई संस्थाओं का विकास हुआ है, यथा–पुलिस, जेल, न्यायालय, श्रमकल्याण, मनोरंजन, शिक्षा और चिकित्सा से सम्बन्धित संस्थाएँ आदि।

5. व्यावसायिक विविधता–व्यावसायिक विविधता की दृष्टि से अगर औद्योगीकरण की विवेचना करें तो स्पष्ट होता है कि आज विविध तरह के व्यवसायों का जन्म और विकास हुआ है और इसके साथ ही रोजगार के अवसरों में भी बढ़ोतरी हुई है।

6. राजनीतिक जागरूकता–औद्योगीकरण के फलस्वरूप विविध भाषा, धर्म, जाति, सम्प्रदाय एवं क्षेत्र के व्यक्ति एक स्थान पर जाकर काम करते हैं। इसका फल यह होता है कि उन सबमें राजनीतिक जागरूकता का विकास होता है। इसके साथ ही औद्योगीकरण के कारण प्रजातन्त्र के महत्त्व में बढ़ोतरी हुई है।

7. प्राथमिक समूहों का विघटन–औद्योगीकरण के फलस्वरूप प्राथमिक समूहों का विघटन और इनकी संख्या में कमी होती है। इसके विपरीत द्वितीयक समूहों की संख्या में बढ़ोतरी होती है। औद्योगीकरण के कारण समाज में आज कई प्रकार के द्वितीयक समूहों का जन्म और विकास हो गया है। इसके साथ ही आज प्राथमिक समूहों की तुलना में द्वितीयक समूहों के महत्त्व में बढ़ोतरी होती जा रही है।

8. पारिवारिक स्वरूप में परिवर्तन—औद्योगीकरण ने परिवार के स्वरूप को भी बदल कर रख दिया है। इसके फलस्वरूप संयुक्त परिवार के विघटन की प्रक्रिया शुरू होती है। और साथ ही व्यक्तिगत परिवारों की संख्या में लगातार बढ़ोतरी होती जा रही है।

9. व्यक्तिवादी भावना—औद्योगीकरण के फलस्वरूप समूहवाद की भावना खत्म होती जा रही है और व्यक्तिवाद की भावना में बढ़ोतरी होती जा रही है। यह एकल भावना परिवार से लेकर अन्तर्राष्ट्रीय जीवन में भी देखी जा सकती है।

10. स्वार्थवाद की भावना—एकल भावना के विकास के साथ ही परार्थवाद (Altruism) की भावना खत्म होती जा रही है और साथ ही स्वार्थवाद (Egoism) की भावना का विकास होता जा रहा है।

11. जाति-प्रथा का कम महत्त्व—औद्योगीकरण के कारण कई जाति और धर्मों के व्यक्ति एक ही कारखाने में आकर काम करते हैं। इसका परिणाम यह होता है कि जाति-प्रथा का महत्त्व शनैः शनैः समाप्त होता जा रहा है। इसके साथ ही कई वर्गों का जन्म और विकास भी होता जा रहा है। ये प्रत्येक वर्ग पद, अर्थ, प्रशिक्षण और शिक्षा पर आधारित होते थे।

12. संचार साधनों का विकास—औद्योगीकरण के कारण वृहद् मात्रा में एक स्थान पर माल का उत्पादन होता है। जितने माल का उपभोग एक स्थान पर होना सम्भव नहीं है, इससे ज्यादा माल का एक स्थान से दूसरे स्थान पर स्थानान्तरण करना पड़ता है। इसके लिए संचार एवं आवागमन के साधनों का विकास करना होता है।

13. पड़ोस के महत्त्व में कमी—औद्योगीकरण और शहरीकरण के कारण आबादी में अत्यधिक गतिशीलता आ जाती है। आवास समस्या के कारण भी व्यक्तियों का निवास बदलाव होता रहता है। इसके परिणाम यह होता है कि पड़ोस के महत्त्व में कमी आ जाती है।

14. भौतिकवादी विचारधारा—औद्योगीकरण से भौतिक पदार्थों का उत्पादन होता है। पैसे के महत्त्व में बढ़ोतरी होती है और आवागमन तथा शिक्षा का प्रसार होता है। इसका फल यह होता है कि भौतिक विचारधारा का जन्म तथा विकास होता है।

15. बौद्धिक विकास—औद्योगीकरण से आवागमन तथा संचार के साधनों में बढ़ोतरी के साथ ही शिक्षा का प्रचार और प्रसार होता है। इसका फल यह होता है कि कूपमण्डूकता खत्म होती है और बौद्धिक विकास होता है।

16. प्राथमिक नियन्त्रण के शिथिल साधन—औद्योगीकरण के फलस्वरूप जनसंख्या की गतिशीलता में बढ़ोतरी हो जाती है। इसका फल यह होता है कि

प्राथमिक नियन्त्रण के साधन शिथिल हो जाते हैं एवं इसकी तुलना में द्वितीयक नियन्त्रण के साधनों में बढ़ोतरी हो जाती है।

17. धर्म के प्रभाव में कमी–औद्योगीकरण से जनसख्या की गतिशीलता में बढ़ोतरी हो जाती है और विविध धर्मों के व्यक्ति एक ही स्थान पर रहकर साथ-साथ काम करते हैं। फलतः धर्म के प्रभाव में कमी आती है।

18. यौन अपराधों में वृद्धि–शहरों में आवास की कमी के कारण श्रमिक अपने परिवार को गाँव में ही छोड़कर नगरों में आकर काम करते हैं। आर्थिक संकट और अवकाश की कमी के कारण वे कई वर्षों तक अपने घर नहीं लौट पाते। यौन सम्बन्धी मूलभूत इच्छा को न दबा सकने के कारण यौन सम्बन्धी अपराधों की संख्या में बढ़ोतरी होती है।

19. व्यापारिक मनोरंजन–औद्योगीकरण के कारण व्यापारिक मनोरंजन की संख्या में भी बढ़ोतरी होती है। व्यापारिक मनोरंजन में चलचित्र, क्लब, नृत्यघर, शराबखाना, जूआघर और वेश्यालयों को शामिल किया जाता है। इन व्यापारिक मनोरंजन के साधनों को व्यक्ति जीवन की जरूरते के रूप में स्वीकार करता है।

20. नैतिक मूल्यों में परिवर्तन–औद्योगीकरण के कारण नैतिक मूल्यों में बदलाव हो जाता है। इसके साथ ही समय तथा परिस्थितियों के अनुसार नैतिकता की नयें व्याख्या भी की जाती है।

21. वैवाहिक स्वरूप में परिवर्तन–औद्योगीकरण ने विवाह के स्वरूप को भी परिवर्तित कर दिया है। वर्तमान में धर्म के स्थान पर समझौते को विवाह में ज्यादा महत्त्व दिया जाता है। साथ ही वैवाहिक संबंधों में शिथिलता का भी विकास होता जा रहा है। यही कारण है कि विवाह से सम्बन्धित समस्याओं की संख्या में बढ़ोतरी होती जा रही है।

22. अवकाश की समस्या–औद्योगीकरण ने छुट्टी की समस्या को भी जन्म दिया है। आज छुट्टी के महत्त्व में अत्यधिक बढ़ोतरी हो गई है एवं जीवन अत्यन्त व्यस्त होता जा रहा है।

23. ग्रामीण उद्योगों का पतन–औद्योगीकरण के फलस्वरूप विशाल उद्योगों की स्थापना हुई है। इनसे जो माल उत्पन्न होता है, वह सस्ता पड़ता है। इसके साथ ही अच्छा भी होता है। इसका परिणाम यह होता है कि ग्रामीण उद्योगों का पतन हो जाता है तथा नगरीय उद्योगों की संख्या में बढ़ोतरी होती है।

24. श्रम विभाजन–औद्योगीकरण की मौलिक विशेषता श्रम-विभाजन है। आधुनिक उद्योग में काम करने हेतु प्रशिक्षण की आवश्यकता होती हैं। प्रशिक्षण के

कारण विशेषीकरण का जन्म होता है और इस विशेषीकरण के फलस्वरूप उद्योग में श्रम-विभाजन का जन्म होता है।

25. प्रतिस्पर्धा–औद्योगीकरण ने प्रतिस्पर्धा को जन्म दिया है। इसका परिणाम यह होता है कि वृहद् पैमाने पर उत्पादन होता है। उत्पादन एवं उपभोग में सन्तुलन स्थापित करने हेतु प्रतिस्पर्धा को आधार बनाया जाता है।

26. श्रम संघों का जन्म–औद्योगीकरण के कारण वृहद् संख्या में श्रमिक एक स्थान पर काम करते हैं। इससे उनमें जागरूकता का विकास होता है। वे कई समस्याओं से ग्रस्त होते हैं। इन समस्याओं से निपटने हेतु श्रमसंघों का गठन किया जाता है।

27. अन्य प्रभाव–उपरोक्त प्रभावों के अलावा औद्योगीकरण के अन्य प्रभाव भी समाज पर पड़ते हैं, जो निम्न हैं–

(क) सामुदायिक जीवन का ह्रास होता है,

(ख) मानसिक चिन्ताओं एवं बीमारियों की संख्या में बढ़ोतरी होती है।

(ग) जीवन प्रकृति से दूर हो जाता है और मनुष्य में बनावटीपन आ जाता है।

(घ) अपराध और व्यभिचार की संख्या में बढ़ोतरी हो जाती है,

(ङ) बाल-अपराधियों, बाल-आवारों तथा भगोड़ों की संख्या में बढ़ोतरी हो जाती है।

(च) स्त्रियों की दशा में सुधार होता है, साथ ही स्त्रियाँ गृह से बाहर काम करने जाने लगती हैं। इससे पर्दा-प्रथा पर भी प्रभाव पड़ता है।

(छ) सरकार के कार्यों और उत्तरदायित्वों की संख्या में बढ़ोतरी होती है।

(ज) पूँजीवाद का विकास होता है।

(झ) आर्थिक संकट तथा बेकारों की संख्या में बढ़ोतरी हो जाती है।

(ञ) औद्योगिक अशान्ति और दुर्घटनाओं की संख्या में बढ़ोतरी हो जाती है।

(ट) अन्त में औद्योगीकरण के फलस्वरूप विषम आर्थिक आर्थिक व्यवस्था का जन्म होता है। निर्धन व्यक्ति निर्धन होते चले जाते हैं और धनी व्यक्ति धनी होते जाते हैं। परिणाम यह होता है कि समाज दो वर्गों में विभक्त हो जाता है एवं दोनों वर्गों में दूरी बढ़ती जाती है। इससे वर्ग-संघर्ष की संख्या में बढ़ोतरी होती है।

औद्योगीकरण से समुदाय भी सम्बन्धित है। औद्योगीकरण एवं शहरीकरण परस्पर अन्तर्सम्बन्धित हैं। औद्योगीकरण की प्रक्रिया जहाँ इतनी तेजी होती है, वहाँ शहरीकरण की प्रक्रिया भी उसी तेजी से बढ़ती है। अर्थात् भारत में जहाँ आज

शहरीकरण की प्रक्रिया के साथ-साथ शहरीकरण की प्रक्रिया में तीव्रता आ रही है। वहीं औद्योगीकरण की प्रक्रिया में भी अत्यधिक तीव्रता आई है। नगर का प्रमुख आधार उद्योग ही होता है। शहरों में जनसंख्या का विस्फोट औद्योगिक की प्रक्रिया की तीव्रता का परिणाम है। 1990 ई. के उपरान्त इस प्रक्रिया में और भी तीव्रता आई है। इस औद्योगीकरण एवं शहरीकरण ने आर्थिक तौर पर विश्व को काफी सुदृढ़ किया है तथा समाज एवं समुदाय को काफी प्रभावित किया है।

शहरीकरण

शहरीकरण शब्द 'शहर' से बना है। यह शब्द इस प्रक्रिया की ओर संकेत करता है, जिसके द्वारा शहरों का निर्माण होता है। आधुनिक युग में शहरीकरण को सबसे ज्यादा महत्त्व दिया जा रहा है। विश्व के दूसरे हिस्सों की तुलना में भारत में शहरीकरण की प्रक्रिया अत्यन्त धीमी है। इसका मौलिक कारण भारत में औद्योगिक उन्नति की धीमी गति का होना है। शहरीकरण का मूल उद्‌गमस्रोत औद्योगीकरण है।

18वीं शताब्दी में होने वाली औद्योगिक क्रान्ति (Industrial Revolution) ने शहरीकरण को काफी प्रोत्साहित किया है। औद्योगीकरण का परिणाम यह होता है कि एक स्थान पर उद्योगों की स्थापना की जाती है। इन उद्योगों में काम करने हेतु अधिक संख्या में व्यक्तियों की जरूरते होती है। फलस्वरूप ग्रामीण जनसंख्या को शहरों की ओर स्थानान्तरण शुरू हो जाता है। इस तरहे शहरीकरण की प्रक्रिया शुरू हो जाती है और कुछ समय के अंदर एक छोटा-सा गाँव विशाल नगर के रूप में परिवर्तित हो जाता है। सरल शब्दों में जब गाँव, शहरों के रूप में परिवर्तित हो जाते हैं। और यह बदलाव प्रक्रिया द्वारा होता है तो इसी माध्यम को शहरीकरण के नाम से जाना जाता है।

शहरीकरण सामाजिक बदलाव की वह प्रक्रिया है, जिसके द्वारा किसी समाज में विशेष शहरों की संख्या में बढ़ोतरी अथवा उन स्थानों द्वारा नगरीय विशेषताओं को ग्रहण करने से लगाया जाता है जो अभी तक शहर नहीं कहे जाते थे। इस तरह शहरीकरण नगरीय विशेषताओं को अपनाने की प्रक्रिया है। शहरीकरण की अवधारणा सार्वभौमिक होते हुए भी निर्धारित करने वाले तत्त्वों को सार्वभौमिक नहीं कहा जा सकता। इसका कारण यह है कि शहरीकरण का आधार और इसके माप के पैमानों का नितान्त अभाव है। एक ही विशेषता किसी समाज में शहरीकरण की सूचक हो जाती है जबकि अन्य समाज में नहीं। मात्र जनसंख्या बढ़ोतरी को ही नगरकीरण का सूचक नहीं कहा जा सकता।

शहरीकरण की परिभाषा

नगरीकरण को विद्वानों ने अलग-अलग दृष्टिकोणों से समझने का प्रयत्न किया है। साधारणतया शहरीकरण की व्याख्या निम्न तीन आधारों पर की जाती है—

1. जनसंख्या बढ़ोतरी और आवास की दृष्टि से—किसी भी स्थान में जनसंख्या की बढ़ोतरी और प्रवास को ध्यान में रखकर शहरीकरण की कुछ परिभाषाएँ इस तरह की गई हैं—

(क) **बर्गेल**—'ग्रामीण जनसंख्या को नागरिक क्षेत्रों में बदलने को हम शहरीकरण कहेंगे।''

(ख) **फेयरचाइल्ड**—'नगरीकरण का अर्थ नागरिक बनने की प्रक्रिया से है अर्थात् व्यक्तियों एवं प्रक्रियाओं का नगरीय क्षेत्रों का गमन, नागरिक प्रक्रियाओं, जनसंख्या तथा क्षेत्र में वृद्धि।''

(ग) **संयुक्त राष्ट्रसंघ**—'अपने सबसे सरल एवं जनांकिकीय अर्थ में शहरीकरण को एक ऐसी प्रक्रिया के रूप में परिभाषित किया जा सकता है, जिसके द्वारा जनसंख्या एक निश्चित निर्धारित आकार से बड़े आकार-समूहों में एकत्रित हो जाती है।''

2. व्यावसायिक गतिशीलता की दृष्टि से—व्यावसायिक गतिशीलता की दृष्टि से शहरीकरण की मुख्य परिभाषाएँ इस तरह हैं—

(क) **डेविस**—'नगरीकरण एक निश्चित प्रक्रिया है—परिवर्तन का वह चक्र है, जिससे कोई समाज खेतिहर से औद्योगिक में परिवर्तित होता है।''

(ख) **एण्डरसन और ईश्वरन**—"साधारणतया नगरीय बढ़ोतरी शहरीकरण है और इसका अर्थ है—

(1) व्यक्तियों का ग्रामीण निवास से शहरी निवास की ओर गमन

(2) लोगों का कृषि-कार्य से गैर-कृषि कार्यों की ओर बढ़ना।"

(ग) **थॉमसन**—'व्यक्तियों का मुख्य रूप से या पूर्णरूप से कृषि-कार्य में लगे हुए समुदायों से दूसरे सामान्यतया अन्य बड़े समुदायों, जिनकी क्रियाएँ मुख्यरूप से सरकारी व्यापार, उत्पादन या उसी से सम्बद्ध स्थानों पर केन्द्रित होती है, में गमन ही शहरीकरण है।

3. समाजशास्त्रीय दृष्टिकोण से—समाजशास्त्री दृष्टिकोण से शहरीकरण की मुख्य परिभाषाएँ इस तरह हैं—

(क) **श्रीनिवास**—'नगरीकरण से तात्पर्य केवल सीमित क्षेत्र में अधिक जनसंख्या से ही नहीं, अपितु सामाजिक तथा आर्थिक सम्बन्धों में बदलाव से भी है।'

(ख) **गेराल्ड ब्रीज**—'नगरीकरण एक प्रक्रिया है, जिसके कारण लोग नगरीय

कहलाने लगते हैं, शहरों में रहने लगते हैं, खेती के स्थान पर अन्य व्यवसायों को अपनाते हैं जो नगर में उपलब्ध होते हैं और अपने व्यवहार-प्रतिमान में अपेक्षाकृत बदलाव का समावेश करते हैं।'

(ग) **मैक्स वेबर**–'नगरीकरण संस्कृति का एक आश्रित कारक है।'

(घ) **क्वीन और कारपेन्टर**–'नगरीकरण का उपयोग एक विशिष्ट जीवन का ढंग, जो अद्‌भुत रूप से नगर निवास से सम्बन्धित है, को पहचानने के लिए किया जाता है।'

(ङ) **जी. आर. मदान**–'नगरीकरण का तात्पर्य व्यक्ति के विचारों और व्यवहारों में बदलाव तथा उनके सामाजिक मूल्यों में बदलाव से है।'

इस तरह 'नगरीकरण सामाजिक बदलाव की वह प्रक्रिया है, जिसके द्वारा ग्रामीण जनसंख्या नगरीय जनसंख्या के विचारों और मूल्यों को अपनाती है।'

शहरीकरण की विशेष्टताएँ

नगरीकरण की जो परिभाषाएँ दी गई हैं, उनके आधार पर इसकी विशिष्टताओं को निम्न भागों में विभक्त किया जा सकता है–

1. शहरीकरण की इस प्रक्रिया में गतिशीलता के भी लक्षण पाए जाते हैं। गतिशीलता का तात्पर्य लगातार बदलाव से है।
2. शहरीकरण एक तरह की मानसिकता है। इसके द्वारा मनुष्य एक ऐसी मनोवृत्ति, विचारधारा और आदत को विकसित कर लेते हैं, जो ग्रामीण जीवन से भिन्न होती है।
3. शहरीकरण विभिन्नताओं के भी केन्द्र होते हैं। यह विविधता आचार-विचार, रहन-सहन और जीवनयापन के तरीकों से सम्बन्धित होती है।
4. शहरीकरण सामाजिक बदलाव की प्रक्रिया का नाम है।
5. बदलाव की इस प्रक्रिया के द्वारा ग्रामीण जनसंख्या शहरों की ओर हस्तांतरित होती है।
6. शहरीकरण सामाजिक बदलाव की वह प्रक्रिया है, जिसके द्वारा कृषि अर्थ-व्यवस्था के स्थान पर व्यवसाय (उद्योगों) को प्रोत्साहन दिया जाता है।
7. अन्त में, शहरीकरण की इस प्रक्रिया से जो बदलाव होते हैं, उनसे ग्रामीण और नगरीय जनसंख्या में सन्तुलन बना रहता है।

भारत में शहरीकरण

इस सदी की शुरुआत में 1901 में कलकत्ता को देश का पहला महानगर होने

का गौरव प्राप्त था। तब इसकी जनसंख्या दस लाख से कुछ ज्यादा थी। बम्बई शहर की जनसंख्या 8.47 लाख थी। 1901 में देश की कुल जनसंख्या का 11% भाग शहरों में निवास करता था, जो 1991 में बढ़कर 25.72% हो गया। भारत में शहरीकरण की प्रवृत्ति को आगे दी गई तालिका में दिखाया गया है—

जनगणना वर्ष	*नगरीय जनसंख्या का प्रतिशत*
1901	11.00
1911	10.40
1921	11.34
1931	12.18
1941	14.10
1951	17.62
1961	18.27
1971	20.22
1981	23.73
1991	25.72

इस तरह स्पष्ट है कि भारत की आबादी तेजी से गाँवों से शहरों की ओर प्रवाहित हो रही है।

1991 की जनगणना के अनुसार भारत के विविध राज्यों तथा केन्द्रशासित प्रदेशों में नगरीय जनसंख्या को निम्न तालिका में क्रमानुसार दिखाया गया है।

	राज्य/केन्द्र शासित प्रदेश	*नगरीय-जनसंख्या का प्रतिशत*
1.	दिल्ली	89.93
2.	चण्डीगढ़	89.69
3.	पाण्डिचेरी	64.05
4.	लक्षद्वीप	56.29
5.	दमन और दीव	46.86
6.	मिजोरम	46.20
7.	गोवा	41.02
8.	महाराष्ट्र	38.73

9.	गुजरात	34.40
10.	तमिलनाडु	34.20
11.	कर्नाटक	30.91
12.	पंजाब	29.72
13.	मणिपुर	27.69
14.	पश्चिम बंगाल	27.39
15.	आन्ध्र प्रदेश	26.84
16.	अण्डमान और निकोबार द्वीप समूह	26.80
17.	केरल	26.44
18.	हरियाणा	24.79
19.	जम्मू और कश्मीर	23.83
20.	मध्य प्रदेश	23.21
21.	राजस्थान	22.88
22.	उत्तर प्रदेश	19.89
23.	मेघालय	18.69
24.	नगालैण्ड	17.28
25.	त्रिपुरा	15.26
26.	उड़ीसा	13.43
27.	बिहार	13.17
28.	अरुणाचल प्रदेश	12.21
29.	असम	11.08
30.	सिक्किम	9.12
31.	हिमाचल प्रदेश	8.70
32.	दादरा एवं नगर हवेली	8.47

इस तरह स्पष्ट है कि राज्यों में दिल्ली और केन्द्र शासित प्रदेशों में चण्डीगढ़ प्रायः पूरी तरह से नगरीकृत है।

भारत में शहरीकरण के मुख्य लक्षण

(1) नगरीय जनसंख्या में लगातार वृद्धि—भारत में शहरीकरण का प्रथम लक्षण यह है कि जहाँ एक तरफ ग्रामीण जनसंख्या में गिरावट आती जा रही है,

वहीं दूसरी तरफ नगरीय जनसंख्या में लगातार बढ़ोतरी होती जा रही है। 1901 में भारत में शहरी जनसंख्या का प्रतिशत 11 था जो 1991 में बढ़कर 25.7 प्रतिशत हो गया है।

(2) महानगरों का विकास—1991 की जनगणना से स्पष्ट है कि भारत में कुल 12 ऐसे महानगर हैं, जिनकी आबादी 10 लाख से ज्यादा है। इनमें से तीन महानगरों की जनसंख्या निम्न है—

(क) कोलकता 91.65 लाख

(ख) मुम्बई 82.02 लाख

(ग) दिल्ली 93.70 लाख

चौथे स्थान पर चेन्नई है, जिसकी जनसंख्या 47.62 लाख है। जनसंख्या की दृष्टि से भारत के जिन 10 प्रमुख नगरों का क्रमानुसार स्थान रहा है, उनका विवरण अगले पृष्ठ पर दी गई तालिका में दर्शाया गया है।

दस प्रमुख नगरों की जनसंख्या

शहर	*1991 की जनगणना (लाख में)*
मुम्बई	125.96
कोलकता	110.22
दिल्ली	84.19
चेन्नई	54.22
हैदराबाद	43.44
बंगलोर	41.30
अहमदाबाद	33.12
पुणे	24.94
कानपुर	20.30
लखनऊ	60.69

1911 की जनगणना में कोलकता को देश का पहला महानगर होने का गौरव प्राप्त हुआ था। तब इसकी जनसंख्या 10 लाख से कुछ ही ज्यादा थी। उस समय मुम्बई की आबादी 8.47 लाख थी। तब से इनकी जनसंख्या में लगातार बढ़ोतरी होती रही। महानगरों की होड़ में शुरू से ही इनका स्थान प्रथम एवं द्वितीय रहा है।

भारत में शहरीकरण की इस प्रक्रिया में जो तत्व अंशदान दे रहे हैं, उनमें से कुछ मुख्य हैं–

(1) शहरी जीवन की सुख-सुविधाएँ तथा उन्नत जीवन के साधन।

(2) औद्योगीकरण तथा व्यापार व्यवसाय के लिए मुफ्त समाज को सुविधाएँ।

(3) केवले मुम्बई में प्रतिदिन दस हजार व्यक्ति रोजगार की तलाश में प्रवेश करते हैं।

नगरीकरण का प्रभाव

वर्तमान भारत में सामाजिक बदलाव की प्रक्रियाओं में शहरीकरण की महत्त्वपूर्ण भूमिका रही है। शहरीकरण का प्रभाव जीवन के विविध क्षेत्रों पर पड़ा है। पारिवारिक जीवन, सामुदायिक जीवन, सामाजिक स्तरीकरण आदि पर इसका व्यापक प्रभाव पड़ा है। जो निम्न है–

1. परम्परागत परिवार पर प्रभाव–नगरीकरण का परम्परागत परिवारों पर प्रभाव का अध्ययन जिन मुख्य विद्वानों ने किया है, उनका विवरण इस तरह है–

(a) Some Aspect of Family in Mahu (Gujarat)

—Dr. I.P. Desai, 1964

(b) Urbanisation and Family Change.

—Dr. M.S. Gore, 1968

(c) Article—The Indian Joint Family in Modern Industry in 'Structure and Change in Indian Society'.

—Milton Singer

(d) Family and Marriage in India.

—Dr. K.M. Kapadia

उपरोक्त अध्ययन के द्वारा शहरीकरण का परम्परागत परिवारों पर जो प्रभाव पड़ा है, उसका विवरण इस तरह है–

(क) स्त्रियों में जागरूकता तथा शिक्षा का विकास,

(ख) व्यक्तिवाद की भावना का विकास,

(ग) संयुक्त परिवारों का विघटन,

(घ) पारिवारिक ढांचे में बदलाव 'छोटा परिवार, सुखी परिवार का आधार' की धारणा का विकास।

2. विवाह संस्था पर प्रभाव–विवाह संस्था पर शहरीकरण के प्रभावों को निम्न भागों में विभक्त किया जा सकता है–

(क) हिन्दू विवाह की परम्परागत मान्यताओं में बदलाव,
(ख) विवाह को धार्मिक संस्कार न मानकर सामाजिक संविदा मानना,
(ग) पति-पत्नी के सम्बन्धों में बदलाव,
(घ) तलाक की बढ़ती मात्रा,
(ङ) श्राद्ध, तर्पण एवं यज्ञों के प्रति बढ़ती उदासीनता,
(च) पुत्र के समान ही बेटियों को महत्त्व,
(छ) अविवाहित स्त्री-पुरुषों की संख्या में बढ़ोतरी,
(ज) विलम्ब विवाह,
(झ) एक-विवाह को महत्त्व,
(ञ) विधवा विवाह का महत्त्व,
(ट) अन्तर्जातीय विवाहों को प्रोत्साहन,
(ठ) वैवाहिक विज्ञापनों को महत्त्व,
(ड) प्रतिष्ठासूचक के तौर परे दहेज।

3. जाति-व्यवस्था पर प्रभाव—शहरीकरण ने भारतीय जाति-व्यवस्था को विविध स्वरूपों में परिवर्तित किया है, जो इस तरह है—

(क) जातिगत संस्तरण में बदलाव,
(ख) अस्पृश्यता सम्बन्धी धारणा में शिथिलता,
(ग) जातिगत व्यावसायिक संरचना में बदलाव,
(घ) नए व्यवसायों का जन्म तथा विकास,
(ङ) भोजन सम्बन्धी परम्परागत जातीय मान्यताओं में बदलाव,
(च) अन्तर्जातीय विवाहों को प्रोत्साहन,
(छ) सार्वजनिक स्थानों के प्रयोग की स्वतन्त्रता,
(ज) जातिगत आवास व्यवस्था में बदलाव,
(झ) जातिगत संस्थाओं एवं संगठनों का जन्म-विकास,
(ञ) राजनीति एवं प्रशासन पर प्रभाव,
(ट) जातिवाद के नवीन मूल्यों का जन्म और विकास।

डॉ. राधाकमल मुकर्जी ने अपनी किताब 'Caste and Social Change in India' में शहरीकरण के कारण जाति-व्यवस्था पर जो प्रभाव पड़ा है, उसकी विवेचना इन शब्दों में की है, "सभी प्रकार की जातियाँ पृथक रहने ओर सहवास के प्राचीन प्रतिबन्धों को न मानती हुई बाजारों, फैक्ट्रियों और चाय की दुकानों में साथ-साथ काम करती हें और खान-पान करती हैं।"

बैली (F.G. Bailey) ने अपनी किताब 'Tribe, Caste and Nation' में लिखा है कि "रेलों में अस्पृश्यता नहीं है, क्योंकि यह कोई नहीं जानता कि कौन अस्पृश्यामी है। जाति परम्परागत रूप से लघुस्तर के समाजों और उन्हीं स्थानों में विद्यमान है, जहाँ स्थानीय गतिशीलता का अभाव पाया जाता है।"

बारनाबास का मत है, "रेलों, बसों, नगरों, फैक्ट्रियों, होटलों, सिनेमाघरों और क्लबों के लोग बिना जाति भेदभाव के उनमें प्रवेश करते हैं।"

4. ग्रामीण समुदाय पर प्रभाव—ग्रामम्य समुदाय पर शहरीकरण के प्रभावों की विवेचना करते हुए **डॉ. के. एम. कपाड़िया** ने लिखा है, "गाँव की आत्मनिर्भरता नष्ट हो गई और गाँव के प्रभावहीन सांस्कृतिक प्रतिमान पर नयें शहरी संस्कृति का प्रभाव पड़ा। आधुनिक सुविधाएँ जो अब तक शहरों तक ही सीमित थीं, गाँवों में पहुँच गई। रहन-सहन, वेश-विन्यास, घर की सजावट के प्रतिमान नयें सम्पर्क से प्रभावित हुए हैं एवं शिक्षा के विकास तथा मोटर यातायात के शुरू होने से इस प्रक्रिया में तीव्रता आ गई है।"

(क) गांव, नगर सम्बन्धों का विकास—
आर्थिक, सामाजिक, शैक्षणिक और चिकित्सा सम्बन्धी आदि।

(ख) कृषि का व्यवसायीकरण,

(ग) रहन-सहन के स्तर में बढ़ोतरी,

(घ) ग्राम पंचायत और जातीय पंचायतों का घटता महत्त्व,

(ङ) नवीन व्यवसायों को विकास,

(च) ग्रामीण आत्मनिर्भरता का अन्त,

(छ) गांव वासियों में आधुनिक जीवन-शैली को अपनाने तथा नगरीय बनने की लालसा का विकास।

5. सामाजिक समस्याओं पर प्रभाव—हर समाज में कुछ निर्धारित समस्याएँ होती हैं। शहरीकरण के फलस्वरूप मानव समाज में बाह्य समस्याएँ और भी जटिल और गम्भीर हुई हैं। शहरीकरण के कारण जिन समस्याओं का जन्म एवं विकास हुआ है, उनका विवरण इस तरह है—

(क) अलगाव की भावना का विकास,

(ख) वजूद हेतु संघर्ष की प्रवृत्ति का विकास,

(ग) शहरीकरण ने वैयक्तिक विघटन की निम्न मुश्किलों को विकसित किया है—

(i) जुआ तथा क्लब जीवन,

(ii) नैतिक पारिवारिक पतन और अकर्मण्यता,

(*iii*) दैहिक दौर्बल्य,
(*iv*) मानसिक हीनता,
(*v*) असामान्य व्यक्तित्व,
(*vi*) आत्मकेन्द्रीयवाद
(*vii*) अपरिवारवाद
(*viii*) मद्यपान तथा नशीली वस्तुओं का सेवन,
(*ix*) आत्महत्या की प्रवृत्ति।

(घ) शहरीकरण ने पारिवारिक जीवन में भी कई समस्याओं को विकसित किया है, जिनका विवरण इस तरह है—
(*i*) तलाक की मनोवृत्ति,
(*ii*) यौन-व्यवहारों में स्वाधीनता,
(*iii*) पारिवारिक तनावों में बढ़ोतरी,
(*iv*) पारिवारिक स्वच्छन्दता का विकास,
(*v*) मौलिकतावादी और विलासी जीवन,

(ङ) शहरीकरण के कारण सामुदायिक जीवन के क्षेत्र में भी कई तरह की समस्याओं का विकास हो रहा है। संक्षेप में, इन समस्याओं का विवरण इस तरह है—
(*i*) श्वेतपोश अपराध,
(*ii*) सामुदायिक जीवन में अलगाव,
(*iii*) स्थानमूलक गतिशीलता का विकास,
(*iv*) बेरोजगारी, भिक्षावृत्ति एवं निर्धनता,
(*v*) कुटिल आचरण का विकास।

6. **अन्य प्रभाव**—नगरीकरण ने जीवन के कुछ अन्य क्षेत्रों को भी प्रभावित किया है, जिनका विवरण इस प्रकार है—
(*i*) जीवन व्यवहार के नए तरीके,
(*ii*) कार्यों की अधिकता,
(*iii*) सम्बन्धों की जटिलता,
(*vi*) पाश्चात्य मूल्यों तथा मान्यताओं का आदर,
(*v*) फैशन और सभ्य जीवन की ओर प्रवृत्ति,
(*vi*) धार्मिक क्रियाओं और परम्परागत मूल्यों के प्रति जागरूकता,
(*vii*) राजनीतिकरण के प्रति जागरूकता,
(*viii*) समय का मूल्य,

(ix) जीवन में औपचारिकता का विकास,
(x) वित्त का मोह,
(xi) स्त्री समुदायों के जीवन-स्तर में बढ़ोतरी।

शहरीकरण तथा आर्थिक विकास

आर्थिक विकास एवं शहरीकरण अन्तःसम्बन्धित हैं। एक ओर जहाँ आर्थिक विकास शहरीकरण को प्रोत्साहित करता है, वहीं दूसरी तरफ शहरीकरण से आर्थिक विकास को भी प्रोत्साहन मिलता है। आर्थिक विकास से आशय उद्योग-व्यवसाय की उत्पत्ति तथा राष्ट्रीय आय में बढ़ोतरी से लगाया जाता है। आर्थिक विकास से आशय केवल आर्थिक समृद्धि अथवा मौद्रिक सम्पन्नता से नहीं है, अपितु इसका सीधा सम्बन्ध सांस्कृतिक और सामाजिक पर्यावरण में सुधार से भी है। इससे समाज में रहन-सहन के स्तर में बढ़ोतरी होती है एवं शिक्षा, व्यवस्था और सुविधाओं का विकास किया जाता है। इसलिए आर्थिक विकास को सुखी जीवन के साथ जोड़ा जाता है। आर्थिक विकास के कारण किसी देश की आर्थिक दशाओं में सुधार होता है। इसका परिणाम यह होता है कि राष्ट्र की आर्थिक दशा में सुधार होता है। आर्थिक विकास के जो मुख्य लक्षण देश में दिखाई दे रहे हैं, वे इस तरह हैं—

1. **राष्ट्रीय आय में बढ़ोतरी**—भारत में आर्थिक विकास के कारण राष्ट्रीय आय में जो बढ़ोतरी हुई है, वह इस तरह है—

योजना	राष्ट्रीय आय में वृद्धि (वार्षिक प्रतिशत)
1. प्रथम	2.3
2. द्वितीय	3.6
3. तृतीय	4.1
4. एकवर्षीय 1966-67	5.1
5. एकवर्षीय 1967-68	1.1
6. एकवर्षीय 1968-69	7.2
7. चतुर्थ	4.2
8. पंचम	5.0
9. षष्टम्	5.3

10. सप्तम्	5.5
11. अष्टम्	6.5 (सम्भावित)

2. **प्रतिव्यक्ति आय में वृद्धि**—राष्ट्रीय आय में बढ़ोतरी के साथ ही प्रति व्यक्ति आय में भी बढ़ोतरी हुई है, जिसे अगले पृष्ठ पर दी गई तालिका में दिखाया गया है—

योजना	प्रति व्यक्ति आय (रुपए में)
1. प्रथम	282
2. द्वितीय	309
3. तृतीय	357
4. चतुर्थ	422
5. पंचम	520
6. षष्टम्	1752
7. सप्तम्	2174
8. अष्टम्	3100 (सम्भावित)

आर्थिक विकास के क्षेत्र में जो बदलाव हुए हैं, वे इस तरह हैं—

(1) रोजगार के मौकों में बढ़ोतरी हुई है,

(2) व्यावसायिक विभिन्नता का विकास हुआ है,

(3) परम्परागत व्यवसायों का पतन एवं नए व्यवसायों का जन्म और विकास हुआ है।

(4) परम्परागत व्यवसायों को तुलनात्मक दृष्टि से उपेक्षात्मक रूप से देखा जा रहा है। यही कारण है कि व्यवसाय के क्षेत्र में गतिशीलता का विकास हुआ है,

(5) उपज में बढ़ोतरी हुई है,

(6) प्राकृतिक संसाधनों का ज्यादा-से-ज्यादा दोहन किया जा रहा है,

(7) रहन-सहन का स्तर ऊँचा हुआ है,

(8) पैसे के महत्त्व में बढ़ोतरी हुई है,

(9) पैसे के मूल्य में कमी आई है।

उद्योग एवं स्तरीकरण

हर समाज में सभी कार्य सभी व्यक्तियों द्वारा किए जाने सम्भव नहीं होते। इसलिए कार्य के विशिष्टीकरण की जरूरत होती है। विशिष्टीकरण के कारण

स्तरीकरण का समाज में उदय होता है। स्तरीकरण अथवा श्रेणीकरण से आशय व्यक्ति को सौंपे गए कार्यों के अनुरूप अथवा उसकी योग्यता के अनुरूप विभिन्न वर्गों में विभक्त करना होता है। इस तरह के स्तर निर्धारण का मापदण्ड जगह एवं समय के अनुरूप अलग-अलग होता है। धन-दौलत, सत्ता प्रभाव तथा शिक्षा-संस्कृति को भी मापदण्ड के रूप में व्यवहार में लाया जाता है। स्तरीकरण में पहले वस्तुओं अथवा विषयों को एक सातत्यक शृंखला या क्रम में रखा जाता है, फिर उसे अपेक्षतया समान स्थिति वाली सामग्रियों या विषयों के साथ मिलाकर एक स्तर में वर्गीकृत किया जाता है।

उद्योग में भी स्तरीकरण पूर्णतया लागू है। पूँजीपति एवं श्रमिक वर्ग का एक अलग स्तर होता है, परन्तु पूँजीपति एवं श्रमिक वर्ग के मध्य एक पृथक् वर्ग उत्पन्न होता है जिसे मध्यम वर्ग कहा जाता है। परन्तु, आधुनिककाल में मध्यम वर्ग का स्वरूप भी पूरी तरह परिवर्तित हो गया है। एक 'नवीन मध्यम वर्ग' का आविर्भाव हुआ है। अमेरिकी समाजशास्त्री **जे. बर्नार्ड** ने कहा है, "अमरीका जैसे विकसित देशों में अब मध्यमवर्ग एवं सर्वहारा वर्ग का अस्तित्व समाप्त हो गया है तथा सर्वहारा तथा श्रमिक वर्ग भी मध्यम वर्ग के साथ मिल गया है।" **टेल्कॉट पारसन्स** ने कुछ अधिक विस्तार से यह कहा है, "आधुनिक पूँजीवादी समाज में शहरों एवं ग्रामों के निम्न वर्गों के बीच की कड़ी-वर्ग द्विभाजन (Dichotomy) भी गायब हो गया है। उद्योगों में लगे श्रमिकों की संख्या भी कम होती जा रही है, जबकि अर्थव्यवस्था के तृतीयक सेवा क्षेत्र में और सेवा-सम्बन्धी व्यापारों के रोजगारों में तेजी से विकास हो रहा है। मशीनीकरण एवं औद्योगिक सम्बन्धों के बीच आज स्तरीकरण की एक ही प्रक्रिया रह गई है—औद्योगिक उत्पादन में लगे व्यक्ति एवं इसके उत्पाद की बाजार में खपत करने में लगे व्यक्ति।"

पारसन्स महोदय ने साम्यवादी औद्योगिक स्तरीकरण के सिद्धान्त का दो आधारों पर खण्डन किया—अभिजातीय बहुलवाद का सिद्धान्त तथा मध्यम वर्ग का सिद्धान्त। इनका कहना है कि चूँकि मध्यम वर्ग की बढ़ोतरी हो रही है, और श्रमिक वर्ग में कमी होती जा रही है, इसलिए पूँजीवादी समाज में दो परस्पर विरोधी वर्गों के संघर्ष की आवश्यक स्थिति लगभग खत्म-सी हो गई है। प्रो. गालब्रैथ ने इसी आधुनिक वर्तमान समाज की स्थिति को अपनी पुस्तक 'The New Industrial State' 1968 में तकनीकी तथा नए मध्यमवर्ग के लोगों को 'टेक्नोक्रेट' कहा है। पूँजीवादी और समाजवादी दोनों स्थितियों में उन्होंने इसे उपयुक्त बताया। प्रो. गालब्रैथ ने यह भी कहा कि इस नए शिल्पवैज्ञानिक विकास

के परिणामस्वरूप पूरी अर्थव्यवस्था पर इन्हीं टेक्नोक्रेटों का नियन्त्रण होता जा रहा है जो न वास्तव में मिल मालिक होता है और न ही श्रमिक।

उद्योगवाद के सामाजिक स्तरीकरण में नयें मध्यम वर्ग काफी महत्त्वपूर्ण है। पेशेवर संरचना के नए परिवर्तनों में पाँच मुख्य विशेषताएँ इस प्रकार हैं–

(क) सफेदपोश, पेशेवर तथा अर्द्ध-पेशेवर व्यवसायों में तीव्रता से बढ़ोतरी,

(ख) तृतीयक उद्योगों के कामों की तरफ व्यापक प्रगति,

(ग) तरह-तरह के कार्यों, पेशों एवं व्यवसायों के सम्बन्ध में सामान्य-ज्ञान का अत्यधिक प्रसार,

(घ) संचालकों, व्यवस्थापकों एवं उच्चाधिकारियों की संख्या की पुरानी बढ़ोतरी,

(ङ) काफी ज्यादा कार्यकुशल एवं दक्षतापूर्ण व्यवसायों की दिशा में प्रगति।

3

सामाजिक सर्वेक्षण विधि और औद्योगिक समाजशास्त्र

सामाजिक सर्वेक्षण आँकड़ों के संग्रह के लिए एक महत्त्वपूर्ण पद्धति है जिसका प्रयोग सामाजिक अनुसंधान के क्षेत्र में किया जाता है। न केवल सामाजिक अनुसंधान के क्षेत्र में बल्कि ज्ञान की भिन्न-भिन्न शाखाओं, जैसे—भूगर्भशास्त्र, भूगोल, औद्योगिक समाजशास्त्र एवं इंजीनियरिंग आदि में भी सर्वेक्षण शब्द का प्रयोग किया जाता है। विभिन्न विषयों में इसका प्रयोग अलग-अलग तरीके से होता है। लेकिन सामाजिक सर्वेक्षण अतीतकाल से ही आँकड़ों के संग्रह की एक लोकप्रिय विधि रही है। सामाजिक घटनाओं के अध्ययन के लिए अनेक विधियों का प्रयोग किया जाता है, किन्तु जब किसी विस्तृत क्षेत्र से प्राथमिक तथ्यों के एकत्रीकरण की आवश्यकता पड़ती है, तब ऐसे अध्ययनों के लिए सामाजिक सर्वेक्षण ही सबसे उपयुक्त विधि सिद्ध होती है। सामाजिक सर्वेक्षण का अर्थ एवं परिभाषा जानने से पहले सर्वेक्षण शब्द के अर्थ को जानना आवश्यक प्रतीत होता है।

हिन्दी का 'सर्वेक्षण' शब्द अंग्रेजी शब्द 'सर्वे' का रूपांतर है। अंग्रेजी का सर्वे शब्द दो शब्दों से मिलकर बना है। ये शब्द हैं 'सर' एवं 'वीयर'। 'सर' का अर्थ होता है ऊपर एवं 'वीयर' का अर्थ होता है देखना। इस प्रकार यह पता चलता है कि सर्वे या सर्वेक्षण का शाब्दिक अर्थ होता है किसी घटना को ऊपरी अथवा बाह्य रूप में देखना, परखना एवं सिंहावलोकन करना।

वेबस्टर कोश में सर्वेक्षण को परिभाषित करते हुए लिखा गया है, ''वास्तविक जानकारी प्राप्त करने के उद्देश्य से किए गए आलोचनात्मक निरीक्षण को सर्वेक्षण कहते हैं।''

सर्वेक्षण को परिभाषित करते हुए ऑक्सफोर्ड यूनिवर्सल कोश में लिखा गया है, ''किसी विशिष्ट प्रयोजन हेतु सूक्ष्म रूप से देखने, परखने अथवा निरीक्षण करने की प्रक्रिया को सर्वेक्षण कहते हैं।''

उक्त परिभाषाओं के आधार पर यह निष्कर्ष निकाला जा सकता है कि सर्वेक्षण एक ऐसी पद्धति है जिसके द्वारा घटनाओं की प्रवृत्ति, उनके बीच संबंधों एवं कारण-प्रभावों का अध्ययन किया जाता है।

हिन्दी भाषा के शब्दकोश सर्वेक्षण से तात्पर्य होती है। चारों ओर देखना, निरीक्षण करना, जाँच-पड़ताल करना, पैमाइश करना एवं माप-जोख करना इत्यादि। प्रतिदिन के जीवन में इस शब्द का प्रयोग किसी संपत्ति, संरचना, लेखा, मकान या किसी वस्तु की दशा, स्थिति, मूल्य, सीमाएँ एवं धारण-अधिकार आदि के आँकने के अर्थ में किया जाता है।

सामाजिक सर्वेक्षण का शाब्दिक अर्थ होता है किसी सामाजिक जीवन या घटना का निरीक्षण करना। 'सर्वे' का शाब्दिक अर्थ होता है किसी घटना का ऊपरी तौर पर निरीक्षण या देखना। इसलिए सामाजिक सर्वेक्षण या सोशल सर्वे का शाब्दिक अर्थ सामाजिक घटना के ऊपरी निरीक्षण या देखने से लगाया जा सकता है।

सामाजिक सर्वेक्षण : अर्थ

सामाजिक सर्वेक्षण औद्योगिक समाजशास्त्र की एक अध्ययन पद्धति है, जिससे अनुसंधान प्रक्रिया के दौरान आँकड़ों का एकत्रीकरण किया जाता है। पहले समय से आज सर्वेक्षण का प्रयोग पृथक् रूपों में किया जाने लगा है। ऐसा सामाजिक अनुसंधान की प्रकृति में परिवर्तन के कारण हुआ है। जहाँ पहले एक शताब्दी पूर्व इसका प्रयोग ब्रिटेन में किए गए गरीबी के प्रतिष्ठित अध्ययनों के लिए किया गया है, वहाँ आजकल जनमत संग्रह, नगर-नियोजन, बाजार-अनुसंधान एवं सम्प्रेषण-अनुसंधान आदि द्वारा किए गए अध्ययनों के लिए इसका प्रयोग किया जा रहा है। सामाजिक सर्वेक्षण का प्रयोग किन्हीं विशिष्ट समस्याओं के समाधान एवं समाधान के सीमित अर्थ में नहीं किया जाता है बल्कि सामाजिक सर्वेक्षण का अर्थ अनुसंधान की ऐसी वैज्ञानिक पद्धति से लिया जाता है जिसमें अनुसंधानकर्त्ता स्वयं अध्ययन स्थल पर जाकर किसी विशेष घटना का अवलोकन या घटना से संबंधित व्यक्तियों का प्रत्यक्ष

या परोक्ष साक्षात्कार करके कार्य-कारण संबंधों का पता लगाता है। इस प्रकार यह कहा जा सकता है कि यदि निरीक्षण-परीक्षण आदि सामाजिक जीवन या सामाजिक घटना से संबंधित होता है तो उसे मोटे तौर पर सामाजिक सर्वेक्षण कहा जाता है।

सामाजिक सर्वेक्षण : विभिन्न परिभाषाएँ

जहाँ तक सामाजिक सर्वेक्षण की परिभाषा का प्रश्न है। विभिन्न विद्वानों ने विभिन्न दृष्टिकोणों से इसे परिभाषित किया है। चूँकि सामाजिक सर्वेक्षण विभिन्न उद्देश्यों से किए जाते हैं इसलिए उसके परिभाषाओं के संबंध में भिन्नता का होना भी स्वाभाविक है। विभिन्न विद्वानों द्वारा प्रस्तुत सामाजिक सर्वेक्षण की परिभाषाओं को तीन आधारों पर स्पष्ट किया जा सकता है जो निम्न प्रकार से हैं–

(क) सामाजिक सर्वेक्षण एक वैज्ञानिक पद्धति के रूप में,

(ख) सामाजिक सर्वेक्षण व्याधिकीय समस्याओं व समाज-सुधार से संबंधित अध्ययन के रूप में,

(ग) सामाजिक सर्वेक्षण सामान्य सामाजिक घटनाओं के एक अध्ययन के रूप में।

उक्त विभिन्न आधारों पर विभिन्न विद्वानों द्वारा दी गई सामाजिक सर्वेक्षण की परिभाषाएँ निम्नलिखित हैं–

पी.वी. यंग (P.V. Young) ने सामाजिक सर्वेक्षण को परिभाषित करते हुए 'Scientific Social Surveys and Research' में लिखा है, "सामाजिक सर्वेक्षण

(1) समाज-सुधार की किसी क्रियात्मक योजना के निरूपण,

(2) निश्चित भौगोलिक सीमाओं में व्याप्त तथा निश्चित सामाजिक परिणामों व सामाजिक महत्त्व वाली किसी प्रचलित या तात्कालिक व्याधिकीय अवस्था के सुधार से संबंधित है और

(3) इन अवस्थाओं की माप व तुलना किसी ऐसी परिस्थितियों के साथ हो सके जिसे कि आदर्श रूप में स्वीकार किया जा सके।"

इस परिभाषा से यह स्पष्ट होता है कि सामाजिक सर्वेक्षण माप एवं तुलना की वैज्ञानिक विधियों द्वारा एक निश्चित भौगोलिक क्षेत्र के किसी मानव-समूह या समुदाय के जीवन से संबंधित किसी महत्त्वपूर्ण तात्कालिक व्याधिकीय समस्या का अध्ययन व समाज-सुधार की क्रियात्मक योजना का निरूपण है।

सामाजिक सर्वेक्षण को परिभाषित करते हुए मोर्स (Morse) ने 'The Social Survey in Town and Country Areas' में लिखा है, "संक्षेप में, सामाजिक

सर्वेक्षण कुछ परिभाषित उद्देश्यों के हेतु किसी विशेष सामाजिक परिस्थिति, समस्या अथवा जनसंख्या का वैज्ञानिक तथा व्यवस्थित रूप में विश्लेषण करने की केवल एक पद्धति है।''

सिन पाओ यंग (Hsin Pao Yang) ने सामाजिक सर्वेक्षण को परिभाषित करते हुए 'Fact Finding with Rural People' में लिखा है, ''सामाजिक सर्वेक्षण प्रायः लोगों के एक समूह की रचना, क्रियाकलापों तथा रहन-सहन की दिशाओं के संबंध में एक जाँच-पड़ताल है।''

सामाजिक सर्वेक्षण को परिभाषित करते हुए बर्गेस (Burgess) ने लिखा है, ''एक समुदाय का सर्वेक्षण सामाजिक विकास की एक रचनात्मक परियोजना प्रस्तुत करने के उद्देश्य से किया गया उस समुदाय की दशाओं व आवश्यकताओं का वैज्ञानिक अध्ययन है।''

सामाजिक सर्वेक्षण को परिभाषित करते हुए वेल्स (Wells) ने लिखा है, ''साधारण तौर पर सामाजिक सर्वेक्षण को किसी विशिष्ट क्षेत्र में रहने वाले एक मानव-समूह की सामाजिक संस्थाओं व क्रियाकलापों (Activities) के अध्ययन के रूप में परिभाषित किया जा सकता है।''

एम. एब्राहम्स ने सामाजिक सर्वेक्षण को परिभाषित करते हुए 'Social Survey and Social Action' में लिखा है, ''सामाजिक सर्वेक्षण एक ऐसी प्रक्रिया है जिसके द्वारा एक समुदाय की रचना और गतिविधियों के सामाजिक पहलुओं के संबंध में भावात्मक तथ्य इकट्ठा किए जाते हैं।''

सामाजिक सर्वेक्षण को परिभाषित करते हुए मोजर (Moser) ने 'Survey Methods in Social Investigation' में लिखा है, ''समाजशास्त्री को सर्वेक्षणों के क्षेत्र का अन्वेषण करने, तथ्य को एकत्र करने की दृष्टि से एक उत्तम साधन मानना चाहिए जिससे समस्या प्रकाश में लाई जा सके एवं जो बिन्दु अध्ययन योग्य हैं, उन्हें सुझाया या प्रस्तावित किया जा सके।''

केलॉग ने सामाजिक सर्वेक्षण को परिभाषित करते हुए लिखा है, ''सामाजिक सर्वेक्षण प्रायः सरकारी प्रयास माने गए हैं जो कि किन्हीं ऐसी सामाजिक समस्याओं के अध्ययन में वैज्ञानिक पद्धतियों का प्रयोग करते हैं, जो इतनी गंभीर हैं कि जनमत को उभार सकें तथा उनको हल करने की जन-इच्छा को जाग्रत कर सकें।''

विटनी (Whitney) ने सामाजिक सर्वेक्षण को परिभाषित करते हुए 'The Elements of Research' में लिखा है, ''नवीन सामाजिक विज्ञान की शब्दावली के अनुसार सर्वेक्षण एक सामाजिक संस्था, समूह या क्षेत्र के वर्तमान स्तर का विश्लेषण करने, व्याख्या एवं वृत्तान्त उपस्थित करने का एक संगठित प्रयास है।''

'डिक्शनरी ऑफ सोशियोलॉजी' में सामाजिक सर्वेक्षण को परिभाषित करते हुए लिखा गया है, "एक समुदाय के संपूर्ण जीवन या उसके किसी एक पहलू जैसे—स्वास्थ्य, शिक्षा, मनोरंजन के संबंध में तथ्यों के बहुत कुछ व्यवस्थित व विस्तृत संकलन व विश्लेषण, को ही मोटे तौर पर सर्वेक्षण कहते हैं।"

सामाजिक सर्वेक्षण को परिभाषित करते हुए डी. सी. जोन्स (D.C. Jones) ने लिखा है, "एक सामाजिक सर्वेक्षण गवेषणा के लिए चुने गए समुदाय के किसी समस्यात्मक भाग की अपेक्षा समस्त संरचना का एक विस्तृत वर्णन है।"

थियोडोर्सन एवं थियोडोर्सन (Theodorson and Theodorson) ने सामाजिक सर्वेक्षण को परिभाषित करते हुए लिखा है, "किसी सामाजिक समस्या के विश्लेषण एवं इसके समाधान हेतु सुझाव देने के उद्देश्य से किसी विशिष्ट समुदाय के एक व्यवस्थित एवं विस्तृत अध्ययन को सामाजिक सर्वेक्षण कहते हैं।"

सामाजिक सर्वेक्षण को परिभाषित करते हुए वेबस्टर शब्दकोश में लिखा गया है, "वास्तविक जानकारी प्राप्त करने के लिए किया गया आलोचनात्मक निरीक्षण (Inspection) ही सामाजिक सर्वेक्षण कहलाता है।"

औपेनहाइम (Aupenheim) ने सामाजिक सर्वेक्षण को परिभाषित करते हुए लिखा है, "यह सर्वेक्षण तथ्यों को संकलित करने का एक ऐसा नियोजित तरीका है जिसका प्रयोग तथ्यों के वर्णन करने अथवा भविष्योक्ति के उद्देश्य से किसी क्रिया का मार्गदर्शन करने अथवा कुछ कारकों के मध्य संबंधों को ज्ञात करने के लिए किया जाता है।"

सामाजिक सर्वेक्षण को परिभाषित करते हुए नाइल्स कारपेन्टर (Niles Carpenter) ने लिखा है, "स्थूल रूप में, किसी चुने हुए समुदाय अथवा समूह की प्राथमिक गवेषणा करने या विश्लेषण करने अथवा उसके सामाजिक-आर्थिक एवं अन्य पक्षों के बीच समन्वय स्थापित करने की विधि को सामाजिक सर्वेक्षण कहते हैं।"

सामाजिक सर्वेक्षण को परिभाषित करते हुए फेयरचाइल्ड (Fairchild) ने लिखा है, "सर्वेक्षण एक सहकारी प्रयास है जिसमें वैज्ञानिक विधि का प्रयोग किसी विशिष्ट भौगोलिक सीमाओं में आबद्ध तथा कार्यशील तात्कालिक सामाजिक समस्याओं एवं दशाओं के अध्ययन एवं समाधान हेतु किया जाता है।"

डेनिस चेपमैन (Denis Chepman) ने सामाजिक सर्वेक्षण को परिभाषित करते हुए लिखा है, "सामाजिक सर्वेक्षण एक विशिष्ट भौगोलिक, सांस्कृतिक अथवा प्रशासनिक क्षेत्र में रहने वाले व्यक्तियों से संबंधित तथ्यों को एक व्यवस्थित रूप में संकलित किए जाने की एक विधि है।"

उक्त परिभाषाओं के आधार पर यह निष्कर्ष निकलता है कि सामाजिक सर्वेक्षण सामाजिक अनुसंधान की एक ऐसी वैज्ञानिक विधि है जिसमें साक्षात्कार अथवा प्रश्नावली के द्वारा किसी विशिष्ट समग्र के चयनित सूचनादाताओं के लघु संख्यक समूह से जरूरी सामाजिक तथ्यों को इकट्ठा एवं विश्लेषित किया जाता है। सामाजिक सर्वेक्षण वह वैज्ञानिक पद्धति है जिसके द्वारा एक निश्चित भौगोलिक क्षेत्र की किन्हीं सामाजिक घटनाओं के अथवा सामूहिक जीवन के विषय में निर्भर योग्य तथ्यों को संकलित किया जाता है ताकि घटना की वास्तविकताओं का अध्ययन, विश्लेषण तथा निष्कर्षीकरण किया जा सके और यदि वह घटना व्याधिकीय है तो उसके समाधान के लिए आवश्यक परियोजना (Programme) बनाकर समाज-सुधार की दशा में योगदान दिया जा सके।

सामाजिक : स्वरूप

यह वैज्ञानिक अनुसंधान की एक प्रमुख पद्धति है। इसी वजह से कुछ सामाजिक वैज्ञानिक इसे सर्वेक्षण अनुसंधान का नाम देते हैं। अतः वैज्ञानिक विधि होने के कारण वैज्ञानिक पद्धति की सभी विशेषताएँ इस पर लागू होती हैं। सर्वेक्षण सामग्री यद्यपि वर्णनात्मकता से भरपूर होती है, लेकिन सर्वेक्षण तथ्य परिमाणात्मक होते हैं जो विज्ञान की सबसे बड़ी विशेषता है। सर्वेक्षण-अनुसंधान की वैज्ञानिक प्रकृति पर प्रकाश डालते हुए कलिंगर ने लिखा है, "सर्वेक्षण-अनुसंधान की सामाजिक वैज्ञानिक प्रकृति इसके परिवर्त्यों की प्रकृति से प्रकट होती है जिन्हें समाजशास्त्रीय तथ्यों, मतों और अभिवृत्तियों में वर्गीकृत किया जा सकता है।" सामाजिक सर्वेक्षण सामाजिक घटनाओं या समस्याओं से संबंधित है। लेकिन यहाँ यह कहना भी गलत नहीं प्रतीत होता है कि सभी सामाजिक घटनाओं को सामाजिक सर्वेक्षण की विषय सामग्री नहीं बनाया जा सकता है।

हैरीसन का कथन है कि केवल उन्हीं सामाजिक घटनाओं का अध्ययन सामाजिक सर्वेक्षण द्वारा किया जा सकता है जो भौगोलिक रूप से सीमित एवं निश्चित हों। ऐसा होने से यह फायदा होता है कि अनुसंधानकर्त्ता स्वयं अध्ययन-क्षेत्र में जाकर उपयोगी एवं संबंधित तथ्यों का संकलन आसानी से कर सकता है। इसी प्रकार मोर्स एवं अब्राहम्स ने भी सामाजिक सर्वेक्षण के कार्य-क्षेत्र को सीमित कर दिया है। मोर्स ने जहाँ सामाजिक सर्वेक्षण को सामाजिक घटनाओं की विवेचना तक सीमित कर दिया है वहीं अब्राहम्स ने इसके क्षेत्र को आँकड़ों के संकलन तक सीमित कर दिया है। वर्तमान में सामाजिक सर्वेक्षण के तहत सामाजिक सुधार के पक्ष पर अधिक

बल दिया जा रहा है। साथ ही वैज्ञानिक पद्धतियों के उपयोग पर भी बल दिया जा रहा है। अतः यह पता चलता है कि सामाजिक सर्वेक्षण का उद्देश्य न सिर्फ सामाजिक या सामुदायिक समस्याओं से संबंधित तथ्यों का संकलन करना है अपितु उसका समाधान भी करना है।

सामाजिक सर्वेक्षण की निम्नलिखित प्रकृति कही जा सकती है–

सर्वेक्षण तथ्यों की प्रामाणिकता की जाँच–सामाजिक सर्वेक्षण द्वारा सर्वेक्षण तथ्यों की प्रामाणिकता की जाँच की जा सकती है। यदि कोई अन्य सर्वेक्षक किसी सर्वेक्षण के परिणामों का परीक्षण करना चाहता है तो वह उन्हीं विधियों का प्रयोग करके यह कर सकता है। दूसरे शब्दों में यह कहा जा सकता है कि सामाजिक सर्वेक्षण में परीक्षणीयता का गुण पाया जाता है।

तुलनीयता का गुण–सामाजिक सर्वेक्षण में तुलनीयता का गुण भी पाया जाता है। एक सर्वेक्षण के तथ्यों की तुलना दूसरे सर्वेक्षण के तथ्यों से की जा सकती है। ऐसा इसलिए संभव हो पाता है क्योंकि सर्वेक्षण तथ्य वस्तुपरक तथा परिमाणात्मक होते हैं।

परिणात्मक गुण–सामाजिक सर्वेक्षण प्रामाणिकता होता है। अर्थात् सर्वेक्षण सामग्री को परिमाणात्मक तथ्यों में परिणत किया जा सकता है। विभिन्न विधियों के द्वारा सामाजिक विषय वस्तुओं को भी मापा जा सकता है। समाजमिती पैमानों, सांख्यकीय विधियों एवं नियंत्रित साक्षात्कार आदि के द्वारा ऐसा करना संभव होता है।

वस्तुपरक–सामाजिक सर्वेक्षण में ऐसी तकनीकों तथा उपकरणों का प्रयोग किया जाता है जिससे पक्षपात दृष्टिकोण से बचाव हो सकता है। इनमें प्रश्नावली, अनुसूची एवं साक्षात्कार आदि प्रमुख हैं। सामाजिक सर्वेक्षण में अनुसंधानकर्त्ता को सर्वेक्षण की निश्चित प्रक्रिया, योजनाबद्ध साक्षात्कारों एवं प्रश्नतालिका आदि के द्वारा जकड़ दिया जाता है ताकि अनुसंधान परिणाम अनुसंधानकर्त्ता के निजी प्रभाव से मुक्त रहे।

सैद्धांतिक एवं व्यावहारिक उद्देश्यों का सवोवेश–सामाजिक सर्वेक्षण में सैद्धांतिक एवं व्यावहारिक दोनों ही तरह के उद्देश्य निहित रहते हैं। सैद्धांतिक रूप में सामाजिक सर्वेक्षण के द्वारा संकलित तथ्य एक घटना या समस्या के संबंध में यथार्थ ज्ञान प्राप्त कराता है। साथ ही यह जानकारी में भी वृद्धि करता है। व्यावहारिक रूप में सामाजिक सर्वेक्षण समस्या के समाधान हेतु या समाज-सुधार की योजना बनाने के उद्देश्य की पूर्ति हेतु कार्य करता है।

सामाजिक प्रकृति–सामाजिक सर्वेक्षण सामाजिक प्रकृति का होता है, प्राकृतिक नहीं। कहने का तात्पर्य यह है कि सामाजिक सर्वेक्षण का संबंध सामाजिक घटनाओं,

सामाजिक तथ्यों या सामाजिक समस्याओं से होता है। इसका संबंध प्राकृतिक घटनाओं या समस्याओं से नहीं होता है। दूसरे शब्दों में यह कहा जा सकता है कि सामाजिक सर्वेक्षण का संबंध सामाजिक दुनिया से होता है।

सामाजिक सर्वेक्षण : विशेषताएँ

सामाजिक सर्वेक्षण की विभिन्न विशेषताएँ होती हैं। मानव सभी प्राणियों में श्रेष्ठ है। उसकी संकल्प शक्ति, भावना, बुद्धि एवं तर्क-वितर्क आदि की क्षमता उसे अन्य प्राणियों से भिन्न करती है। इसलिए मानव व्यवहार का अध्ययन सामाजिक विज्ञानों में ही किया जा सकता है। सामाजिक सर्वेक्षण उन विधियों में से एक विधि है जिसके द्वारा सामाजिक घटनाओं का अध्ययन किया जाता है। इस संबंध में मोहो का कहना है कि सामाजिक सर्वेक्षण विवरणात्मक एवं व्याख्यात्मक क्षेत्र-अनुसंधान की एक विधि है जिसमें किसी विशिष्ट सामाजिक विषय से संबंधित प्राथमिक एवं परिमाणात्मक तथ्य इकट्ठा किए जाते हैं। सामाजिक सर्वेक्षण की निम्नलिखित विशेषताएँ कही जा सकती हैं–

(1) परिमाणात्मक सूचनाओं का संकलन–इस संबंध में मोजर (Moser) ने लिखा है कि सामाजिक सर्वेक्षण एक ऐसा तरीका है जिसके द्वारा तथ्यों का संकलन किया जाता है जिससे कि समस्या या विषय की यथार्थताओं को समझना हमारे लिए जरूरी हो। किसी समुदाय के कितने लोग बेरोजगार हैं, कितने व्यक्ति शराब पीते हैं एवं कितने व्यक्ति कैंसर रोग से ग्रसित हैं, इत्यादि समस्याओं के संबंध में जानकारी प्राप्त करने के लिए सर्वेक्षण अनुसंधान ही सर्वोत्तम विधि मानी जाती है। इस प्रकार यह कहा जा सकता है कि सामाजिक सर्वेक्षण की एक विशेषता परिमाणात्मक सूचनाओं का संकलन करना है।

(2) क्षेत्रीय अनुसंधान का प्रयोग–भौतिक विज्ञानों की तरह तथ्यों की खोज के लिए इसमें प्रायोगिक विधि या प्रयोगशाला का प्रयोग नहीं किया जाता है। सामाजिक विज्ञानों की प्रयोगशाला संपूर्ण समाज है। इसलिए इसमें क्षेत्र में जाकर अनुसंधानकर्त्ता अपना अध्ययन करता है। उदाहरणस्वरूप, यदि किसी जनजाति के संबंध में जानकारी प्राप्त करनी हो तो उस जनजाति के निवास स्थानों पर जाकर ही उसके संबंध में जानकारी प्राप्त की जा सकती है। घर बैठकर उसके बारे में जानकारी प्राप्त करना संभव नहीं होता है। इस प्रकार यह कहा जा सकता है कि क्षेत्रीय अनुसंधान का प्रयोग करना सामाजिक सर्वेक्षण की एक विशेषता है।

(3) सहकारी विधि का प्रयोग–विभिन्न विद्वानों जैसे–फेयर चाइल्ड, केलॉग एवं उनके सहयोगियों आदि ने सामाजिक सर्वेक्षण को एक सहकारी प्रयास के रूप

में परिभाषित किया है। विस्तृत क्षेत्र में फैली हुई सामाजिक समस्या का अध्ययन करना किसी एक या दो व्यक्ति के वश की बात नहीं होती है। इस तरह के बड़े सर्वेक्षण के लिए कई व्यक्तियों की जरूरत होती है। जब कई क्षेत्रों में वैज्ञानिक मिलकर किसी सर्वेक्षण कार्य का सम्पादन करते हैं तब इस तरह के सर्वेक्षण को 'अन्तर्विज्ञानीय अनुसंधान' कहा जाता है। इस प्रकार यह कहा जा सकता है कि सामाजिक सर्वेक्षण में सहकारी विधि का प्रयोग किया जाता है जो इसकी एक विशेषता है।

(4) प्रतिचयन विधियों का प्रयोग—प्रतिदर्श विधियों के विकास के कारण अब यह आवश्यक नहीं रह गया है कि संपूर्ण समुदाय का अध्ययन किया जाए। प्रतिदर्श विधि द्वारा संपूर्ण समुदाय में से कुछ व्यक्तियों को चुनकर उनके अध्ययन द्वारा भी लगभग वे ही निष्कर्ष प्राप्त होते हैं जो संपूर्ण समुदाय का अध्ययन करके निकलते हैं। इसलिए आजकल यदा-कदा ही सर्वेक्षणों में किसी संपूर्ण समुदाय का अध्ययन किया जाता है।

(5) विस्तृत क्षेत्र की सूचनाओं का संकलन—विस्तृत क्षेत्र की सूचनाओं से प्राप्त ज्ञान के आधार पर सामान्यीकरण प्राप्त करना संभव होता है जो सामान्यतः अन्य विधियों द्वारा संभव नहीं हो पाता है। इस प्रकार यह कहा जा सकता है कि विस्तृत क्षेत्र की सूचनाओं का संकलन सामाजिक सर्वेक्षण की एक विशेषता है।

(6) वैज्ञानिक तकनीकों का प्रयोग—सामाजिक सर्वेक्षणों की प्रकृति पूरी तरह वैज्ञानिक होती है। आजकल इसमें प्रश्नावली, साक्षात्कार एवं साक्षात्कार प्रदर्शिका जैसी आधुनिक तकनीकों का प्रयोग किया जाता है। इससे अध्ययन पूरी तरह वैज्ञानिक बना रहता है। ऐसे सर्वेक्षणों से प्राप्त निष्कर्ष भी अत्यन्त परिष्कृत होते हैं। साथ ही सर्वेक्षणों में व्यक्तिगत पक्षपात न हो सके इसलिए कई वैज्ञानिक प्रविधियों का भी प्रयोग किया जाता है। इस प्रकार यह कहा जा सकता है कि वैज्ञानिक तकनीकों का प्रयोग करना सामाजिक सर्वेक्षण की एक विशेषता है।

सामाजिक सर्वेक्षण : लक्ष्य एवं उद्देश्य

यह एक विकासशील अवधारणा है। इसलिए इसके उद्देश्यों की परिधि को सीमित नहीं किया जा सकता है। मुख्य रूप से यह कहा जा सकता है कि ज्ञान प्राप्ति, समस्या का समाधान एवं समाज कल्याण की परियोजना को प्रस्तुत करना सामाजिक सर्वेक्षण के उद्देश्य हैं। साथ ही तथ्यों का सही संकलन एवं प्रदर्शन भी इसके उद्देश्य कहे जा सकते हैं। इसके अतिरिक्त सामाजिक सर्वेक्षण के कुछ सामान्य

एवं विशिष्ट उद्देश्य भी होते हैं। यदि यह कहा जाए कि सामाजिक सर्वेक्षण विभिन्न प्रकार के उद्देश्यों से किए जाते हैं तो इसमें कोई अतिशयोक्ति नहीं होगी। इस संबंध में मोजर (Moser) ने 'Survey Methods in Social Investigation' में लिखा है, "सर्वेक्षण जन-जीवन के किसी पक्ष पर प्रशासन संबंधी तथ्यों को जानने की आवश्यकता की पूर्ति के लिए अथवा किसी कार्यकारण संबंध की खोज करने के लिए अथवा समाजशास्त्रीय सिद्धांत के किसी पक्ष पर नया प्रकाश डालने के लिए किया जा सकता है।" आधुनिक सामाजिक सर्वेक्षणों का विकास सामाजिक समस्याओं के समाधान एवं नीति-निर्माण के तात्कालिक उद्देश्यों की पूर्ति हेतु सामाजिक घटनाओं के अध्ययन के रूप में हुआ है। अठारहवीं एवं उन्नीसवीं शताब्दी में विभिन्न विद्वानों ने जो शोध किए उनका मुख्य उद्देश्य सामाजिक समस्याओं का निदान करना रहा है। इन विद्वानों में बूथ, बाऊले एवं राउन्ट्री आदि का नाम उल्लेखनीय है। संभवतः यही कारण है कि पी.वी. यंग (P.V. Young) ने लिखा है, "सामान्यतः सामाजिक सुधार का कोई रचनात्मक कार्यक्रम बनाने हेतु या निश्चित भौगोलिक सीमाओं में व्याप्त एवं निश्चित सामाजिक परिणामों व सामाजिक महत्त्व की किसी प्रचलित अथवा तात्कालिक सामाजिक व्याधिकीय प्रकृति वाली दशा के सुधार हेतु सामाजिक सर्वेक्षण किए जाते हैं।"

बाऊले ने भी सामाजिक सर्वेक्षण के उद्देश्यों की चर्चा करते हुए मुख्यतः इसके दो उद्देश्यों की चर्चा की है। इनमें पहला उद्देश्य वैज्ञानिकता है। अर्थात् इसमें किसी घटना के कारणों का वर्णन, वर्गीकरण एवं खोज की जाती है। सामाजिक सर्वेक्षण के दूसरे उद्देश्य के अन्तर्गत किसी घटना से संबंधित दशाओं तथा उनके संबंधों के विषय में ऐसे तथ्यों के संकलन पर बल दिया जाता है जिससे उनके आधार पर एक आदर्श समाज की स्थापना की जा सके।

विभिन्न विद्वानों ने सामाजिक सर्वेक्षण के उद्देश्य की चर्चा की है। नाईल्स कारपेन्टर ने सामाजिक सर्वेक्षण के दो प्रमुख उद्देश्यों की चर्चा की है। इनमें पहला उद्देश्य वैज्ञानिक ढंग से सामग्री को इकट्ठा करना तथा दूसरा उद्देश्य विशिष्ट समुदाय में सुधार करना है। कुछ सर्वेक्षण ऐसे होते हैं जो वैज्ञानिक ढंग से सामग्री इकट्ठा करने के लिए किए जाते हैं। कुछ सर्वेक्षणों का प्रमुख उद्देश्य किसी विशिष्ट समुदाय अथवा समूह की जीवन-दशाओं या कार्यों से संबंधित सुधार के किसी कार्यक्रम की रचना करना होता है।

उक्त विवरणों के आधार पर सामाजिक सर्वेक्षण के निम्नलिखित उद्देश्य या कार्य कहे जा सकते हैं—

सामाजिक तथ्यों का संकलन—सामाजिक सर्वेक्षण का पहला उद्देश्य सामाजिक तथ्यों का संकलन करना कहा जा सकता है। यह सामाजिक तथ्यों के संकलन का एक महत्त्वपूर्ण साधन है। जब किन्हीं अन्य विधियों या सांख्यकीय प्रलेखों द्वारा आवश्यक तथ्य उपलब्ध नहीं हो पाते हैं तब सर्वेक्षण द्वारा उन तथ्यों का संकलन किया जाता है। किसी समुदाय की सामाजिक संरचनाओं, सामाजिक दशाओं एवं व्यक्तियों के विचारों, विश्वासों या दृष्टिकोणों को जानना होता है तो इसके लिए सामाजिक सर्वेक्षण विधि का प्रयोग अधिक उपयुक्त होता है। औद्योगिक विकास की प्रकृति व परिणाम, सामाजिक सुरक्षा, धार्मिक क्रिया-कलाप, मनोरंजन के तरीके, आर्थिक स्थिति, रहन-सहन की स्थितियाँ, परिवार की रचना, जनसंख्या की प्रकृति एवं वैवाहिक स्थिति आदि के बारे में सूचना एकत्र करने का कार्य सामाजिक सर्वेक्षण करता है। इसी तरह बाजार सर्वेक्षण द्वारा व्यापारिक संस्थाओं को यह पता चलता है कि उनके मालों की खपत या बिक्री की संभावना किस बाजार में कितनी है। इस तरह यह कहा जा सकता है कि सामाजिक सर्वेक्षण का एक उद्देश्य सामाजिक तथ्यों का संकलन करना होता है।

समाज में विघटन कारी समस्याओं का अध्ययन—सामाजिक सर्वेक्षण का दूसरा उद्देश्य समाज में विघटन उपस्थित करने वाली समस्याओं का अध्ययन करना एवं उसका समाधान ढूँढ़ना होता है। समाज में कुछ इस तरह की समस्याएँ पैदा हो जाती हैं जिससे सामाजिक जीवन अस्त-व्यस्त हो जाता है। उदाहरणस्वरूप वेश्यावृत्ति, व्यभिचार, बेकारी, बाल-अपराध, भिक्षावृत्ति एवं घूसखोरी आदि ऐसी समस्याएँ हैं जो समाज में विघटन की स्थिति पैदा कर सकती हैं। केलॉग (Kellog), बर्गेस (Burgess) एवं पी. वी. यंग (P. V. Young) आदि विद्वानों ने भी यह विचार व्यक्त किया है कि सामाजिक सर्वेक्षण का उद्देश्य सिर्फ समाज में विघटन उपस्थित करने वाली समस्याओं का अध्ययन करना है। बर्गेस (Burgess) के नेतृत्व में अमेरिका के शिकागो विश्वविद्यालय द्वारा अनेक विघटनात्मक समस्याओं, यथा—अपराध, बाल-अपराध, गिरोह-प्रवृत्ति एवं गंदी बस्तियों आदि की समस्याओं आदि पर महत्त्वपूर्ण कार्य हुआ है। सामाजिक सर्वेक्षण के इस उद्देश्य पर प्रकाश डालते हुए मार्क अब्राहम (Marck Abraham) ने लिखा है, "यदा-कदा सर्वेक्षण समाज की संरचना तथा क्रियाशीलता के संबंध में अधिक ज्ञान प्राप्ति की इच्छा से प्रेरित होते हैं, किंतु ज्यादातर किसी सामाजिक समस्या के आयामों को मापने, कारणों को जानने तथा उसके निदान के संबंध में निर्णय लेने के एक अपरिहार्य प्रथम कदम के रूप में सर्वेक्षण किए जाते हैं।"

इस प्रकार हम कह सकते हैं कि समाज में विघटन उपस्थित करने वाली समस्याओं का अध्ययन करना सामाजिक सर्वेक्षण का एक उद्देश्य है।

रचनात्मक रूप रेखा तैयार करना—सामाजिक सर्वेक्षण का तीसरा उद्देश्य समाज में विघटन उपस्थित करने वाली समस्याओं के समाधान हेतु एक रचनात्मक रूपरेखा तैयार करना है। केलॉग (Kellog), पी. वी. यंग (P. V. Young) एवं बर्गेस (Burgess) आदि विद्वानों ने सामाजिक सर्वेक्षण के इस उद्देश्य की चर्चा की है। सामाजिक सर्वेक्षण के द्वारा न केवल सामाजिक समस्याओं का अध्ययन किया जाता है बल्कि उसे दूर करने तथा सामाजिक सुधार के लिए रचनात्मक योजना का भी निर्माण किया जाता है। इस बात की पुष्टि पी. वी. यंग के कथनों से भी होती है। पी. वी. यंग (P.V. Young) ने इस संबंध में लिखा है, भारत में पंचवर्षीय योजनाओं के क्रियान्वयन हेतु कई सर्वेक्षण किए गए हैं। एस. डी. पुणेकर (S.D. Punekkar) ने मुम्बई की वेश्यावृत्ति की समस्या का सर्वेक्षण पद्धति से अध्ययन करने के बाद न सिर्फ उस समस्या की गंभीरता एवं कारणों का उल्लेख किया बल्कि उसे दूर करने का उपाय भी बताया। इस संबंध में उनकी पुस्तक 'A Study of Prostitutes in Bombay' है जो मुम्बई की वेश्याओं के सर्वेक्षण के बाद लिखी गई थी। सामाजिक सर्वेक्षण के इस उद्देश्य के संबंध में अर्नोविश ने लिखा है, "सामाजिक सर्वेक्षण सामाजिक तथ्यों का एक ऐसा संग्रह है जो उत्कृष्ट योजना बनाने, रचनात्मक तथा प्रभावशाली सुधार कार्य के लिए आवश्यक पर्याप्त सूचना देने के उद्देश्य से किया जाता है।" अतः यह पता चलता है कि एक रचनात्मक रूपरेखा तैयार करना सामाजिक सर्वेक्षण का उद्देश्य होता है।

श्रमिक वर्ग की दशाओं का अध्ययन—सामाजिक सर्वेक्षण का चौथा उद्देश्य श्रमिक वर्ग की दशाओं का अध्ययन करना है। सामाजिक जीवन से संबंधित ज्यादातर गंभीर समस्याओं का दर्शन श्रमिक वर्गों में देखने को मिलता है। इस कारण सामाजिक सर्वेक्षण का विशेष ध्यान इस वर्ग की दशाओं एवं समस्याओं पर होता है। सामाजिक सर्वेक्षण के द्वारा न केवल इन वर्गों की दशाओं एवं समस्याओं का अध्ययन किया जाता है बल्कि उनके लिए सुधार की योजनाओं को कार्यान्वित करना भी होता है। आज औद्योगिक दुनिया में श्रमिकों एवं पूँजीपतियों के बीच टकराव की स्थिति हमेशा बरकरार रहती है। तोड़-फोड़ एवं हड़ताल की कार्यवाहियाँ होती हैं। इसके परिणामस्वरूप औद्योगिक संस्थाओं में तालाबंदी हो जाती है, उत्पादन गिर जाता है एवं सामानों के दाम बढ़ जाते हैं। संपूर्ण देश में अराजकता तथा अव्यवस्था की स्थिति उत्पन्न हो जाती है। इसलिए श्रमिक वर्ग की दशा को सुधारना जरूरी होता है अन्यथा

वे चोरी, डकैती एवं अन्य अपराधी प्रवृत्तियों में संलग्न हो जाते हैं। सामाजिक सर्वेक्षण के द्वारा इन वर्गों की समस्याओं का अध्ययन कर उसके निदान के लिए सुझाव दिए जाते हैं एवं योजनाएँ बनाई जाती हैं। इस प्रकार यह पता चलता है कि श्रमिक वर्ग की दशाओं का अध्ययन करना सामाजिक सर्वेक्षण का एक उद्देश्य है।

कार्य-कारण संबंधों का पता लगाना—सामाजिक सर्वेक्षण का पाँचवाँ उद्देश्य कार्य-कारण संबंधों का पता लगाना है। किसी भी कार्य के पीछे कोई न कोई कारण जरूर होता है। सामाजिक सर्वेक्षण का यह उद्देश्य होता है कि वह सामाजिक समस्याओं के अन्तर्निहित कारणों का पता लगाए। जब तक कार्य-कारण संबंधों का पता नहीं लगाया जाता है तब तक किसी भी अध्ययन की वैज्ञानिक सार्थकता नहीं होती है। सामाजिक सर्वेक्षण द्वारा घटना से संबंधित तथ्यों का संकलन एवं विश्लेषण कर उसके कारणों को ढूँढ़ा जाता है। किसी घटना के क्या कारण हैं एवं उनका समाज पर क्या प्रभाव पड़ता है, इस सबकी जानकारी प्राप्त करना सामाजिक सर्वेक्षण का उद्देश्य होता है। दूसरे शब्दों में यह कहा जा सकता है कि सामाजिक सर्वेक्षण का उद्देश्य सामाजिक घटनाओं के कारणों को ढूँढ़ निकालना एवं कारणों तथा प्रभावों के आपसी संबंधों का वर्णन करना होता है। अतः कार्य-कारण संबंधों का पता लगाना सामाजिक सर्वेक्षण का एक उद्देश्य कहा जा सकता है।

कार्यवाहक प्राकल्पनाओं का निर्माण—सामाजिक सर्वेक्षण का छठा उद्देश्य कार्यवाहक प्राकल्पनाओं का निर्माण करना तथा उसका परीक्षण करना होता है। पूर्व-सर्वेक्षण प्राकल्पना के निर्माण करने में मददगार होता है। जिस समूह का अध्ययन करना रहता है उसके विषय में सामान्य ज्ञान प्राप्त करने के लिए पूर्व-सर्वेक्षण किया जाता है। इस प्रकार से प्राप्त सामान्य ज्ञान प्राकल्पना के निर्माण में बहुत मदद करता है। हालाँकि सामाजिक सर्वेक्षण के लिए प्राकल्पना का निर्माण करना आवश्यक नहीं होता है। लेकिन कभी-कभी सामाजिक सर्वेक्षण के पहले कार्यवाहक प्राकल्पना का निर्माण किया जाता है। अर्थात् अध्ययन प्रारंभ करने के पहले कुछ पूर्वधारणा, पूर्वविचार या कार्यवाहक प्राकल्पना का निर्माण किया जाता है एवं इसके पश्चात् उससे संबंधित अधिकाधिक तथ्य इकट्ठा करके उस प्राकल्पना की सार्थकता जानने की कोशिश की जाती है। यहाँ यह स्पष्ट करना भी अनावश्यक नहीं प्रतीत होता है कि प्राकल्पना का परीक्षण करना सामाजिक सर्वेक्षण का प्राथमिक उद्देश्य नहीं है। फिर भी बहुत से सर्वेक्षणों में प्राकल्पना का निर्माण करना जरूरी हो जाता है। जहाँ एक ओर सामाजिक सर्वेक्षण द्वारा प्राप्त तथ्य प्राकल्पनाओं के निर्माण में सहायक साबित होता है वहीं दूसरी ओर सामाजिक सर्वेक्षण के द्वारा प्राप्त तथ्यों से प्राकल्पनाओं का

परीक्षण भी किया जा सकता है इससे यह पता चलता है कि सर्वेक्षणों की द्विमुखी उपयोगिता होती है। मोजर तथा कालटन ने इस संबंध में लिखा है, "सर्वेक्षणों में दोनों उपयोगिताएँ होती हैं। उनके द्वारा प्राकल्पनाओं की रचनाएँ तथा अत्यधिक उच्च स्तर पर इनका प्रयोग प्राकल्पनाओं के परीक्षण के लिए भी किया जाता है। सर्वेक्षणों की उपयोगिता किसी भी अनुसंधान में इस बात पर निर्भर करती है कि विषय के संबंध में हमारा पूर्वज्ञान कितना है तथा सूचनाओं के संकलन का क्या उद्देश्य है?" अतः यह पता चलता है कि सामाजिक सर्वेक्षण का एक उद्देश्य प्राकल्पना का निर्माण एवं परीक्षण करना होता है।

सामाजिक सर्वेक्षण का सातवाँ उद्देश्य सामाजिक सिद्धांतों की पुनर्परीक्षा करना है। इस प्रकार की पुनर्परीक्षा की जरूरत इसलिए होती है क्योंकि सामाजिक सिद्धांतों का संबंध सामाजिक घटनाओं से होता है एवं सामाजिक घटनाएँ सामाजिक परिस्थितियों से संबंधित होती हैं जो परिवर्तनशील एवं विकासशील होती हैं। इस प्रकार यह स्वाभाविक है कि सामाजिक परिस्थितियों में परिवर्तन होने से सामाजिक घटना की प्रकृति बदल जाती है एवं उसके बदलने से सामाजिक सिद्धांत में भी जरूरी परिवर्तन व परिवर्द्धन की आवश्यक होती है। सामाजिक सर्वेक्षण विद्यमान परिस्थितियों के संदर्भ में वास्तविक तथ्यों का संकलन कर इस बात की परीक्षा करता है कि एक घटना के संबंध में जो पुराने सिद्धांत हैं वे अब भी ठीक हैं या नहीं एवं यदि नहीं हैं तो परिवर्तित परिस्थितियों में खरा उतरने के लिए किस तरह का सिद्धांत सही होगा। इस प्रकार यह पता चलता है कि सामाजिक सिद्धांतों की पुनर्परीक्षा करना सामाजिक सर्वेक्षण का एक उद्देश्य है।

सामाजिक सर्वेक्षण : अध्ययन-विषय तथा क्षेत्र

सामाजिक सर्वेक्षण का प्रयोग भिन्न-भिन्न प्रकार के तथ्यों के संकलन के लिए किया जाता है। सामाजिक सर्वेक्षण के अध्ययन विषय एवं क्षेत्र के संबंध में विद्वानों में एकमत का अभाव पाया जाता है। कुछ विद्वान ऐसे हैं जो सामाजिक सर्वेक्षण के अन्तर्गत केवल एक निश्चित भौगोलिक क्षेत्र से समूह की किसी भी सामाजिक घटना के अध्ययन को ही इसका क्षेत्र मानते हैं। ऐसे विद्वानों में वेल्स, सिन पाओ यंग एवं बोगार्ड्स आदि का नाम उल्लेखनीय है। कुछ विद्वान ऐसे हैं जो सामाजिक सर्वेक्षण के क्षेत्र को केवल सामाजिक सुधार एवं सामाजिक व्याधिकीय समस्याओं तक ही सीमित रखना चाहते हैं। ऐसे विद्वानों में पी. वी. यंग, बर्गेस एवं केलॉग आदि का नाम उल्लेखनीय है। पी. वी. यंग ने इस संबंध में लिखा है, "सामाजिक सर्वेक्षणों का

संबंध सामाजिक सुधार का क्रियात्मक कार्यक्रम तैयार करने, सामाजिक व्याधिकी से संबंधित उन घटनाओं में सुधार करने से है जिनकी सुनिश्चित भौगोलिक सीमा, सुनिश्चित सामाजिक अर्थ एवं सामाजिक महत्त्व है और जो मापने योग्य हैं तथा नमूने के रूप में जिनकी स्वीकृत घटनाओं से तुलना की जा सके।" इस उक्ति से निम्नलिखित बातें स्पष्ट होती हैं–

(क) इन घटनाओं का सामाजिक अर्थ एवं सामाजिक महत्त्व है। कुछ घटनाएँ मनोवैज्ञानिक, राजनीतिक एवं आर्थिक भी हो सकती हैं। इसके बावजूद उन्हें सामाजिक सर्वेक्षण के अन्तर्गत शामिल किया जा सकता है।

(ख) इन घटनाओं की तुलना आदर्श प्रतिरूप में मानी जाने वाली घटनाओं से की जा सकती है।

(ग) भौगोलिक रूप में सीमित होना चाहिए क्योंकि इसके बिना साक्षात्कार आदि के द्वारा सर्वेक्षण नहीं किया जा सकता है।

(घ) ये घटनाएँ मापने योग्य हों अन्यथा निश्चित माप के अभाव में तुलनात्मक अध्ययन नहीं किया जा सकता है।

जहाँ तक सामाजिक सर्वेक्षण के क्षेत्र का सवाल है, मोजर (Moser) के अनुसार इसे चार भागों में विभाजित किया जा सकता है जो निम्नलिखित हैं–

(i) सामाजिक क्रियाएं–सामाजिक सर्वेक्षण के अन्तर्गत पेशा के अलावा लोगों द्वारा की जाने वाली अन्य सामाजिक क्रियाओं को शामिल किया जाता है। उदाहरणस्वरूप खाली समय का सदुपयोग, रेडियो सुनना, पत्र-पत्रिकाएँ पढ़ना, सामूहिक भोज, नाच-गाने, खेलकूद कार्यक्रम तथा त्यौहार आदि सामाजिक सर्वेक्षण के विषय बन सकते हैं। सामाजिक जीवन में पाई जाने वाली सामान्य आदतें, व्यवहार, प्रतिमान, सामाजिक प्रवृत्तियाँ एवं दैनिक जीवन का सामान्य प्रतिमान आदि विषय सामाजिक सर्वेक्षण के अध्ययन क्षेत्र के अन्तर्गत शामिल किए जाते हैं।

(ii) जनसंख्यात्मक महत्व–सामाजिक सर्वेक्षण के क्षेत्र के तहत किसी समूह या समुदाय विशेष की जनसंख्यात्मक विशेषताओं का अध्ययन किया जाता है। जनसंख्यात्मक विशेषताओं के तहत परिवार की रचना, वैवाहिक स्थिति, जन्म एवं मृत्यु दर, आयु संरचना, स्त्री-पुरुष का अनुपात एवं जन्मनियंत्रण की घटनाएँ आदि का अध्ययन किया जाता है।

(iii) सामाजिक पर्यावरण–मोजर के अनुसार सामाजिक पर्यावरण के अन्तर्गत वे सभी सामाजिक एवं आर्थिक कारण आते हैं जो मानव जीवन को प्रभावित करते हैं। समुदाय के लोगों की शिक्षा, स्वास्थ्य, आयु, विभिन्न कारोबार, आय, घरों की

स्थिति एवं भौतिक सामग्री आदि विषयों का अध्ययन सामाजिक सर्वेक्षण के तहत किया जाता है।

(iv) घटनाओं के प्रति विचार तथा मनोवृत्तियाँ—सामाजिक सर्वेक्षण के अन्तर्गत समुदाय के लोगों का विभिन्न सामाजिक परिस्थितियों एवं घटनाओं के प्रति विचारों तथा मनोवृत्तियों का अध्ययन किया जाता है। फलस्वरूप विभिन्न सामाजिक समस्याएँ जैसे—छुआछूत, विधवा विवाह, अन्तर्जातीय विवाह एवं राजनीतिक दल आदि के प्रति लोगों के विचारों एवं मनोवृत्तियों का अध्ययन सामाजिक सर्वेक्षण में किया जाता है।

उक्त वर्णन के आधार पर कहा जा सकता है कि विभिन्न विद्वानों ने सामाजिक सर्वेक्षण की विषय वस्तु एवं अध्ययन-क्षेत्र के अन्तर्गत विभिन्न विषयों को शामिल करने का विचार दिया है। लेकिन यहाँ यह कहना अनुचित नहीं प्रतीत होता है कि सामाजिक सर्वेक्षण की विषय वस्तु तथा अध्ययन क्षेत्र के संबंध में कोई निश्चित सीमा रेखा नहीं खींची जा सकती है। इसका कारण यह है कि सामाजिक विज्ञानों में प्रगति के साथ-साथ सामाजिक सर्वेक्षण तथा सामाजिक अनुसंधान के क्षेत्र में लगातार प्रगति होती जाती है। इसलिए सामाजिक सर्वेक्षण की विषय वस्तु तथा अध्ययन क्षेत्र को सीमाओं में बाँधना संभव नहीं है।

सामाजिक सर्वेक्षण : इसकी उपयोगिता

मुख्य तौर पर सामाजिक अनुसंधान के क्षेत्र में एक से ज्यादा विधियों को प्रयोग में लाया जाता है। सर्वेक्षण पद्धति भी उनमें से एक है। साथ ही सामाजिक विज्ञानों में प्राकृतिक विज्ञानों की प्रायोगिक विधि के प्रयोग की सीमित संभावनाएँ हैं। अक्सर ऐसा देखा गया है कि जो तथ्य प्राकृतिक विज्ञानों में प्रायोगिक विधि द्वारा प्राप्त किए जाते हैं, सामाजिक विज्ञानों में उन्हीं तथ्यों को प्राप्त करने के लिए सर्वेक्षण विधि उपयुक्त सिद्ध होती है। कलिंगर ने सर्वेक्षण अनुसंधान की महत्ता पर प्रकाश डालते हुए लिखा है, "समाजशास्त्रीय अथवा मनोवैज्ञानिक परिवर्त्यों के सापेक्षिक प्रभाव, विवरण तथा उनके पारस्परिक संबंधों को जानने के लिए संपूर्ण में से निकाले गए प्रतिदर्श के आधार पर विशाल जन समुदाय का अध्ययन सर्वेक्षण अनुसंधान द्वारा आसानी से किया जा सकता है।" इस प्रकार यह पता चलता है कि सामाजिक तथ्यों को प्राप्त करने में सामाजिक सर्वेक्षण अत्यन्त उपयोगी सिद्ध होता है।

सामाजिक सर्वेक्षण की निम्नांकित प्रकार से उपयोगिता एवं गुण हैं—

(1) मनोवैज्ञानिक तथ्यों का अध्ययन—पहली सामाजिक सर्वेक्षण की उपयोगिता एवं गुण यह है कि इसके द्वारा मनोवैज्ञानिक तथ्यों का अध्ययन करना संभव होता

है। व्यक्तियों के विचारों, भावनाओं, मूल्यों आदि का ज्ञान प्रयोगशाला में संभव नहीं होता है। इसके लिए व्यक्तियों से प्रत्यक्ष संपर्क स्थापित कर पूछताछ करना होता है। सामाजिक सर्वेक्षण यह मौका प्रदान करता है। इसमें अध्ययनकर्त्ता क्षेत्र में जाकर उत्तरदाताओं से प्रत्यक्ष संपर्क स्थापित कर पूछताछ करते हैं। ऐसे संपर्क से जो तथ्य इकट्ठा होता है वह ज्यादा उपयोगी, विश्वसनीय एवं प्रामाणिक होता है। चूँकि इस विधि में अनुसंधानकर्त्ता एवं उत्तरदाता आमने-सामने होते हैं इसलिए उत्तरदाताओं के मनोवैज्ञानिक तथ्यों का भी अध्ययन करना संभव होता है। उनके मनोभावों से भी परिचित होना संभव होता है। सर्वेक्षण विधि सामाजिक परिवर्तन के अध्ययन के लिए भी उपयुक्त विधि सिद्ध होती है।

(2) अभिनति की कम संभावना—दूसरी सामाजिक सर्वेक्षण की उपयोगिता या गुण यह है कि इसमें अभिनति की संभावना कम रहती है। इसका कारण यह है कि इसके अन्तर्गत अनुसंधानकर्त्ता विषय से संबंधित तथ्यों, आँकड़ों एवं सामग्रियों को एकत्र करता है। सर्वेक्षण द्वारा प्रत्यक्ष ज्ञान प्राप्त करना वैषयिकता के लिए भी आवश्यक होता है। सामाजिक सर्वेक्षण में किसी भी प्रकार की दार्शनिकता या आदर्शवाद को स्थान प्राप्त नहीं है।

(3) सामाजिक घटनाओं का अध्ययन—सामाजिक सर्वेक्षण की तीसरी उपयोगिता या गुण यह है कि इसके द्वारा इस प्रकार की सामाजिक घटनाओं के विषय में भी अध्ययन करना संभव होता है जिनके विषय में घर बैठ कर अध्ययन नहीं किया जा सकता है। उदाहरणार्थ देश विभाजन के बाद विभिन्न प्रदेशों में बसे शरणार्थियों के जीवन में किस तरह के परिवर्तन हुए हैं एवं उनके बसने के कारण मूल निवासियों के जीवन-प्रतिमान में कौन-कौन से प्रभाव पड़े हैं, इसका अध्ययन घर बैठकर सैद्धांतिक रूप में नहीं किया जा सकता है। इसके लिए सामाजिक सर्वेक्षण विधि ही सर्वाधिक उपयुक्त विधि है।

(4) वैज्ञानिकता के गुण—सामाजिक सर्वेक्षण की चौथी उपयोगिता या गुण यह है कि यह पद्धति वैज्ञानिकता प्राप्त किये हुए रहती है। इस पद्धति के तहत अनेक ऐसी प्रणालियों का विकास हुआ है जिसके द्वारा किसी भी सामाजिक घटना को नियंत्रित किया जा सकता है। चूँकि इस पद्धति द्वारा सर्वेक्षणकर्त्ता स्वयं की इच्छाओं तथा योजनाओं के आधार पर कोई निष्कर्ष नहीं निकालता है इसलिए परिणामों में वैषयिकता आ जाती है।

(5) प्रत्यक्ष ज्ञान प्राप्ति का साधन—सामाजिक सर्वेक्षण की पाँचवीं उपयोगिता या गुण यह है कि यह पद्धति प्रत्यक्ष ज्ञान प्राप्ति का एक अत्यन्त निर्भर योग्य साधन

है। इसका कारण यह है कि इसमें सर्वेक्षणकर्त्ता का अपने विषय से सीधा संपर्क स्थापित हो जाता है। यह सीधा संपर्क काल्पनिक विचारों को अध्ययन-क्षेत्र के तहत नहीं आने देता है। इस प्रकार यह पता चलता है कि प्रत्यक्ष ज्ञान प्राप्ति में सामाजिक सर्वेक्षण अत्यधिक उपयोगी होता है।

(6) तथ्यों का परीक्षण एवं पुनर्परीक्षण—छठी सामाजिक सर्वेक्षण की उपयोगिता या गुण यह है कि इसके द्वारा तथ्यों का परीक्षण एवं पुनर्परीक्षण करना संभव होता है। यह विधि एक अनुभवाश्रित विधि है। चूँकि इस पद्धति द्वारा तथ्य ज्ञानेन्द्रियों के आधार पर संकलित किए जाते हैं, अतः उनकी सत्यता की परख करना संभव होता है। अगर किसी अनुसंधानकर्त्ता द्वारा अध्ययन निष्कर्षों के प्रति कोई आशंका व्यक्त की जाती है तो स्वयं घटना-स्थल पर जाकर वह निष्कर्षों की जाँच कर सकता है। अतः यह कहा जा सकता है कि सामाजिक सर्वेक्षण के द्वारा तथ्यों का परीक्षण एवं पुनर्परीक्षण संभव होता है जो इस पद्धति की एक उपयोगिता या गुण है।

(7) यथार्थ सूचनाओं का संकलन—सातवीं सामाजिक सर्वेक्षण की उपयोगिता या गुण यह है कि इसके द्वारा यथार्थ सूचनाओं का संकलन करना संभव होता है। इस विधि द्वारा इकट्ठा सूचनाएँ 'प्रतिदर्श-त्रुटि' को छोड़कर सामान्यतया सही होती हैं। अगर प्रतिदर्श सही होता है तो उसके आधार पर प्राप्त निष्कर्ष भी अत्यधिक विश्वसनीय होते हैं। इस तरह यह पता चलता है कि इस पद्धति द्वारा यथार्थ सूचनाओं का संकलन किया जाता है।

(8) श्रम की बचत—आठवीं सामाजिक सर्वेक्षण की उपयोगिता या गुण यह है कि इस पद्धति द्वारा अध्ययन किए जाने पर श्रम की बचत होती है। चूँकि आजकल सामाजिक सर्वेक्षणों में प्रतिदर्श-विधि का प्रयोग किया जाता है इसलिए समग्र के अध्ययन की आवश्यकता नहीं पड़ती है। इससे श्रम की बचत होती है।

(9) घटनाओं का स्वाभाविक परिवेश में अध्ययन—सामाजिक सर्वेक्षण की नौवीं उपयोगिता या गुण यह है कि इसमें घटनाओं का स्वाभाविक परिवेश में अध्ययन किया जाता है। इसमें सर्वेक्षक प्रयोगशाला की भाँति कृत्रिम परिवेश की रचना नहीं करता है। परिवर्तन के प्रभाव के बावजूद कई बार सर्वेक्षणकर्त्ता को परिवेश में फेर-बदल नहीं करना पड़ता है। वह जिस रूप में संसार को देखता है उसी रूप में उसका अध्ययन करता है। प्रयोगशाला में किए गए प्रयोग की अपेक्षा सर्वेक्षण द्वारा वास्तविक तथ्यों का गहनता से अध्ययन करना संभव होता है। अतः यह पता चलता है कि सामाजिक सर्वेक्षण में घटनाओं का स्वाभाविक परिवेश में अध्ययन होता है।

(10) व्यक्तिगत संपर्क से अमूल्य लाभ—दसवीं सामाजिक सर्वेक्षण की उपयोगिता या गुण यह है कि इसमें सर्वेक्षणकर्त्ता द्वारा व्यक्तिगत संपर्क स्थापित करने

से अमूल्य लाभ होते हैं। सामग्री संकलन के द्वितीयक स्रोतों, यथा—दस्तावेज, रिपोर्ट तथा अन्य प्रलेखीय सामग्री के द्वारा वे तथ्य प्राप्त नहीं हो पाते हैं जो घटना से संबंधित व्यक्तियों के साथ व्यक्तिगत संपर्क स्थापित करने पर प्राप्त होते हैं। सामग्री संकलन के द्वितीयक स्रोत बेजान होते हैं जबकि व्यक्तिगत संपर्क द्वारा विचार तरंगें प्रवाहित होती हैं। अतः यह पता चलता है कि सामाजिक सर्वेक्षण में व्यक्तिगत संपर्क स्थापित करने का मौका मिलने के कारण अमूल्य फायदा मिलता है।

(11) नवीन कल्पनाओं का निर्माण—ग्यारहवीं सामाजिक सर्वेक्षण की उपयोगिता या गुण यह है कि इस विधि द्वारा प्राप्त तथ्य नवीन प्राकल्पनाओं का निर्माण करते हैं। साथ ही इन तथ्यों के द्वारा प्रस्थापित प्राकल्पनाओं की जाँच भी की जा सकती है। दूसरे शब्दों में यह कहा जा सकता है कि कई सर्वेक्षण गहन अनुसंधान के लिए 'आगामी सर्वेक्षण' का काम करते हैं। इस प्रकार यह पता चलता है कि सामाजिक सर्वेक्षण के द्वारा नवीन प्राकल्पनाओं का निर्माण किया जाता है एवं पुरानी प्राकल्पनाओं का परीक्षण भी किया जाता है।

(12) इसकी व्यावहारिक उपयोगिताएँ—बारहवीं सामाजिक सर्वेक्षण की उपयोगिता या गुण यह है कि इसकी कुछ व्यावहारिक उपयोगिताएँ भी होती हैं। इस विधि का प्रयोग कई व्यावहारिक समस्याओं के समाधान के लिए किया जाता है। उदाहरणार्थ सामाजिक समस्याओं का हल ढूँढ़ना, विघटनकारी तत्त्वों का पता लगाना, औद्योगिक विकास की दर मालूम करना एवं सामाजिक सुधार तथा कल्याण की योजना बनाने में मदद करना आदि ऐसी व्यावहारिक समस्याएँ हैं जिनका समाधान सामाजिक सर्वेक्षण के द्वारा किया जाता है।

उक्त वर्णन के आधार पर यह निष्कर्ष कहा जा सकता है कि सामाजिक सर्वेक्षण के अनेक उपयोग या गुण होते हैं। यही कारण है कि आज इस पद्धति को सामाजिक अनुसंधान के क्षेत्र में बहुत लाभकारी माना जा रहा है। इसके द्वारा विभिन्न प्रकार की सामाजिक समस्याओं का अध्ययन किया जाता है। नवीन प्राकल्पनाओं के निर्माण एवं पुरानी प्राकल्पनाओं का परीक्षण भी इस पद्धति द्वारा किया जाता है। इस पद्धति में अध्ययनकर्त्ता एवं उत्तरदाता के बीच प्रत्यक्ष संबंध स्थापित रहता है जिससे अनेक सुविधाएँ होती हैं। कहने का तात्पर्य यह है कि सामाजिक सर्वेक्षण पद्धति अनेक मायनों में उपयोगी एवं गुणकारी है।

सामाजिक सर्वेक्षण दोष

सामाजिक सर्वेक्षण पद्धति गुणों के साथ-साथ अवगुणों से भी रहित नहीं है। वास्तविकता यह है कि ऐसी कोई भी पद्धति नहीं है जो केवल गुणों से भरपूर हो और

उसमें अवगुण नहीं पाए जाएँ। यही बात सामाजिक सर्वेक्षण पर भी लागू होती है। इसकी निम्नलिखित सीमाएँ या अवगुण हैं–

(1) अमूर्त एवं भावात्मक घटनाओं का अध्ययन संभव नहीं–पहला दोष सामाजिक सर्वेक्षण यह है कि इसके द्वारा अमूर्त एवं भावात्मक घटनाओं का अध्ययन नहीं किया जा सकता है। इसके द्वारा केवल उन्हीं घटनाओं का अध्ययन किया जा सकता है जो दृष्टिगोचर योग्य हो। लेकिन अधिकांश सामाजिक घटनाएँ ऐसी नहीं होती हैं, जो अमूर्त तथा भावात्मक होती हैं। उदाहरणार्थ, एक नजदीकी रिश्तेदार की मृत्यु पर किसी व्यक्ति के मन में किस तरह के भाव उठ रहे हैं, इसका पता सर्वेक्षण तकनीक से जानना मुश्किल होता है। बहुत-सी घटनाएँ ऐसी भी होती हैं जिनकी प्रकृति गुप्त होती है, जिन्हें न तो कोई व्यक्ति खुलकर बता सकता है और न ही उसे देखा जा सकता है। मनोवैज्ञानिक एवं व्यक्तिपरक तथ्यों के संकलन के लिए सामाजिक सर्वेक्षण की अपेक्षा एकल अनुसंधान-विधि ज्यादा उपयुक्त होती है क्योंकि इसमें अनुसंधानकर्त्ता सूचनादाता से अन्वेषक प्रश्न पूछकर उसके मन को कुरेद सकता है। इस प्रकार यह पता चलता है कि अमूर्त एवं भावात्मक घटनाओं के अध्ययन में सामाजिक सर्वेक्षण पद्धति उपयोगी नहीं होती है जो इसकी एक सीमा या अवगुण कहा जा सकता है।

(2) वस्तुनिष्ठता की कमी–सामाजिक सर्वेक्षण यह है कि इसके द्वारा संपूर्ण सामाजिक समस्याओं के अध्ययन में वस्तुनिष्ठता की कमी रहती है। सामाजिक सर्वेक्षण सामाजिक समस्याओं के अध्ययन की एक व्यवस्थित पद्धति है। ये सामाजिक समस्याएँ वर्णनात्मक एवं वस्तुनिष्ठ दोनों ही होती हैं। उदाहरणस्वरूप, आमदनी, मकान की स्थिति, उम्र, शिक्षा, लिंग एवं जाति आदि वस्तुनिष्ठ समस्याओं का अध्ययन एक सामाजिक सर्वेक्षक सांख्यकीय तथ्यों की सहायता से वस्तुनिष्ठ एवं क्रमबद्ध रूप में कर सकता है। इसके विपरीत सामाजिक संबंधों का प्रतिमान, विचार, जनमत, रीति-रिवाज, धर्म एवं विश्वास आदि वर्णनात्मक समस्याएँ (Subjective Problems) हैं जिनका माप करना संभव नहीं है। इसलिए सामाजिक सर्वेक्षण द्वारा इस तरह की सामाजिक समस्याओं का अध्ययन नहीं किया जा सकता है। इस प्रकार यह पता चलता है कि सामाजिक सर्वेक्षण के द्वारा संपूर्ण सामाजिक समस्याओं का अध्ययन नहीं किया जा सकता है जो इसकी एक सीमा या अवगुण है।

(3) उपयोगितावादी का अध्ययन–सामाजिक सर्वेक्षण का तीसरा दोष यह है कि इसके द्वारा किया गया अध्ययन केवल उपयोगितावादी होता है। ऐसा अध्ययन

शैक्षणिक नहीं होता है। एक सामाजिक सर्वेक्षक केवल उन्हीं समस्याओं का अध्ययन करता है जो समाज में विघटन उपस्थित करने वाली होती है तथा जनमत को उभारने में सक्षम होती है। एक सामाजिक सर्वेक्षक इन समस्याओं की गंभीरता तथा कारणों से संबंधित तथ्य इकट्ठा ही नहीं करता बल्कि उसे दूर करने के लिए रचनात्मक उपाय भी बताता है। अतः ऐसे अध्ययन का उद्देश्य शैक्षणिक दृष्टिकोण से महत्त्वपूर्ण नहीं है। इसका उद्देश्य केवल उपयोगितावादी है जो इसकी एक सीमा या अवगुण कहा जा सकता है।

(4) समय एवं धन दोनों की बर्बादी—सामाजिक सर्वेक्षण का चौथा दोष यह है कि इसमें समय एवं धन दोनों की बर्बादी होती है। अन्य विधियों की अपेक्षा यह एक ज्यादा खर्चीली एवं समय बर्बाद करने वाली एक विधि है। कभी-कभी एक छोटी-सी प्राकल्पना के परीक्षण के लिए किए गए सर्वेक्षण में महीनों लग जाते हैं। सर्वेक्षण की प्रक्रिया एक लंबी एवं जटिल प्रक्रिया होती है। इसके प्रत्येक चरण में काफी समय की आवश्यकता होती है। सर्वेक्षण की योजना बनाने से लेकर सर्वेक्षण की रिपोर्ट लिखने तक कई क्रियाएँ सम्पादित करनी पड़ती हैं। प्रतिदर्श निकालने, प्रश्नावली एवं अनुसूची तैयार करने तथा पूर्वगामी सर्वेक्षण करने में काफी समय लग जाता है। साथ ही सर्वेक्षण कार्य को सम्पादित करने के लिए भी बहुत से कार्यकर्त्ताओं की आवश्यकता पड़ती है। उनके वेतन, यात्रा व्यय, प्रशिक्षण एवं अन्य तरह की तैयारियों पर भी काफी खर्च पड़ता है। इतना ही नहीं बल्कि प्रश्नावली एवं अन्य कागजों के मुद्रण, सर्वेक्षण कार्यालयों की व्यवस्था एवं उपकरणों आदि पर भी बहुत खर्च आता है। इसलिए सर्वेक्षण पद्धति का प्रयोग ज्यादातर वहीं किया जाता है जहाँ धन एवं साधनों की बहुलता होती है। इस तरह यह पता चलता है कि सामाजिक सर्वेक्षण समय एवं धन दोनों ही दृष्टि से ज्यादा खर्चीली पद्धति है जो इस पद्धति की एक सीमा या अवगुण है।

(5) सर्वेक्षण कार्य—सामाजिक सर्वेक्षण का दोष यह है कि इसमें सर्वेक्षण कार्य एक खास Body of Theory से संबंधित नहीं रहता है। सामाजिक सर्वेक्षण विधि द्वारा अध्ययन करने में प्राकल्पना का निर्माण करना जरूरी नहीं समझा जाता है। अतः सर्वेक्षण कार्य बिना प्राकल्पना निर्माण के ही किया जाता है। परिणामस्वरूप इसमें वैज्ञानिकता की कमी हो जाती है। इस तरह यह पता चलता है कि वैज्ञानिकता की कमी सामाजिक सर्वेक्षण पद्धति की एक सीमा या अवगुण है।

(6) सिद्धांत के विकास में मदद असंभव—सामाजिक सर्वेक्षण का दोष यह है कि सामाजिक सर्वेक्षण द्वारा एक सिद्धांत विकसित करने या इसे परिष्कृत करने

में कोई मदद नहीं मिलती है। चूँकि सामाजिक सर्वेक्षण में प्राकल्पना का निर्माण नहीं किया जाता है इसलिए इसके द्वारा किया गया अध्ययन कोई सिद्धांत विकसित करने या उससे किसी तरह का परिवर्तन करने में असमर्थ सिद्ध होता है। इस तरह पता चलता है कि सामाजिक सर्वेक्षण एक सिद्धांत विकसित करने या इसे परिष्कृत करने में असमर्थ सिद्ध होता है जो इसकी एक सीमा या अवगुण है।

(7) गहन अध्ययन असंभव—सामाजिक सर्वेक्षण का सातवां दोष यह है कि इसके द्वारा गहन अध्ययनों को करना संभव नहीं होता है। चूँकि सर्वेक्षण विधि का प्रयोग सही सूचनाएँ प्राप्त करने के लिए किया जाता है इसलिए इस विधि द्वारा सूचनाओं की गहराई में जाना प्रायः संभव नहीं हो पाता है। सर्वेक्षण में अधिकतर उत्तर 'हाँ' या 'नहीं' में दिए जाते हैं। इसलिए इस विधि द्वारा गहन एवं सूक्ष्म सूचनाओं को प्राप्त करना कठिन होता है।

(8) संदिग्ध विश्वसनीयता—सामाजिक सर्वेक्षण की आठवीं सीमा या अवगुण यह है कि इसके द्वारा प्राप्त निष्कर्षों की विश्वसनीयता संदिग्ध रहती है। इसका कारण यह है कि सर्वेक्षण के दौरान व्यक्तिगत पसंद, नापसंद, पक्षपात एवं पूर्वधारणाओं से अपने आपको पूरी तरह अप्रभावित रख पाना सर्वेक्षणकर्त्ताओं के लिए संभव नहीं हो पाता है। सर्वेक्षण की सफलता काफी हद तक सर्वेक्षणकर्त्ताओं की ईमानदारी, कुशलता, तथ्यों की वैषयिकता, सूचनादाताओं के सहयोग एवं सर्वेक्षण प्रविधियों की उपयोगिताओं पर निर्भर करता है। लेकिन इन सबों की एक साथ प्राप्ति कठिन है। इस सर्वेक्षण से प्राप्त निष्कर्षों की संदिग्धता का बना रहना स्वाभाविक है। इस प्रकार यह पता चलता है कि सर्वेक्षण से प्राप्त निष्कर्ष संदिग्ध बने रहते हैं जो इसकी एक सीमा या अवगुण है।

(9) गुणात्मक तथ्यों के अध्ययन हेतु—सामाजिक सर्वेक्षण का दसवाँ दोष यह है कि यह गुणात्मक तथ्यों के अध्ययन के लिए अनुपयुक्त होता है। अधिकतर सामाजिक घटनाओं की प्रकृति गुणात्मक होती है। इस तरह के अध्ययन के द्वारा सामाजिक घटनाओं के सिर्फ एक पक्ष संख्यात्मक पहलू का ही अध्ययन हो पाता है। घटनाओं के गुणात्मक पक्ष का अध्ययन नहीं हो पाने के कारण प्राप्त निष्कर्षों की वैज्ञानिकता संदेहास्पद हो जाती है। अतः यह पता चलता है कि सामाजिक सर्वेक्षण गुणात्मक तथ्यों के अध्ययन के लिए अनुपयुक्त होता है जो इसकी एक सीमा या अवगुण कही जा सकती है।

(10) ऐतिहासिक परिप्रेक्ष्य की कमी—सामाजिक सर्वेक्षण का ग्यारहवाँ दोष यह है कि इसमें ऐतिहासिक परिप्रेक्ष्य की कमी रहती है। इस विधि द्वारा तत्कालीन

समस्याओं का अध्ययन तत्कालीन परिस्थितियों के परिप्रेक्ष्य में किया जाता है। इसके कारण घटनाओं पर पड़ने वाले दीर्घकालीन प्रभावों की उपेक्षा की जाती है। बहुत कम घटनाएँ तात्कालिक कारण की उपज होती हैं। अतः घटनाओं का अध्ययन करते समय एवं पता लगाते समय उनके इतिहास पर दृष्टिपात किया जाना जरूरी होता है। ऐतिहासिक परिप्रेक्ष्य के अभाव में निकाले गए निष्कर्ष कुछ समय पश्चात् अवैधानिक हो जाते हैं। इस प्रकार यह पता चलता है कि सामाजिक सर्वेक्षण द्वारा किए गए अध्ययनों में ऐतिहासिक परिप्रेक्ष्य की कमी होती है जो इसकी एक सीमा या अवगुण है।

(11) अभिनति की संभावना—सामाजिक सर्वेक्षण का बारहवाँ दोष यह है कि इसमें अभिनति की संभावना रहती है। सर्वेक्षण कार्य एक लंबी प्रक्रिया के दौर से गुजरता है। इस प्रक्रिया के प्रत्येक चरण में व्यक्तिगत पक्षपात या अभिनति की संभावना बनी रहती है। प्रतिदर्श का चुनाव करते समय एवं साक्षात्कार करते समय अभिनति की संभावना बनी रहती है। इसके साथ ही एक सर्वेक्षणकर्त्ता को सर्वेक्षण की एक निश्चित प्रक्रिया को अपनाना पड़ता है। इस प्रक्रिया के किसी भी चरण में थोड़ी-सी भूल हो जाने पर निष्कर्षों में विकृति आ जाती है। इस तरह यह पता चलता है कि सामाजिक सर्वेक्षण में हमेशा अभिनति की संभावना बनी रहती है जो इसकी एक सीमा या अवगुण है।

(12) कार्य-प्रणाली में कठोरता—सामाजिक सर्वेक्षण का तेरहवाँ दोष यह है कि इसकी कार्य-प्रणाली में कठोरता पाई जाती है। जड़ एवं अचेतन भौतिक पदार्थों की भाँति मानव का अध्ययन नहीं किया जा सकता है। एक मानव की प्रकृति दूसरे से भिन्न होती है। अतः मानव जीवन के अध्ययन के लिए अनुसंधान विधि की कठोरता आवश्यक तथ्यों के संकलन में बाधक साबित होती है। साक्षात्कारकर्त्ता को अध्ययन के दौरान अनुसूची के प्रश्नों में हेर-फेर करने की स्वतंत्रता नहीं रहती है। इस कठोर नियंत्रण के कारण उसे कई बार महत्त्वपूर्ण सूचनाओं से हाथ धोना पड़ता है। इस प्रकार यह पता चलता है कि कार्य प्रणाली में कठोरता सामाजिक सर्वेक्षण की एक सीमा या अवगुण है।

उक्त वर्णन के आधार पर निष्कर्ष निकाला जा सकता है। उपर्युक्त विवरणों से यह पता चलता है कि सामाजिक सर्वेक्षण की अनेक सीमाएँ एवं अवगुण हैं जिसके कारण इस पद्धति से सामाजिक घटनाओं का अध्ययन करना कठिन होता है।

सामाजिक सर्वेक्षण का वर्गीकरण

सामाजिक सर्वेक्षण सामाजिक अनुसंधान एवं औद्योगिक समाजशास्त्र के क्षेत्र

में तथ्य एकत्र करने के लिए एक प्रमुख पद्धति है। आधुनिक युग में इसका महत्त्व रोज बढ़ता जा रहा है। इसका उपयोग सामाजिक समस्याओं के समाधान हेतु किया जाता है। यही कारण है कि सामाजिक विज्ञानों में सर्वेक्षण का महत्त्व बहुत अधिक है। इसका उपयोग न केवल समाजशास्त्र में बल्कि अर्थशास्त्र, राजनीति शास्त्र एवं व्यापारिक तथा व्यावसायिक जगत् में भी विभिन्न विषयों के अध्ययन के लिए किया जाता है। इसके विभिन्न प्रकारों का उल्लेख विभिन्न आधारों पर किया जा सकता है। ये आधार निम्न प्रकार से हैं–

(1) सर्वेक्षण उद्देश्यों के आधार पर सामाजिक सर्वेक्षण के प्रकार,
(2) सर्वेक्षण क्षेत्र के आधार पर सामाजिक सर्वेक्षण के प्रकार,
(3) समयावधि के आधार पर सामाजिक सर्वेक्षण के प्रकार,
(4) सर्वेक्षण की विषय वस्तु के आधार पर सामाजिक सर्वेक्षण के प्रकार तथा
(5) सर्वेक्षण-विधियों के आधार पर सामाजिक सर्वेक्षण के प्रकार।

अनेक विद्वानों ने भी विभिन्न आधारों पर सामाजिक सर्वेक्षण के अलग-अलग प्रकारों की चर्चा की है जिनका विवरण निम्नलिखित है–

हरबर्ट हाइमेन ने सामाजिक सर्वेक्षण के दो तरहों की चर्चा की है जो इस प्रकार हैं–

(i) विवरणात्मक सर्वेक्षण तथा
(ii) व्याख्यात्मक, सैद्धांतिक या प्रयोगात्मक सर्वेक्षण।

सिन पाओ यंग के अनुसार सामाजिक सर्वेक्षण निम्नलिखित दो प्रकार के होते हैं–

(i) विषयमूलक सर्वेक्षण तथा
(ii) सामान्य सर्वेक्षण।

ओपेनहाईम ने सामाजिक सर्वेक्षण के दो प्रकार बताए हैं जो निम्नलिखित हैं–

(i) विवरणात्मक, संख्यात्मक, जनगणनामूलक सर्वेक्षण, तथा
(ii) संबंधात्मक या विश्लेषणात्मक सर्वेक्षण।

ए. एफ. वेल्स ने भी सामाजिक सर्वेक्षण के दो प्रकार बताए हैं जो इस प्रकार हैं–

(i) प्रचार अथवा अनुभूतिमूलक सर्वेक्षण, तथा
(ii) तथ्यमूलक सर्वेक्षण।

4

अनुसूची विधि और औद्योगिक समाजशास्त्र

सामाजिक अनुसंधान तथा औद्योगिक समाजशास्त्र के क्षेत्र में तथ्य संकलन हेतु जिन प्रविधियों का प्रयोग किया जाता है, अनुसूची भी उनमें से एक है। तथ्य संकलन की मुख्यतया दो प्रविधियाँ पाई जाती हैं। इनमें से पहला स्रोत प्राथमिक स्रोत कहलाता है एवं दूसरा स्रोत द्वितीयक स्रोत कहलाता है। प्राथमिक स्रोत के अंतर्गत घटनाओं को स्वयं देखकर या सुनकर या संबंधित व्यक्तियों से मिलकर तथ्यों का एकत्रीकरण किया जाता है। द्वितीयक स्रोतों के तहत अध्ययनकर्त्ता अध्ययन-विषय से संबंधित लिखित प्रलेखों का अध्ययन करके तथ्य इकट्ठा करता है। इसके आधार पर सिर्फ भूतकाल के तथ्यों को ही जाना जा सकता है। वर्तमान घटनाओं का ज्ञान तो स्वयं निरीक्षण करके तथा संबंधित व्यक्तियों से तथ्य इकट्ठा करके ही किया जाता है। संबंधित व्यक्तियों से सूचना प्राप्त करने हेतु किसी व्यवस्थित विधि की जरूरत होती है जिससे तथ्य-संकलन का कार्य वास्तविक एवं संक्षिप्त हो। इस उद्देश्य की पूर्ति के लिए जिन उपकरणों का प्रयोग अनुसंधान के क्षेत्र में किया जाता है उनमें से एक उपकरण 'अनुसूची' है। समाज की अलग-अलग प्रकार की समस्याओं के अध्ययन के लिए सामाजिक अनुसंधान के क्षेत्र में प्रश्नावली एवं अनुसूची प्रणाली का व्यापक महत्त्व होता है। यद्यपि दोनों में बहुत हद तक समानताएँ भी पाई जाती हैं लेकिन दोनों का समान अर्थ में प्रयोग किया जाना भ्रामक है। बाह्य रूप से ये दोनों

एक-दूसरे से बहुत हद तक समानता रखते हैं लेकिन वास्तविक अर्थों में इन दोनों की प्रकृति एवं उपयोग की प्रक्रिया एक-दूसरे से काफी अलग है। अनुसूची एवं प्रश्नावली दोनों का उपयोग सामग्री संग्रहण के लिए किया जाता है, लेकिन अनुसूची एक ऐसे प्राथमिक क्षेत्र के रूप में विकसित हुई है जिसके अनुसार अध्ययनकर्त्ता स्वयं क्षेत्र में उपस्थित होकर सामग्री का संग्रहण करता है। यथार्थ सामग्री संकलन की अनुसूची अत्यंत उपयोगी पद्धति है। प्रसिद्ध सामाजिक वैज्ञानिक लुण्डबर्ग (Lundberg) ने प्रश्नावली को विशेष प्रकार की अनुसूची माना है। वास्तविकता यह है कि अनुसूची एवं प्रश्नावली में प्रयोग की दृष्टि से अंतर होता है न कि संरचना में। इस प्रकार यह मालूम होता है कि यथार्थ सामग्री के संकलन के लिए अनुसूची एक काफी उपयोगी एवं प्रमुख प्रविधि है। अनुसूची के द्वारा केवल उन्हीं तथ्यों का संग्रह किया जाता है जो अध्ययन-विषय की वास्तविकताओं को सही एवं संक्षेप में व्यक्त करता है एवं इससे व्यर्थ की सामग्री का ढेर एकत्रित नहीं हो पाता है। इस तरह अनुसूची तथ्य इकट्ठा करने की एक महत्त्वपूर्ण प्रविधि है।

अनुसूची का अर्थ

अनुसूची प्रश्नों की एक लिखित सूची है जिसे अनुसंधानकर्त्ता अपने अध्ययन-विषय की प्रकृति एवं उद्देश्य को ध्यान में रखकर तैयार करता है जिससे कि उन प्रश्नों का उत्तर संबंधित व्यक्तियों से मालूम किया जा सके एवं इस तरह आवश्यक सूचना इकट्ठा करने की प्रक्रिया को एक व्यवस्थित रूप मिल सके। इसके लिए अनुसंधानकर्त्ता को स्वयं उत्तरदाता के पास जाना पड़ता है एवं विभिन्न प्रश्नों को पूछकर स्वयं ही उनके उत्तरों का आलेखन करना पड़ता है। इस प्रकार यह पता चलता है कि अनुसूची साक्षात्कार का एक आसान माध्यम है। अनुसूची तथ्य संकलन की ऐसी प्रविधि है जिसमें प्रश्नावली, अवलोकन एवं साक्षात्कार इन तीनों की विशेषताओं का समन्वय होता है। सामान्यतया यह कहा जा सकता है कि अनूसूची प्रश्नों का संकलित प्रपत्र है, जिसको अनुसंधानकर्त्ता सूचनादाता से आमने-सामने का संपर्क स्थापित कर पूछता है एवं भरता है। क्योंकि अनुसूची एवं प्रश्नावली में काफी हद तक समानताएँ पाई जाती हैं, इसलिए कार्न हाउजर एवं उनके सहयोगियों ने प्रश्नावली का 'साक्षात्कार-अनुसूची' के रूप में प्रयोग किया है। इसी तरह पी. वी. यंग ने 'Scientific Social Surveys and Research' में प्रश्नावली एवं अनुसूची दोनों को एक-दूसरे का पूरक माना है। सच्चाई यह है कि अनुसूची द्वारा उत्तरदाताओं से साक्षात्कार के रूप में विभिन्न सूचनाएँ प्राप्त की जाती हैं। इस

आधार पर अनेक विद्वानों ने अनुसूची को एक प्रविधि कहा है जिसका उद्देश्य साक्षात्कार एवं अवलोकन को व्यवस्थित बनाना होता है। इसी अर्थ में अनुसूची को साक्षात्कार अनुसूची भी कहा जाता है। अनुसूची को अध्ययनकर्त्ता पर नियंत्रण रखने का एक महत्त्वपूर्ण साधन कहा जा सकता है। चूँकि किसी घटना पर नियंत्रण रख पाना मुश्किल होता है इसलिए अनुसूची अध्ययनकर्त्ता अथवा साक्षात्कारकर्त्ता के व्यवहारों पर नियंत्रण रखने का अशक्त माध्यम है।

सामाजिक अनुसंधान एवं औद्योगिक समाजशास्त्र के क्षेत्र में तथ्य संकलन के लिए जिन यंत्रों का प्रयोग किया जाता है उसमें से अनुसूची भी एक है। अनुसूची के संबंध में समाज वैज्ञानिकों के विचारों में भिन्नता पाई जाती है। मुख्यतः दो तरह के विचार अनुसूची के संबंध में दिए गए हैं। परिणामस्वरूप अनुसूची की अवधारणा एक विवादास्पद प्रश्न बना हुआ है। पहली अवधारणा के अनुसार अनुसूची एक सामान्य प्रविधि (Generalised Term) है एवं यह अनुसंधान की एक विशेष प्रविधि नहीं बन सकती है। इस अवधारणा को मानने वाले लुण्डबर्ग (Lundberg) हैं। लुण्डबर्ग ने बताया है कि अनुसूची विभिन्न Items की एक सूची है। चाहे वे Items Statement के रूप में रहें या Question के रूप में। लुण्डबर्ग के अनुसार अनुसूची का कार्य केवल अनुसंधानकर्त्ता को समस्याओं के व्यवस्थित एवं आयोजित अध्ययन में मदद करना है। दूसरी अवधारणा के अनुसार अनुसूची सामाजिक अनुसंधान की एक विशेष प्रविधि है। इस अवधारणा के समर्थकों में पी. वी. यंग तथा गुड्डे एवं हॉट आदि का नाम वर्णनीय है। इन विचारकों का कथन है कि अनुसूची प्रश्नों की वह सूची है जिसका प्रयोग साक्षात्कार के दौरान सामाजिक समस्याओं के अध्ययन के लिए किया जाता है। इस तरह यह पता चलता है कि अनुसूची की अवधारणा के संबंध में विवाद बना हुआ है। इसलिए विभिन्न समाज वैज्ञानिकों ने इसे अपने-अपने तरीके से परिभाषित किया है। ज्यादातर विचारक अनुसूची की दूसरी अवधारणा से अपनी सहमति व्यक्त करते हैं। यहाँ विभिन्न विद्वानों द्वारा अनुसूची की दी गई परिभाषाओं को प्रस्तुत किया जा रहा है जो निम्नलिखित हैं–

पी. वी. यंग ने अनुसूची को परिभाषित करते हुए 'Scientific Social Surveys and Research' में लिखा है, "अनुसूची औपचारिक तथा मानक अनुसंधानों में प्रयोग किए जाने वाला एक ऐसा उपकरण है, जिसका प्रमुख उद्देश्य बहुस्तरीय गणनात्मक तथ्य संकलन करने में सहायता प्रदान करना है।" इन्होंने पुनः लिखा है–"The Schedule is reffered to as a form.filled out during a personal interview." यंग की इस परिभाषा से यह पता चलता है कि अनुसूची

एक सामान्यीकृत अवधारणा (Generalised Term) नहीं है एवं किसी भी प्रणाली द्वारा समस्याओं के अध्ययन में इसका प्रयोग नहीं किया जा सकता है। अनुसूची प्रश्नों की वह सूची है जिसका प्रयोग साक्षात्कार के दौरान सामाजिक समस्याओं के अध्ययन के लिए किया जाता है। अनुसंधानकर्त्ता स्वयं अनुसूची को भरता है।

अनुसूची को परिभाषित करते हुए गुड्डे एवं हॉट ने 'Method in Social Research' में लिखा है, "अनुसूची उन प्रश्नों के एक समूह का नाम है, जो साक्षात्कारकर्त्ता द्वारा किसी दूसरे व्यक्ति के आमने-सामने की स्थिति में पूछे और भरे जाते हैं।" इस परिभाषा से यह पता चलता है कि अनुसूची प्रश्नों की एक सूची है। इसका प्रयोग साक्षात्कार के दौरान किया जाता है। इन प्रश्नों को साक्षात्कारकर्त्ता दूसरे व्यक्तियों से पूछता है तथा अनुसूची स्वयं साक्षात्कारकर्त्ता द्वारा भरी जाती है।

अनुसूची को परिभाषित करते हुए लुण्डबर्ग ने लिखा है, "The Schedule insures that the observer makes note at the same items at information in all the cases, and yet makes it unnecessary for him to just his memory for the facts observed." इस परिभाषा से यह पता चलता है कि अनुसूची का प्रयोग उत्तरदाता से पूछे जाने वाले प्रश्नों को याद रखने से अनुसंधानकर्त्ता को बचाता है, चूँकि अनुसंधानकर्त्ता के साथ प्रश्नों की सूची रहती है तथा वह उत्तरदाता से समान प्रश्न पूछता है। उन्होंने पुनः कहा है कि अनुसूची एक सामान्य अवधारणा है जिसका प्रयोग किसी भी प्रणाली द्वारा तथ्यों को इकट्ठा करने के लिए किया जा सकता है। यदि अवलोकन पद्धति के द्वारा समस्याओं के अध्ययन में इस प्रश्न की सूची का प्रयोग किया जाता है तब उसे अवलोकन अनुसूची (Observation Schedule) कहा जाता है। यदि साक्षात्कार पद्धति के द्वारा समस्याओं के अध्ययन में इसका प्रयोग किया जाएगा तब इसे साक्षात्कार अनुसूची (Interview Schedule) कहा जाएगा। अगर प्रश्नावली पद्धति द्वारा समस्याओं के अध्ययन में इसका प्रयोग किया जाएगा तब इसे प्रश्नावली अनुसूची (Questionnaire Schedule) कहा जाएगा।

मैककोर्मिक ने अनुसूची को परिभाषित करते हुए 'Elementary Social Statistics' में लिखा है, "अनुसूची उन प्रश्नों की एक सूची से अधिक कुछ नहीं है जिनका उत्तर देना प्राक्कल्पना या प्राक्कल्पनाओं की जाँच के लिए आवश्यक प्रतीत होता है।"

अनुसूची को परिभाषित करते हुए बोगार्डस (Bogardus) ने 'Introduction to Social Research' में लिखा है, "अनुसूची उन तथ्यों को प्राप्त करने की

औपचारिक प्रणाली का प्रतिनिधित्व करती है जो वैषयिक रूप में है तथा सरलता से प्रत्यक्ष योग्य है।''

एम.एच. गोपाल ने अनुसूची को परिभाषित करते हुए 'An Introduction to Research Procedure in Social Science' में लिखा है, ''अनुसूची एक अर्थ में एक विस्तृत, वर्गीकृत, नियोजित तथा श्रेणीबद्ध पदों की सूची है, जिस पर सूचना अपेक्षित होती है।''

मोजर ने अनुसूची को परिभाषित करते हुए लिखा है, ''जब तक यह साक्षात्कारकर्त्ताओं द्वारा संचालित होती है, यह स्पष्ट रूप से औपचारिक प्रलेख हो सकती है जिसमें आकर्षण की अपेक्षा कुशल-क्षेम संचालन का उद्देश्य ही कार्यरत विचार रहता है।''

उक्त परिभाषाओं के आधार पर निष्कर्ष निकाला जा सकता है कि अनुसूची एक प्रकार की सामग्री संग्रहण के हेतु बनाई गई प्रश्नों की सूची है जिनके उत्तर स्वयं अध्ययनकर्त्ता अपने क्षेत्र में सूचनादाताओं के आमने-सामने के संपर्क द्वारा प्राप्त होता है। इस तरह यह कहा जा सकता है कि अनुसूची सूचनादाताओं से प्रत्यक्षतः पूछे जाने वाले जिन प्रश्नों की एक व्यवस्थित एवं वर्गीकृत सूची है जिसका उपयोग सूचनाओं को प्राप्त करने के लिए किया जाता है। अर्थात् अनुसूची एक ऐसा प्रपत्र है जिसमें प्रश्नों को अत्यधिक विचार-विमर्श के उपरांत लिखा जाता है और यह आशा की जाती है कि उन प्रश्नों के आधार पर सही-सही सूचनाएँ प्राप्त हो सकेंगी। सही-सही सूचनाओं के मिल जाने पर यह कहा जा सकता है कि अध्ययन विषय की वास्तविकताओं का पता चल गया है। इस प्रपत्र को जरूरत के अनुसार एक ही साथ अधिक मात्रा में छपवा लिया जाता है एवं एक-एक अनुसूची का प्रयोग एक-एक उत्तरदाता के लिए किया जाता है। इस अनुसूची को लेकर अनुसंधानकर्त्ता स्वयं उत्तरदाता के पास जाता है और उनसे अनुसूची में दर्ज प्रश्नों को पूछ-पूछकर स्वयं लिखता है। सभी उत्तरदाताओं से प्रश्न पूछकर दिए गए उत्तरों के आधार पर जो निष्कर्ष निकलता है उसी को अध्ययन-समस्या का निचोड़ माना जाता है। इस तरह अनुसूची का महत्त्व सामाजिक अनुसंधान के क्षेत्र में काफी ज्यादा है एवं यह अत्यंत उपयोगी साबित होता है।

प्रमुख विशेषताएँ

अनुसूची प्रश्नों की एक ऐसी सूची होती है जिसका प्रयोग सामाजिक अनुसंधान के क्षेत्र में तथ्यों को इकट्ठा करने के लिए किया जाता है। इसकी कुछ विशेषताएँ होती हैं जो निम्नलिखित हैं—

प्रथम विशेषता—अनुसूची की पहली विशेषता यह है कि इसके द्वारा प्राथमिक तथ्यों, सामग्रियों एवं जानकारियों को संगृहीत किया जाता है। अर्थात् अनुसूची प्राथमिक तथ्यों, सामग्रियों एवं जानकारियों को संगृहीत करने की विधि या उपकरण है।

द्वितीय विशेषता—अनुसूची की दूसरी विशेषता यह है कि यह प्रश्नों की एक विस्तृत वर्गीकृत, आयोजित तथा व्यवस्थित सूची होती है, जिसका उपयोग स्वयं अध्ययनकर्त्ता अथवा साक्षात्कारकर्त्ता द्वारा उत्तरदाता से प्रत्यक्ष संपर्क करके इस तरह से किया जाता है कि अध्ययन-विषय से संबंधित अधिकाधिक सूचनाएँ एकत्र की जा सकें।

तीसरी विशेषता—अनुसूची की तीसरी विशेषता यह है कि इसका उपयोग अनुसंधानकर्त्ता उत्तरदाता से आमने-सामने के संपर्क स्थापित करके विषय-समस्या से संबंधित तथ्यों से एकत्र करने के लिए करता है।

चौथी विशेषता—अनुसूची की चौथी विशेषता यह है कि इसमें अवलोकन का गुण भी समाहित होता है। अर्थात् अध्ययनकर्त्ता केवल सूचनाएँ ही नहीं प्राप्त करता है बल्कि वह स्वयं भी घटनाओं का अवलोकन कर उनकी सत्यता को जानने का प्रयत्न करता है।

पाँचवीं विशेषता—अनुसूची की पाँचवीं विशेषता यह है कि इसका उपयोग शिक्षित एवं अशिक्षित दोनों प्रकार के उत्तरदाताओं से तथ्य संग्रह के लिए किया जाता है। प्रश्नावली प्रविधि द्वारा केवल शिक्षित उत्तरदाताओं से ही तथ्य इकट्ठा किया जा सकता है क्योंकि उत्तरदाता को स्वयं प्रश्नावली को भरना रहता है। लेकिन अनुसूची को लेकर अध्ययनकर्त्ता स्वयं उत्तरदाता के पास जाता है एवं उसमें दर्ज प्रश्नों को उससे पूछकर इसे भरता है। इसलिए यह जरूरी नहीं है कि उत्तरदाता शिक्षित हो। अर्थात् अनुसूची के द्वारा शिक्षित एवं अशिक्षित दोनों ही समुदायों का अध्ययन करना संभव होता है जो इसकी एक विशेषता कही जा सकती है।

छठी विशेषता—अनुसूची की छठी विशेषता यह है कि इसका प्रयोग छोटे क्षेत्र में किए जाने वाले अध्ययनों के लिए उपयुक्त होता है क्योंकि इसमें अनुसंधानकर्त्ता को स्वयं उत्तरदाता के पास जाना पड़ता है जो बड़े क्षेत्र के अध्ययन में संभव नहीं है। यद्यपि बृहत् क्षेत्रों में भी इसका उपयोग किया जाता है लेकिन छोटे क्षेत्रों के अध्ययन के लिए यह विशेष उपयुक्त होता है।

सातवीं विशेषता—अनुसूची की सातवीं विशेषता यह है कि चूँकि इसके उपयोग से अनुसंधानकर्त्ता को अवलोकन करने का पूर्ण अवसर प्राप्त होता है इसलिए तथ्यों का सत्यापन करना संभव होता है।

आठवीं विशेषता—अनुसूची की आठवीं विशेषता यह है कि अनुसूची प्रविधि से अनुसंधानकर्त्ता जहाँ एक ओर साक्षात्कार प्रविधि का लाभ ले सकता है वहीं दूसरी ओर अवलोकन पद्धति का भी लाभ ले सकता है। अर्थात् इसे अवलोकन, साक्षात्कार एवं प्रश्नावली इन तीनों प्रविधियों का संयोजन कहा जा सकता है।

नौवीं विशेषता—अनुसूची की नौवीं विशेषता यह है कि ज्यादातर अनुसूची के प्रश्नों के उत्तर अनुसंधानकर्त्ता उत्तरदाता से जानकारियाँ प्राप्त करके ही भरते हैं।

दसवीं विशेषता—अनुसूची की दसवीं विशेषता यह है कि अनुसूची एक ऐसा उपकरण है जो अनुसंधानकर्त्ता को विषय-समस्या पर ही पूर्ण ध्यान केंद्रित करने को मजबूर करता है, जिससे अनुसंधानकर्त्ता का ध्यान यहाँ-वहाँ के तथ्य संग्रह करने पर नहीं जाता है।

ग्यारहवीं विशेषता—अनुसूची की ग्यारहवीं विशेषता यह है कि यह एक लेखबद्ध अन्वेषक प्रपत्र है।

बारहवीं विशेषता—अनुसूची की बारहवीं विशेषता यह है कि अनुसूची का निर्माण अनुसंधानकर्त्ता विषय-समस्या के महत्त्वपूर्ण तथ्यों को इकट्ठा करने के लिए स्वयं करता है एवं निदर्शित उत्तरदाताओं की संख्या के अनुपात में इसका मुद्रण करा लिया जाता है तथा प्रत्येक उत्तरदाता के लिए एक अनुसूची का उपयोग किया जाता है।

उत्तम प्रकार

अनुसूची प्रश्नों के उत्तर के रूप में प्राप्त सूचनाओं को इकट्ठा करने का एक साधन है। इसकी सफलता इसलिए प्रश्न एवं उत्तर पर निर्भर है अर्थात् प्रश्न इस तरह का हो जिससे कि वास्तविक तथ्य मालूम किए जा सकें एवं उन प्रश्नों को सूचनादाता सही अर्थों में समझ सकें तथा सही उत्तर दे सकें। एक अच्छी या उत्तम अनुसूची की मुख्य रूप से दो विशेषताएँ होती हैं जो निम्न प्रकार से हैं–

(i) सही प्रत्युत्तर,

(ii) सही संदेशवाहन।

(i) सही प्रत्युत्तर—एक अच्छी या उत्तम अनुसूची की दूसरी विशेषता सही प्रत्युत्तर को प्राप्त करना होता है। अर्थात् एक उत्तम या अच्छी अनुसूची की पहचान तभी कायम होती है जब उस अनुसूची के आधार पर सूचनादाता सही उत्तर देता है जो अनुसंधानकर्त्ता के लिए उपयोगी तथा जरूरी होता है। इसका अर्थ यह कदापि नहीं है कि सूचनादाता केवल ऐसे ही तथ्यों या सूचनाओं को दे जो कि अनुसंधानकर्त्ता की प्राक्कल्पनाओं के अनुकूल हों। इसका आशय सिर्फ इतना है कि वे जो कुछ भी

सूचना दें वह वास्तविक हो, दुविधायुक्त न हो और समस्याओं की वास्तविकताओं पर प्रकाश डालने में सहायक हो चाहे उसकी वह सूचना अनुसंधानकर्त्ता की प्राक्कल्पना को सही प्रमाणित करे या गलत। उत्तर यदि संदेहजनक, अस्पष्ट या बहुअर्थक हुआ तो उससे अनुसंधानकर्त्ता के भटक जाने की संभावना रहती है। एक उत्तम या अच्छी अनुसूची में इस प्रकार के प्रश्न पूछे जाते हैं जिससे स्पष्ट, संदेहरहित एवं एकअर्थक उत्तर प्राप्त किए जा सकें।

(ii) सही संदेशवाहन—एक उत्तम या अच्छी अनुसूची की पहली विशेषता यह है कि इसमें प्रश्नों को इस तरह पूछा जाता है ताकि उन प्रश्नों के संबंध में किसी भी उत्तरदाता के मन में कोई गलत धारणा न विकसित हो। अर्थात् अनुसंधानकर्त्ता जो कुछ प्रश्न पूछना चाहता है उत्तरदाता उसे उसी रूप में समझता है। यदि किसी अनुसूची के प्रश्नों में यह विशेषता पाई जाती है तो यह एक उत्तम अनुसूची कहलाती है। एक उत्तम या अच्छी अनुसूची की भाषा इतनी सरस, सुस्पष्ट, भ्रमरहित एवं एकअर्थक होती है कि किसी के लिए उसके वास्तविक अर्थ को समझने में किसी तरह की कठिनाई नहीं आती है। चूँकि अनुसूची वास्तविक तथ्यों को संकलित करने का एक साधन होती है इसलिए उसे वास्तविक भाव को वास्तविक रूप में व्यक्त करने योग्य भी होना चाहिए।

एक उत्तम या अच्छी अनुसूची में निम्न प्रकार के गुणों का होना जरूरी होता है जिससे सही संदेशवाहन या सही प्रत्युत्तर की स्थिति संभव हो सके—

(क) अनुसूची में ऐसे प्रश्न होने चाहिए जो अध्ययन-विषय की प्रकृति एवं उद्देश्य से संबंधित हों जिससे कि उनके उत्तरों के द्वारा प्राक्कल्पनाओं में भी क्रमबद्धता बनी रहे।

(ख) अनुसूची में प्रश्न छोटे-छोटे होने चाहिए चूँकि अगर प्रश्न लंबा होगा तो उत्तरदाता ऊब का अनुभव करने लगेंगे। इस प्रकार उत्तम अनुसूची के प्रश्नों का निर्माण विशेष उद्देश्यों को ध्यान में रखकर किया जाना चाहिए। अगर प्रश्न छोटे होंगे तो उत्तरदाता शीघ्रता से उनका उत्तर दे सकेंगे।

(ग) अनुसूची में ऐसे प्रश्नों का समावेश होना चाहिए जिनका उत्तर देने में उत्तरदाता सुख की अनुभूति कर सकें। इससे आगामी अध्ययन कार्य भी ठीक से चल सकता है, साथ ही इससे उत्तरदाता एवं अध्ययनकर्त्ता दोनों के समय की भी बचत होती है।

(घ) अनुसूची में ऐसे प्रश्न होने चाहिए जिससे उत्तरदाताओं को किसी भी प्रकार से आघात एवं अपमानित नहीं होना पड़े। प्रश्नों का निर्माण इस प्रकार से

किया जाना चाहिए जो उत्तरदाताओं को चोट पहुँचाने वाला न हो। ऐसा कभी-कभी देखने को मिलता है कि अनुसूची में ऐसे भी प्रश्न अंकित रहते हैं जो उत्तरदाताओं को चोट पहुँचाने वाले होते हैं। ऐसी परिस्थिति में अध्ययनकर्त्ता को यह चाहिए कि वह विकट शब्दों को ऐसे प्रयुक्त करे जिससे उत्तरदाताओं को इसका आभास ही न हो।

(ङ) अनुसूची में ऐसे प्रश्नों का समावेश होना चाहिए जो कि विशिष्ट अनुसंधानों के लिए आवश्यक हों।

(च) अनुसूची का आकार एवं रूप आकर्षक होना चाहिए।

(छ) अनुसूची में प्रश्न हमेशा सरल एवं स्पष्ट होने चाहिए जिससे कि उत्तरदाताओं को किसी प्रकार की समस्याओं का सामना न करना पड़े एवं वे सही उत्तर दे सकें। ये प्रश्न भ्रम में डालने वाले नहीं होने चाहिए।

(ज) अनुसूची में ऐसी भाषा का प्रयोग कर प्रश्न का निर्माण करना चाहिए ताकि वे समझ में आ सकें। भाषा इस तरह की होनी चाहिए ताकि उससे एक ही अर्थ निकले। अनुसंधान कार्य में भ्रमित करने वाले वाक्यों का प्रयोग कभी नहीं करना चाहिए। साथ ही बहुअर्थक शब्दों का भी प्रयोग नहीं करना चाहिए। दूसरे शब्दों में यह कहा जा सकता है कि अनुसूची में ऐसी भाषा तथा शब्दों का प्रयोग करना चाहिए जिसका एक ही अर्थ निकलता हो।

(झ) अनुसूची में प्रश्न इस प्रकार के होने चाहिए जिनके उत्तर देने में उत्तरदाताओं को कोई संकोच न हो।

(ञ) अनुसूची में साधारण तथा सामान्य शब्दों का प्रयोग किया जाना चाहिए। अध्ययनकर्त्ता को अनुसूची में खड़ी बोली का प्रयोग नहीं करना चाहिए। सदैव सीधे एवं साधारण शब्दों का प्रयोग किया जाना चाहिए।

(ट) अनुसूची में इस तरह के प्रश्नों की रचना होनी चाहिए जिसका सांख्यकीय विवेचन संभव हो सके।

उद्देश्य

अनुसूची तथ्य-संकलन की एक ऐसी विधि है जो अध्ययन-विषय की वास्तविकता को प्रकट कर प्राक्कल्पनाओं की जाँच करने में सहायक होती है। अर्थात् अनुसूची का प्राथमिक उद्देश्य प्रश्नों के उत्तर के माध्यम से ऐसे तथ्यों को इकट्ठा करना है जो कि अध्ययन विषय की वास्तविकता को प्रकट करे। इसका उद्देश्य संबंधित व्यक्तियों से प्रत्यक्ष रूप से मिलकर आमने-सामने की स्थिति में उनसे सूचना इकट्ठा

करना होता है। अनुसूची के इस प्राथमिक उद्देश्य के अतिरिक्त अन्य उद्देश्यों का भी उल्लेख किया जा सकता है जो निम्नलिखित हैं–

(1) प्रामाणिक एवं वस्तुनिष्ठ अध्ययन–अनुसूची का प्रथम उद्देश्य प्रामाणिक एवं वस्तुनिष्ठ अध्ययन (Valid and Objective Study) करना होता है। अर्थात् अनुसूची का उद्देश्य अध्ययन एवं निरीक्षण को अधिकाधिक प्रामाणिक एवं वस्तुनिष्ठ बनाना होता है। अनुसूची प्रविधि में अनुसंधानकर्त्ता स्वयं ही व्यक्तिगत संपर्क स्थापित कर प्रत्यक्षतः सूचनादाताओं से सूचनाओं का संकलन करता है। इसलिए रहस्यात्मक एवं जटिल प्रश्नों के भी विश्वसनीय एवं प्रामाणिक उत्तर प्राप्त हो जाते हैं। चूँकि इसमें अध्ययनकर्त्ता स्वयं उत्तरदाताओं से व्यक्तिगत रूप से जाकर मिलता है, उन्हें अध्ययन-विषय एवं अध्ययन के उद्देश्यों से परिचित करवाता है, इसलिए अनुसूची के प्रत्येक प्रश्न की व्याख्या एवं उसके सही उत्तर की याचना भी कर सकता है। इसमें अध्ययनकर्त्ता वही उत्तर प्राप्त करने का प्रयत्न करता है जो उसकी दृष्टि में उपयोगी एवं सार्थक होता है। इसलिए उत्तरदाताओं को विभिन्न अर्थ लगाने का अवसर नहीं मिलता है। इससे अध्ययन में प्रामाणिकता आती है। कहने का तात्पर्य यह है कि उत्तरदाताओं को ऐसा कोई मौका नहीं मिलता है जिससे वे कोई पृथक् अर्थ लगा सकें। इसलिए अनुसूची के द्वारा प्रामाणिक एवं वस्तुनिष्ठ अध्ययन होता है।

(2) सूचनाओं के अनुपयोगी तथा अपूर्ण संकलन से सुरक्षा–अनुसूची का द्वितीय उद्देश्य सूचनाओं के अनुपयोगी एवं अपूर्ण संकलन से बचाव कहा जा सकता है। अनुसूची का उद्देश्य विषय से संबंधित प्रश्नों का क्रमबद्ध उत्तर प्राप्त करना होता है। अनुसूची अपनी स्मरण-शक्ति पर आवश्यक रूप से भरोसा करने के जोखिम से अनुसंधानकर्त्ता को बचाता है। ऐसा संभव है कि अगर अनुसंधानकर्त्ता बिना अनुसूची का सहारा लिए साक्षात्कार करे तो वह कुछ प्रमुख प्रश्नों का उत्तर प्राप्त करना बिलकुल भूल जाए या साक्षात्कारदाता द्वारा कही हुई बातों को याद न रख सके। इस अवस्था में उसे साक्षात्कारदाता के पास दुबारा जाना पड़ेगा या अपनी कल्पना पर भरोसा करना पड़ेगा। दोनों ही स्थितियों में अध्ययन में विश्वसनीयता एवं यथार्थता नहीं आ पाएगी। अनुसूची का प्रयोग इस तरह की स्थिति से बचाता है। इसलिए अनुसूची को 'याद दिलाने वाला' (Memory Tickler) भी कहा जाता है।

(3) अनावश्यक संकलन से रक्षा–अनुसूची का तीसरा उद्देश्य अनावश्यक संकलन से बचाव (Discarding Unnecessary Data) कहा जा सकता है। अनुसूची एक नियोजित एवं व्यवस्थित प्रश्नों की एक सूची होती है। इसलिए अनुसंधान की प्रक्रिया में अध्ययनकर्त्ता का पूरा ध्यान अनुसूची में निर्दिष्ट बातों पर

ही केंद्रित रहता है। अतः वह अनावश्यक एवं असंबद्ध तथ्यों को उसमें शामिल नहीं कर पाता है। इस तरह यह पता चलता है कि अनुसूची अध्ययनकर्त्ता को अनावश्यक तथ्यों के संकलन से बचाती है। इतना ही नहीं वह अध्ययनकर्त्ता को आवश्यक सूचनाओं के प्रति सचेष्ट भी रखती है।

(4) सूचनाओं का व्यवस्थित संकलन—अनुसूची का चौथा उद्देश्य सूचनाओं का व्यवस्थित संकलन (Systematic Collection of Data) कहा जा सकता है। अनुसूची में सभी प्रश्न सोच-समझकर व्यवस्थित एवं क्रमबद्ध रूप में प्रस्तुत किए जाते हैं एवं अनुसंधानकर्त्ता अपने आप तथ्यों का संकलन भी करता है। इसलिए जो भी सूचनाएँ प्राप्त होती हैं उनमें एक व्यवस्था एवं क्रमबद्धता होती है। इससे आगे चलकर उनके वर्गीकरण एवं विश्लेषण में कोई कठिनाई नहीं होती है। इस तरह अनुसूची का एक महत्त्वपूर्ण उद्देश्य वर्गीकरण, सारणीयन, विश्लेषण एवं व्याख्या के कार्य को सरल बनाना होता है। अगर बिना अनुसूची के अध्ययन किया जाता है तो उत्तरदाता अपनी-अपनी बातें अपने-अपने ढंग से वर्णनात्मक या कहानी के रूप में कहता है। इस रूप में प्राप्त की गई सूचना को वर्गीकृत करने एवं विवेचन करने में बहुत परेशानी का सामना करना पड़ता है। अनुसूची का उद्देश्य इस परेशानी से बचाना होता है।

(5) आँकड़ों के संकलन में उपयोगी—अनुसूची का पाँचवाँ उद्देश्य संख्यात्मक आँकड़ों के संकलन में उपयोगी कही जा सकता है। यह प्रविधि संख्यात्मक सूचनाओं एवं आँकड़ों के संकलन में अधिक उपयोगी होती है। विचारात्मक सूचनाओं या भावनात्मक जानकारी के लिए यह प्रविधि उपयुक्त नहीं होती है।

(6) मात्रात्मक मापन—अनुसूची का छठा उद्देश्य मात्रात्मक मापन (Quantitative Measurement) कहा जा सकता है। अर्थात् अनुसूची का उद्देश्य गुणात्मक प्रपत्रों को मात्रात्मक प्रपत्रों के रूप में परिणत कर मापन योग्य बनाना होता है।

(7) अध्ययन में प्रत्यक्ष संपर्क—अनुसूची का सातवाँ उद्देश्य अध्ययन में प्रत्यक्ष संपर्क का होना कहा जा सकता है। अनुसूची का उपयोग स्वयं अध्ययनकर्त्ता द्वारा उत्तरदाता से प्रत्यक्ष संपर्क स्थापित कर इस प्रकार किया जाता है जिससे उत्तरदाता अध्ययन-विषय के विभिन्न पक्षों से संबंधित ज्यादा-से-ज्यादा सूचनाएँ प्राप्त कर सके या अध्ययन विषय की वांछित जानकारी प्राप्त कर सके।

(8) स्वयं की भाषा में उत्तर का मौका—अनुसूची का आठवाँ उद्देश्य उत्तरदाता को उसकी स्वयं की भाषा में उत्तर देने का अवसर प्रदान करना कहा जा सकता है। इसमें उत्तरदाता को अपनी ही भाषा में समुचित उत्तर देने का अवसर मिल

जाता है। इस प्रकार इसमें सही स्थिति का स्पष्टीकरण एवं जानकारी प्राप्त होने की ज्यादा संभावना रहती है।

(9) अवलोकन के गुणों का समावेश–अनुसूची का नौवाँ उद्देश्य यह है कि इसमें अवलोकन के गुणों का भी समावेश होता है। इसमें अध्ययनकर्त्ता जो कुछ आँखों से देखता है या अनुभव करता है उसे वह अनुसूची में उसके बताए अनुसार लिख देता है।

(10) अध्ययनकर्त्ता पर नियंत्रण बनाए रखना–अनुसूची का दसवाँ उद्देश्य अध्ययनकर्त्ता पर नियंत्रण रखना कहा जा सकता है। अनुसूची अध्ययनकर्त्ता पर नियंत्रण बनाए रखने की एक विशिष्ट प्रणाली है जिससे अध्ययनकर्त्ता अध्ययन-क्षेत्र में मनमाने ढंग से कार्य नहीं कर पाता है। इससे किसी भी प्रकार का पक्षपात होने की संभावना नहीं रहती है।

उक्त वर्णन के आधार पर यह निष्कर्ष निकाला जा सकता है कि अनुसूची के विभिन्न उद्देश्य हैं। अनुसूची के उद्देश्यों को स्पष्ट करते हुए डॉक्टर गोपाल ने लिखा है, "अनुसूची का मुख्य उद्देश्य विभिन्न स्रोतों से प्रत्यक्ष रूप से निश्चित तौर पर परिमाणात्मक और वस्तुनिष्ठ सामग्री को प्राप्त करना होता है।" वास्तविकता यह है कि अनुसूची द्वारा जहाँ एक ओर अधिक प्रामाणिक एवं वस्तुनिष्ठ सूचनाएँ प्राप्त की जा सकती हैं वहीं दूसरी ओर इसकी सहजता से अपूर्ण सूचनाओं के दोष को दूर करके सूचनाओं का सत्यापन करना भी संभव हो जाता है। अनुसूची का एक प्रमुख उद्देश्य आवश्यक तथ्यों का बहिष्कार करके उपयोगी सूचनाओं का इस प्रकार आलेखन करना होता है जिससे तथ्यों का समुचित रूप से वर्गीकरण करके व्यवस्थित निष्कर्ष प्रस्तुत किए जा सकें। ये सभी उद्देश्य इतने महत्त्वपूर्ण हैं कि सामाजिक घटनाओं के अध्ययन में अनुसूची को एक अत्यधिक उपयोगी प्रविधि के रूप में देखा जाने लगा है।

अनुसूची निर्माण : प्रक्रिया

अनुसूची प्रश्नों की एक सूची होती है। इसका निर्माण सोच-समझकर सावधानीपूर्वक किया जाता है। इसका निर्माण करना कोई आसान कार्य नहीं है। अनुसूची के निर्माण की प्रक्रिया में विभिन्न स्तर होते हैं एवं प्रत्येक स्तर में कुछ सावधानी बरतनी पड़ती है। इसके निर्माण में निम्न स्तर होते हैं–

(1) विभिन्न पक्षों पर विचार–अनुसूची निर्माण के प्रथम चरण में इसके निर्माण से संबंधित विभिन्न पक्षों पर विचार किया जाता है। अनुसूची निर्माण से

पहले यह तय कर लेना चाहिए कि इसमें अध्ययन-विषय से संबंधित किन-किन पक्षों को समायोजित किया जाएगा। इस स्तर में अनुसंधानकर्त्ता अध्ययन की समस्या के संबंध में जानकारी प्राप्त करता है। ऐसा करना इसलिए जरूरी होता है क्योंकि जब तक अध्ययन की समस्या की प्रकृति का पूर्ण ज्ञान नहीं होगा तब तक उसके संबंध में प्रश्नों का ज्ञान संभव नहीं हो सकेगा। इससे अनुसंधानकर्त्ता को यह पता चल जाता है कि विषय में कौन-कौन से पक्ष ज्यादा महत्त्वपूर्ण हैं एवं कौन-कौन से पक्ष कम महत्त्वपूर्ण हैं। साथ ही इससे यह भी पता चल जाता है कि अध्ययन की समस्या के कौन-कौन से महत्त्वपूर्ण पहलू हो सकते हैं ताकि भिन्न-भिन्न पहलुओं के संबंध में जानकारी प्राप्त की जा सके। पहले से ऐसा कर लेने से अनुसूची में प्रश्नों का एक संतुलित अनुपात बनाए रखना संभव हो पाता है। साथ ही अनुसूची में अनावश्यक प्रश्नों का भी जमाव नहीं हो पाता है। पूर्ववर्ती विचार तथा समस्या के संबंध में आवश्यक जानकारी इसलिए भी आवश्यक होती है, क्योंकि अनुसंधानकर्त्ता विषय के संबंध में एक संतुलित धारणा को विकसित किए बिना ही अनुसूची में उन सभी मदों एवं पहलुओं को सम्मिलित करना चाहते हैं जो उन्हें महत्त्वपूर्ण एवं रुचिकर मालूम होते हैं। इस तरह की प्रवृत्ति समय, शक्ति एवं धन के अपव्यय का कारण बनती है। इस स्थिति से बचने के लिए एक संतुलित प्रश्न सूची को बनाए रखना आवश्यक होता है। इसको बनाए बिना यह संभव है कि कुछ महत्त्वहीन पक्षों को अनुसूची में ज्यादा मान्यता मिल जाए एवं महत्त्वपूर्ण पक्ष अनुसूची से छूट जाएँ। इसलिए पूर्व ज्ञान के आधार पर अध्ययन समस्या के संबंध में जानकारी प्राप्त की जाती है।

(2) आकार का निर्धारण—इसके आकार का निर्धारण अनूसची निर्माण के दूसरे चरण में किया जाता है। अर्थात् इस स्तर में अनुसंधानकर्त्ता यह निश्चित करता है कि अनुसूची के अंदर कितने प्रश्न रखे जाएँ। अनुसूची का आकार समस्या की प्रकृति, अध्ययन-क्षेत्र की प्रकृति, अध्ययन के लिए प्राप्त धनराशि एवं समय आदि बातों पर निर्भर करती है। अध्ययन विषय को विभिन्न पक्षों में विभाजित किया जाता है। साथ ही यह भी निश्चित किया जाता है कि प्रत्येक उपविभाग के संबंध में सभी विषय स्पष्ट हों। इसके लिए दो बातों पर ध्यान देना जरूरी होता है। इसमें पहली बात यह है कि इस प्रकार के प्रश्नों को अनुसूची में सम्मिलित करने पर पहलू-विशेष पर अधिक प्रकाश डाला जाए। दूसरी बात यह है कि इस प्रकार के प्रश्नों के उत्तर से प्राप्त सूचनाओं का अनुसंधान के उद्देश्य की पूर्ति में अधिकाधिक उपयोग हो।

इस प्रकार यह कहा जा सकता है कि इस स्तर में अध्ययन विषय के विभिन्न पक्षों के उपविभागों एवं उनसे संबंधित प्रश्नों के विस्तार, प्रकृति एवं उसकी उपयोगिता के विषय में निश्चित कर लिया जाता है। यदि मनोवृत्ति, भावनाओं एवं विचारों आदि मनोवैज्ञानिक समस्याओं के अध्ययन के लिए अनुसूची का निर्माण किया जाता है तो इसका आकार बड़ा रखा जाता है। इसके विपरीत घरेलू दशा, साक्षरता, व्यवसाय एवं ड्रेस स्टाईल आदि समस्याओं के अध्ययन हेतु अनुसूची का निर्माण किया जाता है तो अनुसूची का आकार छोटा रखा जाता है। साथ ही अगर अध्ययन के लिए धनराशि एवं समय ज्यादा प्राप्त रहता है तब तुलनात्मक रूप में अनुसूची का आकार बड़ा रखा जाता है एवं यदि धनराशि एवं समय कम रहता है तब अनुसूची का आकार छोटा रखा जाता है।

(३) प्रश्नों का निर्माण—अनुसूची के निर्माण की प्रक्रिया का तीसरा स्तर प्रश्नों के निर्माण से संबंधित होता है। इस स्तर पर इस बात की सावधानी रखनी पड़ती है कि जल्दबाजी में प्रश्नों का निर्माण न हो जाए। प्रश्नों की प्रकृति पर ही यह निर्भर करता है कि उत्तरदाता उन प्रश्नों के सही अर्थ को समझकर सही उत्तर दे सकेगा या नहीं। इसलिए इस बात का सदैव ध्यान रखा जाना चाहिए कि प्रश्नों की भाषा जटिल, अस्पष्ट, संदेहयुक्त एवं बहुअर्थक न हो। साथ ही जिन प्रश्नों से उत्तरदाताओं को कोई क्षोभ पहुँचे या उत्तर देने में किसी प्रकार का संकोच हो, ऐसे प्रश्नों के निर्माण से भी बचा जाना चाहिए। सरल, स्पष्ट एवं ठीक तरह से पूछे गए विनम्र प्रश्न उत्तरदाताओं से सही उत्तर को स्वयं ही प्राप्त कर लेता है। इसके विपरीत गलत ढंग से पूछे गए अटकलपच्चू प्रश्न उत्तरदाता के मन में झुँझलाहट पैदा कर देते हैं। इसलिए यह इधर-उधर की बातों को कहकर सिर्फ खानापूर्ति कर देता है या उत्तर देने से इंकार कर देता है। साथ ही इस बात का भी ध्यान रखा जाना जरूरी होता है कि अनुसूची में ऐसे प्रश्नों का समावेश न हो जाए जिनका अध्ययन विषय से कोई प्रत्यक्ष संबंध न हो। कहने का तात्पर्य यह है कि प्रश्नों के निर्माण में काफी सावधानी बरतनी पड़ती है ताकि प्रश्न विश्वसनीय तथ्य संग्रह करने में सक्षम हों। प्रश्नों का निर्माण करते समय इस बात का ध्यान रखा जाता है कि समस्या के भिन्न-भिन्न तरह के पहलुओं के संबंध में विस्तृत एवं विश्वसनीय आँकड़े इन प्रश्नों द्वारा प्राप्त हो सकें। हरसंभव प्रयत्न किया जाना चाहिए कि अनुसूची में बहुअर्थक शब्दों, टेक्नीकल धारणाओं एवं उत्तरदाताओं को चोट पहुँचाने वाले प्रश्नों का चयन न हो। साथ ही अनुसूची में अप्रचलित शब्दों का भी प्रयोग नहीं किया जाना चाहिए।

(4) प्रश्नों की क्रमबद्ध सजावट—अनुसूची के निर्माण की प्रक्रिया के चौथे स्तर में प्रश्नों को एक सिल-सिलेवार ढंग से या क्रमबद्ध रूप से सजाया जाता है। एक समस्या से संबंधित संपूर्ण प्रश्नों को एक ही जगह रखा जाता है। साथ ही यह भी ख्याल रखा जाता है कि प्रश्नों को किस प्रकार क्रमबद्ध रूप से रखा जाए ताकि उत्तरदाताओं की दिलचस्पी बनी रहे। प्रश्नों को क्रमबद्ध रूप में रखते समय उत्तरदाता का नाम, लिंग, आयु, ज्ञान, धर्म, वैवाहिक स्थिति, आमदनी एवं व्यवसाय आदि से संबंधित प्रारंभिक जानकारियों से संबंधित प्रश्नों को सबसे ऊपर तथा अन्य प्रमुख प्रश्नों को उसके बाद रखा जाना चाहिए। लेकिन सबसे ऊपर अध्ययन की समस्या के विषय का वर्णन किया जाना चाहिए। यदि उसके नीचे संक्षेप में अध्ययन का उद्देश्य भी लिखा हो तो इसे और अच्छा समझा जाता है। लेकिन हर अनुसूची के लिए ऐसा आवश्यक नहीं होता है। प्रश्नों को क्रम में बनाने से उत्तरों के द्वारा तथ्यों की प्राप्ति उसी क्रम में होती है जिस क्रम में तथ्यों की व्याख्या, विश्लेषण एवं रिपोर्ट लिखनी होती है। क्रम से लगे प्रश्नों के द्वारा उत्तरदाता से भी उत्तर शीघ्रतापूर्वक मिल जाते हैं। प्रश्नों का क्रम यदि आसान से जटिल की ओर होता है तो उत्तरदाता शुरू में सरल प्रश्नों के उत्तर देखकर मानसिक रूप से जटिल प्रश्नों के उत्तर के लिए तैयार हो जाता है। प्रश्नों को क्रमबद्ध करते समय इस बात का भी ध्यान रखा जाना चाहिए कि ऐसा कोई भी प्रश्न शामिल न हो जिसका उत्तर ही न मिले। ऐसे प्रश्नों को निकाल बाहर किया जाना चाहिए।

(5) सार्थकता की जाँच—अनुसूची के निर्माण प्रक्रिया का पाँचवाँ स्तर अनुसूची की सार्थकता की जाँच करने से संबंधित होता है। अर्थात् प्रश्नों को क्रमबद्ध रूप में रखने के बाद अनुसूची के दोषों की जानकारी प्राप्त करने हेतु पूर्व-परीक्षण या पूर्व-सर्वेक्षण कराया जाता है। कुछ लोगों पर अनुसूची को लागू कर यह जानने की कोशिश की जाती है कि अनुसूची में अनावश्यक प्रश्न तो नहीं है। साथ ही पूर्व-परीक्षण के दौरान यह भी जानकारी हो जाती है कि कुछ महत्त्वपूर्ण प्रश्न छूट तो नहीं गए हैं। प्रमुख बात यह है कि अनुसूची को दोषरहित एवं ज्यादा सार्थक बनाने के उद्देश्य से पूर्व सर्वेक्षण किया जाता है। पूर्व सर्वेक्षण के अनुभव के आधार पर अनुसूची में संशोधन किया जाता है तथा अंतिम रूप से अनुसूची का निर्माण किया जाता है। ऐसा कर लेने से आगे आने वाली समस्याओं का निराकरण हो जाता है।

अंतर्वस्तु

अनुसूची की अंतर्वस्तु का भी अपना महत्त्व है। अनुसूची की अंतर्वस्तु का तात्पर्य यह होता है कि प्रारंभ से अंत तक अनुसेूची में किन-किन बातों या विषयों

का समावेश है। अनुसूची की अंतर्वस्तु में निम्न प्रकार की बातों का समावेश होना चाहिए–

(i) आरंभिक सूचनाएँ–अनुसूची के प्रारंभिक सूचनाओं के अंतर्गत इसका यह हिस्सा आता है जिसमें अनुसंधान एवं उत्तरदाताओं के संबंध में सामान्य जानकारी प्राप्त करने से संबंधित प्रश्नों का समावेश होता है। अनुसूची का यह भाग प्रायः सभी अनुसूचियों में पाया जाता है एवं करीब एक समान ही होता है। इसके तहत अध्ययन-विषय का नाम, अध्ययन करने वाले संगठन का नाम, क्रम संख्या, सूचनादाता का नाम, पता, आयु, लिंग, व्यवसाय, शिक्षा, जाति, साक्षात्कार का स्थान, तरीका एवं समय आदि की जानकारी पूछी जाती है। इस तरह यह कहा जा सकता है कि अनुसूची के इस भाग में अलग-अलग तरह की प्रारंभिक सूचनाओं से संबंधित प्रश्नों का समावेश होता है।

(ii) प्रमुख प्रश्न तथा सारणियाँ–अनुसूची के इस भाग में अनुसंधान के विषय से संबंधित भिन्न प्रकार के प्रश्न एवं सारणियों का समावेश होता है। यही अनुसूची की मुख्य अंतर्वस्तु होती है। इन प्रश्नों को अध्ययनकर्त्ता उत्तरदाताओं से पूछकर भरता है। ये प्रश्न एवं सारणियाँ उन तथ्यों के संकलन में सहायक होती हैं जिनकी मदद से प्राक्कल्पना की जाँच की जाती है।

(iii) अनुसंधानकर्त्ताओं के लिए निर्देश–अनुसूची के अंत में या पृथक् रूप से अनुसंधानकर्त्ताओं के लिए कुछ ऐसे निर्देश दिए जाते हैं जिनकी मदद से यथार्थ तथ्यों का संकलन सरल एवं एक प्रकार का हो सके। एक प्रकार से ये मार्गदर्शक का कार्य करते हैं। यद्यपि अनुसंधानकर्त्ता प्रशिक्षित होते हैं फिर भी लिखित तौर पर दिये गए निर्देश उनका लगातार मार्ग प्रदर्शन करते रहते हैं।

भौतिक प्रकृति

अनुसूची के भौतिक स्वरूप का भी अपना एक पृथक् महत्त्व होता है। सूचनादाताओं से सूचना प्राप्त करने के लिए अनुसूची को उनके समक्ष प्रस्तुत करना होता है। इसलिए इसका भौतिक स्वरूप आकर्षक होना चाहिए। अगर इसका भौतिक स्वरूप आकर्षक होगा तो सही उद्देश्यों की पूर्ति हो सकेगी। अनुसूची के निर्माण में या इसके भौतिक स्वरूप में निम्न प्रकार की बातों को ध्यान में रखना जरूरी होता है–

(i) कागज का विकास–अनुसूची के भौतिक स्वरूप के तहत प्रथम बात यह आती है कि इसका कागज अच्छे किस्म का होना चाहिए जिससे लिखने में सुविधा हो।

साथ ही अच्छे किस्म के कागज से अनुसूची की 'शो' (Show) भी बढ़ जाती है। यदि कागज घटिया किस्म का होता है तो प्रश्नों का उत्तर लिखते समय या तो स्याही फैल जाती है या लिखाई अस्पष्ट होती है। इससे आगे चलकर यह दिक्कत होती है कि उत्तरों को कुछ-का-कुछ समझा जाता है। विशेषकर अगर संख्या में व्यक्त सूचना को गलत समझा जाता है तो उसका प्रभाव अध्ययन के निष्कर्ष पर पड़ता है।

(ii) आकार—अनुसूची के भौतिक स्वरूप के तहत दूसरी बात इसके आकार से संबंधित होती है। अनुसूची का आकार न तो बहुत छोटा होना चाहिए एवं न ही बहुत बड़ा। यदि अनुसूची का आकार छोटा होगा तो वह देखने में अच्छा नहीं लगेगा। इसी प्रकार अनुसूची का आकार अगर बड़ा होगा तो उसे साक्षात्कार के लिए बाहर ले जाने में कठिनाई होगी। साथ ही छोटा आकार होने से उस पर लिखना असुविधाजनक होगा जबकि बड़ा आकार होने पर उसे बहुत मोड़ना पड़ेगा। प्रायः अनुसूची का प्रमाणित आकार 8" × 11" माना जाता है।

(iii) स्थान छोड़ना—अनुसूची के भौतिक प्रकृति के तहत तीसरी बात यह आती है कि इसके प्रश्नों को छपवाते समय सही स्थान छोड़कर छपवाना चाहिए ताकि पढ़ने में स्पष्टता रहे। दो प्रश्नों के बीच पर्याप्त जगह छोड़नी चाहिए जिससे उत्तर आसानी से उस स्थान पर लिखे जा सकें। अक्षर अधिक गिचपिच होने से पढ़ने में कठिनाई होती है।

(iv) मार्जिन या हाशिया—अनुसूची के भौतिक स्वरूप के तहत हाशिया छोड़ना भी आता है। अनुसूची के बाईं ओर कम-से-कम 1/4" तथा दाहिनी ओर 1/5" या 1/3" का हाशिया अवश्य छोड़ना चाहिए। इससे अनुसूची अधिक आकर्षक बन जाती है तथा जरूरत पड़ने पर टिप्पणी आदि भी हाशिए पर लिखी जा सकती है। इसके अलावा हाशिया रहने से कागजों को पंच करके फाईल करने में भी आसानी होती है।

(v) प्रिंट—अनुसूची के भौतिक स्वरूप के तहत छपाई भी आती है। जहाँ तक संभव हो अनुसूची को छपवा लेना चाहिए। छपाई साफ, सुंदर तथा स्पष्ट हो, यह भी आवश्यक होता है। यदि धनाभाव हो तो साफ-साफ साइक्लोस्टाईल करवा लेना चाहिए। कहने का तात्पर्य यह है कि या छपाई करवाया जाए या साइक्लोस्टाईल, या दोनों ही अवस्थाओं में छपाई साफ-सुथरी होनी चाहिए।

(vi) चित्रों की उपयोगिता—अनुसूची के भौतिक स्वरूप के अंतर्गत प्रश्नों को ज्यादा आकर्षक एवं बोधगम्य बनाने के लिए कभी-कभी प्रश्नों के साथ चित्रों का भी उपयोग किया जाता है, लेकिन इसमें इस बात का ख्याल रखा जाता है कि

चित्रों से किसी तरह की अश्लीलता न झलके। साथ ही इनसे उत्तरदाताओं को भी किसी प्रकार की ठेस नहीं पहुँचनी चाहिए, इस बात का भी ध्यान रखा जाना चाहिए। चित्रों को आकर्षक बनाने का अर्थ यह नहीं होता है कि अश्लीलता का सहारा लिया जाए। आजकल चित्रों में अनुसूची का उपयोग प्रतिदिन बढ़ता जा रहा है।

प्रश्न

अनुसूची प्रश्नों की एक सूची होती है लेकिन इसमें सम्मिलित किए जाने वाले सभी प्रश्न एक समान नहीं होते हैं। दूसरे शब्दों में यह कहा जा सकता है कि अनुसूची में विभिन्न प्रकार के प्रश्नों का समावेश होता है। ये प्रश्न निम्न प्रकार के होते हैं–

(i) संयोजित प्रकृति के प्रश्न–संयोजित प्रश्न उन प्रश्नों को कहा जाता है जिनके संभावित उत्तरों को एक क्रम में प्रश्नों के सामने लिख दिया जाता है। उत्तरदाता को इन्हीं में से एक उत्तर का चयन करना होता है। इन संयोजित प्रश्नों का उत्तर एक वाक्यांश या निश्चित संख्या में होता है। इन प्रश्नों का सांख्यकीय वर्गीकरण एवं सारणीयन आदि आसानी से हो सकता है। ऐसे प्रश्नों का उत्तर या तो एक निश्चित संख्या होती है अथवा निश्चित वाक्यांश होता है। इस तरह के प्रश्नों की सबसे बड़ी विशेषता यह होती है कि उत्तर भी प्रश्नों के साथ रहते हैं। इसलिए उत्तरदाताओं को उत्तर देने में काफी आसानी होती है। इस तरह के प्रश्नों के उदाहरण निम्नलिखित प्रकार के हैं–

(क)	आपके कितने बच्चे हैं?	एक/दो/तीन/चार/ ....
(ख)	आपके बच्चे कहाँ पढ़ते हैं?	नर्सरी/प्राईमरी स्कूल/ उच्च माध्यमिक स्कूल/ कालेज
(ग)	आपके बच्चे किस प्रकार के परिवार के सदस्य हैं?	एकाकी परिवार/संयुक्त परिवार
(घ)	आपके परिवार के कितने सदस्य शिक्षित हैं?	एक/दो/तीन/चार /....

(ii) बंधनों से मुक्त प्रश्न–विमुक्त प्रश्न जैसा कि नाम से ही स्पष्ट है सभी बंधनों से मुक्त होता है। अर्थात् इसमें उत्तरदाता को किसी भी प्रकार से अपने मत को व्यंक्त करने की स्वतंत्रता रहती है। इसलिए इन प्रश्नो में भाषा संबंधी कोई समानता नहीं होती है। ऐसे प्रश्नों का प्रयोग प्रायः उत्तरदाता से सुझाव माँगने के लिए किया जाता है। इसलिए इनके उत्तर काफी लंबे तथा विविध प्रकार के हो सकते हैं।

इस प्रकार के प्रश्नों के उदाहरण निम्न प्रकार से हैं—

(क) अंतर्जातीय विवाह को भारत में अच्छा क्यों नहीं माना जाता है?

(ख) जाति प्रथा की समाप्ति के क्या कारण हैं?

(ग) भारत में एक आदर्श पत्नी को कैसा होना चाहिए?

(घ) आप हरिजनों की स्थिति को विकसित करने के लिए क्या सुझाव देंगे?

(iii) दोहरे प्रकृति के प्रश्न—दोहरे प्रश्न उन प्रश्नों को कहा जाता है जिनके दो ही उत्तर होते हैं। इन उत्तरों को अनुसूची में प्रश्नों के समक्ष लिख दिया जाता है। इन उत्तरों में से एक सकारात्मक होता है एवं दूसरा नकारात्मक। उत्तरदाता इनमें से किसी एक उत्तर से सहमत होता है एवं उसी को सही मानकर शेष को काट देता है। इनका वर्गीकरण एवं सारणीयन भी संयोजित प्रश्नों की तरह सरलता से होता है। दोहरे प्रश्नों के कुछ उदाहरण इस तरह हैं—

(क)	क्या आप अनुसूचित जाति के सदस्य हैं?	हाँ/नहीं
(ख)	आप धूम्रपान को कैसा समझते हैं?	अच्छा/बुरा
(ग)	क्या आप सहशिक्षा के पक्ष में हैं?	हाँ/नहीं
(घ)	आप दहेज-प्रथा को कैसा मानते हैं?	अच्छा/बुरा
(ङ)	क्या आप प्रतिदिन अखबार पढ़ते हैं?	हाँ/नहीं
(च)	आप कहाँ की बनी चीजों को इस्तेमाल करना पसंद करते हैं?	स्वदेशी/ विदेशी

(iv) बहु-वैकल्पिक प्रकृति के प्रश्न—बहु-वैकल्पिक वैसे प्रश्न होते हैं जिनके साथ कई संभावित उत्तर दिए जाते हैं तथा उत्तरदाता को उनमें से कोई एक या एकाधिक उत्तर छाँटना पड़ता है। इस तरह यह कहा जा सकता है कि इस तरह का प्रश्न संयोजित प्रश्नों से बहुत कुछ मिलता-जुलता है। दोनों में केवल इतना अंतर है कि संयोजित प्रश्नों में उत्तरदाता को दिए हुए उत्तरों में से सिर्फ एक को ही चुनना पड़ता है जबकि बहु-वैकल्पिक प्रश्नों में एकाधिक उत्तरों को भी चुना जा सकता है। इसलिए बहु-वैकल्पिक प्रश्नों के सभी संभावित उत्तरों को सावधानीपूर्वक लिख दिया जाता है एवं अंत में एक उत्तर 'अन्य कोई' के नाम से जोड़ दिया जाता है। चूँकि इस तरह के प्रश्नों के कई संभावित उत्तर दिए रहते हैं एवं उत्तरदाता को उन्हीं उत्तरों में से किसी एक को या एक से अधिक को छाँटना पड़ता है, इसलिए वैकल्पिक प्रश्नों के संभावित उत्तरों को सावधानीपूर्वक लिखा जाता है। इस तरह के प्रश्नों के उदाहरण निम्न प्रकार से हैं—

(क) आपको अध्यापक की नौकरी क्यों पसंद है?

(1) छुट्टियाँ ज्यादा होती हैं

(2) ट्यूशन मिल जाता है

(3) बौद्धिक क्षमता में वृद्धि होती है

(4) भावी पीढ़ी को संस्कारित करने का अवसर मिल जाता है

(5) अन्य कोई।

(ख) आप अपने वर्तमान पेशे को क्यों पसंद करते है?

(1) आकर्षक वेतन

(2) नौकरी की सुरक्षा

(3) ऊपरी आमदनी

(4) भविष्य में उन्नति की आशा

(5) सुविधाओं का आकर्षण

(6) अन्य कोई।

(v) निर्देशक प्रकृति के प्रश्न—निर्देशक प्रश्न उन प्रश्नों को कहा जाता है जिन प्रश्नों में सूचनादाता को कोई निश्चित उत्तर प्रदान करने के लिए संकेत दिया जाता है। इस तरह के प्रश्न पक्षपात को बढ़ावा देते हैं। इसलिए इस प्रकार के प्रश्नों के निर्माण से बचा जाना चाहिए। इसमें साक्षात्कारकर्त्ता स्वयं ही प्रत्यक्ष या अप्रत्यक्ष रूप से उत्तर की ओर संकेत करता है। इसलिए सूचनादाता का उस ओर झुकना स्वाभाविक हो जाता है। इसका परिणाम यह होता है कि सही सूचनाएँ नहीं मिल पाती हैं। इस तरह के प्रश्न के उदाहरण निम्न प्रकार से हैं—

(क) क्या आजकल का संगीत आधुनिक विद्यार्थियों को पाश्चात्य संस्कृति की ओर नहीं ले जा रहा है?

(ख) क्या आप इस बात से सहमत हैं कि लड़कियाँ कालेज में ही फैशन करना सीखती हैं?

(ग) क्या सरकार के लिए यह उचित न होगा कि अनाज के भाव को तेज होने से रोकने के लिए बड़े-बड़े गल्ला व्यापारियों पर कड़ी निगरानी रखें?

(vi) संदेहप्रद प्रश्न—संदिग्ध प्रश्न उन प्रश्नों को कहा जाता है जिसे उत्तरदाता भलीभाँति नहीं समझ पाते हैं। जब प्रश्न की भाषा इस प्रकार की होती है कि प्रश्नों के संबंध में उत्तरदाता के मन में संदेह उत्पन्न होता है या प्रत्येक सूचनादाता उसका अर्थ अपने-अपने ढंग से लगा सकता है तो उसे संदेहपूर्ण प्रश्न कहा जाता है। इस प्रकार के प्रश्नों को अनुसूची में सम्मिलित नहीं किया जाना

चाहिए। संदेहजनक प्रश्न संदेहजनक उत्तरों को इकट्ठा करता है एवं संदेहजनक उत्तरों से सिर्फ संदेहजनक निष्कर्ष ही निकल सकते हैं। उदाहरण के लिए यदि सिर्फ यह पूछा जाए कि आपकी आयु क्या है? तो यह प्रश्न संदेहपूर्ण प्रश्न होगा क्योंकि इस प्रश्न को लोग संभावित रूपों में समझकर उसका उत्तर दे सकते हैं–

(क) वर्तमान वास्तविक आयु,

(ख) पिछले जन्मदिन पर व्यक्ति की आयु तथा

(ग) पिछले जन्मदिन एवं वर्तमान समय के बीच एक अनुमानित आयु।

इस प्रकार यह पता चलता है कि इस तरह के प्रश्न को उत्तरदाता सही-सही नहीं समझ पाता है। अतः उसका उत्तर अनुमानित ही होता है जिसे प्रामाणिक नहीं कहा जा सकता है।

(vii) अस्पष्ट प्रश्न–अनिश्चित प्रश्न उन प्रश्नों को कहा जाता है जिनका कोई एक उत्तर नहीं होता है। इस प्रकार के प्रश्नों को अस्पष्ट प्रश्न भी कहा जाता है। दूसरे शब्दों में यह कहा जा सकता है कि जब कोई प्रश्न किसी निर्दिष्ट उत्तर को प्राप्त करने में असफल रहता है तो उसे अस्पष्ट प्रश्न कहा जाता है। उदाहरणस्वरूप यदि यह प्रश्न पूछा जाए कि 'क्या आप सुशिक्षित हैं?' तो इसे अस्पष्ट प्रश्न कहा जाएगा। उसकी अपेक्षा यह सूचना ज्यादा उचित है कि 'आपने कहाँ तक शिक्षा प्राप्त की है?' इसी तरह यदि यह पूछा जाता है कि 'आपके मकान की दशा कैसी है?' तो इसे एक अस्पष्ट प्रश्न कहा जाएगा। इसके बदले यह पूछा जाना चाहिए कि 'आपके मकान में हवा, रोशनी, बरामदा, आँगन, पाखाना एवं स्नानगृह आदि की व्यवस्था है या नहीं?'

(viii) क्रमबद्ध प्रश्न–श्रेणीबद्ध प्रश्न उस प्रश्न को कहा जाता है जब उत्तरदाता को किसी प्रश्न में दिए हुए संभावित उत्तरों में से एक-दो उत्तरों को नहीं बल्कि सभी उत्तरों को चुनना तथा अपनी पसंद के अनुसार, क्रम से लिखना होता है। इस तरह के प्रश्नों में अनुसूची में छपे हुए उत्तरों के क्रम का बहुत प्रभाव पड़ता है।

अनुसूची के प्रश्नों का अध्ययन करने के बाद यह जान लेना भी जरूरी मालूम होता है कि इसमें किस तरह के प्रश्नों को सम्मिलित किया जाना चाहिए एवं किस तरह के प्रश्नों को शामिल नहीं किया जाना चाहिए। पहले अनुसूची में किस तरह के प्रश्नों का समावेश किया जाना चाहिए इसका वर्णन किया जा रहा है एवं उसके बाद अनुसूची में किस तरह के प्रश्नों का समावेश नहीं किया जाना चाहिए इसका वर्णन किया जा रहा है।

प्रश्नों के प्रकार अनुसूची में समावेश चाहिए

प्रश्नों का अनुसूची में अत्यंत महत्त्व होता है क्योंकि इसी के आधार पर संपूर्ण अध्ययन निर्भर करता है। अनुसूची में किस तरह के प्रश्नों का समावेश किया जाएगा यह बहुत कुछ अध्ययन की प्रकृति, उद्देश्य, उत्तरदाताओं के स्वभाव, कार्यकर्ताओं की योग्यता एवं सूचनाओं की जाँच की सुविधाओं पर काफी हद तक निर्भर करता है। पर सामान्यतया अनुसूची में किसी भी प्रश्न को स्थान देने से पूर्व यह सोच लेना आवश्यक होता है कि उससे अध्ययन के उद्देश्य के अनुकूल स्पष्ट, सांख्यकीय विवेचना के योग्य एवं प्रामाणिक उत्तर ही प्राप्त हों। इस संबंध में यह भी ध्यान देना चाहिए कि जिन प्रश्नों को अनुसूची में शामिल किया जा रहा है उनमें कुछ विशेषताएँ भी होनी चाहिए। पार्टन (Parton) ने सामान्यतया इसमें निम्नलिखित विशेषताओं का वर्णन किया है—

(i) अनुसूची में उन प्रश्नों को सम्मिलित किया जाना चाहिए जिनका सारणीयन सरलता से किया जा सके। इससे अध्ययन में ज्यादा-से-ज्यादा वैषयिकता पनपती है एवं वर्णनात्मक विवरण से बचा जा सकता है।

(ii) अनुसूची में ऐसे प्रश्नों को शामिल किया जाना चाहिए जो अध्ययन के उद्देश्य से संबंधित हों। जो प्रश्न इस तरह के नहीं हों उन्हें अनुसूची में सम्मिलित नहीं किया जाना चाहिए, क्योंकि ऐसे प्रश्नों से अनुसूची बोझिल हो जाती है एवं अनावश्यक सूचनाएँ इकट्ठा हो जाती हैं।

(iii) अनुसूची में यदि प्रत्यक्ष प्रश्नों से सही उत्तर पाने की आशा न हो तो अप्रत्यक्ष प्रश्नों को पूछा जाना चाहिए। उदाहरण के तौर पर, 'क्या आप नास्तिक हैं' के स्थान पर यदि यह पूछा जाए कि 'क्या आप मंदिर जाते हैं' तो यह अधिक उपयुक्त होता है।

(iv) अनुसूची में सिर्फ उन्हीं प्रश्नों को शामिल किया जाना चाहिए जिनका संबंध तुलनात्मक सूचनाओं से हो।

(v) नवीन तथ्यों से संबंधित प्रश्नों का अनुसूची में समावेश किया जाना चाहिए।

(vi) अनुसूची में ऐसे प्रश्नों का समावेश होना चाहिए जो एक-दूसरे से संबंधित हों एवं संपूर्ण क्रम में एक-दूसरे के पूरक हों।

(vii) अनुसूची में ऐसे प्रश्नों का समावेश किया जाना चाहिए जिनका उत्तर देने में कम-से-कम समय लगे। अर्थात् व्याख्यात्मक उत्तर वाले प्रश्न नहीं होने चाहिए।

(viii) अनुसूची में व्यक्तिगत जीवन से संबंधित प्रश्नों को सम्मिलित नहीं किया जाना चाहिए। साथ ही पक्षपातपूर्ण प्रश्नों का भी समावेश इसमें नहीं किया जाना चाहिए। हर व्यक्ति के जीवन में कुछ ऐसे पक्ष होते हैं जहाँ पर वह किसी बाहरी व्यक्ति का प्रवेश सहन नहीं करता है। यदि ऐसे प्रश्न पूछे गए तो सूचनादाता यथार्थ स्थिति को छिपाने का प्रयास करेगा। इसलिए गुप्त जीवन से संबंधित सूचनाएँ प्राप्त करने हेतु अप्रत्यक्ष प्रश्नों का प्रयोग करना चाहिए।

(ix) अनुसूची में केवल उन प्रश्नों को सम्मिलित किया जाना चाहिए जिनका संबंध प्रत्यक्षतः अध्ययन समस्या से हो।

(x) अनुसूची में उन प्रश्नों को सम्मिलित किया जाना चाहिए जिनके उत्तर स्पष्टतया शुद्ध रूप में मिल सकें।

(xi) अनुसूची में सम्मिलित प्रश्न छोटे, सरल एवं उत्तर देने में आसान होने चाहिए। पर प्रश्न इतना छोटा न हो कि उसका कोई अर्थ ही न निकले।

(xii) अनुसूची में शामिल प्रश्न सूचनादाता के ज्ञान-स्तर से संबंद्ध होने चाहिए।

(xiii) प्रश्नों को अनुसूची में ऐसे शामिल किया जाना चाहिए जिनसे एक प्रश्न के उत्तर की, दूसरे प्रश्न या प्रश्नों के उत्तर की मदद से जाँच की जा सके। जैसे आय के साथ-साथ व्यय, बचत एवं ऋण संबंधी सूचनाएँ भी प्राप्त करने हेतु प्रश्न पूछे जाते हैं।

(xiv) ऐसे प्रश्नों का समावेश अनुसूची में होना चाहिए जिनका उत्तर देने हेतु लिखने का काम कम-से-कम करना पड़े। इस प्रकार यदि उत्तरों में व्यवस्था एवं संक्षिप्तता लानी हो तो उत्तर चेकमार्क (√), क्रॉस मार्क (×) या संख्या में अथवा 'हाँ' या 'नहीं' में लिखने योग्य प्रश्न ही होने चाहिए।

(xv) जब विचारों या भावनाओं से संबंधित प्रश्न करना हो तो 'क्यों', 'क्या', 'कब', एवं 'कैसे' वाले प्रश्न भी कर लेना चाहिए जिससे उन विचारों या भावनाओं की पृष्ठभूमि का पता लग जाए।

अनुसूचिक अभोज्य प्रश्न

अनुसूची में प्रश्नों का महत्त्व काफी ज्यादा होता है इसलिए सोच-समझकर प्रश्नों का समावेश इसमें किया जाता है। कुछ प्रश्न इस प्रकार के भी होते हैं जो शब्द अस्पष्ट या अधूरी सूचनाओं को इकट्ठा करते हैं। ऐसी सूचनाओं से कोई फायदा नहीं होता है बल्कि भटक जाने की आशा होती है। अतः ऐसे प्रश्नों से बचना चाहिए। अनुसूची में निम्नलिखित प्रकार के प्रश्नों का समावेश नहीं किया जाना चाहिए—

(i) अनुसूची में प्राक्कल्पनात्मक प्रश्नों (Hypothetical Questions) का भी समावेश नहीं किया जाना चाहिए। उदाहरण के लिए यदि अनुसूची में यह प्रश्न पूछा जाता है कि 'क्या आप अपनी गिरी हुई आर्थिक स्थिति को उन्नत करना चाहेंगे' तो यह प्रश्न व्यर्थ या प्राक्कल्पनात्मक प्रश्न कहलाएगा, क्योंकि ऐसा कौन होगा जो अपनी आर्थिक दशा को उन्नत नहीं करना चाहेगा।

(ii) व्यक्ति के गुप्त जीवन से संबंधित प्रश्नों को भी अनुसूची में नहीं पूछा जाना चाहिए क्योंकि या तो उत्तरदाता ऐसे प्रश्नों का जवाब देने से साफ इनकार कर देगा या फिर वास्तविकता को छिपाकर उत्तर देगा। उदाहरणार्थ, 'क्या आप वेश्यागामी हैं?' 'क्या आप घूस लेते हैं?' या 'क्या आपके परिवार में कोई अपराधी है?' आदि प्रश्नों से बचना चाहिए।

(iii) अगर कोई सूचना अन्य निर्भर योग्य साधनों से प्राप्त हो सकती है तो उससे संबंधित प्रश्नों को भी अनुसूची में शामिल नहीं किया जाना चाहिए क्योंकि निरीक्षण आदि के द्वारा प्राप्त सूचनाएँ अधिक निर्भर योग्य होती हैं।

(iv) अनुसूची में संदेहपूर्ण प्रश्नों को शामिल नहीं किया जाना चाहिए, क्योंकि ऐसे प्रश्नों के उत्तर भ्रम उत्पन्न करने वाले होते हैं। साथ ही प्रत्येक उत्तरदाता का उत्तर भी अलग-अलग होता है।

(v) अनुसूची में बहुत लंबे एवं जटिल प्रश्नों को शामिल नहीं किया जाना चाहिए क्योंकि ऐसे प्रश्नों को उत्तरदाता आसानी से नहीं समझ पाता है, एवं वह जैसा समझता है उसी के अनुसार उत्तर देता है जो कि वास्तविक सूचना नहीं कही जा सकती है।

(vi) अनिर्दिष्ट एवं अस्पष्ट प्रश्नों को अनुसूची में सम्मिलित नहीं किया जाना चाहिए।

(vii) अनुसूची में उत्तरदाताओं को उलझन या असमंजस में डालने वाले प्रश्नों का भी समावेश नहीं किया जाना चाहिए। उदाहरण के लिए, यदि किसी अधीनस्थ कर्मचारी से यह प्रश्न पूछा जाए कि 'क्या आपने अपने ऑफिसर को घूस लेते हुए देखा है?' तो वह असमंजस में पड़ जाएगा एवं यह निश्चित नहीं कर पाएगा कि सच कहना उचित होगा या नहीं।

(viii) निर्देशक प्रश्नों का भी अनुसूची में समावेश नहीं किया जाना चाहिए क्योंकि ऐसे प्रश्नों में उत्तर का संकेत भी होता है एवं सूचनादाता उसी संकेत के अनुसार उत्तर देते हैं। इससे वास्तविकता का पता नहीं चलता है।

(ix) अनुसूची में बहुअर्थक प्रश्नों को भी सम्मिलित नहीं किया जाना चाहिए क्योंकि ऐसे प्रश्नों के उत्तर से प्रामाणिकता की आशा नहीं की जा सकती है।

(x) अनुसूची में उन प्रश्नों को सम्मिलित नहीं करना चाहिए जो कि अनुसंधान के उद्देश्य से स्पष्टतः संबंधित न हों क्योंकि इस प्रकार के उद्देश्यविहीन प्रश्नों से अध्ययन का कुछ भला नहीं होता है। इससे केवल, धन, समय एवं परिश्रम का ही अपव्यय होता है।

(xi) अनुसूची में ऐसे प्रश्नों को सम्मिलित नहीं किया जाना चाहिए जो समाज में सर्वमान्य या स्वीकृत आदर्शों से संबंधित हों क्योंकि ऐसे प्रश्नों के उत्तर में लोग प्रायः वही कहते हैं जो कि सर्वमान्य आदर्शों के अनुकूल हों। उदाहरणस्वरूप, यदि अनुसूची में यह प्रश्न हो कि 'वेश्यावृत्ति समाज के लिए अच्छी है या बुरी?' तो उसके उत्तर में अधिकतर लोग वेश्यावृत्ति को बुरा ही कहेंगे क्योंकि यही स्वीकृत आदर्श है।

उक्त विवरणों से यह पता चलता है कि अनुसूची में जिन प्रश्नों को शामिल किया जाता है उनकी अपनी एक अलग महत्ता होती है। प्रश्नों पर ही संपूर्ण अध्ययन निर्भर करता है। इसलिए यह जरूरी होता है कि सोच-समझकर प्रश्नों को अनुसूची में शामिल किया जाए। अर्थात् ऐसे प्रश्नों को अनुसूची में शामिल नहीं करना चाहिए जिनसे सूचना इकट्ठा करने में किसी तरह की कठिनाई का अनुभव हो।

अनुसूची-प्रयोग की विधि

सिर्फ अनुसूची का सही-सही निर्माण कर लेने से ही सही सूचनाएँ इकट्ठा नहीं हो जाती हैं बल्कि इसके लिए अनुसूची का उचित प्रयोग करना आवश्यक होता है। जिस प्रकार अनुसूची के निर्माण का कार्य एक तकनीकी कार्य है उसी प्रकार इसका प्रयोग करना भी एक तकनीक है। इसके लिए जरूरी संगठन एवं सावधानी बरतने की जरूरत होती है। एक अनुसूची द्वारा अच्छी सूचनाएँ तभी प्राप्त हो सकती हैं जब उसका प्रयोग सही ढंग से किया जाए। अनुसूची का आवश्यकतानुसार सही प्रयोग करना एक मुश्किल कार्य होता है। इसके द्वारा सूचना प्राप्त करने के लिए सूचनादाता से साक्षात्कारकर्त्ता का साक्षात्कार सफल होना चाहिए। इस तरह यह कहा जा सकता है कि साक्षात्कार अनुसूची द्वारा सूचना प्राप्ति का एक आधार होता है। अनुसूची के द्वारा सूचना प्राप्त करने के लिए कुछ स्तरों से होकर गुजरना जरूरी होता है। अनुसूची के प्रयोग की विधि को निम्नलिखित चरणों से होकर गुजरना पड़ता है–

(i) उत्तरदाताओं का चयन–अनुसूची का निर्माण कर लेने के पश्चात् सबसे आवश्यक यह होता है कि उत्तरदाताओं का चुनाव किया जाए चूँकि इसका चुनाव करने के पश्चात् ही अनुसूची के द्वारा साक्षात्कार करना संभव होता है। उत्तरदाताओं

के चयन में भी सावधानी बरतने की जरूरत होती है। यह चयन जनगणना-पद्धति या निदर्शन-प्रणाली के आधार पर किया जाता है। यदि अध्ययन क्षेत्र बड़ा होता है तो निदर्शन-प्रणाली से उत्तरदाताओं का चुनाव किया जाता है। अगर अध्ययन क्षेत्र छोटा होता है तो समग्र का अध्ययन किया जाता है। इन उत्तरदाताओं का चयन इसलिए किया जाता है ताकि उनका साक्षात्कार कर सूचनाओं को प्राप्त किया जा सके। चुने हुए व्यक्तियों के नाम, पते एवं उनके संबंध में प्राथमिक सूचनाओं को लिख लिया जाना चाहिए। साथ ही इस बात का भी ध्यान रखा जाना चाहिए कि कोई उत्तरदाता समय-विशेष पर उपलब्ध हो पाता है या नहीं। इस जानकारी के लिए उत्तरदाताओं से संपर्क करके सभी आवश्यक बातों की जानकारी ले लेनी चाहिए।

(ii) कार्यकर्ताओं का चयन—उत्तरदाताओं का चुनाव करने के बाद कार्यकर्ताओं का चुनाव करना भी आवश्यक होता है। यदि अध्ययन क्षेत्र छोटा है तो स्वयं अनुसंधानकर्त्ता साक्षात्कार लेने का कार्य करता है, लेकिन यदि अध्ययन क्षेत्र बड़ा है तो साक्षात्कार के लिए कार्यकर्ताओं का चुनाव करना आवश्यक होता है। इन कार्यकर्ताओं के चुनाव में अत्यधिक सावधानी बरतने की जरूरत होती है। ऐसे कार्यकर्ताओं का चुनाव किया जाना चाहिए जो ईमानदार, परिश्रमी, सुशिक्षित, योग्य एवं अनुभवी हों। ऐसा करना इसलिए जरूरी होता है चूँकि लापरवाह कार्यकर्ता अनुसूची को स्वयं भर लेते हैं या साक्षात्कार करके सिर्फ सरल प्रश्नों को पूछकर शेष प्रश्नों का उत्तर अपने मन से भर देते हैं। इस परिस्थिति में अध्ययन प्रामाणिक एवं सत्यनिष्ठ नहीं हो पाता है। इस तरह यह पता चलता है कि कार्यकर्ताओं के चयन में भी सावधानी बरतने की आवश्यकता होती है अन्यथा अध्ययन विश्वसनीय नहीं बन पाता है।

(iii) सामग्री का संकलन—कार्यकर्ताओं को प्रशिक्षित करने के बाद उन्हें अध्ययन-क्षेत्र में सामग्री संकलन के लिए भेज दिया जाता है। ये कार्यकर्ता उत्तरदाता से संपर्क स्थापित करते हैं एवं उनका साक्षात्कार लेते हैं। साक्षात्कार करके वे अनुसूची को भरने का कार्य करते हैं एवं इस प्रकार सामग्री संकलन किया जाता है। सामग्री-संकलन के लिए एक कार्यकर्ता या साक्षात्कारकर्त्ता को निम्न तरह प्रक्रियाओं से होकर गुजरना पड़ता है—

(क) **उत्तरदाता से संबंध**—सामग्री-संकलन के लिए सर्वप्रथम उत्तरदाता से संपर्क किया जाता है। साक्षात्कार की सफलता भी इसी बात पर निर्भर करती है कि उत्तरदाता से किस प्रकार संपर्क स्थापित किया जाता है। यदि उत्तरदाता के मन में साक्षात्कार से पहले ही साक्षात्कारकर्त्ता के प्रति कोई प्रतिकूल भावना जन्म ले लेती है तो सूचना प्राप्त करना कठिन हो जाता है। इसलिए

उत्तरदाताओं से प्रथम संपर्क का ज्यादा महत्त्व होता है। प्रथम संपर्क में उत्तरदाताओं से कुशलतापूर्वक व्यवहार करना चाहिए ताकि वे प्रसन्नतापूर्वक प्रश्नों का उत्तर दे सकें। प्रथम साक्षात्कार खूब सोच-समझकर अवसर देखकर उचित ढंग से करना चाहिए। अपनी व्यवहार-कुशलता, नम्रता एवं प्रभावपूर्ण भाषा आदि के द्वारा प्रारंभ में ही अनुसंधानकर्त्ता को ऐसी स्थिति उत्पन्न कर देनी चाहिए ताकि उत्तरदाता प्रथम साक्षात्कार में ही उत्तर देने से इनकार न कर सके। इसके लिए साक्षात्कारकर्त्ता को उत्तरदाताओं के स्वभाव, पेशा, कर्म-व्यस्तता एवं खाली समय आदि के बारे में प्रारंभिक ज्ञान होना चाहिए। उत्तरदाताओं से प्रश्न तभी पूछना चाहिए जब वह हारा थका न हो, घर में आराम न कर रहा हो अथवा अपने विशिष्ट इष्ट-मित्रों से बातचीत न कर रहा हो। उससे यदि खाली समय, प्रसन्नचित्त हृदय एवं ऐसे ही किसी समय में साक्षात्कार किया जाएगा तो यह ज्यादा लाभदायक साबित होगा। उत्तरदाता से पहले से समय तय कर लेने पर अच्छा सहयोग मिल जाता है। इस तरह यह पता चलता है कि उत्तरदाताओं से संपर्क करने में कई तरह की सावधानी रखनी पड़ती है।

(ख) **साक्षात्कार कार्य**—उत्तरदाता से संपर्क स्थापित कर लेने के पश्चात् साक्षात्कार का कार्य शुरू होता है। इसमें इस बात को ध्यान में रखा जाता है कि साक्षात्कारकर्त्ता निरंतर प्रश्न नहीं पूछे अपितु बीच-बीच में अन्य बातें करके उत्तरदाताओं की रुचि को जगाए रखे। यदि बीच-बीच में मनोरंजक बातें होती रहती हैं तो वे साक्षात्कार को बोझिल बनाने से रोकती हैं। इसलिए साक्षात्कार को एक तकनीक कहा जाता है जिसे कोई अनुभवी साक्षात्कारकर्त्ता ही अंजाम दे सकता है। कोई-कोई साक्षात्कारकर्त्ता तो मौका देखकर हँसी-मजाक के बीच-बीच में प्रश्नों के उत्तर को ऐसी सफाई से जान लेता है कि उत्तरदाता के लिए साक्षात्कार एक बोझ न बनकर स्मरणीय घटना बन जाती है एवं वे साक्षात्कारकर्त्ता को दुबारा आने का अनुरोध करते हैं। यद्यपि हमेशा हँसी-मजाक अच्छा नहीं होता है लेकिन साक्षात्कारकर्त्ता जिस हद तक साक्षात्कार को सजीव बनाने में सफल होता है उस हद तक उसे सही उत्तर प्राप्त होते हैं।

(ग) **सूचना हासिल करना**—साक्षात्कार के दौरान सबसे बड़ी समस्या यह होती है कि सही उत्तर देने के लिए साक्षात्कारकर्त्ता को किस तरह आद्योपांत सचेत रखा जाए। अगर उत्तरदाता आद्योपांत सचेत रहता है तो सही तथ्यों का संकलन किया जा सकता है। प्रायः ऐसा देखा जाता है कि यदि उत्तरदाता

के मन में साक्षात्कारकर्त्ता शुरू में ही विश्वास जगाने में सफल होता है तो सही उत्तर प्राप्त करना कठिन नहीं होता है। फिर भी साक्षात्कारकर्त्ता को काफी सावधानी के साथ उत्तरदाता से कदम-से-कदम मिलाकर चलना चाहिए। अगर यह पता चले कि उत्तरदाता थक गया है या सही उत्तर नहीं दे रहा है तो साक्षात्कारकर्त्ता को साक्षात्कार बन्द कर देना चाहिए एवं कोई कारण बताकर फिर से साक्षात्कार का समय तय कर लेना चाहिए। किसी-किसी प्रश्न को उत्तरदाता ठीक से नहीं समझ पाता है इसलिए यह जरूरी होता है कि उत्तरदाताओं को प्रश्नों को ज्यादा-से-ज्यादा स्पष्ट रूप में समझा देना चाहिए ताकि सही सूचनाएँ प्राप्त हो सकें।

(iv) अध्ययन कार्य हेतु कार्यकर्ताओं का प्रशिक्षण—सिर्फ कार्यकर्ताओं का चुनाव कर लेने से ही काम नहीं चलता है बल्कि अध्ययन-क्षेत्र में कार्यकर्ताओं को भेजने से पहले उसे प्रशिक्षित करना भी आवश्यक होता है। कार्यकर्ताओं को प्रशिक्षित करने के अनेक तरीके होते हैं। इनमें गोष्ठियों का आयोजन करना एवं अल्पकालीन प्रशिक्षण शिविर आदि लगाना महत्त्वपूर्ण होता है। इस प्रशिक्षण प्रक्रिया के निम्न चरण होते हैं—

(क) कार्यकर्ता को सर्वप्रथम अध्ययन विषय एवं उसकी प्रकृति के बारे में समझाया जाता है। साथ ही उसे अध्ययन क्षेत्र एवं अध्ययन में उद्देश्य से भी परिचित कराया जाता है।

(ख) कार्यकर्ताओं को दूसरे चरण में आवश्यक संख्या में अनुसूचियाँ दे दी जाती हैं।

(ग) तीसरे चरण में प्रशिक्षण देने वाला स्वयं एक अनुसूची लेकर शुरू से अंत तक के प्रश्नों को कार्यकर्ता को समझाता है एवं उसका स्पष्टीकरण भी करता जाता है।

(घ) कार्यकर्ताओं को चौथे चरण में अनुसूची को भरने का प्रशिक्षण दिया जाता है। यदि अनुसूची में कोड संख्या आदि की व्यवस्था है तो उसे भी स्पष्ट किया जाता है।

(ङ) कार्यकर्ताओं को पाँचवें चरण में साक्षात्कार के दौरान आने वाली संभावित कठिनाइयों से परिचित कराया जाता है एवं उसे दूर करने के उपायों को स्पष्ट किया जाता है।

(च) छठे चरण में साक्षात्कार से सामान्यतया किस तरह की सूचनाएँ प्राप्त की जा सकती हैं इसके संबंध में कार्यकर्ताओं को पूर्व ज्ञान करा दिया जाता है।

(छ) सातवें चरण में कार्यकर्ताओं को अध्ययन-क्षेत्र में कार्य करने के लिए व्यावहारिक प्रशिक्षण दिया जाता है। साथ ही यह भी ध्यान दिया जाता है कि

वे अपने कार्य में लापरवाही तो नहीं बरत रहे हैं। यदि ऐसा होता है तो उन्हें आरंभ में ही निकाल देना श्रेयस्कर होता है।

(v) अनुसूची जाँच—सूचना संकलन के बाद अनुसूचियों की जाँच की जाती है। जब किसी बड़े क्षेत्र में व बड़े पैमाने पर अनुसंधान का कार्य किया जाता है तो कार्यकर्ता अपनी-अपनी अनुसूचियों को भरकर अनुसंधानकर्त्ता के पास भेज देते हैं। इसके पश्चात् उसकी विधिवत् जाँच की जाती है, क्योंकि ऐसा करना आवश्यक हो जाता है। अनुसंधानकर्त्ता कुछ अनुसूचियों को निदर्शन के हेतु छाँट लेता है एवं स्वयं अध्ययन-क्षेत्र में जाकर भरी हुई अनुसूचियों की जाँच करता है। यदि जाँच के दौरान संकलित तथ्यों में ज्यादा भिन्नता नजर आती है तो समस्त सूचना को रद्द करके पुनः तथ्य संकलन की व्यवस्था की जाती है। लेकिन यदि थोड़ा-बहुत अंतर दिखाई देता है तो समय परिवर्तन के कारण उस अंतर को मानकर उसे स्वीकार कर लिया जाता है। लेकिन पुनः जाँच में अधिक विलंब न हो जाए इस बात का हमेशा ध्यान रखा जाना चाहिए। इसलिए कार्यकर्ताओं को चाहिए कि थोड़ी-थोड़ी सूचना एकत्रित करके मुख्य अनुसंधानकर्त्ता के पास भेजते रहें ताकि अनुसूचियों की जाँच होती रहे। बीच-बीच में अनुसंधानकर्त्ता का साक्षात्कारदाता के पास जाना भी अच्छा होता है जिससे कार्य सही तरीके से होता रहे।

(vi) ज्यादा सम्पादन—अनुसूचियों की जाँच करने के बाद अनुसूचियों का सम्पादन किया जाता है जो किसी भी अर्थ में कम महत्त्वपूर्ण नहीं होता है। सम्पादन कार्य में निम्नलिखित प्रक्रियाएँ होती हैं—

(क) **अनुसूचियों का विभाजन**—जब भरी हुई अनुसूचियाँ वापस आ जाती हैं तो उन्हें व्यवस्थित ढंग से लगा लेना आवश्यक होता है जिससे आगे चलकर तथ्यों का वर्गीकरण एवं सारणीयन आदि कार्यों में सफलता मिल सके। अनुसूचियों को व्यवस्थित करने के लिए उनका वर्गीकरण करना जागरूक होता है। यह वर्गीकरण कार्यकर्ताओं के आधार पर कर लिया जाता है एवं प्रत्येक कार्यकर्ताओं के द्वारा भेजी हुई अनुसूचियों की पृथक्-पृथक् फाइल बना ली जाती है तथा हर फाइल पर एक चिट लगा दी जाती है जिस पर कार्यकर्ता का नाम, क्षेत्र के कुल उत्तरदाताओं की संख्या, जिन उत्तरदाताओं से वास्तविक रूप में सूचना प्राप्त हुई है उनकी संख्या तथा जिनसे नहीं हुई है उनकी संख्या आदि लिख दी जाती है। जिन अनुसूचियों की फिर से जाँच की गई है उन्हें भी विशेष रूप से चिन्हित करके मूल अनुसूची के साथ नत्थी कर देना चाहिए।

(ख) **प्रविष्टियों की जाँच कार्य**—अनुसूची के सम्पादन में दूसरा कार्य प्रविष्टियों की जाँच करना होता है। इसमें यह देखना होता है कि प्रश्नों के उत्तरों के खाने सही-सही भरे हैं या नहीं। कोई खाना रिक्त तो नहीं हुआ है अथवा उसमें गलत स्थान पर सूचनाएँ तो नहीं भर दी गई हैं? इन सभी त्रुटियों का सुधार करना जरूरी होता है। यदि कोई खाना छूट गया है या कोई उत्तर गलत स्थान पर लिखा गया है या अन्य कोई त्रुटि हो गई है तो सम्पादक को आवश्यक कार्यवाही करके उस त्रुटि को दूर करने की कोशिश होती है। यदि सम्पादक को अपने स्तर पर त्रुटियों का परिमार्जन करना संभव नहीं प्रतीत होता है तो यह अध्ययनकर्त्ता को उत्तरदाताओं से मिलकर वास्तविक तथ्यों को प्राप्त करना होता है। साथ ही यदि अनुसूची स्पष्ट रूप से भरी हुई नहीं होती है तो उसे दुबारा भरना होता है।

(ग) **खराब एवं गंदी लिखी हुई अनुसूचियों का पुनरुद्धार**—आवश्यक सावधानी बरतने पर भी कुछ अनुसूचियाँ बहुत ही गंदी लिखावट में लिखी होती हैं। साथ ही बहुत-सी अनुसूचियाँ पेंसिल से लिखी होने के कारण स्पष्टतया पढ़ने में नहीं आती हैं। यह भी हो सकता है कि कार्यकर्ता ने स्वयं अपने संक्षिप्त शब्द लिखे हों एवं बाद में उन्हें ठीक करना भूल गया हो। इस प्रकार की सभी अनुसूचियों को दुबारा लिखने की जरूरत होती है ताकि वर्गीकरण एवं सारणीयन में सुविधा हो। यदि कोई लिखावट एकदम ही समझ में नहीं आ रही है या अनुसूची बहुत ही बुरी तरह से फट गई है तो उसे कार्यकर्ता के पास पुनः भेज दिया जाता है जिससे वास्तविक सूचना भलीभाँति प्राप्त की जा सके।

(घ) **संकेतन**—सारणीयन के कार्य को आसान बनाने के लिए सम्पादक को संकेतन या कोड नम्बर डालने का कार्य भी करना पड़ता है। इसके तहत समस्त उत्तरों का कुछ निश्चित भागों में वर्गीकरण करना जरूरी हो जाता है। हर वर्ग का एक नम्बर होता है जो उत्तर के स्थान पर डाल दिया जाता है। उदाहरणार्थ यदि किसी व्यक्ति से उसके व्यवसाय के संबंध में प्रश्न किया गया है तो वह उत्तर में (क) नौकरी, (ख) स्वतंत्र व्यापार, (ग) खेती-बारी, एवं (घ) स्वतंत्र पेशा आदि का वर्णन कर सकता है। हर तरह के उत्तर के लिए एक नम्बर निश्चित किया जा सकता है एवं संकेतन कार्य के तहत सम्पादक यही करता है।

5

प्रश्नावली विधि और औद्योगिक समाजशास्त्र

इस विधि का प्रयोग भी सर्वेक्षण सामाजिक अनुसंधान तथा औद्योगिक समाजशास्त्र से संबंधित सामग्री संगृहीत किया जाता है। इसका महत्त्व तथ्य संकलन एवं आँकड़े एकत्र करने के लिए बहुत अधिक होता है। यह विशेषकर प्राथमिक तथ्यों को संकलित करने में अत्यधिक योगदान देती है। प्रश्नावली में विषय समस्या से संबंधित प्रश्न रहते हैं। सामाजिक अनुसंधान एवं सर्वेक्षण के क्षेत्र में तथ्य संकलन के लिए प्रश्नावली के अतिरिक्त अनुसूची का भी प्रयोग किया जाता है। यद्यपि दोनों का ही प्रयोग तथ्य संकलन के लिए ही किया जाता है लेकिन जहाँ प्रश्नावली में प्रश्नों की सूची को डाक द्वारा उत्तरदाता के पास भेज दिया जाता है उत्तरदाता उसे भरकर लौटा देते हैं वहीं अनुसूची द्वारा तथ्य संकलन करने में अनुसंधानकर्त्ता को स्वयं उत्तरदाता के समक्ष उपस्थित होकर प्रश्न पूछना पड़ता है एवं उत्तरदाता जो जवाब देते हैं उसे उन्हें स्वयं भरना पड़ता है। अक्सर अनुसूची का प्रयोग साक्षात्कार के दौरान किया जाता है। चूँकि प्रश्नावली के उत्तर को उत्तरदाताओं द्वारा स्वयं भरा जाता है इसलिए उनका शिक्षित होना जरूरी होता है। अनुसूची एवं प्रश्नावली दोनों ही समान सिद्धांतों पर आधारित होती हैं। इसी आधार पर लुण्डबर्ग (Lundberg) ने प्रश्नावली को एक विशेष तरह की अनुसूची माना है जो प्रयोग की दृष्टि से अपनी निजता स्थापित करती है। पी. वी. यंग (P.V. Young) ने भी प्रश्नावली एवं अनुसूची को

एक-दूसरे का पूरक मानते हुए अपनी पुस्तक 'Scientific Social Survey and Research' में केवल प्रयोग के दृष्टिकोण से इसकी भिन्नता को स्वीकार किया है। लुण्डबर्ग (Lundberg) ने जहाँ एक तरफ प्रश्नावली को एक विशेष प्रकार की अनुसूची माना है वहीं दूसरी तरफ उन्होंने अपनी पुस्तक 'Social Research' में लिखा है, "प्रश्नावली का निर्माण करते समय अन्य अनेक बातों का ध्यान रखना पड़ता है, विशेषकर इसलिए कि इसमें प्रश्नों का उत्तर अनुसंधानकर्त्ता के प्रत्यक्ष व्यक्तिगत अनुरोध तथा सहायता के बिना ही भरना होता है।" लुण्डबर्ग के इस कथन से प्रश्नावली की सीमाओं का पता चलता है। लेकिन जैसा कि गुड्डे एवं हॉट (Goode and Hatt) ने 'Methods in Social Research' में लिखा है, "इन दोषों के बावजूद भी डाक द्वारा प्रेषित स्वयं भरी जाने वाली प्रश्नावली समाजशास्त्रीय शोध में एक उपयोगी प्रविधि है। जब तक इस प्रविधि का प्रयोग उपयुक्त तरीके से किया जाता रहेगा, इसमें वास्तविक लाभ प्राप्त हो सकेगा।" सच्चाई यह है कि सामाजिक अध्ययनों से संबंधित तथ्यों की संख्या इतनी है कि समस्या की प्रवृत्ति के अनुरूप एवं सही तथ्यों का संकलन ही वैज्ञानिक अनुसंधान का प्रमुख आधार होता है। निष्कर्षों की सत्यता इस बात पर निर्भर करती है कि अनुसंधानकर्त्ता किस हद तक सही एवं विश्वसनीय तथ्यों का संकलन कर पाता है। यही कारण है कि सामाजिक अनुसंधानों में तथ्य संकलन का महत्त्वपूर्ण स्थान होता है। इस संबंध में जॉन गाल्टुंग (John Galtung) ने 'Theory and Methods of Social Research' में लिखा है कि सामाजिक अध्ययनों में सामग्री संकलन का आशय केवल उन्हीं तथ्यों को इकट्ठा करने से है, जिन्हें अवलोकन के द्वारा प्राप्त किया जा सके, वे तथ्य चाहे दृश्य हों अथवा निहित। समाजशास्त्र में तथ्य संकलन के लिए जिन प्रविधियों का प्रयोग किया जाता है उनमें प्रश्नावली भी एक है। सामग्री संकलन के सत्यापित तरीकों को ही अध्ययन की प्रविधि कहा जाता है। सी. ए. मोजर (C. A. Moser) ने इस संबंध में 'Survey Methods in Social Investigation' में लिखा है, "समाज वैज्ञानिक के लिए प्रविधियाँ वे मान्य और सुव्यवस्थित तरीके हैं जिन्हें वह अपने अध्ययन विषय से संबंधित विश्वसनीय तथ्यों को प्राप्त करने के लिए उपयोग में लाता है।" इस तरह प्रविधि के द्वारा प्राथमिक तथ्यों का संकलन किया जाता है। प्रश्नावली भी एक ऐसी प्रविधि है जिसके द्वारा प्राथमिक तथ्यों का संकलन किया जाता है। मोटे तौर पर प्रश्नावली का अर्थ सुव्यवस्थित तालिका से होता है जो विषय के संबंध में सूचनाएँ प्राप्त करने में सहयोगी है। सामाजिक, आर्थिक एवं राजनीतिक सर्वेक्षणों में तथ्यात्मक जानकारी प्राप्त करने के लिए प्रश्नावली को अत्यंत महत्त्वपूर्ण पद्धति माना जाता है।

सामान्यतया किसी विषय से संबंधित व्यक्तियों से सूचना प्राप्त करने के लिए बनाए गए प्रश्नों की सुव्यवस्थित सूची को प्रश्नावली की संज्ञा दी जाती है। अर्थात् प्रश्नावली विभिन्न प्रकार के प्रश्नों से युक्त एक ऐसी सूची होती है जिसमें अध्ययन विषय से संबंधित विभिन्न पक्षों के बारे में पहले से तैयार किए गए प्रश्नों का समावेश रहता है। अनुसंधानकर्त्ता इस सूची को डाक से उत्तरदाताओं के पास भेजता है। उत्तरदाता स्वयं उसे पढ़कर, समझकर एवं उसमें पूछे गए प्रश्नों के उत्तर भरकर पुनः डाक से उसे अनुसंधानकर्त्ता के पास वापस भेज देता है। जब अध्ययन विषय विस्तृत क्षेत्र में फैले हुए व्यक्तियों से संबंधित होता है एवं जिनसे प्रत्यक्षतः मिलकर सूचनाएँ प्राप्त करना कठिन कार्य होता है तो ऐसी स्थिति में प्रश्नावली ही एक ऐसी प्रविधि रह जाती है जिसको डाक द्वारा भेजकर उन कठिनाइयों का निवारण कर लिया जाता है। इस रूप में प्रश्नावली को साक्षात्कार प्रविधि का एक विकल्प कहा जा सकता है। निष्कर्ष के रूप में यह कहा जा सकता है कि विषय समस्या से संबंधित तथ्यों को इकट्ठा करने के उद्देश्य से निर्मित क्रमबद्ध प्रश्नों की वह सूची जिसका उपयोग डाक द्वारा किया जाता है, प्रश्नावली कहलाती है।

परिभाषाएँ

विभिन्न विद्वानों ने प्रश्नावली को सत्यापित किया है। इन विद्वानों द्वारा प्रस्तुत परिभाषाओं के आधार पर यह कहा जा सकता है कि प्रश्नावली की अवधारणा के संबंध में मुख्य रूप से दो तरह की विचारधाराएँ पाई जाती हैं। इसमें पहली विचारधारा के अनुरूप 'प्रश्नावली अनुसंधान का एक यंत्र है' (Questionnaire is a tool of Research)। दूसरी विचारधारा के अनुसार 'प्रश्नावली अनुसंधान की एक प्रणाली है' (Questionnaire is a method of Research)। पहली विचारधारा के समर्थक जे. डी. पोप (J. D. Pope) हैं एवं दूसरी विचारधारा के समर्थकों में सिन पाओ यंग (Psin Pao Yang), विलसन गी (Wilson Gee) तथा गुड्डे एवं हॉट (Goode and Hatt) का नाम उल्लेखनीय हैं। यहां विभिन्न विद्वानों द्वारा प्रस्तुत विभिन्न परिभाषाओं का उल्लेख किया जा रहा है जो निम्नलिखित हैं–

बोगार्डस (Bogardus) ने 'Sociology' में प्रश्नावली को परिभाषित करते हुए लिखा है, "प्रश्नावली विभिन्न व्यक्तियों को उत्तर देने के लिए दी गई प्रश्नों की एक तालिका है।"

प्रश्नावली को परिभाषित करते हुए जे. डी. पोप (J. D. Pope) ने 'Research Method and Procedure in Agriculture Economics' में लिखा है, "एक

प्रश्नावली को प्रश्नों के एक समूह के रूप में परिभाषित किया जा सकता है जिसका उत्तर सूचनादाता को बिना एक अनुसंधानकर्त्ता अथवा प्रगणक (Enumerator) की व्यक्तिगत सहायता से देना होता है।'' इस परिभाषा से यह पता चलता है कि प्रश्नावली प्रश्नों का एक सेट (Set) है एवं इस प्रश्नों के सेट (Set) का उत्तर उत्तरदाता स्वयं भरता है। प्रश्नों का उत्तर भरने में उत्तरदाता अनुसंधानकर्त्ता से कोई मदद नहीं लेता है। पोप (Pope) के विचारों का समर्थन बोगार्डस (Bogardus) एवं लुण्डबर्ग (Lundberg) आदि विद्वानों ने भी किया है।

प्रश्नावली को परिभाषित करते हुए विलसन गी (Wilson Gee) ने 'Social Science Research Method' में लिखा है, ''प्रश्नावली बड़ी संख्या में लोगों अथवा छोटे चुने हुए एक समूह से, जिसके सदस्य विस्तृत क्षेत्र में छिटके हुए हैं, सीमित मात्रा में सूचना प्राप्त करने की एक सुविधाजनक प्रणाली है।''

प्रश्नावली को परिभाषित करते हुए लुण्डबर्ग (Lundberg) ने 'Social Research' में लिखा है, ''मूलतः प्रश्नावली प्रेरणाओं का एक समूह है जिसे शिक्षित लोगों के सम्मुख, उन प्रेरणाओं के अन्तर्गत उनके मौखिक व्यवहारों का निरीक्षण करने के लिए प्रस्तुत किया जाता है।''

सिन पाओ यंग (Psin Pao Yang) ने प्रश्नावली को एक पद्धति के रूप में परिभाषित करते हुए 'Fact Finding with Rural People' में लिखा है, ''अपने सरलतम रूप में प्रश्नावली प्रश्नों की एक अनुसूची है जो कि अनुसूचित अथवा सर्वेक्षण निदर्शन के रूप में निर्वाचित व्यक्तियों के पास डाक द्वारा भेजी जाती है।''

गुड्डे एवं हॉट (Goode and Hatt) ने प्रश्नावली को परिभाषित करते हुए 'Methods in Social Research' में लिखा है, ''सामान्य रूप से प्रश्नावली से तात्पर्य प्रश्नों के उत्तर प्राप्त करने की उस प्रविधि से है जिसमें एक पत्रक का प्रयोग किया जाता है जिसे उत्तरदाता स्वयं भरता है।'' इस परिभाषा से यह पता चलता है कि प्रश्नावली तथ्य इकट्ठा करने की एक प्रणाली है। इस प्रणाली द्वारा तथ्य इकट्ठा करने के लिए प्रश्नों की एक सूची का निर्माण किया जाता है एवं प्रश्नों की इस सूची का उत्तर उत्तरदाता स्वयं भरता है। चूँकि इस पद्धति द्वारा सूचना इकट्ठा करने के लिए उत्तरदाताओं को ही प्रश्नों की सूची को भरना पड़ता है इसलिए इस पद्धति द्वारा केवल शिक्षित व्यक्तियों से ही सूचना इकट्ठा की जा सकती है।

प्रश्नावली को परिभाषित करते हुए एफ. एन. कर्लिंजर (F. N. Kerlinger) ने 'Foundation of Behavioural Research' में लिखा है, ''प्रश्नावली का अभिप्राय किसी भी ऐसे उपकरण से है, जिसके अंतर्गत प्रश्न अथवा पद पाए जाते

हैं तथा जिनका उत्तर व्यक्ति प्रदान करते हैं, किन्तु प्रश्नावली शब्द मुख्यतः स्वप्रशासित उपकरणों से संबंधित है, जिनके अंतर्गत प्रायः बन्द अथवा निश्चित विकल्प प्रकार के मद पाए जाते हैं।"

पी. वी. यंग (P. V. Young) ने प्रश्नावली को परिभाषित करते हुए 'Scientific Social Survey and Research' में लिखा है, "सामाजिक वैज्ञानिक प्रश्नावली को प्रधान तथा माप योग्य सामाजिक घटना के अध्ययन के एक सहायक संयंत्र के रूप में प्रयोग करते हैं।"

सी. ए. मोजर (C. A. Moser) ने प्रश्नावली को परिभाषित करते हुए लिखा है, "निःसंदेह डाक प्रश्नावली अन्य प्रश्नावलियों की अपेक्षा साधारण तथा शीघ्रतर एवं सस्ती-से-सस्ती प्रणाली है।"

उक्त परिभाषाओं के आधार पर यह निष्कर्ष निकाला जा सकता है कि प्रश्नावली प्रश्नों की एक ऐसी सूची होती है जिसे अध्ययन से संबंधित प्राथमिक तथ्यों के संकलन के लिए डाक द्वारा या अन्य किसी मानवीय संस्था के माध्यम से उत्तरदाताओं के पास भेजा जाता है। उत्तरदाता स्वयं प्रश्नावली में निहित प्रश्नों को समझकर एवं उनके प्रत्युत्तरों को भरकर अनुसंधानकर्त्ता को लौटाता है। प्रश्नावली द्वारा आँकड़ों को संगृहीत करने में उत्तरदाता एवं अनुसंधानकर्त्ता के बीच कोई प्रत्यक्ष संपर्क नहीं रहता है। प्रश्नावली का प्रयोग विशेषकर उन अनुसंधानों के तहत किया जाता है जिनमें बड़ी संख्या में परिमापनीय एवं योगात्मक आँकड़ों की जरूरत होती है। प्रश्नावली का प्रयोग विस्तृत एवं व्यापक क्षेत्र में फैले हुए उत्तरदाताओं के अध्ययन के लिए अत्यधिक उपयोगी होता है, क्योंकि इसे डाक द्वारा उत्तरदाताओं के पास भेजा जाता है। इस प्रकार यह कहा जा सकता है कि प्रश्नावली प्रश्नों का वह विशिष्ट प्रपत्र होता है जिसे निर्देशित उत्तरदाताओं को डाक द्वारा प्रेषित किया जाता है, एवं उसका उत्तर प्राप्त करके विषय समस्या संबंधी तथ्यों को संकलित किया जाता है।

विशेषताएँ

(1) व्यवस्थित सूची—प्रश्नावली की प्रथम विशेषता यह है कि यह किसी विषय समस्या से संबंधित प्रश्नों की एक व्यवस्थित सूची या प्रपत्र होता है।

(2) प्राथमिक सामग्री एकत्र करना—प्रश्नावली की दूसरी विशेषता यह है कि इसके द्वारा अप्रत्यक्ष विधि से प्राथमिक सामग्री संगृहीत की जाती है जिसमें आमने-सामने के संपर्क का कोई महत्त्व नहीं होता है। अर्थात् इसमें अनुसंधानकर्त्ता एवं उत्तरदाता के बीच किसी प्रकार का प्रत्यक्ष संबंध नहीं पाया जाता है।

(3) निर्देशित उत्तरदाताओं के पास डाक द्वारा प्रेषित—प्रश्नावली की तीसरी विशेषता यह है कि इसको निर्देशित उत्तरदाताओं के पास डाक द्वारा भेजा जाता है एवं उत्तरदाता स्वयं प्रश्नों का उत्तर भरकर पुनः इसे अनुसंधानकर्त्ता के पास डाक द्वारा भेज देता है।

(4) शिक्षित व्यक्तियों से सूचना संग्रहण—प्रश्नावली की चौथी विशेषता यह है कि इसके द्वारा सिर्फ शिक्षित व्यक्तियों से ही सूचना इकट्ठा की जा सकती है। चूँकि प्रश्नावली के प्रश्नों को भरने का उत्तरदायित्व उत्तरदाता का होता है इसलिए उसका शिक्षित रहना जरूरी होता है। दूसरे शब्दों में यह कहा जा सकता है कि सिर्फ शिक्षित वर्ग के उत्तरदाताओं के अध्ययन हेतु प्रश्नावली उपयोगी होती है।

(5) निर्देशित उत्तरदाताओं से तथ्य इकट्ठा करना—प्रश्नावली की पाँचवीं विशेषता यह है कि इसके द्वारा सामान्यतया विस्तृत क्षेत्र में फैले निर्देशित उत्तरदाताओं से तथ्य इकट्ठा किए जाते हैं। चूँकि इसे डाक से उत्तरदाताओं के पास प्रेषित किया जाता है एवं डाक से ही उत्तरदाता भी इसे अनुसंधानकर्त्ता के पास वापस लौटाता है। इसलिए विस्तृत एवं फैले क्षेत्रों में भी अध्ययन किया जा सकता है जो तथ्य इकट्ठा करने की अन्य प्रविधियों अनुसूची, साक्षात्कार एवं अवलोकन के माध्यम से नहीं किया जा सकता है।

(6) प्रश्नों की सरल भाषा—प्रश्नावली की छठी विशेषता यह है कि इसमें प्रश्नों की भाषा सरल होती है। भाषा न केवल सरल होती है, बल्कि सुस्पष्ट भी होती है। ऐसा इसलिए किया जाता है ताकि उत्तरदाता उन्हें ठीक से समझकर उत्तर दे सकें। इसमें प्रश्नों को समझने के लिए अनुसंधानकर्त्ता उपस्थित नहीं रहता है। ऐसी स्थिति में ऐसा करना और ज्यादा अनिवार्य हो जाता है।

प्रश्नावली की सातवीं विशेषता यह है कि इसके द्वारा सीमित श्रम, सीमित समय एवं सीमित धन में तथ्य संगृहीत हो जाते हैं। चूँकि प्रश्नावली द्वारा तथ्य इकट्ठा करने में अनुसंधानकर्त्ता को क्षेत्र में नहीं जाना पड़ता है इसलिए श्रम के साथ-साथ समय एवं धन की भी बचत होती है। इस तरह प्रश्नावली प्रविधि श्रम, समय एवं धन के दृष्टिकोण से उपयोगी सिद्ध होती है।

अच्छी प्रश्नावली : विशेषताएँ

प्रश्नावली प्रविधि द्वारा तथ्य इकट्ठा करने के लिए यह आवश्यक होता है कि एक अच्छी प्रश्नावली का निर्माण किया जाए। इसका कारण यह है कि इस प्रविधि द्वारा तथ्य इकट्ठा करते समय अनुसंधानकर्त्ता एवं उत्तरदाता का आमना-सामना नहीं

होता, ऐसी परिस्थिति में यह आवश्यक हो जाता है कि प्रश्नावली दोषमुक्त है। साथ ही वह इस तरह के गुणों से परिपूर्ण हो ताकि ज्यादा-से-ज्यादा उत्तर प्राप्त हो सकें। एक अच्छी प्रश्नावली के आधार पर ही विभिन्न समस्याओं से संबंधित ज्यादा-से-ज्यादा आँकड़े एकत्र किए जा सकते हैं। एक अच्छी प्रश्नावली के जो गुण होते हैं, वह ज्यादा-से-ज्यादा तथ्य इकट्ठा करने में मदद देते हैं। प्रश्नावली के यही गुण इसे अच्छा बनाने के लिए जिम्मेदार हैं। प्रश्नावली के इन्हीं गुणों को एक अच्छी प्रश्नावली की विशेषता कहा जा सकता है, जो निम्नलिखित हैं–

(1) ए. एल. बाउले के अनुसार, एक अच्छी प्रश्नावली की विशेषता यह है कि यदि प्रश्नावली में खुले प्रश्नों का समावेश हो तो प्रत्येक प्रश्न के सामने पर्याप्त खाली स्थान होना चाहिए ताकि उत्तरदाता अपने असल विचारों को लिख सके या प्रकट कर सके। एक अच्छी प्रश्नावली की एक विशेषता उसके भौतिक पक्ष से संबंधित होती है।

(2) एक अच्छी प्रश्नावली की अगली विशेषता ए. एल. बाउले के अनुसार यह है कि प्रश्न यथासंभव एक-दूसरे की पुष्टि करने वाले हों। अर्थात् प्रश्न इस तरह के होने चाहिए जिससे एक-दूसरे की पुष्टि हो सके। क्रमवार प्रश्नों का होना अधिक उपयुक्त होता है।

(3) ए. एल. बाउले तथा आर. स्लेटो के अनुसार, एक अच्छी प्रश्नावली की विशेषता यह है कि इसमें प्रश्नों की संख्या तुलनात्मक रूप से कम होनी चाहिए। इसका मुख्य कारण यह है कि यदि प्रश्नावली में अधिक प्रश्नों का समावेश रहेगा तब उत्तरदाता प्रश्नों के उत्तर देने से चिढ़ सकता है। इससे कम मात्रा में उत्तर प्राप्ति की संभावना अधिक रहती है। यदि प्रश्नावली का आधार योग्य होगा तब प्रश्नावली भरने में समय कम लगेगा। ऐसी स्थिति में ज्यादा-से-ज्यादा उत्तरदाता प्रश्नावली भरकर लौटा सकते हैं। इसलिए ज्यादा-से-ज्यादा प्रश्नों का उत्तर प्राप्त करने के लिए प्रश्नावली में कम प्रश्नों का होना नितांत आवश्यक होता है।

(4) ए.एल. बाउले के अनुसार, एक अच्छी प्रश्नावली की अन्य विशेषता यह है कि उसमें ऐसे प्रश्नों का समावेश होना चाहिए जिनका उत्तर 'संख्या में' अथवा 'हां' या 'नहीं' में अथवा 'सहमति' या 'असहमति' में दिया जा सके। संख्या में प्रश्नों के होने से अध्ययन संख्यात्मक (Quantitative) बन जाता है। साथ ही 'हाँ' या 'नहीं' के रूप में प्रश्नों के उत्तर होने से तथ्यों के सारणीयन का कार्य आसान हो जाता है।

(5) ए. एल. बाउले के अनुसार, एक अच्छी प्रश्नावली की अन्य विशेषता यह है कि इसमें सरल एवं एकअर्थक प्रश्नों एवं अवधारणाओं का समावेश होना चाहिए।

प्रश्नावली में यदि जटिल प्रश्नों का समावेश रहेगा या इस तरह के प्रश्नों का समावेश रहेगा जो अस्पष्ट, असाधारण एवं भ्रामक हों तो संभव है कि विभिन्न उत्तरदाता विभिन्न रूपों में इसका अर्थ लगाकर इसका उत्तर देंगे। इसका नतीजा यह होगा कि संपूर्ण अध्ययन ही दोषपूर्ण हो जाएगा। एकअर्थक प्रश्नों के समावेश रहने के कारण उत्तरदाता द्वारा गलत उत्तर दिए जाने की संभावना कम रहती है। साथ ही प्रश्नावली में सरल प्रश्नों का समावेश होने के कारण प्रत्येक उत्तरदाता उसे ठीक से समझ सकता है एवं उत्तर दे सकता है। इस तरह प्राप्त उत्तरों में विश्वसनीयता बनी रहती है।

(6) ए. एल. बाउले के अनुसार एक अच्छी प्रश्नावली की अगली विशेषता यह है कि उसमें ऐसे प्रश्नों का समावेश होना चाहिए जो उत्तरदाताओं की भावनाओं को ठेस पहुँचाने वाला नहीं हो। क्योंकि अगर इस तरह के प्रश्न प्रश्नावली में होंगे तो संभव है कि उत्तरदाता प्रश्नों का उत्तर न दे और यदि दे भी तो गलत उत्तर प्राप्त होने की संभावना बनी रहेगी।

(7) एक अच्छी प्रश्नावली की अन्य विशेषता ए. एल. बाउले के अनुसार यह है कि प्रश्न इस प्रकार के होने चाहिए जिनसे इच्छित सूचना प्रत्यक्ष रूप से प्राप्त की जा सके। कहने का तात्पर्य यह है कि अगर प्रश्न अच्छे होंगे तो सही ढंग से सूचनाओं को एकत्र किया जा सकेगा।

(8) एक अच्छी प्रश्नावली की अन्य प्रमुख विशेषता ए. एल. बाउले के अनुसार यह है कि प्रश्नों की संरचना इस प्रकार की जानी चाहिए जिनका उत्तर देते समय किसी प्रकार के पक्षपात की संभावना नहीं रहे।

(9) एक अच्छी प्रश्नावली की अन्य विशेषता ए. एल. बाउले के अनुसार यह है कि अशिष्टतापूर्ण एवं परीक्षात्मक प्रश्नों का समावेश प्रश्नावली में नहीं होना चाहिए।

एक अच्छी प्रश्नावली की उक्त विशेषताओं के साथ-साथ एगल बर्नर ने 'The Investigation of Business Problems' में एक अच्छी प्रश्नावली के निम्नलिखित गुणों या विशेषताओं की चर्चा की है—

(i) **प्रथम गुण**—एक अच्छी प्रश्नावली की विशेषता यह है कि प्रश्नावली में किस प्रकार की सूचनाएँ संकलित करनी हैं, इसे निश्चित करने के लिए विषय की विस्तृत व्याख्या की जानी चाहिए।

(ii **दूसरा गुण**—एक अच्छी प्रश्नावली की विशेषता यह है कि इसमें प्रत्येक प्रश्न के सामने आवश्यकतानुसार रिक्त स्थान छोड़ा जाना चाहिए जिससे वहाँ प्रश्नों का उत्तर लिखा जा सके।

(iii) **तीसरा गुण**—एक अच्छी प्रश्नावली की विशेषता यह है कि प्रश्नावली में ऐसे प्रश्नों का समावेश होना चाहिए जिसका उत्तर देने में उत्तरदाता को कोई आपत्ति नहीं हो।

(iv) **चौथा गुण**—एक अच्छी प्रश्नावली की विशेषता यह है कि प्रश्नों को तार्किक दृष्टिकोण से व्यवस्थित किया जाना चाहिए।

(v) **पाँचवाँ गुण**—एक अच्छी प्रश्नावली की विशेषता यह है कि इसमें लंबे-लंबे प्रश्नों के निर्माण से बचा जाना चाहिए।

(vi) **छठा गुण**—एक अच्छी प्रश्नावली की विशेषता यह है कि प्रश्नावली यथासंभव संक्षिप्त होनी चाहिए।

(vii) **सातवाँ गुण**—एक अच्छी प्रश्नावली की विशेषता यह है कि इसमें समावेश किए गए प्रश्नों की भाषा स्पष्ट एवं सरल होनी चाहिए।

(viii) **आठवाँ गुण**—एक अच्छी प्रश्नावली की विशेषता यह है कि इसमें प्रश्नों की रचना पक्षपात रहित होकर की जानी चाहिए। संबंधित उत्तर की ओर कोई संकेत नहीं किया जाना चाहिए।

(ix) **नवाँ गुण**—एक अच्छी प्रश्नावली की विशेषता यह है कि प्रश्नावली की रचना करते समय भौतिक पक्ष पर भी ध्यान दिया जाना चाहिए। अर्थात् प्रश्नावली का आकार न अत्यधिक छोटा हो और न अत्यधिक बड़ा हो। साथ ही कागज भी आकर्षक हो एवं छपाई सुंदर तथा स्पष्ट हो।

(x) **दसवाँ गुण**—एक अच्छी प्रश्नावली की विशेषता यह है कि इसमें उत्तरदाता की भावनाओं को ठेस पहुँचाने दाले प्रश्नों का समावेश नहीं होना चाहिए।

प्रश्नावली के प्रकार

प्रश्नावली प्रश्नों के एक समूह को कहा जाता है। इसका उद्देश्य सामाजिक घटनाओं का अध्ययन करना होता है। सामाजिक घटनाओं में जटिलता एवं विविधता पाई जाती है। इसको ध्यान में रखते हुए भिन्न-भिन्न प्रकार की प्रश्नावली का निर्माण करना पड़ता है। सभी प्रश्नावली की प्रकृति समान नहीं होती है। अध्ययन की प्रकृति, प्रश्नों के प्रकार तथा उत्तरदाताओं की विशेषताओं के दृष्टिकोण से एक-दूसरे से भिन्न-भिन्न प्रकार की प्रश्नावलियाँ बनाई जा सकती हैं। प्रश्नावली को रचना के आधार पर, प्रश्नों की प्रकृति अथवा तथ्यों की प्रकृति के आधार पर अलग-अलग प्रकारों में विभाजित किया जाता है। इस तरह यह पता चलता है कि विभिन्न आधारों पर प्रश्नावली के अनेक प्रकार होते हैं।

लुण्डबर्ग ने 'Social Research' में प्रश्नावली के दो प्रकारों की चर्चा की है जो निम्नलिखित हैं–

(i) विचार तथा मनोवृत्ति संबंधी,

(ii) तथ्य संबंधी।

(i) विचार तथा मनोवृत्ति संबंधी–मत तथा मनोवृत्ति संबंधी प्रश्नावली का प्रयोग उत्तरदाताओं की राय अथवा अभिरुचि से संबंधित सूचनाओं को प्राप्त करने के लिए किया जाता है। दूसरे शब्दों में यह कहा जा सकता है कि इस तरह की प्रश्नावली का उद्देश्य एक विशेष विषय पर उत्तरदाताओं की रुचियों, विचारों अथवा मनोवृत्तियों को जानना होता है।

(ii) तथ्य संबंधी–तथ्य संबंधी प्रश्नावली का प्रयोग सामाजिक तथ्यों से संबंधित सामग्री को इकट्ठा करने के लिए किया जाता है। दूसरे शब्दों में यह कहा जा सकता है कि किसी समूह की सामाजिक एवं आर्थिक दशाओं से संबंधित तथ्यों को इकट्ठा करने के लिए इस प्रकार की प्रश्नावली का प्रयोग किया जाता है।

पी. वी. यंग ने प्रश्नावली के प्रकारों की चर्चा करते हुए अपनी पुस्तक 'Scientific Social Survey and Research' में प्रश्नावली के दो प्रकारों की चर्चा की है जो निम्नलिखित हैं–

(i) असंरचित प्रश्नावली तथा

(ii) संरचित प्रश्नावली।

(i) असंरचित प्रश्नावली–असंरचित प्रश्नावली उस प्रश्नावली को कहा जाता है जिसमें किसी प्रकार के प्रश्नों का निर्माण पहले से नहीं किया जाता है। इसमें सिर्फ उन विषयों का उल्लेख होता है जिनके संबंध में उत्तरदाताओं से सूचना प्राप्त करनी होती है। इस प्रकार यह कहा जा सकता है कि असंरचित प्रश्नावली एक साक्षात्कार निर्देशिका (Interview-guide) के समान होती है। इस तरह की प्रश्नावली के संबंध में कैण्ट (Cant) का कहना है कि, "असंरचित प्रश्नावली वह है जिसमें कुछ निश्चित विषय-क्षेत्रों का समावेश होने के साथ उन लोगों की संख्या भी निर्धारित रहती है जिनसे साक्षात्कार करना होता है, लेकिन इस प्रणाली में प्रश्नों के स्वरूप और उनके क्रम का निर्धारण करने में अध्ययनकर्त्ता को काफी स्वतंत्रता प्राप्त होती है।" अध्ययनकर्त्ता इस प्रकार की प्रश्नावलियों की सहायता से आरंभ में यह ज्ञात करने का प्रयास करता है कि सर्वोत्तम सूचनाएँ किस तरह के प्रश्नों एवं उनके विशेष क्रम के द्वारा प्राप्त हो सकती हैं। इस तरह की प्रश्नावली का प्रयोग सीमित अध्ययन-क्षेत्र

के लिए किया जाता है। साथ ही इसके द्वारा प्रत्येक उत्तरदाता से संपर्क स्थापित किया जा सकता है। चूँकि इस प्रकार की प्रश्नावली में साक्षात्कार के लिए कोई स्थान नहीं होता है, इसलिए कुछ विद्वान इसे प्रश्नावली का एक तरह न मानकर साक्षात्कार की विधि के एक विशेष स्वरूप के रूप में देखते हैं। हालाँकि पी. वी. यंग (P. V. Young) इसे प्रश्नावली का ही एक प्रकार या स्वरूप मानते हैं।

(ii) संरचित प्रश्नावली—पी. वी. यंग (P. V. Young) के अनुसार, संरचित प्रश्नावली उस प्रश्नावली को कहा जाता है जिसकी रचना अनुसंधान आरंभ करने से पहले ही कर ली जाती है। इसमें बाद में कोई परिवर्तन नहीं किया जाता है। इस संबंध में पी. वी. यंग (P. V. Young) ने 'Scientific Social Survey and Research' में लिखा है, "संरचित प्रश्नावली वह होती है जिसमें कि निश्चित, ठोस तथा पूर्व निर्धारित प्रश्नों के अतिरिक्त ऐसे आवश्यक सीमित प्रश्न भी रहते हैं जो अपर्याप्त उत्तरों के स्पष्टीकरण करने या अधिक विस्तृत प्रत्युत्तर पाने के लिए आवश्यक होते हैं। प्रश्नों का प्रकार चाहे प्रतिबंधित हो या अप्रतिबंधित, महत्त्वपूर्ण बात तो यह है कि उन प्रश्नों को पहले से ही, न कि साक्षात्कार के दौरान लिखित रूप दे दिया जाता है।" जहोदा एवं कुक (Jahoda and Cook) ने 'Research Methods in Social Relations' में संरचित प्रश्नावली को 'मानक प्रश्नावली' का नाम दिया है। इसी तरह सेलिटज एवं अन्य (Selltiz and Others) ने भी संरचित प्रश्नावली को 'मानकीकृत प्रश्नावली' की संज्ञा दी है। इस तरह की प्रश्नावलियों का प्रयोग उस समय किया जाता है जब अध्ययन-क्षेत्र बहुत बड़ा होता है। साथ ही प्राथमिक सूचनाओं को इकट्ठा करने के लिए या संगृहीत सूचनाओं का पुनर्परीक्षण करने के लिए भी संरचित प्रश्नावली का प्रयोग किया जाता है। संरचित प्रश्नावली में जिन प्रश्नों का समावेश किया जाता है वे अत्यधिक निश्चित, क्रमबद्ध एवं स्पष्ट होते हैं, साथ ही हर उत्तरदाता के लिए इनकी प्रकृति समान होती है। इसके फलस्वरूप ऐसी प्रश्नावली से प्राप्त उत्तरों का वर्गीकरण करना अधिक सरल हो जाता है। सामान्यतया इस तरह की प्रश्नावली का उपयोग किसी समूह की सामाजिक, आर्थिक विशेषताओं का अध्ययन करने या प्रशासनिक स्तर पर परिवर्तन हेतु व्यक्तियों के सुझाव जानने के लिए किया जाता है। साथ ही किसी प्रशासकीय नीति या परिवर्तन के संबंध में अध्ययन करना भी इस प्रकार की प्रश्नावली का उद्देश्य होता है। उद्देश्य चाहे जो भी हो लेकिन विस्तृत क्षेत्र से पूर्व निर्धारित योजना के अनुसार सूचना इकट्ठा करने के लिए संरचित प्रश्नावली का प्रयोग करना काफी उत्तम होता है। इस तरह की प्रश्नावली के प्रयोग का एक लाभ यह होता है कि इसमें पहले से

प्रश्नों का निर्माण कर लिए जाने के कारण प्रश्न सुनिश्चित एवं क्रमबद्ध होते हैं। साथ ही वे सभी उत्तरदाताओं के लिए समान भी होते हैं जिसके परिणामस्वरूप प्राथमिक सूचनाओं को प्राप्त करना सरल हो जाता है। डॉ. डी. एन. मजूमदार द्वारा कानपुर नगर के सामाजिक सर्वेक्षण 'Social Contours of an Industrial City—Kanpur' में इसी प्रकार की प्रश्नावली का प्रयोग किया गया था।

अपनी पुस्तक 'Scientific Social Survey and Research' में पी. वी. यंग ने "प्रश्नों की प्रकृति के आधार पर बन्द एवं खुली प्रश्नावली तथा प्रश्नावली की संरचना के आधार पर संरचित एवं असंरचित प्रश्नावली की विवेचना की है।" पी. वी. यंग ने इसी पुस्तक में लिखा है, "प्रश्नों के बन्द (अर्थात् श्रेणीबद्ध) अथवा खुला (अर्थात् स्वतंत्र प्रत्युत्तर आमंत्रित करने वाला) रूप हो सकता है। मुख्य बात यह है कि इनका उल्लेख पहले से हो जाता है, इन्हें साक्षात्कार के दौरान नहीं बनाया जाता।" इस तरह पी. वी. यंग के विचारों से पता चलता है कि संरचना के आधार पर प्रश्नावली के दो तरह के संरचित प्रश्नावली एवं असंरचित प्रश्नावली होते हैं। इसी प्रकार प्रश्नों की प्रकृति के आधार पर प्रश्नावली के दो प्रकार हैं जो निम्नलिखित हैं–

(i) खुली प्रश्नावली,

(ii) बन्द प्रश्नावली।

संरचित प्रश्नावली तथा असंरचित प्रश्नावली का वर्णन ऊपर किया जा चुका है। यहाँ बन्द प्रश्नावली एवं खुली प्रश्नावली का वर्णन किया जा रहा है।

(i) खुली प्रश्नावली–खुली प्रश्नावली उस प्रश्नावली को कहा जाता है जिस प्रश्नावली में उत्तरदाताओं को अपने उत्तर को व्यक्त करने की पूर्ण स्वतंत्रता रहती है। इस तरह की प्रश्नावली में संभावित उत्तर नहीं दिए जाते हैं, बल्कि उत्तरदाताओं से यह आशा की जाती है कि वे अपनी इच्छानुसार अपने उत्तरों को प्रगट करें। इसलिए प्रश्नों के आगे कुछ भी नहीं लिखा जाता, केवल कुछ खाली जगह छोड़ दी जाती है। इस प्रकार की प्रश्नावली में खुले प्रश्नों (Open end questions) का प्रयोग किया जाता है। चूँकि उत्तरदाताओं को उत्तर देने की स्वतंत्रता रहती है इसलिए वे अपने उत्तरों को स्वतंत्र रूप से रिक्त स्थान पर लिखते हैं। इस तरह की प्रश्नावली में जिस प्रकार के प्रश्नों का समावेश किया जाता है वे प्रश्न निम्न प्रकार से हैं–

(A) छात्रों में बढ़ती हुई अनुशासनहीनता के क्या-क्या मुख्य कारण हैं?

(a) ....

(b) ....

(c) ....

(B) छात्र अनुशासनहीनता को दूर करने के लिए आप क्या सुझाव देना चाहेंगे?

(a) ....

(b) ....

(c) ....

ऐसी प्रश्नावली में उत्तरदाता को यह मौका मिल जाता है कि वह अपनी वास्तविक आंतरिक भावनाओं की स्वतंत्रतापूर्वक अभिव्यक्ति कर सके। इससे उत्तरदाता के व्यक्तित्व का प्रत्येक गुण जो विषय से संबंधित होता है, अपने यथार्थ रूप में प्रकट हो जाता है। इस प्रकार की प्रश्नावली का प्रयोग गुणात्मक तथ्यों की जानकारी प्राप्त करने हेतु किया जाता है। इस प्रश्नावली का प्रमुख फायदा लाभ यह है कि इसके आधार पर उत्तरदाताओं के असल विचारों को जानने में मदद मिलती है क्योंकि उत्तरदाता को अपने विचारों को व्यक्त करने की स्वतंत्रता रहती है। लाभ के साथ-साथ इस प्रश्नावली के कुछ दोष भी हैं। इसका एक मुख्य दोष यह है कि इसके आधार पर इकट्ठा तथ्यों के वर्गीकरण एवं सारणीयन का कार्य कठिन होता है।

(ii) बन्द प्रश्नावली—बन्द प्रश्नावली उस प्रश्नावली को कहा जाता है जिस प्रश्नावली में हर प्रश्न के साथ-साथ संभावित उत्तर भी दिए जाते हैं एवं उत्तरदाता को उन्हीं उत्तरों में से उत्तर देना होता है। इसे बन्द प्रश्नावली इसलिए भी कहा जाता है चूँकि उत्तरदाता को संभावित प्रश्नों के अतिरिक्त अन्य उत्तर देने की संभावना नहीं रहती है। अर्थात् इसमें सभी विकल्प बन्द रहते हैं। इसलिए इसे प्रतिबंधित प्रश्नावली भी कहा जाता है। इसमें उत्तरदाता अपने मन से उत्तर देने के लिए स्वतंत्र नहीं रहते हैं, बल्कि दिए हुए उत्तरों में से ही उन्हें उत्तर देना पड़ता है। दूसरे शब्दों में यह कहा जा सकता है कि उत्तरदाता पूर्व-निर्धारित उत्तरों में से ही किसी एक उत्तर के साथ अपनी सहमति प्रकट करता है। इस प्रकार की प्रश्नावली का प्रमुख लाभ यह होता है कि प्राप्त सूचनाओं का आसानी से सारणीयन कर उनका वर्गीकरण किया जा सकता है। इस तरह की प्रश्नावली में Multiple Choice Question एवं Item Ranking Question का प्रयोग किया जाता है। इस प्रश्नावली के संबंध में सिन पाओ यंग ने 'Face Finding with Rural People' में लिखा है, "प्रतिबंधित (बन्द) प्रश्नावली से प्रायः पूछे गए प्रश्नों के प्रकरणतः उत्तर दिए जाते हैं।" एक उदाहरण के आधार पर इसे अधिक स्पष्ट किया जा सकता है कि बन्द प्रश्नावली में किस तरह के प्रश्नों का समावेश होता है। ये प्रश्न निम्न प्रकार से हैं–

(a) क्या आप परिवार नियोजन के पक्ष में हैं?

(हाँ/नहीं)

(b) क्या आप अन्तर्जातीय विवाह से सहमत हैं?

(सहमत/असहमत)

(c) आत्महत्या मुख्यतया किन कारणों से उत्पन्न होती है?

(सामाजिक/आर्थिक/जैवकीय/असफल प्रेम)

इन प्रश्नों को देखने से मालूम होता है कि इसमें विकल्प सीमित हैं और उत्तरदाताओं को उन्हीं विकल्पों में से किसी एक को चुनना है। वे अपने मन से उत्तर देने के लिए स्वतंत्र नहीं हैं। इस तरह के प्रश्नों का समावेश जिस प्रश्नावली में रहता है उसे ही बन्द अथवा प्रतिबंधित प्रश्नावली कहा जाता है। इस प्रकार की प्रश्नावली के कुछ गुण या दोष होते हैं। इसका पहला गुण यह है कि इस तरह की प्रश्नावली के आधार पर कम-से-कम समय एवं धन में ज्यादा-से-ज्यादा लोगों से तथ्य इकट्ठा किए जा सकते हैं। साथ ही इकट्ठा तथ्यों के वर्गीकरण एवं सारणीयन का कार्य काफी आसान हो जाता है। जहाँ तक इसके दोषों का प्रश्न है, यह कहा जा सकता है कि इस तरह की प्रश्नावली के आधार पर उत्तरदाताओं के असल विचारों को नहीं जाना जा सकता है चूँकि उत्तरदाताओं को संभावित उत्तरों के अलावा अन्य उत्तर देने की स्वतंत्रता नहीं रहती है।

पी. वी. यंग द्वारा बताए गए प्रश्नावली के उक्त प्रकारों के अतिरिक्त इसके कुछ अन्य प्रकारों की भी चर्चा की जा सकती है जो निम्न प्रकार से हैं—

(i) चित्रात्मक प्रश्नावली—चित्रमय प्रश्नावली उस प्रश्नावली को कहा जाता है जिसमें प्रश्नों के संभावित उत्तर चित्र के रूप में रहते हैं। उत्तरदाता को उन्हीं चित्रों को देखकर उत्तर देना रहता है। आज का मनुष्य अतिव्यस्त है। उसके पास इतना समय नहीं है कि वह अध्ययनकर्त्ता के लंबे-लंबे प्रश्नों का उत्तर दे सके। इसी कारणवश प्रश्नावली में नवीनता तथा आकर्षण लाने की माँग दिनानुदिन बढ़ती जा रही है। ऐसा इसलिए हो रहा है चूँकि इससे उत्तर प्राप्त होने की पूरी संभावना बढ़ जाती है। इसमें अत्यधिक व्यस्त आदमी भी इन चित्रों की तरफ आकर्षित होकर उत्तर देने के लिए प्रेरित हो जाता है क्योंकि इसमें कम-से-कम समय एवं प्रयत्न करने की आवश्यकता होती है। चूँकि इस तरह की प्रश्नावली में प्रश्नों के उत्तर चित्रों के माध्यम से प्रदर्शित किए जाते हैं इसलिए इसके द्वारा अशिक्षित, बच्चे तथा कम बुद्धिमान व्यक्तियों से भी सूचनाएँ इकट्ठा की जा सकती हैं। ऐसी प्रश्नावलियाँ बच्चों की मनोवृत्तियों या रुचियों का अध्ययन करने के लिए बहुत उपयोगी सिद्ध होती हैं। प्रश्नावली के अन्य प्रकारों के द्वारा केवल शिक्षित व्यक्तियों का ही अध्ययन किया जाता है, लेकिन चित्रमय प्रश्नावली के द्वारा शिक्षित एवं अशिक्षित दोनों ही तरह

के व्यक्तियों से सूचनाएँ इकट्ठा की जा सकती हैं। इस तरह की प्रश्नावली में प्रत्येक प्रश्न को बहुत सरल ढंग से प्रस्तुत किया जाता है एवं उसके संभावित उत्तरों के स्थान पर विभिन्न चित्र इस प्रकार प्रदर्शित किए जाते हैं जिससे उत्तरदाता चित्रों के आधार पर अपने उत्तर को सरलता से चिन्हित कर सके। उदाहरणार्थ यदि अनुसंधानकर्त्ता को परिवार के आकार का अध्ययन करना हो तो इसके लिए प्रश्नावली में यह प्रश्न चित्रित किया जाता है कि आप परिवार का कितना बड़ा आकार पसंद करते हैं? प्रश्नों के बीच में दो, तीन, चार, पाँच स्त्री-पुरुष एवं बच्चों का चित्र अंकित रहता है। उत्तरदाता अपनी इच्छानुसार उस चित्र को चिन्हित करता है जो उसके इच्छित परिवार का आकार होता है। इस प्रकार चित्रों के माध्यम से ही उत्तरदाताओं का उत्तर प्राप्त हो जाता है। चित्रों की भाषा समझना, सभी के लिए सरल होता है। साथ ही इस तरह की प्रश्नावलियों के उत्तरों की जाँच का कार्य भी आसान होता है।

(ii) मिश्रित प्रश्नावली—मिश्रित प्रश्नावली उस प्रश्नावली को कहा जाता है जिसमें अलग-अलग तरह के प्रश्नों का समावेश होता है। अर्थात् अनुसंधान के लिए मिश्रित प्रश्नावली वह प्रश्नावली होती है जिसमें प्रश्नों की प्रकृति किसी एक स्वरूप तक सीमित न होकर अनेक प्रकार के प्रश्नों से संबंधित होती है। इस तरह की प्रश्नावली में प्रायः खुले एवं बंद दोनों ही प्रकार के प्रश्नों का समावेश होता है। एक विशेष प्रकार की सूचना प्राप्त करने के लिए जिस तरह के प्रश्नों को सबसे ज्यादा उपयोगी समझा जाता है वैसे ही प्रश्नों का इस प्रश्नावली में समावेश किया जाता है। आजकल सामाजिक अनुसंधान के क्षेत्र में इस तरह की प्रश्नावली का उपयोग बढ़ता जा रहा है चूँकि विभिन्न प्रकार के सामाजिक तथ्यों के संबंध में सूचनाएँ किसी एक निश्चित प्रकार के प्रश्न के द्वारा प्राप्त करना संभव नहीं होता है। सामाजिक तथ्य जटिल होते हैं। इनकी जटिलताओं के कारण किसी एक तरह का प्रश्न बनाना संभव नहीं होता है। अतः विषय के व्यापक एवं गहन अध्ययन के लिए इस प्रश्नावली में सभी तरह के प्रश्नों का समावेश किया जाता है तथा सूचनाएँ प्राप्त की जाती हैं। इस प्रकार की प्रश्नावली द्वारा कम शिक्षित एवं अधिक शिक्षित दोनों ही प्रकार के व्यक्तियों का अध्ययन किया जा सकता है। इसके द्वारा उत्तरदाताओं के स्वतंत्र विचारों को जानने में भी सहायता मिलती है। इस प्रश्नावली में जरूरत के अनुसार सीमित एवं असीमित प्रश्नों के साथ-साथ चित्रमय प्रश्नों का भी समावेश किया जाता है।

उक्त वर्णन के आधार पर कहा जा सकता है कि प्रश्नावली चार प्रकार के होते हैं, जो निम्न प्रकार से हैं—

(i) तथ्य संबंधी प्रश्नावली,

(ii) मत तथा मनोवृत्ति संबंधी प्रश्नावली,
(iii) संरचित प्रश्नावली,
(iv) असंरचित प्रश्नावली,
(v) बन्द प्रश्नावली,
(vi) खुली प्रश्नावली,
(vii) चित्रमय प्रश्नावली, तथा
(viii) मिश्रित प्रश्नावली।

इन प्रश्नावलियों में से प्रश्नों की प्रकृति के आधार पर प्रश्नावली के निम्नलिखित प्रकार हैं–

(i) बन्द प्रश्नावली,
(ii) खुली प्रश्नावली,
(iii) चित्रमय प्रश्नावली,
(iv) मिश्रित प्रश्नावली।

प्रश्नावली संरचना के आधार पर निम्नलिखित प्रकार हैं–

(i) संरचित प्रश्नावली, तथा
(ii) असंरचित प्रश्नावली।

प्रश्नावली निर्माण-प्रक्रियाएँ

प्रश्नावली प्रविधि तथ्य इकट्ठा करने की एक प्रमुख प्रविधि है। इसलिए यह आवश्यक होता है कि प्रश्नावली का निर्माण इस प्रकार से किया जाए कि वे उपयोगी सिद्ध हों। अर्थात् प्रश्नावली के निर्माण में अत्यन्त सावधानी बरती जाती है। प्रश्नावली का निर्माण जितना सावधानीपूर्वक एवं व्यवस्थित रूप में किया जाता है अनुसंधान हेतु सामग्री का संकलन उतना ही उपयोगी हो जाता है। प्रश्नावली में सूचनादाताओं को स्वयं ही प्रश्नों को समझकर उनका उत्तर देना रहता है। इसलिए प्रश्नावली के निर्माण के समय सूचनादाताओं के ज्ञान के आधार क्षेत्र को बढ़ाना होता है। इसमें उत्तरदाता को बिना अनुसंधानकर्त्ता की मदद के ही प्रश्नों का उत्तर देना होता है, इसलिए प्रश्नावली में यदि कभी भी कोई अस्पष्टता या कमी रह जाती है तो उत्तर भी अस्पष्ट एवं अपूर्ण हो जाता है। ऐसी स्थिति में यह जरूरी हो जाता है कि प्रश्नावली का निर्माण इस ढंग से किया जाए ताकि वह इतनी सरल एवं स्पष्ट हो सके कि विभिन्न तरह के उत्तरदाता उसे बिना किसी सहायता के समझ सकें एवं वांछित उत्तर को लिखकर भेज सकें। चूँकि क्षेत्र में अनेक उत्तरदाता ऐसे होते हैं जो

बौद्धिक दृष्टि से कम या ज्यादा स्तर वाले हो सकते हैं। ऐसी स्थिति में प्रश्नावली के निर्माण में ज्यादा सावधानी बरतने की आवश्यकता होती है।

प्रश्नावली की रचना को तीन भागों में विभाजित किया जा सकता है जो निम्नलिखित हैं—

(i) अध्ययन समस्या,

(ii) प्रश्नों की उपयुक्ततो तथा

(iii) बाह्य आकार।

इन्हीं तीनों निर्माण-प्रक्रिया से प्रश्नावली का निर्माण होता है।

(i) अध्ययन समस्या—प्रश्नावली का निर्माण करते समय सबसे पहले यह आवश्यक होता है कि अध्ययन की समस्या को ठीक तरह से समझा जाए। न केवल इसे समझना बल्कि इसका विश्लेषण करना भी आवश्यक होता है। इसमें तीन बातों पर विशेष ध्यान रखने की जरूरत होती है। अर्थात् अध्ययन की समस्या का निर्माण करते समय इन बातों का ध्यान रखना आवश्यक होता है—

(क) क्षेत्र एवं सूचनादाता,

(ख) संपूर्ण जानकारी, तथा

(ग) अध्ययन की इकाई।

(क) **क्षेत्र तथा सूचनादाता**—प्रश्नावली का निर्माण करते समय क्षेत्र एवं सूचनादाताओं के बारे में जानकारी प्राप्त करना जरूरी होता है। अर्थात् क्षेत्र का विस्तार कितना है एवं सूचनादाताओं की संख्या कितनी है इन बातों का ध्यान रखना जरूरी होता है। उदाहरणस्वरूप यदि भौगोलिक क्षेत्र अत्यंत बड़ा हो एवं समस्या की प्रकृति सामान्य हो तो सूचनादाताओं की संख्या अधिक होती है। इसमें निर्देशन प्रणाली के माध्यम से सूचनादाताओं की संख्या का निर्धारण करना पड़ता है।

(ख) **संपूर्ण जानकारी**—प्रश्नावली का निर्माण करते समय अध्ययन समस्या की संपूर्ण जानकारी प्राप्त कर लेनी चाहिए। इसे न केवल समझ लेना चाहिए बल्कि पूर्णतया देख-परख भी लेना चाहिए। अगर ऐसा नहीं किया जाता है तो अध्ययनकर्त्ता को प्रश्न-रचना के समय अनेक समस्याओं का सामना करना पड़ सकता है। इसलिए अध्ययनकर्त्ता को समस्या के विभिन्न पक्षों से परिचित होना जरूरी होता है। अध्ययनकर्त्ता को चाहिए कि वह विषय से संबंधित विशेषज्ञों से भी पूर्ण जानकारी प्राप्त कर लें। ऐसा करने पर ही प्रश्नावली का निर्माण उचित चरणों में पूरा हो सकेगा।

(ग) **अध्ययन की इकाई**–प्रश्नावली का निर्माण करते समय यह स्पष्ट करना जरूरी होता है कि अध्ययन की इकाई क्या है। ऐसा करना इसलिए आवश्यक होता है ताकि उत्तरदाता इन इकाइयों को एक ही अर्थ में समझें तथा उनसे एक ही तरह की सूचनाएँ प्राप्त की जा सकें। उदाहरणस्वरूप, अगर बालकों का अध्ययन करना हो तो प्रश्नावली में बालकों की आयु (12 वर्ष) का स्पष्ट उल्लेख होना चाहिए।

(ii) प्रश्नों की उपयुक्तता–प्रश्नों की उपयुक्तता से आशय यह है कि प्रश्नावली में किसी भी प्रश्न को सम्मिलित करने से पूर्व यह देखना चाहिए कि वह विषय से संबंधित सूचनाओं का संकलन करने में किस हद तक सहायक होगा। अनुपयुक्त प्रश्नों के शामिल होने से धन, समय एवं श्रम का दुरुपयोग होता है एवं अपेक्षित सफलता नहीं मिल पाती है। इसलिए प्रश्नों का उपयुक्त होना काफी जरूरी होता है। प्रश्न का निर्माण सरल, सटीक एवं व्यवस्थित ढंग से होना चाहिए, क्योंकि प्रश्नावली का निर्माण करते समय हमेशा इस बात का ध्यान रखा जाना चाहिए कि उत्तरदाता के बगैर अनुसंधानकर्त्ता की मदद से ही प्रश्नों का उत्तर देना होता है। अर्थात् प्रश्न हर तरीके से उपयुक्त हों। उक्त प्रश्नों की अपनी अलग महत्ता होती है। प्रश्नों की उपयुक्तता के संबंध में पी. वी. यंग (P. V. Young) ने 'Scientific Social Survey and Research' में लिखा है, "एक प्रश्नावली का बिना एक क्षेत्र-कार्यकर्त्ता के सहयोग अथवा निगरानी के दूर से ही उत्तर देना होता है इसलिए उन कारकों को मस्तिष्क में निरंतर रखना आवश्यक है जो यथार्थ उत्तरों को देने के लिए अधिक उपयुक्त हैं।" इस प्रकार यह पता चलता है कि प्रश्नों की उपयुक्तता का प्रश्नावली निर्माण में ध्यान रखना आवश्यक होता है। प्रश्नों की उपयुक्तता के दृष्टिकोण से निम्न प्रकार की बातें आवश्यक होती हैं–

(क) **सुरक्षा वाले प्रश्न**–प्रश्नावली के निर्माण में इस बात का ध्यान रखा जाना चाहिए कि उसमें ऐसे प्रश्नों को सम्मिलित नहीं किया जाए जो उत्तरदाताओं के गोपनीय जीवन से संबंधित हों। गोपनीय एवं गहन सूचनाओं वाले प्रश्नों से सदैव बचा जाना चाहिए क्योंकि ऐसे प्रश्नों के उत्तर देने में उत्तरदाता कतराता है। उदाहरणार्थ, अपराधी प्रवृत्ति एवं यौन व्यवहार से संबंधित प्रश्न इसी तरह के होते हैं। इसी प्रकार वैयक्तिक प्रश्न, भावनात्मक प्रश्न एवं प्रतिष्ठा वाले प्रश्नों से भी बचा जाना चाहिए। जहाँ तक संभव हो सके पक्षपातपूर्ण प्रश्न एवं रूढ़ियुक्त प्रश्न का समावेश भी प्रश्नावली में नहीं किया जाना चाहिए। इस प्रकार यह पता चलता है कि प्रश्नावली में बचाव वाले प्रश्नों का समावेश किया जाना चाहिए।

(ख) **स्पष्ट, भाषा**—प्रश्नावली का निर्माण करते समय न केवल प्रश्नों के चयन में सावधानी बरती जानी चाहिए अपितु भाषा की स्पष्टता पर भी ध्यान दिया जाना चाहिए। अर्थात् प्रश्नावली की भाषा इस तरह की होनी चाहिए जिसे उत्तरदाता स्पष्ट रूप से समझ सके। इसमें कठिन, अस्पष्ट, अप्रचलित, दुरूह एवं क्लिष्ट शब्दों का प्रयोग नहीं किया जाना चाहिए। बहुअर्थक, भावात्मक एवं अनुमानित सूचना वाले शब्दों का भी प्रयोग नहीं किया जाना चाहिए। स्पष्ट भाषा के साथ-साथ प्रश्नावली की इकाइयाँ भी स्पष्ट होनी चाहिए। उदाहरणार्थ यदि प्रश्नावली में इस प्रश्न का समावेश हो कि आपकी आयु क्या है? तो इससे यह साफ नहीं होता है कि इस प्रश्न के द्वारा अनुमानित आयु पूछी जा रही है अथवा निश्चित आयु। कहने का आशय यह है कि इस तरह के प्रश्न अस्पष्ट भाषा वाले होते हैं। इसके बदले अगर इस भाषा का प्रयोग कर यदि यह प्रश्न पूछा जाए कि 'आपकी जन्मतिथि क्या है?' तो इसे स्पष्ट प्रश्न कहा जाएगा।

(ग) **प्रश्नों की स्पष्टता तथा विशिष्टता**—प्रश्नावली का निर्माण करते समय अनुसंधानकर्त्ता को हमेशा इस बात का ध्यान रखना पड़ता है कि प्रश्न स्पष्ट एवं विशिष्ट हों। अर्थात् ऐसे प्रश्नों के निर्माण करने से सदैव बचा जाना चाहिए जो अस्पष्ट एवं अनिश्चित उत्तर वाले हों अथवा भ्रामक हों। यदि ऐसे प्रश्नों का समावेश प्रश्नावली में होगा तो प्रश्नावली दोषपूर्ण बन जाएगी तथा अनुसंधान का उद्देश्य भी पूरा नहीं हो पाएगा। इसके साथ ही अस्पष्ट, दोषपूर्ण, द्विअर्थक एवं अप्रचलित प्रश्नों के प्रयोग से भी बचना चाहिए। प्रश्नों के निर्माण में विशिष्ट शब्दावली का भी प्रयोग नहीं किया जाना चाहिए।

(घ) **सुगम प्रश्न**—अगर प्रश्नावली में सरल प्रश्नों का समावेश होगा तभी प्रश्नों की उपयुक्तता सिद्ध होगी। यदि प्रश्न सरल होंगे तो सामान्य बुद्धि वाला व्यक्ति भी उसे ठीक से समझेगा एवं उसका सही-सही जवाब देगा। साथ ही प्रश्नों के सरल रहने से अध्ययनकर्त्ता की अनुपस्थिति में भी उत्तरदाता अपेक्षित अर्थ लगाकर प्रश्नों का सही-सही जवाब देगा। सरल प्रश्नों का होना इसलिए भी आवश्यक होता है चूँकि प्रश्नों का उत्तर लिखते समय अनुसंधानकर्त्ता उत्तरदाता के सम्मुख उपस्थित नहीं रहता है।

(ङ) **संक्षिप्त तथा श्रेणीबद्ध उत्तर**—प्रश्नावली का निर्माण करते समय इस बात का ध्यान रखा जाना चाहिए कि प्रश्नावली में प्रश्न संक्षिप्त हों। अगर प्रश्न संक्षिप्त होंगे तो प्रश्नावली भरते समय उत्तरदाता प्रश्नों का जवाब देने में नहीं ऊबेगा।

उसे किसी तरह की हिचकिचाहट भी नहीं होगी। इसके विपरीत यदि प्रश्न बड़े होंगे तो उत्तरदाता को प्रश्नों का उत्तर देने में हिचकिचाहट का अनुभव होगा तथा वे प्रश्नावली को भरने में ऊब भी जाएँगे। प्रश्न न केवल संक्षिप्त होने चाहिए बल्कि उनमें क्रमबद्धता भी होनी चाहिए। यदि प्रश्न का उत्तर 'हाँ' या 'नहीं' में रहता है तो यह प्रश्न अधिक उपयुक्त माना जाता है। साथ ही बहुविकल्पात्मक प्रश्न भी सही होते हैं क्योंकि इसमें उत्तरदाता को अपने मन से विकल्प चुनने की छूट रहती है। अगर प्रश्नों में संक्षिप्तता एवं श्रेणीबद्धता या क्रमबद्धता रहती है तो उत्तरदाता भी सुरुचिपूर्ण तरीके से स्वतंत्र होकर प्रश्नों का उत्तर देते हैं।

(च) **वैषयिक प्रश्न**—प्रश्नावली का निर्माण करते समय प्रश्नावली की उपयुक्तता इस बात पर भी निर्भर करती है कि वैषयिक प्रश्नों का समावेश प्रश्नावली में किया जाए। यथासंभव इस बात का प्रयास किया जाना चाहिए कि प्रश्नों में किसी प्रकार का निजी झुकाव नहीं हो तथा उनके उत्तर निष्पक्षता लिये हुए होने चाहिए। यदि इस प्रकार के प्रश्नों का समावेश प्रश्नावली में होगा तब उत्तरदाताओं से सही एवं वास्तविक उत्तर निकलवाए जा सकेंगे। साथ ही अध्ययन में भी निश्चितता आएगी। इस तरह वैषयिक प्रश्नों का प्रश्नावली में होना आवश्यक होता है।

(छ) **कम प्रश्न**—प्रश्नावली का निर्माण करते समय इस बात का ध्यान रखा जाना चाहिए कि प्रश्नावली में कम-से-कम प्रश्नों का समावेश हो। कम प्रश्नों के होने से प्रश्नावली शीघ्र भरेगी एवं उत्तरदाताओं की अभिरुचि प्रश्नावली भरने में बनी रहेगी। साथ ही कम प्रश्नों के रहने से प्रश्नावली भी भरकर शीघ्रता से वापस आएगी। ज्यादा प्रश्नों का समावेश प्रश्नावली में होने से समय, धन एवं श्रम तीनों की बर्बादी होती है। इसलिए कम प्रश्नों का प्रश्नावली में होना ज्यादा उपयुक्त होता है।

(ज) **क्रमबद्ध**—प्रश्नों को प्रश्नावली का निर्माण करते समय स्वाभाविक रूप से क्रमबद्ध एवं व्यवस्थित करने पर ध्यान दिया जाना चाहिए। साथ ही प्रश्नों में परस्पर अंतर्संबद्धता का भी गुण होना चाहिए। इससे प्रश्नों में तारतम्यता बनी रहेगी एवं प्रत्येक प्रश्न का उत्तर अगले प्रश्न के उत्तर के लिए पूरक कार्य करेगा। प्रश्नों की संख्या अधिक होने से उन्हें शीर्षकों एवं उपशीर्षकों में बाँटा जा सकता है।

प्रश्नों की उपयुक्तता के क्रम में उपर्युक्त बातों का ध्यान रखने के साथ-साथ इस बात का भी ध्यान रखा जाना चाहिए कि प्रश्न किसी भी तरह से गलत न हों।

साथ ही व्यंग्यात्मक, दकियानूसी, भावात्मक एवं कल्पनात्मक तथा प्रभावशील प्रश्नों को भी प्रश्नावली में शामिल नहीं किया जाना चाहिए। अत्यधिक गंभीर सूचना वाले तथा पथ-प्रदर्शन प्रश्नों के निर्माण से भी बचा जाना चाहिए। इस तरह यह कहा जा सकता है कि प्रश्नों की उपयुक्तता में अनेक बातों का ध्यान रखना जरूरी होता है।

(iii) बाह्य आकार—प्रश्नावली में प्रश्नों के निर्माण के साथ-साथ उसमें भौतिक बनावट का भी महत्त्व होता है। चूँकि प्रश्नावली भरते समय उत्तरदाता के पास अनुसंधानकर्त्ता नहीं रहता है इसलिए उत्तरदाता का ध्यान आकृष्ट करने के लिए प्रश्नावली की बाह्य आकृति यथा—उसका आकार, कागज, छपाई एवं रूप-रंग आदि पर भी ध्यान दिया जाना आवश्यक होता है। प्रश्नावली के बाहरी आधार के अंतर्गत निम्नलिखित बातों पर ध्यान देना आवश्यक होता है—

(क) **हाशिया छोड़ना**—प्रश्नावली का निर्माण करते समय बायीं ओर 3/8" का हाशिया छोड़ना चाहिए तथा दाईं ओर 1/7" या 1/6" का हाशिया छोड़ना चाहिए ताकि उस पर कुछ टिप्पणी लिखी जा सके। साथ ही प्रश्नावली को छापते समय शब्दों के बीच तथा दो प्रश्नों के बीच स्थान छोड़ा जाना चाहिए ताकि पढ़ने एवं उत्तर लिखने में आसानी हो।

(ख) **प्रश्नावली की लंबाइ**—इस बात को प्रश्नावली का निर्माण करते समय ध्यान रखा जाना चाहिए कि इसमें प्रश्नों की संख्या इतनी नहीं हो कि संपूर्ण प्रश्नावली अनेक पृष्ठों में छप सके। अधिक लंबी प्रश्नावली को भरने में उत्तरदाता का बहुत ज्यादा समय लगता है। इसलिए प्रश्नावली इतनी लंबी नहीं होनी चाहिए कि उत्तरदाता उसे भरने में ऊब जाएँ। कम-से-कम एवं संक्षिप्त प्रश्नों वाली प्रश्नावली ज्यादा उपयोगी मानी जाती है। अभी तक पचास पृष्ठों तक वाली प्रश्नावली उपयोग में लाई जा चुकी है। लेकिन इतनी लंबी प्रश्नावली उपयुक्त नहीं मानी जा सकती। प्रश्नावली की लंबाई इतनी होनी चाहिए कि ज्यादा-से-ज्यादा उसे आधे घंटे में भरा जा सके। इस तरह की प्रश्नावली को उत्तम प्रश्नावली की संज्ञा दी जा सकती है।

(ग) **रूप-रंग**—प्रश्नावली निर्माण करते समय उसके रूप-रंग पर भी ध्यान देना चाहिए। प्रश्नावली देखने में आकर्षक होनी चाहिए ताकि उत्तरदाता उस पर उत्तर लिखने को बेचैन हो जाए। इसके लिए अक्षर स्पष्ट होने चाहिए एवं कागज अच्छा एवं मोटा होना चाहिए जिससे वह जल्द न फट सके। यदि रंगीन कागज का प्रयोग किया जाता है तो वह और ज्यादा आकर्षक हो जाता है। इस तरह यह पता चलता है कि प्रश्नावली का निर्माण करते समय उसके रूप-रंग एवं बाह्य आकर्षण पर ध्यान दिया जाना चाहिए।

(घ) **आकर्षक आकार** प्रश्नावली का निर्माण करते समय इसे आकर्षक आकार में निर्मित किए जाने की जरूरत होती है। इसे सामान्यतया फुलस्केप (8" × 12") तथा (9" × 11") के आकार के कागज पर बनाया जाना चाहिए। लंबे लिफाफों में मोड़कर रखने के कारण फुलस्केप आकार अधिक उपयुक्त होता है। यदि प्रश्नावली कम पृष्ठों की होगी तो डाक खर्च भी कम आएगा। छोटे आकार की प्रश्नावलियों को डाक द्वारा उत्तरदाता के पास भेजना आसान होता है एवं उत्तरदाता भी इसे आसानी से भरकर वापस लौटाते हैं।

(ङ) **कागज एवं इसका बाहरी आकार**—प्रश्नावली का निर्माण करते समय उसके बाह्य आकार के अंतर्गत कागज पर ध्यान दिया जाना चाहिए। अर्थात् कागज कड़ा, चिकना एवं टिकाऊ होना चाहिए। साथ ही कागज का आकर्षक होना भी प्रश्नावली को आकर्षक बनाता है। खुरदरे कागज का प्रयोग प्रश्नावली में कभी नहीं किया जाना चाहिए चूँकि वह जल्द फट जाता है तथा उस पर छपाई भी अच्छी नहीं होती है। अतः उत्तरदाताओं का ध्यान आकृष्ट करने हेतु अच्छे कागज का प्रयोग किया जाना चाहिए। अगर एक अनुसंधान के लिए उत्तरदाताओं के पास अलग-अलग प्रश्नावलियाँ भेजी जानी हों तो इसका कागज एक-दूसरे से भिन्न होना चाहिए।

(च) **प्रश्नावली की छपाई**—प्रश्नावली को अक्सर या तो छाप दिया जाता है या साइक्लोस्टाईल करवाया जाता है। छपाई कराई जाए या साईक्लोस्टाईल, दोनों में ही इस बात का ध्यान रखा जाता है कि छपाई शुद्ध एवं स्पष्ट हो ताकि इसे पढ़ने में उत्तरदाता किसी तरह की कठिनाई का अनुभव न करे। अगर वह प्रश्नों को पढ़ने में कठिनाई का अनुभव करेगा तो सही उत्तर मिलना मुश्किल हो जाएगा। उत्तर लिखते समय स्याही भी नहीं फैले इस बात का भी ध्यान रखा जाना चाहिए। साथ ही शुद्धता पर भी पूर्ण ध्यान देने की जरूरत होती है।

(छ) **मद व्यवस्था**—प्रश्नावली का निर्माण करते समय इस बात का ध्यान रखा जाना चाहिए कि इसमें एक विषय से संबंधित सभी प्रश्नों को एक साथ एक क्रम में लिखा जाए। आवश्यकतानुसार प्रश्नों को विभिन्न उपसमूहों में भी वर्गीकृत किया जा सकता है। प्रश्नावली में शीर्षक, उपशीर्षक एवं सारणियाँ आदि सही क्रम में छपे होने चाहिए जिससे अध्ययन करने में सुविधा प्रतीत हो।

उक्त वर्णन के आधार पर यह कहा जा सकता है कि प्रश्नावली का निर्माण करने में न केवल प्रश्नों के निर्माण पर ध्यान देने की आवश्यकता होती है बल्कि इसके बाह्य स्वरूप पर भी ध्यान देने की आवश्यकता होती है।

प्रश्नावली निर्माण के समय प्रमुख सावधानियाँ

प्रश्नावली के द्वारा प्राथमिक तथ्यों का संकलन किया जाता है। प्राथमिक तथ्यों को प्राप्त करने का यह एक उत्तम साधन है। इसकी सफलता का सारा दारोमदार इस बात पर होता है कि इसके निर्माण में क्या-क्या सावधानियाँ बरती गई हैं। अगर इसके निर्माण में सावधानियाँ नहीं बरती जाएँगी तो इसका संपूर्ण उद्देश्य ही निरर्थक हो जाएगा, इसलिए प्रश्नावली का निर्माण करते समय सावधानी बरतनी चाहिए। प्रश्नावली के निर्माण में निम्नलिखित सावधानियाँ बरतने की आवश्यकता होती है—

(क) विषय का पूरी तरह विश्लेषण—प्रश्नावली के निर्माण में पहली सावधानी यह बरतनी चाहिए कि इसमें विषय का पूर्ण विश्लेषण किया जाना चाहिए। प्रायः समस्या के अनेक पक्ष होते हैं जिनमें कुछ अधिक महत्त्व के होते हैं तो कुछ कम महत्त्व के। इसलिए प्रश्नावली का निर्माण करते समय अनुसंधानकर्त्ता को इस बात का ध्यान रखना चाहिए कि प्रश्नावली संतुलित हो ताकि समस्त पक्षों का प्रतिनिधित्व प्रश्नावली में हो सके। इसके लिए यह अपने अनुभव, मित्रों के सहयोग एवं अन्य साहित्य स्रोत आदि को काम में ला सकता है। इस प्रकार समस्त पक्षों का उचित विश्लेषण करने के बाद ही प्रश्नावली को तैयार किया जाना चाहिए।

(ख) अध्ययन के समय इसकी उपयोगिता—प्रश्नावली के निर्माण में दूसरी सावधानी यह बरतनी चाहिए कि किसी भी प्रश्न को प्रश्नावली में स्थान देते समय यह ध्यान रहे कि अध्ययन के संबंध में इसकी उपयोगिता है या नहीं। निरर्थक प्रश्नों का समावेश प्रश्नावली में नहीं किया जाना चाहिए, चूँकि इससे समय एवं धन की बर्बादी तो होती ही है साथ ही उद्देश्य की भी प्राप्ति नहीं होती है।

प्रश्नावली की विश्वसनीयता

प्रश्नावली में इसकी विश्वसनीयता का भी काफी महता होती है। यहाँ यह देखना आवश्यक होता है कि उत्तरदाताओं ने जो उत्तर दिए हैं वे किस हद तक विश्वसनीय हैं। विश्वसनीयता का पता तभी लगता है जब ज्यादातर प्रश्नों के अर्थ अलग-अलग लगाए गए हों। ऐसी स्थिति में शंका उत्पन्न हो जाती है। अविश्वसनीयता की समस्या निम्नलिखित कारणों से उत्पन्न होती है—

(क) असंगत तथा गलत प्रश्न—जब प्रश्नावली में गलत एवं असंगत प्रश्नों का समावेश होता है तब उसका उत्तर भी उत्तरदाता अपने-अपने दृष्टिकोण से देते हैं। ऐसी स्थिति में उत्तरदाताओं द्वारा दी गई सूचनाएँ विश्वसनीय नहीं हो सकती हैं।

(ख) निदर्शन का चयन—प्रश्नावली की विश्वसनीयता तभी बनी रहती है जब निदर्शन का चुनाव करते समय सावधानी बरती जाए। अगर ऐसा नहीं किया जाता है तो उसके परिणामों में विश्वसनीयता नहीं आ पाती है। यदि उत्तरदाताओं का चयन करने में अनुसंधानकर्त्ता कहीं से प्रभावित होता है तो निश्चित रूप से प्राप्त सूचना प्रतिनिधित्वपूर्ण नहीं हो सकती है।

(ग) नियंत्रित तथा पक्षपातपूर्ण उत्तर—इस बात पर प्रश्नावली की विश्वसनीयता निर्भर करती है कि उसके द्वारा प्राप्त उत्तर किस हद तक सही एवं विश्वसनीय हैं। इस प्रणाली द्वारा प्राप्त उत्तरों में काफी कम ऐसे उत्तर होते हैं जो सही होते हैं। इसका कारण यह है कि गोपनीय एवं व्यक्तिगत सूचनाओं को व्यक्त करने में उत्तरदाता संकोच का अनुभव करते हैं। वे अपने आप उस उत्तर को प्रश्नावली में नहीं भरते। इससे उत्तरों में पक्षपात की संभावनाएँ बढ़ जाती हैं या तो उनके उत्तरों में तीव्र आलोचना देखने को मिलती है या फिर पूर्ण सहमति देखने को मिलती है। संतुलित उत्तर प्राप्त नहीं होते हैं।

(घ) अस्पष्ट एवं भ्रामक प्रश्न—जब प्रश्नावली में अस्पष्ट एवं भ्रामक प्रश्नों का समावेश किया जाता है तो इनकी भाषा क्लिष्ट, बहुअर्थक एवं दुरूह हो जाती है। इससे प्रश्नावली की विश्वसनीयता कम हो जाती है, चूँकि उत्तरदाता ऐसी स्थिति में अपनी प्रतिष्ठा बनाए रखने के कारण गलत उत्तर ही भर देते हैं। अतः अनुपयुक्त प्रश्नों के कारण प्रश्नावली की विश्वसनीयता कम हो जाती है।

(ङ) प्रायः कम विश्वसनीयता की समस्या—प्रश्नावली में अक्सर कम विश्वसनीयता देखने को मिलती है। इसका कारण यह है कि इसमें न तो अवलोकनकर्त्ता स्वयं क्षेत्र में जाकर घटनाओं का आलोकन करता है और न ही अनुसंधानकर्त्ता सूचना भरते समय उत्तरदाता के समक्ष उपस्थित रहता है। इसलिए अगर प्रश्नावली उपयुक्त भी होती है तो भी इसकी विश्वसनीयता पर एक प्रश्नचिन्ह लग जाता है।

प्रश्नावली विधि : विश्वसनीयता तथा प्रामाणिकता की जाँच

उक्त वर्णन के आधार पर यह निष्कर्ष निकाला जा सकता है कि प्रश्नावली प्रणाली द्वारा संग्रह किए गए उत्तरों की विश्वसनीयता संदिग्ध होती है। कम विश्वसनीयता के बावजूद अध्ययन इसी मंत्र पर आधारित होता है इसलिए प्रश्नावली को पुनः परखना आवश्यक होता है। इससे इसकी विश्वसनीयता की जाँच हो जाती है। प्रश्नावली की विश्वसनीयता एवं प्रामाणिकता की जाँच के लिए निम्न प्रकार के तरीके हैं—

(क) पुनः प्रश्नावली भेजना—प्रश्नावली की विश्वसनीयता एवं प्रामाणिकता की जाँच के लिए उन्हीं उत्तरदाताओं के पास पुनः भेज दिया जाता है जिनके पास पहले उस प्रश्नावली को भेजा गया था। अगर उत्तरदाता पुनः वही उत्तर देता है तो प्रश्नावली को विश्वसनीय एवं प्रामाणिक माना जाता है। अगर उत्तरों में अधिक अंतर दृष्टिगोचर होता है तो उसे अविश्वसनीय माना जाता है। पुनः उत्तरदाता के पास प्रश्नावली को उसी स्थिति में भेजना चाहिए जब उत्तरदाताओं की सामाजिक, मानसिक एवं आर्थिक स्थितियों में कोई विशेष अंतर नहीं हुआ हो।

(ख) एक समान समूह का अध्ययन—उत्तरदाताओं से प्राप्त भरी हुई प्रश्नावली को समान विशेषता वाले किसी अन्य समूह को देकर उन्हें पुनः भरवाया जाता है। यदि पुनः वही उत्तर प्राप्त होता है तो प्रश्नावली को विश्वसनीय एवं प्रामाणिक माना जाता है। अगर पिछली सूचनाओं की तुलना में दूसरे समान वर्ग को दी गई प्रश्नावलियों से प्राप्त उत्तर भिन्नता लिए हुए होते हैं तो प्रश्नावली अविश्वसनीय एवं अप्रामाणिक मानी जाती है।

(ग) उप-निदर्शन का उपयोग—प्रश्नावली की विश्वसनीयता एवं प्रामाणिकता की जाँच का यह भी एक तरीका है। प्रमुख निदर्शन में से एक उप-निदर्शन का चयन कर प्रश्नावली की जाँच-परख की जा सकती है। उप-निदर्शन से प्राप्त सूचनाओं एवं प्रमुख निर्देशन से प्राप्त सूचनाओं में यदि काफी अंतर पाया जाता है तो प्रश्नावली को अविश्वसनीय माना जाता है। यदि दोनों में बहुत कम असमानता पाई जाती है तो प्रश्नावली को विश्वसनीय एवं प्रामाणिक समझा जाता है।

(घ) अन्य विभिन्न अनुसंधान पद्धतियों का प्रयोग—अन्य अनुसंधान विधियों का प्रयोग कर भी प्रश्नावली की विश्वसनीयता एवं प्रामाणिकता की जाँच की जा सकती है। इन विधियों में प्रत्यक्ष अवलोकन, साक्षात्कार एवं अनुसूची आदि विधियाँ हैं। यदि इन विधियों द्वारा भी यही उत्तर प्राप्त होता है जो प्रश्नावली से प्राप्त हुआ है तो प्रश्नावली को विश्वसनीय एवं प्रामाणिक माना जाता है।

(ङ) वर्तमान सामान्य ज्ञान का स्तर—जो तथ्य साधारणतया ऊपरी रूप से ज्ञात हो जाते हैं, प्रश्नावली की सूचनाएँ यदि उनसे अलग होती हैं तो प्रश्नावली विश्वसनीय नहीं मानी जाती है। अर्थात् प्रश्नावली की विश्वसनीयता के लिए प्रश्नों को अपने सामान्य ज्ञान से परखने पर प्रचलित ज्ञान के विपरीत उत्तर प्राप्त होने पर उन्हें अविश्वसनीय माना जाता है।

प्रश्नावली के प्रयोग विधि

प्रश्नावली का निर्माण कर लेने से ही अनुसंधान में सही तथ्य प्राप्त नहीं हो

जाते हैं बल्कि सही तथ्य प्राप्त होना इस बात पर काफी हद तक निर्भर करता है कि इसका प्रयोग किस ढंग से हो रहा है। अर्थात् प्रश्नावली के प्रयोग की विधियों पर अनुसंधान कार्य या सही तथ्यों का संकलन काफी हद तक निर्भर करता है। प्रश्नावली के प्रयोग की संपूर्ण प्रक्रिया को निम्नलिखित चार भागों में विभाजित किया जा सकता है–

(क) पूर्व-जाँच,
(ख) सहगामी पत्र,
(ग) मेल द्वारा प्रेषण, तथा
(घ) अनुगामी-पत्र।

(क) पूर्व-जाँच–प्रश्नावली का निर्माण हो जाने के पश्चात् तथा डाक द्वारा इसे उत्तरदाताओं के पास भेजने से पूर्व एक छोटे निदर्शन के द्वारा इसकी जाँच कर लेनी चाहिए जिससे इसके बारे में किसी प्रकार का संदेह नहीं रहे। इससे यह जानकारी मिल जाएगी कि उत्तरदाता प्रश्नों के सही उत्तर समझ रहे हैं एवं अपेक्षित अर्थ ही लगा रहे हैं। साथ ही भाषा-शैली एवं विषय वस्तु आदि की सरलता के बारे में भी पूर्व-जानकारी हो जाएगी। ऐसा करना जरूरी होता है चूँकि अनेक बार प्रश्नावली उत्तरदाता के पास भेज देने पर यह पता चलता है कि उसमें कुछ त्रुटियाँ रह गईं हैं। पूर्व-परीक्षण कर लेने से इन त्रुटियों से बचा जा सकता है। इस संबंध में स्लेटो (Sletto) का कथन है कि, "संक्षेप में पूर्व-जाँच की प्रणाली आवश्यक रूप से डाक परीक्षण एवं त्रुटि की प्रणाली है जिसमें सफल परीक्षणों की पुनरावृत्ति की जाती है तथा जब अंतिम रूप से प्रश्नावली अंतिम समूह को भेजी जाती है तो त्रुटियाँ निकल आती हैं।" अतः यह कहा जा सकता है कि प्रश्नावली का प्रयोग करने से पहले पूर्व-परीक्षण करा लेना जरूरी होता है। पूर्व-परीक्षण में कुछ बातें ध्यान देने योग्य होती हैं जो निम्नलिखित हैं–

(क) परीक्षण प्रणाली वास्तविक प्रणाली से पूरी तरह मिलती-जुलती होनी चाहिए।
(ख) इसे समग्र के प्रतिनिधियों या निदर्शन-समूह के सदस्यों को भेजा गया हो।
(ग) इसे कम समूह में छपवाया गया हो।
(घ) निदर्शन-समूह के उत्तरों एवं कठिनाइयों के आधार पर इसमें सुधार किया गया हो।
(ङ) यदि इसमें ज्यादा परिवर्तन किए गए हैं तो इसका पुनः पूर्व-परीक्षण कर लिया जाए।

पूर्व-जाँच के द्वारा उत्तरदाताओं के उत्तर देने की क्षमता, उत्सुकता तथा निरन्तरता का भी बोध हो जाता है। साथ ही प्रश्नों की असंबद्धता एवं अनावश्यकता की भी परीक्षा हो जाती है।

पूर्व-जाँच पत्र की उपयोगिता—पूर्व-परीक्षण की कुछ उपयोगिताएँ होती हैं जो निम्नलिखित हैं—

(1) **प्रथम उपयोगिता**—पूर्व-परीक्षण की प्रथम उपयोगिता यह है कि उसके द्वारा ऐसे प्रश्नों के संबंध में पूर्व जानकारी हो जाती है जिनके विषय में उत्तरदाता 'मैं नहीं जानता' या 'पता नहीं' आदि बातों को लिखते हैं। पूर्व जानकारी हो जाने पर इस कमी को उपयुक्त प्रश्न लिखकर पूरा किया जा सकता है।

(2) **द्वितीय उपयोगिता**—पूर्व-परीक्षण की दूसरी उपयोगिता यह है कि इसके द्वारा अनावश्यक एवं असम्बद्ध प्रश्नों का सुधार हो जाता है। प्रायः ऐसा देखा जाता है कि प्रश्नावलियों में कुछ अनावश्यक एवं असंबद्ध उत्तर लिखे हुए होते हैं जिनका कारण दोषपूर्ण प्रश्नों का निर्माण होता है। इन असंबद्ध उत्तरों के आधार पर प्रश्नों में सुधार किया जा सकता है।

(3) **तीसरी उपयोगिता**—पूर्व-परीक्षण की तीसरी उपयोगिता यह है कि इसके आधार पर प्रश्नों के क्रम की कमी का ज्ञान हो जाता है।

(4) **चौथी उपयोगिता**—पूर्व-परीक्षण की चौथी उपयोगिता यह है कि इसके द्वारा उन प्रश्नों का सुधार हो जाता है जिन प्रश्नों को उत्तरदाता आसानी से नहीं समझते हैं। अक्सर ऐसा देखा जाता है कि जिन प्रश्नों को उत्तरदाता नहीं समझ पाते हैं उनका उत्तर नहीं देते हैं। वे रिक्त स्थान छोड़ देते हैं। पूर्व-परीक्षण के द्वारा इसका पता आसानी से चल जाता है एवं समय रहते इस कमी को दूर कर लिया जाता है।

(5) **पाँवचीं उपयोगिता**—पूर्व-परीक्षण की पाँचवीं उपयोगिता यह है कि इसके द्वारा इस बात का ज्ञान हो जाता है कि किन प्रश्नों में कम विकल्प दिए गए हैं। इस तरह की जानकारी हो जाने पर अन्य विकल्पों को जोड़ा जा सकता है।

(6) **छठी उपयोगिता**—पूर्व-परीक्षण की छठी उपयोगिता यह है कि इसके द्वारा प्रश्नावली की विश्वसनीयता एवं प्रामाणिकता की वृद्धि होती है।

(7) **सातवीं उपयोगिता**—पूर्व-परीक्षण की सातवीं उपयोगिता यह है कि इससे उत्तरदाताओं की योग्यताओं एवं उत्सुकता का ज्ञान होता है।

(8) **आठवीं उपयोगिता**—पूर्व-परीक्षण की आठवीं उपयोगिता यह है कि इसके द्वारा ऐसे प्रश्नों की जानकारी प्राप्त हो जाती है जो अनावश्यक आलोचनाओं वाले होते हैं।

उक्त वर्णन के आधार पर यह कहा जा सकता है। कि पूर्व-परीक्षण के विभिन्न उपयोग हैं। इससे अनेक आवश्यक तथ्यों की जानकारी प्राप्त हो जाती है। इस संबंध में गुड्डे एवं हॉट का कहना है कि "पूर्व-परीक्षण के दौरान यदि उत्तरदाता 5 प्रतिशत की दर से भी किसी प्रश्न को इनकार कर दे तो उन प्रश्नों का पुनः अध्ययन करना आवश्यक होता है।"

(ख) सहगामी-पत्र—प्रश्नावली का पूर्व-जाँच कर लेने के पश्चात् तथा उसे प्रयोग योग्य बना देने के बाद उत्तरदाताओं के पास भेजा जाना श्रेयस्कर होता है। प्रत्येक प्रश्नावली के साथ एक सहगामी-पत्र संलग्नित रहता है जो छपा हुआ होता है। इस पत्र में जिस उद्देश्य से अध्ययन आयोजित किया जा रहा है उस पर एवं उत्तरदाताओं के सहयोग पर प्रकाश डाला गया रहता है। साथ ही इसमें उत्तरदाताओं से यह अनुरोध भी किया जाता है कि वे प्रश्नावली को भरकर जल्दी से जल्दी लौटा दें। इस पत्र में अनुसंधानकर्त्ता का नाम, उसका विभाग, संबंधित व्यक्तियों का उल्लेख एवं अध्ययन के उद्देश्य आदि का वर्णन दिया जाता है। इसके अलावा इस पत्र में उत्तरदाता से अपने प्रति सहानुभूति प्राप्त करने वाली भावना का प्रयोग भी किया जाता है। साथ ही इसका भी उल्लेख रहता है कि उत्तरदाताओं से प्राप्त सूचनाएँ गुप्त रखी जाएँगी एवं उसे न तो सार्वजनिक किया जाएगा न ही उसका किसी तरह का दुरुपयोग किया जाएगा। पत्र के अंत में उत्तरदाताओं के सहयोग के लिए आभार भी व्यक्त किया जाता है। हालाँकि सहगामी-पत्र में इतनी बातें रहती हैं लेकिन फिर भी उसे छोटा, आकर्षक एवं प्रभावशाली बनाना अत्यंत आवश्यक होता है। शीघ्र प्रत्युत्तर पाने के उद्देश्य से साथ में जवाबी लिफाफा भी भेजा जाता है जिससे उत्तरदाता पर मनोवैज्ञानिक प्रभाव पड़ता है और वह जल्द से जल्द प्रश्नावली को भरकर लौटाता है। इस तरह सहगामी-पत्र काफी प्रमुख होता है।

(ग) मेल द्वारा प्रेषण—डाक द्वारा प्रश्नावली भेजने के पूर्व प्रश्नावली एवं सहगामी-पत्र के साथ अध्ययनकर्त्ता का पता लिखा हुआ टिकटयुक्त लिफाफा भी संलग्न किया जाता है जिससे उत्तरदाता प्रश्नावली को भरकर शीघ्रातिशीघ्र भेज सके। इससे समय एवं धन के बचत के साथ-साथ उत्तरदाता भी रुचिपूर्वक कार्य संपन्न करता है। डाक द्वारा प्रेषण में निम्नलिखित बातों पर ध्यान देना जरूरी होता है—

(1) एक क्षेत्र की प्रश्नावलियों को एक साथ भेजा जाना चाहिए जिससे उस क्षेत्र के उत्तरदाताओं के उत्तर एक साथ प्राप्त होने की संभावना रहती है। इससे एक फायदा यह भी होता है कि एक क्षेत्र के विभिन्न उत्तरदाताओं के पास प्रश्नावली एक साथ पहुँचने से उन्हें किसी तरह का संदेह नहीं होता है।

(2) उत्तरदाताओं के नाम एवं पते पिन कोड सहित सही-सही लिखे जाने चाहिए ताकि प्रश्नावली सही से यथा समय पहुँच सके।

(3) इस बात का भी ध्यान रखा जाना चाहिए कि प्रश्नावली उत्तरदाताओं के पास उस समय पहुँचे जिस समय वे साप्ताहिक छुट्टी आदि पर हों। इसका लाभ यह होगा कि वे इसे भरकर समय पर लौटा सकेंगे।

(4) प्रश्नावली के साथ अपना पता लिखा व टिकट लगा लिफाफा जरूर संलग्न करना चाहिए जिससे उत्तरदाता को कोई तकलीफ न हो।

(घ) अनुगामी-पत्र—अनुगामी-पत्र का प्रयोग तब किया जाता है जब उत्तरदाता समय पर प्रश्नावली को भरकर नहीं लौटाते हैं। प्रायः यह देखा जाता है कि उत्तरदाता लापरवाही बरतते हैं एवं प्रश्नावली को भरकर भेजने में कोई रुचि नहीं दिखाते हैं। इसलिए अनुसंधानकर्त्ता का यह दायित्व होता है कि वे सहगामी-पत्रों के माध्यम से उत्तरदाताओं को प्रश्नावली भरकर भेजने का अनुरोध करे। उसे सिर्फ उत्तरदाता के पास प्रश्नावली भेजकर ही संतोष नहीं कर लेना चाहिए। इस संबंध में विण्डले ने एक सूची प्रस्तुत की है कि कितने-कितने दिनों के बाद अनुगामी-पत्रों को भेजा जाना चाहिए। उनके द्वारा प्रस्तुत सूची इस तरह है—

(1) प्रथम अनुगामी-पत्र 16 दिनों पश्चात् भेजा जाना चाहिए।

(2) द्वितीय अनुगामी-पत्र प्रथम अनुगामी-पत्र के एक सप्ताह पश्चात् भेजा जाना चाहिए। इसके साथ प्रश्नावली की एक और प्रति भेजी जानी चाहिए।

(3) तृतीय अनुगामी-पत्र द्वितीय अनुगामी-पत्र के दो सप्ताह पश्चात् भेजा जाना चाहिए।

उपर्युक्त प्रयासों के बावजूद अगर उत्तरदाता प्रश्नावली भरकर नहीं भेजता है तो उसका नाम ही सूची से हटा दिया जाना चाहिए। जहाँ तक संभव हो सके दूरभाष से या तार से उत्तरदाताओं से यह आग्रह किया जा सकता है कि वे प्रश्नावली को भरकर भेजें। इस तरह यह पता चलता है कि प्रश्नावली निर्माण के साथ-साथ उसके प्रयोग विधि का भी महत्त्व है। अर्थात् उसे किस तरह से प्रयोग में लाया जाए ताकि ज्यादा-से-ज्यादा उत्तर प्राप्त हो सकें, इसका ध्यान रखना आवश्यक होता है।

प्रश्नावली प्रविधि : इसका महत्त्व

प्रश्नावली प्रविधि द्वारा प्राथमिक तथ्यों का संग्रह किया जाता है। इसके द्वारा सामाजिक अध्ययनों में काफी लाभ मिलता है। इसके कुछ गुण तथ्यों को इकट्ठा करने के कार्य को सरल बना देते हैं। इसके गुणों या महत्त्व पर प्रकाश डालते हुए सिन

पाओ यंग ने लिखा है, "प्रश्नावली एक विशाल और व्यापक क्षेत्र में बिखरे हुए व्यक्तियों से तथ्य-संकलन करने की एक शीघ्रतम और सरल विधि है।" यंग के इस कथन से पता चलता है कि प्रश्नावली के द्वारा विस्तृत क्षेत्र में फैले हुए व्यक्तियों से सरलतापूर्वक शीघ्रातिशीघ्र तथ्य इकट्ठा किए जाते हैं जो इस प्रविधि का एक गुण या महत्त्व है। इसी तरह कैथराईन गोर्डन कैप्ट ने भी लिखा है, "प्रश्नावली के द्वारा वस्तुपरक तथा परिमाणात्मक तथ्यों के साथ-साथ गुणात्मक प्रवृत्ति की सूचनाओं के विकास की जानकारी को भी इकट्ठा किया जा सकता है।" इस तरह यह पता चलता है कि इसके द्वारा विभिन्न प्रकार के तथ्यों के बारे में सूचनाएँ इकट्ठा की जा सकती हैं जो इसके गुणों या महत्त्व को दर्शाता है।

प्रश्नावली प्रविधि के निम्न गुण या महत्त्व

प्रश्नावली प्रविधि का पहला गुण या महत्त्व यह है कि इसके द्वारा विस्तृत भौगोलिक क्षेत्र में फैले हुए विशाल जनसंख्या का अध्ययन करना असंभव है। अन्य किसी भी प्रणाली द्वारा विस्तृत जनसंख्या का अध्ययन करना संभव नहीं होता है। अन्य प्रविधियों जैसे—साक्षात्कार आदि के द्वारा सूचना इकट्ठा करने के लिए अनुसंधानकर्त्ता को प्रत्येक उत्तरदाता के साथ शारीरिक सपंर्क स्थापित करना पड़ता है और तब जाकर तथ्य इकट्ठा होता है। इसके विपरीत प्रश्नावली प्रविधि द्वारा सूचनादाताओं के पास प्रश्नावली को भेजा जाता है और वे डाक द्वारा प्रश्नावली को भरकर वापस अनुसंधानकर्त्ता के पास भेज देते हैं। इसमें अनुसंधानकर्त्ता एवं उत्तरदाता के लिए एक-दूसरे का सामना करना जरूरी नहीं होता है। इसलिए विस्तृत क्षेत्रों में फैली हुई विशाल जनसंख्या का अध्ययन इस प्रविधि द्वारा कर पाना संभव होता है। इस संबंध में विलसन गी ने 'Social Science Research Method' में लिखा है, "यह व्यक्तियों के एक बड़े समूह अथवा बिखरे हुए व्यक्तियों के एक छोटे-से चुने हुए समूह से कुछ सीमित सूचनाएँ प्राप्त करने की एक सुगम विधि है।" इस तरह यह पता चलता है कि प्रश्नावली प्रविधि द्वारा विशाल जनसंख्या का अध्ययन किया जा सकता है जो इसका एक गुण या महत्त्व है।

प्रश्नावली प्रविधि का द्वितीय गुण यह है कि इसके द्वारा अध्ययन करने में न्यूनतम व्यय होता है। यह विधि अन्य विधियों की तुलना में कम खर्चीली होती है। चूँकि तथ्य संग्रह करने के लिए अनुसंधानकर्त्ता को क्षेत्र में नहीं जाना पड़ता है इसलिए कम खर्च पड़ता है। साथ ही तथ्य इकट्ठा करने एवं निरीक्षण करने के लिए भी इसमें निरीक्षकों की कोई जरूरत नहीं होती है। अतः काफी कम खर्च में तथ्य

इकट्ठा हो जाते हैं जो इस प्रविधि का एक महत्त्व कहा जा सकता है। इसमें जो भी खर्च लगता है वह प्रश्नावली को छपवाने में एवं इसे सूचनादाताओं के पास भेजने में डाक खर्च के रूप में लगता है। अन्य प्रविधियों में अध्ययन-क्षेत्र में वृद्धि के साथ-साथ खर्च जिस अनुपात में बढ़ता है उसकी तुलना में प्रश्नावली प्रविधि में वृद्धि काफी कम होती है। इस तरह यह पता चलता है कि यह तुलनात्मक रूप से न्यूनतम व्यय करने वाली प्रविधि है जो इसका एक गुण या महत्त्व कहा जा सकता है।

प्रश्नावली प्रविधि का तृतीय गुण यह है कि इसके द्वारा न्यूनतम समय में अध्ययन संपन्न कर दिया जाता है। इसका कारण यह है कि प्रश्नावली को छपवाकर उत्तरदाता के पास भेजा जाता है जो शीघ्रातिशीघ्र हो जाता है एवं एक निर्धारित समय में यह उत्तरदाता के पास से भरकर वापस भी आ जाती है। इसके विपरीत साक्षात्कार, अवलोकन एवं अनुसूची आदि प्रविधियों में क्षेत्र में जाना पड़ता है जिससे समय ज्यादा खर्च होता है। इस प्रकार यह प्रविधि कम समय साध्य है। प्रश्नावली के इस गुण या महत्त्व की चर्चा करते हुए सिन पाओ यंग ने लिखा है, "प्रश्नावली एक विशाल और व्यापक क्षेत्र में बिखरे हुए व्यक्तियों से ही तथ्य-संकलन करने की एक शीघ्रतम और सरल विधि है।"

प्रश्नावली प्रविधि का चतुर्थ गुण यह है कि इसके द्वारा न्यूनतम श्रम में तथ्य इकट्ठा हो जाते हैं। चूँकि इस प्रविधि द्वारा अध्ययन करने में ज्यादा अध्ययनकर्त्ता की जरूरत नहीं होती है इसलिए उनके वर्गीकरण, सारणीयन एवं विवेचन तथा निष्कर्ष आदि को तैयार करने में अधिक लोगों की जरूरत नहीं होती है। इसलिए इस प्रविधि को न्यूनतम श्रम साध्य कहा जा सकता है।

6

साक्षात्कार विधि और औद्योगिक समाजशास्त्र

साक्षात्कार सामाजिक अनुसंधान, सर्वेक्षण एवं औद्योगिक समाजशास्त्र के तहत तथ्य संकलन की एक महत्त्वपूर्ण प्रविधि है। सामान्यतः आम भाषा में या दैनिक जीवन में जब 'साक्षात्कार' अथवा 'इण्टरव्यू' शब्द का प्रयोग किया जाता है तो इससे यह अर्थ लगाया जाता है कि किसी अधिकारी से मिलना, किसी नौकरी हेतु अथवा किसी प्रशिक्षण देनेवाली संस्था में प्रवेश के लिए प्रत्याशियों की योग्यता, कार्यकुशलता एवं क्षमता की जाँच करना। कहने का तात्पर्य यह है कि आम भाषा में साक्षात्कार से अर्थ एक व्यक्ति द्वारा अन्य व्यक्ति से बातचीत के द्वारा उसकी योग्यता, वरीयता एवं ज्ञान आदि की जानकारी प्राप्त करना है। लेकिन सामाजिक अनुसंधानों में साक्षात्कार का पृथक् अर्थों में प्रयोग किया जाता है। इसमें साक्षात्कार एक विशिष्ट एवं सुनिश्चित अवधारणा है। किसी भी विज्ञान का विकास इस बात पर निर्भर करता है कि उसके अनुसंधान की विधियाँ एवं तथ्य संकलन के साधन कितने विकसित हैं। प्राकृतिक विज्ञानों में अनुसंधान की विधियाँ एवं उपकरण काफी विकसित हो चुके हैं। समाजशास्त्र, राजनीतिक शास्त्र, लोक-प्रशासन आदि सामाजिक विज्ञानें प्राकृतिक विज्ञानों की तुलना में इस क्षेत्र में काफी पीछे हैं। गुड्डे एवं हॉट ने इसका कारण बताते हुए लिखा है, ''सामाजिक विज्ञानों के अध्ययन की वस्तु मानव है, मानव स्वयं एक जटिल प्राणी है जिसका स्वभाव निरंतर बदलता रहता है, अध्ययन-वस्तु

एवं वैज्ञानिक दोनों मानव होने के कारण पक्षपात आदि की संभावना रहती है।'' सामाजिक अनुसंधान में विभिन्न विधियों का प्रयोग किया जाता है। इन विधियों में अवलोकन, साक्षात्कार, अनुसूची, प्रश्नावली, पुस्तकालीय पद्धति, अनुमापन एवं समाजमिति आदि प्रमुख हैं। जहाँ तक साक्षात्कार विधि का प्रश्न है, अपने विभिन्न गुणों एवं प्रकारों के कारण यह सामाजिक अनुसंधान के क्षेत्र में महत्त्वपूर्ण स्थान रखता है। इसके द्वारा तथ्यों को इकट्ठा किया जा सकता है जो अन्य प्रविधियों द्वारा इकट्ठा करना संभव नहीं हो पाता है। यही वजह है कि पी. वी. यंग ने अपनी पुस्तक 'Scientific Social Survey and Research' में इसके गुणों पर प्रकाश डालते हुए कहा है कि ''साक्षात्कार पद्धति के द्वारा व्यक्तियों के आंतरिक जीवन में प्रवेश कर तथ्य इकट्ठा किए जा सकते हैं।'' चूँकि इस प्रविधि द्वारा उत्तरदाताओं के आंतरिक जीवन में भी प्रवेश करने की संभावना रहती है इसलिए इस प्रणाली को अत्यधिक उपयोगी कहा जा सकता है।

अंग्रेजी भाषा के शब्द 'Interview' का हिंदी रूपांतर साक्षात्कार है। 'Interview' को दो भागों (Inter = भीतर) तथा (View = देखना) में विभाजित किया जा सकता है। इसका शाब्दिक अर्थ होता है अंतर्दर्शन अर्थात् आंतरिक रूप से देखना। इस प्रकार यह कहा जा सकता है कि शाब्दिक रूप से आंतरिक तथ्यों को जानने की प्रक्रिया को साक्षात्कार कहा जाता है। दूसरे शब्दों में यह भी कहा जा सकता है कि जिन अप्रकट अथवा अदृश्य तथ्यों का बाहरी रूप से निरीक्षण नहीं किया जा सकता है, उन तथ्यों की जानकारी प्राप्त करना ही साक्षात्कार कहलाता है।

साक्षात्कारकर्त्ता एवं सूचनादाता के मध्य किसी विशिष्ट उद्देश्य को लेकर आमने-सामने की स्थिति में वार्तालाप या उत्तर-प्रत्युत्तर होता है। यह एक मनोवैज्ञानिक स्थिति है जिसमें साक्षात्कारकर्त्ता एवं सूचनादाता एक-दूसरे के निकट आते हैं एवं स्वयं विचार-विमर्श करते हैं। साक्षात्कार का उद्देश्य व्यक्ति के विचारों, भावनाओं, विश्वासों, मूल्यों, अतीत के अनुभवों तथा भविष्य के इरादों को ज्ञात करना है। साक्षात्कार लोगों के बारे में हमारे ज्ञान तथा अनुभव में वृद्धि करता है तथा अन्य प्रविधियों द्वारा संकलित सामग्री के सत्यापन एवं नियंत्रण में मदद करता है। यह एक लचीला उपकरण होता है जिसमें समय एवं परिस्थिति के अनुसार परिवर्तन किया जा सकता है। इस प्रकार यह पता चलता है कि साक्षात्कार एक ऐसी प्रक्रिया है जिसके द्वारा परिमाणात्मक एवं गुणात्मक सभी तथ्यों को ज्ञात करके सामाजिक अनुसंधान को वस्तुनिष्ठ बनाया जा सकता है। साक्षात्कार सामग्री-संकलन करने की मौखिक प्रविधि है जिसमें अनुसंधानकर्त्ता अपने अध्ययन की वस्तु अर्थात् व्यक्ति से

आमने-सामने का संबंध स्थापित कर लेता है एवं वार्तालाप करता है क्योंकि व्यक्तियों का मौखिक व्यवहार ही उनके वास्तविक व्यवहारों का सर्वप्रमुख आधार है। साक्षात्कार का प्रयोग समाजशास्त्र, मानवशास्त्र एवं मनोविज्ञान में काफी ज्यादा किया जाता रहा है। साथ ही मनोचिकित्सकों, मनोविश्लेषकों तथा चिकित्सकों द्वारा रोगियों से चिकित्सा संबंधी साक्षात्कार भी किए जाते रहे हैं। मानवीय मूल्यों तथा मनोवृत्तियों को जानने में साक्षात्कार का महत्त्व बताते हुए आल्पोर्ट ने लिखा है, "यदि हम जानना चाहते हैं कि लोग किस प्रकार का अनुभव करते हैं, वे क्या अनुभव करते हैं और वे क्या याद रखते हैं, उनके संवेग एवं मनोवृत्तियाँ किस प्रकार की हैं, तथा उस प्रकार से कार्य करने के कारण क्या हैं जिस प्रकार वे कार्य करते हैं, तो उनसे पूछ ही क्यों न लें?" आल्पोर्ट के इस कथन से यह प्रतीत होता है कि साक्षात्कार एक ऐसी प्रविधि है जिसमें अध्ययनकर्त्ता किसी विषय से संबंधित व्यक्तियों से आमने-सामने का संबंध स्थापित करके उनकी भावनाओं तथा विचारों आदि को उन्हीं के शब्दों में जानने का प्रयत्न करता है। यह एक ऐसी व्यवस्थित प्रणाली है जो आमने-सामने के संबंध पर आधारित है।

साक्षात्कार औद्योगिक समाजशास्त्र के क्षेत्र में एक काफी प्रमुख प्रविधि है। साक्षात्कार, जैसा कि नाम से ही स्पष्ट है आमने-सामने का संबंध स्थापित कर इसमें सूचनाएँ इकट्ठा की जाती हैं। साक्षात्कार को अनेक विद्वानों ने परिभाषित किया है। विभिन्न विद्वानों द्वारा दी गई परिभाषाएँ निम्नलिखित हैं–

ऑक्सफोर्ड इंगलिश डिक्शनरी में साक्षात्कार को "A meeting of persons face to face specially for the purpose of formal conference on some points" के रूप में परिभाषित किया गया है। इस परिभाषा के आधार पर मुख्यतया चार बातें स्पष्ट होती हैं–

(i) साक्षात्कार दो या दो से अधिक व्यक्तियों के बीच मिलन है।
(ii) ये व्यक्ति आमने-सामने के रूप में संबंधित रहते हैं।
(iii) इन व्यक्तियों में कुछ वार्तालाप होता है।
(iv) इस वार्तालाप का उद्देश्य किसी खास समस्या के संबंध में ज्ञान प्राप्त करना होता है।

साक्षात्कार को परिभाषित करते हुए सिन पाओ यंग ने लिखा है, "साक्षात्कार क्षेत्रीय कार्य की ऐसी प्रविधि है, जो कि एक व्यक्ति या व्यक्तियों के व्यवहार की निगरानी करने, कथनों को अंकित करने व सामाजिक या सामूहिक अंतःक्रिया के वास्तविक परिणामों का निरीक्षण करने के लिए प्रयोग में लाई जाती है।" इस

परिभाषा से यह पता चलता है कि साक्षात्कार एक ऐसी प्रविधि है जिसके द्वारा व्यक्तियों की निगरानी की जाती है। साथ ही सामाजिक एवं सामूहिक अन्तःक्रिया के वास्तविक परिणामों का निरीक्षण भी किया जाता है।

साक्षात्कार को परिभाषित करते हुए पी.वी. यंग ने 'Scientific Social Survey and Research' में लिखा है, "साक्षात्कार को एक ऐसी क्रमबद्ध पद्धति के रूप में माना जा सकता है जिसके द्वारा एक व्यक्ति दूसरे व्यक्ति के आंतरिक जीवन में थोड़ा-बहुत कल्पनात्मक रूप से प्रवेश करता है जो कि उसके लिए सामान्यतया तुलनात्मक रूप से अपरिचित है।"

एम. एन. बसु ने साक्षात्कार को परिभाषित करते हुए 'Field Methods in Anthropology and Other Social Sciences' में लिखा है, "एक साक्षात्कार को कुछ विषयों को लेकर व्यक्तियों के आमने-सामने का मिलन कहा जा सकता है।" इस परिभाषा से यह पता चलता है कि साक्षात्कार में व्यक्तियों के बीच आमने-सामने का संबंध पाया जाता है। साथ ही यह आमने-सामने का संबंध यूँ ही नहीं होता है, बल्कि उसके कुछ उद्देश्य होते हैं।

जॉन मैडगे ने साक्षात्कार को परिभाषित करते हुए लिखा है कि, "Interview is a purposive conversation, whose purpose may vary widely to include, for example, a meeting to select from the condidates for a vacancy, a meeting to arrange for a certain course of action, or a meeting undertaken to collect information." इस परिभाषा से यह स्पष्ट होता है कि साक्षात्कार का उद्देश्य भिन्न-भिन्न परिस्थितियों में भिन्न-भिन्न होता है। साक्षात्कार एक उद्देश्यपूर्ण वार्तालाप है एवं इस वार्तालाप के तीन उद्देश्य होते हैं, जो निम्नलिखित हैं–

(i) साक्षात्कार कोई खास कार्रवाई (Action) लेने के लिए किया जा सकता है।

(ii) साक्षात्कार खाली स्थानों की पूर्ति के लिए एवं उस पर नई नियुक्ति के लिए किया जा सकता है।

(iii) साक्षात्कार विभिन्न सामाजिक समस्याओं के संबंध में जानकारी प्राप्त करने एवं सामग्री संगृहीत करने के लिए किया जा सकता है।

वी. एम. पालमर ने 'Field Studies in Sociology' में साक्षात्कार को परिभाषित करते हुए लिखा है, "साक्षात्कार दो व्यक्तियों के बीच एक सामाजिक स्थिति है, जिनमें अंतर्निहित मनोवैज्ञानिक प्रक्रिया के अंतर्गत यह आवश्यक होता

है कि दोनों व्यक्ति परस्पर उत्तर-प्रति-उत्तर करते रहें, यद्यपि साक्षात्कार के सामाजिक शोध के उद्देश्य में संबंधित पक्षों से अध्ययन-विषय के संबंध में काफी कुछ विविध उत्तर प्राप्त होने चाहिए।''

साक्षात्कार को परिभाषित करते हुए गुड्डे एवं हॉट ने 'Methods in Social Research' में लिखा है, ''मौलिक रूप से साक्षात्कार सामाजिक अंतःक्रिया की एक प्रक्रिया है।'' इस परिभाषा से यह पता चलता है कि साक्षात्कार की अभिक्रिया केवल अध्ययनकर्त्ता एवं विषयी के पारस्परिक संबंध से नहीं है बल्कि इन दोनों पक्षों के बीच जो एक अर्थपूर्ण अथवा उद्देश्यपूर्ण अंतर्क्रिया होती है उसी से है। अर्थात् इसी अंतर्क्रिया को साक्षात्कार कहा जाता है।

मोजर ने साक्षात्कार को परिभाषित करते हुए 'Survey Methods in Social Investigation' में लिखा है, ''एक सर्वेक्षण साक्षात्कार, साक्षात्कारकर्त्ता तथा उत्तरदाता के मध्य एक वार्तालाप है जिसका उद्देश्य उत्तरदाता से निश्चित सूचना प्राप्त करना होता है।''

लुथर फ्राई ने साक्षात्कार को परिभाषित करते हुए लिखा है, ''साक्षात्कार सामग्री संग्रहण की एक प्रणाली है, यह किसी निश्चित उद्देश्य के लिए वार्तालाप के अलावा कुछ भी नहीं है। इसमें दो या अधिक व्यक्ति परस्पर एक-दूसरे से प्रेरणा पाते हुए उत्तर-प्रत्युत्तर करते हैं।''

हैडर एवं लिंडमैन ने साक्षात्कार को परिभाषित करते हुए 'Dynamic Social Research' में लिखा है, ''साक्षात्कार दो व्यक्तियों या अनेक व्यक्तियों के बीच संवाद और मौखिक प्रत्युत्तर है। जब ये प्रत्युत्तर कर्म-विषयक अर्थ में मौखिक होते हैं तब वे अन्य कई कारकों द्वारा निर्धारित होते हैं, जिनमें से कुछ कर्म-विषयक होते हैं और कुछ वैषयिक।'' इस परिभाषा से यह पता चलता है कि साक्षात्कारकर्त्ता और उत्तरदाता में प्रश्न और उत्तर मौखिक होने के कारण विभिन्न कारक इसे प्रभावित करते हैं जिसमें उत्तरदाता का प्रभाव अधिक पड़ता है क्योंकि यह बार-बार वस्तुपरक जानकारी देने लग जाता है। इनकी परिभाषा से साक्षात्कार के उद्देश्यों का भी पता चलता है।

विभिन्न परिभाषाओं के आधार पर यह कहा जा सकता है कि साक्षात्कार एक ऐसी व्यवस्थित पद्धति है जिसमें दो या दो से अधिक व्यक्ति किसी विशिष्ट उद्देश्य को सामने रखकर परस्पर आमने-सामने होकर संवाद, वार्तालाप एवं उत्तर-प्रत्युत्तर करते हैं। यह एक मनोवैज्ञानिक विधि है जिसमें साक्षात्कारकर्त्ता उत्तरदाताओं की भावनाओं, विचारों, मनोवृत्तियों एवं आंतरिक जीवन का अध्ययन करता है। यह

सामाजिक प्रक्रिया भी है। दूसरे शब्दों में यह कहा जा सकता है कि साक्षात्कार व्यक्तिगत संपर्क के द्वारा सूचना इकट्ठा करने एवं उन्हें लिखने की एक ऐसी क्रमबद्ध प्रविधि है जिसमें दो या दो से अधिक व्यक्ति किसी विशिष्ट उद्देश्य को सामने रखकर परस्पर आमने-सामने होकर बातचीत, संवाद या उत्तर-प्रति-उत्तर करते हैं। साक्षात्कार में दो व्यक्तियों का होना अनिवार्य होता है जिनमें से एक को साक्षात्कारकर्त्ता (Interviewer) एवं दूसरे को साक्षात्कारदाता (Interviewee) कहा जाता है। साक्षात्कार पद्धति द्वारा कुछ विषयों को लेकर व्यक्तियों के बीच आमने-सामने का संबंध स्थापित होना जरूरी होता है। साक्षात्कार पद्धति द्वारा साक्षात्कारकर्त्ता साक्षात्कारदाता से वार्तालाप करता है एवं अध्ययन की समस्याओं के संबंध में साक्षात्कारदाता से जानकारी लेता है तथा सामग्री संग्रहण करता है। इस विधि द्वारा तथ्य संग्रह करना प्रत्येक व्यक्ति के लिए संभव नहीं होता है। साक्षात्कार एक कला है एवं इस कला से परिचित रहने वाला व्यक्ति ही वास्तविक सूचना एकत्रित करने में समर्थ हो सकता है। पी. वी. यंग ने इस विचार का समर्थन किया है एवं बताया है कि साक्षात्कार पद्धति द्वारा एक व्यक्ति अपरिचित व्यक्ति से आंतरिक जीवन की जानकारी प्राप्त करना चाहता है एवं तथ्य इकट्ठा करना चाहता है। यह कार्य हर व्यक्ति के लिए संभव नहीं हो पाता है। अतः यह कहा जा सकता है कि साक्षात्कार की सफलता अनुसंधानकर्त्ता या साक्षात्कारकर्त्ता की क्षमता एवं योग्यता पर बहुत हद तक निर्भर करता है।

साक्षात्कार की प्रमुख विशेषताएँ

साक्षात्कार प्रविधि की विभिन्न प्रकार की विशेषताएँ होती हैं जो निम्नलिखित हैं–

1. पहली विशेषता साक्षात्कार प्रविधि यह है कि यह सामाजिक अनुसंधान की एक पद्धति है। अर्थात् सामाजिक अनुसंधान में सामग्री संग्रहण करने के लिए इस प्रविधि का प्रयोग किया जाता है।
2. दूसरी विशेषता साक्षात्कार प्रविधि यह है कि इसके द्वारा सामाजिक जीवन एवं सामाजिक घटनाओं के बारे में जानकारी प्राप्त की जाती है। कहने का तात्पर्य यह है कि इस प्रविधि द्वारा अलग-अलग तरह की सामाजिक समस्याओं एवं सामाजिक घटनाओं के बारे में अध्ययन कर तथ्य इकट्ठा किए जाते हैं।
3. तीसरी विशेषता साक्षात्कार प्रविधि यह है कि इसमें दो व्यक्तियों के बीच आमने-सामने का संबंध रहता है, अर्थात् दो व्यक्तियों के बीच आपसी संबंध का स्थापित होना इस प्रविधि की एक विशेषता है।

4. चौथी विशेषता साक्षात्कार प्रविधि यह है कि इसमें दो या दो से ज्यादा व्यक्ति निकटतम संबंध स्थापित कर वार्तालाप करते हैं। अर्थात् दो या दो से ज्यादा व्यक्तियों का निकटतम संबंध स्थापित होना इस प्रविधि की एक विशेषता है।
5. पाँचवीं विशेषता साक्षात्कार प्रविधि यह है कि इसमें दो या दो से अधिक व्यक्ति किन्हीं विशिष्ट उद्देश्यों की पूर्ति के लिए आमने-सामने का संबंध स्थापित करते हैं। अर्थात् विशिष्ट उद्देश्य साक्षात्कार प्रविधि की एक विशेषता कही जा सकती है।
6. छठी विशेषता साक्षात्कार प्रविधि के तहत, अनुसंधानकर्त्ता सामाजिक अध्ययन के लिए सामग्री संकलन करने की कोशिश करता है जो इसकी छठी विशेषता है। अर्थात् सामग्री का संकलन इस प्रविधि की एक विशेषता कही जा सकती है।
7. सातवीं विशेषता साक्षात्कार प्रविधि यह है कि इसमें आमने-सामने का संबंध रहने के कारण प्राथमिक संबंध स्थापित किए जाते हैं। अर्थात् प्राथमिक संबंधों की स्थापना करना इस प्रविधि की एक विशेषता है।

साक्षात्कार की कोशिश उद्देश्य

साक्षात्कार प्रविधि के कुछ प्रमुख उद्देश्य होते हैं जो इसे उद्देश्यपूर्ण प्रविधि के रूप में प्रतिस्थापित करता है। इस प्रविधि के उद्देश्यों की चर्चा करते हुए एम. एच. गोपाल ने 'An Introduction to Research Procedure in Science' में लिखा है, "साक्षात्कार एक ऐसा वार्तालाप है जिसका कुछ उद्देश्य होता है। अतएव यह सूचनाओं के आदान-प्रदान से भी कुछ ज्यादा है।" सामाजिक जीवन में साक्षात्कार के निम्नलिखित उद्देश्य कहे जा सकते हैं—

(1) व्यक्तिगत सूचनाओं का स्थापन—साक्षात्कार प्रविधि का प्रथम उद्देश्य व्यक्तिगत सूचनाएँ (Personal Informations) स्थापित करना कहा जा सकता है। अर्थात् इस प्रविधि द्वारा व्यक्तिगत संपर्क स्थापित किया जाता है एवं एक-दूसरे के विचारों एवं भावनाओं में प्रवेश करने की कोशिश की जाती है। इस तरह यह पता चलता है कि इस पद्धति के माध्यम से सरलता एवं सुविधा के साथ व्यक्तिगत सूचनाएँ इकट्ठा की जा सकती हैं।

(2) प्राक्कल्पनाओं का निर्माण—साक्षात्कार प्रविधि का दूसरा उद्देश्य प्राक्कल्पनाओं का प्रमुख साधन है (Main Source of Hypothesis) कहा जा

सकता है। साक्षात्कार का एक उद्देश्य प्राक्कल्पनाओं के निर्माण के लिए आवश्यक सामग्री इकट्ठा करना है। साक्षात्कार करने से अनुसंधानकर्त्ता को विभिन्न व्यक्तियों की भावनाओं, विचारों एवं मनोवृत्तियों आदि के बारे में जानकारी प्राप्त करने का अवसर मिलता है। साथ ही व्यक्तिगत एवं सामाजिक जीवन के बारे में भी अनुभव प्राप्त होता है। सामाजिक क्रियाओं एवं व्यक्तिगत अंतर्क्रियाओं के बारे में प्राक्कल्पना निर्माण करने के लिए साक्षात्कार सबसे ज्यादा सहायक होता है। साक्षात्कार के अलावा अन्य कोई भी प्रविधि उतनी सहायक नहीं होती है।

(3) संपर्क द्वारा सूचना राजकीयकरण—साक्षात्कार प्रविधि का तीसरा उद्देश्य प्रत्यक्ष संपर्क एवं आमने-सामने के संपर्क द्वारा सूचना (Information through direct and face to face contact) एकत्र करना कहा जा सकता है। इस प्रविधि में दो या दो से ज्यादा व्यक्तियों का प्रत्यक्ष या आमने-सामने का संपर्क स्थापित किया जाता है। वास्तव में इस प्रकार के प्रत्यक्ष संपर्क के द्वारा व्यक्ति से उसकी आंतरिक बातें, भावनाओं, उद्देश्यों एवं मनोवृत्तियों आदि का भी अध्ययन किया जा सकता है। यह सामाजिक अनुसंधान के कार्यों में महत्त्वपूर्ण भूमिका अदा करता है। आमने-सामने के प्रत्यक्ष, घनिष्ठ एवं व्यक्तिगत संपर्क के कारण अधिक विश्वसनीय सूचनाएँ प्राप्त की जा सकती हैं।

(4) अवलोकन की संभावना—साक्षात्कार प्रविधि का चौथा उद्देश्य यह है कि इसके द्वारा अवलोकन संभव (Observation Possible) हो पाता है। तथ्य इकट्ठा करने की अन्य प्रविधि जैसे—प्रश्नावली में अवलोकन संभव नहीं हो पाता है जबकि साक्षात्कार द्वारा सूचना इकट्ठा करते समय अवलोकन संभव हो पाता है। साक्षात्कार पद्धति में अनुसंधानकर्त्ता उत्तरदाताओं का साक्षात्कार लेने उनके समक्ष उपस्थित होता है। इसलिए साक्षात्कार के साथ-साथ अवलोकन भी संभव हो पाता है। अगर कोई अजनबी व्यक्ति किसी के पास पहुँच जाए तो थोड़ा बुरा लगता है, लेकिन साक्षात्कार के बहाने अनुसंधानकर्त्ता को उत्तरदाता के घर पर जाकर उसके परिवार, आस-पड़ोस एवं स्वयं उसका अवलोकन एवं निरीक्षण करने का अवसर मिल जाता है। इस प्रकार साक्षात्कारकर्त्ता को अवलोकन एवं साक्षात्कार दोनों का ही सुअवसर एक साथ प्राप्त हो जाता है।

(5) समस्या के विभिन्न पहलुओं की जानकारी—साक्षात्कार प्रविधि का पाँचवाँ उद्देश्य यह है कि इसके द्वारा समस्याओं के अलग-अलग पहलुओं की जानकारी (Knowledge of the diverse aspects of the problems) प्राप्त हो जाती है। इस पद्धति में सामाजिक अनुसंधानकर्त्ता किसी सामाजिक समस्या के बारे

में अनेक प्रकार के व्यक्तियों से संपर्क स्थापित करता है एवं खुलकर बातचीत करता है। इससे उस सामाजिक समस्या के विभिन्न पहलुओं के बारे में जानकारी प्राप्त हो जाती है।

(6) आंतरिक एवं व्यक्तिगत सूचनाएँ की प्राप्ति—साक्षात्कार प्रविधि का छठा उद्देश्य यह है कि इसके द्वारा आंतरिक एवं व्यक्तिगत सूचनाएँ (Internal and Personal Informations) प्राप्त होती हैं। इस प्रविधि द्वारा विभिन्न आंतरिक एवं व्यक्तिगत सूचनाएँ प्राप्त की जा सकती हैं। चूँकि इसमें उत्तरदाता एवं साक्षात्कारकर्त्ता एक-दूसरे के आमने-सामने उपस्थित रहते हैं, इसलिए अनेक आंतरिक एवं व्यक्तिगत सूचनाओं को अपने व्यक्तिगत प्रभाव से साक्षात्कारकर्त्ता जानने में सफल हो जाता है।

(7) गुणात्मक तथ्यों का एकत्रीकरण—साक्षात्कार प्रविधि का सातवाँ उद्देश्य यह है कि इसके द्वारा गुणात्मक तथ्यों (Qualitative Informations) को भी इकट्ठा किया जा सकता है। साक्षात्कार पद्धति का उद्देश्य लोगों के जीवन से संबंधित गुणात्मक प्रकृति की व्यक्तिगत एवं आंतरिक सूचनाओं, जैसे—आदर्श, मूल्य, विशेष अभिरुचियाँ, स्वभाव, भावनाएँ, मनोवृत्तियाँ, उद्वेग, विचार, अच्छाई, बुराई, अमूर्त तथा अदृश्य गुणों तथा व्यवहारों का ज्ञान प्राप्त करना है।

(8) सूचनाओं का सत्यापन—साक्षात्कार प्रविधि का आठवाँ उद्देश्य अनुसंधान की अन्य प्रविधियों से प्राप्त सूचनाओं का सत्यापन करना कहा जा सकता है। इसका उद्देश्य अनुसंधान की अन्य प्रविधियों, जैसे—प्रश्नावली एवं अवलोकन आदि से प्राप्त सूचनाओं का सत्यापन करना होता है। कभी-कभी अनुसंधान की विभिन्न पद्धतियों से प्राप्त तथ्य स्पष्ट नहीं होते हैं तथा उनकी विश्वसनीयता संदिग्ध होती है। ऐसी स्थिति में साक्षात्कार के द्वारा उन सूचनाओं का सत्यापन किया जाता है।

उक्त विवरणों से यह पता चलता है कि साक्षात्कार प्रविधि के विभिन्न उद्देश्य होते हैं जो इसे अधिक उपयोगी बनाते हैं। विशेषकर इसमें साक्षात्कार के साथ-साथ अवलोकन का भी अवसर मिलता है जो इसे और ज्यादा उपयोगी बना देता है। संभवतः इसीलिए बेंजामिन पॉल (Benjamin Paul) ने साक्षात्कार एवं अवलोकन को एक-दूसरे का पूरक कहा है। इन्होंने लिखा है, "ये (साक्षात्कार व अवलोकन) पूरक विधियाँ भी हैं किसी एक पद्धति को अकेले ही प्रयोग करने की अपेक्षा, इनका मिला-जुला प्रयोग उत्तम ज्ञान दृष्टि प्रदान करता है।"

साक्षात्कार का वर्गीकरण

साक्षात्कार के अनेक प्रकार कहे जा सकते हैं। इसे अलग-अलग आधारों पर वर्गीकृत किया जा सकता है। ये आधार निम्नलिखित हैं—

(क) उद्देश्य के आधार पर विभाजन,
(ख) सूचनादाताओं की संख्या के आधार पर विभाजन,
(ग) औपचारिकता के आधार पर विभाजन,
(घ) अवधि के आधार पर विभाजन,
(ङ) अध्ययन पद्धति के आधार पर विभाजन, एवं
(च) संरचना के आधार पर विभाजन।

(1) उद्देश्य के आधार पर

साक्षात्कार को उद्देश्य के आधार पर निम्न भागों में विभाजित किया जा सकता है–

(i) निदानात्मक साक्षात्कार,
(ii) उपचारात्मक साक्षात्कार एवं
(iii) अनुसंधानात्मक साक्षात्कार।

(i) निदानात्मक साक्षात्कार–उद्देश्य के आधार पर साक्षात्कार का प्रथम प्रकार निदानात्मक साक्षात्कार है। जब साक्षात्कार का उद्देश्य किसी सामाजिक घटना के कारणों एवं उसके लक्षणों का पता लगाना होता है तो इस प्रकार के साक्षात्कार को निदानात्मक साक्षात्कार कहा जाता है। अर्थात् इस प्रकार के साक्षात्कार का आयोजन इसलिए किया जाता है ताकि गंभीर सामाजिक घटनाओं या समस्याओं के कारणों का पता चल सके। सामान्य तथा इस प्रकार के साक्षात्कार का प्रयोग किसी व्यापक सर्वेक्षण का आयोजन करने के लिए किया जाता है। उदाहरणार्थ, भिक्षावृत्ति के कारणों का पता लगाने के लिए भिखारियों से किया गया साक्षात्कार निदानात्मक साक्षात्कार कहलाता है।

(ii) उपचारात्मक साक्षात्कार–जब किसी साक्षात्कार का लक्ष्य किसी सामाजिक समस्या को दूर करने के उपचार से संबंधित सुझावों की खोज करना होता है तो उसे उपचारात्मक साक्षात्कार कहा जाता है। इस तरह के साक्षात्कार में संबंधित व्यक्तियों से ऐसे सुझाव प्राप्त करने का प्रयत्न किया जाता है जिनकी मदद से समाज में फैली किन्हीं मुश्किलें समस्याओं का उपचार किया जा सके। समस्या के कारणों की खोज के उपरांत इन कारणों को दूर करने के उपाय खोजने तथा उसके संबंध में सुझाव देने के उद्देश्य से आयोजित साक्षात्कार उपचारात्मक साक्षात्कार कहलाता है।

(iii) अनुसंधानात्मक साक्षात्कार–अनुसंधानात्मक साक्षात्कार उस साक्षात्कार को कहा जाता है जो किसी विशिष्ट विषय या घटना के संबंध में अनुसंधान करने के उद्देश्य से किया जाता है। इस तरह के साक्षात्कार का आयोजन अक्सर अनुसंधान

कार्यों हेतु किया जाता है। अक्सर अनुसंधान संबंधी साक्षात्कार को प्राक्कल्पना की परीक्षा की एक प्रमुख विधि के रूप में जाना जाता है। कभी-कभी इस तरह के साक्षात्कार का उद्देश्य प्रमुख व्यक्तियों अथवा समूहों की मनोवृत्तियों एवं सामाजिक मूल्यों आदि का अध्ययन करना भी होता है।

(2) साक्षात्कारक सूचनादाताओं की संख्या के आधार पर

सूचनादाताओं की संख्या के आधार पर साक्षात्कार को दो प्रकारों में वर्गीकृत किया जा सकता है जो निम्न प्रकार हैं—

(i) सामूहिक एवं

(ii) व्यक्तिगत।

(i) सामूहिक—सामूहिक साक्षात्कार उस साक्षात्कार को कहा जाता है जिसमें एक साक्षात्कारकर्त्ता एवं कई उत्तरदाता होते हैं। अर्थात् इसमें उत्तरदाताओं की संख्या एक से अधिक होती है। चूँकि उत्तरदाता समूह में होते हैं इसलिए इसे सामूहिक साक्षात्कार कहा जाता है। इसमें साक्षात्कारकर्त्ता या तो उत्तरदाताओं से बारी-बारी से एक ही स्थान पर प्रश्न पूछकर उत्तर प्राप्त करता है या उत्तरदाताओं की तरफ से सिर्फ एक व्यक्ति उत्तर देता है एवं शेष मौन रहकर उसका समर्थन करते हैं या असहमत होने पर अपना विचार प्रकट करते हैं। संपूर्ण समूह के संबंध में जानकारी प्राप्त करने के उद्देश्य से ऐसे साक्षात्कारों का आयोजन किया जाता है। साक्षात्कार के इस तरह की विशेषता यह है कि इसके द्वारा अध्ययनकर्त्ता हर उत्तरदाता से व्यक्तिगत रूप में उत्तर प्राप्त नहीं करता है, अपितु उत्तरदाताओं के एक समूह का एक ही साथ अध्ययन करता है। इस तरह के साक्षात्कार को वाद-विवाद सभा की भी संज्ञा दी गई है। आधुनिक युग में इस तरह के साक्षात्कार का प्रचलन बढ़ता जा रहा है।

गुण—सामूहिक साक्षात्कार के कुछ गुण भी होते हैं। इसका प्रथम गुण यह है कि इसके द्वारा विश्वसनीय सूचनाएँ प्राप्त की जा सकती हैं। समूह में एक साथ कई व्यक्ति उपस्थित रहते हैं इसलिए सूचनादाता गलत सूचनाएँ नहीं दे पाता है। सामूहिक साक्षात्कार का दूसरा गुण यह है कि इसके द्वारा बड़ी संख्या में एवं विस्तृत क्षेत्र में उत्तरदाताओं से सूचनाएँ इकट्ठा की जा सकती हैं। साथ ही इसमें एक ही समय में अलग-अलग व्यक्तियों के विषय के संबंध में साथ-साथ स्पष्टीकरण प्राप्त किए जा सकते हैं। इसका एक गुण यह भी है कि कम कुशलता में भी इस साक्षात्कार के द्वारा तथ्य इकट्ठा किए जा सकते हैं। इस साक्षात्कार का एक और गुण यह है

कि इसमें कम समय एवं कम खर्च में अध्ययन हो जाता है। साथ ही व्यक्तिगत पक्षपात आने की संभावना भी बहुत कम रहती है।

जहाँ सामूहिक साक्षात्कार में उपरोक्त गुण होते हैं वहीं इसकी कुछ सीमाएँ भी होती हैं। ये सीमाएँ निम्नलिखित हैं–

सामूहिक साक्षात्कार की प्रथम सीमा यह है कि इसमें एक ही समय में एक ही जगह सभी लोगों को इकट्ठा करना कठिन होता है। इसकी दूसरी सीमा यह है कि समूह के लोगों के द्वारा प्राप्त सूचनाओं का सामान्य विश्लेषण करना भी मुश्किल होता है। इसकी तीसरी सीमा यह है कि ज्यादा व्यक्तियों के बीच व्यक्तिगत एवं गोपनीय सूचनाओं को इकट्ठा करना भी कठिन होता है। इसकी चौथी सीमा यह है कि समूह के सभी सदस्य साक्षात्कारकर्त्ता के प्रश्नों को ठीक तरह से समझ नहीं पाते हैं। इसकी पाँचवीं सीमा यह है कि व्यापक एवं गहन अध्ययन की दृष्टि से यह पद्धति उपयुक्त नहीं है। इस तरह यह पता चलता है कि सामूहिक साक्षात्कार पद्धति की अनेक सीमाएँ भी हैं।

(ii) व्यक्तिगत–जब साक्षात्कारकर्त्ता एक समय में एक ही व्यक्ति से साक्षात्कार लेता है तो उसे व्यक्तिगत साक्षात्कार कहा जाता है। इस साक्षात्कार को सबसे अच्छा माना जाता है चूँकि इसके द्वारा वास्तविक एवं निष्पक्ष सूचनाएँ प्राप्त की जा सकती हैं। साथ ही गोपनीय सूचनाओं को भी इसके द्वारा प्राप्त किया जा सकता है। इस प्रकार के साक्षात्कार में सिर्फ दो व्यक्तियों के बीच आमने-सामने की स्थिति में साक्षात्कार होता है। इनमें से एक व्यक्ति साक्षात्कारकर्त्ता एवं दूसरा व्यक्ति साक्षात्कारदाता कहलाता है। साक्षात्कारकर्त्ता साक्षात्कारदाता को साक्षात्कार के बीच-बीच में प्रोत्साहित कर सही सूचनाएँ प्राप्त करने की कोशिश करता है। इस साक्षात्कार का मुख्य लाभ यह होता है कि इसमें उत्तरदाता स्वतंत्रतापूर्वक अपना अभिमत प्रकट करता है तथा इस प्रकार अधिक विश्वसनीय एवं सही सूचनाएँ इकट्ठा हो सकती हैं। इस तरह के साक्षात्कार में गलत एवं अस्पष्ट उत्तरों को उसी समय स्पष्ट कराया जा सकता है। इसी तरह ऐसे प्रश्नों को जो जटिल हों एवं उत्तरदाताओं की समझ में न आते हों उन्हें स्पष्ट कर समझाया जा सकता है। उत्तरदाताओं के हाव-भाव तथा व्यवहार से भी यह समझ में आ सकता है कि वह किस मुद्दे पर ज्यादा संवेदनशील हो सकता है। इसलिए ऐसे प्रश्नों को इस ढंग से पूछा जा सकता है ताकि उत्तरदाताओं की भावनाओं को ठेस भी नहीं पहुँचे एवं सही उत्तर भी प्राप्त हो जाएँ। ये सारी बातें साक्षात्कारकर्त्ता की चतुरता एवं कौशल पर निर्भर करती है। अगर

साक्षात्कारकर्त्ता चतुर एवं कुशल है तो इस तरह के साक्षात्कार के द्वारा ज्यादा प्रामाणिक सूचनाएँ इकट्ठा कर सकता है। साथ ही संवेदनशील प्रश्नों के उत्तर भी इस प्रकार के साक्षात्कार द्वारा प्राप्त किए जा सकते हैं। इस तथ्य की पुष्टि करते हुए बोगार्डस ने लिखा है, ''व्यक्तिगत साक्षात्कार के द्वारा लोगों की मनोवृत्तियों तथा उनमें होने वाले परिवर्तनों को सर्वोत्तम रूप में समझा जा सकता है।''

व्यक्तिगत साक्षात्कार के उक्त गुणों के साथ-साथ कुछ सीमाएँ भी हैं। सबसे पहली बात यह है कि इसमें समय, धन एवं श्रम ज्यादा लगता है। साथ ही अध्ययन का क्षेत्र भी सीमित हो जाता है। इसके अलावा इसमें व्यक्तिगत पूर्वाग्रहों के समावेश की भी संभावना रहती है। इन सभी सीमाओं के बावजूद व्यक्तियों के दृष्टिकोण तथा उनमें होने वाले परिवर्तनों की सही स्थिति ज्ञात करने के उद्देश्य से यह साक्षात्कार अधिक उपयुक्त माना जाता है।

(३) साक्षात्कार की औपचारिकता के आधार पर

औपचारिकता के आधार पर साक्षात्कार को दो प्रमुख भागों में विभाजित किया जा सकता है जो निम्न प्रकार से हैं—

(i) अनौपचारिक एवं

(ii) औपचारिक।

(i) अनौपचारिक—औपचारिकता के आधार पर साक्षात्कार का दूसरा प्रकार अनौपचारिक साक्षात्कार कहा जा सकता है। इस तरह के साक्षात्कार को असंरचित साक्षात्कार या अनियंत्रित साक्षात्कार भी कहा जाता है। इसे अनौपचारिक साक्षात्कार इसलिए कहा जाता है क्योंकि इसमें बिना किसी पूर्व अनुसूची की सहायता से साक्षात्कारकर्त्ता कुछ मुख्य प्रश्नों को पूछता है एवं उत्तरदाता स्वतंत्रतापूर्वक उन प्रश्नों के उत्तर देता है। इसमें साक्षात्कारकर्त्ता को प्रश्नों को घटाने या बढ़ाने या जरूरत के अनुसार परिवर्तन करने की छूट होती है। इसमें सूचनादाताओं द्वारा प्रदत्त लंबी-लंबी सूचनाओं एवं कहानियों को साक्षात्कारकर्त्ता सुनता है एवं उनके आधार पर सूचनाओं को अंकित करता है। इस तरह के साक्षात्कार में प्रश्न करने का तरीका, प्रश्नों की क्रमबद्धता तथा साक्षात्कार की प्रक्रिया सभी कुछ असंरचित तथा अनिश्चित होती है। उत्तरदाता भी अपनी इच्छानुसार उत्तर देने के लिए स्वतंत्र रहते हैं। वे अपने विचारों एवं मनोवृत्तियों को स्वतंत्र रूप में स्पष्ट कर सकते हैं। इसका नतीजा यह होता है कि अध्ययनकर्त्ता के समक्ष अनेक ऐसे महत्त्वपूर्ण तथ्य स्पष्ट हो जाते हैं जिनकी पूर्व में कोई कल्पना नहीं की गई रहती है। इस तरह के साक्षात्कार का प्रयोग

विशेषकर मनोवैज्ञानिक अध्ययनों के लिए किया जाता है। इसमें साक्षात्कारकर्त्ता को अधिक बुद्धिमानीपूर्वक प्रश्न पूछने पड़ते हैं। साथ ही इसके लिए ज्यादा कुशलता एवं ईमानदारी की आवश्यकता होती है।

(ii) औपचारिक—औपचारिकता के आधार पर साक्षात्कार का पहला प्रकार औपचारिक साक्षात्कार कहा जा सकता है। इस साक्षात्कार को संरचित साक्षात्कार या नियंत्रित साक्षात्कार भी कहा जाता है। यह साक्षात्कार की एक ऐसी प्रविधि है जिसमें पहले से ही निर्धारित प्रश्नों की एक सूची रहती है। इस सूची की मदद से उत्तरदाताओं से संपर्क स्थापित कर उनका साक्षात्कार लिया जाता है एवं प्राप्त उत्तरों को उसी समय लिख लिया जाता है। इसमें साक्षात्कारकर्त्ता को प्रश्नों को घटाने या बढ़ाने की आज्ञा नहीं रहती है। इतना ही नहीं, बल्कि साक्षात्कारकर्त्ता को अनुसूची की भाषा या शब्दावली आदि में भी परिवर्तन करने की अनुमति नहीं दी जाती है। यह कहा जा सकता है कि साक्षात्कारकर्त्ता के ऊपर एक तरह से नियंत्रण रहता है। उसे पूर्व-योजना के अनुसार ही साक्षात्कार के कार्यों का सम्पादन करना पड़ता है। इसी कारण से इसे औपचारिक या नियंत्रित या संरचित साक्षात्कार की संज्ञा दी गई है। इस प्रकार के साक्षात्कार का उद्देश्य सभी उत्तरदाताओं से एक समान प्रश्न करना होता है। इसमें मुख्य रूप से दो प्रकार के प्रश्नों का समावेश रहता है—पहला बन्द प्रवृत्ति के प्रश्न एवं दूसरा वैकल्पिक प्रश्न। उत्तरदाता इन प्रश्नों के आगे सही (√) का निशान लगा देता है जिन्हें वह ठीक समझता है। बन्द प्रवृत्ति के प्रश्न उन प्रश्नों को कहा जाता है जिनमें हर प्रश्न के सामने कुछ उत्तरों (सामान्यतया उपाय) को लिख दिया जाता है जिनमें से उत्तरदाता जिस उत्तर को सही समझता है उसके आगे सही (√) का निशान लगा देता है। यदि कुछ विशेष परिस्थितियाँ रहती हैं तो उत्तरदाता को अपनी इच्छानुसार उत्तर देने की छूट भी दी जाती है। इस प्रकार के साक्षात्कार का प्रमुख उद्देश्य अध्ययन में एकरूपता बनाए रखना कहा जा सकता है। इस प्रकार के साक्षात्कार से जो उत्तर प्राप्त होते हैं उनका वैज्ञानिक आधार पर सारणीयन करके निष्कर्ष निकाला जाता है।

(4) साक्षात्कार की अवधि के आधार पर विभाजन

साक्षात्कार को अवधि के आधार पर दो भागों में विभाजित किया जा सकता है जो निम्नलिखित है—

(i) अल्पकालीन एवं

(ii) दीर्घकालीन।

(i) अल्पकालीन—अवधि के आधार पर साक्षात्कार का दूसरा प्रकार अल्पकालीन साक्षात्कार कहा जा सकता है। अल्पकालीन साक्षात्कार उस साक्षात्कार को कहा जाता है जो अध्ययन विषय संबंधी थोड़ी-सी बातों की जानकारी प्राप्त करने के लिए थोड़े से समय के लिए आयोजित किए जाते हैं। इसमें थोड़े से गिने-चुने प्रश्नों के आधार पर ही सूचनादाताओं से सूचनाएँ इकट्ठा की जाती हैं। चूँकि ऐसे साक्षात्कार अल्प समय के लिए आयोजित किए जाते हैं इसलिए इन्हें अल्पकालीन साक्षात्कार कहा जाता है।

(ii) दीर्घकालीन—अवधि के आधार पर साक्षात्कार का पहला प्रकार दीर्घकालीन साक्षात्कार कहा जा सकता है। दीर्घकालीन साक्षात्कार उस साक्षात्कार को कहा जाता है जो सामान्य समय से काफी लंबे समय तक चलता है। इस प्रकार के साक्षात्कार का आयोजन गहन तथा विस्तृत अध्ययनों के लिए किया जाता है। ऐसे साक्षात्कार लंबी अवधि अर्थात् कई-कई दिनों तक चलते रहते हैं।

(5) साक्षात्कार के अध्ययन पद्धति के आधार पर

अध्ययन पद्धति के आधार पर साक्षात्कार को निम्न भागों में विभाजित किया जा सकता है—

(i) अनिर्देशित या अकेंद्रित,

(ii) निर्देशित या केंद्रित,

(iii) मिश्रित, एवं

(iv) पुनरावृत्ति।

(i) अनिर्देशित या अकेंद्रित—अनिर्देशित या अकेंद्रित साक्षात्कार असंरचित साक्षात्कार की ही एक प्रविधि है। यह एक ऐसी स्थिति को स्पष्ट करती है जिसमें किसी विशिष्ट सूचना के स्पष्टीकरण में अध्ययनकर्त्ता की तुलना में उत्तरदाता का स्थान ज्यादा महत्त्वपूर्ण होता है। इस प्रकार के साक्षात्कार में साक्षात्कारकर्त्ता साक्षात्कारदाता के समक्ष कोई कठिन समस्या या प्रश्न रखता है। साक्षात्कारदाता विवरण में उसका उत्तर प्रस्तुत करता है। साक्षात्कारकर्त्ता धैर्य से उसके उत्तरों को सुनता रहता है। उसे बीच में नहीं टोकता है। इस तरह के साक्षात्कार की एक विशेषता यह होती है कि साक्षात्कारकर्त्ता किसी पूर्व निर्मित अनुसूची के आधार पर प्रश्न नहीं पूछता है, बल्कि मनगढंत रूप से प्रश्नों को पूछता चला जाता है एवं उत्तरदाता उसका उत्तर देता चला जाता है। इस तरह के साक्षात्कार के अंतर्गत अनुसंधान का क्षेत्र एवं विषय वस्तु निश्चित ही पूर्व-निर्धारित होती है तथा

पूर्व-आयोजित भी होती है, लेकिन साक्षात्कारकर्त्ता प्रश्नों के क्रम को एवं अन्य को व्यवस्थित करने में प्रायः स्वतंत्र होता है। कहने का आशय यह है कि साक्षात्कारकर्त्ता परिस्थिति के अनुसार प्रश्नों को बदलकर महत्त्वपूर्ण तथ्य प्राप्त कर सकता है। इस प्रकार साक्षात्कारकर्त्ता एक विशेष विषय पर उत्तरदाता से प्रश्न तो करता है लेकिन वह किसी भी रूप में उसके द्वारा दिए गए उत्तर को प्रभावित करने का प्रयत्न नहीं करता। वह सिर्फ उत्तरदाता को किसी विषय पर बोलने के लिए प्रेरित करता है। इसमें पूर्व-निर्धारित प्रश्नों की कोई सूची नहीं होती है बल्कि उत्तरदाता किसी विषय पर अपने कथन में जिन विचारों को व्यक्त करता है, साक्षात्कारकर्त्ता उन्हीं में से उपयोगी सूचनाएँ चुन लेता है। यदि बृहत् रूप में देखा जाए तो अनिर्देशित साक्षात्कार एवं अनौपचारिक साक्षात्कार लगभग एक समान ही हैं।

(ii) निर्देशित या केंद्रित—केंद्रित या निर्देशित साक्षात्कार के सर्वप्रथम अनुयायी डब्ल्यू. एफ. ऑगबर्न हैं। इन्होंने इस प्रकार के साक्षात्कार का उपयोग सार्वजनिक संदेशवाहन के साधनों जैसे—रेडियो आदि का प्रभाव जानने के लिए किया था। आपने रेडियो के 150 प्रभावों की चर्चा की है। केंद्रित साक्षात्कार उस साक्षात्कार को कहा जाता है जिसके अंतर्गत अध्ययनकर्त्ता को किसी पूर्व-निर्धारित विषय पर केंद्रित रहकर ही विभिन्न तरह के प्रश्न करने पड़ते हैं। साक्षात्कारकर्त्ता जिन समाजशास्त्रीय प्राक्कल्पनाओं का निर्माण करता है उनसे संबंधित अध्ययन के पक्षों को ध्यान में रखकर किसी भी क्रम में किसी प्रकार के प्रश्न पूछने के लिए स्वतंत्र रहता है। इस तरह के साक्षात्कार में उत्तरदाता को भी अपने विचारों को एक विशेष तरीके से व्यक्त करने की पूर्ण स्वतंत्रता रहती है। लेकिन साक्षात्कारकर्त्ता द्वारा इस बात का भरसक प्रयत्न किया जाता है कि उत्तरदाता अध्ययन विषय पर केंद्रित रहते हुए ही प्रश्नों का उत्तर दे। इस साक्षात्कार का आयोजन वही साक्षात्कारकर्त्ता कर सकता है जो विषय से पूर्व परिचित हो। साथ ही इसके द्वारा सूचना भी उन्हीं सूचनादाताओं से इकट्ठा की जा सकती है जो किसी-न-किसी रूप में विषय या घटना से संबंधित हो। उदाहरणार्थ गरीबी के दुष्परिणाम के अध्ययन में सूचना उन्हीं लोगों से प्राप्त की जा सकती है जो गरीबी से परिचित हों। इसमें किसी घटना विशेष या पक्ष विशेष पर ध्यान केंद्रित किया जाता है। इसलिए इसे केंद्रित साक्षात्कार कहा जाता है। इस तरह के साक्षात्कारों में साक्षात्कार निर्देशिका का भी प्रयोग किया जाता है। इसमें घटना या पक्ष विशेष से संबंधित पूर्व निर्धारित प्रश्न ही पूछे जाते हैं। इस तरह के साक्षात्कार का प्रयोग अधिकतर नये आविष्कारों का समाज पर क्या प्रभाव पड़ा के अध्ययन हेतु किया जाता है। इस तरह के साक्षात्कार का उपयोग करने वालों

में मर्टन एवं उनके सहयोगी तथा पेट्रीसिया केंडाल आदि के नाम वर्णनीय हैं। इन्होंने इसका प्रयोग जन-समुदाय तथा व्यक्तियों पर रेडियो, फिल्म अथवा पत्रिकाओं का सामाजिक मनोवैज्ञानिक प्रभाव मापने के लिए 1946 में किया था। इस विशेष तरह के साक्षात्कार के पक्ष में उन्होंने निम्न प्रकार के तर्क प्रस्तुत किए—

(i) इसका प्रयोग उन व्यक्तियों पर होता है जो एक खास निश्चित परिस्थिति से पूरी तरह संबंध रखते हैं।

(ii) इसका संबंध उन परिस्थितियों से होता है जिनका विश्लेषण साक्षात्कार पहले किया जा चुका हो।

(iii) इसका प्रयोग साक्षात्कार निर्देशिका के आधार पर होता है जो अन्वेषक के प्रमुख क्षेत्रों तथा प्राक्कल्पनाओं का दिग्दर्शन करता है।

(iv) यह अध्ययन विशेष निश्चित स्थितियों के संबंध में आत्मनिष्ठ अनुभवों, अभिवृत्तियों तथा भावात्मक प्रति उत्तरों पर केंद्रित होता है।

(iii) मिश्रित—मिश्रित साक्षात्कार उस साक्षात्कार को कहा जाता है जिसमें केंद्रित एवं अकेंद्रित दोनों ही प्रकार के साक्षात्कार के तत्त्व निहित होते हैं। अर्थात् मिश्रित साक्षात्कार केंद्रित एवं अकेंद्रित दोनों तरहों के साक्षात्कार का मिला-जुला रूप होता है। इसमें साक्षात्कारकर्त्ता पूर्वनिर्धारित प्रश्न भी पूछ सकता है एवं उनके संक्षिप्त उत्तर भी प्राप्त कर सकता है। साथ ही कुछ प्रश्नों के उत्तर सूचनादाता द्वारा दिए गए लंबे वृत्तांतों या विवरणों के आधार भी अंकित किए जा सकते हैं। इस तरह मिश्रित साक्षात्कार में केंद्रित एवं अकेंद्रित दोनों ही प्रकार के साक्षात्कार के गुण पाए जाते हैं।

(iv) पुनरावृत्ति—पुनरावृत्ति साक्षात्कार जैसा कि नाम से ही स्पष्ट है का आयोजन बार-बार होता है। एक ही उत्तरदाताओं से बार-बार साक्षात्कार करके सूचनाएँ इकट्ठा करना पुनरावृत्ति साक्षात्कार कहलाता है। किसी घटना या परिस्थिति के प्रभावों एवं परिणामों की जानकारी प्राप्त करने के लिए ऐसे साक्षात्कारों का आयोजन किया जाता है। समाज में हमेशा परिवर्तन होता रहता है। इस प्रकार बदली हुई स्थितियों या परिवर्तन के मद्देनजर बार-बार साक्षात्कार का आयोजन कर उत्तरदाताओं के विचारों को जाना जाता है एवं निष्कर्ष निकाला जाता है। फलस्वरूप, नसबंदी के प्रभावों की जानकारी प्राप्त करने के लिए उत्तरदाताओं से एक प्रारंभिक साक्षात्कार लेने के उपरांत दो या तीन वर्ष पश्चात् उन्हीं उत्तरदाताओं से साक्षात्कार करना एवं पुनः पाँच या छह वर्ष के पश्चात् उन्हीं उत्तरदाताओं से साक्षात्कार करना

पुनरावृत्ति साक्षात्कार कहलाता है। चूँकि इसे बार-बार दोहराया जाता है इसलिए इसे पुनरावृत्ति साक्षात्कार कहा जाता है। पुनरावृत्ति साक्षात्कार ज्यादा उपयोगी होता है। इसमें पूर्व से प्राप्त सूचनाओं का पुनः परीक्षण या सत्यापन हो सकता है। इससे अगर एक लाभ यह होता है कि बार-बार सूचनाओं को प्राप्त किया जाता है तो इससे हानि यह होती है कि इस तरह के साक्षात्कार का आयोजन कर पाना सबके वश में नहीं होता है, चूँकि यह ज्यादा खर्चीला होता है। इसका प्रयोग स्थायी अनुसंधान संस्थाओं द्वारा ज्यादा किया जाता है। इससे प्राप्त सूचनाओं को संजोकर व्यवस्थित रूप से रखना पड़ता है। यही सूचनादाता बार-बार उपलब्ध होंगे या नहीं, यह भी इस तरह के साक्षात्कार की एक ज्वलंत समस्या है। ऐसे साक्षात्कार के प्रयोग में अध्ययन की अवधि भी लंबी हो जाती है। इस तरह यह पता चलता है कि पुनरावृत्ति साक्षात्कार की अनेक सीमाएँ हैं। लेकिन विभिन्न सीमाओं के बावजूद सामाजिक घटनाओं के प्रभावों एवं परिणामों के अध्ययन में यह पद्धति महत्त्वपूर्ण है।

(6) साक्षात्कार का संरचना के आधार पर विभाजन

संरचना के आधार पर साक्षात्कार तीन तरह के होते हैं जो निम्न प्रकार से हैं–

(i) अर्द्ध-संरचित

(ii) संरचित, एवं

(iii) असंरचित।

(i) अर्द्ध-संरचित–अर्द्ध-संरचित साक्षात्कार को संरचित एवं असंरचित दोनों के मध्य की स्थिति का साक्षात्कार कहा जा सकता है। इसमें दोनों प्रकारों के साक्षात्कारों के तत्त्व पाए जाते हैं। इसमें अध्ययन से संबंधित कुछ प्रश्न पहले से ही निर्धारित रहते हैं एवं शेष, साक्षात्कारकर्त्ता परिस्थिति के अनुरूप, तत्काल प्रश्नों का निर्माण कर सूचनाएँ प्राप्त करता है। इस तरह यह पता चलता है कि यह संरचित एवं असंरचित दोनों प्रकारों के साक्षात्कार के मध्य की स्थिति है।

(ii) संरचित–संरचित साक्षात्कार को नियोजित या औपचारिक साक्षात्कार के नाम से जाना जाता है। इसमें साक्षात्कार का समय एवं पूछे जाने वाले प्रश्न आदि पहले से ही निर्धारण कर लिया जाता है। यह मुख्य रूप से निर्देशित साक्षात्कार के समान ही होता है। इसमें प्रश्नों की सूची जो अनुसूची कहलाती है का निर्माण पहले कर लिया जाता है। चूँकि इसका प्रयोग साक्षात्कार के समय किया जाता है इसलिए इसे साक्षात्कार अनुसूची कहा जाता है। इस प्रकार के साक्षात्कार में पूर्व निर्धारित प्रश्न होने के कारण पूर्वाग्रह एवं परिस्थितिजन्य व्यक्तिगत प्रभावों से बचा जा सकता है।

(iii) असंरचित—असंरचित साक्षात्कार अनिर्देशित या अकेंद्रित साक्षात्कार के समान होता है। यह एक प्रकार से अनौपचारिक साक्षात्कार होता है। इसमें पूर्व से प्रश्नों का निर्धारण नहीं किया जाता है। संबंधित प्रश्नों का निर्माण साक्षात्कार के दौरान ही कर लिया जाता है। इसमें साक्षात्कार पथ-प्रदर्शिका का प्रयोग किया जाता है। इसमें साक्षात्कार अनुसूची नहीं होती है। इसलिए साक्षात्कारकर्त्ता अपनी कुशलता से परिस्थिति के अनुसार प्रश्नों का निर्माण कर सूचनाएँ प्राप्त करता है।

उक्त साक्षात्कार के प्रकारों के अलावा आयोजन की प्रकृति के आधार पर साक्षात्कार के दो प्रकार कहे जा सकते हैं जो निम्नलिखित हैं—

(i) आकस्मिक,

(ii) पूर्व-निर्धारित या व्यवस्थित

(i) आकस्मिक—आकस्मिक साक्षात्कार में अध्ययनकर्त्ता को साक्षात्कार किए जाने वाले व्यक्तियों का कोई पता नहीं रहता है। अध्ययनकर्त्ता किसी भी समय पर किसी भी स्थान पर आकस्मिक रूप से साक्षात्कार कर तथ्यों का संकलन कर लेता है। किसी विषय में जनमत की जानकारी के लिए यह साक्षात्कार अच्छा होता है। चुनाव के समय संवाददाता अलग-अलग सार्वजनिक जगहों, यथा—रेलवे प्लेटफॉर्म, कॉफी हाउस, ट्रेन एवं बस आदि जगहों पर आकस्मिक रूप से व्यक्तियों से साक्षात्कार करके अनेक महत्त्वपूर्ण निष्कर्ष निकाल लेते हैं जो चुनाव परिणाम के लिए विशेष महत्त्व रखते हैं।

(ii) पूर्व-निर्धारित व्यवस्थित—पूर्व-व्यवस्थित साक्षात्कार उस साक्षात्कार को कहा जाता है जो अत्यंत योजनाबद्ध एवं व्यवस्थित होता है। इस प्रकार का साक्षात्कार शुरू करने के पूर्व ही इनके अंतर्गत विभिन्न पक्षों की प्रकृति, संख्या तथा उनके क्रम को निश्चित कर लिया जाता है। साक्षात्कार का स्थान एवं उत्तरदाताओं की विशेषताओं आदि का भी पूर्व ज्ञान कर लिया जाता है जिससे कम-से-कम समय में ज्यादा-से-ज्यादा व्यक्तियों से संपर्क किया जा सके। यदि साक्षात्कार के लिए किन्हीं मध्यस्थ व्यक्तियों की सहायता की आवश्यकता होती है तो उसकी भी पूर्व व्यवस्था कर ली जाती है। इस तरह के साक्षात्कार में संपूर्ण व्यवस्थाएँ पूर्व में ही तय कर ली जाती हैं।

साक्षात्कार का एक तरह नैदानिक साक्षात्कार होता है। इस साक्षात्कार का उद्देश्य उत्तरदाताओं के जीवन के अनुभवों को जानना होता है। इस साक्षात्कार में साक्षात्कारकर्त्ता इस विषय में सावधान रहता है कि उसके अध्ययन से संबंधित विभिन्न पक्ष क्या हैं। लेकिन उत्तरदाताओं के अनुभवों की जानकारी प्राप्त करने हेतु

उसे किसी भी ढंग से प्रश्न करने की स्वतंत्रता प्राप्त रहती है। अक्सर इस तरह के साक्षात्कार का प्रयोग व्यक्ति के जीवन-इतिहास जानने के लिए, जेल सुधार के विषयों में कैदियों के विचारों को जानने के लिए या मानसिक रोगियों से वार्तालाप करने के लिए किया जाता है। इसे नैदानिक साक्षात्कार इसलिए कहा जाता है, चूँकि इसके माध्यम से अनेक ऐसे अनुभवों को जाना जा सकता है जो किसी व्यवस्था में सुधार करने में मददगार हों।

एफ. कार्फ के अनुसार साक्षात्कार का एक तरह गहन साक्षात्कार है। गहन साक्षात्कार उस साक्षात्कार को कहा जाता है, जिसका उद्देश्य अचेतन तथा दूसरे तरह की उस सामग्री को मालूम करना होता है जो व्यक्तित्व की गतिशीलता एवं संप्रेषण से संबंधित होती है। गहन साक्षात्कार सामान्यतः एक दीर्घ विधि है जिसका निर्माण स्वतंत्र रूप से प्रभावित सूचना को व्यक्त करने हेतु प्रोत्साहित करना है। इसका उपयोग विशेष उपकरणों के साथ जैसे स्वतंत्र संपर्क तथा अन्य तकनीकी के साथ करते हैं। गहन साक्षात्कार का उपयोग सामाजिक मनोवैज्ञानिक परिस्थितियों के महत्त्वपूर्ण पहलुओं को भी स्पष्ट करता है। लेकिन इसके लिए यह जरूरी होता है कि इसका उपयोग बुद्धिमत्तापूर्ण एवं सतर्कतापूर्ण विशेष प्रशिक्षण प्राप्त साक्षात्कारकर्त्ता के द्वारा किया जाए। इस संबंध में पी. वी. यंग का कथन है कि अगर अनुसंधानकर्त्ता विशेष प्रशिक्षित नहीं हो तो अच्छा यही होता है कि गहन साक्षात्कार का उपयोग नहीं किया जाए।

उक्त वर्णन के आधार पर यह कहा जा सकता है कि साक्षात्कार अलग-अलग प्रकार के होते हैं। विभिन्न विद्वानों ने विभिन्न आधारों पर इसके अनेक प्रकारों की चर्चा की है। विद्वानों ने साक्षात्कार का वर्गीकरण कुछ आधारों को ही ध्यान में रखकर किया है। साक्षात्कार के वर्गीकरण में वैज्ञानिकों ने विभिन्न चरों या परिवर्तनों की मदद लिया है। चरों के आधारों का चुनाव वैज्ञानिक के ज्ञान तथा विश्लेषण की क्षमता पर निर्भर करता है। जिन विद्वानों ने साक्षात्कारों का वर्गीकरण किया है उनमें पी. वी. यंग, जॉन मेज, गुड्डे एवं हॉट, सेलिटज, जहोदा, ड्यूटिश एवं कुक आदि के नाम वर्णनीय है। इसके अतिरिक्त कुछ विद्वानों ने साक्षात्कार के विशिष्ट प्रकार के निर्माण तथा अनुसंधान में साक्षात्कार का प्रयोग किया है। फलस्वरूप मर्टन एवं मैण्डल द्वारा केंद्रित साक्षात्कार का उपयोग एवं लेजार्स फील्ड एवं उनके सहयोगियों द्वारा पुनरावृत्ति साक्षात्कार का उपयोग आदि इस क्षेत्र में किए गए प्रयोगों के उदाहरण हैं। साक्षात्कार के अलग-अलग प्रकारों का वर्णन ऊपर किया जा चुका है। यहाँ विभिन्न विद्वानों द्वारा प्रस्तुत किए गए साक्षात्कार के प्रकारों का वर्णन किया जा रहा है जो निम्नलिखित हैं—

जॉन मेज ने 'The Tools of Social Science' में साक्षात्कार के दो मुख्य प्रकारों की चर्चा की है जो निम्नलिखित हैं–

(i) स्वरूपात्मक साक्षात्कार, एवं

(ii) सामूहिक साक्षात्कार।

स्वरूपात्मक साक्षात्कार को इन्होंने चार उप-प्रकारों में वर्गीकृत किया है जो निम्नलिखित हैं–

(a) अनिर्देशित साक्षात्कार,

(b) केंद्रित साक्षात्कार,

(c) जीवन-इतिहास साक्षात्कार एवं

(d) औपचारिक साक्षात्कार।

सामाजिक अनुसंधान में गुड्डे एवं हॉट ने साक्षात्कारों के प्रकारों का वर्णन करते हुए कहा है कि सबसे आसान वर्गीकरण का आधार साक्षात्कार में गहनता है, अर्थात् साक्षात्कार में ज्यादा पूछताछ की जाती है। इन्होंने साक्षात्कार के प्रमुख प्रकारों की चर्चा की है जो निम्न प्रकार से हैं–

(i) अनिर्देशित साक्षात्कार,

(ii) गहन साक्षात्कार,

(iii) निर्वाचन साक्षात्कार एवं

(iv) संरचित साक्षात्कार।

साक्षात्कार का पी.वी. यंग ने विभाजन कई आधारों पर किया है। ये आधार निम्नलिखित हैं–

(क) कार्यों के आधार पर,

(ख) भाग लेने वाले सूचनादाताओं की संख्या के आधार पर,

(ग) संपर्क की अवधि के आधार पर तथा

(घ) उपागम के प्रकार के आधार पर।

(क) साक्षात्कार कार्यों के आधार पर वर्गीकरण–कार्यों के आधार पर साक्षात्कार के अग्रांकित प्रकार किए जा सकते हैं–

(i) लक्षण-परीक्षण,

(ii) उपचार,

(iii) अनुसंधान एवं

(iv) निदर्शन।

(ख) साक्षात्कार भाग लेने वाले सूचनादाताओं की संख्या के आधार पर वर्गीकरण—भाग लेने वाले सूचनादाताओं की संख्या के अनुसार साक्षात्कार के निम्नलिखित प्रकार किए जा सकते हैं—

(i) समूह एवं

(ii) व्यक्तिगत।

(ग) साक्षात्कार का संपर्क की अवधि के आधार पर वर्गीकरण—संपर्क की अवधि के आधार पर साक्षात्कार के निम्नलिखित प्रकार किए जा सकते हैं—

(i) थोड़े संपर्क वाले एवं

(ii) लंबे संपर्क वाले।

(घ) साक्षात्कार का उपागम के प्रकार के आधार पर वर्गीकरण—उपागम के प्रकार के आधार पर साक्षात्कार के निम्न प्रकार किए जा सकते हैं—

(i) निर्देशित एवं

(ii) अनिर्देशित।

यद्यपि पी. वी. यंग ने उक्त साक्षात्कार के प्रकारों की चर्चा की है, लेकिन उन्होंने उन साक्षात्कार के प्रकारों पर ज्यादा बल दिया है जो साक्षात्कारकर्त्ता एवं उत्तरदाता की भूमिका पर आधारित हैं।

उत्तम प्रकार साक्षात्कारकर्त्ता के प्रमुख गुण

साक्षात्कार का महत्त्व औद्योगिक समाजशास्त्र के क्षेत्र में बहुत ज्यादा है। साक्षात्कार एक कला है एवं इस कला से परिचित रहने वाला व्यक्ति ही इसे सही रूप से अंजाम दे सकता है। साक्षात्कार की सफलता में साक्षात्कारकर्त्ता का वास्तव में अत्यधिक महत्त्व होता है। सच्चाई यह है कि सफल साक्षात्कार का रहस्य कुशल साक्षात्कारकर्त्ता के अलावा और कुछ नहीं है। अगर साक्षात्कारदाता एक बार साक्षात्कार के लिए तैयार हो जाता है तो फिर आगे की सारी बात साक्षात्कारकर्त्ता पर ही निर्भर करती है। साक्षात्कारदाता का साक्षात्कार देने हेतु तैयार होना भी साक्षात्कारकर्त्ता के प्रथम व्यवहार एवं कुशलता पर ही निर्भर करता है। साक्षात्कारकर्त्ता में निश्चित ही वे सभी गुण होने चाहिए जो एक कुशल अनुसंधानकर्त्ता में होते हैं। साथ ही साक्षात्कारकर्त्ता में अन्य अनेक विशेष गुण यथा—कुशलता, चतुरता, बौद्धिक ईमानदारी, निष्पक्षता, विनम्रता एवं प्रेम की भावना आदि का भी गुण होना चाहिए। एक कुशल एवं अच्छे साक्षात्कारकर्त्ता के महत्त्व को स्पष्ट करते हुए लुण्डबर्ग ने लिखा है, "कितनी ही प्रारंभिक तैयारी क्यों न कर ली जाए, यह अध्ययनकर्त्ता के

बुद्धिकौशल और साक्षात्कार के तहत परिस्थिति-विशेष को समझने की स्वाभाविक सूझ-बूझ का स्थान नहीं ले सकती।" साक्षात्कार में साक्षात्कारदाता एवं साक्षात्कारकर्त्ता के बीच आमने-सामने के संबंधों द्वारा अंतःक्रिया होती है, इसलिए साक्षात्कारकर्त्ता के व्यक्तित्व का प्रभाव साक्षात्कार की समस्त प्रक्रिया पर पड़ता है। कोई साक्षात्कारदाता केवल अपनी ही बात कहने का इच्छुक होता है तो कोई साक्षात्कारकर्त्ता से नई-नई बातों को सुनने का इच्छुक होता है। इसी प्रकार कोई साक्षात्कारदाता अत्यंत मंद-बुद्धि का होता है तो कोई डरपोक एवं अंतर्मुखी। साक्षात्कारकर्त्ता को इन हर तरह के व्यक्तियों से संपर्क स्थापित कर एवं उनको प्रसन्न कर अपने उद्देश्य की पूर्ति करनी पड़ती है। इस प्रकार यह पता चलता है कि साक्षात्कार को संपन्न करने में विभिन्न प्रकार के व्यक्तियों से भेंट होती है एवं साक्षात्कारकर्त्ता को सबसे साक्षात्कार लेना पड़ता है। इसलिए साक्षात्कारकर्त्ता को विभिन्न गुणों से भरपूर होना चाहिए। एक अच्छे साक्षात्कारकर्त्ता में निम्नलिखित गुणों का समावेश होना चाहिए—

(i) एक अच्छे साक्षात्कारकर्त्ता में तर्क करने की शक्ति होनी चाहिए। तार्किक शक्ति के रहने से साक्षात्कार के दौरान प्राप्त सूचनाओं को तार्किक तरीके से प्रस्तुत किया जा सकता है।

(ii) एक अच्छे साक्षात्कारकर्त्ता में बौद्धिक कुशलता तथा शीघ्र निर्णय लेने की क्षमता होनी चाहिए। अगर उसमें इस तरह की क्षमता होगी तो वह परिस्थिति के अनुरूप साक्षात्कार की प्रक्रिया का संचालन कर सकता है।

(iii) एक अच्छे साक्षात्कारकर्त्ता को अपने विषय का संपूर्ण ज्ञान होना चाहिए। अर्थात् अगर साक्षात्कारकर्त्ता को विषय का संपूर्ण ज्ञान होगा तो वह साक्षात्कार की विसंगतियों को दूर कर सकेगा।

(iv) साक्षात्कारकर्ता को स्वस्थ, हंसमुख, सौम्य एवं आकर्षक व्यक्तित्व का होना चाहिए। ऐसा व्यक्तित्व उत्तरदाता को सूचना देने एवं वार्तालाप करने के लिए प्रेरित करता है।

(v) एक अच्छे साक्षात्कारकर्त्ता को सदैव सतर्क एवं सक्रिय होना चाहिए।

(vi) एक अच्छे साक्षात्कारकर्त्ता को धैर्यवान् तथा सहनशील होना चाहिए।

(vii) एक अच्छे साक्षात्कारकर्त्ता को व्यवहारकुशल होना चाहिए ताकि वह अपनी कुशलता से साक्षात्कारदाता को प्रभावित कर उनसे सही तथ्यों को प्राप्त कर सके।

(viii) एक अच्छे साक्षात्कारकर्त्ता में हर तरह की परिस्थितियों से अनुकूलन करने की क्षमता होनी चाहिए, ताकि वह सभी तरह के साक्षात्कारदाताओं से समायोजन कर सही तथ्यों का पता लगा सके।

(ix) एक अच्छे साक्षात्कारकर्त्ता को अपने विषय में संपूर्ण रुचि भी होनी चाहिए। विषय में रुचि रखने वाला साक्षात्कारकर्त्ता ही साक्षात्कार का सही तरीके से संचालन कर सकता है। साथ ही वह महत्त्वपूर्ण तथ्यों को प्राप्त करने में भी सफल होता है।

(x) एक अच्छे साक्षात्कारकर्त्ता को निष्पक्ष होना चाहिए तथा किसी भी तरह के पूर्वाग्रह से बचना चाहिए। साक्षात्कार की प्रक्रिया में निष्पक्षता ही उसके निष्कर्षों को वैज्ञानिकता प्रदान करती है।

(xi) एक अच्छे साक्षात्कारकर्त्ता को जिज्ञासु होना चाहिए। जिज्ञासा की प्रवृत्ति ही उसे नवीन तथ्यों को प्राप्त करने में सतर्क तथा सक्रिय बनाती है।

(xii) एक अच्छे साक्षात्कारकर्त्ता को एक अच्छा श्रोता भी होना चाहिए। अगर साक्षात्कारकर्त्ता अच्छा श्रोता होता है तो वह बोलने वालों को सही सूचनाएँ देने के लिए प्रोत्साहित कर सकता है।

(xiii) एक अच्छे साक्षात्कारकर्त्ता को संतुलित होना चाहिए। अर्थात् उसे क्रोध से बचना चाहिए। संतुलित बातचीत सूचनादाता को प्रभावित करती है। साथ ही सही तथ्य प्राप्त करने में भी सहायक साबित होती है।

(xiv) एक अच्छे साक्षात्कारकर्त्ता में विश्लेषण तथा व्याख्या करने की क्षमता होनी चाहिए ताकि प्राप्त तथ्यों का सही संदर्भ में विश्लेषण किया जा सके।

(xv) एक अच्छे साक्षात्कारकर्त्ता को साक्षात्कार में प्रशिक्षित भी होना चाहिए। एक प्रशिक्षित साक्षात्कारकर्त्ता ही साक्षात्कार की प्रक्रिया को सफलता से संचालित कर सकता है।

(xvi) एक अच्छे साक्षात्कारकर्त्ता में विचारों की स्पष्टता होनी चाहिए, ताकि वह सूचनादाताओं को अपने विचारों तथा प्रश्नों में निहित अर्थ को स्पष्ट रूप से समझ सके।

उक्त विवर्णनों से यह पता चलता है कि साक्षात्कार की सफलता पूर्णरूपेण साक्षात्कारकर्त्ता की कुशलता एवं योग्यता पर निर्भर करती है। इसलिए साक्षात्कारकर्त्ता को विभिन्न गुणों से भरपूर होना चाहिए। अगर वह विभिन्न गुणों से भरपूर होगा तो विश्वसनीय एवं प्रामाणिक सूचनाओं को प्राप्त करने में सफल होगा।

साक्षात्कार की प्रक्रिया के प्रमुख चरण

साक्षात्कार का व्यवस्थित संचालन करना एक जटिल प्रक्रिया है। साक्षात्कार की संचालन प्रक्रिया का आशय साक्षात्कार को कुशलतापूर्वक पूर्ण करने से है। इस

प्रक्रिया में अनुसंधानकर्त्ता को प्रत्यक्ष संबंध स्थापित करके चयन किए गए उत्तरदाताओं से अध्ययन-विषय के संबंध में तथ्य इकट्ठा करना पड़ता है। इसलिए इसमें ज्यादा सावधानी बरतने की जरूरत होती है। साथ ही इसे अनेक चरणों में भी सम्पादित किया जाता है। साक्षात्कार प्रविधि किस प्रकार संचालित की जाए एवं इसका प्रयोग किस प्रकार किया जाए, इस पर काफी चिंतन-मनन हुआ है। साथ ही इस पर विभिन्न साहित्य भी लिखे जा चुके हैं। इस विषय पर लिखने वालों में हरबर्ट एवं हाईमैन, बिंघम, वाल्टर एवं मूर, ओल्डफील्ड तथा वेनलैंड एवं ग्रोस आदि के नाम उल्लेखनीय हैं। असल में साक्षात्कार प्रविधि को जितना सरल समझा जाता है उतना यह है नहीं। साक्षात्कार की प्रक्रिया को आसानी पूर्वक चलाने के लिए कुछ प्रमुख चरण होते हैं। सामाजिक अनुसंधान में साक्षात्कार के कौन-कौन से चरण होने चाहिए, इस संबंध में पी. वी. यंग, गुड्डे एवं हॉट तथा जॉन मेज आदि विद्वानों ने अपने-अपने विचार व्यक्त किए हैं। पी. वी. यंग ने अपनी पुस्तक 'Scientific Social Survey and Research' में साक्षात्कार की प्रक्रिया के निम्न प्रकार के चरण बताए हैं–

(i) प्रारंभिक विचार,
(ii) साक्षात्कार की ओर प्रयास,
(iii) सहानुभूतिपूर्ण,
(iv) सम्मानित-श्रोता की खोज,
(v) साक्षात्कार में जटिल बिंदु एवं
(vi) साक्षात्कार की समाप्ति।

इसी प्रकार जॉन मेज ने भी 'The Tools of Social Science' में साक्षात्कार के तीन चरणों की चर्चा की है जो निम्न प्रकार हैं–

(i) प्रारंभिक साक्षात्कार,
(ii) तथ्यों को एकत्र करना, एवं
(iii) साक्षात्कार में प्रेरणा देना।

साक्षात्कार प्रक्रिया के निम्न प्रकार के चरण होते हैं–

(i) साक्षात्कार की तैयारी,
(ii) साक्षात्कार का संचालन,
(iii) साक्षात्कार का नियंत्रण, निर्देशन एवं प्रभावीकरण,
(iv) साक्षात्कार की समाप्ति, एवं
(v) आलेखन अथवा प्रतिवेदन।

7

अवलोकन विधि और औद्योगिक समाजशास्त्र

यह आज ही नहीं बल्कि अति प्राचीनकाल से सामाजिक घटनाओं एवं सामाजिक समस्याओं के निरीक्षण एवं परीक्षण की महत्त्वपूर्ण पद्धति रही है। मनुष्य स्वभाव से ही एक जिज्ञासु प्राणी है। यह जिज्ञासा उसकी मूल प्रकृति का एक भाग है। मानव जितना ज्यादा घटनाओं का निरीक्षण एवं परीक्षण करता है उसकी जिज्ञासा उतनी ही बढ़ती जाती है। विज्ञान एवं अवलोकन में गहरा संबंध है। दोनों एक-दूसरे से अन्तःसंबंधित कहे जा सकते हैं। न्यूटन का गुरुत्वाकर्षण का सिद्धांत एवं मैडम क्यूरी का रेडियोधर्मिता का सिद्धांत अवलोकन पर ही आधारित था। आरंभ में इस पद्धति का प्रयोग सिर्फ भौतिक विज्ञानों के ही क्षेत्र में किया जाता था। अवलोकन पद्धति का प्रयोग समाजशास्त्र के क्षेत्र में आगस्त कॉम्टे की कोशिश से किया जाने लगा। उनका मत था कि समाजशास्त्र तभी विज्ञान बन सकता है, जबकि सामाजिक घटनाओं का अवलोकन एवं उनका वर्गीकरण किया जाए। भौतिक विज्ञानों में सत्यता की परख के लिए प्रेक्षण को महत्त्व दिया जाता है तथा वैज्ञानिक के लिए किसी भी तथ्य की विश्वसनीयता उसे अपनी आँखों से ही देखकर होती है। अवलोकन पद्धति का प्रयोग अति प्राचीनकाल से होने के कारण मोजर ने इसे वैज्ञानिक अनुसंधान की 'शास्त्रीय पद्धति' (Classical Method) कहा है। जहोदा एवं कुक ने अवलोकन के संबंध में 'Research Methods in Social Relations' में लिखा है, "अवलोकन

केवल दैनिक जीवन की ही अत्यधिक व्यापक क्रिया मात्र नहीं है, यह वैज्ञानिक जाँच का भी एक प्राथमिक यंत्र है।'' इसी तरह गुड्डे एवं हॉट ने 'Methods in Social Research' में लिखा है, ''विज्ञान अवलोकन से प्रारंभ होता है तथा उसे सत्यापन के लिए अन्ततः आवश्यक रूप से अवलोकन पर ही पुनः लौट आना पड़ता है।'' इस प्रकार यह पता चलता है कि जिज्ञासु पद्धति होने के कारण मानव सृष्टि के आदिकाल से लेकर आज तक का मनुष्य अपने ज्ञान में वृद्धि करने हेतु अवलोकन पद्धति का सहारा लेता रहा है। समाजशास्त्र के क्षेत्र में भी कुछ वर्षों से सामाजिक यथार्थ के अध्ययन हेतु अवलोकन पद्धतियों के प्रयोग में अत्यंत वृद्धि हुई है।

अंग्रेजी के Observation शब्द का अवलोकन हिंदी रूपांतर है। इसका शाब्दिक अर्थ होता है निरीक्षण, विचार (Perception) या देखना, अवलोकन करना, प्रेषण करना या निरीक्षण करना। यह 'आब्जर्व' शब्द से बना है जिसका अर्थ ध्यान देना (To look with attention), परीक्षण करना (To Remark) एवं अनुष्ठान करना (To Celebrate) आदि हैं। इसका सीधा अर्थ होता है आँखों से देखना। इस प्रकार यह कहा जा सकता है कि अवलोकन का शाब्दिक अर्थ होता है आँखों से देखना।

सामाजिक विज्ञान की वह पद्धति जिसमें घटनाओं को आँखों के द्वारा निरीक्षण और परीक्षण किया जाता है, अवलोकन के नाम से जाना जाता है। कार्य-कारण अथवा पारस्परिक संबंध को जानने हेतु स्वाभाविक रूप से घटित होने वाली घटनाओं का सूक्ष्म निरीक्षण अवलोकन कहलाता है। सामाजिक विज्ञानों के क्षेत्र में अवलोकन पद्धति का प्रयोग विभिन्न विद्वानों द्वारा किया गया था। फ्रेडरिक लीप्ले ने श्रमिक परिवारों पर औद्योगीकरण के प्रभावों का तथा चार्ल्स बूथ ने लंदन के श्रमिकों का अध्ययन सहभागी अवलोकन पद्धति के द्वारा किया गया। चार्ल्स बूथ ने श्रमिकों का अध्ययन सहभागी अवलोकन पद्धति द्वारा कर 'The Life and Labour of the People of London' नामक पुस्तक 17 खंडों में प्रकाशित की। इसी प्रकार जॉन हावर्ड ने कैदियों के जीवन तथा जेल की दशाओं का अध्ययन भी सहभागी अवलोकन पद्धति द्वारा किया। मैलीनोवॉस्की ने ट्रोबियाण्डा द्वीपवासियों का, डोलार्ड ने स्पर्न स्टेट्स का, लिण्ड ने मिडिल टाउन का, वार्नर एवं लण्ट ने यॉकी सिटी का अध्ययन अवलोकन पद्धति द्वारा किया। इसी प्रकार भारत में भी विभिन्न विद्वानों ने इस पद्धति द्वारा अवलोकन किया है। भारत में डॉ. एम.एन. श्रीनिवास, डॉ. श्यामाचरण दुबे एवं डॉ. डी.एन. मजूमदार आदि विद्वानों ने ग्रामीण जीवन के अध्ययनों में इस पद्धति का प्रयोग किया। सामाजिक संबंधों के बारे में काफी सारा ज्ञान अनियंत्रित प्रकार के सहभागिक या असहभागिक अवलोकन

द्वारा प्राप्त किया गया है। आधुनिक समय में विविध प्रकार के व्यवहार प्रतिमानों के अध्ययन के लिए अवलोकन का प्रयोग किया जाता है। आक्रामक प्रवृत्ति, व्यक्तिगत तथा सामाजिक समायोजन, खेल-कूद की क्रियाओं, सामाजिक अन्तर्संबंधों, शिशुओं एवं बालकों की विशेषताओं तथा व्यवहार के विभिन्न अध्ययनों में इस विधि का प्रयोग प्रचुर मात्रा में किया जाने लगा है। कुछ घटनाएँ तथा समस्याएँ इस तरह की होती हैं जिनके अध्ययन में सिर्फ अवलोकन पद्धति का ही प्रयोग सही रूप से किया जाता है। अवलोकन का अर्थ आँखों से किसी चीज का निरीक्षण करना होता है। इसके लिए इस पद्धति द्वारा अध्ययन करने वाला व्यक्ति किसी घटना को आँखों से देखकर अध्ययन करता है। अध्ययन करने हेतु अवलोकनकर्ता को अध्ययन क्षेत्र में जाना पड़ता है तथा आँखों से घटना का निरीक्षण करने के बाद ही घटना का अध्ययन संभव होता है। जिस प्रकार एक वैज्ञानिक किसी तथ्य को आँखों से अवलोकन करने के बाद ही स्वीकार करता है उसी तरह एक समाजशास्त्री भी अवलोकन करने के पश्चात् ही किसी तथ्य को स्वीकार करता है। अवलोकन पद्धति द्वारा घटनाओं के अध्ययन में घटनाओं के घटित होने के समय अवलोकनकर्ता की उपस्थिति आवश्यक होती है। यदि अवलोकनकर्ता उस समय उपस्थित नहीं रहेगा तो घटनाओं का अवलोकन करना संभव नहीं होगा। इस प्रकार यह पता चलता है कि अवलोकन करते समय अवलोकनकर्ता का क्षेत्र में उपस्थित रहना अनिवार्य होता है। साथ ही यह कहा जा सकता है कि अवलोकन एक ऐसी विधि है जो तथ्य की वास्तविकता का ज्ञान कराती है।

अवलोकन को विभिन्न विद्वानों ने परिभाषित किया है। इन विद्वानों द्वारा प्रस्तुत परिभाषाएँ निम्न प्रकार से हैं–

अवलोकन ऑक्सफोर्ड कन्साइज डिक्शनरी के अनुसार "घटनाओं को उसी प्रकार देखना और वर्णन करना, जिस प्रकार वे कार्य-कारण अथवा पारस्परिक संबंधों के अनुसार स्वाभाविक रूप से घटित हैं।"

पी.वी. यंग के अनुसार 'Scientific Social Survey and Research' में लिखा है, "अवलोकन नेत्रों द्वारा किया गया विचारपूर्वक अध्ययन है, जिसका प्रयोग सामूहिक व्यवहार तथा जटिल सामाजिक संस्थाओं के साथ-साथ संपूर्णता का निर्माण करने वाली पृथक्-पृथक् इकाइयों का सूक्ष्म निरीक्षण करने की एक पद्धति के रूप में किया जाता है।"

मोजर के अनुसार अवलोकन में लिखा है। "अवलोकन को सुंदर ढंग के वैज्ञानिक जाँच-पड़ताल की पद्धति कहा जा सकता है। ठोस अर्थों में अवलोकन में कानों तथा वाणी की अपेक्षा आँखों का प्रयोग स्वतंत्र है।"

गुड्डे एवं हॉट ने अवलोकन को परिभाषित करते हुए 'Methods in Social Research' में लिखा है, "मनुष्य के पास सामाजिक संबंधों के बारे में जो कुछ भी ज्ञान है, उसका अधिकांश अनियंत्रित निरीक्षण के द्वारा ही प्राप्त हुआ है, चाहे वह निरीक्षण सहभागी हो, या असहभागी।"

अवलोकन डोलार्ड के अनुसार, "अनुसंधान का प्राथमिक यंत्र मानव-बुद्धि का अवलोकन तथा अनुभवों के आधार पर ज्ञान प्राप्त करना होता है।"

अवलोकन को परिभाषित करते हुए वुल्फ ने 'Essentials of Scientific Methods' में लिखा है, "वस्तुओं तथा घटनाओं, उनकी विशेषताओं एवं उनके मूर्त संबंधों को समझने और उनके संबंध में हमारे मानसिक अनुभवों की प्रत्यक्ष चेतना को जानने की क्रिया को अवलोकन कहते हैं।"

सेल्टिज तथा अन्य ने अवलोकन को परिभाषित करते हुए 'Research Methods in Social Relations' में लिखा है, "अवलोकन को उस सीमा तक वैज्ञानिक पद्धति कहा जा सकता है जब तक यह–(i) प्रस्तावित अनुसंधान का उद्देश्य पूरा करती हो, (ii) व्यवस्थित रूप से आयोजित की गई हो, (iii) इसका व्यवस्थित रूप से आलेखन किया गया हो और वह सामान्य प्रस्तावनाओं से संबंधित हो, तथा (iv) इसमें वैधता एवं विश्वसनीयता को भी नियंत्रित किया गया हो।" अवलोकन के तीन प्रमुख चरण होते हैं–(i) चेतना, (ii) ध्यान, एवं (iii) बोध। इन्द्रियों द्वारा चेतना उत्पन्न होती है, ध्यान इच्छाशक्ति को केन्द्रित करता है और बोध के द्वारा तथ्यों को समझा जा सकता है।

साइमन्स ने अवलोकन को परिभाषित करते हुए लिखा है, "सहभागिक अवलोकन कोई विधि नहीं है, अपितु कई विधियों तथा तकनीकों का एक संयोग है।"

उक्त दिए गए विभिन्न प्रकार के परिभाषाओं के आधार पर कहा जा सकता है कि अवलोकन प्रविधि प्राथमिक सामग्री संग्रहण करने की एक विधि है। अवलोकन का आशय उस प्रविधि से होता है जिसमें नेत्रों के द्वारा नवीन या प्राथमिक तथ्यों का विचारपूर्वक संकलन किया जाता है। साथ ही इस प्रविधि में अनुसंधानकर्त्ता अध्ययन के तहत आए समूह के दैनिक जीवन में भाग लेते हुए या उससे दूर बैठकर उनके सामाजिक एवं व्यक्तिगत व्यवहारों का अपनी ज्ञानेन्द्रियों द्वारा निरीक्षण या अवलोकन करता है। इस तरह यह कहा जा सकता है कि अवलोकन में घटना का ज्ञान नेत्रों द्वारा किया जाता है। अवलोकन न हमेशा उद्देश्यपूर्ण तथा सूक्ष्म होता है साथ ही अवलोकन का उद्देश्य पारस्परिक संबंधों तथा कार्य-कारण का पता लगाना होता है। जिस प्रकार भौतिक विज्ञानों में घटनाओं का अवलोकन करते समय

घटनाओं को प्रभावित करने वाले तथ्यों का अवलोकन करना पड़ता है उसी प्रकार इस विधि द्वारा सामाजिक घटनाओं के अध्ययन में भी सामाजिक परिस्थितियों का अवलोकन करना पड़ता है। सामाजिक घटनाओं को प्रभावित करने वाली परिस्थितियों के अवलोकन के बगैर सामाजिक घटनाओं का अध्ययन दोषपूर्ण होता है। इस बात की पुष्टि के. लेविन ने भी की है। उन्होंने इस संबंध में लिखा है, "Observation of social behaviour is usually of little value if it does not include an adequate description of the character of social atmosphere or the larger unit of activity within which specific social act occurs." इस परिप्रेक्ष्य में यह कहना भी अनावश्यक नहीं मालूम होता है कि अवलोकन पद्धति का प्रयोग भौतिक विज्ञानों एवं सामाजिक विज्ञानों में समस्याओं के अध्ययन के लिए प्रारंभिक काल से ही होता आ रहा है। अंतर सिर्फ इतना है कि प्राचीनकाल में अव्यवस्थित तरीके से एवं बिना आयोजन के अवलोकन होते थे जिसे रैंडम आब्जर्वेशन कहा जा सकता है और आज व्यवस्थित रूप में योजना के अनुसार अवलोकन किया जा रहा है जिसे वैज्ञानिक अवलोकन कहा जाता है। यही वजह है कि गुड्डे एवं हॉट ने लिखा है कि, "Observation may take many forms, at once the most primitive and the most modern of research techniques."

प्रमुख विशेषताएँ

अवलोकन की विभिन्न प्रकार की विशेषताएँ होती हैं। अवलोकन में किसी घटना को प्रत्यक्ष रूप से देखना महत्त्वपूर्ण होता है। इसकी निम्नलिखित विशेषताओं की चर्चा की जा सकती है–

(i) वैज्ञानिक सुनिश्चितता,
(ii) प्रत्यक्ष विधि,
(iii) निष्पक्षता,
(iv) ज्ञानेन्द्रियों का प्रयोग,
(v) प्राथमिक सामग्री का संकलन,
(vi) सूक्ष्मता,
(vii) कार्य-कारण संबंध ज्ञात करना,
(viii) आनुभविक अध्ययन,
(ix) सामूहिक व्यवहार का अध्ययन, एवं
(x) विचारपूर्वक किया जाने वाला अध्ययन।

(i) वैज्ञानिक सुनिश्चितता—अवलोकन की पहली विशेषता वैज्ञानिक सुनिश्चितता कही जा सकती है। अवलोकन पद्धति स्वयं देखने पर आधारित होती है। कहने का आशय यह है कि अवलोकनकर्ता अपनी आँखों से घटना का अवलोकन करता है तथा उसकी भलीभाँति जाँच करता है। इस तरह यह पता चलता है कि उसका अध्ययन या निर्णय दूसरों के कथन पर आधारित नहीं होता है। अवलोकनकर्ता स्वयं ही सूक्ष्म अध्ययन करता है। इससे घटनाओं को स्वाभाविकता तथा तटस्थता के दृष्टिकोण से देखा जाता है। इस तरह यह पता चलता है कि अवलोकन की एक विशेषता वैज्ञानिक सुनिश्चितता है।

(ii) प्रत्यक्ष विधि—अवलोकन की दूसरी विशेषता यह है कि यह प्रत्यक्ष विधि है। अर्थात् अवलोकन में अवलोकनकर्ता स्वयं प्रत्यक्षतः अध्ययन क्षेत्र में जाकर घटनाओं का अध्ययन करता है। इससे अवलोकन को सामग्री स्रोत से सीधी या प्रत्यक्ष रूप से प्राप्त होती है। इससे मानव व्यवहार को समझने में आसानी होती है। इस तरह यह कहा जा सकता है कि प्रत्यक्ष विधि अवलोकन की एक विशेषता है।

(iii) निष्पक्ष पद्धति—अवलोकन की आठवीं विशेषता निष्पक्षता है। अवलोकन पद्धति को निष्पक्ष कहा जा सकता है, क्योंकि इसमें अनुसंधानकर्त्ता स्वयं आँखों से घटना को देखकर तथ्य इकट्ठा करता है। इसी तरह वैज्ञानिक तथ्यों की पूर्णतया जाँच करता है एवं तथ्यों को निष्पक्ष, पक्षपातरहित तथा वैज्ञानिक होने पर ही अपने अध्ययन में प्रयुक्त करता है। इस तरह यह पता चलता है कि निष्पक्षता अवलोकन की एक विशेषता है।

(iv) ज्ञानेन्द्रियों का प्रयोग—अवलोकन की चौथी विशेषता यह है कि इसमें ज्ञानेन्द्रियों का प्रयोग किया जाता है। उदारहणस्वरूप इसमें कान, वाणी एवं आँखों आदि का प्रयोग किया जाता है। इसमें खासकर आँखों का प्रयोग किया जाता है। अवलोकनकर्ता आँखों से जो कुछ देखता है उसे ही वह संकलित करता है। इस तथ्य की पुष्टि मोजर (Moser) ने भी की है। उन्होंने कहा है, "सच्चे अर्थ में अवलोकन में कानों एवं वाणी की अपेक्षा नेत्रों का उपयोग ही विशेष रूप से सम्मिलित है।" हालाँकि इसमें वाक्शक्ति का भी प्रयोग किया जाता है, लेकिन सबसे ज्यादा प्रयोग नेत्रों का ही होता है। अतः ज्ञानेन्द्रियों का प्रयोग होना इसका एक महत्त्व कहा जा सकता है।

(v) प्राथमिक सामग्री का संकलन—अवलोकन की पाँचवीं विशेषता यह है कि इसके द्वारा प्राथमिक सामग्री का संकलन किया जाता है। अवलोकनकर्ता घटनास्थल पर जाकर आँखों से वस्तुस्थिति को देखकर प्राथमिक सामग्री का संकलन

करता है। चूँकि अवलोकनकर्ता घटनास्थल पर स्वयं उपस्थित होकर घटनाओं के बारे में प्राथमिक सूचनाएँ एकत्र करता है, इसलिए इन सूचनाओं को अधिक विश्वसनीय माना जाता है। इस तरह यह पता चलता है कि अवलोकन के द्वारा प्राथमिक सामग्री का संकलन किया जाता है जो इसकी एक विशेषता कही जा सकती है।

(vi) सूक्ष्मता–सूक्ष्मता अवलोकन की छठी विशेषता है। इसमें केवल घटनाओं को देखा ही नहीं जाता है बल्कि घटनाओं का गहन तथा सूक्ष्म अध्ययन किया जाता है। अवलोकनकर्ता पूर्ण जानकारी प्राप्त करके घटनाओं की प्रकृति एवं उसकी गंभीरता का सूक्ष्मतापूर्वक अध्ययन करता है। सूक्ष्म अध्ययन करने पर अवलोकनकर्ता उद्देश्य की प्राप्ति में सफल हो जाता है वरना इधर-उधर भटकता रहता है। अवलोकनकर्ता इसमें उन्हीं तथ्यों को संकलित करता है जो उसके अध्ययन के लिए आवश्यक होता है। अतः सूक्ष्मता अवलोकन की एक विशेषता कही जा सकती है।

(vii) कार्य-कारण संबंध मालूम करना–अवलोकन की सातवीं विशेषता कार्य-कारण संबंध ज्ञात करना कहा जा सकता है। केवल देखने से ही अवलोकन का कार्य पूरा नहीं हो जाता है, अपितु इसका उद्देश्य कार्य-कारण संबंध ज्ञात करना कहा जा सकता है। अवलोकनकर्ता स्वयं घटना को देखकर अनिवार्य कारणों तथा परिणामों के मध्य संबंधों को स्थापित करता है। सामान्य अवलोकन एवं वैज्ञानिक अवलोकन में यही भेद होता है कि सामान्य अवलोकन में अवलोकनकर्ता सिर्फ घटनाओं को आँखों से देखता है जबकि वैज्ञानिक अवलोकन में यह घटनाओं को देखकर उनके कारणों एवं परिणामों की खोज करता है। इसके आधार पर सिद्धांत निर्माण की ओर बढ़ा जा सकता है तथा वास्तविकता का पता लगाया जा सकता है। इस प्रकार यह पता चलता है कि अवलोकन में कार्य-कारण संबंधों को मालूम किया जाता है जो इसकी एक विशेषता है।

(viii) आनुभविक अध्ययन–अवलोकन की आठवीं विशेषता आनुभविक अध्ययन कहा जा सकता है। अवलोकन की यह विशेषता होती है कि यह कल्पना पर आधारित न होकर अनुभव पर आधारित होता है। मोजर (Moser) ने भी अवलोकन को प्रयोग तथा अनुभव पर आश्रित अध्ययन माना है। आनुभविक अध्ययन चाहे किसी समुदाय के जीवन का हो या किसी विशेष प्रक्रिया का, सामाजिक अनुसंधान में बहुत उपयोगी होता है। इसके द्वारा सामूहिक व्यवहार के साथ-साथ विशेष प्रकार के व्यवहारों का अध्ययन किया जा सकता है। इस तरह यह पता चलता है कि आनुभविक अध्ययन अवलोकन की एक विशेषता है।

(ix) सामूहिक व्यवहार का अध्ययन विधि—अवलोकन की नौवीं विशेषता सामूहिक व्यवहार का अध्ययन करना कहा जा सकता है। अवलोकन का एक प्रकार 'सामूहिक अवलोकन' के द्वारा सामूहिक व्यवहार का वैज्ञानिक अध्ययन किया जाता है। इस विधि के द्वारा सामूहिक व्यवहार का अवलोकन करके वास्तविकताओं से संबंधित जानकारी संगृहीत की जाती है। इसलिए अवलोकन को सामूहिक व्यवहार के अध्ययन करने की एक विशेष विधि माना जाता है। अतः सामूहिक व्यवहार का अध्ययन करना अवलोकन की एक विशेषता कही जा सकती है।

(x) व्यवस्थित अध्ययन विधि—अवलोकन की दसवीं विशेषता विचारपूर्वक किया जाने वाला अध्ययन कहा जा सकता है। अवलोकन की इस विशेषता के बारे में जहोदा (Jahoda) का कहना है कि अवलोकन एक ऐसी विधि है जिसमें अवलोकनकर्ता स्वयं घटनाओं का विचारपूर्वक अध्ययन कर तथ्यों का संकलन करता है वह दूसरों की कही हुई या सुनी हुई बातों पर निर्भर नहीं रहता है। अवलोकन की इन्हीं विशेषताओं के कारण इसे विश्वसनीय एवं वैज्ञानिक माना जाता है।

साधारण अवलोकन बनाम वैज्ञानिक अवलोकन

साधारण अवलोकन बनाम वैज्ञानिक अवलोकन एक-दूसरे से काफी समय तक भिन्न-भिन्न हैं। जहाँ तक सामान्य देखने का प्रश्न है प्रतिदिन हर व्यक्ति अपने आस-पास अनेक वस्तुओं को देखता है। सुबह होने पर खिड़की से सूर्य की लालिमा एवं प्रकृति के नजारों को देखा जा सकता है। वर्षा होने पर बारिश की फुहारों का नजारा नेत्रों से देखा जा सकता है। साथ ही सड़क पर चलते समय भी विभिन्न बातों को ध्यान में रखा जाता है एवं नित्य-प्रति के जीवन में अनेक बातों को देखा जाता है। सड़क पर चलते समय हर व्यक्ति सावधानीपूर्वक चलता है। यदि कोई गाड़ी से चल रहा है तो वह इस बात का ध्यान रखता है कि कहीं कोई इससे कुचल न जाए। साथ ही मार्गदर्शक हरी एवं लाल बत्तियों का भी ध्यान रखा जाता है। कहने का तात्पर्य यह है कि निद्रावस्था को छोड़कर आँखें सदैव कुछ-न-कुछ देखती रहती हैं। इस तरह के देखने को अवलोकन की संज्ञा नहीं दी जा सकती। हालाँकि अवलोकन भी देखने से ही संबंध रखता है, लेकिन उस देखने का कुछ उद्देश्य होता है। जब किसी वैज्ञानिक शोध के उद्देश्य से किसी तथ्य या वस्तु को देखा जाता है तो उसे अवलोकन की संज्ञा दी जा सकती है। इस तरह यह पता चलता है कि सामान्य देखना एवं अवलोकन में बहुत हद तक अंतर है। इसे एक उदाहरण के द्वारा समझाया जा सकता है। हर व्यक्ति अपने सामान्य अनुभवों के द्वारा यह कह सकता है कि

पृथ्वी चपटी है। इस बात की पुष्टि सामान्य रूप से देखने पर कोई भी व्यक्ति कर सकता है लेकिन वास्तविकता ऐसी नहीं है। वैज्ञानिक अनुभवों से यह साबित हो चुका है कि पृथ्वी चपटी न होकर गोल है। इस उदाहरण के द्वारा सामान्य देखने एवं वैज्ञानिक रूप से देखने के मध्य का अंतर पता चलता है। साधारणतया से देखने से प्रमाणित परिणामों को प्राप्त करने की आशा नहीं की जा सकती है जबकि वैज्ञानिक रूप से देखने पर प्रमाणित परिणामों को प्राप्त करने की आशा की जा सकती है। इस प्रकार यह कहा जा सकता है कि देखना जीवन के अनेक अनुभवों का आधार होते हुए भी वैज्ञानिक रूप से देखने से भिन्न है। इस भिन्नता को परिलक्षित करने के लिए तथा वैज्ञानिक रूप से देखने के लिए अवलोकन शब्द का प्रयोग किया जा रहा है। इस संबंध में सेलिटज, जहोदा, ड्वाईश तथा कुक ने कहा है कि सामान्य देखना एक वैज्ञानिक पद्धति के रूप में अवलोकन का रूप धारण कर लेता है जब उसमें निम्न प्रकार विशेषताओं का समावेश हो जाता है–

(i) जब अवलोकन को नियोजित तथा सुव्यवस्थित रूप में किया जाता हो।

(ii) जब अवलोकन की प्रामाणिकता तथा विश्वसनीयता पर आवश्यक नियंत्रण एवं प्रतिबंध लगाया गया हो।

(iii) जब अवलोकन का एक विशिष्ट उद्देश्य होता है।

(iv) जब अवलोकन के निष्कर्षों को व्यवस्थित रूप में लिखा गया हो तो सामान्य उपकल्पना के साथ उसका सहसंबंध स्थापित किया गया हो।

पी.वी. यंग ने भी वैज्ञानिक अवलोकन की निम्न प्रकार की विशेषताओं का उल्लेख किया है–

(i) निश्चित उद्देश्य, (ii) योजना तथा प्रलेखन की व्यवस्था, तथा (iii) वैज्ञानिक परीक्षण तथा नियंत्रण के लिए उपयोगी। साथ ही यंग ने अवलोकन के संबंध में यह भी कहा है कि अवलोकनकर्ता को अप्रत्याशित तथा आकस्मिक घटनाओं के प्रति भी सतर्क रहना चाहिए एवं उन पर विशेष ध्यान देना चाहिए। यंग इस संबंध में कहते हैं कि "ऐसी अप्रत्याशित घटनाओं का अवलोकन कभी-कभी महत्त्वपूर्ण तथ्यों को प्राप्त करने तथा नवीन उपकल्पनाओं एवं सिद्धांतों को जन्म देने की शोध प्रक्रिया में एक महत्त्वपूर्ण भूमिका अदा कर सकते हैं।"

जहोदा, ड्वाईश, सेलिज, कुक तथा पी.वी. यंग आदि विद्वानों द्वारा प्रस्तुत उक्त विवेचनाओं से यह पता चलता है कि वैज्ञानिक अवलोकन एक विशिष्ट ढंग से किया जाता है। उसकी कुछ विशेषताएँ होती हैं जो उसे सामान्य देखने की प्रक्रिया से भिन्न करती हैं। ये विशेषताएँ निम्न प्रकार से हैं–

(i) यह उद्देश्यपूर्ण होता है—अवलोकन का आशय सिर्फ सामान्य रूप से देखने से नहीं होता है, बल्कि वैज्ञानिक अवलोकन सतर्कतापूर्ण, पूर्वनिर्धारित उद्देश्य को ध्यान में रखकर किया जाता है। चार्ल्स डार्विन का इस संबंध में मत था कि यह कितना अजीब है कि किसी भी व्यक्ति को सभी कुछ नहीं देखना चाहिए, अवलोकन तभी लाभप्रद हो सकता है जब अवलोकन किसी दृष्टि बिन्दु के पक्ष में अथवा विपक्ष में किया गया हो। इसी तरह के कुछ विचार पी.वी. यंग ने भी व्यक्त किए हैं। व्यक्ति बहुत सारी जटिल घटनाओं को देखता रहता है, लेकिन देखना तभी अर्थपूर्ण होता है जब आँखें किसी अध्ययन के लिए अपनाई गई विचार दृष्टि तथा प्रारंभिक उपकल्पना के अनुसार कार्य करती हों। उदाहरणार्थ यदि दुर्घटना के कारणों का पता लगाना हो तो सामान्य रूप से यह समझा जाता है कि दुर्घटनाएँ टूटी-फूटी सड़कों के कारण होती हैं जबकि वास्तविकता यह है कि अक्सर दुर्घटनाएँ वाहनों की तेज गति के कारण होती हैं। इस तरह की उपकल्पना अवलोकन का उद्देश्य बन सकती है। इस उद्देश्य के अनुसार ध्यान को वाहनों की रफ्तार तथा उसके परिणामों पर केन्द्रित किया जाता है। ताकि उपकल्पना की परीक्षा की जा सके। अगर यह उपकल्पना परीक्षण द्वारा सिद्ध नहीं होती है तब दूसरी उपकल्पना का निर्माण किया जाता है एवं उसके अनुसार ही सार्थक घटनाओं का अवलोकन किया जाता है। इस उदाहरण से यह पता चलता है कि अवलोकन हेतु निर्धारित लक्ष्य हमारी दिशा-निर्धारण करती है एवं सार्थक तथ्यों पर बल देती है जिस पर हमें अपना ध्यान केन्द्रित करना होता है।

(ii) इसमें एक व्यवस्था होती है—अवलोकन में एक व्यवस्था होती है। अर्थात् वैज्ञानिक अवलोकन मनमाने तरीके से नहीं किया जाता है वरन् वह नियोजित ढंग से किया जाता है। अवलोकन करने से पूर्व 'कब', 'क्यों', 'कैसे' तथा 'कहाँ' जैसे प्रश्नों के संबंध में एक पूर्ण विचार कर लिया जाता है। इस प्रकार यह पता चलता है कि अवलोकन में एक व्यवस्था होती है।

(iii) यह चयनात्मक होता है—आँखों के सामने जो कुछ घटनाएँ घटित होती हैं उनमें से कुछ को देखा जाता है तथा कुछ को रुचि-अरुचि के आधार पर छोड़ दिया जाता है। लेकिन वैज्ञानिक अवलोकन में सामान्य देखने की तरह अवलोकित की जाने वाली घटनाओं का चुनाव रुचि-अरुचि के द्वारा नहीं किया जाता अपितु शोध के उद्देश्य के आधार पर किया जाता है। इस संबंध में गुड्डे एवं हॉट ने लिखा है कि हम सभी चीजों को देखते हैं लेकिन कुछ चीजों को नहीं देख पाते। हमारी सतर्कता एवं प्राथमिकताएँ हमारे ज्ञान की गहनता तथा विस्तार तथा हमारा लक्ष्य

जिसे हम प्राप्त करना चाहते हैं, ये सभी हमारे चयनात्मक अवलोकन के रूप का निर्धारण करते हैं। काफी कम ऐसे अनुसंधानकर्त्ता होते हैं जो सामाजिक व्यवहार का अध्ययन सोच-समझकर करते हैं। उदाहरणार्थ यदि कुछ छात्रों को कारखाने में ले जाया जाए तथा उन्हें अपने अवलोकन की एक रिपोर्ट लिखने को कहा जाए तो इस रिपोर्ट से ज्ञात होगा कि ज्यादातर छात्रों ने सामाजिक व्यवहार की सूक्ष्मताओं को देखने की अपेक्षा ऐसी क्रियाओं या प्रक्रियाओं को देखने में ज्यादा रुचि प्रदर्शित की जो एक सामाजिक विज्ञान के छात्र के लिए महत्त्वहीन थीं। इस तरह यह पता चलता है कि स्पष्ट दिखने वाले व्यवहार के प्रति सजग रहते हैं, बल्कि काफी कम लोग आसपास होने वाली सामाजिक अन्तःक्रियाओं की सूक्ष्मता को जान पाते हैं।

(iv) प्रलेखन—अवलोकन किए जाने के शीघ्र बाद या जितना शीघ्र संभव होता है उसका प्रलेखन कर लिया जाता है। इसका फायदा यह होता है कि अवलोकित घटनाओं के किसी पक्ष को भुलाए जाने की संभावना नहीं रहती है। इसके लिए अनुसूची या अन्य साधनों, जैसे—कैमरा या टेपरिकार्डर आदि का भी प्रयोग किया जाता है।

(v) यंत्र प्रयोग का प्रशिक्षण—वैज्ञानिक अवलोकन एक तकनीकी प्रक्रिया है। इसके लिए सामाजिक वैज्ञानिक को अपने आपको प्रशिक्षित करना पड़ता है। उदाहरणार्थ किसी भी यंत्र का प्रयोग सही ढंग से तभी किया जा सकता है जब उसने उस यंत्र के प्रयोग का प्रशिक्षण लिया हो।

(vi) परिणामों का परीक्षण तथा प्रमाणीकरण—वैज्ञानिक अवलोकन की एक और विशेषता यह है कि व्यवस्थित अवलोकन द्वारा प्राप्त परिणामों का परीक्षण ही नहीं अपितु प्रमाणीकरण भी संभव है। यह प्रमाणीकरण अन्य अवलोकनकर्ता द्वारा प्राप्त परिणामों से या इसी अध्ययन को दुबारा करके किया जा सकता है।

महत्त्व

सामाजिक अनुसंधान एवं सर्वेक्षण के क्षेत्र में सूचनाओं को इकट्ठा करने हेतु जिन प्रविधियों का प्रयोग किया जाता है उनमें अवलोकन एक प्रमुख प्रविधि है। अन्य प्रविधियों की तुलना में अवलोकन का प्रयोग ज्यादा किया जाता है। इसके प्रयोग में निरंतर वृद्धि होती जा रही है। एक सामाजिक वैज्ञानिक का अपनी अध्ययन-समस्या के चुनाव पर, अपने विचारों एवं सिद्धांतों पर अवलोकन का प्रभाव जरूर रहता है। अर्थात् यह कहा जा सकता है कि सामाजिक समस्याओं के क्षेत्रीय अध्ययन का सबसे ज्यादा महत्त्वपूर्ण पक्ष घटनाओं का अवलोकन ही होता है। इस

संबंध में वेब्स (Webbs) ने इस तरह के विचार व्यक्त किया है, "जहाँ संभव हो, किसी सामाजिक संस्था के अध्ययन का अविच्छिन्न भाग, उसकी वास्तविक स्थिति पर सविचार व्यक्तिगत अवलोकन ही होता है।"

जहाँ तक एक समाजशास्त्री का प्रश्न है, यह कहा जा सकता है कि एक समाजशास्त्री के लिए अवलोकन का उद्देश्य सामूहिक व्यवहार से संबंधित घटनाओं का अध्ययन करना होता है। पी.वी. यंग ने इस संबंध में 'Scientific Social Survey and Research' में लिखा है, "अवलोकन के सामूहिक व्यवहार को समझने तथा जटिल संस्थाओं एवं संपूर्ण संकुल का निर्माण करने वाली पृथक् इकाइयों की जाँच करने की पद्धति के रूप में प्रयुक्त किया जा सकता है।" इस तरह यह पता चलता है कि अवलोकन जटिल सामाजिक घटनाओं, सांस्कृतिक प्रतिमानों या मानव आचरण में वर्तमान महत्त्वपूर्ण तत्त्वों की प्रकृति का ज्ञान कराता है। इस रूप में इसके महत्त्व का पता चलता है। एम.एच. गोपाल ने आँखों द्वारा अध्ययन करने पर जोर देते हुए अवलोकन के महत्त्व को 'An Introduction to Research Procedure in Social Science' में लिखा है कि अवलोकन मुख्यतः चार उद्देश्यों की पूर्ति करता है जो निम्न प्रकार से हैं –

(i) सामूहिक व्यवहार एवं जटिल सामाजिक स्थितियों का अध्ययन अवलोकन के द्वारा किया जाता है।
(ii) अवलोकन किसी भी स्थिति को उत्पन्न करने वाली इकाइयों का अध्ययन करता है।
(iii) यह उनके अन्तर्संबंध को आंशिक एवं पूर्ण स्तर पर समझता है।
(iv) किसी स्थिति से संबंधित अन्य विवरण प्राप्त करता है।

उक्त विवरणों से यह पता चलता है कि सामाजिक अनुसंधान एवं सर्वेक्षण के क्षेत्र में अवलोकन का महत्त्व काफी ज्यादा है और यह इसमें सराहनीय योगदान देता है।

अवलोकन का वर्गीकरण

सामाजिक अनुसंधान एवं सर्वेक्षण के क्षेत्र में अवलोकन पद्धति का प्रचलन दिनानुदिन बढ़ता चला जा रहा है। इसका प्रमुख कारण यह है कि इसमें अनुसंधानकर्त्ता स्वयं अपनी आँखों से किसी घटना को देखकर तथ्य इकट्ठा करता है एवं किसी निष्कर्ष पर पहुँचने का प्रयास करता है। चूँकि अनुसंधानकर्त्ता स्वयं अपनी आँखों से घटना का निरीक्षण कर तथ्य इकट्ठा करता है, इसलिए ये इस प्रविधि से संगृहीत तथ्य

ज्यादा विश्वसनीय एवं प्रामाणिक होते हैं। संभवतः इसी कारणवश दिनानुदिन इसका प्रयोग बढ़ता जा रहा है। अवलोकन की प्रविधि तथ्य संग्रह करने हेतु विभिन्न रूपों में प्रयुक्त होती है। इसका कारण यह है कि किसी एक प्रकार के अवलोकन से सभी घटनाओं का अध्ययन नहीं किया जा सकता है। इसलिए अवलोकन को विभिन्न प्रकारों में विभाजित किया गया है। विभिन्न विद्वानों ने अवलोकन के कई प्रकारों की चर्चा विभिन्न आधारों पर की है–

लुण्डबर्ग, मोजर एवं कालटन, मारग्रेट स्टेसी, फोरेक्स तथा रिचर आदि विद्वानों ने अवलोकन प्रविधि के दो तरह बताए हैं जो इस प्रकार हैं–(i) सहभागिक अवलोकन विधि, तथा (ii) असहभागिक अवलोकन विधि।

पी.वी. यंग ने अवलोकन को दो भागों में वर्गीकृत किया है जो क्रमशः (i) अनियंत्रित अवलोकन, एवं (ii) नियंत्रित अवलोकन हैं। इन्होंने सहभागिक एवं असहभागिक अवलोकन को अनियंत्रित अवलोकन के तहत रखा है।

अवलोकन प्रविधि को गुड्डे एवं हॉट ने मुख्य रूप से दो भागों में बाँटा है जो निम्न प्रकार से हैं–

(i) व्यवस्थित अवलोकन विधियाँ तथा (ii) सामान्य अवलोकन विधिया।

(i) व्यवस्थित अवलोकन विधियाँ–इसमें गुड्डे एवं हॉट ने नियंत्रित अवलोकन के दोनों प्रकारों, अवलोकनकर्ता पर नियंत्रण तथा अध्ययन की जाने वाली घटना पर नियंत्रण को शामिल किया है।

(ii) सामान्य अवलोकन विधियाँ–इसमें गुड्डे एवं हॉट ने अनियंत्रित सहभागिक तथा असहभागिक विधियों को शामिल किया है।

राईटमैन, सेलटिज तथा कुक ने अवलोकन विधियों को (i) संरचित, एवं (ii) असंरचित इन दो भागों में विभाजित है। इन लोगों ने अपने इस वर्गीकरण के लिए विलियम्स के इन शब्दों को उद्धृत किया है, कि अवलोकन शोध-क्रियाओं को करने के कितने तरीके हो सकते हैं, लेकिन स्वाभाविक शोध योजनाओं का चित्रण शोधकर्ता द्वारा किए गए अवलोकन की संरचना के आधार पर किया जा सकता है।

उक्त विशेषताओं के आधार पर यह कहा जा सकता है कि विभिन्न विद्वानों ने अपने-अपने ढंग से अवलोकन के विभिन्न प्रकारों की चर्चा की है। मोटा-मोटी तौर पर अवलोकन के दो रूप हो सकते हैं जो क्रमशः (i) व्यक्तिगत अवलोकन, तथा (ii) सामूहिक अवलोकन कहे जा सकते हैं। व्यक्तिगत अवलोकन वैयक्तिक स्तर पर आयोजित किए जाते हैं जबकि सामूहिक अवलोकन सामूहिक स्तर पर अर्थात् कई व्यक्तियों द्वारा आयोजित किए जाते हैं। अवलोकन के मुख्य रूप से निम्न प्रकार बताए जा सकते हैं–

(a) व्यक्तिगत अवलोकन, तथा (b) सामूहिक अवलोकन।

व्यक्तिगत अवलोकन को दो उप-प्रकारों में वर्गीकृत किया जा सकता है जो निम्न प्रकार से हैं–

(i) नियंत्रित अवलोकन, तथा (ii) अनियंत्रित अवलोकन।

अनियंत्रित अवलोकन के विभिन्न उप-प्रकार होते हैं जो निम्न प्रकार से हैं–

(a) पूर्ण-सहभागी अवलोकन, (b) अर्द्ध-सहभागी अवलोकन, तथा (c) असहभागी अवलोकन।

8

आर्थिक व्यवस्था

समाजशास्त्र में आर्थिक व्यवस्था पर लिखने का काफी पुराना रिवाज है। दुर्खीम ने व्यवस्थित रूप से अपनी पुस्तक डिविजन ऑफ लेबर में आदि काल तथा सभ्य समाज की आर्थिक व्यवस्था पर विस्तार से लिखा है। स्वयं अर्थशास्त्र में कौटिल्य ने इसकी विस्तृत चर्चा की है। वहीं दूसरी ओर, इस विषय पर कोई स्तर की पाठ्य-पुस्तकें नहीं है। समाजशास्त्र की रुचि उन समस्याओं में होती है ज़ो आर्थिक संरचना के फलस्वरूप समाज में पैदा होती है। हमारी रुचि श्रम विभाजन और व्यावसायिक विशिष्टीकरण, सम्पत्ति व्यवस्था, आर्थिक प्रकार और संरचनात्मक परिवर्तन में है। इसी सन्दर्भ में हम समाजशास्त्र में आर्थिक व्यवस्था का अध्ययन करते हैं। व्यवस्था इसलिए कि आर्थिक संरचना सामाजिक जीवन की अन्य संरचनाओं को प्रभावित करती है। अर्थशास्त्री और अर्थशास्त्र के सिद्धान्त, विनिमय, उत्पादन, वितरण तथा उपभोग की गतिविधियों का विवेचन करते हैं। लेकिन ये आर्थिक व्यवस्थाएँ परिवार के सम्बन्धों, वर्ग और जाति की पारस्परिकता और अन्तःक्रिया को किस प्रकार प्रभावित करती हैं, इसका विश्लेषण उपेक्षित रहता है। हम यहाँ देखेंगे कि किस तरह आर्थिक परिवर्तन, औद्योगीकरण तथा कल-कारखानों में व्यक्तियों के सम्बन्ध बदलते हैं। जहाँ आर्थिक सिद्धान्त श्रम विभाजन को उत्पादन और उपभोग के साथ जोड़ते हैं वहाँ समाजशास्त्र इन क्रियाओं का सम्बन्ध समाज व्यवस्था के साथ देखता है। यह देखने का संदर्श ही है जो आर्थिक समाजशास्त्र (Economic Sociology) को आर्थिक सिद्धान्त से पृथक् करता है।

सभी समाजों में यह पाया गया है कि मनुष्य रोटी, कपड़ा, मकान तथा सुरक्षा की आवश्यकता अनुभव करता है। इस दृष्टि से आर्थिक क्रियाएँ समाज की बुनियादी जरूरतों की पूर्ति करती है। इन जरूरतों की पूर्ति समाज के रीति-रिवाजों और परम्पराओं के अनुसार होती है। इस प्रकार आर्थिक क्रियाओं और जरूरतों से सम्बन्धित परम्परा, नियम और कार्य पद्धति को आर्थिक व्यवस्था कहते हैं। आर्थिक आवश्यकताओं के प्रबन्ध और आपूर्ति से सम्बन्धित कार्यों को आर्थिक क्रिया कहते हैं। आर्थिक क्रिया की व्याख्या करते हुए हेरी एम. जॉनसन लिखते हैं :

'आर्थिक' क्रिया का अर्थ इच्छाओं की पूर्ति के लिए सामान तथा सेवाएँ जुटाना है। इस क्रिया में विनिमय और समान का यातायात शामिल है, चूँकि विनिमय और यातायात द्वारा सामान वहाँ पहुँचाया जाता है, जहाँ उसकी इच्छा होती है। 'साधन जुटाना' और अर्थशास्त्रियों द्वारा प्रयुक्त 'उपयोगिताओं का उत्पादन' इन संज्ञाओं से इस जोर दिया गया है कि उत्पादित सामान और सेवाएँ इच्छाओं की पूर्ति के साधं हैं। इसलिए वह क्रिया जो सीधे ही इच्छाओं की पूर्ति कर दे आर्थिक नहीं होती भोजन बनाना एक आर्थिक क्रिया है पर उसे खाना नहीं।

जॉनसन के अनुसार जहाँ तक गैर-आर्थिक क्रिया थोड़ी-सी भी प्रकार्यात्मक है, वह समाज की एक या ज्यादा प्रकार्यात्मक व्यवस्थाओं की अंग होती है। देखा जाए तो सभी तरह के समाजों में कोई-न-कोई आर्थिक व्यवस्था जरूर होती है। वस्तुओं का उत्पादन, उनका वितरण, उपभोग और सम्पत्ति, श्रम विभाजन और उत्तराधिकार पद्धति से सम्बन्धित परम्पराएँ आर्थिक व्यवस्था के तहत आती हैं। असल में विवाह, परिवार, नातेदारी, आर्थिक व्यवस्था आदि समाज की उप व्यववस्थाएँ हैं और इन्हें हमें सम्पूर्ण समाज के सन्दर्भ में ही देखना चाहिए।

व्यवस्था वह है जिसमें निश्चित उद्देश्य होते हैं, मानदण्ड, मूल्य, नियम तथा उपनियम होते हैं। और अपने उद्देश्यों की प्राप्ति में व्यवस्था बराबर अपने आपको अनुकूलन करती रहती है। इसकी विशेषता यह है कि यह बदलकर भी अपनी निरन्तरता को बनाए रखती है। इस अर्थ के सन्दर्भ में आर्थिक व्यवस्था का मतलब उत्पादन, वितरण और उपभोग के नियमों, कार्यप्रणाली और प्रतिमान से लगाया जाता है। काफी पहले मेकाइवर और पेज ने आर्थिक व्यवस्था का अर्थ निम्न शब्दों में रखा था–

आर्थिक संस्थाओं का मतलब वस्तुओं और सेवाओं के उत्पादन, वितरण तथा विनिमय की प्रतिस्पर्धा और सौदाकारी की कार्यप्रणाली से है।

आगबर्न और निमकॉफ ने अर्थव्यवस्था की परिभाषा निम्न प्रकार से की है–

आर्थिक संस्था का अर्थ धन की आय और खर्च की पद्धति से है। अतः आर्थिक क्रियाएँ वस्तुतः सामाजिक क्रियाएँ हैं।

आगबर्न और निमकॉफ ने आदिम समाजों में पाई जाने वाली आर्थिक संस्थाओं का सम्बन्ध गैर-आर्थिक संस्थाओं के साथ जोड़ा है। इनमें जीविका आधिभौतिक सत्ता सम्बन्धी विचार, प्रतिष्ठा और प्रस्थिति, सामुदायिक कल्याण और अनौपचारिक सामाजिक दबाव की प्रक्रिया पारस्पारिक रूप से जुड़ी होती है। आर्थिक संस्थाओं की उत्पत्ति, शिकार और खाद्य संग्रहण की अवस्था में हुई। इस अवस्था में लोगों के जीविकोपार्जन के साधन बहुत सीमित थे। साधारणतया शिकार करना और जंगल के कंदमूल का संग्रह करना, उनके जीवित रहने के साधन थे। स्त्रियाँ शिकार पर नहीं जाती थी। युवक और वयस्क इस कार्य को करते थे। स्त्रियाँ घर की रखवाली करती थी और कंदमूल संग्रह करती थी। इसका मतलब हुआ इस अवस्था में लिंग को लेकर एक प्रारम्भिक श्रम विभाजन था। इस आदिम अवस्था से प्रारंभ होकर सामाजिक व्यवस्था कृषक अवस्था तक पहुँच गई और आज समाज औद्योगिक और पूँजीवादी स्तर पर आ गया है। इन बदलती हुई आर्थिक व्यवस्थाओं ने सामाजिक संरचना में यानी लोगों के आपसी सम्बन्धों में बहुत बड़ा फर्क कर दिया है। हमारा औद्योगिक समाजशास्त्र, सही अर्थों में, कारखाने के आर्थिक पक्ष का सामाजिक सन्दर्भ में अध्ययन करता है। यहाँ एन आर सेठ की पुस्तक का उल्लेख करना चाहिए जिसमें उन्होंने उत्पादन के संदर्भ में कारखाने की सामाजिक संरचना का विश्लेषण रखा है।

आर्थिक व्यवस्था : प्रमुख विशेषताएँ

अपने मूल में आर्थिक व्यवस्था आर्थिक उत्पादन से जुड़ी हुई है। लेकिन आर्थिक उत्पादन का नतीजा गैर-आर्थिक संरचनाओं में भी देखने को मिलता है। जब हम आर्थिक व्यवस्था का समाजशास्त्रीय परिप्रेक्ष्य में विश्लेषण करते हैं तो हमारा तर्क यह है कि जहाँ आर्थिक व्यवस्था गैर-आर्थिक क्रियाओं को प्रभावित करती है, वहीं गैर-आर्थिक क्रियाएँ भी आर्थिक क्रियाओं को प्रभावित करती है। यह दोहरी पारस्परिकता है। यह वह क्षेत्र है जहाँ अर्थशास्त्र और समाजशास्त्र का मिलन होता है। आर्थिक व्यवस्था की, संक्षेप में, निम्नलिखित विशेषताएँ हैं :

(1) आर्थिक गतिविधियों के नियमन हेतु रीति-रिवाज, परम्पराएँ, निश्चित कार्य प्रणाली और प्रतिमान।

(2) आर्थिक क्रियाओं के फलस्वरूप पैदा होने वाली गैर-आर्थिक प्रक्रियाएँ जैसे कि अन्तःक्रिया, सहयोग, प्रतिस्पर्धा और संघर्ष।

(3) श्रम विभाजन, अलगाव, अमानवीयकरण ;क्मीनउंदपेंजपवदद्ध और गैर बराबरी।

(4) जनकल्याण।

(5) जीविकोपार्जन या व्यक्तिगत और सामाजिक आवश्यकताओं हेतु आर्थिक गतिविधियाँ आवश्यक।

(6) आर्थिक व्यवस्था के तहत उत्पादन, वितरण, विनिमय और उपभोग की क्रियाएँ।

(7) औपचारिक तथा अनौपचारिक संगठन।

समाजशास्त्र में एक विशेष उप-शाखा है जिसे आर्थिक समाजशास्त्र (Economic Sociology) या सामाजिक जीवन का अर्थशास्त्र (Economics of Social Life) कहते हैं। आर्थिक समाजशास्त्रियों की इस परिप्रेक्ष्य में दो विचारधाराएँ हैं। पहली विचारधारा का कहना है कि आर्थिक व्यवस्था के मूल में सामाजिक व्यवस्था का ही एक भाग है। इसे सामाजिक और सांस्कृतिक सम्बन्धों से पृथक् करके नहीं देखा जा सकता। दूसरी विचारधारा मार्क्सवादी है। उसका कहना है कि आर्थिक व्यवस्था ही सर्वोपरि है। आर्थिक संगठन ही सामाजिक व्यवस्था को निर्धारित करता है। मार्क्सवाद में इसे आर्थिक निर्धारणवाद (Economic Determinism) कहते हैं। समाज के अन्य भाग जैसे कि राजनीति, दर्शन, कला, साहित्य सभी आर्थिक संरचना द्वारा ही निश्चित होते हैं।

समाजशास्त्र में विचारकों की एक संपूर्ण शृंखला है जो आर्थिक व्यवस्थो का निर्वचन समाजशास्त्रीय दृष्टिकोण से करती है। ऐसे विचारकों में कार्ल मार्क्स अग्रणी हैं। इन्होंने श्रम विभाजन की व्याख्या वर्ग संघर्ष के माध्यम से की है। दुर्खीम आर्थिक संस्थाओं का निर्वचन श्रम विभाजन और इसके नतीजों के परिप्रेक्ष्य में करते हैं। उनका कहना है कि यह आर्थिक व्यवस्था के कारण ही है कि समाज में गैर-बराबरी आती है। यह श्रम विभाजन के कारण ही है कि यान्त्रिक समाजों का उद्विकास सावयवी समाज तक पहुँच जाता है। जहाँ तक सम्पत्ति की अवधारणा के वर्णन का प्रश्न है, हॉब हाऊस (Hob House) ने प्रशंसनीय कार्य किया है। आदिम अर्थव्यवस्था के भिन्न-भिन्न पक्षों पर लोबी और हार्कोविट्स ने प्रमाणित सामग्री जुटाई है। और भी कई ऐसे समाजशात्री हैं जिन्होंने आर्थिक व्यवस्था का विश्लेषण सामाजिक सम्बन्धों के परिप्रेक्ष्य में किया है। इन विचारकों में मूर, हाजलिटुज और स्पेन्सर के नाम लिए जा सकते हैं।

सम्पत्ति : अवधारणा

सम्पत्ति क्या होती है? साफ-सुथरे शब्दों में, जिसे समाज सम्पत्ति कहता है,

वही सम्पत्ति है। आदिम समाजों में पेड़, हल, बैल, जमीन आदि सम्पत्ति समझे जाते थे। उसके पेड़ों को काटना, उसकी सम्पत्ति का क्षय होना है। औद्योगिक समाजों में सामान्यतया सम्पत्ति का अर्थ चल और अचल सम्पत्ति से लिया जाता है। असल में यह समाज ही है जिसके सन्दर्भ में सम्पत्ति को परिभाषित किया जा सकता है। सम्पत्ति के साथ दो विचारधाराएँ जुड़ी होती हैं, एक विचारधारा तो मूल्यवान वस्तु की है और दूसरी इस वस्तु पर अधिकार की है। मूल्यवान वस्तु के अन्तर्गत भूमि, मकान, गाड़ी, उत्पादन, सिंचाई के साधन, फर्नीचर, कपड़े तथा गहने आदि आते हैं। सम्पत्ति का दूसरा पक्ष उस पर अधिकार का है। इसमें नाम, बौद्धिक, ट्रेडमार्क एवं कलात्मक उत्पादन जैसे—पुस्तकें, संगीत के सुर, कलात्मक वस्तुएं आदि आती हैं। सम्पत्ति के अधिकार के साथ ही साथ दायित्व की भावना भी जुड़ी रहती है। इस प्रकार दूसरी संस्थाओं की तरह सम्पत्ति की संस्था भी व्यक्तियों और समूहों के सम्बन्धों की मूल्यात्मक पद्धति है।

यदि सैद्धान्तिक रूप में देखें तो सम्पत्ति की अवधारणा आज के युग में पूँजीवादी अर्थव्यवस्था से जुड़ी हुई है। पिछले दिनों में पूँजीवाद का तात्पर्य पूँजी पर अधिकार से था। मार्क्स ने पूँजीवाद की जो व्याख्या की है उसके अनुसार पूँजीवाद सिर्फ मुनाफाखोरी है और इस लाभ पर अधिकार पूँजी के मालिक का होता था। इसी पूँजीवाद की व्याख्या राल्फ डेहरनडोर्फ ने की है। उसके अनुसार पूँजीवाद का तात्पर्य कोरपोरेट (Corporate) निवेश के लिए निगम होते हैं। इस निगम के हिस्सेदार होते हैं। मुनाफे का लाभ इस व्यवस्था में एक व्यक्ति न लेकर सभी लेते हैं। इसकी वजह यह कोरपोरेट पूँजीवाद कहलाता है। मार्क्स और वेबर दोनों ने सम्पत्ति की अवधारणा पर बहुत कुछ लिखा है। इन दोनों के निष्कर्ष में भारी अन्तर यह है कि जहाँ वेबर कहते हैं कि पूँजी पर अधिकार पूँजीपति या हिस्सेदारों का होता है, वहाँ मार्क्स सर्वहारा को पूँजीपति के समकक्ष रखते हैं।

श्रम विभाजन के सामाजिक आयाम तथा विनिमय का वर्गीकरण

आज की आर्थिक व्यवस्था की बहुत बड़ी विशेषता यह है कि इसमें उच्च स्तर का जटिल और विविध श्रम विभाजन है। दूसरे शब्दों में, आज श्रम विभाजन कई प्रकार के व्यवसायों में बँटा हुआ है जिसमें लोग अपनी विशिष्टता रखते हैं। परम्परागत समाजों में जहाँ कृषि प्रमुख व्यवसाय नहीं था, कारीगर लोग हस्तकला आदि कार्य करते थे। इस तरह के उद्योगों को सीखने में बड़ा लम्बा समय लगता था और परिवार में रहकर ही ये धन्धे सीखे जाते थे। किसी भी वस्तु का उत्पादन

प्रारंभ से लेकर अन्त तक स्वयं कारीगर करता था। उदाहरणार्थ यदि हल बनाना होता था तो लोहे और लकड़ी का सारा काम कारीगर द्वारा ही होता था। ठठेरा पीतल को लेकर स्वयं ही ढालता था, कुम्हार घड़े बनाता था और उसको स्वयं ही बाजार में बेचता था। औद्योगिक उत्पादन के विकास के साथ बहुत से परम्परागत व्यवसाय समाप्त हो गए और जो धन्धे थोड़े बहुत चलते रहे उनका उत्पादन कारखानों ने शुरू कर दिया। आज जब किसी वस्तु को पैदा किया जाता है तो उसे बनाने वाली कई उत्पादन इकाइयाँ होती हैं। कोई साईकिल का टायर बनाता है तो कोई हेण्डल, कुछ चैन बनाते हैं और इस प्रकार कोई इन भागों को जोड़कर साईकिल तैयार करता है।

परम्परागत समाजों में जो श्रम विभाजन था वह औद्योगिक समाजों के श्रम विभाजन से एकदम पृथक् था। परम्परागत समाजों के सबसे बड़े धन्धे भी 20 या 30 से अधिक नहीं होते थे। इनके अलावा इन परम्परागत उत्पादनों को बेचने के लिए बाजार में लाने का काम कोई मुट्ठी भर लोग करते थे। आज के औद्योगिक समाज में हजारों, लाखों छोटे-मोटे धन्धे हैं। ब्रिटेन की जनगणना के आँकड़े बताते हैं कि वहाँ अलग-अलग प्रकार के व्यवसायों को करने वाली इकाइयाँ कोई 20,000 से भी ज्यादा हैं। परम्परागत समुदायों में खेती का काम करने वाले लोग स्वावलम्बी होते हैं। आज के समाज में जो अर्थव्यवस्था हमें देखने को मिलती है वह आर्थिक अन्तर्निर्भरता की अच्छी मिसाल है। अपने विभिन्न प्रकार के काम-धन्धों में हम दूसरों पर निर्भर हैं। यह कितनी मजेदार बात है कि कुछ अपवादों को छोड़कर हम जिन खाद्यान्नों को खाते हैं, उनका उत्पादन करने वाले कोई और ही हैं। इसी तरह हमारे उपभोग की अन्य वस्तुएँ, कपड़ा, कागज, पोशाक, कलम सभी का उत्पादन करने वाली इकाइयाँ हमारे शहर के अलावा दूर-दराज के क्षेत्रों में पाई जाती हैं।

सच में देखा जाए तो आर्थिक अन्तर्निर्भरता आज के विश्वव्यापीकरण की बहुत बड़ी प्रघटना है। उदाहरणार्थ यदि हम पुनः ब्रिटेन के आँकड़ों को देखें तो ज्ञात होगा कि वहाँ के लोगों के उपभोग की काफी ज्यादा वस्तुएँ स्वयं ब्रिटेन द्वारा नहीं बनाई जाती। यहाँ हम वस्तुओं को देखें, उदाहरणार्थ इलेक्ट्रॉनिक उद्योग, तो ज्ञात होगा कि इसका हमारे जीवन पर काफी ज्यादा प्रभाव पड़ता है। इसका प्रयोग कई वस्तुओं के उत्पादन में होता है जैसे कि कम्प्यूटर, हवाई जहाज के दिशा दर्शन की व्यवस्था, टेलिविजन, केल्क्यूलेटर और इलेक्ट्रॉनिक गेम्स।

कुछ लोग इलेक्ट्रॉनिक्स को उद्योगों का उद्योग (Industry of Industries) कहते हैं। यह इसलिए कि इसका प्रयोग विभिन्न उत्पादन की इकाइयों में होता है। एक अनुमान के अनुसार कोई 30-40 देश काफी भारी संख्या में इलेक्ट्रॉनिक्स को

काम में लाते हैं। रुचिकर बात यह है कि इलेक्ट्रॉनिक्स का बहुत बड़ा उत्पादन सुदूर पूर्व या तीसरी दुनिया के देशों में जो विकासशील कहे जाते हैं, पाया जाता है। अमेरिका ओर यूरोप को जितने टेलिविजन की जरूरत होती है, उसका बहुत बड़ा भाग तीसरी दुनिया के देशों से आयात किया जाता है। यह एक सही तथ्य है कि आज दुनिया में टेलिविजन का सबसे ज्यादा उत्पादन करने वाला देश चीन है। यह देश टेलिविजन के कुल उत्पादन का 20 प्रतिशत उत्पादन करता है। इसके बाद जापान और फिर दक्षिणी कोरिया। ये दोनों देश 14 प्रतिशत उत्पादन करते हैं। यहाँ टेलिविजन का उत्पादन या इलेक्ट्रॉनिक्स का उत्पादन हमारे वर्णन का विषय नहीं है। जिस बात पर हम जोर देना चाहते हैं वह यह है कि आज श्रम विभाजन अन्तर्राष्ट्रीय बन गया है। जापान मोटरकार बनाने में दुनिया में अपनी विशेष पहचान रखता है। अर्थ यह है कि आज के विश्वव्यापीकरण में दुनिया का कोई भी हिस्सा स्वायत्त नहीं है। श्रम विभाजन की विशेषता अब स्थानीय नहीं रही। अब यह राष्ट्रीय और अन्तर्राष्ट्रीय बन गई है। इस अर्थ में आज की आर्थिक व्यवस्था श्रम विभाजन का नतीजा है।

आज की आर्थिक व्यवस्था उद्योग पर आधारित है। इसका अर्थ हुआ उत्पादन के फलस्वरूप जो श्रमिकों, विशेषज्ञों के समूह बने हैं, वे उद्योग की सामाजिक संरचना को बनाते हैं। एन्थोनी गिडेन्स ने औद्योगिक अर्थव्यवस्था के तीन पक्षों (सेक्टर) का विशेष रूप से उल्लेख किया है। पहला सेक्टर प्राथमिक (Primary) है, दूसरा द्वितीयक (Secondary) और तीसरा तृतीयक (Tertiary) है। इन तीनों सेक्टर में जो श्रमिक काम करते हैं उनकी संख्या इस बात पर निर्भर करती है कि औद्योगीकरण विकास की किस अवस्था में है। प्राथमिक उद्योग वे हैं जो प्राकृतिक संसाधनों पर निर्भर हैं। प्राकृतिक संसाधनों में कृषि, खनन, जंगल, मछली पकड़ना आदि सम्मिलित है। जब किसी देश में औद्योगिक विकास अपनी पहली अवस्था में होता है तब ज्यादातर कामगार इस प्राथमिक सेक्टर में काम करते हैं। ज्यों-ज्यों विकास के दौर में मशीन और कल-कारखाने बढ़ते जाते हैं त्यों-त्यों कामगारों की काफी बड़ी संख्या इस द्वितीयक स्तर में आ जाती है। इस अर्थ में, द्वितीयक उद्योग वे हैं जिनमें कच्चे माल का उत्पादन वस्तुओं में बदल दिया जाता है। तृतीयक उद्योग वे हैं जो केवल सेवा यानी सर्विस प्रदेान करते हैं। जब कारखाने और मशीनें काम करती हैं तो उनके रख-रखाव के लिए तकनीकी कामगारों और विशेषज्ञों (Experts) की जरूरत होती है। तीसरे सेक्टर के श्रमिक वस्तुतः सेवा करने वाले श्रमिक हैं। गिडेन्स ने चिकित्सकों, शिक्षकों, प्रबंधकों तथा कर्मचारियों को तृतीय सेक्टर में सम्मिलित किया है।

यदि हम उद्योग के इन तीन सामाजिक आयामों को समाज के स्तर पर देखें तो ज्ञात होगा कि विकासशील देशों में कोई दो-तिहाई लोग कृषि में काम करते हैं। शेष बचे हुए श्रमिक विकसित और औद्योगिक देशों में पाए जाते हैं। इन विकसित देशों में काफी कम प्रतिशत लोग कृषि उत्पादन में लगे होते हैं। उदाहरण के लिए दो प्रतिशत से भी कम लोग खेती करते हैं। औद्योगिक समाजों की एक अन्य विशेषता यह है कि इनमें सेवा करने वाले लोगों की जनसंख्या ज्यादा होती है। यह अनुमान है कि आज सम्पूर्ण श्रमशक्ति का आधा भाग कारखानों में काम करता है।

विनिमय का वर्गीकरण

आज जब कभी हम अर्थव्यवस्था की चर्चा करते हैं तो हमारा मार्गदर्शक सन्दर्श विनिमय (Exchange) होता है। सामान्यरूप से अर्थव्यवस्था का मतलब है विनिमय व्यवस्था। विनिमय की पद्धति का सम्बन्ध उत्पादन के क्षेत्र में दक्षता और कुशलता से है। अनेक बार विनिमय का सम्बन्ध श्रम विभाजन से भी जोड़ा जाता है। जब से आदमी ने जीवित रहने के लिए उत्पादन को अपनाया है, किसी न किसी रूप में तब से कोई न कोई विनिमय व्यवस्था जरूर रही है। आदिम समाजों में इतिहास की एक लम्बी अवधि तक वस्तु विनिमय की परम्परा रही है। इस व्यवस्था में मुद्रा का उपयोग नहीं था, किसी प्रकार का चलन नहीं था। इसमें वस्तु के बदले, वस्तु ली जाती थी। ट्रोबियेन्ड आदिवासी मछलियों को देकर उसके बदले में अन्य वस्तुएँ लेते थे। विनिमय की यह पद्धति सरल समाजव्यवस्था और उत्पादन की आरम्भिक अवस्था में ही सम्भव थी।

आज जब उत्पादन व्यवस्था परिवर्तित गई है, प्रत्येक देश की अपनी मुद्रा पद्धति है, विनिमय के प्रतिमान में भी फर्क आया है। मुद्रा मुख्य रूप से विनिमय के माध्यम, मूल्य के मानक और अदायगी के साधन की भूमिका निभाती है। इस कारण आज की औद्योगिक अर्थव्यवस्था पूरी तरह विनिमय पद्धति पर आधारित है। अन्तर्राष्ट्रीय बाजार में भी विनिमय की एक ऐसी व्यवस्था विकसित की गई है जो क्रय-विक्रय में आड़े नहीं आती।

बाजार

विश्वव्यापीकरण का प्रभावी मुहावरा यह है कि किसी भी तरह के विनिमय में बाजार सबसे ज्यादा प्रमुख है। यह एक ऐसी आर्थिक शक्ति है जो वस्तुएँ मोल-भाव कर निर्धारित करती है। किसी भी वस्तु का आयात-निर्यात वस्तु के भाव

पर निर्भर रहता है और वस्तु के भाव बाजार पक्के करता है। "बाजार का अस्तित्व वस्तुओं के एक से अधिक विक्रेताओं के अस्तित्व पर निर्भर है। औद्योगिक पूँजीवादी व्यवस्था में बाजार की कार्य पद्धति मुक्त बाजार और खुली प्रतिस्पर्धा पर आधारित है। खरीदने वाले तथा बेचने वालों में आपसी प्रतिस्पर्धा तथा मोलभाल के कारण दाम, वस्तुओं के गुण और संविदा के बीच सन्तुलन बना रहता है।"

वर्तमान अर्थव्यवस्था में बाजार की जो भूमिका हम देखते हैं उसका प्रारम्भ बहुत पुराना नहीं है। दुनिया भर में इस व्यवस्था का सम्बन्ध उत्पादन की प्रक्रिया से जुड़ा हुआ है। शुरू में बाजार जैसी कोई व्यवस्था नहीं थी। लोग सामूहिक सम्बन्धों के आधार पर वस्तु विनिमय कर लिया करते थे। यह अर्थव्यवस्था ऐसी थी जिसे जीविकोपार्जन अर्थ व्यवस्था यानी ऐसी व्यवस्था जिसके द्वारा लोगों का जीवन चल जाता था कहते थे। जो कुछ खेत में पैदा होता था, उससे लोग अपना जीवन चला लेते थे। आवश्यकता पड़ने पर अपने उपार्जन को विनिमय द्वारा दूसरों को दे देते थे। और इस प्रकार समुदाय पीढ़-दर-पीढ़ी चलते रहते थे। कुछ समुदायों के जीवन में ऐसी अवस्था भी आई जब उपभोग के अतिरिक्त वस्तुओं का उत्पादन होने लगा। इस अतिरिक्त उत्पादन को बेचने हेतु बाजार की जरूरत हुई। हमारे देश के आदिवासी बाजार अर्थव्यवस्था में अभी हाल ही में आए हैं। इन समुदायों में हाट यानी छोटे स्थानीय बाजारों का आविर्भाव हुआ। अब आदिवासी अपनी ऊपज को जो उनके उपयोग से ज्यादा थी बाजार में लाकर विनिमय करने लगे। इसका प्रभाव विनिमय पद्धति पर भी पड़ा। अब सामूहिक या व्यक्तिगत विनिमय का स्थान बाजार ने ले लिया। इस अर्थ में, बाजार व्यवस्था वह है जहाँ जीविकोपार्जन से ज्यादा उत्पादन को बेचा जा सके। और उपभोग की अन्य वस्तुओं का विक्रय हो सके। विकास के कार्यक्रमों ने आदिवासी जीविकोपार्जन अर्थव्यवस्था को बाजार अर्थव्यवस्था (Market Economy) में परिवर्तित कर दिया है। इस अर्थव्यवस्था ने सम्पूर्ण उत्पादन प्रक्रिया को ही बदल दिया है। स्थिति यहाँ तक पहुँच गई है कि किसान जो कुछ उत्पादन करता है, वह बाजार हेतु ही होता है। वह अपने उपभोग की वस्तुओं को बाजार में खरीद लेता है। बाजार में जिन खाद्यान्नों के भाव ऊँचे होते हैं, किसान उन्हीं खाद्यान्नों की पैदावार लेता है। आज इस तरह बाजार सम्पूर्ण उत्पादन प्रक्रिया को बदल देते हैं। बाजार का यह क्षेत्र स्थानीयता से आगे बढ़कर राष्ट्रीय और अन्तर्राष्ट्रीय स्तर तक बढ़ गया है। आज तो इलेक्ट्रॉनिक तथा युद्ध के हथियारों का भी अन्तर्राष्ट्रीय बाजार बन गया है।

विश्व में आज जो अर्थव्यवस्था प्रचलित है, उसमें हमारे सभी लेन-देन के कार्य बाजार में ही होते हैं। श्रम, उद्यमी सेवाओं, उपभोक्ताओं के लिए वस्तुओं, वित्तीय सेवाओं, पूँजी तथा विनियोग की राशियों का सम्पूर्ण कारोबार बाजार में होता है। बाजार के भी अनेक प्रकार हैं। विभिन्न छोटे-छोटे और विशेषीकृत बाजार देखे जा सकते हैं। उदाहरणार्थ श्रम के बाजार की अलग-अलग तरह के श्रम के अनुसार कई श्रेणियाँ हैं—जैसे लोहा-इस्पात उद्योग में श्रम, रबड़ उद्योग में श्रम, हीरा उद्योग में श्रम इत्यादि। बाजार का जन्म तब होता है जब किसी वस्तु अथवा सेवा की पूर्ति करने वाले अनेक व्यक्ति हों और कई व्यक्ति अथवा संगठन उस वस्तु अथवा सेवा को प्राप्त करना चाहते हों। वस्तु की पूर्ति करने वाले लोग और इसी तरह वस्तु को प्राप्त करने वाले लोग बाजार में आते हैं। सामान्यतया बाजार आंशिक रूप से कानून द्वारा नियमित होते हैं। वैसे बाजार में सभी कामकाज परम्परागत रूप से होता है।

बाजार पद्धति

हेरी एम. जॉनसन का कहना है कि बाजार एक सामाजिक प्रणाली है और समाजशास्त्र में इसे आर्थिक व्यवस्था न समझकर एक सामाजिक व्यवस्था के रूप में देखा जाता है। बाजार को हम एक व्यवस्था इसलिए कहते हैं कि इसमें क्रेता यानी खरीददार और विक्रेता अर्थात् बेचने वाला, दोनों ही मिलते हैं। इसी वजह से बाजार क्रेताओं और विक्रेताओं की गतिविधियों का केन्द्र है। वस्तुओं के दाम यहाँ माँग और पूर्ति तथा प्रतियोगिता द्वारा निर्धारित होते हैं। जॉनसन का कहना है कि बाजार का अर्थ इसके संकुचित और विस्तृत रूप में लिया जाता है। अपने संकुचित अर्थ में, यह जरूरी है कि विनिमय की शर्तों के बारे में स्पष्ट सौदेबाजी हो, और विनिमय प्रक्रिया के दोनों ही पक्षों में स्पष्ट रूप से प्रतियोगिता हो—व्यापारियों के मध्य में प्रतियोगिता तथा खरीददारों के बीच में प्रतियोगिता। लेकिन बाजार की यह संकुचित परिभाषा हर एक तरह के विनिमय पर ठीक नहीं बैठती। हमारी आज की अर्थव्यवस्था में भी यह प्रासंगिक नहीं है। इस तथ्य का खुलासा करते हुए जॉनसन लिखते हैं—

हम एक मरीज और प्राइवेट डॉक्टर के बीच होने वाले विनिमय को लें। यह संस्थागत प्रतिमान ही ऐसा है कि इसमें शर्तों के बारे में सौदेबाजी करीब-करीब हो ही नहीं सकती। इसमें यह मानकर चला जाता है कि मरीज जो पैसा देता है वह प्रतियोगितापूर्ण बाजार में उन सेवाओं के मूल्य के अनुरूप न होकर अपनी देने की भावना पर निर्भर करता है, चूँकि उसे अन्य पारिवारिक जरूरतों को भी लक्ष्य में रखना

होता है। इतना ही नहीं, प्रतियोगिता को भी प्रायः प्रश्रय नहीं दिया जाता। डॉक्टरों से यह अपेक्षा नहीं की जाती कि वे व्यापार के जैसा अपने विज्ञापन करें और मरीज से भी यह अपेक्षा की जाती है कि वह अपने डॉक्टर में विश्वास रखे और इलाज के लिए दुकान-दुकान भटकते न फिरें।

बाजार का वर्गीकरण

अर्थशास्त्रियों ने बाजार को दो भागों में बाँटा है–(1) पूर्ण बाजार; और (2) अपूर्ण बाजार। बाजार मुख्य रूप से खुली प्रतियोगिता पर निर्भर रहती है। प्रतियोगिता की स्थिति में कोई भी विक्रेता अथवा क्रेता इतना शक्तिशाली नहीं होता कि अपनी इच्छा मात्र से बाजार को प्रभावित कर सके। यदि अन्य प्रतियोगिताओं की तुलना में कोई क्रेता या विक्रेता आर्थिक दृष्टि से ज्यादा शक्तिशाली है तो बाजार में एकाधिकार का जन्म होता है। इस स्थिति में अन्य प्रतियोगी बाजार से समाप्त हो जाते हैं। इसे अपूर्ण बाजार कहा जाता है।

"समाजवादी व्यवस्था बाजार और प्रतियोगिता की समाप्ति पर जोर देती है। समाजवादी व्यवस्था में नियोजन, नियमन तथा सहयोग महत्त्वपूर्ण सामाजिक आर्थिक प्रक्रियाएँ होती हैं। समाजवादी व्यवस्था के व्याख्याकारों के अनुसार पूँजीवादी आर्थिक व्यवस्था बाजार की खोज में साम्राज्यवाद का रूप लेती है। पूँजीवादी उत्पादन पद्धति में बाजार पर आधारित अर्थव्यवस्था एकाधिकार तथा शोषण को जन्म देती है। समाजवादी व्यवस्था पूँजीवाद, बाजार, प्रतियोगिता तथा साम्राज्यवाद की समाप्ति पर बल देती है।"

आज दुनिया में पूँजीवादी और समाजवादी देशों में जो शीतयुद्ध था, खत्म हो गया है। अब उदारवादी बाजार व्यवस्था ने प्रतियोगिता को एक नई दिशा दी है। यह समझा जाने लगा है कि विकासशील देशों में उपभोक्ताओं की तादात काफी अधिक है, उनकी जरूरतें काफी ज्यादा हैं। ऐसी अवस्था में विकसित देशों ने यहाँ अपने बाजार खोल दिए हैं। उदारवादी नीति के फलस्वरूप बहुराष्ट्रीय कम्पनियाँ एशिया में पूरी प्रतियोगिता के साथ व्यापार करने के लिए आ गई हैं। बाजार का यह नया आविर्भाव अऐतिहासिक है। इसने आयात और निर्यात को एक नए धरातल पर खड़ा कर दिया है। पूँजीपतियों के लिए एक नए अन्तर्राष्ट्रीय बाजार का सूत्रपात हो गया है। जहाँ बाजार अन्तर्राष्ट्रीय बन गया है, वहाँ इन नए उद्योगों ने पर्यावरण और प्रदूषण की भयावक स्थितियाँ एशिया और अफ्रीका के देशों में पैदा कर दी हैं। ऐसा लगता है कि इन अति-औद्योगिक पूँजीवादी देशों ने अपने यहाँ की प्रदूषण की समस्या को विकासशील देशों की ओर धक्का दे दिया है।

पूर्व औद्योगिक तथा औद्योगिक आर्थिक पद्धतियों का सामाजिक पक्ष

औद्योगिक दृष्टिकोण से समाज का उद्‌विकास मोटे रूप में दो भागों में बाँटा जा सकता है। समाज का पहला भाग पूँजीवाद और उद्योग के आने से पहले का है। इस अर्थव्यवस्था को **पूर्व औद्योगिक अर्थव्यवस्था** (Pre-Industrial Economic System) कहते हैं। इस अर्थव्यवस्था में साधारणतया जीविकोपार्जन का साधन, खाद्य-संग्रहण, शिकार और खेती-बाड़ी थे। पूँजीवादी व्यवस्था से पूर्व जो अर्थव्यवस्था थी वह सामन्तवादी व्यवस्था के परिवेश में आती है। इतिहास के इस युग में समझा जाता था कि राजा को परमात्मा ने हुकूमत करने के लिए ही पैदा किया है। राजनीतिशास्त्र में इसे **दैवीय अधिकार सिद्धान्त** (Divine Right Theory) कहते हैं। यह सिद्धान्त सामन्तवादी व्यवस्था का मूलाधार रहा है।

पूर्व-औद्योगिक आर्थिक प्रणाली में जो सामाजिक जीवन था वह हर तरह से पूँजीवादी सामाजिक व्यवस्था से अलग था। प्रारम्भ में कबीलों और आदिवासी समुदायों में रहने वाले लोग खाद्य-संग्रहण और शिकार द्वारा जीविकोपार्जन करते थे। धीरे-धीरे जंगली जानवरों तथा पौधों के स्थान पर मनुष्य ने जमीन का उपयोग शुरू किया। विकास की इस अवस्था में भूमि का स्वामित्व कबीलों और समुदायों का था। धीरे-धीरे कृषि व्यवस्था विकसित हुई।

कृषि व्यवस्था के विकास के साथ हल की खोज हुई। मानवीय श्रम के साथ-साथ पशुओं के श्रम का उपयोग करना भी मनुष्य ने सीखा। अब अतिरेक उत्पादन की शुरुआत हुई। इस उत्पादन ने विनिमय व्यवस्था को जन्म दिया। विनिमय के लिए बिचौलियों की प्रथा शुरू हुई। सत्यमित्र दुबे और दिनेश शर्मा ने पूर्व औद्योगिक आर्थिक प्रणाली के कतिपय लक्षणों का वर्णन निम्न बिन्दुओं में किया है–

1. नियमित हाटों का विकास,
2. स्थानीय व्यापार के केन्द्र के रूप में ग्रामीण बाजारों का विकास,
3. ग्रामों के मुखियों अथवा विभिन्न ग्रामों के सरदारों की प्रथा का विकास,
4. उत्पादन के मुख्य स्रोत के रूप में भूमि का उपयोग,
5. भूमि का सामुदायिक, पारिवारिक अथवा व्यक्तिगत स्वामित्व,
6. अतिरिक्त उत्पादन हेतु पारस्परिक विनिमय पद्धति का विकास।

पूर्व औद्योगिक आर्थिक प्रणाली में सामाजिक जीवन का सीधा सम्बन्ध जीविकोपार्जन से था। उत्पादन की समस्त प्रक्रियाओं का सम्बन्ध सीधा परिवार और

समुदाय से जुड़ा हुआ था। इस तरह की जीवन शैली में **व्यक्तिवाद** (Individualism) की कोई भूमिका नहीं थी। समाज की महत्त्वपूर्ण इकाई समुदाय था। इसी कारण समुदाय में जितने भी प्राकृतिक संसाधन थे, उन पर संपूर्ण अधिकार समुदाय का ही था। हमारे देश में तो पूर्व औद्योगिक आर्थिक प्रणाली अंग्रेजी हुकूमत के आने से पहले तक प्रचलित थी। स्थायी भूमि बन्दोबस्त होने से पूर्व कृषि भूमि पर स्वामित्व समुदाय का ही था। इस व्यवस्था से पहले भूमि कभी भी व्यक्तिगत सम्पत्ति नहीं रही। हमारे यहाँ भूमि पर कब्जा व्यक्ति का न होकर समुदाय का था।

पूर्व औद्योगिक आर्थिक प्रणाली में कृषि के अतिरेक दुनियाभर के समाजों में हस्तशिल्प और कारीगरी का विकास भी हुआ। पूर्व औद्योगिक नगर भी उभर कर सामने आए। पश्चिमी और पूर्वी यूरोप में समान्तवाद की नींव पड़ी। इस व्यवस्था ने **रैयत** यानी **किसान** (Serf) को **सामन्त** (Feudal) पर निर्भर कर दिया। सामन्तवादी सामाजिक जीवन में किसान उत्पादन करता था और इसके बदले में उसे अपनी ऊपज का बहुत बड़ा भाग सामन्त को देना पड़ता था। व्यावहारिक जीवन में सामन्त न सिर्फ आर्थिक वरन् जीवन के अन्य क्षेत्रों में भी किसान पर अपना प्रभुत्व रखता था। इस प्रकार की पूर्व औद्योगिक अर्थव्यवस्था वस्तुतः किसी भी व्यक्ति को सिर्फ जीवित ही रख पाती थी। इस व्यवस्था में सामाजिक और सांस्कृतिक जीवन नगण्य था।

औद्योगिक आर्थिक पद्धति

पूर्व औद्योगिक आर्थिक व्यवस्था वस्तुतः सामन्तवादी अर्थव्यवस्था थी। इस व्यवस्था में सामाजिक दृष्टि से किसान की स्थिति काफी खराब थी। उससे बिना किसी भुगतान के श्रम करवाया जाता था। एक तरह से ऐसा श्रम गैर-बराबरी का विनिमय था। किसानों के अलावा पूर्व औद्योगिक आर्थिक व्यवस्था में व्यापार और व्यवसाय का विकास भी पर्याप्त नहीं हो पाता था। देखा जाए तो सामन्तों के हितों के मुकाबले आम आदमी को उत्पादन करने की कोई प्रेरणा नहीं थी।

भारत और यूरोप का इतिहास प्रमाणित रूप से यह बताता है कि 15वीं शताब्दी तक पहुँच कर सामन्तवाद समाप्त हो गया। इसके पश्चात् 18वीं शताब्दी में पहुँचकर औद्योगिक क्रान्ति हो गई। भाप तथा इंजन के आविष्कार ने उद्योगों को बढ़ाया। उद्योग की वृद्धि ने समस्त अर्थव्यवस्था को परिवर्तित कर दिया। औद्योगीकरण का बहुत बड़ा प्रभाव तो यह हुआ कि इसने पूँजीवाद को जन्म दिया। मार्क्स, मेक्स वेब़र, पेरेटो सभी ने पूँजीवाद पर काफी कुछ लिखा है। दूसरा प्रभाव पूँजीवाद के यानी

औद्योगिक विकास के फलस्वरूप दस्तकारों, शिल्पियों और कुटीर उद्योग पर पड़ा। अब समाज के अलग-अलग क्षेत्र प्रकार्यात्मक रूप से एक दूसरे से जुड़ने लगे।

यूरोप तथा अमरीका में औद्योगिक अर्थव्यवस्था का उद्‌गम जिन ऐतिहासिक कारणों से हुआ है, उसका आधार तर्क परक व्यक्तिवाद (Rationalist Individualism) है। इस तर्कपरकता ने इन देशों के समस्त जीवन को झकझोर दिया। उदाहरणार्थ, तर्कपरक व्यक्तिवाद ने धर्म सुधार आन्दोलन को विकसित किया। शिक्षा के क्षेत्र में प्राकृतिक विज्ञान को बढ़ावा दिया, समाज विज्ञान ने प्रजातान्त्रिक सरकार की विचारधारा को पोषित किया। इसी विवेकशीलता के कारण सम्पूर्ण यूरोप में एक प्रकार की पूँजीवादी सभ्यता (Capitalistic Civilisation) का सूत्रपात हुआ। समाज में उद्योग के आने से जो परिवर्तन आया, उसके आधार पर कहना चाहिए कि पूँजीवाद केवल एक आर्थिक व्यवस्था ही नहीं है, यह जीवन की एक शैली भी है।

18वीं शताब्दी में चली औद्योगिक क्रान्ति ने 19वीं शताब्दी के मध्य में औद्योगीकरण को एक निश्चित दिशा प्रदान की। पिछले 100 वर्षों में औद्योगिक आर्थिक व्यवस्था में जो परिवर्तन आया है, उसके कुछ मुख्य लक्षणों का हम यहाँ उल्लेख करेंगे।

औद्योगिक आर्थिक व्यवस्था के प्रमुख लक्षण

1. औद्योगिक पूँजीवादी व्यवस्था में सबसे प्रमुख बात उत्पादन के साधनों का स्वामित्व है। उत्पादन के साधनों में भूमि, कल-कारखाने और प्राकृतिक संसाधन हैं।
2. औद्योगिक अर्थव्यवस्था और इस मतलब से पूँजीवादी सभ्यता, संसाधनों के वैयक्तिक स्वामित्व पर जोर देती है। इसका तात्पर्य यह हुआ है कि जो उत्पादन करने वाली सम्पत्ति का मालिक है उसके पास वह शक्ति आ जाती है जिसके द्वारा वह दूसरे लोगों के जीवन पर अपना नियन्त्रण रख सके। इसका यह भी मतलब निकलता है कि उत्पादन शक्ति के स्वामित्व को विभिन्न लोगों के हाथों में दे दिया जाए जिससे शक्ति का विकेन्द्रीकरण हो जाए।
3. औद्योगिक पूँजीवादी व्यवस्था का एक और लक्षण यह है कि यह बाजार अर्थव्यवस्था पर चलती है। पूर्व औद्योगिक आर्थिक व्यवस्था साधारणतया स्थानीय थी और यह आत्मनिर्भर थी। परिवार के उपभोग हेतु जितना चाहिए

था, पैदा कर लिया जाता था। औद्योगिक अर्थव्यवस्था में ऐसा नहीं होता, इसमें बृहत् श्रम विभाजन होता है। बाजार अर्थव्यवस्था इस तरह आज भी औद्योगिक अर्थव्यवस्था की आधारशिला है।

4. औद्योगिक अर्थव्यवस्था आवश्यक रूप से प्रतियोगात्मक होती है। पूर्व औद्योगिक अर्थव्यवस्था में सिर्फ परम्पराएँ और रीति-रिवाज ही निश्चित करते थे कि आदमी को किन वस्तुओं का उत्पादन करना है। आज की औद्योगिक अर्थव्यवस्था साधारणतया रूढ़िवादिता और परम्परा से मुक्त होती है। ऐसी अवस्था में प्रत्येक व्यक्ति अपनी स्वतन्त्रता के आधार पर धन्धों को अपनाता है यानी अब धन्धे करने की छूट है। इसी कारण यह कहा जाता है कि आज के आर्थिक युग में व्यापार, धन्धे आदि के वरण सम्बन्ध में व्यक्ति अपनी पसंदगी को काम में लाता है। इसी कारण इस व्यवस्था में प्रतियोगिता की भूमिका महत्त्वपूर्ण है।

5. लाभ लेने का सिद्धान्त औद्योगिक अर्थव्यवस्था का सबसे ऊपरी लक्षण है। यह अवश्य है कि पूर्व-औद्योगिक अर्थव्यवस्था में भी मुनाफाखोरी का कोई न कोई स्थान अवश्य था। यह होते हुए भी निर्विवाद रूप से यह कहा जाना चाहिए कि पूर्व-औद्योगिक और आज की औद्योगिक अर्थव्यवस्था में बहुत भारी अन्तर है। पूँजीवादी अर्थव्यवस्था में मुनाफाखोरी की सम्भावना स ` अधिक होती है। ऐबेन्स्टन ;म्इमदेजमपदद्ध का कहना है कि लाभ व्याख्या में तीन बिन्दु अत्यंत महत्त्वपूर्ण हैं:

(1) व्यापार और धन्धे की स्वतन्त्रता;
(2) सम्पत्ति अर्जन की स्वतन्त्रता; और
(3) संविदा करने की स्वतन्त्रता।

आधुनिक पूँजीवादी व्यवस्था प्रत्येक अर्थों में मुनाफाखोरी की व्यवस्था है। लेकिन यह समझना भूल होगी कि यह व्यवस्था हर परिस्थिति में फायदेमंद ही है। इस व्यवस्था में अनेक बार उत्पादन साधनों के स्वामी को हानि भी उठानी पड़ती है।

6. औद्योगिक अर्थव्यवस्था में तकनीकी के प्रयोग की काफी बड़ी भूमिका है। यह तकनीकी आविष्कारों के फलस्वरूप ही है कि उद्योगों में उत्पादन की वृद्धि होती है। लेकिन यह तकनीकी केवल फैक्ट्रियों या कारखानों में ही उपयोगी हो, ऐसा नहीं है। इसने कृषि को भी प्रभावित किया है। विकासशील देशों में तकनीकी प्रयोग के कारण खेतों में उत्पादन कई गुना बढ़ गया है। अब हमें इन देशों में कृषि पूँजीवाद देखने को मिलता है।

7. औद्योगिक अर्थव्यवस्था का एक काफी बड़ा पहलू उत्पादन सम्बन्धों का है। देखा जाए तो उत्पादन पद्धतियों के परिवर्तन के फलस्वरूप उत्पादन सम्बन्धों में भी विकास हुआ है। पुरानी सरल व्यवस्था के तहत आर्थिक संगठन काफी सीमित था। परिवार ही भूमि अथवा दस्तकारी के उपकरणों का स्वामी होता था। अपने उत्पादन के साधनों यथा हल, बैल, करघा, भट्टी तथा उत्पादित वस्तुओं अनाज, कपड़ा, औजार, आदि का प्रबन्ध परिवार करता था। उद्योगों के कारण अब अर्थव्यवस्था में परिवर्तन आ गया है और उत्पादन सम्बन्ध जटिल हो गए हैं। सच्चाई यह है–
   (क) श्रम का स्थान पूँजी ने ले लिया है;
   (ख) उत्पादन की ईकाई कारखाना बन गया है;
   (ग) मानवीय और पशुओं के श्रम का स्थान मशीनों ने ले लिया है;
   (घ) उद्योगपतियों का स्थान प्रबन्धकों के हाथों में आ गया है।
8 जब से औद्योगिक क्रान्ति हुई है, व्यापार-धन्धों में अधिकारी तन्त्र का उद्गम भी हुआ है। मेक्स वेबर इस तथ्य को समझ गए थे कि शहरों और नगरों के विकास और उनमें चलने वाले उद्योगों के कारण अधिकारीतन्त्र का प्रभाव तो सदैव बढ़ता ही जाएगा। आज कोई भी व्यवसाय ऐसा नहीं है जिसमें किसी न किसी तरह का अधिकारीतन्त्र का अस्तित्व सरकारी विभागों में न होता हो। लेकिन आज जब उद्योग अत्यधिक विकसित हो गया है अधिकारीतन्त्र इसका एक आवश्यक अंग बन गया है।

औद्योगिक अर्थव्यवस्था के मॉडल्स

औद्योगिक अर्थव्यवस्था के फलस्वरूप कोई एक ही मॉडल विकसित हुआ हो, ऐसा नहीं है? हर देश ने अपने स्थानीय सन्दर्भों और इतिहास के आधार पर अर्थव्यवस्था के प्रतिरूप विकसित किए हैं। उदाहरणार्थ हमारे देश में हम जवाहरलाल नेहरू द्वारा विकसित किए गए मिश्रित अर्थव्यवस्था की प्रायः चर्चा करते हैं। अमरीका में आधुनिक पूँजीवादी व्यवस्था का मॉडल ऐसा है जो निजी सम्पत्ति के विकास का समर्थन करता है। समाजवादी देश औद्योगिक अर्थव्यवस्था से प्रभावित तो हैं लेकिन उनके मॉडल पर समाजवाद का प्रभाव ज्यादा देखने को मिलता है। ये सब अर्थव्यवस्था के मॉडल या प्रतिरूपन उद्योग, पूँजीवाद, विश्वव्यापीकरण और उदारवाद से प्रभावित तो हैं लेकिन हर मॉडल पर अपने देश के इतिहास, परम्परा, और सन्दर्भ का प्रभाव बराबर देखने को मिलता है।

पूँजीवादी मॉडल

आधुनिक औद्योगिक अर्थव्यवस्था का मॉडल वस्तुतः पूँजीवादी है। इसे हम इंग्लैण्ड, फ्रांस, अमरीका, कनाडा, ऑस्ट्रेलिया तथा जापान में पाते हैं। इस मॉडल की विशेषताएँ अत्यन्त विकसित प्रौद्योगिकी, संचार के परिष्कृत साधन, बड़े पैमाने पर समुन्नत नगरीकरण, यातायात के काफी विकसित आधुनिक साधन, मुक्त बाजार, खुली प्रतियोगिता आदि हैं। औद्योगिक विकास का यह पूँजीवादी मॉडल है। इस मॉडल में विशाल आर्थिक निगम, बड़ी कम्पनियाँ, बैंक, विशाल उद्योग, व्यक्तिगत स्वामित्व, पूँजीपतियों, श्रमिकों और विभिन्न व्यवसायों के संघ पाए जाते हैं।

समाजवादी मॉडल

यह मॉडल समाजवादी देशों में प्रमुख रूप से पाया जाता है। प्रौद्योगिकी, नगर, बैंक, उद्योग आदि की विशेषताओं की दृष्टि से यह मॉडल पूँजीवादी मॉडल से भिन्न है। इसका एक दृष्टान्त जो संस्मरण के रूप में बीयरस्टीड (Bierstedt) ने दिया है, हम यहाँ रखेंगे–किसी समय अमरीका का एक यान्त्रिकी इन्जीनियर रूस गया। जिज्ञासावश वह एक कारखाने को देखने गया। रूस के कारखाने के मैनेजर ने बड़ी प्रसन्नता से उसे सारा कारखाना दिखाया। अमरीकी इन्जीनियर कारखाने के रख-रखाव और उत्पादन क्षमता से बहुत खुश हुआ। कारखाने से लौटते हुए उसने मैनेजर से एक प्रश्न पूछा–''पोर्टिको में खड़ी हुई यह कार किसकी है?'' तपाक से मैनेजर ने उत्तर दिया–''हमारे सभी मजदूर पैदल आते हैं। कार मैनेजर की है।'' अमरीकी इन्जीनियर को समाजवाद का एक जायजा देखने को मिला। उसने रूसी इन्जीनियर को दावत दी कि जब कभी वह अमरीका आए, वहाँ के कारखाने को जरूर देखे। संयोगवश रूसी इन्जीनियर ने अमरीकी कारखाने को देखा। उसने पूछ ही लिया–''इस कारखाने के परिसर में जो अगणित कार-गाड़ियाँ खड़ी हैं, वे किसकी हैं?'' ''मजदूरों की हैं।'' जवाब था। यह दृष्टान्त दो मॉडल के अन्तर को बताता है। समाजवादी देशों में मजदूर प्राथमिक होकर भी गौण थे। और अमरीका में मजदूर गौण होकर भी, प्राथमिक थे। वे कार में आते थे।

यदि हम आधुनिक औद्योगिक अर्थव्यवस्था के पूँजीवादी और समाजवादी मॉडल को तुलनात्मक दृष्टि से देखें तो निम्न अन्तर स्पष्ट होते हैं–

(1) समाजवादी देशों में औद्योगीकरण की शुरुआत पूँजीवादी देशों के बाद में हुई। समाजवादी मॉडल के अन्तर का यह प्रमुख कारक है।

(2) पूँजीवादी मॉडल में औद्योगीकरण व्यक्तिगत स्वामित्व और जोखिम उठाने का साहस रखने वाले उद्यमियों के प्रयत्न का नतीजा था जबकि समाजवादी मॉडल में यह सब प्रयत्न राज्य द्वारा नियन्त्रित नियोजन का था।

(3) समाजवादी मॉडल में उद्योगों का स्वामित्व राज्य के हाथ में है; पूँजीवादी मॉडल में यह स्वामित्व निजी कम्पनियों और निगमों के हाथ में है।

(4) पूँजीवादी मॉडल के तहत आर्थिक क्रिया का उद्देश्य व्यक्तिगत लाभ की भावना होती है, सामूहिक कल्याण की नहीं। इसी कारण पूँजीवादी देशों में औद्योगिक अर्थव्यवस्था ज्यादा विकास है।

उद्योग में मिश्रित अर्थव्यवस्था मॉडल

इस तरह के मॉडल न तो विशुद्ध रूप से पूँजीवादी होते हैं और न समाजवादी। इस अर्थव्यवस्था ने कारखानों के स्वामित्व को एक सीमा तक राज्य के हाथों में रखा है और इसी तरह कुछ हद तक निजी स्वामित्व के हाथ में मिश्रित मॉडल में समाजवाद और पूँजीवाद दोनों को स्थान दिया गया है। उदाहरणार्थ, हमारे यहाँ एक ओर तो निजी संसाधनों के स्वामी हैं और दूसरी ओर सार्वजनिक उत्पादन के क्षेत्र हैं। निजी स्वामित्व हमें व्यक्तियों और शेयरधारकों के अधीन दिखता है और सार्वजनिक क्षेत्रों का स्वामित्व राज्य का है। इस प्रकार के औद्योगिक अर्थव्यवस्था के मिश्रित मॉडल हमें दुनिया के विकासशील देशों में देखने को मिलते हैं।

विश्वव्यापीकरण और उदारीकरण के दौर में आज ऐसा वातावरण बना है जिसके फलस्वरूप सार्वजनिक क्षेत्र में काम करने वाले उद्योग आर्थिक संकट में हैं। ये उद्योग वस्तुतः बीमार उद्योग हैं। ऐसा प्रतीत होता है कि इस नए दौर में पूँजीवादी उद्योग के ज्यादा विकसित होने की सम्भावना है। आवश्यक रूप से आधुनिक औद्योगिक अर्थव्यवस्था ने दुनिया भर के समाजों को प्रभावित किया है। इधर ई. 1991 में सोवियत संघ का विघटन हुआ है। इसके फलस्वरूप लगता है कि जो नई अर्थव्यवस्था उभरकर आ रही है वह एक रेखीय है। अर्थव्यवस्था के जो विभिन्न मॉडल हैं उनकी दिशा पूँजीवादी मॉडल की ओर है। अब समाजवाद दुनियाभर में हाशिए पर आ गया है। अमरीका में जिस पूँजीवादी मॉडल की लोकप्रियता है उसकी निम्न प्रकार की विशेषताएँ हैं:

(1) मुद्रा का संस्थागत स्वरूप,
(2) उत्पादक, वितरक और उपभोक्ता के अपने निजी संगठन,
(3) प्रबन्धकों की न कि कारखानों के मालिक की प्रमुख भूमिका,

(4) एकाधिकार की प्रवृत्ति, और

(5) सामूहिक सौदेबाजी।

हमारे देश में निश्चित रूप से यह कहना मुश्किल है कि यहाँ भी अर्थव्यवस्था का रूझान अमरीकी मॉडल की ओर है। यह इसलिए कि देश में सार्वजनिक क्षेत्र में काम करने वाले ज्यादा कारखानों के बीमार होने पर भी आग्रहपूर्वक कहा जा रहा है कि इन कारखानों में से ज्यादा को जीवित रखा जाएगा। इस तरह की मंशा सामाजिक न्याय से प्रेरित है। पूँजीवादी मॉडल की ओर झुकाव होते हुए भी अभी हमारे यहाँ मिश्रित पूँजीवादी व्यवस्था के बने रहने की काफी सम्भावना है।

औद्योगिक तथा सामाजिक बदलाव

वास्तव में औद्योगीकरण आर्थिक प्रक्रियाओं को प्रभावित करता है। इसके फलस्वरूप अर्थव्यवस्था में परिवर्तन आता है। लेकिन अर्थव्यवस्था के बदलने के साथ-साथ औद्योगीकरण समाज की अन्य व्यवस्थाओं में भी बदलाव लाता है। जब औद्योगीकरण के फलस्वरूप आर्थिक व्यवस्था बदलती है, तब इसका प्रभाव राजनीति के क्षेत्र में देखने को मिलता है। विकासशील देशों में, और विशेषकर एशिया में आर्थिक कारकों का प्रभाव राजनीति पर पर्याप्त रूप से देखने को मिलता है। इन देशों में चुनाव में धन की भूमिका काफी महत्त्वपूर्ण होती है। जिसके पास ज्यादा पैसा है, वह चुनाव जीतता है या जीतने वालों की सहायता करता है। अर्थव्यवस्था के साथ ही आर्थिक भ्रष्टाचार भी जुड़ गया है। एशिया के कई देशों में सबसे बड़ी समस्या भ्रष्टाचार की है। औद्योगीकरण के फलस्वरूप धर्म और सम्पूर्ण मूल्य व्यवस्था प्रभावित होती है। वह उद्योग ही है जिसके कारण **धर्म-निरपेक्षता** (Secularism) की चर्चा विस्तृत रूप से की जाती है। शिक्षा और परिवार भी औद्योगीकरण के कारण प्रभावित होते हैं। हाल में में जो आनुभविक अध्ययन हुए हैं, उनके आधार पर कहा जाता है कि औद्योगीकरण ने परिवार और शिक्षा को सबसे ज्यादा प्रभावित किया है। स्थानान्तरण जो मुख्यतया व्यवसाय से जुड़े हुए हैं, परिवार की सम्पूर्ण संरचना को बदल देते हैं। संयुक्त परिवार का स्थान केन्द्रीय परिवार ले रहे हैं; अब ऐसे परिवार उभर रहे हैं जिनमें मुखिया का काम स्त्रियाँ करती हैं। शिक्षण पाठ्यक्रम लोकप्रिय हो रहे हैं, उसका एक प्रमुख कारण त्वरित गति से होने वाला औद्योगीकरण है। औद्योगीकरण के राजनीतिक (Political), शैक्षिक (Educational), पारिवारिक (Familial), गैर-बराबरी (Stratification) और धार्मिक (Religious) नतीजा देखने को मिलते हैं। उनका विशद विवरण देने से पहले हम सबसे महत्त्वपूर्ण बात औद्योगीकरण के अर्थ को स्पष्ट करेंगे।

औद्योगीकरण क्या है

अनेक बार औद्योगीकरण और आधुनिकीकरण को पर्यायवाची अवधारणाएँ समझ लिया जाता है। इस प्रकार का सोच भ्रमपूर्ण है। वास्तव में आधुनिकीकरण एक बृहत् अवधारणा है जिसमें विभिन्न मूल्य निहित होते हैं। देखा जाए तो आधुनिकीकरण का एक भाग मात्र औद्योगीकरण है। औद्योगीकरण का सीधा प्रभाव अर्थव्यवस्था पर पड़ता है और यह अर्थव्यवस्था ही है जो सामाजिक जीवन के अलग-अलग क्षेत्रों को प्रभावित करती है। थियोडोरसन (Theodorson) ने औद्योगीकरण के लक्षणों को रखा है। उनका कहना है कि औद्योगीकरण असल में उत्पादन विधियों में लाया जाने वाला परिवर्तन है। इस प्रक्रिया द्वारा ऐसी उत्पादन शक्तियों का प्रारंभ किया जाता है, जो बिजली या भाप से चलती है। थियोडोरसन के अनुसार औद्योगीकरण के निम्न लक्षण हैं—

1. हाथ से चलाए जाने वाले औजारों का स्थान, मशीन द्वारा चलाए जाने वाले यन्त्रों ने ले लिया है। दस्तकार अपने घर में बैठकर शारीरिक श्रम द्वारा औजारों की मदद से उत्पादन करते थे। अब यह उत्पादन कारखानों में मशीनों द्वारा होता है।
2. औद्योगीकरण की प्रक्रिया में स्टेण्डर्ड (Standard) वस्तुओं का उत्पादन होता है। स्टेण्डर्ड से आशय यह है कि उत्पादन करने वाली मशीन के भाग कहीं भी बदले जा सकते हैं। हजामत बनाने का ब्लेड दुनिया में कहीं भी बने रेजर में ठीक-ठीक बैठ जाएगा। सिले-सिलाए कपड़े भी इसी स्टेण्डर्ड के कारण दुनियाभर में चल जाएँगे। इस तरह कारखाने के उत्पादन में स्टेण्डर्ड वस्तुओं को बनाने वाला भाग कहीं भी बाजार में मिल जाता है।
3. औद्योगीकरण में एक नए वर्ग का जन्म होता है, जिसे हम श्रमिक वर्ग कहते हैं। यह वर्ग दैनिक या मासिक पगार के बदले में कारखानों में काम करता है। इस वर्ग का कारखाने के स्वामित्व में कोई हिस्सा नहीं होता।
4. कृषि कार्य में जुटे हुए अधिकांश लोग औद्योगीकरण की प्रक्रिया के फलस्वरूप कारखानों में काम करते हैं।
5. औद्योगीकरण का एक परिणाम यह भी है कि इसके द्वारा जो विशाल उत्पादन होता है, वह बाजार में बिकने आता है। बाजार के विकास के साथ-साथ बड़े शहरों का उद्गम भी होता है। बाजार और शहर इस प्रकार के औद्योगीकरण के लक्षण हैं।

6. औद्योगीकरण का दूरगामी प्रभाव आधुनिकीकरण है। वस्तुतः आधुनिकीकरण समाज को समझने के बारे में एक दृष्टिकोण है। यह दृष्टिकोण मूल्यों पर आधारित होता है। और इसकी विधि वैज्ञानिक होती है।

तीसरी दुनिया के ज्यादा देश विकासशील हैं। ये देश राजनीतिक दृष्टि से इस शताब्दी के चौथे दशक में स्वतन्त्र हुए हैं। इनका उद्देश्य आधुनिकीकरण की प्रक्रिया को गति प्रदान करना है। इस उद्देश्य की प्राप्ति की कोशिशों के फलस्वरूप आज इन विकासशील देशों में औद्योगीकरण द्वारा राष्ट्र निर्माण का काम हो रहा है। इस प्रक्रिया ने आर्थिक, सामाजिक और सांस्कृतिक क्षेत्रों में जो परिवर्तन स्थापित किए हैं, उनका उल्लेख हम यहाँ क्रमिक रूप से करेंगे:

(1) पारिवारिक

जब औद्योगीकरण ज्यादा तीव्र नहीं था, सामान्यतया लोग मुख्य रूप से खेती-बाड़ी करते थे या दस्तकारी के धन्धों को परम्परा से चलाते थे। इस अवस्था में परिवार एक मुख्य आर्थिक इकाई थी जिसका जुड़ाव उत्पादन से था। औद्योगीकरण ने परिवार की संस्था को मुख्य रूप से तीन क्षेत्रों में प्रभावित किया है :

(1) औद्योगीकरण ने जहाँ वयस्कों और स्त्रियों को कारखानों या उत्पादन क्षेत्रों के कार्यालयों में ला दिया है, वहाँ परिवार के बच्चे परिवार के दायित्व बन गए हैं। दूसरी तरफ कुछ ऐसा भी हुआ है, जहाँ बच्चे भी बाल श्रमिक की तरह छोटे-मोटे कारखानों में काम करने लगे हैं। कुल मिलाकर, औद्योगीकरण ने घर और धन्धों के स्थान को पृथक् कर दिया है।

(2) औद्योगीकरण के पूर्व परिवार जहाँ आर्थिक उत्पादन की इकाई था, वह अब उपभोग की इकाई बन गया। परिवार के सभी लोग खेती-बाड़ी करते थे और जो कुछ उत्पादन होता था, उसका उपभोग करते थे या उत्पादन के एक भाग को जो ज्यादा होता था, बाजार में बेच देते थे। कुछ इसी प्रकार हस्तकला की बिक्री भी बाजार में हो जाती थी और इसकी आय से परिवार का भरण-पोषण चलता था। अब परिवार घर से बाहर आ गया, कारखानों में काम करने लगा और इससे अर्जित धन का उपभोग घर में होने लगा।

(3) अब परिवार के वयस्क जवान परिवार पर निर्भर नहीं रहे। उन्हें जो कारखाने में पगार मिलता है, उससे वे आर्थिक दृष्टि से स्वावलम्बी बन गए। केवल मुट्ठी भर लोग ही खेती-बाड़ी से जुड़े हैं। इसके फलस्वरूप परिवार के मुखिया का प्रभाव या उसकी जो परम्परागत शक्ति थी, कमजोर हो गई। बड़े शहरों

में तो आदमियों के साथ स्त्रियाँ भी कारखानों और दफ्तरों में काम करने लगी हैं। उनमें भी आर्थिक स्वावलम्बन आ गया है। इस नई प्रक्रिया ने परिवार के सदस्यों के बीच के सम्बन्धों को बदल दिया है।

इस बात को कुछ समाजशास्त्रियों ने अस्वीकार कर दिया है कि औद्योगीकरण ने केन्द्रीय परिवारों (Nuclear Family) को प्रमुख बना दिया है। इस सम्बन्ध में एम.एस. गोरे (M.S. Gore) का मुम्बई महानगर का अध्ययन प्रशंसनीय है। गोरे का कहना है कि व्यावसायिक समुदायों में अब भी संयुक्त परिवार को पसन्द किया जाता है। संयुक्त परिवार में रहकर बच्चे माता-पिता की अनुपस्थिति में मानसिक तनाव से मुक्त रहते हैं। अंग्रेज यह भी कहते हैं कि व्यावसायिक समुदायों में संयुक्त परिवार के बढ़ते हुए प्रचलन से परिवार सुदृढ़ रहता है।

जब अमरीका में 1934 ई. में औद्योगीकरण बहुत अधिक हो गया था **ऑग्बर्न** (Ogburn) ने कहा था कि परिवार के आधारभूत कार्य इस बदलते हुए दौर में परिवर्तित हो गए थे। अनेक प्रकार के कार्य जो परम्परा से परिवार करता आ रहा था, तकनीकी विकास और प्रयोग के कारण इन कार्यों को अन्य संस्थानों ने ले लिया है। अब परिवार खाद्यान्न उत्पन्न नहीं करता, औजार व फर्नीचर नहीं बनाता और न कपड़ों की सिलाई करता है। परिवार के इन ज्यादातर कार्यों को या तो राज्य ने लिया है, या औद्योगिक संस्थानों ने। औद्योगीकरण के कारण ही परिवार के सम्मिलित कार्यक्रम जैसे कि रसोईघर में बैठकर एक साथ भोजन करना, पूजा-पाठ करना बदल गए हैं। मनोरंजन की गतिविधियाँ भी अब घर से निकलकर कहीं और होने लगी हें। **ऑग्बर्न** ने औद्योगीकरण के फलस्वरूप परिवार में आने वाले प्रभावों का विशद् वर्णन किया है उनका निष्कर्ष है कि परिवार के परम्परागत कार्यों को बहुत अधिक मात्रा में औद्योगीकरण ने ले लिया है।

ऑग्बर्न ने औद्योगीकरण के प्ररिप्रेक्ष्य में परिवार का जो खाका खींचा है, वह निर्विवाद हो ऐसा नहीं है। इसका बहुत अच्छा दृष्टान्त प्रकार्यवादियों द्वारा किया गया परिवार की संस्था का अनुसन्धान कार्य है। पारसंस ने तो स्थापित किया है कि परिवार का सम्बन्ध अब औद्योगीकरण के कारण अन्य संस्थाओं के साथ अच्छा जुड़ गया है।

औद्योगीकरण के फलस्वरूप हाल के वर्षों में परिवार की संरचना में एक नया स्वरूप उभरकर सामने आया है। ऐसे नव संरचित परिवारों को महिला-मुखिया परिवार (Female Headed Family) कहते हैं। हुआ यह है कि औद्योगीकरण का विकास शहरी अंचल में ज्यादा हुआ है। अब गाँवों के लोग बड़ी तादात में

कारखानों में काम करने के लिए शहर की ओर **स्थानान्तरण** (Migration) कहते हैं। राँची, धनबाद, सूरत, मुम्बई, दिल्ली ऐसे शहर है जहाँ उद्योगों का एक जाल-सा बिछ गया है। इन नगरों में आसपास और दूर-दराज के गाँवों के लोग काफी बड़ी संख्या में मजदूरी के लिए या छोटे-मोटे व्यवसाय हेतु आते हैं। गाँव में, ऐसी अवस्था में इन मजदूरों की स्त्रियाँ परिवार के मुखिया की तरह काम करती हैं। परिवार की इन महिला-मुखियाओं के सामने दिन-प्रतिदिन की गतिविधियों में विभिन्न प्रकार की समस्याएँ आती हैं। खेत को जोतना, खाद्यान्नों को बाजार में जाकर बेचना, जमीन पर अधिकार बनाए रखना, कर्जा लेना या विवाह आदि के निर्णय करना, ऐसे कई कार्य हैं जो इन महिला मुखियाओं को सम्पन्न करना होता है। उधर शहर के कारखाने में काम करने वाले मज़दूर के खान-पान और निवास की समस्या और इनसे आगे बढ़कर गाँव के परिवार की समस्याओं का तनाव बराबर बना रहता है। ऐसा प्रतीत होता है कि औद्योगीकरण की तीव्रता के साथ महिला-मुखिया परिवार एक साधारण बात हो जाएगी। हमारे देश में ऐसे परिवारों के अध्ययन का अभी सिलसिला नहीं चला है। इन परिवारों की समस्याओं की पहचान होना आज बहुत आवश्यक है।

(2) राजनीतिक

यूरोप में जब औद्योगीकरण आया तो इसका प्रभाव निजी सम्पत्ति पर पड़ा। व्यक्तिवाद उभरकर सामने आया। इधर फ्रांस और ब्रिटेन की क्रान्तियों ने प्रजातन्त्र को जन्म दिया। औद्योगीकरण, प्रजातन्त्र और व्यक्तिवाद ने नए मूल्यों का सृजन किया। इस नई विचारधारा के कारण लोकतान्त्रिक राजनीतिक व्यवस्था का जन्म हुआ। आधुनिक राज्य और औद्योगीकरण के नतीजों को निम्न बिन्दुओं में रखेंगे—

(1) औद्योगीकरण के लिए बराबर नए बाजारों की आवश्यकता बनी रहती है। ब्रिटेन में जब औद्योगीकरण आया तो वहाँ नए बाजारों की खोज ने उपनिवेशवाद को जन्म दिया। भारत और अमरीका पर ब्रिटेन का जो उपनिवेशवाद था, उसका बहुत बड़ा उद्देश्य नए बाजार की खोज करना था। इन देशों में अंग्रेज शुरू में व्यापारी बनकर ही आए थे। आज यद्यपि उपनिवेशवाद नहीं है फिर भी उदारीकरण की नीति से प्रभावित होकर ज्यादा औद्योगिक देश विकासशील देशों में अपने उत्पादन का निर्यात काफी बड़ी तादाद में करते हैं। यह नए प्रकार का उपनिवेशवाद व्यावसायिक है। ऐसा समझा जाता है कि जितना ज्यादा औद्योगीकरण बढ़ेगा, नए बाजारों की खोज बराबर बनी रहेगी। इस तरह की खोज अपने मूल में राजनीतिक है।

(2) औद्योगिक व्यवस्था और पूँजीवाद के विकास के साथ लगातार लोकतान्त्रिक राज्यों का निर्माण होता है। इन नए राज्यों में व्यक्तिवादी विचारधारा, व्यक्तिगत स्वतन्त्रता और राज्य कम से कम हस्तक्षेप के सिद्धान्त पर जोर दिया जाता है।

(3) जिन राज्यों में औद्योगिक विकास के साथ पूँजीवादी व्यवस्था का जन्म हुआ, उन्होंने विकास के दूसरे हिस्सों, जहाँ आदिम सामुदायिक अथवा कृषि की व्यवस्था थी के ऊपर बाजार के लिए आधिपत्य किया। यह आधिपत्य अन्तर्राज्य सम्बन्धों में दिखाई देता है। हमारे देश में वे राज्य जहाँ औद्योगिक विकास ज्यादा हुआ है, वहाँ राज्यों के लोग व्यापार करने हेतु जाकर बस गए हैं। मारवाड़ी जो उत्तर-पूर्वी राज्यों में या दक्षिण भारत में मिलते हैं, इसके अच्छे दृष्टान्त है। इस दृष्टि से अन्तर्राज्य स्थानान्तरण औद्योगीकरण का अनिवार्य परिणाम है। इस समस्या पर महाराष्ट्र के मुम्बई महानगर में समय-समय पर यह बराबर कहा जाता रहा है कि मुम्बई महाराष्ट्र के निवासियों के लिए है, दूसरों के लिए कभी नहीं।

(4) औद्योगीकरण उन औद्योगिक घरानों को सुदृढ़ करता है जो बड़े-बडे कारखानों के स्वामी हैं। भारत जैसे देश में करीब-करीब दो दर्जन औद्योगिक घराने हैं। इन घरानों में टाटा, बिड़ला, डालमिया, सिंघानिया आदि शामिल हैं। उद्योग को निर्बाध रूप से चलाने के लिए राजनीतिक शक्ति पर नियन्त्रण होना जरूरी है। आज लोक सभा या विधान सभा की एक सदस्यता के लिए लाखों रुपया चुनाव पर खर्च करना पड़ता है। ये औद्योगिक घराने ही हैं जो विभिन्न दलों के उम्मीदवारों को चुनाव लड़ने के लिए आर्थिक मदद प्रदान करते हैं। छठे दशक में अमरीका की राजनीति पर एक प्रश्न पूछा गया था–"अमरीका पर कौन राज्य करता है?" इस प्रश्न का उत्तर समाज वैज्ञानिकों ने दिया था। उनका कहना था कि अमरीका के चुनावों में बहुराष्ट्रीय कम्पनियों की भागीदारी बहुत महत्त्वपूर्ण है। राज्य करने में उनकी एक निश्चित भूमिका थी। यहाँ हम आग्रहपूर्वक यही कहेंगे कि राजनीति की संरचना और कार्यपद्धति को निर्धारित करने में औद्योगीकरण की भूमिका अत्यधिक महत्त्वपूर्ण होती है।

(3) शैक्षिक

बहुत कम लोग जानते हैं कि दुर्खीम ने शिक्षण व्यवस्था पर काफी बृहत् स्तर पर लिखा है। दुर्खीम यूरोप के उस युग में थे जो औद्योगिक क्रान्ति के बाद

का युग था। उन्होंने स्थापित किया कि औद्योगीकरण के फलस्वरूप समाज में विशिष्टीकरण बढ़ेगा, और इसी तरह गैर-बराबरी भी आएगी। समाज की ऐसी अवस्था में शिक्षा का महत्त्व बहुत बढ़ जाता है। नए उद्योग-धन्धों को समझने के लिए शिक्षा का व्यावसायीकरण होना स्वाभाविक है। यह निश्चित है कि विकासशील देशों में अभी शिक्षा का प्रसार उतना नहीं है, जितना जरूरी है। शायद यह भी सही है कि जितने लोग साक्षर होते हैं, उनसे ज्यादा लोग निरक्षर रह जाते हैं। ऐसी अवस्था के होते हुए भी यह कहना चाहिए कि विकासशील देशों में जहाँ औद्योगीकरण विकसित हुआ है, साक्षरता और शिक्षा के क्षेत्र में प्रगति जरूर हुई। दुर्खीम ने औद्योगिक क्रान्ति के सन्दर्भ में शिक्षा की भूमिका को रेखांकित करते हुए कहा है–

शिक्षा वह है जिसमें पुरानी पीढ़ी या नई पीढ़ी को, जो अभी जिन्दगी का मुकाबला करने की तैयारी में है, बौद्धिक, नैतिक तथा शैक्षिक योग्यता को विकसित करती है। वास्तव में, यह तैयारी व्यावसायिक हुनर को सीखने की है।

दुर्खीम ने और इसी तरह **लोवी** (Lowie) ने शिक्षा को जिस तरह पारिभाषित किया है, उसका सन्दर्भ आदिम समाज है। **बोटोमोर** ने मानवशास्त्रियों की शिक्षा की इस परिभाषा से आगे बढ़कर यह कहा है कि समाज जितना ज्यादा औद्योगिक होगा, उतना ही विकसित होगा, औपचारिक शिक्षा का महत्त्व इतना ही ज्यादा बढ़ जाएगा। सच्चाई यह है कि शिक्षा नई पीढ़ी को औद्योगिक समाज की चुनौतियों का सामना करने के लिए तैयार करती है। भारत और चीन में पिछले दिनों में जो शिक्षा दी जाती थी, उसमें कोई विशिष्टीकरण नहीं था। आज जब एशिया के ज्यादातर देश औद्योगिक रूप से प्रधान बन रहे हैं, उनमें **विशिष्ट** (Specialised) और **औपचारिक शिक्षा** (Formal Education) की बहुत बड़ी आवश्यकता है। आज जिस प्रकार विभिन्न तरह के उद्योग हो गए हैं, कुछ इसी तरह की अनेक प्रकार की शिक्षाएँ भी हो गई हैं। समाज में गैर-बराबरी का बहुत बड़ा कारण जहाँ एक तरफ विशिष्ट उद्योग-धन्धे हैं, वैसी ही विशिष्ट शिक्षा पद्धतियाँ भी हैं।

उद्योग का काफी बड़ा योगदान यह है कि जहाँ यह व्यवसायिक शिक्षा को आवश्यक कर देता है, वहीं इसके माध्यम से शिक्षा का विस्तार भी होता है। उद्योग के कारण छपी-छपायी उच्च स्तर सामग्री की साक्षरता के लिए काफी बड़ी तादात में प्राप्त होती है। अब इस छपी सामग्री के कारण ज्ञान को सम्भालकर रखा जा सकता है। इसी के माध्यम से एक स्थान पर अर्जित ज्ञान सारी दुनिया के लिए उपयोगी हो सकता है : इस सन्दर्भ में **एन्थोनी गिडेन्स** (Anthony Giddens) लिखते हैं–

औद्योगीकरण की प्रक्रिया के कारण, अब कार्य ज्यादा विशिष्ट हो गया है, और इस विशिष्ट कार्य के लिए आए दिन शिक्षा की जरूरत होती है। आज पढ़ने की, लिखने की और हिसाब रखने की जितनी आवश्यकता है, पहले शायद कभी नहीं थी। यह भी महत्त्वपूर्ण है कि शिक्षा समाज में जो गैर-बराबरी है, उसकी अभिव्यक्ति भी है।

इसे सभी जानते हैं कि आज त्वरित गति से बढ़ते हुए उद्योग ने कम्प्यूटर शिक्षा को काफी प्रमुख बना दिया है। स्थिति तो यह है कि कम्प्यूटर से जुड़ी हुई शिक्षा जो आज बाजार में आती है, दूसरे दिन के सूरज निकलते ही पुरानी हो जाती है। सत्यमित्र दुबे और दिनेश शर्मा ने औद्योगिक विकास के परिप्रेक्ष्य में शिक्षण व्यवस्था में होने वाले परिवर्तन का विवरण इस प्रकार दिया है :

आज की औद्योगिक व्यवस्था में व्यवसायों के विशेषीकरण के कारण शिक्षा भी काफी विशेषीकृत हो गई है। इसी अनुपात में सैकड़ों नए व्यवसायों का भी उदय हुआ है। आज निर्माण, बिजली तथा मशीनों में सम्बद्ध अभियन्ताओं के स्थान पर अक्सर पचासों प्रकार के अभियन्ता हैं, जो मोटर, हवाई जहाज, पानी वाले जहाज, इस्पात के कारखानों, आदि के संचालन में मददगार होते हैं। इसी प्रकार आयुर्विज्ञान तथा औषधिविज्ञान के क्षेत्र में शरीर के प्रायः हर अंग से सम्बन्धित विशिष्ट पाठ्यक्रम और डॉक्टर हैं।

विशेषीकृत शिक्षा द्वारा नए व्यवसायों के उदय, अवसर की समानता, नए उद्योगों के विकास और आधुनिक यातायात के कारण भौतिक अथवा भौगोलिक गतिशीलता बढ़ी है। भौगोलिक गतिशीलता की यह प्रक्रिया राष्ट्रीय और अन्तर्राष्ट्रीय दोनों स्तरों पर दिखाई देती है। देश के अन्दर ही व्यक्ति अपने जन्म के स्थान को छोड़कर दूसरे प्रदेशों में शिक्षा, अवसर तथा जीविका की खोज में जाता है। दूसरी तरफ, एक देश से दूसरे देश में भी लोग उक्त वार्ता के लिए अप्रवास करते हैं। इंग्लैण्ड और अमरीका में काफी प्रवासी भारतीय डॉक्टर काम करते हैं।

असल में, नए उद्योगों ने सम्पूर्ण शिक्षा व्यवस्था को नई दिशा दी है। हाल में, उत्तर-आधुनिकता (Post-modernits) का जिस तरह विकास हुआ है उसके अनुसार तो सम्पूर्ण शिक्षा की परिभाषा ही बदल गई है। उत्तर-आधुनिकतावादियों का तो कहना है कि विज्ञान का उद्देश्य और इस अर्थ में शिक्षा का लक्ष्य सत्य की खोज करना नहीं है। सत्य क्या है, इसे जानने की किसी की रुचि भी नहीं है। देरीदा (Derrida) और बोड्रिलार्ड (Baudrillard) का तो कहना है कि विज्ञान का उद्देश्य तो अपने-अपने धन्धे में दक्षता प्राप्त करना है। किसी भी व्यवसाय के

हुनर को शिक्षा के द्वारा ही समझा जा सकता है। उत्तर आधुनिकतावादियों के अनुसार, व्यवसायों के बारे में ज्ञान प्राप्त करने का तरीका शिक्षा होती है। सही बात यह है कि आज के उत्तर-औद्योगिक युग में ज्ञान ही उत्पादन (Knowledge is Production) है। ऐसा प्रतीत होता है कि उत्तर-आधुनिकता ने तो औपचारिक शिक्षा की परिभाषा को तो पूरी तरह बदल दिया है।

धर्म

धर्म विकसित देशों में प्रारंभ से विवाद का विषय रहा है। यूरोप के इतिहास की 18वीं और 19वीं शताब्दियों में जब उद्योग और पूँजीवाद का जन्म हुआ तब धर्म की भूमिका को नए सिरे से पारिभाषित किया गया। विज्ञान, विवेकशीलता, उद्योग और पूँजी के विकास के साथ ऐसा लगा कि समाज में धर्म का अस्तित्व खतरे में आ जाएगा। विवेकशीलता धर्म को हाशिए पर खड़ा कर देगी। इस प्रकार की स्थिति यूरोप में ज्यादा गम्भीर थी। इसी कारण मेक्स वेबर, दुर्खीम और कार्ल मार्क्स ने, जो लगभग समकालीन थे, धर्म पर कुछ न कुछ जरूर लिखा है। रेमण्ड एरॉ (Raymond Aron) का तो कहना है कि 19वीं शताब्दी के प्रारम्भ में धर्म की चुनौती काफी गंभीर थी। धर्म, हर दृष्टि से विवादास्पद बन गया था। एक ओर वेबर की प्राक्कल्पना थी कि धर्म से जुड़े हुए आचार (Ethics) पूँजीवाद को यानी औद्योगीकरण को बढ़ावा देते हैं; दूसरी ओर दुर्खीम ने कहा कि धर्म और उद्योग पृथक् हैं। धर्म का तात्पर्य नैतिक व्यवहार से है, धर्म आचार से जुड़ा है। इसके विपरीत धर्म का एक पहलू लौकिक यानी प्रोफेन (Profane) है जो उपयोगिता को देखता है। जबकि धर्म का दूसरा पहलू पवित्र (Sacred) है, जिसका संबंध आदर और इज्जत से है। इन दो विचारधाराओं से एकदम अलग-अलग विचारधारा कार्ल मार्क्स की रही है। मार्क्स ने कहा कि धर्म एक ऐसा नशा है जो सर्वहारा को भूल-भूलैया में डाल देता है और पूँजीपति अपने स्वार्थों की पूर्ति करते हैं। समाजशास्त्रीय विचारकों ने 19वीं और 20वीं शताब्दी के शुरू तक धर्म की भूमिका के सम्बन्ध में कुछ न कुछ बराबर लिखा है। यह इस तथ्य को बताता है कि औद्योगिक और पूँजीवादी विकास में धर्म की एक निश्चित भूमिका है। अब यहाँ हम थोड़े विस्तार से इन विवादास्पद विचारधाराओं को रखेंगे।

(1) उद्योग और पूँजी को धर्म बढ़ावा देता है

वेबर ने उद्योग और धर्म के आचारों (Ethics) के सहसम्बन्ध को देखा है। उन्होंने ईसाई धर्म के काल्विनवाद (Calvirism) का बृहत् अध्ययन किया।

उन्होंने पाया कि इस सम्प्रदाय में कुछ ऐसे आचार हैं जो उद्योग के विकास और पूँजीवाद के बढ़ावे पर जोर देते हैं। काल्विनवाद का एक मुहावरा है कि प्रभु के स्वराज्य को इस धरती पर लाओ। इसका मतलब हुआ कि संसार में खूब कमाना चाहिए और शान-शौकत से रहना चाहिए। हमारे प्रयत्न ऐसे हों कि स्वर्ग धरती पर उतर आए। काल्विनवाद ने प्रत्येक व्यक्ति के भाग्य को पूर्व निश्चित कर लिया है। उसका कहना है कि काम करना ही ईश्वर की उपासना है, सभय ही धन है। इसे खोना नहीं चाहिए। ये सब दृष्टान्त हैं। वेबर अपने निष्कर्ष में कहते हैं कि धर्म, उद्योग और पूँजी आपस मे जुड़े हुए हैं। अतः औद्योगीकरण का काफी बड़ा प्रभाव जो हमें समाज पर देखने को मिलता है, वह बढ़ती हुई धार्मिक आस्था है, उपासना और पूजा है।

(2) विवेकशीलता धर्म में निहित होती है

धार्मिक अध्ययन संबंधी वेबर ने जो ऐजेण्डा बनाया था, उसके अनुसार वे दुनिया के छः बड़े धर्मों का तुलनात्मक अध्ययन करना चाहते थे। इन बड़े धर्मों में ईसाई, हिन्दू, बौद्ध, यहुदी, कन्फ्यूशियस और इसलाम थे। उनका विचार था कि ये सब धर्म उद्योग और पूँजीवाद के विकास के साथ जुड़े हुए हैं। उनका दूसरा विचार यह था कि इन सब धर्मों में किसी-न-किसी प्रकार की विवेकशीलता अवश्य होती है। इस विचार को उन्होंने सभी धर्मों में सही पाया। हर धर्म अपने संगठन की कोई-न-कोई तर्कयुक्त व्यवस्था अवश्य रखता है। धर्म यानी सम्प्रदाय में उत्तराधिकार के नियम होते हैं। आर्थिक संसाधन होते हैं जिनके माध्यम से धार्मिक सम्प्रदाय को चलाया जाता है। हर धर्म में उपासना की एक तर्कपरक विवेकशीलता होती है। इस तरह पूँजीवाद और औद्योगीकरण के साथ किसी-न-किसी तरह की विवेकशीलता जरूर होती है। स्वाभाविक रूप से धर्म में विवेकशीलता का होना औद्योगीकरण और पूँजीवाद के कारण हैं।

(3) आदर और सम्मान से धर्म का सम्बन्ध होता है।

दुर्खीम ने धर्म की व्याख्या विशद रूप में की है। वे धर्म के समाजशास्त्र के प्रणेता हैं। उन्होंने धर्म और उद्योग को दो पृथक् दुनिया की तरह बाँटा है। वे कहते हैं कि दुनिया भर की वस्तुओं को यदि दो श्रेणियों में विभक्त किया जाए तो कुछ वस्तुएँ ऐसी हैं जिन्हें पवित्र (Sacred) की श्रेणी में रखा जाएगा। इन वस्तुओं के प्रति हमारा भाव आदर और सम्मान का होता है। फूल, नारियल, खाद्यान्न ऐसी वस्तुएँ हैं जिन्हें हम आदर और सम्मान की नजर से देखते हैं।

दूसरी ओर कुछ ऐसी वस्तुएँ हैं जिन्हें केवल उपयोगिता की दृष्टि से देखते हैं। घर बर्तन, कपड़ा, जूते और ऐसी ही विभिन्न प्रकार की वस्तुएँ हैं जो हमारी लिए उपयोगी हैं। इनका मूल्यांकन हम केवल उपयोगिता की दृष्टि से करते हैं। इस प्रकार के विभाजन में, दुर्खीम के लिए उद्योग और पूँजी उपयोगी वस्तुओं यानी प्रोफेन (Profane) की श्रेणी में आते हैं।

उद्योग और पूँजी को प्रोफेन श्रेणी में रखकर भी दुर्खीम यह अवश्य स्वीकार करते हैं कि आधुनिक समाज आवश्यक रूप से सावयवी समाज है जिसमें अगणित विशिष्टताएँ होती हैं।

4. औद्योगीकरण धर्म को हाशिये पर ला देता है

समाजवादियों का तो तर्क है कि उद्योग और पूँजीवाद का विकास धर्म की भूमिका को कमजोर कर देता है। इसका कारण यह है कि धर्म एक ऐसे अफीम के नशे की तरह है जो कभी भी सर्वहारा वर्ग को पूँजीपतियों के विरोध में खड़े रहने के लिए तैयार नहीं करता। हमारे देश में एक लम्बी अवधि तक हमने जाति व्यवस्था को धर्म के आधार पर सहन किया और इसी कारण हमारे यहाँ औद्योगीकरण का विकास नहीं हुआ।

फलस्वरूप औद्योगीकरण और पूँजीवाद का प्रभाव धार्मिक क्षेत्रों में देखने को मिलता है। इस प्रभाव को समाजशास्त्र के विचारकों ने अलग-अलग दृष्टिकोणों से देखा है। प्रभाव के सम्बन्ध में एक पूरी बहस है। फिर भी यह निश्चित रूप से कहा जा सकता है कि औद्योगीकरण के फलस्वरूप धार्मिक क्षेत्र में भी परिवर्तन आता है। दूसरे शब्दों में, यह भी कहा जा सकता है कि धर्म तथा धार्मिक आचार औद्योगीकरण की प्रक्रिया को गति देते हैं या गति को धीमी कर देते हैं।

स्तरीकरण

औद्योगीकरण के आने से पूर्व समाज में स्तरीकरण काफी कम था। इसका बहुत अच्छा दृष्टान्त आदिम समाज का है। हमारे सामाजिक मानवशास्त्री अपने निष्कर्षों के आधार पर सदैव यह कहते आ रहे हैं कि आदिम समाजों में सामाजिक स्तरीकरण नाममात्र का होता है। यदि थोड़ा अन्तर पाया जाता है तो वह यह कि आदिम समाज के मुखिया या चौधरी के पास थोड़े वंशानुगत अधिकार होते हैं। भूमि का स्वामित्व करीब समान होता है। इससे आगे किसी के पास दो फलदार वृक्ष कम हुए या ज्यादा, दो गाय-भैंस कम हुई या ज्यादा। लेकिन ये आदिम समाज जब

विकास की दौर में आ गए तो इनमें भी स्तरीकरण का सूत्रपात हुआ। औद्योगीकरण, आधुनिकीकरण और योजनाबद्ध विकास का सर्वमान्य मत यह है कि इनके फलस्वरूप स्तरीकरण जटिल होता जाता है। हमारे देश में आज आदिम समाजों में ही नहीं गाँवों में भी स्तरीकरण आ गया है। वहाँ अभिजन और नव धनाढ्यों की एक श्रेणी उभर कर आ गई है। जो हाल भारत में है वही हाल हमें एशिया के दूसरे देशों और अफ्रीका के देशों में देखने को मिलता है।

यदि हम दुर्खीम, वेबर और कार्ल मार्क्स की कृतियों का गहराई से अध्ययन करें तो ज्ञात होता है कि इन सभी विचारकों ने स्तरीकरण की व्याख्या की है। सम्पूर्ण यूरोप में सामन्तवादी व्यवस्था थी। औद्योगीकरण के परिणामस्वरूप इस महाद्वीप में पूंजीवाद का जन्म हुआ। पूंजीवाद ने कई वर्गों को बनाया। वास्तवकिता यह है कि औद्योगीकरण के परिणामस्वरूप अर्थव्यवस्था में विविधता आ गयी और इस विविधता ने कई आर्थिक समूहों को जन्म दिया। इसका परिणाम स्तरीकरण में देखने को मिला। इन समाजशास्त्री विचारकों ने औद्योगीकरण के परिणामस्वरूप स्तरीकरण में जो बदलाव आया, उसका उल्लेख निम्न बिन्दुओं में किया है।

(1) स्तरीकरण औद्योगीकरण का परिणाम है

दुर्खीम ने अपनी श्रम विभाजन पुस्तक में यह स्थापित किया है कि औद्योगिक विकास की परिणति स्तरीकरण में होती है। जब यूरोप का औद्योगिक क्रान्ति के बाद विकास प्रारंभ हुआ, तो श्रम विभाजन की सम्पूर्ण प्रक्रिया जटिल हो गयी। यांत्रिक समाज सावयवी समाज में बदल गये। सावयवी समाज की विशेषता व्यावसायिक अन्तर्निर्भरता पर चलती है। ऐसे समाज में सामाजिक घनत्व आ जाता है। एक व्यक्ति का व्यवसाय दूसरे व्यक्तियों के व्यवसाय पर निर्भर हो जाता है। इसके परिणामस्वरूप स्तरीकरण अधिक विकसित और जटिल हो जाता है।

औद्योगीकरण और स्तरीकण के इस सहसम्बन्ध को वेबर ने अधिक विस्तृत रूप में रखा है। वेबर अपनी पुस्तक द सिटी में यह स्थापित करते हैं कि नगर के विकास का मूले उद्योग में है। हमारे देश में ही देखें जब अग्रेजों ने ईस्ट इण्डिया कम्पनी की स्थापना कलकत्ता में की तो इसने कलकत्ता को नगर बना दिया। इन्हीं उद्योगों ने मुम्बई, कराची (पाकिस्तान) और दिल्ली को औद्योगिक नगर बना दिया। इसका अर्थ यह हुआ कि औद्योगीकरण निशिचित रूप से नगरों और महानगरों को जन्म देता है। और इसी प्रक्रिया में गांव कस्बे बनते हैं और कस्बे शहर।

वेबर ने यूरोप में उपलब्ध तथ्य सामग्री के आधार पर यह भी स्थापित करने का प्रयास किया कि औद्योगीकरण वर्गों को बनाते हैं और वर्ग स्तरीकण के बहुत

अच्छे दृष्तान्त हैं। देखा जाय तो सम्पूर्ण यूरोप में आज जो भी वर्ग व्यवस्था है, उसके उद्गम और विकास का इतिहास यूरोप के औद्योगीकरण से जुड़ा हुआ है। औद्योगीकरण ने ही हमारे देश में पहले से ही उपलब्ध वर्गव्यवस्था को अधिक सशक्त बना दिया।

(2) औद्योगीकरण का परिणाम वर्ग संघर्ष भी होता है

कार्ल मार्क्स ने 18वीं और 19वीं शताब्दियों में विकसित होने वाले औद्योगीकरण की चर्चा मुख्य रूप से **दास केपिटल और कम्यूनिस्ट मेनीफेस्टो** में की है। वे कहते हैं कि उद्योग से विकसित होने वाले पूंजीवाद ने वर्ग संघर्ष को तेज कर दिया। मार्क्स का मत तो यह है कि पूँजीवादी व्यवस्था में ही पूँजीवाद की मृत्यु निहित है। तर्क यह है कि समाज में जितना ज्यादा औद्योगीकरण होगा, उतना ही अधिक पूँजी का विकेन्द्रीकरण होगा। इसका निष्कर्ष यह होगा गरीब और अमीर के बीच की खाई अधक चौड़ी हो जाएगी, वर्ग प्रतिरोध बढ़ जाएगा। मार्क्स ने यह स्थापित करने का प्रयास किया कि औद्योगीकरण से उत्पन्न पूँजीवाद में जो वर्ग बनते हैं, वे संघर्ष के लिए उत्तरदायी हैं। इसी कारण यह कहना सही होगा कि औद्योगीकरण न सिर्फ स्तरीकरण करता है, यह वर्ग संघर्ष भी पैदा करता है।

3. स्तरीकरण समाज से प्रकार्यात्मक रूप से संबंधित है

यह सोचना एकतरफा होगा कि औद्योगीकरण जनित स्तरीकरण समाज को विघटित कर देता है। इस संघर्ष में प्रकार्यवादियों का तर्क कुछ दूसरा है। वे कहते हैं कि किसी भी समाज में स्तरीकरण को रोका नहीं जा सकता। लेकिन स्तरीकरण कार्यों की प्रकार्यात्मकता द्वारा समाज के अलग-अलग भागों में अन्तर्निर्भरता पैदा करता है। इस अर्थ में देखें तो लगता है कि औद्योगीकरण की प्रकृति प्रकार्यवादी है। डेविस, ट्यूमिन, पारसंस और मर्टन ने बराबर यह तर्क दिया है कि औद्योगीकरण की कुछ पूर्व जरूरतें होती हैं, और इसी कारण समाज में स्तरीकरण आता है। आज दुनिया के वे देश जो औद्योगीकरण के मार्ग पर काफी आगे आ गए हैं, उनमें ऊँचे स्तर का स्तरीकरण देखने को मिलता है। उद्योग के सामाजिक परिणाम का सूत्र बहुत सरल है—जितना ज्यादा औद्योगीकरण उतना ही ज्यादा विशिष्ट स्तरीकरण, या जितना न्यूनतम औद्योगीकरण उतना ही कम स्तरीकरण।

सामाजिक निर्धारण तत्त्व तथा आर्थिक विकास के नतीजे

एशिया के समाजशास्त्र में सबसे प्रथम बार विस्तार के साथ गुन्नार मिर्डल ने अपनी पुस्तक एशियन ड्रामा में यह स्थापित किया था कि किसी आर्थिक विकास

में गैर-आर्थिक यानी सांस्कृतिक और परम्परागत कारकों की भूमिका काफी महत्त्वपूर्ण होती है। कहना चाहिए कि काफी हद तक आर्थिक विकास में मानवीय कारकों का योगदान निर्णायक होता है। हमारे यहाँ जब पाँचवें और छठे दशक में ग्रामीण विकास के कार्यक्रम चल रहे थे तब श्यामाचरण दुबे जैसे समाजशास्त्रियों ने, गुन्नार मिर्डल से भी काफी पूर्व यह स्थापित किया था कि सामुदायिक विकास में सांस्कृतिक प्रतिमानों, परम्पराओं और इतिहास की भूमिका निर्णायक होती है। एशिया के विभिन्न देशों ने आधुनिकीकरण के लक्ष्य को प्राप्त करने के लिए जब-जब परम्पराओं और संस्कृति की अवहेलना की है, विकास के कार्यक्रम सफल नहीं हो पाए हैं। आज जब हमने आर्थिक संस्थाओं की अवहेलना की है, विकास के कार्यक्रम सफल नहीं हो पाए हैं। आज जब हम आर्थिक संस्थाओं का वर्णन करते हैं तब निश्चित रूप से हमें आर्थिक क्रियाओं का सम्बन्ध परम्परा और संस्कृति के साथ देखना चाहिए। इस अध्याय के अन्त में हम समाजशास्त्रीय अनुसन्धानों के संदर्भ में यह देखेंगे कि किस तरह गैर आर्थिक कारक आर्थिक कारकों को प्रभावित करते हैं।

एक और मुद्दे पर भी हम यहाँ विचार करेंगे। यह मुद्दा आर्थिक कारकों का गैर-आर्थिक कारकों पर पड़ने वाले प्रभावों से है। बात यह है कि जहाँ एक ओर गैर आर्थिक यानी सांस्कृतिक और परम्परागत कारक आर्थिक विकास, औद्योगीकरण, शहरीकरण आदि को प्रभावित करते हैं—आगे बढ़ाते हैं या पीछे धक्का देते हैं, वहीं आर्थिक कारक परम्पराओं और संस्कृति को भी प्रभावित करते हैं। स्पष्ट रूप से स्थिति कुछ ऐसी है कि आर्थिक विकास और संस्कृति तथा परम्परा में दोहराव है। इन दोनों में पारस्परिकता है—दोनों एक दूसरे को प्रभावित करते हैं। पहले हम यह देखेंगे कि किस भांति आर्थिक विकास में सोमाजिक कारकों की भूमिका निर्णायक है।

आर्थिक विकास एवं सामाजिक निर्धारक तत्त्व

श्यामाचरण दुबे की पुस्तक इण्डियन विलेज हमारे यहाँ एक क्लासिकल रचना समझी जाती है। यह गाँव शमरपेट (आन्ध्र प्रदेश) है। इस गाँव की विकास प्रक्रिया में स्थानीय संस्कृति की भूमिका काफी ज्यादा है। दूबे गाँव के विकास के दौर में मानवीय कारकों (Human Factors) का उल्लेख करते हैं। रॉबर्ट रेडफील्ड (Robert Redfield) ने मेक्सिको के चान-कोम लघु समुदाय का अध्ययन किया है। रेडफील्ड का निष्कर्ष है कि किसी भी गाँव को जब तक उसके समग्र रूप में नहीं देखा जाता, हम किसी नतीजा को नहीं पहुँच पाते। इस अध्ययन में वे विकास की परम्परा को स्थानीय संस्कृति के संदर्भ में देखते हैं। यह संस्कृति ही गाँव के

विकास की निर्णायक पूँजी है। यहाँ हम आर्थिक विकास को प्रभावित करने वाले कतिपय परम्परागत और सांस्कृतिक कारकों का उल्लेख करेंगे–

1. वैज्ञानिक तकनीकी की असफलता

श्यामाचरण दुबे ने तीसरी दुनिया के देशों में आर्थिक विकास की प्रक्रिया का वर्णन किया है। वे कहते हैं कि तकनीकी का प्रयोग हमेशा सफल नहीं होता। इसका कारण यह है कि स्वयं तकनीकी भी अपनी कमजोरी के कारण असफल हो जाती है। और इसका बहुत विपरीत परिणाम जनजीवन पर पड़ता है। तकनीकी की असफलता लोगों की परम्पराओं और उनकी रूढ़िवादिता को ज्यादा मजबूत करती है।

यदि हम आर्थिक विकास के कार्यक्रमों का मानवीय समस्याओं के संदर्भ में विश्लेषण करें तो मालूम होगा कि परम्परागत समाजों में आर्थिक विकास की प्रक्रिया वास्तव में मंद गति से काम करती है। जब लोग अपनी परम्परा और संस्कृति के संदर्भ में आर्थिक विकास को अपनाने के लिए तैयार होते हैं तो ऐसा लगता है कि जैसे उन्हें उनके मूल से उखाड़ा जा रहा है। इस तरह के विश्लेषण में आशा की एक किरण है। दुबे कहते हैं कि तीसरी दुनिया के देश आज संक्रमण काल से गुजर रहे हैं। मीडिया और शिक्षा के विकास के साथ धीरे-धीरे परम्पराओं, संस्कृति और मानवीय कारकों का दबाव कम हो जाता है और लोगों में वैज्ञानिक दृष्टिकोण का उदय होगा। ऐसी अवस्था में पहुँचकर लोग आर्थिक विकास को केवल विवेकशीलता के आधार पर स्वीकार करेंगे।

2. आर्थिक विकास तथा परम्पराएँ

आवश्यक रूप से आज विश्वव्यापीकरण और उदारीकरण के संदर्भ में दुनिया भर की वस्तुएँ एक दूसरे तक पहुँचने लगी हैं। आये दिन नवाचार (Innovations) विकास की गति को आगे बढ़ाने हेतु समाज में आने लगे हैं। इस सारे उतार-चढ़ाव में परम्पराओं की भूमिका प्रमुख हो जाती है। योगेन्द्र सिंह के अनुसार परिवर्तन के इस दौर में परम्पराओं का भी आधुनिकीकरण (Modernization of Traditions) हो जाता है। वे कहते हैं कि परम्पराएँ भी आधुनिक हो जाती हैं। इसका तात्पर्य यह हुआ कि किसी भी आर्थिक परिवर्तन के क्षेत्र में यानी आधुनिकीकरण में परम्पराओं की भूमिका निर्णायक होती है।

समाज में पीढ़ी दर पीढ़ी चलने वाली परम्पराएँ ऐसी हैं कि यदि कोई नवाचार इन परम्पराओं के साथ तालमेल स्थापित कर लेता है तो समाज उसे स्वीकार कर लेता है। लेकिन यदि कोई विकास कार्यक्रम बुनियादी परम्पराओं की अवहेलना

करता है, तो निश्चित रूप से विकास कार्यक्रम को असफलता ही हाथ लगती है। दुबे ने अपनी पुस्तक इण्डियाज चेन्जिंग विलेजेज (India's Changing Villages) में एक स्थान पर कहा है कि जब ग्रामीण विकास के कार्यक्रमों में पशुओं की नस्ल सुधारने के लिए साँड़ को रखने का सुझाव दिया गया तो इसे कृषकों ने स्वीकार कर लिया। इसका कारण यह है कि परम्परा से गाँव के लोग नस्ल सुधार हेतु गाँव में साँड़ रखते आए हैं। यह साँड़ किसी भी खेत में घुसकर फसल खा सकता है। इसे इसकी छूट है और कोई भी गाँव का आदमी उस पर लाठी नहीं चला सकता। इस परम्परा ने सुधरी हुई नस्ल के साँड़ को शीघ्र स्वीकार कर लिया। लेकिन जब भेडों की नस्ल सुधारने के लिए नर भेड़ को स्वीकारने की बात कही गई तो ग्रामीणों की समझ में इसका महत्त्व नहीं आया। यह अवश्य है जैसे कि योगेन्द्र सिंह कहते हैं कि लम्बी अवधि में चलकर परम्पराओं का भी आधुनिकीकरण हो जाएगा।

3. आधुनिकीकरण तथा सांस्कृतिक पद्धति

मानवशास्त्रियों ने आधुनिकीकरण के क्षेत्र में जो अनुसंधान कार्य किए हैं उनके अनुसार तीसरी दुनिया में आधुनिकीकरण के विकास में सांस्कृतिक प्रतिमान कई बार व्यवधान उपस्थित करते हैं। खेती-बाड़ी के क्षेत्र में जब कभी नवीनीकरण रखा जाता है तो संस्कृति इसमें कोई न कोई आपत्ति जरूर खड़ी करती है। इसका वर्णन गुन्नार मिर्डल ने एशिया का आधुनिकीकरण की प्रक्रिया के विकास में किया है। अनेक बार स्वास्थ्य की दृष्टि से उचित हो हुए भी लोग अपने खान-पान के व्यवहारों को नहीं बदलते। परिवार नियोजन के कार्यक्रम भी सांस्कृतिक अवरोधों के कारण लक्ष्य पूर्ति में सफल नहीं होते। मुसलमान इस तर्क पर परिवार नियोजन के कार्यक्रमों को स्वीकार नहीं करते चूँकि यह कुरान के विरुद्ध है। आदिवासी कतिपय अन्य कारणों से बड़े परिवार को पसंद करते है। बहुपत्नी प्रथा और बडे परिवार में, उनकी सांस्कृतिक दृष्टि से रजस्वला के बाद ही लड़की का विवाह हो जाना चाहिए। इस प्रकार की सोच बाल विवाह को रोकने नहीं देती। यदि हम आधुनिकीकरण की पिछड़ी गति के कारणों की खोज करें तब हमें कई ऐसे संस्कृति प्रतिमान-जनरीतियाँ, अंधविश्वास तथा धारणाएँ मिलेंगी जो विकास की उपलब्धि में अवरोधक समझी जाती है।

आर्थिक विकास के सामाजिक नतीजा

हमारी आज की अर्थव्यवस्था विगत 50-60 वर्षों की अर्थव्यवस्था से एकदम भिन्न है। यह इसलिए कि पिछली शताब्दियों में आर्थिक विकास की दिशा में जो

कोशिश किए गए हैं, उसका नतीजा अब हमारे सामने आने लगा है। आर्थिक व्यवस्था के किसी भी क्षेत्र को हम लें, क्रान्तिकारी परिवर्तन देखने मिलते हैं। पहले हमारी कृषि व्यवस्था सिर्फ जीविकोपार्जन अर्थव्यवस्था थी। आज इसमें पूँजीवाद आ गया है। अब पैदावार बाजार के लिए होती है। पहले स्त्रियों का कार्य क्षेत्र घर तक ही सीमित था, आज वे कारखानों और कार्यालयों में काम करने लगी हैं। विशिष्टीकरण हर क्षेत्र में देखने को मिलता है। एंथोनी गिडेन्स का तो कहना है कि आज की आर्थिक व्यवस्था का काफी बड़ा लक्षण ऊँचे स्तर की जटिलता और अलग-अलग श्रम विभाजन है। उनका आग्रह है कि औद्योगिक दृष्टि से विकसित देशों में अर्थव्यवस्था तीन क्षेत्रों में विभाजित की गई है। पहला आर्थिक क्षेत्र प्राथमिक (Primary) है। इसमें लोग अपना जीविकोपार्जन प्राकृतिक संसाधनों द्वारा करते हैं। खेतीबाड़ी करना, धरती से खनिज निकालना आदि प्राथमिक संसाधन है। आर्थिक व्यवस्था का दूसरा क्षेत्र द्वितीयक (Secondary) कहलाता है। इस क्षेत्र में कच्चा माल बाजार की पण्य वस्तु में परिवर्तित हो जाता है। हमारे असंख्य कारखाने और प्रतिष्ठान द्वितीयक आर्थिक क्षेत्र के दृष्टान्त हैं। अर्थव्यवस्था का तीसरा क्षेत्र तृतीयक (Tertiary) क्षेत्र कहलाता है। यह क्षेत्र आर्थिक सेवाओं (Economic Services) से जुड़ा हुआ है। अभियन्ता, चिकित्सक, अध्यापक आदि इस तीसरे क्षेत्र में आते हैं।

इन तीनों आर्थिक क्षेत्रों में काफी बड़े निगम होते हैं। ये निगम सामूहिक रूप में मुनाफाखोरी करते हैं और इन पर धनाढ्य तथा कुलीन वर्गों के समूहों का प्रभुत्व होता है। ये निगम सरकारी नीति को प्रभावित करते हैं। लोगों के उपभोग की आदतों को बदलते हैं और सामान्य लोगों के जीवन को बदल देते हैं। इस सम्पूर्ण आर्थिक व्यवस्था का प्रभाव सामाजिक और सांस्कृतिक जीवन पर पड़ता है। इस सामाजिक सांस्कृति प्रभाव को हम निम्न बिन्दुओं में रखेंगे।

1. काम के स्वरूप में बदलाव

विगत अर्थव्यवस्था में काम करने की प्रकृति बहुत सामान्य थी। साधारणतया श्रमिक को शारीरिक श्रम करना पड़ता था। अब तकनीकी के आ जाने से शारीरिक श्रम की आवश्यकता बहुत कम होती है। अब तो आवश्यकता कुशलता (Skills) और दक्षता (Specialization) की है। जो श्रमिक अपने काम में अधिक दक्ष होता है, जो कल-कारखानों के चलाने और रख-रखाव में होशियार होता है उसकी जरूरत बराबर बनी रहती है। वास्तविकता यह है कि आज की अर्थव्यवस्था में अकुशल कामगारों के लिए चाहे वे कारखानों में काम करते हों या कार्यालयों में, बहुत कम आवश्यकता है।

2. उपभोक्ता समाज

वर्तमान में उत्तर-आधुनिकता से सम्बद्ध जो साहित्य आया है उसका कहना है कि आज का समाज वस्तुतः उपभोक्ता समाज है। आज की अर्थव्यवस्था ने उत्पादन प्रक्रिया को इतना ज्यादा विकसित कर लिया है कि अब समाज में उपभोग की वस्तुएँ बढ़ गई हैं। आए दिन मीडिया कृत्रिम आवश्यकताओं को पैदा करता है और इसकी चपेट में आकर लोग वास्तव में बहुत बड़ी तादात में उपभोक्ता हो गए हैं। मीडिया ने उपभोग के लिए पुरानी वस्तुओं को नए रूप में रखा है और इसके अतिरिक्त नई वस्तुओं के उपभोग को बढ़ावा दिया है।

3. विशाल व्यापार

आर्थिक विकास का स्तर आज की दुनियाँ में इतना ज्यादा ऊँचा उठ गया है कि अब स्थानीय व्यापार का महत्त्व बहुत कम हो गया है। दुनियाभर में व्यापार का आकार तथा प्रकार इतना बढ़ गया है कि हमें सभी ओर राष्ट्रीय और अन्तर्राष्ट्रीय व्यापार देखने मिलते हैं। किसी भी साबुन को लें, डिटरजेंट अपनाएँ या साड़ी को उठायें सभी अन्तर्राष्ट्रीय बाजार की पण्य वस्तुएँ बन गई हैं।

4. अनुकूलन की समस्या

इस बदलती और बढ़ती हुई अर्थव्यवस्था का काफी बहुत बड़ा सामाजिक परिणाम अनुकूलन के क्षेत्र में देखने मिलता है। विकासशील देशों में तो अनुकूलन की समस्या बड़ी गंभीर है। शास्त्रीय संगीत के सामने पॉप संगीत, समाजवादी व्यवस्था की कल्पना के सामने प्रजातान्त्रिक व्यवस्था और ऐसी कई अर्थव्यवस्था से निकली हुई सांस्कृतिक विधाएँ हैं जिनके साथ ताल-मेल स्थापित करना बहुत कठिन हो जाता है। नई तकनीकी के साथ जब सामंजस्य नहीं बैठता तो इसका नतीजा दुर्घटनाओं के रूप में देखने को मिलते हैं। दैनिक समाचार पत्र के कई कालम दुर्घटना सूचना से भरे पडे होते हैं। ये सब दृष्टान्त आर्थिक विकास के सामाजिक मूल्य हैं।

5. शहरी समस्याएँ

आज की अर्थव्यवस्था में जिस किसी को देखें शहर की ओर दौड़ता आ रहा है। ऐसा लगता है कि आर्थिक उपार्जन के अधिकांश स्रोत शहरों में होते हैं। शहरों की शिक्षण व्यवस्था भी वृहत होती है। कुछ ऐसा हो गया है कि दुनिया में जितनी भी सुविधाएँ हैं, सभी नगरों में भरी पड़ी हैं। इस तरह के शहर-परक आर्थिक विकास

ने गाँव को विघटन और प्रदूषण के कगार पर खड़ा कर दिया है। यह शहरों में ही है कि हमें झोंपड़-पट्टी, शराबखोरी, माफिया वर्ग और सभी प्रकार की विसंगतियाँ देखने को मिलती हैं। शहर का इस प्रकार का अव्यवस्थित आर्थिक विकास वस्तुतः औद्योगीकरण के सामाजिक नतीजा का दृष्टान्त है।

6. मीडिया समाज

जब आर्थिक विकास तीव्र गति से होता है तब तकनीकी विकास में भी वृद्धि होती है। इस सबका मिला-जुला प्रभाव मीडिया समाज के निर्माण में होता है। यह समाज विस्तृत होकर भी मीडिया के द्वारा एक दूसरे के साथ संबद्ध रहता है। तार-टेलीफोन, फैक्स, पेजर, ई.मेल, पत्र-पत्रिकाएँ और संचार के अन्य साधन मीडिया समाज के निर्माण के स्तम्भ हैं। मीडिया के ये स्तम्भ दुनिया भर के समाजों को मुट्ठी में बाँध लेते हैं। समाज का विशाल विस्तार संकुचित हो जाता है। इस प्रकार का सिकुड़न इसलिए संभव है कि लोग एक दूसरे के साथ अप्रत्यक्ष सम्पर्क द्वारा बंधे रहते हैं। सामाजिक परिवर्तन का यह प्रतिमान मुख्यतया मीडिया के कारण है।

7. शक्तिशाली श्रम संगठन

सभी पश्चिमी देशों में जहाँ आर्थिक विकास बहुत अधिक है, श्रम संगठन बहुत प्रभावशाली हैं। इन संगठनों को हड़ताल करने का अधिकार है। आधुनिक अर्थव्यवस्था को एक निश्चित नीतिगत परिणाम देने का काम भी ये संगठन करते हैं। यदि तुलनात्मक दृष्टि से देखें तो ब्रिटेन एक ऐसा देश है जहाँ अन्य देशों की तुलना में श्रम संगठन अधिक शक्तिशाली नहीं है। इधर तीसरी दुनिया में श्रम संगठनों की भूमिका काफी ताकतवर है।

8. बेरोजगारी

औद्योगिक देशों में श्रमिक बाजार में जो मजदूर मिलते हैं, उनकी संख्या काफी बड़ी होती है। ये सब मजदूर विशाल निगमों और सरकारी विभागों में पाए जाते हैं। इन निगमों में श्रमिकों की संख्या इतनी अधिक है कि अब और ज्यादा भर्ती करना संभव नहीं दिखाई देता। दूसरी तरफ नई तकनीकी और विशेष कम्प्यूटर के आ जाने से रोजगार की संभावना न्यूनतम हो गई है। उदार शिक्षा प्राप्त करने वाले नवयुवकों के लिए भी श्रम बाजार में स्थान प्राप्त करना मुश्किल हो गया है। नतीजा यह हुआ कि विकसित देशों की तुलना में विकासशील देशों में बेरोजगारी का प्रतिशत बहुत

अधिक बढ़ गया है। प्राक्कल्पना कुछ इस तरह बन गई है कि आर्थिक विकास और रोजगार में विपरीत सम्बन्ध स्थापित हो गया है। अब कहा जाने लगा कि जितना ज्यादा आर्थिक विकास होगा उतनी ही ज्यादा तीसरी दुनिया में बेरोजगारी होगी।

9. महिलाओं के रोजगार की प्रकृति में अन्तर

आधुनिक अर्थव्यवस्था और औद्योगिक आने से पहले साधारणतः स्त्रियों के काम करने का स्थान घर या खेत था। आज ये दोनों ही बदल गए हैं। भूमि पर बोझ बढ़ गया है। और अब स्त्रियाँ श्रम बाजार में दिहाड़ी के लिए जाती हैं। इसी प्रकार कुटीर उद्योग का स्थान भी कारखानों ने ले लिए हैं। करघे पर काम करने वाली स्त्रियाँ भी रोजगार हेतु बाजार में आ गई हैं। शिक्षित स्त्रियों का एक और वर्ग है जो पढ़ा-लिखा है। यह वर्ग आर्थिक निगमों, स्कूल-कॉलेजों और सरकारी कार्यालयों में काम करने लगा है। इस भांति आधुनिक आर्थिक विकास ने स्त्रियों के काम-काज के स्थानों में भारी परिवर्तन कर दिया है।

10. योजनाबद्धता विवेकशीलता

जब आर्थिक विकास होता है तो उसकी विशेषता योबनाबद्धता और विवेकशीलता होते हैं। आधुनिकीकरण आने से पहले व्यवसाय और उद्योग जगत में काफी अटकलबाजियां होती थीं। लेकिन जब इस विकास को सही रूप से चलाया गया तो उसका केन्द्रीय आधार युक्तायुक्त बन गया। इसी कारण मैक्स वेबर के समय से लेकर आज तक विकास के जो सोपान हमें देखने मिले हैं, उनका आधार विवेकशीलता रही है। वेबर तो आग्रहपूर्वक कहते हैं कि विवेकशीलता के अभाव में आज का पूँजीवाद विकसित नहीं हो सकता।

11. गरीबी

आधुनिक पूँजीवाद पूँजीपरक होता है; श्रमपरक नहीं। इसका तात्पर्य यह हुआ कि आर्थिक विकास करने के लिए पूँजी का विनियोग करना पड़ता है। जितना विशाल विनियोग होगा, उतना ही ज्यादा लाभ होगा। पूँजीवादी इस व्यवस्था में श्रम का ज्यादा भाग मशीनों द्वारा पूरा हो जाता है। आर्थिक विकास के इस चरित्र के कारण रोजगार के अवसर बाजार में थोड़े होते हैं। इधर कृषि में प्रयुक्त रोजगार मशीनों के कारण कम हो जाता है। नतीजा यह होता है कि सम्पत्ति का केन्द्रीयकरण कुछ सीमित हाथों या घरानों में आ जाता है। देखने को यह मिलता है कि काफी ज्यादा लोग गरीब हो जाते हैं और काफी थोड़े लोग अमीर बन जाते हैं। सम्पत्ति के गैर-बराबर बंटवारे के कारण गरीबी का विस्तार हो जाता है।

यह रुचिकर बात है कि विकसित देशों में गरीबी का जो प्रतिशत था बराबर बढ़ रहा है। अब अमरीका और फ्रांस जैसे देशों में भी गरीबों की बस्ती में विस्तार हो रहा है। ऐसा प्रतीत है कि आर्थिक विकास और गरीबों में विपरीत सम्बन्ध है। सामान्य वस्तु यह है कि आर्थिक विकास के साथ में गरीबों की संख्या में बढ़ोतरी बराबर होती है। ज्यों-ज्यों मशीनें बढ़ती हैं, आदमी के हाथ बे-काम हो जाते हैं।

जब कभी आजकल आर्थिक व्यवस्था की चर्चा होती है, चाहे एशिया के देशों में या अमरीका और यूरोप में, यह निश्चित है कि जो उभरता हुआ पूँजीवाद आ रहा है, वह बड़े-बड़े निगमों, कम्पनियों और कॉरपोरेशन का पूँजीवाद है। यह पूँजीवाद या जिसे आर्थिक विकास कहते हैं, आधुनिकीकरण का एक स्वरूप है। आधुनिकीकरण में जहाँ एक तरफ औद्योगीकरण, नगरीकरण, उदारीकरण और विश्वव्यापीकरण होते हैं, वहीं प्रजातान्त्रिक मूल्यों का समावेश भी होता है। इस प्रकार की आर्थिक व्यवस्था का निर्धारण मानवीय मूल्य, परम्पराएँ और सांस्कृतिक प्रतिमान करते हैं। वहीं यह आधुनिकीकरण सामाजिक संरचना को भी परिवर्तन करता है। आर्थिक व्यवस्था और सामाजिक संरचना में पारस्परिकता है, दोनों एक-दूसरे को प्रभावित करते हैं। सत्यता यह है कि हम आर्थिक संरचना का विश्लेषण सामाजिक और सांस्कृतिक मूल्यों को पृथक् करके नहीं कर सकते। दूसरी तरफ, सामाजिक-सांस्कृतिक संरचना को अर्थव्यवस्था से अलग-अलग करके नहीं देख सकते।

विश्वव्यापीकरण तथा बाजार

पूँजीवाद के खिलाफ समाजवादी देशों का जो जिहाद था, वह खत्म हो गया था। फिर भी राज्य का पूँजीवाद पर जो अंकुश था, कमजोर ही सही, चल रहा था। इधर तकनीकी और वैज्ञानिक विकास ने विश्वव्यापीकरण को जन्म दिया। इस प्रक्रिया ने अन्तर्राष्ट्रीय व्यापार, और पूँजी के प्रवाह को काफी बढ़ावा दिया। इसी प्रकार यूरोप का समाज एक सूचना समाज (Information Society) बन गया। वास्तव में व्यापारीकरण के दौर में विश्व भर के लोग एक दूसरे के काफी निकट आए। इसमें दो बहुत स्पष्ट प्रभाव देखने को मिले जो निम्न हैं–

1. आर्थिक व्यवस्था पर सामाजिक तथा राजनीतिक अंकुश कमजोर पड़ गया है–विश्वव्यापीकरण पर पिछले दिनों समाजशास्त्र और अर्थशास्त्र में काफी बड़ी अनुसंधान सामग्री आई है। इस पर काफी कुछ लिखा गया है। इस बृहत् सामग्री पर सभी यह कहते हैं, और इसमें विश्वास भी व्यक्त करते हैं कि विश्वव्यापीकरण ने व्यक्ति और राज्य दोनों पर अपना प्रभाव दिखाया है। इस व्यवस्था में व्यक्ति के

हाथ में कुछ नहीं रहा। वह तो संचार साधनों के हाथ की कठपुतली मात्र रह गया है। न चाहने पर भी, संचार साधन जो कुछ उसे करने को कहते हैं, वह करता चला जाता है। इस प्रकार विश्वव्यापीकरण के हाथों पहली मौत तो व्यक्ति यानी कर्ता (Actor) की हुई है। समाज में व्यक्ति तो हैं लेकिन ये सब सामाजिक (Social) नहीं हैं। जहाँ पहले कहा जाता था कि व्यक्ति कर्ता है, वह निर्णय करने वाला है, उद्यमी है, कारखाने का मजदूर या मैनेजर है, यही व्यक्ति विश्वव्यापीकरण के इस दौर में सिर्फ एक उपभोक्ता मात्र रह गया है। इसी दौर में सामाजिक और सांस्कृतिक व्यक्ति केवल खण्ड-खण्ड रह गया है। इस कथन की सशक्त अभिव्यक्ति तौरेन ने इस तरह की है।

मोटे तौर पर, हमारी सामाजिक दुनिया जिसे हम मानकों और मूल्यों से बनी संस्थाओं से तुलना करते थे, वह आज सड़ गई है। हमारे व्यवहार के एक काफी बृहत् दायरे पर अब मानकों का कोई अंकुश नहीं है। इसी तरह आजकल हम यह कहने लगे हैं कि हमारे बर्दाश्त करने की शक्ति काफी बढ़ गई है, हमने सामाजिक नियन्त्रण खो दिया है और समाज में हिंसा की वृद्धि हुई है।

2. देश का प्रशासन कमजोर पड़ गया है—विश्वव्यापीकरण का दूसरा प्रभाव सरकार पर पड़ा है। इस प्रक्रिया से पूर्व प्रत्येक देश अपने नागरिकों पर नियन्त्रण रखना चाहता था। सरकार के कारण ही सामाजिक और सांस्कृतिक संस्थाएँ सही रूप से चलती थीं। जब कभी व्यक्ति और सामाजिक संस्थाओं में संघर्ष पैदा होता था, तब राज्य कानून या अधिनियम द्वारा स्थिति को नियन्त्रण में कर लेता था। बाल विवाह होने लगे, तो कानून बन गए, लोग ज्यादा शराब पीने लगे तो राज्य ने दखल देना शुरू कर दिया। इस तरह व्यवहारों की परिधि में राज्य मध्यस्थ का काम करता था। अब यह स्थिति नहीं रही। अब तो विश्वव्यापीकरण ने मनुष्य, सामाजिक-सांस्कृतिक संस्थाओं तथा राज्य के व्यवहार पर अपना नियन्त्रण स्थापित कर लिया। अंकुश आर्थिक व्यवस्था का है। व्यक्ति, राज्य और सामाजिक संस्थाएँ गौण हैं। एक तरह से, विश्वव्यापीकरण जनित अर्थव्यवस्था ने अ-आधुनिकीकरण (Demodernization) की प्रक्रिया को शुरू कर दिया है। इसके फलस्वरूप यह आर्थिक व्यवस्था से अलग हो गई है। और इसी तरह व्यक्ति तथा संस्था के बीच जो संघर्ष होना था, उसकी मध्यस्थता को भी विश्वव्यापीकरण ने समाप्त कर दिया है।

तौरेन तथा आधुनिकतावादी विचारकों के प्रबन्ध पर अभी विश्वभर में चर्चा चल रही है। ऐसा प्रतीत होता है कि यदि हमारी अर्थव्यवस्था इसी तरह बदलती रही

तो आनेवाले वर्षों में समाज के क्षेत्र में क्रांतिकारी परिवर्तन देखने को मिलेंगे। हाल में विद्यासागर नयपाल ने अपनी भारत की सामाजिक-संस्कृति यात्रा का जो ब्यौरा अपने पुस्तक : इंडिया : नाऊ के मिलियन म्यूनिज में दिया है, उसमें वे बताते हैं कि हर एक भारतवासी आज ज्यादा-से-ज्यादा और जल्दी से जल्दी धन कमाना चाहता है। इसके लिए वह कुछ भी कर गुजरने को तैयार है। यह स्थिति विस्फोटक है। ऐसा प्रतीत होता है कि आने वाले वर्षों में तीसरी दुनिया के देश भी विश्वव्यापीकरण जनित अर्थव्यवस्था के गिरफ्त में आ जाएँगे। और तब राज्य और समाज दोनों पर आर्थिक व्यवस्था यानी बहुराष्ट्रीय और राष्ट्रीय कम्पनियों का प्रभाव रहेगा।

समाजशास्त्र तथा आर्थिक व्यवस्था

यह किस कारण है कि समाजशास्त्र आर्थिक व्यवस्था का अध्ययन करता है। देखा जाए तो परम्परा से समाजशास्त्र आर्थिक जीवन की व्याख्या करता आ रहा है। इसके पीछे मुख्य वजह यह है कि जहाँ अर्थशास्त्र औपचारिक रूप से आर्थिक क्रियाओं का अध्ययन करता है, वहाँ समाजशास्त्र, उत्पादन, वितरण और उपभोग में मानवीय अन्तःक्रिया के अध्ययन पर जोर देता है। समाजशास्त्र के लिए उत्पादित वस्तु नहीं बल्कि उत्पादन की प्रक्रिया में विकसित सामाजिक सम्बन्ध यथा विभेदीकरण, गैर-बराबरी, सहयोग, प्रतियोगिता, संघर्ष और एकीकरण आदि अध्ययन के महत्त्वपूर्ण क्षेत्र हैं। उदाहरणार्थ 18वीं शताब्दी के यूरोप में जो औद्योगिक क्रान्ति आई उसके फलस्वरूप कुटीर उद्योग, दस्तकारी आदि समाप्त हो गए। इन आर्थिक क्रियाओं का अध्ययन अर्थशास्त्री करते हैं। लेकिन इस औद्योगिक क्रान्ति के फलस्वरूप बड़े-बड़े कल-कारखाने लगे, गाँव से लोग शहर की ओर दौड़े, मशीनों ने वर्ग पैदा कर दिए, कामगारों में अलगाव आ गया, मालिक और मजदूर के सम्बन्ध कड़वे हो गए। यह सब उत्पादन, वितरण और मुनाफाखोरी के कारण आएं। इस प्रकार आर्थिक परिवर्तन के कारण जो मनुष्यों के आपसी सम्बन्धों में फर्क आता है, उसका अध्ययन समाजशास्त्र करता है। एक सीमित अर्थ में जहाँ आर्थिक गतिविधियाँ समाप्त होती हैं वहाँ समाजशास्त्र प्रारम्भ होता है। असल में समाजशास्त्र आर्थिक क्रियाओं के मानवीय, सांस्कृतिक और सामाजिक पक्ष को अपने अध्ययन का बुनियादी क्षेत्र मानता है।

9

उद्योगवाद का उद्‌भव

मनुष्य सदैव से एक चेतनाशील एवं उच्च आकांक्षाओं वाला रहा है। वह अत्यंत परिश्रमी है तथा सदैव नई-नई प्रकार की खोजों के प्रति प्रयत्नशील रहता है। मनुष्य की आवश्यकताएँ भी अनंत है, तथा उनमें से यथासंभव को प्राप्त करने हेतु वह विभिन्न प्रकार के आर्थिक संस्थाओं को जन्म देती है। आर्थिक संस्थाओं के कारण आर्थिक व्यवस्था का जन्म होता है। आर्थिक व्यवस्था कोई स्थायी तत्त्व नहीं है लेकिन इसमें लगातार परिवर्तन होते रहते हैं। इस आर्थिक व्यवस्था के माध्यम से व्यक्ति अपनी आवश्यकताओं की पूर्ति करना चाहता है। आर्थिक व्यवस्थाएँ मनुष्य की आर्थिक क्रियाओं को नियमबद्धता प्रदान करती है। आधुनिक अर्थव्यवस्था मनुष्य एवं मनुष्य की विभिन्न पीढ़ियों द्वारा किए गए महत्त्वपूर्ण प्रयासों का परिणाम है। आधुनिक औद्योगिक व्यवस्था के जन्म एवं विकास में जिन तत्त्वों ने योगदान दिया है वे निम्न प्रकार से हैं–

(i) औद्योगिक क्रांति,

(ii) संगठन प्रणाली का विकास,

(iii) विज्ञान का प्रादुर्भाव, एवं

(iv) प्रौद्योगिकी एवं तकनीकी विज्ञान।

प्राचीन उद्योगवाद

प्राचीन उद्योगवाद का काल वह काल था जब मनुष्य सभ्य एवं साक्षर नहीं था।

जिस काल में न तो मानव साक्षर था एवं न ही वह सभ्य था। इस समय किसी तरह का व्यवस्थित अध्ययन विकसित नहीं हो सकता था। उस समय मानव का मुख्य उद्देश्य सिर्फ भोजन प्राप्त करना था। इसके लिए वह जिन साधनों का उपयोग करता था वही उसके प्रौद्योगिक विकास के प्रतीक थे। भोजन के लिए आदि मानव या तो पशुओं का शिकार करता था या फल-फूल ढूँढ़ा करता था। इस कार्य के लिए मानव ने साधन के रूप में तीर कमान का इस्तेमाल करना प्रारंभ किया। ये हथियार पत्थर एवं लकड़ी के टुकड़े के हुआ करते थे। इस प्रकार के हथियार ही उस समय के औद्योगिक विकास के प्रतीक थे। इसके अलावा बाँस गाड़ कर या पत्थरों की आपसी चोट द्वारा आग पैदा कर लेना भी इस युग का औद्योगिक चमत्कार था। एक दीर्घ समय तक इस तरह की औद्योगिक दशा बनी रही। धीरे-धीरे हथियारों में क्रमशः सुधार होता रहा। प्राचीन उद्योगवाद को निम्नलिखित अवस्थाओं में विभाजित किया जा सकता है–

(क) आखेट अवस्था एवं (ख) चरवाहा अवस्था।

(क) आखेट अवस्था–आखेट अवस्था मानव समाज के आर्थिक जीवन के विकास की पहली अवस्था कही जा सकती है। इस अवस्था में मानव के पास न तो भोजन था और न रहने के लिए घर ही था। इस स्थिति में यह स्वाभाविक था कि वह अपनी जरूरतों की पूर्ति के लिए इच्छुक एवं प्रयत्नशील रहा होगा। इस अवस्था में मानव के पास इन जरूरतों की पूर्ति के साधन भी सीमित रहे होंगे। उसको इन साधनों की भी जानकारी नहीं रही होगी। उस समय उसने अपने आस-पास के वातावरण से अपने आपको अनुकूलित किया। ऐसा करने से ही उसके अस्तित्व की रक्षा हो सकती थी। मानव ने अपने आस-पास के वातावरण में जो कंदमूल फल पाया उसी को अपने भोजन का आधार बनाया। फिर उसने जंगली जानवरों को मारकर खाना प्रारंभ कर दिया। ऋतु परिवर्तन या अन्य कारणों से जब एक स्थान पर जानवर एवं फल-फूल समाप्त हो जाते थे तब वह इनकी प्राप्ति के लिए स्थान परिवर्तन करता था। इस प्रकार यह कहा जा सकता है कि मानव का जीवन घुमंतू था। यह मानव औद्योगिक विकास की प्रथम अवस्था कहा जा सकता है।

(ख) चरवाहा अवस्था–चरवाहा अवस्था मानव समाज के आर्थिक जीवन के विकास की दूसरी अवस्था कही जा सकती है। मानव की औद्योगिक व्यवस्था की दूसरी अवस्था चरवाहा या पशुपालन की अवस्था थी। आखेट अवस्था की तुलना में यह अवस्था ज्यादा विकसित अवस्था थी। इस अवस्था में मानव के औद्योगिक जीवन का अधिक विकास हो जाता है। आखेट अवस्था में मानव कई दिनों तक भूखा भी

रहता था। अपनी इस भूख को मिटाने हेतु मानव ने अनेक प्रकार के खोज किए। मानव मस्तिष्क ने यह सोचा कि अगर जानवरों को मारने की जगह उन्हें जिंदा पकड़ लिया जाए तब उन्हें भूख की समस्या से बहुत हद तक मुक्ति मिल जाएगी। इसलिए उन्होंने जानवरों के मारने के बजाय उन्हें पकड़कर पालना शुरू कर दिया। पहले उनका यह उद्देश्य था कि जिस दिन भोजन नहीं मिलेगा। उस दिन उसे वे मारकर खाएँगे। लेकिन धीरे-धीरे उन्हें यह जानकारी हुई कि जानवरों से न सिर्फ मांस मिलता है बल्कि दूध एवं बच्चा भी प्राप्त होता है। इससे उन्होंने जानवरों को पालना शुरू कर दिया। इस अवस्था तक आते-आते मानव में एक समूह में रहने की भावना भी विकसित हो गई। इसका कारण यह था कि मानव को यह अनुभव हुआ कि समूह से अलग रहने पर उसे अनेक कठिनाइयों का सामना करना पड़ता है। इसलिए मानव एक समूह बनाकर रहने लगा तथा पशुपालन के द्वारा जीविकोपार्जन करने लगा। इस तरह अर्थव्यवस्था में कुछ हद तक स्थिरता आई। हालाँकि इस अवस्था में भी मानव बहुत हद तक घुमंतू जीवन व्यतीत करता था लेकिन उसमें बहुत हद तक स्थिरता भी आई।

मध्यकालीन उद्योगवाद

मध्यकाल में बहुत हद तक औद्योगिक विकास हुआ। इस काल में मनुष्य के कार्यों में औद्योगिकता के स्पष्ट लक्षण दिखाई देने लगे थे। मानव ने हाथ से चलने वाले विभिन्न यंत्रों का निर्माण कर लिया था। अपने उद्देश्यों की पूर्ति के लिए उसने पशु शक्ति को साधन के रूप में इस्तेमाल करना शुरू कर दिया था। औद्योगिकता के अन्य लक्षण जैसे आवश्यकता से अधिक उत्पादन एवं वस्तुओं को सुरक्षित रखना भी प्रारंभ कर दिया। मुनष्यों ने वस्तुओं का उत्पादन करना प्रारंभ कर दिया था। मनुष्यों ने वस्तुओं का आदान-प्रदान एवं श्रम-विभाजन भी प्रारंभ कर दिया था। इसके परिणामस्वरूप विभिन्न प्रकार के कारीगर पृथक्-पृथक् कार्य करते थे। लोहार, बढ़ई तथा जुलाहे आदि अपना-अपना कार्य करते थे। इस तरह यह पता चलता है कि कार्यों में विशेषीकरण की परंपरा भी प्रचलित हो गई थी। कारीगरों में कलात्मकता की भावना भी जागृत हो गई थी। मध्यकालीन उद्योगवाद को निम्न प्रकार की अवस्थाओं में विभक्त किया जा सकता है—

(क) कृषक अवस्था, (ख) दस्तकारी अवस्था एवं (ग) गृह उद्योग अवस्था।

(क) कृषक अवस्था—कृषक अवस्था में मानव पशुपालन के साथ-साथ खेती करना प्रारंभ कर देता है। पशुओं के लिए अच्छे चारा एवं पर्याप्त पानी की जरूरत

अनुभव की जाने लगी। जहाँ पर ये दोनों चीजें मिल गईं वहीं पर मानव ने घर बनाकर रहना प्रारंभ कर दिया। इस तरह यह बहुत हद तक घुमंतु जीवन में स्थिरता आई। मानव ने घासों का उगाना शुरू किया। यहीं से मानव का प्रवेश कृषि युग में हुआ। इस अवस्था में मानव ने जो औद्योगिक प्रगति की उसकी विशेषताओं को निम्न भागों में विभाजित किया जा सकता है

(i) इस अवस्था में सामूहिक संपत्ति का विचार वैयक्तिक संपत्ति के रूप में परिवर्तित होने लगा।
(ii) इस अवस्था में संपत्ति विनिमय के विचार का जन्म हुआ।
(iii) इस अवस्था में आत्मनिर्भरता की भावना में कमी आई तथा व्यक्ति मिल-जुलकर अपनी जरूरतों की पूर्ति करने लगा।
(iv) इस अवस्था में संपत्ति के विचार का उदय हुआ एवं भूमि से संपत्ति के रूप में स्वीकार किया गया।
(v) इस अवस्था में वस्तु विनिमय को स्थायित्व प्रदान करने के लिए छोटी-छोटी मंडियों का जन्म एवं विकास हुआ।
(vi) इस अवस्था में वस्तु विनिमय के स्वरूप को व्यवस्थित किया गया।
(vii) इस अवस्था में व्यापारियों एवं कारीगरों के संघों की स्थापना की गई।
(viii) इस अवस्था में मानव ने कई तरह के औजारों का आविष्कार किया तथा गृह उद्योगों का विकास हुआ। इस प्रकार कृषि के साथ ही साथ दस्तकारी भी प्रारंभ हुआ।

(ख) दस्तकारी अवस्था–दस्तकारी अवस्था में जो भी वस्तुएँ निर्मित की जाती थीं उनका एकमात्र उद्देश्य स्थानीय आवश्यकताओं को पूरा करना होता था। विभिन्न व्यक्ति दस्तकारी के साथ-साथ कृषि कार्य भी करते थे। कृषि के विकास ने औद्योगिक व्यवस्था को गति प्रदान की तथा इसका नतीजा यह हुआ कि दस्तकारी अवस्था का जन्म एवं विकास हुआ। इस औद्योगिक अवस्था की निम्न प्रकार की विशेषताएँ कही जा सकती हैं–

(i) छोटे-छोटे यंत्रों का निर्माण शुरू हुआ।
(ii) इस तरह के यंत्र सरल होते थे। इनमें विशेषीकरण का अभाव पाया जाता है।
(iii) ज्यादातर कारीगर का घर ही एक कारखाना होता था।
(iv) व्यावसायिक ज्ञान परंपरागत होता था।
(v) उत्पादित माल का विक्रय शीघ्र हो जाता था।
(vi) दस्तकारी के कार्यों में परिवार के सभी सदस्य हाथ बँटाते थे।

(vii) व्यापारिक हितों की रक्षा के लिए व्यापारिक गिल्ड हुआ करते थे।
(viii) गिल्ड व्यापारिक कार्यों पर नियंत्रण करती थी।
(ix) किसान, श्रमिक, कारीगर, व्यापारी, दुकानदार एवं निरीक्षक के रूप में होता था।

गृह उद्योग अवस्था में उद्योगों के क्षेत्र में और भी ज्यादा विकास एवं परिवर्तन हुआ। इस अवस्था की निम्नलिखित विशेषताएँ कही जा सकती हैं–

(i) विशेषीकरण के फलस्वरूप दस्तकारी एवं कृषि कार्य अलग-अलग हो गए।
(ii) उत्पादन की किस्मों का विकास हुआ।
(iii) बहुत से व्यक्तियों ने व्यवस्था के रूप में दस्तकारी को स्वीकार किया। इसका परपंरागत हस्तांतरण होने का नतीजा यह हुआ कि व्यापारी वर्ग का उदय हुआ।
(iv) उत्पादन की मात्रा में वृद्धि का नतीजा यह हुआ कि श्रम की अपेक्षा पूँजी एवं संगठन के महत्त्व में वृद्धि हुई।
(v) पूँजी एवं संगठन के महत्त्व में वृद्धि का नतीजा यह हुआ कि औद्योगिक व्यवस्था पर पूँजीगत वर्ग ने अपना पैर जमाना शुरू किया।
(vi) कारखाना प्रणाली के प्रारंभिक रूप का विकास हुआ।

(ग) आधुनिक उद्योगवाद–जैसे-जैसे जनसंख्या में वृद्धि होने लगी वैसे-वैसे औद्योगिक वस्तुओं की माँग में भारी वृद्धि होने लगी। वस्तुओं की बढ़ती हुई माँग को पूरा करने के लिए उद्योग के क्षेत्र में यांत्रिक मशीनों का अत्यधिक चलन हो गया। इसी के साथ फैक्ट्री व्यवस्था की स्थापना हुई। इससे औद्योगिक क्षेत्रों में क्रांति प्रारंभ हुई। आधुनिक उद्योगवाद से उत्पादन की मात्रा में विशेष रूप से वृद्धि हुई, फैक्ट्री व्यवस्था के तहत किसी उद्योग की स्थापना के लिए कुछ बातों को ध्यान में रखना आवश्यक होता था। ये बातें निम्न प्रकार थीं–

(i) फैक्ट्री व्यवस्था के तहत धन का पूँजी के रूप में इकट्ठा होना जरूरी होता है। धन की शक्ति के द्वारा फैक्ट्री व्यवस्था में पूँजीपति, मजदूर, कच्चा माल एवं मशीन जुटा लेता है। इनके सहारे वस्तुओं की उत्पादकता बढ़ती है। फैक्ट्री व्यवस्था में उत्पादन के अलावा उपभोक्ताओं की माँग एवं विक्रय की व्यवस्था का ध्यान रखना भी आवश्यक होता है।
(ii) औद्योगिक कारखानों की स्थापना उन क्षेत्रों में की जाती थी, जहाँ पर उत्पादन से संबंधित कच्चा माल आसानी से प्राप्त हो सकता था। इसके अलावा उद्योग में आवश्यक मजदूरों की बस्तियाँ भी कारखाने के निकट हों इस बात का भी ध्यान रखा जाता था।

(iii) फैक्ट्री व्यवस्था में मानव शक्ति के स्थान पर यांत्रिक शक्तियों को अधिक महत्त्व दिया जाने लगा। इस दिशा में जलशक्ति से चलने वाले विभिन्न इंजनों के आविष्कार ने विशेष रूप से योगदान दिया। यांत्रिक शक्ति के प्रयोग होने के कारण उत्पादन की मात्रा में वृद्धि हुई। साथ उत्पादन पर लागत भी कम आने लगी।

प्रमुख विशेषताएँ

मशीनीकरण उद्योगवाद की कुछ विशेषताएँ होती हैं। ये विशेषताएँ निम्न प्रकार से हैं–

(1) मशीनीकरण–आधुनिक उद्योगवाद की पहली विशेषता मशीनीकरण है। आधुनिक औद्योगिक व्यवस्था की मौलिक विशेषता मशीनीकरण है। विज्ञान एवं प्रौद्योगिकी ने स्वचालित शक्तिशाली मशीनों का आविष्कार किया। आज जीवन के प्रत्येक क्षेत्र में यंत्रों के प्रयोग एवं इनकी उपयोगिता में लगातार वृद्धि हो रही है। भोजन, शिक्षा, यात्रा एवं व्यवसाय के साथ-साथ विभिन्न क्षेत्रों में मशीनों का प्रयोग हो रहा है। इस प्रकार यह पता चलता है कि आधुनिक उद्योगवाद की एक विशेषता मशीनीकरण है।

(2) विशेषीकरण–आधुनिक उद्योगवाद की दूसरी विशेषता विशेषीकरण है। आधुनिक औद्योगिक व्यवस्था का उद्देश्य ज्यादा से ज्यादा उत्पादन करना होता है। उद्योगों में अधिक उत्पादन तभी होता है जब औद्योगिक कार्यक्षमता में वृद्धि की जाती है। इसके लिए औद्योगिक क्रियाओं के उपवर्गों में विशेषीकरण को अपनाया जाता है। इसके निम्नलिखित उद्देश्य होते हैं–

(क) बढ़िया किस्म का उत्पादन, तथा

(ख) उत्पादन लागत में कमी लाना।

(3) स्वचालन–आधुनिक उद्योगवाद की तीसरी विशेषता स्वचालन कहा जा सकता है। स्वचालन मशीनीकरण का ही एक अंग माना जाता है। उद्योगों में स्वचालन उस क्रिया को कहा जाता है जिसमें स्वचालित मशीनों का प्रयोग किया जाता है। स्वचालन के परिणामस्वरूप उद्योगों में अत्यंत कुशल मशीनों का प्रयोग कर उत्पादन किया जाता है।

(4) प्रमाणीकरण–आधुनिक उद्योगवाद की चौथी विशेषता प्रमाणीकरण कहा जा सकता है। प्रमाणीकरण वस्तुओं के प्रमाणित होने की एक व्यवस्था का नाम है। आधुनिक युग में प्रायः प्रत्येक वस्तु का 'व्यापार चिह्न' होता है। इसी व्यापार चिह्न

के आधार पर वस्तुओं का उपभोग किया जा सकता है। बिन्नी के कपड़े, ओसवाल की ऊन, पार्कर इंक एवं इसी तरह की अन्य वस्तुओं पर अपने-अपने व्यापार चिह्न (ट्रेड मार्क) होते हैं। इसी चिह्न के आधार पर वस्तुओं के स्तर का ज्ञान प्राप्त किया जाता है। इस तरह यह पता चलता है कि आधुनिक उद्योगवाद की एक विशेषता प्रमाणीकरण है।

(5) श्रम-विभाजन—आधुनिक उद्योगवाद की पाँचवीं विशेषता श्रम-विभाजन है। विशेषीकरण के परिणामस्वरूप श्रम-विभाजन को प्रोत्साहन मिला। श्रम-विभाजन का उद्देश्य कार्यक्षमता में वृद्धि करना होता है। श्रम-विभाजन के अंतर्गत व्यक्ति वही कार्य करता है जिसमें उसकी रुचि होती है एवं विशिष्ट ज्ञान प्राप्त रहता है। इस तरह यह पता चलता है कि आधुनिक उद्योगवाद की एक विशेषता श्रम-विभाजन है।

(6) औद्योगिक संयोग—आधुनिक उद्योगवाद की छठी विशेषता औद्योगिक संयोग कहा जा सकता है। अत्यधिक एवं कटु प्रतिस्पर्द्धा औद्योगिक विकास के लिए हानिकारक होती है। इसलिए इसे समाप्त करने की आवश्यकता है। कटु औद्योगिक प्रतिस्पर्द्धा को समाप्त करने के लिए एवं स्वस्थ औद्योगिक प्रतिस्पर्द्धा के विकास के लिए यह जरूरी है कि औद्योगिक संयोग स्थापित किया जाए। इस प्रकार यह पता चलता है कि औद्योगिक संयोग आधुनिक उद्योगवाद के लिए आवश्यक होता है। इसके लिए दो तरीके अपनाए जाते हैं जो निम्न प्रकार से हैं—

(क) औद्योगिक इकाइयों के आकार में वृद्धि, तथा
(ख) औद्योगिक शक्ति का विकेंद्रीकरण।

(7) विवेकीकरण—आधुनिक उद्योगवाद की सातवीं विशेषता विवेकीकरण है। आधुनिक औद्योगिक व्यवस्था में विवेकीकरण का भी लगातार प्रयोग किया जाता है। विवेकीकरण का उद्देश्य उद्योगों में प्रौद्योगिकी एवं प्रबंधकीय सुधार करना होता है। इस सुधार के मुख्य रूप से दो उद्देश्य होते हैं जो निम्नलिखित हैं—

(क) उत्पादन में वृद्धि करना, तथा
(ख) उत्पादन लागत में कमी लाना।

(8) ज्यादा लाभ—आधुनिक उद्योगवाद की आठवीं विशेषता अधिक लाभ कहा जा सकता है। आधुनिक औद्योगिक समाज में जितने भी उद्योगों की स्थापना की जा रही है उन सबका उद्देश्य अधिकाधिक लाभ कमाना होता है। यद्यपि आज व्यक्तिगत लाभ के साथ-साथ सामाजिक हितों को भी महत्त्व प्रदान किया जाता है।

(9) औद्योगिक नियोजन—आधुनिक उद्योगवाद की नौवीं विशेषता औद्योगिक नियोजन कहा जा सकता है। आज का युग नियोजन का युग है। आधुनिक

औद्योगिक व्यवस्था में नियोजन को महत्त्व दिया जाता है। इसका उद्देश्य औद्योगिक विकास को व्यापकता प्रदान करना होता है।

(10) श्रम का मानवीय महत्व—आधुनिक उद्योगवाद की दसवीं विशेषता श्रम का मानवीय महत्त्व कहा जा सकता है। आधुनिक औद्योगिक व्यवस्था में श्रम को मानवीय महत्त्व प्रदान किया जाता है। इसका कारण यह है कि समाजवाद के सिद्धांतों का लगातार प्रचार होता जा रहा है एवं इससे श्रमिकों के साथ मानवीय व्यवहार करने की प्रवृत्ति में लगातार वृद्धि होती जा रही है। इस तरह यह पता चलता है कि आधुनिक उद्योगवाद की एक विशेषता श्रम का मानवीय महत्त्व है।

(11) सेवा द्वारा लाभ—आधुनिक उद्योगवाद की ग्यारहवीं सेवा द्वारा लाभ कहा जा सकता है। आधुनिक औद्योगिक व्यवस्था ने वर्तमान उद्योगपतियों के दृष्टिकोण में ही परिवर्तन कर दिया है। आधुनिक उद्योगों का उद्देश्य सिर्फ लाभ कमाना ही नहीं होता है अपितु उत्तरदायित्व की भावना को जागृत करके सेवा द्वारा लाभ कमाने के आदर्शों का अनुकरण करना होता है। इस तरह यह सेवा द्वारा लाभ आधुनिक उद्योगवाद की एक विशेषता कही जा सकती है।

(12) राजकीय हस्तक्षेप—आधुनिक उद्योगवाद की बारहवीं विशेषता राजकीय हस्तक्षेप कहा जा सकता है। आधुनिक युग में कल्याणकारी राज्य की धारणा का लगातार विकास होता जा रहा है। राज्य स्वयं ही उद्योगों को अपने नियंत्रण में ले रहा है। इस नियंत्रण का उद्देश्य कल्याणकारी राज्य की स्थापना करना होता है। इस तरह यह पता चलता है कि आधुनिक उद्योगवाद की एक विशेषता राजकीय हस्तक्षेप है।

(13) औद्योगिक ढाँचों में बदलाव—आधुनिक उद्योगवाद की तेरहवीं विशेषता औद्योगिक ढाँचे में परिवर्तन कहा जा सकता है। बड़े पैमाने पर मशीनीकरण का परिणाम यह हुआ कि आधुनिक औद्योगिक व्यवस्था का ढाँचा ही परिवर्तित हो गया। इस परिवर्तन में पूँजी, प्रबंध एवं श्रम को पृथक् कर दिया गया है। इस तरह उद्योगवाद की एक विशेषता औद्योगिक ढाँचे में परिवर्तन कहा जा सकता है।

(14) प्रबंध में श्रमिकों की भागीदारी—आधुनिक उद्योगवाद की चौदहवीं विशेषता प्रबंध में श्रमिकों की सहभागिता कहा जा सकता है। औद्योगिक प्रबंध में श्रमिकों को भी उचित प्रतिनिधित्व दिया गया है। इससे श्रम के मानवीय महत्त्व में वृद्धि हुई है। इस उद्देश्य की पूर्ति के लिए प्रबंध में श्रमिकों की सहभागिता को महत्त्व दिया जा रहा है। इस तरह यह पता चलता है कि आधुनिक उद्योगवाद की एक विशेषता प्रबंध में श्रमिकों की सहभागिता है।

भारत में उद्योगों का विकास

भारत में औद्योगिक विकास का इतिहास अति प्राचीन है। प्राचीनकाल में भारत का उद्योग तत्कालीन पाश्चात्य उद्योग की अपेक्षा अधिक विकसित था। अगर आधुनिक काल को लिया जाए तो कहा जा सकता है कि भारतीय उद्योग पाश्चात्य उद्योग से पिछड़ गया है। इसके अनेक कारण हो सकते हैं। इसके लिए यह जरूरी मालूम होता है कि भारतीय उद्योग के संपूर्ण इतिहास को जाना जाए तथा समय-समय पर उसमें होने वाले परिवर्तनों को जाना जाए। इसे तीन समयों या कालों में विभक्त कर उसमें होने वाले परिवर्तनों के आधार पर जाना जा सकता है। ये समय या काल निम्नलिखित हैं–

(क) प्राचीन भारतीय उद्योग,
(ख) मुगलकालीन भारतीय उद्योग,
(ग) आधुनिक भारतीय उद्योग,
(घ) महायुद्ध कालीन भारतीय उद्योग, तथा
(ङ) स्वतंत्र भारत में औद्योगिक विकास।

(क) प्राचीन भारतीय उद्योग–प्राचीन काल में ही भारतीय उद्योग क्षेत्र में अलग-अलग प्रकार के शिल्प संघों का संगठन हो चुका था। वैदिक काल को यदि देखा जाए तो यह मालूम होता है कि इस काल में भारतीय उद्योग-धंधों के अलग-अलग संघ स्थापित थे। भारतीय शिल्प संघ व्यवस्था पाश्चात्य व्यवस्था से ज्यादा व्यवस्थित एवं उन्नत तरह की थी। भारतीय समाज का विभाजन वर्णव्यवस्था पर आधारित था एवं किसी हद तक यह विभाजन औद्योगिक व्यवस्था से भी संबंधित था। भारतीय समाज में व्याप्त जाति प्रथा का मूल आधार भी मनुष्यों का व्यावसायिक अंतर था। वैदिक काल में भारतीय उद्योग के क्षेत्र में भिन्न-भिन्न प्रकार के उद्योगों से संबंधित विभिन्न संघों एवं श्रेणियों की स्थापना हुई। व्यापारियों के संघ भी अलग थे। ये विभिन्न संघ अपने-अपने उद्योगों के हितों की रक्षा सभी तरह से करते थे। कारीगरों के कार्य करने की दशाओं, कार्य के घंटाओं एवं उनके वेतन आदि का पूर्ण ध्यान रखा जाता था। हर संघ का निश्चित नियम हुआ करता था तथा नियम का उल्लंघन करने पर दंड की व्यवस्था की जाती थी। ये संघ अपने सदस्यों की जरूरतों एवं सामाजिक तथा आर्थिक सुरक्षा के लिए भी कार्य करते थे। किसी भी संघ का सदस्य यदि बीमार होता था तो उसे अपने संघ से पूरी सहायता लेने का हक प्राप्त था। इस प्रकार यह पता चलता है कि प्राचीन काल के भारतीय उद्योगों में संघ

सामाजिक कल्याण की संस्था के रूप में भी कार्य करते थे। इस प्रकार यह पता चलता है कि प्राचीन भारतीय औद्योगिक व्यवस्था पर्याप्त विकसित थी।

(ख) मुगल कालीन भारतीय उद्योग—मुगल कालीन भारतीय उद्योग विशेष रूप से विकसित था। मुगल सम्राट अकबर एवं जहाँगीर के समय में भारतीय उद्योग विकसित अवस्था में था। इस समय भारतीय उद्योग अपने औद्योगिक विकास के लिए संपूर्ण विश्व में विख्यात था। इस समय भारत कपड़े, मसाले एवं नील आदि विभिन्न वस्तुओं को यूरोप के देशों को निर्यात करता था। इस समय यूरोप के बाजारों में भारतीय वस्तुओं की माँग खासतौर से की जाती है। ढाके की मखमल विश्वविख्यात थी। भारत में ऐसे अनेक औद्योगिक केंद्रों की स्थापना की गई जिससे विश्व भर में अलग-अलग प्रकार के माल का निर्यात किया जाता था। मुग़लकालीन भारतीय उद्योग अति व्यापक था। औद्योगिक केंद्र ग्रामीण एवं नगरीय दोनों ही क्षेत्रों में थे।

ग्रामीण उद्योगों का उद्देश्य स्थानीय आवश्यकताओं की पूर्ति करना होता था जबकि नगरीय उद्योग ज्यादा विकसित अवस्था में थे। इनमें बड़े पैमाने पर उत्पादन होता था। नगरीय उद्योगों द्वारा निर्यात के लिए उच्च कोटि का माल तैयार करना था। इस समय की औद्योगिक संस्थाएँ संघों द्वारा व्यवस्थित थीं। कहीं-कहीं मध्यस्थों के माध्यम से ही व्यापार होता था। ये मध्यस्थ लोग उत्पादन के लिए प्रायः अग्रिम धन दे दिया करते थे तथा स्वयं तैयार माल बेचकर मुनाफा कमाते थे। मुगलकाल में भारतीय औद्योगिक विकास अपनी चरम सीमा पर था। मुगलकाल के बाद क्रमशः भारतीय उद्योग का पतन होने लगा। इसका कारण पश्चिमी देशों की औद्योगिक क्रांति थी। इंग्लैण्ड में औद्योगिक क्षेत्र में अचानक विशेष परिवर्तन हुआ। इंग्लैण्ड के बाजारों में भारतीय औद्योगिक वस्तुओं की माँग प्रायः समाप्त हो गई। इंग्लैण्ड में उद्योगों का मशीनीकरण हो गया था। मशीनों द्वारा तैयार माल सस्ता एवं अच्छा था। साथ ही इसके द्वारा वस्तुओं का उत्पादन भी ज्यादा मात्रा में होने लगा था। इसलिए भारतीय माल के साथ उसकी तुलना की जाने लगी। भारत इस होड़ में पिछड़ गया। भारतीय मालों का विदेशों में माँग समाप्त हो गई। इस प्रकार भारतीय उद्योगों का पतन होने लगा। इसके अतिरिक्त भारत में भी इंग्लैण्ड में बनी वस्तुएँ ज्यादा प्रचलित हो गयी। इंग्लैण्ड का माल भारत में भी सस्ते दामों पर बिकने लगा। इससे भारतीय उद्योगों का पतन शुरू हो गया। भारतीय औद्योगिक विकास रुक गया तथा ह्रास की ओर मुड़ गया। भारतीय कारीगर विदेशों में नौकरी करने लगे।

(ग) आधुनिक भारतीय उद्योग—भारत में प्राचीन काल में उद्योग-धंधे अत्यंत विकसित थे। लेकिन इंग्लैण्ड की औद्योगिक क्रांति ने यहाँ के औद्योगिक प्रगति को

रोक दिया। आधुनिक भारतीय उद्योग की स्थापना अंग्रेजों द्वारा की गई। 1850-1860 में भारत में सूत एवं जूट मिलों की स्थापना हुई। इन्हीं दिनों भारत में रेल व्यवस्था भी शुरू हुई एवं बिहार तथा बंगाल की कोयला खानों से कोलकाता के कारखानों तक रेल की पटरियाँ बिछाई गईं। यातायात के साधनों के विकास ने भारतीय उद्योगों को विकसित किया। इसी समय विदेशी व्यापारियों ने मुम्बई एवं अहमदाबाद में सूत की मिलें तथा हुगली तट पर जूट के कारखाने स्थापित किए। कानपुर में ऊन एवं चमड़े के कारखाने लगाए गए। इन कारखानों के मालिक विदेशी थे लेकिन कार्य करने वाले मजदूर भारतीय थे। इसका नतीजा यह होता था कि लाभ विदेशियों को मिलता था एवं भारतीयों का शोषण होता था। अंग्रेजी सरकार भारत से कच्चा माल इंग्लैण्ड भेज देती थी। वहाँ की बड़ी-बड़ी मिलों द्वारा तैयार किए गए मालों को दुबारा भारत में बड़े-चढ़े दामों में बेचती थी। भारतीय उद्योगों के संबंध में ब्रिटिश सरकार का रवैया अच्छा नहीं था। 1911 में जमशेदपुर में जमशेद टाटा ने फौलाद का कारखाना स्थापित किया। लेकिन इसका उत्पादन देश की माँग के लिए काफी नहीं था। इस समय तक कोयले का उत्पादन भी पर्याप्त नहीं था तथा रेलवे सेवाएँ भी पर्याप्त नहीं थीं। इस तरह यह कहा जा सकता है कि इस समय भारतीय उद्योग पिछड़ा हुआ था।

(घ) महायुद्ध कालीन भारतीय उद्योग—भारतीय उद्योग प्रथम विश्वयुद्ध के समय विकसित थे। इससे ब्रिटिश सरकार को भारी नुकसान उठाना पड़ा। इसका कारण यह था कि युद्ध के समय समुद्री मार्ग अवरुद्ध हो गया था तथा इस मार्ग से कच्चा माल इंग्लैण्ड भेजना संभव नहीं था। साथ ही इंग्लैण्ड से तैयार माल भी भारत नहीं आ सकता था। इसलिए प्रथम विश्वयुद्ध के पश्चात् भारत में औद्योगिक संस्थानों की स्थापना की गई। लेकिन मुख्य रूप से औद्योगिक प्रगति दूसरे महायुद्ध के बाद शुरू हुई।

(ङ) स्वतंत्र भारत में औद्योगिक विकास—स्वतंत्र भारत में औद्योगिक विकास पर काफी ज्यादा ध्यान दिया गया। भारतीय सरकार ने अलग-अलग तरह के सामाजिक आर्थिक विकास के साथ-साथ औद्योगिक विकास की ओर भी विशेष ध्यान दिया। विभिन्न पंचवर्षीय योजनाओं के द्वारा बहुपक्षीय औद्योगिक विकास हो रहा है। भारत की वर्तमान औद्योगिक नीति मिश्रित अर्थव्यवस्था की नीति है। इनमें कुछ उद्योग सरकारी क्षेत्र में हैं तथा कुछ निजी क्षेत्र में हैं। भारत सरकार ने सभी उद्योगों को तीन वर्गों में वर्गीकृत किया है। तीन वर्ग में शामिल उद्योग निम्नलिखित प्रकार के हैं—

(i) प्रथम वर्ग में उन उद्योगों को सम्मिलित किया जाता है जिनका आयोजन पूर्णरूपेण सरकारी क्षेत्र में होता है। इस तरह के उद्योग के अंतर्गत वायुयान उद्योग,

जलयान उद्योग, विद्युत शक्ति तथा वस्त्र उद्योग आदि को सम्मिलित किया जाता है।

(ii) द्वितीय वर्ग में उन उद्योगों को सम्मिलित किया जाता है जो अभी तक निजी क्षेत्र में हैं, लेकिन उन्हें किसी भी समय सरकारी अधिकार में लिया जा सकता है। इस तरह के उद्योग के तहत जल यातायात, मशीनों के हिस्से पुर्जों के उद्योग तथा रासायनिक उद्योग आदि को शामिल किया जाता है।

(iii) तृतीय वर्ग में उन उद्योगों को शामिल किया जाता है जो उक्त दोनों वर्गों के अतिरिक्त होते हैं तथा निजी क्षेत्र में आते हैं।

विभिन्न प्रकार के उद्योगों का विकास भारत में काफी तीव्र गति से हुआ है। औद्योगीकरण की शुरुआत 1950 के दशक के प्रारंभ के वर्षों में सुविचारित नीति के रूप में की गई। इस नीति पर चलते हुए विभिन्न प्रकार के उद्योगों को स्थापित करने के लिए बड़े पैमाने पर पूँजी-निवेश किया गया। औद्योगिक उत्पादन में विविधता लाने, गुणवत्ता में सुधार एवं उत्पादन बढ़ाने में भी शानदार प्रगति हुई। औद्योगिक आधारों में भी विभिन्नताएँ आई हैं एवं अब भारत विभिन्न प्रकार की औद्योगिक वस्तुओं का निर्माण कर सकता है। आज भारत ने बुनियादी सामग्री तथा पूँजीगत साजो-सामान के उत्पादन में आत्मनिर्भरता प्राप्त कर ली है। भारत की स्वदेशी उत्पादन क्षमता आज आत्मनिर्भरता के स्तर तक पहुँच गई है। बिजली, रसायन, खनन, सिंचाई, परिवहन तथा संचार जैसे विभिन्न क्षेत्रों में उत्पादन अब पूर्ण स्वदेशी उपकरणों के बलबूते पर किया जाता है। औद्योगीकरण की प्रक्रिया ने उद्यमिता को बढ़ावा दिया है एवं विभिन्न प्रकार के तकनीकी, प्रबंधकीय एवं क्रियात्मक कौशलों का विकास किया है। आज भारत विदेशों में औद्योगिक परियोजनाएँ लगाने के लिए सलाहकार सेवाओं के साथ-साथ तकनीशियन, प्रबंधन तथा कुशलकर्मी उपलब्ध कराने की स्थिति में पहुँच गया है। औद्योगिक विकास के तहत बुनियादी उद्योगों की स्थापना में सार्वजनिक क्षेत्र को प्रमुख भूमिका सौंपी गई। सार्वजनिक क्षेत्र ने कई किस्म के उद्योगों यथा—अलौह धातुओं, इस्पात, कोयला, उर्वरक, पेट्रोलियम तथा भारी इंजीनियरी के विकास की दिशा में पहल की है। इस क्षेत्र के कपड़ा, दवा, सीमेंट एवं चीनी जैसी आम आदमी की आवश्यक वस्तुओं के उत्पादन से संबंधित उद्योगों में भी पूँजी निवेश किया। जहाँ मार्च, 1951 में भारत में सार्वजनिक क्षेत्र के उपक्रमों की संख्या सिर्फ 5 थी, वहीं 1991 में बढ़कर वह 244 हो गई। 1985-1986 में सरकार ने औद्योगिक विकास की बाधाओं को दूर करने के लिए तथा विकास का वातावरण बनाने के लिए उपाय किए। इनमें उद्योगों को लाइसेंस मुक्त करना, उत्पादन क्षमता का पुनर्निर्धारण एवं उद्योगों का

विस्तार आदि शामिल हैं। इन समस्त उपायों से सातवीं योजना के दौरान औद्योगिक उत्पादन की औसत वृद्धि पर 8.5 प्रतिशत तक पहुँचने में मदद मिली है। 1991 की औद्योगिक नीतियों में जो नई नीतिगत पहल की घोषणा की गई वह सरकार की समग्र औद्योगिक नीति का आधार है।

लाइसेंस नीति

उद्योगों को लाइसेंस जारी करने की नीति के अंतर्गत लाइसेंस जारी करने की प्रक्रिया 1951 में बने औद्योगिक विकास एवं नियमन अधिनियम के अनुरूप संचालित होती है। पिछले कुछ वर्षों से देश का औद्योगिक परिवेश बदला है। इसे ध्यान में रखते हुए औद्योगिक लाइसेंस नीति में कई संशोधन किए गए हैं। 24 जुलाई, 1991 को नई औद्योगिक नीति की घोषणा की गई। इस नीति के अंतर्गत सरकार ने सिर्फ 15 उद्योगों के लिए लाइसेंस लेना अनिवार्य किया। ये उद्योग निम्न प्रकार के हैं–

(i) एसबेस्टस तथा एसबेस्टस आधारित उद्योग,

(ii) तम्बाकू के सिगार एवं सिगरेट तथा तैयार तम्बाकू के अन्य विकल्प,

(iii) शोधित या तैयार हुआ रोएँदार चमड़ा, साँभर चमड़ा,

(iv) प्लाईवुड, हर तरह के रंग रोगन, सजावटी एवं अन्य काष्ठ आधारित उत्पाद जैसे पार्टिकल बोर्ड, मध्यम घनत्व वाले फाइवर बोर्ड एवं ब्लैक बोर्ड,

(v) कोयला एवं लिग्नाइट,

(vi) अल्कोहल युक्त पेयों का आसवन तथा उनसे शराब बनाना,

(vii) पेट्रोलियम (कच्चे तेल को छोड़कर) एवं इससे बने आसवित उत्पाद,

(viii) पशुचर्बी एवं तेल,

(ix) चीनी,

(x) इलेक्ट्रॉनिक एयरोस्पेस तथा सभी तरह की रक्षा उपकरण,

(xi) खोई आधारित इकाइयों के अतिरिक्त कागज तथा अखबारी कागज इकाइयाँ,

(xii) खतरनाक रसायन,

(xiii) सेफ्टी फ्यूज, डिटेनोटिंग फ्यूज, गन पाउडर नाइट्रो सेल्यूलोस एवं दियासलाइयों सहित औद्योगिक विस्फोटक,

(xiv) मनोरंजन का इलेक्ट्रॉनिक सामान (रंगीन टी.वी., वी.सी.आर., सी.डी. प्लेयर, एवं टेपरिकार्डर), एवं

(xv) औषधियाँ एवं फार्मास्यूटिकल (औषधि नीति के अनुसार)।

उक्त उद्योगों के अलावा सभी उद्योगों को चाहे उसमें कितना ही निवेश क्यों न किया गया हो औद्योगिक लाईसेंस से मुक्त किया गया है। आवश्यक लाइसेंस की व्यवस्था प्रतिरक्षा एवं सामरिक तथा सामाजिक कारणों, रसायन, औद्योगिक दुर्घटनाओं को रोकने तथा पर्यावरण संबंधी कारणों एवं उपभोग या विलासिता की विशिष्ट वस्तुओं के उत्पादन को नियंत्रित करने के लिए आवश्यक समझी गयी। इनके अतिरिक्त उद्यमियों को अपने उद्योगों के विकास के लिए पूरी छूट होगी तथा वे अपने उद्योगों को राष्ट्रीय एवं अंतर्राष्ट्रीय स्तर पर अधिक प्रतियोगी, ज्यादा कुशल एवं आधुनिक बना सकेंगे। प्रमुख उद्योगों को विकास की पूरी छूट दी गई है। लेकिन कुछ वस्तुओं को लघु उद्योग क्षेत्र के लिए आरक्षित रखा गया है ताकि उद्योग एवं कृषि पर आधारित उद्योग-धंधों में रोजगार के अवसर बढ़ सकें। सार्वजनिक क्षेत्र के लिए आरक्षित उद्योग निम्न प्रकार से हैं–

(i) कोयला एवं लिग्नाइट,
(ii) हथियार एवं गोलाबारूद तथा रक्षा उपकरणों से संबंधित वस्तुएँ,
(iii) प्रतिरक्षा विमान एवं युद्धपोत,
(iv) परमाणु ऊर्जा, एवं
(v) खनिज तेल।

सार्वजनिक क्षेत्र

वे समस्त प्रकार के कार्य-कलाप भारत के सार्वजनिक क्षेत्र में शामिल होते हैं जो सरकारी बजट से चलते हैं। इस तरह यदि देखा जाए तो यह पता चलता है कि सार्वजनिक क्षेत्र का दायरा बहुत बड़ा है। इसके तहत सरकारी विभाग, सरकारी कंपनियाँ, सिंचाई एवं विद्युत परियोजनाएँ, रेलवे, डाक और तार, आयुध कारखाने, बैंकिंग तथा बीमा कंपनियाँ, वित्तीय एवं अन्य सेवाएँ भी सम्मिलित हैं। लेकिन यहाँ सार्वजनिक क्षेत्र का आशय मुख्य रूप से बैंकिंग इकाइयों को छोड़कर इस क्षेत्र में उन उपक्रमों से है, जिनकी स्थापना सरकारी कंपनियों एवं वैधानिक नियमों के रूप में की गई है। सार्वजनिक क्षेत्र संबंधी नीति 1956 के औद्योगिक नीति प्रस्ताव पर आधारित है जिससे सार्वजनिक क्षेत्र अर्थव्यवस्था के क्षेत्र में प्रमुख भूमिका अदा करता है। यही वजह है कि सार्वजनिक क्षेत्र के निर्माण में बड़े पैमाने पर पूँजीनिवेश किया गया ताकि यह अर्थव्यवस्था में प्रभावशाली भूमिका निभा सके। सार्वजनिक क्षेत्र के उपक्रमों की वित्तीय स्थिति एवं निष्पादन में सुधार हेतु भारत सरकार ने इस क्षेत्र के बारे में 24 जुलाई, 1991 को औद्योगिक नीति के प्रस्ताव में इन निर्णयों की घोषणा की–

(i) संसाधन जुटाने एवं ज्यादा-से-ज्यादा संख्या में लोगों की भागीदारी को प्रोत्साहित करने के लिए सार्वजनिक क्षेत्र में लगे सरकारी हिस्सा पूँजी का एक हिस्सा म्युचुअल फंडों, वित्तीय संस्थानों, आम जनता तथा श्रमिकों को बेचा जाएगा।

(ii) दीर्घ काल समय से घाटे में चल रहे सार्वजनिक क्षेत्र के ऐसे उपक्रमों को जिनकी हालत सुधारना संभव नहीं है। औद्योगिक तथा वित्तीय पुनर्निर्माण बोर्ड या इसी तरह की उच्चस्तरीय संस्था को सौंप दिया जाएगा। ऐसी पुनर्वास गतिविधियों से संभावित होने वाले श्रमिकों के हितों की रक्षा हेतु एक सामाजिक सुरक्षा तंत्र बनाया जाए।

(iii) सार्वजनिक क्षेत्र को सामरिक महत्त्व के उच्च प्रौद्योगिकी वाले एवं मूलभूत ढाँचे से संबंधित उपक्रमों तक केंद्रित करने के उद्देश्यों से इस क्षेत्र के निवेश की समीक्षा की जाएगी। यद्यपि सार्वजनिक क्षेत्र के लिए कुछ आरक्षण की व्यवस्था की जा रही है, लेकिन कुछ क्षेत्रों को सिर्फ निजी क्षेत्र के लिए खोलने पर कोई प्रतिबंध नहीं होगा। इसी तरह सार्वजनिक क्षेत्र भी उन क्षेत्रों में प्रवेश कर सकेंगे जो उसके लिए आरक्षित नहीं हैं।

(iv) सार्वजनिक क्षेत्र की कंपनियों के बोर्डों को ज्यादा व्यावसायिक बनाया जाएगा तथा उन्हें ज्यादा अधिकार प्रदान किए जाएँगे।

(v) सार्वजनिक क्षेत्र के उपक्रमों के कार्य निष्पादन पर पूर्ण बहस के लिए सरकार एवं सार्वजनिक उपक्रम के बीच समझौता ज्ञापन को संसद में रखा जाएगा। प्रबंध से संबंधित प्रमुख मुद्दों पर ध्यान केंद्रित करने के साथ-साथ इससे सार्वजनिक उपक्रम के रोजमर्रा के मामलों को सही संदर्भ में रखने में मदद मिलेगी।

(vi) ज्ञापन प्रणाली एम.ओ.यू. के द्वारा कामकाज में सुधार पर जोर दिया जाएगा। प्रबंधकों को ज्यादा स्वायत्तता दी जाएगी। इस तरह उन्हें उत्तरदायी ठहराया जाएगा। समझौता साधनों तथा उनके क्रियान्वयन को और अधिक कारगर बनाने के लिए सरकार की तरफ से तकनीक की विशेषता के स्तर में सुधार किया जाएगा।

जहाँ तक देश में सार्वजनिक क्षेत्र के उद्यमों का प्रश्न है, यह कहा जा सकता है कि इनकी संख्या अपेक्षित नहीं है। इसका पता इससे मालूम होता है कि 31 मार्च, 1993 तक देश में केंद्रीय सार्वजनिक क्षेत्र के 245 उद्यम थे। इनमें से 165 उपक्रम इस्पात, उर्वरक, परिवहन उपकरण, भारी इंजीनियरी, दवाएँ एवं औषधियाँ, पेट्रो-रसायन,

सीमेंट, कपड़ा, कोयला एवं खनिज के खनन, कच्चे तेल के उत्पादन एवं शोधन आदि से संबद्ध थे। 73 उपक्रम व्यापार एवं विपणन, परिवहन सेवा, ठेका एवं निर्माण सेवा, वित्तीय सेवा, दूर-संचार सेवाएँ पर्यटन सेवा एवं सलाहकार सेवा आदि के क्षेत्र में हैं। 1992-1993 में सार्वजनिक उद्योगों में पूँजीनिवेश में 11,526 करोड़ रुपये यानि 8. 51 प्रतिशत की वृद्धि हुई। इस प्रकार यह पता चलता है कि धीरे-धीरे सही सार्वजनिक क्षेत्र के उद्यमों के पूँजीनिवेश में वृद्धि हुई है।

10

औद्योगिक नौकरशाही

आधुनिक औद्योगिक युग में औद्योगीकरण की प्रक्रिया की गति में तीव्रता आई है। इस प्रक्रिया के परिणामस्वरूप औद्योगिक प्रगति भी सम्भव हुई है। औद्योगिक प्रगति के कारण मशीनों की संख्या में लगातार वृद्धि होती जा रही है। यही वजह है कि कई विद्वानों की धारणाएँ इस तरफ सोचने के लिए प्रेरित हो रही हैं कि मनुष्य यंत्रवत् हो गया है और धीरे-धीरे मनुष्य का स्थान मशीनें ग्रहण करती जा रही हैं। किन्तु वास्तविकता से कोई इंकार नहीं कर सकता कि मशीनों की कितनी ही प्रगति क्यों न हो जाए, उन्हें संभालने के लिए मनुष्य की कहीं न कहीं जरूरत पड़ेगी ही।

समाज को संचालित करने के लिए भी एक व्यवस्था होती है। ऐसी व्यवस्था को प्रशासकीय मशीन (Administrative Mechinery) के नाम से जाना जाता है। जो बात औद्योगिक मशीन पर लागू होती है, वही बात प्रशासकीय मशीन पर भी समान रूप से लागू होती है। प्रशासन का संचालन कुशलतापूर्वक हो इसका उत्तरदायित्व प्रशासनिक कर्मचारियों की कर्तव्यनिष्ठा, सतर्कता, ईमानदारी तथा कार्य-कुशलता पर आधारित होता है। इतना निश्चित है कि नियमों का निर्माण कार्यपालिकाएँ करती हैं किन्तु इन नियमों की व्याख्या और जनता पर लागू करने का कार्य अधिकारियों की मदद से ही किया जाता है। वर्तमान में कार्मिक प्रशासन के क्षेत्र में नौकरशाही एक महत्त्वपूर्ण अवधारणा है। आज नौकरीशाही की अवधारणा का अध्ययन राजनीतिशास्त्र, इतिहास, समाजशास्त्र, लोकप्रशासन, अर्थशास्त्र, राजनीति शास्त्र, समाजशास्त्र आदि विषयों में किया जाता है।

आधुनिक युग में राज्य के कार्यों में लगातार वृद्धि होती जा रही है। राज्य के इन बढ़ते हुए कार्यों को संचालित करने का उत्तरदायित्व प्रशासन के इन्हीं कर्मचारियों का होता है। जब राज्य के कार्यों में 'अहस्तक्षेप' (Laissez-faire) की नीति का अनुसरण किया जाता था, उस समय राज्य के कार्य अत्यन्त ही कम थे, किन्तु आधुनिक युग में राज्य के कार्यों में काफी वृद्धि हुई है। इसका कारण यह है कि आज का राज्य अपने को कल्याणकारी कहने का दावा करता है। इसके फलस्वरूप राज्य का कार्य-क्षेत्र काफी विस्तृत हो गया है। आज का कोई भी नागरिक राज्य के कार्यों और उसकी प्रभावक शक्तियों से अपने को अलग कर सकता है।

आज का समाज पहले की तुलना में काफी जटिल हो गया है। इसके कारण समाज में अनेक पेचीदगियों और समस्याओं का विकास होता गया है। इन समस्याओं का संचालन जो व्यक्ति करते हैं, उन्हें कर्मचारी कहा जाता है। इन्हें पदाधिकारी भी कहा जाता है। इन पदाधिकारियों की समस्या अत्यन्त उलझी हुई है। इससे सम्बन्धित विभिन्न ऐसे प्रश्न हैं जिनका अभी तक समाधान नहीं किया जा सकता है। यह समस्या इसलिए भी उलझ जाती है कि इसका स्वरूप अलग-अलग देशों में भिन्न-भिन्न है। हर राष्ट्र अपनी संस्कृति और परम्पराओं के अनुसार इसका निर्धारण करता है।

नौकरशाही अंग्रेजी के 'ब्यूरोक्रेसी' (Bureaucracy) का हिन्दी रूपान्तर है। 'ब्यूरोक्रेसी' शब्द फ्रांसीसी शब्द 'ब्यूरो' (Bureau) से बना है जिसका अर्थ है 'मेज' या डेस्क (Desk)। मेज का यह अर्थ लिखने वाली मेज से है। इसीलिए ब्यूरोक्रेसी को फाइनर ने 'मेज प्रशासन' (Desk Government) कहकर सम्बोधित किया है। ब्यूरो का दूसरा अर्थ 'पद्' अथवा 'पद्स्थान' भी होता है। इससे स्वाभाविक तौर पर ब्यूरोक्रेसी का अर्थ होता है 'अधिकारियों का शासन'।

अंग्रेजी के 'ब्यूरोक्रेसी' के लिए हिन्दी में विभिन्न शब्दों का प्रयोग किया जाता है जैसे—नौकरशाही, सेवकतन्त्र, अधिकारी, राज्य आदि। इन शब्दों में नौकरशाही ही सबसे अधिक प्रचलित है।

यहाँ जिन अर्थों में नौकरशाही का वर्णन किया जाता है, वह आधुनिक विचार है। नौकरशाही उस व्यवस्था को कहते हैं जिसके अन्तर्गत सरकारी कार्यों का संचालन एवं निर्देशन उन व्यक्तियों के हाथों में होता है जो प्रशासन द्वारा इस कार्य के लिए नियुक्त किए जाते हैं। ये कर्मचारी विशेष-प्रशिक्षण प्राप्त होते हैं। इस व्यवस्था में कार्य स्वयं ही निर्जीव मशीन की भांति सोपान-विधि की सहायता से होता है। ये कर्मचारी जनता की तुलना में अपने उच्च्व अधिकारियों के प्रति अधिक उत्तरदायी होते हैं।

अब्राहम लिंकन ने जिस तरह की परिभाषा प्रजातन्त्र को दी है, यदि इसी प्रकार की परिभाषा नौकरशाही की करें, तो कहा जा सकता है कि नौकरशाही नौकरों को, नौकरों के द्वारा, नौकरों के लिए सरकार है।' यदि इस दृष्टि से इसकी परिभाषा करते हैं तो इसके प्रति स्वाभाविक तौर पर घृणा उत्पन्न हो जाती है। इनकी परिभाषा विभिन्न विद्वानों ने दी है। यहाँ हम अलग-अलग विद्वानों द्वारा दी गई नौकरशाही की परिभाषाओं का अवलोकन करेंगे। ये परिभाषाएँ निम्न हैं–

बर्नार्ड शॉ–"सत्ता के उपासक उच्च पदाधिकारियों की सामन्तशाही का दूसरा नाम नौकरशाही है।"

मोजर, किंग्सले और स्टाल–"यह (नौकरशाही) क्रमिक प्रशासन रचना है, जिसकी जटिल मशीन में प्रत्येक अधिकारी एक पुर्जे के समान है। इस संगठन में कोई भी वस्तु संयोग पर नहीं छोड़ी जाती है। पहले ही सभी सम्बन्धों को पारिभाषित कर दिया जाता है तथा यही सत्ता का त्रिकोण-स्तूप (Pyramid) उत्तरदायित्व के स्तरों में क्षैतिज रूप से विभाजित किया जाता है। अतएव एक अर्थ में नौकरशाही संगठनाधार के ऊपर (Super-organic) है।"

मैक्स वेबर–"यह एक प्रकार का प्रशासकीय संगठन है जिसमें विशेष योग्यता निष्पक्षता तथा मनुष्यता का अभाव आदि लक्षण पाए जाते हैं।" यदि मैक्स वेबर की परिभाषा की विवेचना करें तो मालूम होता है कि यह एक प्रकार की प्रशासन व्यवस्था है और इस प्रशासनिक व्यवस्था की निम्न प्रकार की विशेषताएँ हैं–

(i) विशेष योग्यता

(ii) निष्पक्षता

(iii) मनुष्यता का अभाव।

मैक्स वेबर ने आगे लिखा है कि ये तत्त्व लोक प्रशासन में 'नौकरशाही सत्ता' अथवा निजी उद्योगों में 'नौकरशाही प्रबन्ध व्यवस्था' का निर्माण करते हैं। इनमें निम्न विशेषताएँ और पाई जाती हैं–

(i) पदसोपान का सिद्धान्त संगठन में लागू होता है।
(ii) अभिलेखों, फाइलों तथा लिखित दस्तावेजों पर आधारित है।
(iii) आधुनिक दफ्तरी प्रबन्ध के निर्णयों पर आधारित है।
(iv) कार्यालयीन प्रबन्ध हेतु सामान्य नियमों अथवा व्यवहारों की व्यवस्था का निर्माण है।
(v) कार्यालयीन प्रबन्ध के नियमों और तकनीकियों में प्रशिक्षण प्राप्त अधिकारी।

लास्की—"यह एक व्यवस्था है जिसका पूरी तरह नियन्त्रण अधिकारियों के हाथों में होता है और वे इतने स्वेच्छाचारी होते हैं कि उन्हें नागरिकों की निन्दा करते समय भी शंका एवं हिचकिचाहट नहीं होती है।"

लास्की ने नौकरशाही की जो परिभाषा दी है, उससे इसकी निम्न प्रकार की विशेषताएँ स्पष्ट होती हैं—

(i) यह एक तरह की व्यवस्था है।

(ii) इस व्यवस्था को वह एक नियन्त्रण के नाम से भी जानता है।

(iii) इस व्यवस्था पर कर्मचारियों का पूर्ण नियंत्रण होता है।

(iv) इन कर्मचारियों में स्वेच्छाचारिता की मात्रा अधिक पाई जाती है।

ग्लैडन—"नौकरशाही अधिकारियों द्वारा शासन है।"

डीन पाल—"इसको सामान्य तथा जटिल शर्तों के अन्तर्गत संयुक्त हुए अनेक व्यक्तियों के व्यवस्थित पारस्परिक कार्यों से पृथक् नहीं किया जा सकता है।"

विल्सन—विल्सन ने नौकरशाही की परिभाषा निम्न दो रूपों में की है—

(i) "अपने व्यापक रूप में नौकरशाही पदाधिकारियों का एक ऐसा संगठन है जिसमें प्रशासकीय पदाधिकारियों का वर्गीकरण होता है, जिसमें पद सोपान के आधार पर उग-भाग, विभाग, ब्यूरो आदि का निर्माण होता है।"

(ii) अपने सीमित रूप में नौकरशाही की परिभाषा इस रूप में की गई है कि "यह कर्मचारियों का वह समूह है जिसका संगठन पद सोपान के आधार पर किया जाता है और जो प्रभावशाली सार्वजनिक नियन्त्रण से बाहर है।"

पिफ्तर—"नौकरशाही एक नमूने पर कर्तव्यों तथा व्यक्तियों का व्यवस्थित संगठन है, जो सामूहिक प्रयत्नों के उद्देश्यों को सबसे अधिक प्रभावशाली ढंग से प्राप्त कर सकता है।"

इस तरह नौकरशाही शासन संगठन की वह श्रेणी है जिसमें कर्मचारी मशीन के पुर्जों की भांति संरचनात्मक और कार्यात्मक पहलुओं का सम्पादन करते हैं। ये जनता की तुलना में अपने उच्च अधिकारियों की कृपा पर पनपते हैं, फाइलों पर नोट लगाकर दौड़ते रहते हैं तथा अपने बॉस (Boss) के स्वर में स्वर और लय में लय मिलाते रहते हैं चाहे यह सही रूप में या गलत रूप में ही क्यों न हो।

नौकरशाही : प्रमुख विशेषताएँ

नौकरशाही एक तरह की पद्धति है। इस पद्धति का निर्माण अधिकारियों द्वारा होता है। नौकरशाही की परिभाषा से भी इसकी विशेषताएँ वर्णित होती हैं। इन्हीं

परिभाषाओं को ध्यान में रखकर नौकरशाही की निम्नांकित विशेषताओं का उल्लेख किया जा सकता है–

1. कागजी कार्यवाही–इस कागजी कार्यवाही को कागजी घोड़ा दौड़ाना भी कहा जाता है। इसका सीधा अर्थ होता है कि वास्तव में काम न होकर काम फाइलों में होता है और फाइलें एक टेबल से दूसरी टेबल पर घूमती रहती हैं। इसका प्रमुख कारण तो यह है कि कर्मचारी लगन, उत्साह और जिम्मेदारी से काम नहीं करते हैं। साथ ही, काम की मात्रा इतनी ज्यादा होती है कि इसके लिए पर्याप्त समय की कमी होती है। उनके पास कितना भी महत्त्वपूर्ण निजी काम क्यों न हो, वे साधारण से सरकारी काम को प्राथमिकता देंगे। इसीलिए ऐसा कहा जाता है कि 'सरकारी व्यक्तित्व', 'निजी व्यक्तित्व' पर हावी होता है।

2. व्यवस्थित अभिलेख–नौकरशाही की मुख्य विशेषता यह है कि इसमें फाइलों, कागजों, अभिलेखों, लिखा-पढ़ी आदि को महत्त्व प्रदान किया जाता है। पदाधिकारियों को अभिलेखों और दस्तावेजों पर निर्भर रहना पड़ता है। इन दस्तावेजों तथा अभिलेखों के अभाव में पदाधिकारी काम नहीं कर सकते हैं। पदाधिकारी इन्हीं फाइलों में उलझे रहते हैं और वे यह भूल जाते हैं कि उनका प्रमुख कर्तव्य जनता की सेवा करना है।

3. सिद्धान्त तथा व्यवहार में भिन्नता–नौकरशाही की यह भी विशेषता है कि इसमें सिद्धान्त और व्यवहार में अन्तर पाया जाता है। कर्मचारी सिद्धान्त में जो आदर्श रखते हैं, वही व्यवहार में परिवर्तित हो जाते हैं। जो कर्मचारी सिद्धान्त में जनता के रक्षक कहलाते हैं, वे ही व्यावहारिक रूप में जनता के भक्षक बन जाते हैं।

4. एक विशिष्ट व्यवस्था–आदिकाल से लेकर आज तक हम देखते हैं कि शासन का संचालन करने के लिए अनेक प्रकार की पद्धतियाँ हैं। इन सभी पद्धतियों की भांति ही नौकरशाही भी एक विशेष प्रकार की पद्धति है।

5. सदस्यों की विशिष्टीकरण पद्धति–नौकरशाही में विभिन्न तरह के पदाधिकारी होते हैं। इन पदाधिकारियों की प्रमुख विशेषता यह है कि इन्हें एक विशिष्ट प्रकार के कर्तव्यों को पूरा करना पड़ता है। हर पदाधिकारी के कर्तव्य पूर्ण पारिभाषित होते हैं। ये पदाधिकारी इन विशिष्ट कार्य-क्षेत्रों से बाहर नहीं जाते हैं और उसी की परिधि के भीतर चक्कर लगाते रहते हैं। प्रत्येक प्रकार की अवस्था में पदाधिकारी अपने आचरण के लिए कार्यपालिका के प्रति उत्तरदायी होता है। प्रत्येक कर्मचारी कर्तव्यों के पालन में एक-दूसरे को सहयोग देते हैं।

6. पद-सोपान व्यवस्था–नौकरशाही का निर्माण अलग-अलग प्रकार के अधिकारियों द्वारा होता है। इन अधिकारियों की नियुक्ति की जाती है। यह नियुक्ति

पद सोपान पद्धति के आधार पर होती है। इसमें सभी अधिकारियों के पद निश्चित होते हैं। कुछ अधिकारियों का पद ऊँचा होता है तो कुछ अधिकारियों का पद नीचा होता है। हर निम्न सीढ़ी का अधिकारी अपने से ऊँची सीढ़ी के अधिकारी के लिए जिम्मेवार होता है। इसके साथ ही इन अधिकारियों हेतु जिन कर्तव्यों का प्रसारण होता है, वह ऊपर से नीचे की ओर होता है। प्रत्येक अधिकारी चाहे वह ऊँचे पद का हो या नीचे पद का, कानून के द्वारा जकड़ा रहता है। इसमें कार्यों का संचालन (Through Proper Channel) द्वारा होता है। इसी प्रकार उच्चतम अधिकारी को निम्नतम अधिकारी तक पहुँचने में अनेक सीढ़ियाँ पार करनी पड़ती हैं।

7. कर्तव्य-पालन पद्धति—नौकरशाही पद्धति में हर सदस्यों को विशिष्ट कर्तव्यों का पालन करना पड़ता है। कर्तव्यों के पालन के लिए सत्ता का स्पष्ट रूप से विभाजन किया जाता है। साथ ही, ऐसी व्यवस्था भी की जाती है कि इन कर्तव्यों का अच्छी तरह से पालन किया जा सके।

8. व्यक्तित्व में भेद—नौकरशाही की प्रमुख विशेषता यह है कि दो तरह के मानव व्यक्तित्वों में भेद बना रहता है--

(i) दलीय व्यक्तित्व

(ii) सरकारी व्यक्तित्व

पदाधिकारी जब कार्यालय से बाहर आता है तो उसका व्यक्तित्व दलीय रहता है, तब व्यक्तिगत विचारों को महत्त्व प्रदान किया जाता है। लेकिन कार्यालय में आने पर उस व्यक्ति का व्यक्तित्व सरकारी हो जाता है। ऐसा इसलिए किया गया है कि पदाधिकारी अपने व्यक्तिगत कार्यों में दलीय व्यक्तित्व का प्रयोग न करें।

9. कार्य-कुशल तथा मेधावी व्यक्ति—नौकरशाही में उन्हीं व्यक्तियों को स्थान दिया जाता है जो कार्य-कुशल एवं मेधावी होते हैं। पदाधिकारियों में इतनी कुशलता होनी चाहिए कि वे अपना काम तो व्यवस्थित तरीके से करें ही साथ ही अपने अधीन पदाधिकारियों के कार्यों पर नियंत्रण रख सकें तथा निरीक्षण करते रहें। कार्यकुशल तथा मेधावी व्यक्ति वे होते हैं जो इसके लिए चुने जाते हैं। चाहे यह चुनाव आई.ए.एस. (IAS) अधिकारी का हो या अन्य अधिकारियों का।

10. सरकारी कार्यों की गोपनीयता—नौकरशाही व्यवस्था में सरकारी कार्यों की गोपनीयता को बनाए रखा जाता है। कोई पदाधिकारी कार्यों की गोपनीयता को समाप्त नहीं करता है।

11. विभिन्न प्रकार के प्रशिक्षण—नौकरशाही व्यवस्था में अलग-अलग व्यक्तियों को अलग-अलग कार्यों का सम्पादन करना पड़ता है। कार्यों का सम्पादन

ठीक तरह से हो, इसके लिए कर्मचारियों को इस कार्य से सम्बन्धित प्रशिक्षण दिया जाता है।

नौकरशाही : दोष

नौकरशाही की विद्वानों ने कई तरह से आलोचनाएँ की है। यही कारण है कि इसे घृणित नामों से सम्बोधित किया जाता है। भारत में इसे नौकरशाही कहा जाता है। इसके साथ ही इसे 'नवीन तानाशाही', 'लाल फीताशाही', 'सामन्तवाद के लिए मार्ग' आदि नामों से भी सम्बोधित किया जाता है। इसलिए रैमजे म्योर ने इसकी आलोचना करते हुए लिखा है कि "नौकरशाही अथवा सेवक तन्त्र अग्नि के समान है जो कि एक सेवक के रूप में तो बहुमूल्य सिद्ध होता है, लेकिन जब वह मालिक या स्वामी बन जाता है, तो घातक सिद्ध होता है।"

इस सम्बन्ध में उन्होंने लिखा है कि, "यह मंत्रित्व उत्तरदायित्व (Ministerial responsibility) के लबादे में पनपती और बढ़ती है।"

इसी तरह प्रसिद्ध विचारक प्रो. लास्की ने लिखा है कि, "यह वह शासन प्रणाली है जिसका नियन्त्रण अधिकारियों के हाथ में इतना ज्यादा रहता है कि उससे सामान्य नागरिकों की स्वतन्त्रताएँ संकट में पड़ जाती हैं।"

इस तरह प्रो0 रोबसन ने भी इसकी आलोचना की है। रोबसन ने नौकरशाही की आलोचना में जिन तत्त्वों का वर्णन किया है, वे निम्न हैं–

(i) आत्माभिमान की अधिकता

(ii) व्यक्तिगत नागरिकों के प्रति उदासीनता

(iii) विभागीय निर्णयों के सम्बन्ध में कठोर नीति

(iv) नियमों और औपचारिक प्रक्रियाओं के लिए पागलपन

(v) शासक तथा शासित के अन्तर को स्वीकार करना।

इसी तरह नौकरशाही में अनेक दोष हैं। यदि कर्मचारी जनता के नियन्त्रण से बाहर जाते हैं तो वे अपने व्यक्तिगत स्वार्थों के लिए कार्य करते हैं। ऐसा करते हुए वे सार्वजनिक आलोचनाओं की चिन्ता करते हैं। इसके बावजूद भी वे निर्मम होकर कार्य करते रहते हैं। नौकरशाही के विभिन्न दोषों में कुछ सामान्य दोष निम्न हैं–

1. औपचारिकता का विकास–नौकरशाही व्यवस्था में कर्मचारी औपचारिकता का विकास कर लेते हैं। इसका नतीजा यह होता है कि वे नियमों का अक्षरशः पालन करने के लिए अभ्यस्त हो जाते हैं। उनमें निर्णयात्मक गुणों का अभाव पाया जाता

है। फाइलों में नोट लगाते समय उन्हीं घिसे-पिटे शब्दों का प्रयोग करते हैं जो सहस्त्रों वर्ष पहले प्रयुक्त किए जाते हैं। कोई भी कर्मचारी काम के लिए उत्तरदायित्व को अपने ऊपर नहीं लेता है। हर व्यक्ति दूसरे व्यक्ति पर उत्तरदायित्व का बोझ डालकर मुक्त हो जाना चाहता है। बेजहौट ने इस सम्बन्ध में एक ऐसे नवयुवक पदाधिकारी का उल्लेख किया है जो कोई भी निर्णय करने के लिए तैयार नहीं है, जो हर काम को दूसरे व्यक्ति को समर्पित करना चाहता है, जो दूसरे सार्वजनिक कार्यालयों से सुन्दर लेख द्वारा पत्र-व्यवहार करता है। लेकिन जिसके आदान-प्रदान अक्सर अशुद्ध होते हैं। बही-खाता जिसके प्रशंसनीय हैं, लेकिन अभिलेख क्षीण व अकार्यकुशल हैं।

2. तानाशाही प्रवृति—नौकरशाही में अधिकारी रोज ही नए अधिकारों की माँग करते हैं। ये निरन्तर इस प्रकार के साधनों की खोज में रहते हैं। जिससे जनता को ज्यादा-से-ज्यादा दबाया जा सके। वे सभी तरह के अधिकारों को अपने में समाहित देखना चाहते हैं। इंग्लैंड के न्यायाधीश लार्ड हिवर्ट ने अपनी पुस्तक New Despotism में लिखा है कि इंग्लैंड के नागरिक नौकरशाह निरंकुशता के बोझ से अपनी स्वतन्त्रता खो देंगे।

3. विभागवाद—नौकरशाही में सरकार के कार्यों का संचालन अलग-अलग विभागों द्वारा होता है। साथ ही एक ही विभाग के अलग-अलग खंड होते हैं। इन विभागों और खंडों की प्रमुख बुराई यह है कि इसमें किसी भी प्रकार तारतम्य नहीं पाया जाता है। प्रत्येक विभाग दूसरे विभाग से अपने को पृथक् और स्वतन्त्र खंड समझता है। हर विभाग अपने छोटे अधिकार-क्षेत्र रूपी साम्राज्य पर अपना ही एकाधिकार समझता है।

4. लाल फीताशाही—नौकरशाही का सबसे बड़ा दोष यह है कि इसमें लाल फीताशाही पाई जाती है। इसका आशय यह है कि इसमें लाल फीताशाही पाई जाती है। इसका आशय यह है कि हर कार्य का सम्पादन करने के लिए निश्चित पद्धति अपनाई जाती है। भले ही ऐसा करने में चाहे जितना पैसा और समय नष्ट हो। काम की शीघ्रता चाहे कितनी ही क्यों न हो, लेकिन नौकरशाही के ये निर्मम अधिकारी, जो हृदयहीन होते हैं, उसकी थोड़ी-सी भी परवाह नहीं करते है। यही वजह है कि जन-कल्याणकारी कार्यों में भी काफी लग जाता है। विभिन्न बाबुओं और कर्मचारियों की झूठी प्रशंसा करनी पड़ती है तथा उनके घर और कार्यालय के चक्कर काटने पड़ते हैं। इसके बावजूद भी वे कार्य को होने नहीं देते हैं और किसी न किसी तरह का रोड़ा अटका देते हैं।

5. उच्चता की भावना—नौकरशाही का दूसरा दुर्गुण यह है कि कर्मचारियों में अहं की भावना का विकास होता है। वे स्वयं को काफी उच्च तथा समाज से पृथक्

समझने लगते हैं। वे सामान्य जनता का काम करने, उससे मिलने, उसकी कठिनाई सुनने और समझने में आत्महीनता का अनुभव करते हैं। उनके अन्दर ठीक उसी, तरह का अहं विकसित हो जाता है, जिस तरह का अहं राजा का प्रजा की तरफ होता है। वे सदैव इस तरह की डींग भरते रहते हैं कि मंत्री या उनसे बड़ा अधिकारी उन्हीं के इशारों पर चलता है। अपने को सर्वगुण-सम्पन्न समझने के कारण वे नीतियों के निर्धारण में भी हस्तक्षेप करते हैं। शासन करना और रौब दिखाना, वे अपना नैतिक कर्तव्य समझते हैं।

6. लकीर के फकीर—इसके तहत कार्य करने वाले कर्मचारी लकीर के फकीर होते हैं। दूसरे शब्दों में, इन्हें नियमों और कानूनों से ज्यादा मोह होता है। ये सभी प्रकार की जनता को एक ही तरह की प्रक्रिया और व्यवहार रूपी लाठी से हाँकते हैं। कभी भी यह कोशिश नहीं करते हैं कि काम की गंभीरता और जरूरत को ध्यान में रखें। फाइलों पर बगैर सोचे-समझे नोट लगा दिए जाते हैं और प्रत्येक टेबल और सरकारी विभाग में इसी तरह के नोट लगते रहते हैं और फाइलें चक्कर काटती रहती हैं। उन पर थोड़ा-सा भी ध्यान नहीं दिया जाता है।

7. परंपरावादी—नौकरशाही परम्परा प्रिय होती है तथा अनुरोपन और रूढ़िवादियों का प्रतिनिधित्व करती है। इस सम्बन्ध में पिफ्नर ने लिखा है कि, ''नित्य ही एक तरह का कार्य अपरिवर्तनशीलता उत्पन्न कर देता है। उत्तरदायित्व कर्मचारियों में देर तथा कानूनीपन की आदत डाल देता है। सरकारी कार्यों की जरूरतें कर्मचारियों को विशेषज्ञ बना देती हैं, इनमें बौद्धिक एकाकीपन आ जाता है, वे जनता की तुलना में प्रतिक्रियाओं और नियमों का अधिक ध्यान रखते हैं।'' बरट्रेन्ड रसेल ने नौकरशाही की प्रकृति का विवेचन करते हुए लिखा है कि, ''नौकरशाही में हर जगह निषेधात्मक मनोविज्ञान, जिसका झुकाव निरन्तर निषेधों की ओर होता है, को महत्त्व दिया जाता है। इसका कारण यह है कि कर्मचारी इस प्रकार की मनोवृत्ति का विकास कर लेते हैं। भारतीय कर्मचारी नौकरशाही के कारण इस तरह का व्यवहार करते हैं कि उनकी आँखों के सामने सिर्फ उन्हें अपना काम ही दीखता है, अन्य के कार्य उन्हें नहीं दिखाई देते हैं।

8. वर्ग-जागृति—नौकरशाही व्यवस्था वर्ग चेतना को भी प्रोत्साहित करती है। वे अपने को समाज से अलग वर्ग का समझने लगते हैं। वे इस प्रकार की विचार पद्धति को विकसित कर लेते हैं कि अन्य की तुलना में वे श्रेष्ठ हैं। इसका परिणाम यह होता है कि शासक और शासित के बीच जिस तरह के सम्बन्धों का विकास होना चाहिए, वे नहीं कर पाते हैं, जबकि प्रजातंत्र का यह आधार ही है कि शासक और शासित के बीच ज्यादा-से-ज्यादा सम्बन्धों को स्थापित किया जाए।

9. आत्म-प्रचार—नौकरशाही में अधिकारी अपना आत्म-प्रचार करते हैं। वे इसके लिए तर्क यह देते हैं कि विभागीय काम करने में उन्होंने अपना समस्त जीवन और शक्ति लगा दी है। यह सोचने लगते हैं कि जितने ज्ञानी और कार्य-कुशल वे हैं, दूसरा नहीं। वे यन्त्र की तरह रह जाते हैं और उनमें मानव स्पर्श (Human Touch) लेशमात्र को भी नहीं होता है।

10. दैनिक कार्य—बर्क के शब्दों में, "कार्य के रूप में अधिकारी नौकरशाही को उतना ही महत्त्व प्रदान करते हैं जितना कि कार्य की विषय वस्तु को।" अपने दैनिक कार्यों को साधन न मानकर अपने कार्य को लक्ष्य मानने लगते हैं। दौरे (Tour) पर जाना या न जाना, दैनन्दिनी (Diary) में औपचारिकता का निर्वाह करना, डायरी खोलना, उसमें निर्दिष्ट तारीख पर जाने का समय, स्थान, पहुँचने का समय तथा यात्रा अन्तर भरना आदि दैनिक क्रमबद्धता का ही उदाहरण है। प्रजातंत्र का यह गम्भीर दोष है।

नौकरशाही का वर्गीकरण

नौकरशाही को प्रमुख रूप से निम्न चार भागों में विभक्त किया जाता है—

1. गार्जियन—इस प्रकार की नौकरशाही में ऐसे विद्वानों का आधिपत्य होता है जो 'शास्त्रोक्त आचरण में दीक्षित' होते हैं। इस प्रकार की पद्धति एक ओर न्यायपूर्ण, शुद्ध, कार्य-कुशल, दक्ष और उपकारी होती है तो दूसरी ओर अनुत्तरदायित्वपूर्ण और अधिकारपूर्ण भी होती है। अभिभावक नौकरशाही का एक उदाहरण 1640 से 1740 तक प्रशिया (Prussia) की लोक-सेवा है।

2. संरक्षक—संरक्षक नौकरशाही को लूट पद्धति के नाम से भी जाना जाता है। इस तरह की नौकरशाही संयुक्त राज्य अमेरिका में रही है। यद्यपि 17वीं शताब्दी के मध्य तक 'यूनाइटेड किंगडम' में भी इसका बोलबाला था। इस तरह की नौकरशाही का बोलबाला वहाँ होता है, जहाँ सरकारी पदे किसी व्यक्तित्व अनुग्रह या राजनैतिक पुरस्कार के रूप में प्राप्त होता है। मार्क्स ने इस तरह की नौकरशाही को प्राविधिक कुशलता की कमी, ढीले, त्रुटिपूर्ण मार्ग, उत्साह में कमी आदि के कारण दोषी ठहराया है।

3. जातिगत—जातिगत नौकरशाही जैसा कि इसके नाम से स्पष्ट होता है, इसका आधार जाति होती है। यह वह नौकरशाही है जिसमें विशिष्ट जाति के व्यक्ति को काम पर लगाया जाता है। काम के लिए व्यक्ति के चुनाव की योग्यता 'जाति' होती है। इस तरह की नौकरशाही का आधार एक जाति-एक वर्ग-विशेष होता है।

मार्क्स की मान्यता है कि यह उन लोगों के वर्गीय सम्बन्धों से उत्पन्न होती है जो नियन्त्रण के प्रमुख स्थानों पर होते हैं। इस प्रणाली में वही व्यक्ति अधिकारी हो सकते हैं जो उच्चतर जातियों या वर्गों में उत्पन्न होते हैं उदाहरण हेतु, प्राचीन भारत में ब्राह्मण और क्षत्रिय ही अधिकारी हो सकते थे। मार्क्स ने लिखा है कि उच्च पदों के लिए ऐसी योगयताएँ दी जाती हैं कि उसमें एक विशेष वर्ग को ही प्राथमिकता मिलती है।

4. योग्यता—योग्यता नौकरशाही वह व्यवस्था है जिसमें कर्मचारियों की भर्ती योग्यता के आधार पर की जाती है। योग्यता के परीक्षण के आधार लिखित, मौलिक या उपाधि सम्बन्धी या तीनों ही हो सकते हैं। इसके आधार पर प्रतियोगी परीक्षाओं द्वारा सेवाओं के लिए अच्छे कर्मचारियों की खोज की जाती है। दूसरे शब्दों में, इसकी कोशिश यह रहती है कि लोक सेवा के लिए सर्वोत्तम लोगों को भर्ती कराया जाए, जिनके गुणों की माप समाज-स्वीकृत मापदंडों की मदद से की जा सके। सभी सभ्य देशों में इस तरह की पद्धति का प्रचलन है। सरकारी नौकरी में नियुक्ति अब वर्ग-भेद सम्बन्धी विचारों पर आधारित है। अब यह भेंट और अनुग्रह भी नहीं रह गई है और न ही सरकारी नौकर अब लोगों के स्वयं नियुक्त अभिभावक ही हैं। आधुनिक युग में जबकि प्रजातंत्र का विकास होता जा रहा है इस तरह के अधिकारियों की दो विशेषताएँ हो गई हैं—

(i) वे एक निश्चित लक्ष्यों की पूर्ति करें। इसके लिए उनकी नियुक्ति योग्यता के आधार पर की जाती है।

(ii) इनकी नियुक्ति इसलिए की जाती है कि ये ज्यादा-से-ज्यादा जनता की सेवा करें।

सुधार हेतु परामर्श

नौकरशाही व्यवस्था में सही सुधार हेतु निम्नलिखित सुझाव दिए जा सकते हैं—

1. प्रशासकीय न्यायाधिकरणों की स्थापना की जानी चाहिए, इसमें नागरिक नौकरशाहों के विरुद्ध अपनी शिकायत प्रस्तुत कर सकेंगे तथा अपनी शिकायतों को भी दूर कर सकेंगे।
2. प्रशासन में भ्रष्टाचार व्याप्त होने से नौकरशाह जनता की ज्यादा उपेक्षा करते हैं। इसीलिए जरूरी है कि भर्ती, स्थानान्तरण, पदोन्नति, पुरस्कार, कार्यों का वितरण आदि मामलों को लेकर जो भ्रष्टाचार व्याप्त है, उसे समाप्त किया जाए।

3. कार्यों का संचालन करने के लिए आसान और शीघ्रगामी पद्धतियों की खोज की जानी चाहिए। इससे समय और धन की बचत होगी और कार्यों का संचालन सरलता से होगा।
4. जिन कर्मचारियों को ज्यादा प्रशासनिक अनुभव है उनका लाभ अन्य अधिकारियों को भी देना चाहिए। इसके लिए प्रशिक्षण की व्यवस्था की मदद ली जा सकती है।
5. नौकरशाही की शक्तियों को सीमा में बाँधने के लिए यह जरूरी है कि सत्ता का विकेन्द्रीकरण किया जाए। विकेन्द्रीकरण इन नौकरशाही अधिकारियों को नियन्त्रित करने के लिए शायद सबसे बड़ा अस्त्र होगा। विकेन्द्रीकरण द्वारा शक्ति का विभिन्न व्यक्तियों और संस्थाओं में विभाजन हो जाएगा। इसका नतीजा यह होगा कि इससे शासकीय कार्यों के सम्पादन में समय और धन की बचत होगी।
6. नौकरशाही अधिकारियों को दोहरे नियन्त्रण के माध्यम से उत्तरदायित्व की भावना को जाग्रत करना चाहिए। यह दोहरे नियन्त्रण निम्न संस्थाओं के होंगे–
   (अ) संसद का, और
   (ब) मन्त्रिमंडल का।
7. जनता में ज्यादा शिक्षा का प्रसार किया जाए। इससे जनता में नागरिकता तथा जागरूकता का विकास होगा। इससे जनता नौकरशाही या अधिकारियों द्वारा किए गए कार्यों की ओर आकर्षित होगी।
8. नौकरशाही व्यवस्था में भर्ती की जो पद्धति अपनाई जाती है उसमें पहुँच जातिवाद, पक्षपात, क्षेत्रवाद आदि का मदद लिया जाता है। ये सिफारिशी व्यक्ति निकम्मे तो होते ही हैं काम करने से जी भी चुराते हैं। इसीलिए आवश्यक यह है कि अधिकारियों की भर्ती में पक्षपात को समाप्त किया जाए।
9. प्रशासनिक प्रणालियों में अनुसन्धान को प्रोत्साहित करना चाहिए। इससे प्रशासन के दोष सामने आएँगे और उन्हें दूर करने में मदद मिलेगी।
10. सरकार के अलग-अलग विभागों में पर्याप्त उत्तरदायित्व और सन्तुलन स्थापित करना चाहिए।
11. यदि नौकरशाही को अधिक लाभदायक प्रशासनिक उपकरण के रूप में विकसित करना है, तो इसके लिए जरूरी है कि मंत्री पद के लिए जिन व्यक्तियों की नियुक्ति की जाए उनमें योग्यता, लगन और कार्य के प्रति निष्ठा

होनी चाहिए। इसका लाभ यह होगा कि मंत्रीगण अधिकारियों के हाथ की कठपुतली बनकर कार्य नहीं करेंगे।

रोबसन के अनुसार ''एकीकरण, संचार तथा प्रशासन में सहभागिताएँ शब्द उन लोगों को सदा दृष्टि में रखना चाहिए जो यह चाहते हैं कि प्रजातंत्रीय सरकार की आवश्यकताओं और आकांक्षाओं के साथ लोक प्रशासन के संगठनात्मक सम्बन्ध कायम हों। इससे सुधार की ऐसी प्रवृत्तियाँ जागृत होती हैं जिनका अधिक अनुसरण किया जाए तो ये सिविल सेवा को सर्वाधिक योग्य, समर्थ, जिम्मेदार तथा उत्तरदायी बना देंगी।''

अन्त में नौकरशाही में विभिन्न प्रकार के दोषों के होते हुए भी इस सत्यता से इनकार नहीं किया जा सकता है कि ये राष्ट्र की सेवा करते हैं। इसमें हमें सदैव उनकी बुराइयों पर ही ध्यान नहीं देना चाहिए। नौकरशाही आधुनिक युग की अनिवार्य आवश्यकता है। अतः इसे समाप्त करना न तो वैज्ञानिक होगा और न ही विवेकपूर्ण। आवश्यकता इस प्रकार के उपायों की है जिससे अधिकारी स्वयं को जनता का वास्तविक सेवक समझें।

विभिन्न विद्वानों ने नौकरशाही की अवधारणा के सम्बन्ध में अपने विचार व्यक्त किए हैं, जिसमें प्रमुख रूप से मैक्स वेबर, मोस्का, मिचेल्स, मार्क्स आदि प्रमुख हैं। मोस्का और मिचेल्स के विचारों का उल्लेख हम अध्याय दस 'राजनैतिक शक्ति का वितरण' में कर चुके हैं।

11

सेवावर्गीय प्रबन्ध और औद्योगिक प्रबन्ध

औद्योगिक व्यवस्था के तहत प्रबन्ध प्रमुख आधार होता है। समाजविज्ञान कोश 1964 के अनुसार ''प्रबन्ध, व्यवसाय या, औद्योगिक नीति को बनाने एवं क्रियान्वित करने की वह प्रक्रिया है जो नियोजन, संगठन, निर्देशन, समन्वय एवं नियन्त्रण द्वारा सम्पन्न होते है। वह व्यक्तियों के उस पद्सोपान को भी दर्शाता है जो ऐसे कार्य कराते हैं या जिन्हें यह कार्य सौंपे जाते हैं।''

प्रो. गालब्रेथ का कहना है कि उद्यमकर्ता साहसियों के दिन अब लद चुके हैं तथा वैज्ञानिक प्रक्रिया के अन्तर्गत प्रबन्ध एक आवश्यक प्रक्रिया बन चुका है। संगठन की प्रक्रिया, कार्य, उसे चलाने की दक्षता आदि के आधार पर यह स्पष्ट होता है कि प्रबन्ध की परिभाषा इन्हीं तथ्यों के इर्द-गिर्द घूमती है।

प्रो. शेल्डन ने **सेलिगमैन** द्वारा सम्पादित समाजविज्ञान ज्ञानकोष में प्रबन्ध की परिभाषा देते हुए कहा है, ''प्रबन्ध, उद्योग का वह कार्य है जिसका सम्बन्ध प्रशासन और संगठन के उद्देश्यों के अनुमति नीति का कार्यान्वयन करवाना है।''

वैज्ञानिक संगठन के प्रवर्तक **एफ. डब्लू. टेलर** के विचार में प्रबन्ध का कार्य उन पद्धतियों को खोजता है जिनसे मात्र कार्य लिए ही नहीं जाएँ बल्कि सर्वाधिक मितव्ययता का भी समावेश किया जाए। वस्तुतः प्रबन्ध के तहत जिन बातों का समावेश होता है उनमें पुर्वानुमान, नियोजन, संगठन, निर्देशन तथा आदेश देना, समन्वय, नियन्त्रण एवं कर्मचारियों की भर्ती प्रमुख होती है। इसके अलावा प्रबन्ध की परिभाषा डूपर, जेम्सलुण्डी, ब्रेच, पीटरसन, विल्सन आदि ने भी दी है, परन्तु प्रत्येक परिभाषाओं का सम्बन्ध संचालन से ही है।

सेवावर्गीय प्रबन्ध, की एक विशिष्ट शाखा के रूप में स्थापित है। मानव विज्ञान की यह वह शाखा होता है जिसका सम्बन्ध मानवीय सम्बन्धों के समुचित प्रयोग से होता है।

सेवावर्गीय प्रबन्धन की मान्य परिभाषाएं

सेवावर्गीय प्रबन्ध की मुख्य परिभाषाएँ इस तरह हैं—

(1) सेन्टर आफ द इन्स्टीट्यूट आफ इण्डस्ट्रियल एडमिनिस्ट्रेशन, लन्दन—सेवावर्गीय प्रबन्ध का अध्ययन करने हेतु एक दल नियुक्त किया था। इस दल ने 1194 में अपना प्रतिवेदन प्रस्तुत किया था। इस प्रतिवेदन में सेवावर्गीय प्रबन्ध की जो परिभाषा दी गई। वह इस तरह है—

"सेवावर्गीय प्रबन्ध, प्रबन्ध विधि का यह भाग है, जो विशेष तौर पर संगठन में नियुक्त व्यक्तियों से सम्बन्धियों है। इसका उद्देश्य संगठन के सभी स्तरों पर ठोस वैयक्तिक सम्बन्ध स्थापित करना व बनाए रखना है। इस तरह की कार्य करने की दशाएँ बनाकर, जिनमें प्रत्येक व्यक्ति अपने कर्तव्य पालन से उपक्रम के उद्देश्यों की पूर्ति में योग दे सकें, कर्मचारियों का प्रभावी प्रयोग करना है, इसके साथ ही उन निजी एवं सामाजिक सन्तुष्टियों को, जिन्हें वे स्वाभाविक तौर पर अपना कार्य करने के वातावरण में प्राप्त करना चाहते हैं, सुलभ करना है।"

(2) ब्रेच—"सेवावर्गीय प्रबन्ध का निरूपरण इस प्रकार किया जा सकता है—प्रबन्ध प्रक्रिया का वह भाग जो एक संगठन की मानवीय इकाइयों से सम्बन्धित है। इसका उद्देश्य ऐसे आधार पर मानवीय सम्बन्धों का पोषक है, जो व्यक्ति के कल्याण के परामर्शों द्वारा एक उपक्रम में व्यस्त उन सभी को उपक्रम के प्रभावोत्पादक रूप से कार्य करने में अपने अधिकतम व्यक्तिगत योगदान को सम्भव करता है।"

(3) सोसाइटी फार पर्सनल एडमिनिस्ट्रेशन, अमेरिका—सेवावर्गीय प्रशासन की परिभाषा इस तरह की है—"सेवावर्गीय प्रशासन, योग्य कर्मचारियों को इस ढंग से प्राप्त करने, विकसित करने तथा बनाए रखने की कला है। जिससे संगठन के उद्देश्यों एवं कार्यों को सबसे अधिक क्षमता और मितव्ययिता से पूरा किया जा सके।"

(4) फ्लिप्पो—सेवावर्गीय प्रबन्ध कार्य का सम्बन्ध किसी संगठन में लगे कर्मचारियों को, उस संगठन के प्रमुख उद्देश्यों अथवा उद्देश्यों की प्राप्ति में अधिकतम योगदान देने के लिए, उपलब्ध करने, विकास करने, प्रतिफल देने, एकीकरण करने तथा बनाए रखने से है। अतएव सेवावर्गीय प्रबन्ध इन क्रियात्मक कार्यों के सम्पादन का नियोजन, संगठन, निर्देश तथा नियन्त्रण है।"

(5) थामस जी स्पेट्स–"सेवावर्गीय प्रबन्ध व्यक्तियों को कार्य करते समय संगठन करने व उनसे व्यवहार करने के तरीकों की एक संहिता है, जिससे वे अपनी वास्तविक योग्यताओं का अधिकतम अनुभव कर सकें और इस प्रकार उस संगठन को जिसके वे अंग हैं, निर्धारिक प्रतिस्पर्धात्मक लाभ और अनुकूलतम परिणाम दे सकें।"

(6) इन्स्टीट्यूट आफ पर्सनल मैनेजमेंट, लन्दन–जिसका प्राचीन नाम Institute of Landur Management था ने जो परिभाषा दी है, वह इस प्रकार है–"सेवावर्गीय प्रबन्ध, कार्य का वह भाग है जिसका सम्बन्ध संगठन के आन्तरिक मानवीय सम्बन्ध से है। इसका उद्देश्य व्यक्ति के कल्याण की भावना से इन सम्बन्धों को इस आधार पर बनाए रखना है जिससे उपक्रम में लगे सभी व्यक्ति उस उपक्रम को प्रभाव ढंग से कार्यशील बनाए रखने के लिए अपना अधिकतम योगदान कर सकें।"

(7) इण्डियन इन्स्टीच्यूट ऑफ पर्सनल मैनेजमेंट, कलकत्ता–"प्रबन्धकीय कार्य का वह भाग जो संगठन में मानवीय सम्बन्धों से सम्बन्धित है, सेवावर्गीय प्रबन्ध कहलाता है। इसका उद्देश्य उन सम्बन्धों का संधारण है, जिनसे संगठन में प्रभावें कार्य के माध्यम से उत्पादन को अधिकतम सहयोग प्राप्त हो सके।"

इस तरह सेवावर्गीय प्रबन्ध एक तरह की कला है जिसका उद्देश्य कर्मचारियों की क्षमता को प्राप्त करना एवं बनाए रखना है। जिसकी मदद से औद्योगिक संगठन के उद्देश्यों और कार्यों को सबसे ज्यादा क्षमता और मितव्ययिता से नियन्त्रित तथा निर्देशित किया जा इस सके।

सेवावर्गीय प्रबंधन की मुख्य विशेषताएँ

उपरोक्त परिभाषाओं को स्मरण में रखते हुए सेवावर्गीय प्रबन्ध की निम्न विशेषताएँ निश्चित की जा सकती हैं–

(1) इसके माध्यम से कर्मचारियों और संस्था के उद्देश्यों में एकीकरण का प्रयत्न किया जाता है।

(2) सेवावर्गीय प्रबन्धन एक प्रबन्ध दर्शन है।

(3) सेवावर्गीय प्रबन्ध मानवशक्ति संसधानों का प्रावधान है।

(4) इन सिद्धान्तों की मदद से कर्मचारियों की क्षमता का पूर्ण विकास करने का प्रयत्न किया जाता है।

(5) इस तरह के प्रबन्ध का उद्देश्य यह है कि कर्मचारी संस्था में उत्साह, लगन एवं उत्तग्दायित्व की भावना से काम करें।

(6) इसके तहत कर्मचारियों की भर्ती, प्रशिक्षण, कार्य करने की दशाएँ, सुविधाएँ आदि क्रियाओं का अध्ययन किया जाता है।

(7) इसकी मदद के द्वारा कर्मचारियों से संस्था के साथ ज्यादा सहयोग न करने हेतु कहा जाता है।

(8) यह मानवीय सम्बन्धों को स्थापित करने तथा बनाए रखने का प्रयत्न करता है।

(9) यह प्रबन्धन का ऐसा दर्शन है जो कामगारों को उनकी योग्यता के विकास का ज्यादा अवसर प्रदान करता है।

(10) सेवावर्गीय प्रबन्ध औद्योगिक प्रबन्ध की ही एक विशिष्ट शाखा का नाम है।

(11) सेवावर्गीय प्रबन्ध में काम पर लगे हुए व्यक्तियों को संगठित करने तथा उनके साथ व्यवहार के कतिपय निश्चित सिद्धान्तों का उपयोग करना है।

(12) इस प्रबन्ध की मदद से मानवीय सम्बन्धों को ज्यादा मधुर बनाने का प्रयत्न किया जाता है।

सेवावर्गीय प्रबंधन का प्रयोजन

सेवावर्गीय प्रबन्ध का प्रधान उद्देश्य औद्योगिक संस्था में लगे हुए कामगारों की शारीरिक एवं मानसिक क्षमता का विकास करना है। सुविधा की दृष्टि से इसके उद्देश्यों को मुख्य रूप से दो भागों में विभक्त किया जा सकता है–

(1) **सामान्य उद्देश्य**–सेवावर्गीय प्रबन्ध के साधारण उद्देश्य निम्न हैं–

(क) मानव संसाधनो का विकास करना और सुलभ संसाधनों का पूर्ण उपयोग करना।

(ख) औद्योगिक संगठन में आने वाले सभी सदस्यों के मध्य क्रियाशील सम्बन्धों का विकास करना और

(ग) प्रत्येक कर्मचारी की सेवाओं की ज्यादा-से-ज्यादा उपयोग।

(2) **विशिष्ट उद्देश्य**–विशिष्ट उद्देश्य का अभिप्राय सेवावर्गीय विभागों की विविध गतिविधियों को निर्दिष्ट करना है। इसके विशिष्ट उद्देश्य निम्नवत् हैं–

(क) किसी कर्मचारी की सेवा अवधि के खत्म होने पर उसे उचित प्रतिफल दिलाने की व्यवस्था करना।

(ख) प्रतिनिधि श्रमसंघों से विश्वास तथा सम्मान पर आधारित सम्बन्धों की स्थापना करना।

(ग) सेवावर्गीय प्रबन्ध को अधिकाधिक वैज्ञानिक बनाने हेतु अनुसंधान आदि को बढ़ावा देना आदि।

(घ) एक ऐसे प्रशासन का निर्माण करना जिसकी मदद से कर्मचारियों को उचित पारिश्रमिक मिल सके।

(ङ) कर्मचारियों को इस तरह की प्रेरणा देना, जिससे वे अधिक लगन और कुशलत से काम करे सकें।

(च) औद्योगिक संस्थाओं के संचालन हेतु जरूरी व्यक्तियों का निश्चित संख्या और उपयुक्त तरीके से चुनाव करना।

(छ) जिन व्यक्तियों का औद्योगिक संस्थाओं में काम करने हेतु चुनाव किया जाए, उनका उचित प्रशिक्षण और दिशा निर्देशन देना।

(ज) कर्मचारियों को कई तरह की संवैतनिक, आर्थिक एवं अन्य तरह की सुविधाएँ प्रदान की जाएँ। इन सुविधाओं में कतिपय निम्न प्रकार हैं–

(अ) सेवा पुरस्कार,

(ब) सवैनिक अवकाश,

(स) चिकित्सा और स्वास्थ्य सुविधाएँ,

(द) प्राविडेन्ट फण्ड,

(य) शिक्षा, मनोरंजन आदि की सुविधाएँ तथा

(र) इस तरह की समाज-कल्याण और श्रम-कल्याण से सम्बन्धित सुविधाएँ आदि।

सेवावर्गीय प्रबन्धन के मुख्य कार्य

सेवावर्गीय प्रबन्ध के कार्यों को मुख्य रूप से दो भागों में विभक्त किया जा सकता है।

1. परामर्शदात्री,

2. प्रबन्धकारी कार्य।

परामर्शदात्री कार्य और प्रबन्धकीय कार्य पृथक्-पृथक् होते हुए भी एक-दूसरे से अन्तर्संबंधित हैं।

डॉ. स्प्रीगल ने सेवावर्गीय प्रबन्ध कार्यों को निम्न छः भागों में विभक्त किया है–

(1) औद्योगिक श्रमिकों की भर्ती–इसे दूसरे शब्दों में औद्योगिक कामगारों की रोजगार व्यवस्था के नाम से भी जाना जाता है। इसके तहत निम्न कार्य आते हैं–

(क) श्रमपूर्ति के साधनों का ज्यादा-से-ज्यादा विकास करना।

(ख) निम्न कथ्यों को ध्यान में रखते हुए श्रमिकों को कार्य करने हेतु नियुक्त करना–
(अ) शारीरिक एवं मानसिक स्वास्थ्य परीक्षा,
(ब) बुद्धि, योग्यता, अभिरुचि तथा व्यक्तित्व सम्बन्धी जाँच,
(स) सुपरवाइजर की राय,
(द) आवेदन-पत्रों का विश्लेषण,
(य) लिखित परीक्षा,
(र) साक्षात्कार,
(ल) चुनाव की घोषणा एवं निर्वाचित।

(ग) निम्न तीन तरह के कर्मचारियों के सम्बन्ध में जरूरी जानकारी का संचय करना–
(अ) भूतपूर्व कर्मचारी,
(ब) वर्तमान कर्मचारी और
(स) भावी कर्मचारी आदि।

(घ) नए श्रमिक को औद्योगिक वातावरण से अवगत कराना एवं उनका औद्योगिक नीतियों तथा निरीक्षकों से परिचय कराना आदि।

(ङ) निम्न औद्योगिक कथ्यों के सम्बन्ध में जानकारी को संचित करना–
(अ) औद्योगिक कार्य,
(ब) मजदूरी की दरें,
(स) औद्योगिक जाँच अथवा निश्चित आदि।

(2) **प्रशिक्षण**–औद्योगिक श्रमिकों की भर्ती के पश्चात सेवावर्गीय प्रबन्ध जो काम करता है, वह औद्योगिक श्रमिकों को उचित प्रशिक्षण देना। वर्तमान काल श्रम विभाजन और विशेषीकरण (Division of Labour and Specialization) का है। श्रमिक, कार्य की प्रवृत्ति एवं रुचि के आधार पर प्रशिक्षण प्राप्त करता है एवं फिर एक विशिष्ट कार्य करता है। इस सम्बन्ध में सेवावर्गीय प्रशिक्षण में निम्न तत्त्व आते हैं–

(क) श्रमिकों के प्रशिक्षण के सम्बन्ध में विधियों का निर्माण करना।

(ख) कर्मचारियों को अपने काम से सम्बन्धित वार्षिक प्रतिवेदन निर्मित करने में मदद देना।

(ग) श्रमिक जो भी सुझाव दें, उन सुझावों पर उचित एवं समयानुकूल कार्यवाही करना।

(घ) श्रमिकों के प्रशिक्षण की व्यवस्था करना एवं इसकी निगरानी करना।

(ङ) औद्योगिक संस्थानों में काम करते समय थोड़ी-सी असावधानी से जीवन का खतरा पैदा हो जाता है। प्रशिक्षणक द्वारा इस तरह के खतरों की जानकारी तो होती ही है, साथ ही इनसे बचने के उपायों से सम्बन्धित प्रशिक्षण भी दिया जाता है।

(3) **सेवा सम्बन्धी क्रियाएँ**—सेवावर्गीय प्रबन्ध के तहत कर्मचारियों हेतु निम्न सेवा सम्बन्धी कार्यों को शामिल किया जाता है—

(क) कर्मचारियों के निजी जीवन से सम्बन्धी जो कार्य हों, उनमें उचित परामर्श देना।

(ख) पत्रिका का प्रकाशन करना।

(ग) ऐसे कार्यक्रम आयोजित करना जिनसे श्रमिकों के मनोबल में बढ़ोतरी हो।

(घ) जलपान-गृहों की उचित व्यवस्था एवं देखभाल करना।

(ङ) कर्मचारियों के मनोरंजन हेतु समुचित व्यवस्था करना।

(च) कई तरह के सामाजिक एवं श्रम सम्बन्धी कल्याण कार्यों की व्यवस्था करना और

(छ) सामाजिक सुरक्षा का प्रबन्ध करना आदि।

(4) **पाश्रिमिक**—सेवावर्गीय प्रबन्ध में मजदूरी से सम्बन्धित निम्नांकित कार्य आते हैं—

(क) श्रमिकों के कल्याण की दृष्टि से मुनाफा विभाजन कार्यक्रमों का सम्मान करना।

(ख) बीमा योजना।

(ग) स्वास्थ्य बीमा योजना का निर्माण करना।

(घ) पारस्परिक बचत कार्यक्रमों को अपनाना।

(ङ) मजदूरी की योजनाओं के सम्बन्ध में सुझाव देना।

(च) मजदूरी सम्बन्धी जाँच के निर्देशों को लिखना एवं इनका पालन करना।

(छ) पेन्शन योजना बनाना।

(ज) रात्रिकालीन पाठशालाओं आदि का प्रबंध करना।

(5) **प्रेरणाएँ**—सेवावर्गीय प्रबन्ध का कार्य यह भी है कि कर्मचारियों को लगन तथा उत्साह के साथ काम करने हेतु प्रेरणाएँ प्रदान करना। मनुष्य तथा मशीन में यह अन्तर होता है और मशीन पुरस्कार और दण्ड का कोई प्रभाव नहीं पड़ता

है जबकि मानव पुरस्कार और दण्ड से प्रभावित होता है। सेवावर्गीय प्रबन्ध का यह काम मनोवैज्ञानिक है। ऐसे योजनाओं और व्यवहार को संचालित करना जिनसे कर्मचारी संस्था के कार्यों में अधिक योगदान दे सकें।

(6) **सामूहिक सौदेबाजी**—सामूहिक सौदेबाजी के कारण कर्मचारियों में सामूहिक शक्ति आ जाती है। साथ ही उन्हें कार्यों का उचित पुरस्कार भी प्राप्त हो जाता है। इसके लिए सेवावर्गीय प्रबन्ध को निम्न काम करने होते हैं—

(क) श्रम संघ के सदस्यों को अपने कार्यों के संचालन में सहयोग देना।
(ख) श्रमिकों को इस तरह प्रेरणाएँ प्रदान करना, जिससे वे क्लब आदि में हिस्सा ले सकें,
(ग) कई समस्याओं के विषय में श्रमसंघ के प्रतिनिधियों से बातचीत करना।
(घ) श्रमिकों की शिकायतों को दूर करने में सक्रिय हिस्सा लेना आदि।

(7) **पदोन्नति, स्थानान्तरण एवं सेवानिवृत्ति**--सेवावर्गीय प्रबन्ध में कर्मचारियों की पदोन्नति स्थानान्तरण एवं सेवानिवृत्ति से सम्बन्धित निम्न कार्य किए जाते हैं—

(क) पदोन्नति, स्थानान्तरण तथा सेवानिवृत्त से सम्बन्धित नियमों के निर्माण में सही परामर्श देना।
(ख) पदोन्नति, स्थानान्तरण और सेवानिवृत्त से सम्बन्धित जो नियम हैं उन्हें प्रभावशाली ढंग से कार्यरूप में परिणित करना।
(ग) कर्मचारियों की सुविधाओं को ध्यान में रखकर स्थानान्तरण आदि से सम्बन्धित नीतियों को कार्यान्वित करने में मदद देना।
(घ) कर्मचारियों को नौकरी से पृथक् करने के सम्बन्ध में नीति बनाना।
(ङ) इस तरह समस्त जाँच करना तथा रिकॉर्ड रखना।

सेवावर्गीय प्रबन्ध के महत्त्व के बारे में लिखते हुए एप्पले ने लिखा है, ''प्रबन्ध व्यक्तियों का विकास है, न कि वस्तुओं का निर्देशन। प्रबन्ध एवं सेवावर्गीय प्रशासन एक ही है, उन्हें कदापि पृथक नहीं किया जा सकता है।'' एल्ड्रिक ने लिखा है, ''मानव जीवन में जो स्थान स्नायुतन्त्र का है, वही स्थान संगठन में सेवावर्गीय प्रबन्ध का है। सेवावर्गीय प्रबन्ध न केवल मस्तिष्क, नियन्त्रक, पैर, रक्तस्राव एवं शक्तिदायक तत्त्व है, वरन् केवल स्नायुतन्त्र है। "स्टाक ने इसी तरह सेवावर्गीय प्रबन्ध की विशेषता का उल्लेख करते हुए कहा है।'' सेवावर्गीय प्रबन्ध का उद्देश्य अधिकतम निजी विकास करना होता है। इसके अलावा कर्मचारियों में मधुर सम्बन्ध बनाए रखना तथा मानवीय सम्बन्धों को भौतिक साधनों का अधिकतम उपयोग करने की प्रेरणा की भावना के अन्तर्गत कार्य करना, सेवावर्गीय प्रबन्ध के तहत आता है।

सेवावर्गीय प्रबन्ध के नियम

सेवावर्गीय प्रबन्ध के सिद्धान्त के सम्बन्ध में विभिन्न विद्वानों तथा संस्थाओं ने जो विचार व्यक्त किए हैं, वे इस प्रकार हैं–

(1) श्रम-प्रबन्ध की संस्था–इंग्लैण्ड में श्रम-प्रबन्ध से सम्बन्धित एक संस्था है, जिसका नाम है। 'Institute of Labour Mannagement' है। इस संस्था ने अपने प्रतिवेदन में सेवावर्गीय प्रबन्ध के विषय में जो सिद्धान्त अपनाए हैं, वे इस तरह है–

(क) ऐसी व्यवस्था की जाए जिससे काम करने की दशाओं का स्तर ऊँचा हो।

(ख) ऐसी पद्धतियों की प्रभावशाली ढंग से स्थापना की जाए, जिससे कर्मचारियों एवं प्रबन्ध के मध्य नियमित सम्बन्धों की स्थापना की जा सके।

(ग) कर्मचारियों को श्रम संघों की सदस्यता ग्रहण करने से सम्बन्धि पूरी स्वाधीनता दी जाए।

(घ) श्रमसंघ के सदस्यों एवं गैर-सदस्यों में किसी तरह का भेदभाव न किया जाए

(ङ) एक सेवावर्गीय प्रबन्ध की स्थापना की जाएँ जो सेविवर्ग से सम्बन्धित समस्त पहलुओं पर विचार करे एवं इस सिद्धान्तों में महत्त्वपूर्ण नीतियों का निर्धारण करे।

(च) ऐसी व्यवस्था की जानी चाहिए जिससे सभी कर्मचारी सेवावर्गीय पदाधिकारियों एवं निजी और गोपनीय तौर से पहुँच सकें।

(छ) रोजगार से सम्बन्धित निम्नांकित व्यवस्थाएँ की जाएँ–

- (अ) रोजगार में स्थिरता प्रदान की जाए।
- (ब) रोजगार के मौके सुलभ कराए जाएँ। के योग्यता को प्राथमिकता प्रदा की जाए।
- (स) कामगारों को इससे संबंधित आश्वासन दिए जाएँ कि उनकी अनुचि बर्खास्तगी नहीं की जाएगी।
- (द) उत्पादन और वितरण की इस तरह की नीतियों को अपनाया जाए, जिससे इनका प्रभाव श्रमिकों की मजदूरी पर न पड़े।
- (य) रोजगार देने हेतु व्यक्तियों के चयन की जो विधियाँ हों, वे पर्याप्त वैषयिक एवं वैज्ञानिक हो।
- (र) रोजगार में लगने के पश्चात कार्य की जाँच की जो पद्धतियां हों, वे पर्याप्त न्यायपूर्ण तथा पक्षपातरहित हों,

(ल) प्रशिक्षण की समुचित व्यवस्था की जाए, जिससे कर्मचारी अपने कर्तव्यों का निर्वाह प्रभावशाली तरीके से कर सकें और साथ ही ऐसी क्षमताएँ विकसित हो जाएँ जिससे उनकी पदोन्नति के समुचित अवसर उपलब्ध हो जाएँ।

(व) सही मजदूरी के जो मान्य प्रभाव हैं, उनका पालन किया जाए।

(ज) इस तरह की व्यवस्था की जाए जिससे अनुशासन बना रहे एवं साथ ही कर्मचारी अनुशासनपूर्ण जीवन बिताने हेतु प्रोत्साहित हों।

(झ) ऐसा प्रयास किया जाए जिससे कर्मचारी सामाजिक, शैक्षणिक और मनोरंजन सुविधाओं को विकसित कर सकें। साथ ही ऐसे व्यवस्था की जाए जिससे वे क्षेत्रीय समस्याओं के साथ ज्यादा-से-ज्यादा सहयोग कर सकें।

(ञ) बिना किसी भेदभाव के सेवावर्गीय नीतियों और नियमों का पालन किया जाए।

(2) नार्थकॉट—सी. एच. नार्थकॉट ने सेवावर्गीय प्रबन्ध के चार आधारभूत सिद्धान्त बतलाए हैं—

(अ) **न्याय**—औद्योगिक सम्बन्धों को निम्न माध्यमों से न्यायोचित आधार पर प्रदान किया सकता है—

(क) दण्ड की व्यवस्था का आधार न्यायपूर्ण हो। साथ ही अपील आदि की उचित व्यवस्था हो।

(ख) इसके साथ ही व्यक्ति को आगे बढ़ने के लिए इसी प्रकार के अन्य प्रतिफल और प्रेरणाएँ मिलती रहें। व्यक्ति की पदोन्नति का आधार गुण को ही बनाया जाए। गुणों का मूल्यांकन सही और पक्षपातरहित हो।

(ग) काम की दशाओं का निर्धारण करने में कर्मचारियों को महत्त्वपूर्ण स्थान दिया जाएँ। साथ ही उन्हें इस सम्बन्ध में उचित सलाह और सुझाव के अवसर प्रदान किए जाएँ।

(घ) **श्रमिकों को अपने परिश्रम का उचित प्रतिफल देकर**—इसमें निम्न तत्त्व आते है—

(a) पारिश्रमिक की न्यूनतम दर का निर्धारण करके।

(b) मजूदरों हेतु 'गारण्टी मजदूरी' की व्यवस्था करके। यह ऐसी परिस्थितियों के लिए है जो अचानक निर्मित हो जाएँ, और जिन पर कामगारों का कोई नियन्त्रण न हो।

(c) पारिश्रमिक के भुगतान का उचित आधार बनाकर।
(d) विशिष्ट प्रशिक्षण प्राप्त एवं योग्य व्यक्ति हेतु उचित पारिश्रमिक की व्यवस्था करके।
(e) पूँजी के उचित लाभ में कामगारों को हिस्सा प्रदान करके।

(ङ) पदोन्नति को न्यायपूर्ण आधार प्रदान करके। न्यायपूर्ण आधार निम्न आधारों पर मुहैया किए जा सकते हैं–
(a) ऐसी व्यवस्था की जाए जिससे प्रोन्नति के मौकों की जानकारी सभी श्रमिकों को हो सके।
(b) पदोन्नति हेतु योग्यता का जो आधार हो उस पर खुली छूट हो।
(c) पदोन्नति को पक्षपात से बचाया जाए। पदोन्नति के मापदण्ड की पद्धतियां व्यवस्थित हों।

(च) औद्योगिक उन्नति और विकास के लिए यह आवश्यक है कि–
(a) बेरोजगारी को समाप्त किया जाए।
(b) औद्योगिक प्रबन्धों की अक्षमता को दूर किया जाए और
(c) श्रम संघों के प्रति उचि दृष्टिकोण को निर्मित किया जाए।

(आ) **व्यक्तित्व**–सेवावर्गीय प्रबन्ध का अगला सिद्धान्त मानव व्यक्तित्व से सम्बन्धित होना चाहिए। जहाँ तक हो सके कर्मचारियों के व्यक्तिगत को ज्यादा-से-ज्यादा निखारने का प्रयत्न किया जाए। इसके लिए जरूरी है कि कर्मचारियों को अधिकाधिक स्वतन्त्रता दी जाए। इसके लिए यह जरूरी है। कि कर्मचारियों के साथ स्वतन्त्र व्यक्तित्व जैसा व्यवहार किया जाए।

(इ) **लोकतन्त्रात्मक**–सेवावर्गीय प्रबन्धन की व्यवस्था इस तरह हो कि इसमें कर्मचारियों को समुचित समझदारी प्राप्त हो सके। जिन सिद्धान्तों का पालन कर्मचारियों को करना है उसके निर्माण और पालन की जानकारी कर्मचारियों को होनी चाहिए।

(ई) **सहयोग**–कर्मचारियों एवं प्रबन्धकों के मध्य सहयोग की स्थापना की जाए। दोनों एक-दूसरे के प्रति उचित विचार और दृष्टिकोण रखें। इस सम्बन्ध में मानवीय दृष्टिकोण को सर्वोच्च प्राथमिकता दी जानी चाहिए। सामान्य उद्देश्य बिल्कुल स्पष्ट हो। कर्मचारियों को उद्योग की दशाओं का ज्ञान होना चाहिए। कर्मचारियों और प्रबन्धकों के मध्य आपसी परामर्श को स्थान दिया जाना चाहिए, इससे सहयोग में बढ़ोतरी होगी।

औद्योगिक प्रबन्ध

प्रबन्ध की एक विशेष शाखा है–औद्योगिक प्रबन्ध। औद्योगिक प्रबन्ध सामान्य तौर पर उस प्रबन्ध से सम्बन्धित होता है जो औद्योगिक पदार्थों के उत्पादन तथा खपत से सम्बन्धित होता है। औद्योगिक प्रबन्धन हेतु भूमि, श्रम, पूँजी, साहस एवं संगठन की जरूरत होती है।

औद्योगिक प्रबन्ध भेद

यूनाइटेड किंगडम (U.K.) के शिक्षा मन्त्रालय ने अपने प्रतिवेदन 'प्रबन्ध हेतु शिक्षा' (Education for Management) में प्रबन्ध को निम्न भागों में विभक्त किया है–

(1) **विक्रय-प्रबन्ध**–इस विक्रय प्रबन्ध के तहत निम्न तत्त्वों को सम्मिलित किया जाता है–
- (क) टेण्डर आमन्त्रित करना,
- (ख) विक्रय-अनुबन्ध करना,
- (ग) स्टोर और स्टॉक रखने की व्यवस्थ करना तथा
- (घ) विक्रय पर नियन्त्रण स्थापित करना आदि।

(2) **रख-रखाव प्रबन्ध**–इस प्रबन्ध में निम्न तत्त्वों को शामिल किया जाता है–
- (क) भवन की व्यवस्था और उसकी सुरक्षा,
- (ख) पत्र, उपकरण की देखभाल और मरम्मत आदि।

(3) **यातायात प्रबन्ध**–इसमें निम्न तत्त्व शामिल होते हैं।
- (क) वेअरहाउस की व्यवस्था करना,
- (ख) पैकिंग आदि की व्यवस्था करना,
- (ग) जल, थल, वायु यातायात की व्यवस्था करना और इनमें समन्वय स्थापित करना।

(4) **कार्यालय प्रबन्ध**–कार्यालय प्रबन्ध के तहत निम्न तत्त्व शामिल किए जाते हैं–
- (क) वस्तुओं के उत्पादन तथा वितरण से सम्बन्धित आँकड़ों का संग्रह करना,
- (ख) पत्र-व्यवहार करना,
- (ग) कार्यालय का प्रबन्ध एवं नियन्त्रण,
- (घ) रेकॉर्ड रखना आदि।

(5) **उत्पादन प्रबन्ध**--इसके अन्तर्गत निम्न तत्त्वों को शामिल किया जाता है–

(क) उत्पादन मार्ग का निर्धारण एवं नियोजन,

(ख) गुण आदि पर नियन्त्रण करना।

(ग) कार्य का विश्लेषण,

(घ) समय, गति व थकान का अध्ययन करना आदि।

(6) **विकास प्रबन्ध**–इसके अन्तर्गत निम्नांकित तत्त्वों को शामिल किया जाता है–

(क) प्रयोगात्मक संयत्र तथा औद्योगिक विधियों का उपयोग करना एवं उन्हें अपनाना।

(ख) कच्चे पदार्थों, मशीनों एवं विधियों में शोध और अनुसन्धानशालाएँ स्थापित करना।

(7) **वित्तीय प्रबन्ध**–वित्तीय प्रबन्ध में निम्नांकित प्रबन्ध को सम्मानित किया जाता है–

(क) एकाउण्टिंग,

(ख) साख्यिकीय नियन्त्रण,

(ग) व्यावसायिक पूर्वानुमान,

(घ) बजटरी नियन्त्रण और

(ङ) बीमा आदि।

(8) **वितरण प्रबन्ध**--वितरण प्रबन्ध के तहत निम्न तत्त्वों को सम्मिलित लिया जाता है–

(क) निर्यात,

(ख) उपभोक्ता शोध,

(ग) एकाउण्टिंग,

(घ) साख्यिकीय नियन्त्रण,

(ङ) विपणन,

(च) विज्ञापन,

(छ) विक्रय-प्रबन्ध आदि।

(9) **सेवावर्गीय प्रबन्ध**–इसे श्रमिक प्रबन्ध भी कहा जाता है। इसके तहत जिन तत्त्वों को सम्मिलित किया जाता है, वे निम्न हैं–

(क) कर्मचारियों का चयन,

(ख) श्रमिकों की सेवाओं का वितरण,

(ग) श्रमिकों का स्थानान्तरण,
(घ) श्रमिकों की पदोन्नति,
(ङ) श्रमिकों को अवकाश,
(च) औद्योगिक सम्बन्धों की स्थापना,
(छ) श्रमिकों की नियुक्ति,
(ज) श्रमिकों का प्रशिक्षण,
(झ) स्वास्थ्य एवं कल्याणकारी योजनाओं का संचालन
(ञ) कर्मचारियों को सुरक्षा एवं संरक्षण प्रदान करना आदि।

औद्योगिक प्रबन्ध के प्रमुख कार्य

प्रबन्ध एक नया विज्ञान है। इसका लगातार विकास होता जा रहा है। इसके साथ ही प्रबन्ध का विज्ञान लगातार उन्नति करता जा रहा है। संक्षेप में औद्योगिक प्रबन्ध के निम्न कार्य होते हैं—

(1) आयोजन—इसे नियोजन के नाम से भी जाना जाता है। जैसे ही पूर्वानुमान का कार्य समाप्त होता है, आयोजन का कार्य शुरू होता है। जार्ज ए. टेरी ने लिखा है, 'व्यावसायिक आयोजन के अन्तर्गत व्यवसाय की भावी आवश्यकताओं का रचनात्मक सिंहावलोकन किया जाता है।' आयोजन का अर्थ उद्योग की नीति, उद्देश्य और कार्यक्रमों को निर्धारित करना तथा उनकी पूर्ति हेतु कार्यविधियों का चयन करने से है। आयोजन के बिना, विशेषकर उद्योगों में, कार्य करना सबसे बड़ी अदूरदर्शिता का परिचायक है। आयोजन के तहत निम्न उपक्रियाओं को शामिल किया जाता सकता है—

(क) नीतियों का निर्णयन करना,
(ख) कार्यक्रमों का निर्णयन करना,
(ग) कार्यविधियों का निर्णयन करना,
(घ) बजट बनाना,
(ङ) पूर्वानुमान लगाना,
(च) उद्देश्यों को निर्धारित करना,
(छ) प्रत्येक वस्तुओं के मध्य समन्वय बैठाना।

उर्विक (L. Urwick) ने लिखा है, 'योजना मुख्यतः एक बौद्धिक विधि है, एक काम को उचित तरीके से करने का मानसिक पूर्व निर्णय है, कार्य करने से पूर्व सोचना तथा तथ्यों के आधार पर न कि अनुमान के आधार पर, कार्य करना है। यह

वर्तमान पदाधिकारियों को जानकारी प्रदान करता है जिससे उनके कार्यों में प्रभावी तथा सही समन्वय हो सके।'

(2) संचालन–संचालक का प्रत्यक्ष अर्थ है क्रियाओं को संचालित करना। इसे उदाहरण द्वारा स्पष्ट किया जा सकता है। संचालित करना एवं चालित करना दो पृथक्-पृथक् बातें हैं। रेल का ड्राइवर गाड़ी को चलाता है, किन्तु जब गार्ड के द्वारा लाल झण्डी दी जाती है, तो वह गाड़ी को चलाना बन्द कर देता है। इसी तरह एक स्टेशन से दूसरे स्टेशन को पार करने हेतु गाड़ी की सिगनल देने की जरूरत होती है। यहाँ सिनगल देना अथवा देना, लाल अथवा हरी झण्डों का दिखाना, गाड़ी को संचालित करना है। इस तरह का संचालन एवं निर्देशन व्यवसाय हेतु भी जरूरी है। **जार्ज आर. टेरी** ने संचालन के मूलभूत सिद्धान्तों को निम्न भागों में विभक्त किया है–

(क) कार्य को गति प्रदान करना।

(ख) समूह को प्रेरणादायक शक्ति प्रदान करना।

(ग) व्यक्ति की काम करने की इच्छा को जगाना एवं उसमें क्षमता लाल आदि।

एक संस्था के संचालन में प्रबन्धक को निम्न कार्यों का सम्पादन करना पड़ता है–

(क) कर्मचारियों में संस्था की नीतियों और उद्देश्यों के प्रति विश्वास पैदा करना।

(ख) कर्मचारियों में अपने अधिकारों और कर्तव्यों के प्रति जागरूकता का विकास करना।

(ग) व्यावहारिक मनोवैज्ञानिक की भाँति कुशल-निर्देशन करना।

(घ) संस्था के संगठनात्मक पहलू से कर्मचारियों को परिचित करना।

(ङ) ऐसी सम्भावनाओं के विकास का अवसर प्रदान करना, जिससे कर्मचारी सहयोग एवं सहकारिता से काम करें।

(3) नेतृत्व–कर्मचारियों के अधिकतम मदद एवं सहकारिता की भावना के कारण ही व्यवसाय में सफलता प्राप्त की जा सकती है। नेतृत्व पर ही व्यवसाय की सफलता अथवा असफलता निश्चित होती है। व्यवसाय के संगठन तथा संचालित की दृष्टि से नेतृत्व जो कार्य करता है, वे निम्नांकित है–

(क) आदेशों का पालन करवाना।

(ख) कर्मचारियों का पथ प्रदर्शन देना, जिसमें वे जरूरत के अनुसार अपने कार्यों को कर सकें।

(ग) कर्मचारियों से स्पष्ट व्यवहार रखना।

(घ) व्यापार पर व्यवसाय को अधिकारिक उन्नति की ओर ले जाना आदि।

(4) कर्मचारियों की नियुक्ति--कार्य, चाहे व्यावसायिक हो या नहीं, इसका संचालन व्यक्तियों द्वारा ही संभव है। स्वचालित मशीनों के आ जाने से भले ही व्यक्तियों की संख्या में कमी आ जाए किन्तु उनके महत्त्व में कमी नहीं आती। इसके लिए कर्मचारियों का चुनाव करना और उसके लिए प्रशिक्षण आदि की व्यवस्था करना होता है। इसके तहत निम्न तत्त्व शामिल हैं–

(क) कर्मचारियों का चुनाव करना।
(ख) कर्मचारियों को प्रशिक्षण देना, पदोन्नति करना एवं पदच्युत करना आदि।
(ग) कर्मचारियों को वेतन, महँगाई भत्ता तथा दूसरी तरह की सुविधाएँ प्रदान करना।
(घ) कर्मचारियों के मध्य निरन्त संचार को बनाने रखना।
(ङ) कर्मचारियों को प्रबन्ध से सम्बन्धित निर्णयों में शामिल करना।
(च) श्रमिक अपने कार्यों का कुशलतापूर्वक संचालन कर सकें, इसके लिए उचित पथ-प्रदर्शन प्रदान करना है।

(5) संगठन–**ई. एफ. एल ब्रेच** (E. F. L. Breech) ने लिखा है, "संगठन प्रबन्ध का ढाँचा है क्योंकि यह सम्पूर्ण उत्तरदायित्व का विभाजन करके सम्बन्धित विभागों और समूहों में सक्षम रूप से कार्यान्वित होने के लिए बाँट देना है।" इसी प्रकार एल. उर्विक ने भी संगठन की परिभाषा की है, "किसी योजना अथवा उद्देश्य के लिए आवश्यक कार्यों को निश्चित करना तथा उनके समूहों में क्रमबद्धता लाना, जिससे उन्हें व्यक्तियों को सौंपा जा सके, संगठन कहलाता है।" जिस तरह नाटक करने हेतु प्रबन्ध करना जरूरी होता है। ठीक इसी तरह उद्योगों का संचालन करने हेतु प्रबन्ध जरूरी होता है। संगठन के आधार पर ही किसी उद्योग की सफलता या असफलता का निर्णय होता है। इससे मालिकों एवं कर्मचारियों को काम करने का उचित अवसर तो मिलता ही है इसके साथ ही संगठन के द्वारा प्रबन्ध में होने वाले 'अपव्यय' को भी रोका जा सकता है। संगठन के तहत प्रमुख रूप से निम्न जरूरी क्रियाओं को शामिल किया जाता है–

(क) उपक्रमों के निश्चित उद्देश्यों की प्राप्ति हेतु क्रियाओं का निर्धारण करना।
(ख) उपक्रम हेतु जो सारी क्रियाएँ निर्धारित की जाती हैं, उनका वर्गीकरण करना।
(ग) इन भिन्न-भिन्न क्रिया-समूहों का उत्तरदायित्व अलग-अलग व्यक्तियों को सौंपना।
(घ) विभागाध्यक्ष को आवश्यक अधिकार मुहैया करना, ताकि क्रियाओं का अच्छी तरह सम्पादन किया जा सके।

(ङ) भिन्न-भिन्न विभागों के कार्यों के मध्य समन्वय एवं सहयोग की स्थापना करना।

(6) समन्वय—**मूने** और **रैले** का विचार है, 'कार्य की एकता की स्थापना के लिए सामूहिक प्रयास का व्यवस्थित आयोजन हो समन्वय कहलाता है।' इसी तरह **इ. एफ. एल. ब्रेच** ने भी लिखा है, 'व्यावसायिक संस्था के विभिन्न सदस्यों के मध्य इस ढंग से कार्य का आबंटन करना कि उनमें आपसी सहयोग एवं सद्भावना बनी रहे, समन्वय कहलाता है।'

समन्वय के तीन मुख्य आधार हैं—

(क) व्यावसायिक तत्त्वों के मध्य सन्तुलन स्थापित करना।
(ख) योजना के अनुसार निर्धारित समय-सारिणी में कार्यों का सम्पादन हो जाए।
(ग) पृथक्-पृथक् हितों का विलयन करना और व्यावसायिक हित उत्पन्न करना।

समन्वय करने के उद्देश्य से **मेरी पार्कर फालेट** के निम्न चार नियमों का उल्लेख किया है—

(क) नौकरशाही के दोषों को समाप्त करने हेतु विभिन्न व्यक्तियों से प्रत्यक्ष सम्पर्क स्थापित करके समन्वय स्थापित करना।
(ख) उत्पादन, बिक्री, वित्त-व्यवस्था, श्रम आदि क्रियाओं में तालमेल स्थापित करना।
(ग) प्रारम्भ से ही क्रियाओं में तालमेल स्थापित करना।
(घ) समन्वय कार्य को लगातार बनाए रखना, आदि।

(7) नियन्त्रण—व्यवसाय में नियन्त्रण का महत्त्व निम्नांकित दो कारणों से है—

(क) इस कथ्य की जानकारी प्राप्त करने हेतु कि कार्य का संचालन योजना के अनुसार हो रहा है अथवा नहीं।
(ख) चूँकि गलती करना मनुष्य का स्वभाव है अतएव नियन्त्रण के द्वारा ऐसा प्रयत्न करना कि गलतियाँ न हों। इसका कारण यह है कि एक छोटी-सी गलती औद्योगिक उन्नति को अवनति की तरफ ले जाती है।

व्यावसायिक प्रबन्ध के तहत नियन्त्रण की मुख्य विधियों को निम्न भागों में विभक्त किया जाता है—

(क) बजट नियन्त्रण,
(ख) लागत नियन्त्रण,
(ग) प्रारम्भ से ही क्रियाओं में समन्वय स्थापित करना,
(घ) वित्तीय नियन्त्रण आदि।

नियन्त्रण के अन्तर्गत निम्नलिखित चार क्रियाओं का समावेश रहता है–

(क) कार्य की उन्नति को मूल्यांकन करना,

(ख) वास्तविक उन्नति का विवरण तैया करना,

(ग) नियोजित एवं वास्तविक उन्नति का तुलनात्मक अध्ययन करना तथा दोनों में अन्तर की जानकारी प्राप्त करना एवं विश्लेषण करना,

(घ) इस सम्बन्ध में सुधारक कार्यवाही करना।

(8) संचार--संचार, प्रबन्ध का सबसे प्रमुखे तत्त्व है। यह संचार कर्मचारी-वर्ग, ग्राहक, आपूर्तिकर्त्ता, अंशधारी, सामान्य जनता तथा सरकार के बीच होता है। इसके बिना व्यापार निष्क्रिय हो जाता है। अतएव प्रबन्ध की दो मुख्य बातें हैं–

(क) सभी तरह की जानकारी प्राप्त करना और

(ख) आदेशों एवं विचारों के संवहन की प्रभावपूर्ण व्यवस्था करना आदि।

(9) अभिप्रेरणा–इसे अभिप्रेरणा अथवा प्रेरणाशक्ति के नाम से भी जाना होता है। प्रबन्ध के संचालन की यही महत्त्वपूर्ण प्रेरणाशक्ति है। मानव और मशीन में अन्तर है। यह अन्तर इस तौर पर है कि मशीन भौतिक वस्तु है, जबकि मानव सामाजिक-मनोवैज्ञानिक-जीव है। अभिप्रेरणा मनोवैज्ञानिक तत्त्व है। अभिप्रेरणा के द्वारा कर्मचारियों में इस तरह की भावना भर दी जाती है कि वे स्वेच्छा से कार्यों का सम्पादन करने लगते हैं। साथ ही उनमें काम के प्रति लगन एवं उत्साह का भी संचार होता है। वे ईमानदारी तथा स्वामिभक्त की भावना से काम करते हैं। इस प्रकार अभिप्रेरणा का काम श्रेष्ठ मानवीय सम्बन्धों का विकास करना होता है। इसके द्वारा कर्मचारी श्रेष्ठतम कार्यों को करने हेतु प्रेरणा ग्रहण करते हैं।

(10) पूर्वानुमान–पूर्वानुमान उस स्थिति को कहते हैं जिसमें किसी कार्य को शुरू करने से पहले ही उसकी सम्भावनाओं का पता लगा लिया जाता है। कोई भी कार्य शुरू करने से पहले व्यक्ति उसके परिणामों–हानि-लाभ, अच्छाई-बुराई, आदि का लेखा-जोखा तैयार कर लेता है। उद्योगों के सम्बन्ध में भी इसी तरह के पूर्वानुमान कर लिए जाते हैं। ये अनुमान बजट (Budget) के तौर पर किए जाते हैं। इसके अन्तर्गत उद्योगों में लागत की मात्रा, उद्योगों की बिक्री, औद्योगिक व्यवस्था, उद्योगों से होने वाले लाभ एवं हानि को शामिल किया जाता है।

औद्योगिक प्रबन्ध के प्रमुख कार्य

प्रबन्ध औद्योगिक सफलता की कुंजी है। प्रबन्ध में सफलता तभी मिलेगी, जब उसका निर्धारण निश्चित सिद्धान्तों के आधार पर होगा। संक्षेप में, औद्योगिक प्रबन्ध के सिद्धान्त निम्न हैं–

(1) निर्देश की एकता—कार्य को संचालित करने हेतु जो निर्देशन प्राप्त हो, वे स्पष्ट हों एवं उनमें एकता का होना नितान्त जरूरी है। निर्देशन में एकता का अभाव में प्रबन्ध का कुशल संचालन सम्भव नहीं है।

(2) स्वास्थ्यप्रद कार्य की दशाएँ—कर्मचारी जहाँ काम करते हैं, वहाँ का वातावरण स्वस्थ होना चाहिए। इससे कर्मचारियों की कार्य के प्रति रुचि बढ़ेगी। यथा—जलपान-गृह, क्लब आदि।

(3) आदेश की एकता—निर्देशन की एकता के साथ ही साथ यह भी जरूरी है कि कामगारों को जो भी आदेश प्राप्त हों वे एक ही अधिकारी से हों। कई अधिकारियों से आदेश प्राप्त होने पर नियन्त्रण में शिथिलता आती है।

(4) केन्द्रीकरण—उद्योगों के दो आधार हैं—केन्द्रीकरण एवं विकेन्द्रीकरण। उद्योगों में केन्द्रीकरण का नियम लागू किया जाना चाहिए। कर्मचारियों के गुणों का ज्यादा-से-ज्यादा मात्रा में लाभ उठाने हेतु अनुकूल स्तर पर ही केन्द्रीकरण करना चाहिए।

(5) समानता—उद्योगों की सफलता का यह भी सिद्धान्त है कि कर्मचारियों के साथ समानता का व्यवहार किया जाए। इसके लिए कर्मचारियों में कार्य के प्रति लगन और स्वामिभक्ति की भावना को जागृत किया जाए।

(6) सहयोगी भावना—उद्योग में जितने व्यक्ति काम करते हो उनमें सहयोग का होना उतना ही आवश्यक है जितना श्रम और पूँजी में सहयोग, कर्मचारियों की सहयोगी भावना के कारण ही उद्योगों की उन्नति होगी।

(7) प्रेरणा—प्रेरणा, मानव की मूल शक्ति है। प्रेरणा के माध्यम से मनुष्य किसी भी तरह के कार्य का सम्पादन कर सकता है। उद्योगों की सफलता हेतु यह जरूरी है कि कर्मचारियों में काम के प्रति उत्साह एवं लगन हेतु प्रेरणा दी जाए।

(8) प्रशिक्षण—कर्मचारियों में कार्यकुशलता की बढ़ोतरी हो इसके लिए जरूरी है कि उनके प्रशिक्षण, की समुचित व्यवस्था की जाए। प्रशिक्षण वैज्ञानिक हो साथ ही प्रशिक्षण हेतु कर्मचारियों के चुनाव का आधार योग्यता पर हो।

(9) सामान्य हित का महत्त्व—हित दो तरह के होते हैं—सामान्य हित एवं निजी हित। औद्योगिक प्रबन्ध की सफलता हेतु यह आवश्यक है कि कर्मचारी वैयक्तिक हितों की अपेक्षा सामान्य हितों को ज्यादा महत्त्व प्रदान करे।

(10) कर्मचारियों को पुरस्कार—प्रबन्ध की सफलता हेतु यह जरूरी है कि कर्मचारियों को पुरस्कार दने की जो व्यवस्था हो वह सन्तोषजनक हो। इससे उत्पादन क्षमता में बढ़ोतरी होती है।

(11) पदाधिकारियों से सम्पर्क—नौकरशाही उद्योगों हेतु हानिकारक है। नौकरशाही का विकास तब होता है जब कर्मचारियों के मध्य सम्पर्क स्थापित नहीं हो पाता। इसलिए यह जरूरी है कि ऊपर से नीचे तक के कर्मचारियों में सम्पर्क बना रहे, इससे प्रबन्ध को ज्यादा सफलता मिलेगी।

(12) व्यवस्था—सभी उद्योग का प्रयोजन होता है कि कम-से-कम लागत पर ज्यादा-से-ज्यादा माल का उत्पादन किया जाए। यह तभी सम्भव है जब उद्योगों में व्यवस्था की जाए।

(क) निश्चित समय और निर्धारित स्थान पर कार्य का सम्पादन किया जाए।
(ख) कार्यों का सम्पादन योग्य व्यक्तियों के द्वारा हो।
(ग) कार्यों का उचित ढंग से निरीक्षण किया जाए।

(13) प्रामाणीकरण—प्रबन्ध की सफलता हेतु उद्योगों में प्रामाणीकरण को अपनाना जरूरी है। प्रमाणीकरण के तहत निम्न तत्त्व शामिल किए जाते हैं—

(क) काम करने की प्रमाणित एवं वैज्ञानिक पद्धतियां,
(ख) वस्तुओं के उत्पादन का एक निश्चित प्रमाण,
(ग) प्रामाणित मशीनें एवं औजार,
(घ) कच्चे माल के चयन का वैज्ञानिक तरीका।

(14) अनुशासन—अनुशासन औद्योगिक प्रबन्ध का आधार है। अनुशासन का निर्धारण प्रबन्धक के व्यक्ति द्वारा होता है। अनुशासन बनाए रखने हेतु निम्नांकित बातें आवश्यक हैं—

(क) निरीक्षण की उचित पद्धति,
(ख) कर्मचारियों के साथ उचित समझौता-व्यवस्था,
(ग) दण्ड की उचित व्यवस्था।

(15) कार्य का विभाजन—प्रबन्ध का द्वितीय सिद्धान्त यह है विशेषीकरण के आधार पर पृथक्-पृथक् व्यक्तियों की कार्य का बँटवारा करना।

(16) अधिकार एवं उत्तरदायित्व—अधिकार एवं उत्तरदायित्व एक तराजू के दो पलड़ों की भाँति साथ-साथ चलते हैं। इन्हें अलग करके नहीं समझा जा सकता है। इस सम्बन्ध में यह जरूरी है कि—

(क) प्रबन्धक में ऐसी भावना हो जिससे वह उत्तरदायित्वपूर्ण कार्य का सम्पादन करे,
(ख) साथ ही, कार्य को सम्पादित करने हेतु उसे समुचित अधिकार भी होने चाहिए।

(17) नयें दृष्टिकोण—प्रबन्ध की सफलता के लिए यह भी आवश्यक है कि इसके सम्बन्ध में प्राचीन दृष्टिकोण के स्थान पर नयें दृष्टिकोण अपनाया जाए।

इसका कारण यह है कि प्रबन्ध एक नया विज्ञान है। इसमें लगातार विकास होता जा रहा है। इस कारण इसमें जटिलता भी आ जाती है।

एल. उर्विक–ने प्रबन्ध के सिद्धान्त को निम्न छह हिस्सों में विभक्तिकरण किया है–

(क) संगठन का सिद्धान्त
(ख) निर्देशक का सिद्धान्त
(ग) उपयोग का सिद्धान्त
(घ) जाँच पड़ताल का सिद्धान्त
(ङ) उद्देश्य का सिद्धान्त
(च) नियन्त्रण का सिद्धान्त।

औद्योगिक प्रबन्ध का महत्त्व

प्रबन्ध का उद्योगों में क्या महत्त्व है? प्रबन्ध को उद्योग में क्यों सर्वोच्च स्थान प्रदान किया जाता है? प्रबन्ध की जरूरते जीवन के हर क्षेत्र में है। किन्तु प्रबन्ध के अभाव में उद्योगों की शुरूआत करना बालू में मकान निर्मित करने के समान है। **एल. उर्विक** ने इसीलिए लिखा है, "कोई आदर्श, कोई राजनीतिक सिद्धान्त, मानवीय एवं पदार्थ सम्बन्धी मिश्रित प्रकृति के साधनों से अधिकतम उत्पादन नहीं कर सकता–ऐसा केवल कुशल प्रबन्ध के द्वारा ही सम्भव है। इसी अधिकतम उत्पादन पर सभी के लिए उच्चतर जीवन-स्तर, अधिक आराम, अधिक सुख आधारित होता है।"

प्रबन्ध की एक मनुष्य शरीर से तुलना की जा सकती है। शरीर का ढाँचा उद्योग के आकार-प्रकार के समान है। मानव शरीर का संचालन उसकी बुद्धि एवं शक्ति के द्वारा होता है। शक्ति एवं बुद्धि के अभाव में शरीर का कोई महत्त्व नहीं है। ठीक इसी प्रकार प्रबन्ध, उद्योग की बुद्धि और शक्ति है। प्रबन्ध के अभाव में उद्योगों का कोई महत्त्व नहीं होता। प्राच्य समय में, औद्योगिक सभ्यता के विकास के प्रारम्भिक चरण में, प्रबन्ध को निम्न कारणों से महत्त्व नहीं दिया जाता था–

(क) प्रबन्ध कार्य को अति सहज माना जाता था,
(ख) प्रबन्ध के वैज्ञानिक तात्पर्य को न समझकर इसके परम्परात्मक आशय को ही महत्त्व दिया जाता था।
(ग) प्रबन्ध का महत्त्व केवल व्यापारिक क्षेत्र में ही था। राजनीतिक, धार्मिक तथा असामाजिक जीवन में इसे विशेष महत्त्व नहीं दिया जाता था।

(घ) प्रबन्ध को हय दृष्टि से देखा जाता था।

(ङ) इसका सम्बन्ध पैतृकता के आधार पर होता था अर्थात् प्रबन्ध कार्य का स्थानान्तरण एक पीढी से दूसरी पीढी को स्वयंमेव हो जाता था।

(च) प्रबन्ध को केवल व्यावाहिक कार्य समझा जाता था उसका सिद्धान्त से कोई सम्बन्ध नहीं था।

किन्तु आज की परिस्थितियों में पूरी तरह बदलाव हो गया है। औद्योगिक उन्नति के साथ ही प्रबन्ध के महत्त्व में बढ़ोतरी हुई है। निम्न कारणों से आज प्रबन्ध को अधिक महत्त्व प्रदान किया जा रहा है।

(1) श्रमिकों में समन्वय—उद्योगों का कार्य कई विभागों और अनेक कर्मचारियों द्वारा होता है। ये सभी विभाग एवं कर्मचारी अपने कार्यों का सम्पादन अपने मनमाने ढंग से करें इसलिए उद्योगों में प्रबन्ध की जरूरत होती है। प्रबन्ध की मदद से श्रमिकों में अधिक समन्वय स्थापित किया जा सकता है। इसका कारण यह है कि वर्तमान प्रबन्ध में श्रमिकों को सहभागिता प्रदान की जाती है।

(2) औद्योगिक प्रशासन—व्यवसायों की सफलता का आधार प्रशासन है। प्रशासन एक पद्धति है जिसके द्वारा उद्योगों को संगठित किया जाता है एवं उनमें नियन्त्रण की स्थापना की जाती है। प्रबन्ध के द्वारा उद्योगों में प्रशासन की स्थापना की जाती है।

(3) सामाजिक परिवर्तन—वर्तमान समाज में शीघ्रता से बदलाव हो रहे हैं। इसी तरह के बदलाव उद्योगों में भी हो रहे हैं। इन बदलावों ने विज्ञान का विकास तो किया ही है, इसके साथ नई-नई विधियों का आविष्कार भी हुआ है। इन परिवर्तनों के कारण उद्योगों में पुनर्संगठन की आशंका में बढ़ोतरी हुई है। ऐसी स्थिति में प्रबन्धकों के उत्तरदायित्व में और भी बढ़ोतरी हुई है। प्रबन्धक सामाजिक बदलाव के साथ उद्योगों में बदलाव और परिवर्धन करते हैं। इससे उद्योगों में सन्तुलन बना रहता है। परिणाम यह होता है कि औद्योगिक एवं आर्थिक विकास की गति बाधित नहीं होती। इसलिए आज उद्योगों में प्रबन्ध के महत्त्व में बढ़ोतरी हुई है।

(4) व्यवसाय के आकार में वृद्धि—आज प्रबन्ध का महत्त्व ज्यादा है क्योंकि व्यवसाय के आकार में बढ़ोतरी हो गई है। पहले उद्योग छोटे पैमाने पर किए जाते थे किन्तु आज उद्योग वृहद् पैमाने पर किए जाने लगे हैं। साथ ही पहले उद्योगों का स्वरूप पारिवारिक अथवा समुदायिक होता था जबकि आज उद्योगों का स्वरूप राष्ट्रीय एवं अन्तर्राष्ट्रीय हो गया है। इसका परिणाम यह हुआ कि उद्योगों में प्रबन्ध को मुख्य स्थान दिया जाता है।

(5) व्यावसायिक प्रतिस्पर्धा—आधुनिक उद्योगों की सबसे बड़ी विशेषता यह है कि प्रतियोगिता में काफी अधिक बढ़ोतरी हो गई है। प्रतिस्पर्धा में उद्योगों की सफलता हेतु यह जरूरी है कि कम-से-कम लागत पर ज्यादा-से-ज्यादा मात्रा में उत्पादन हो। इसके लिए जरूरी है कि उद्योगों में प्रबन्ध को अपनाया जाए।

(6) व्यवसायों की जटिलता में वृद्धि—आधुनिक युग में उद्योगों में प्रबन्ध के महत्त्व में इसलिए बढ़ोतरी हुई है कि व्यवसायों में जटिलता की बढ़ोतरी हो गई है। साथ ही ये अधिक जटिलतर होते हैं। उद्योगों की जो मुख्य जटिलताएँ हैं, वे इस तरह हैं—

(क) राजनीति हस्तक्षेप की मात्रा में बढ़ोतरी,
(ख) श्रम संघवाद का विकास,
(ग) उद्योगों के निर्माण एवं विकास में वैधानिकता का महत्त्व,
(ङ) **विशेषीकरण** यथा—लेखापाल, सांख्यिकीवेत्ता, अभियन्ता, विधि विशेषज्ञ तथा वित्त विशेषज्ञ आदि।

भारतीय परिप्रेक्ष्य में प्रबन्धन का महत्त्व

ऊपर उद्योगों के सामान्य महत्त्व की विवेचना की गई है। यह महत्त्व सार्वभौमिक हैं एवं सभी उद्योगों में समान तौर पर लागू होते हैं। भारत में भी प्रबन्ध का यही महत्त्व है। इसके साथ ही, भारत का कुछ अपना वातावरण है। इस दृष्टि से भारतीय उद्योगों में प्रबन्धन का निम्नांकित महत्त्व है—

(1) व्यक्तिगत और सरकारी दोनों क्षेत्रों में औद्योगिक विकास हेतु,
(2) आर्थिक स्तर में बढ़ोतरी हेतु,
(3) जीवन-स्तर को प्रगति की और अग्रसित करने हेतु,
(4) औद्योगिक विकास की उन्नति के हेतु प्रबन्धकों की जरूरत हैं,
(5) पंचवर्षीय योजनाएँ एवं इसकी सफलता,
(6) राष्ट्रीय आय में बढ़ोतरी के लिए आदि।

औद्योगिक प्रबन्ध की सीमाएँ

औद्योगिक प्रबन्ध का अत्याधिक महत्त्व होते हुए भी इसकी कतिपय विभक्त हदें हैं। इन सीमाओं को निम्नलिखित भागों में विभक्त किया जा सकता है—

(1) प्रबन्ध विज्ञान को उपयोग के आधार पर कार्यान्वित करना पड़ता है। इस पर देश, काल एवं परिस्थितियों का प्रभाव पड़ता है। इसलिए हर देश एवं परिस्थिति में इसका उपयोग करने में समस्या आती है।

(2) प्रबन्ध नया विज्ञान है। अतः इसके सिद्धान्तों में स्थायित्व न होकर गतिशीलता ज्यादा है।

(3) मानवीय व्यवहार तथा आचरण परिवर्तनशील है। इसमें रोज नए उपयोग होते रहते हैं और इसके विकास में व्यवधान पैदा होती है।

औद्योगिक प्रबन्ध का नवीन प्रवत्तियाँ

औद्योगिक प्रबन्ध नवीन विज्ञान है। औद्योगिक युग की जो मौलिक विशेषता है उसमें औद्योगिक जीवन में होने वाली क्रान्ति का महत्त्व सबसे ज्यादा है। विज्ञान और उद्योग में तीव्रता से बदलाव के फलस्वरूप औद्योगिक प्रबन्ध में नई प्रवृत्तियों का विकास होता जा रहा है। औद्योगिक प्रबन्ध की आधुनिक प्रवृत्तियों की प्रमुख विशेताएँ निम्न हैं–

(1) औद्योगिक प्रबन्ध का समाजीकरण,
(2) विशिष्ट प्रशिक्षण तथा विशेषीकरण,
(3) औद्योगिक प्रबन्ध में वैज्ञानिक विधियों का सहारा,
(4) श्रमिकों तथा मालिकों में मानसिक क्रान्ति,
(5) सामाजिक समस्या के तौर पर औद्योगिक प्रबन्ध,
(6) विवेकीकरण,
(7) स्वलाचन,
(8) काम का श्रमिकों के पास लाना,
(9) प्रजातन्त्रीय सिद्धान्तों पर आधारित प्रबन्ध,
(10) औद्योगिक प्रबन्ध की सीमाओं में विस्तार।

प्रबन्ध में कामगारों की सहभागिता

प्रबन्ध में कामगारों की सहभागिता मुख्य भूमिका अदा करती है। भूतपूर्व राष्ट्रपति श्री वी. वी. गिरी ने लिखा है, "प्रजातांत्रिक आधार पर आर्थिक व्यवस्था के शान्तिपूर्ण विकास के लिए यह आवश्यक है कि प्रबन्ध में श्रमिकों की सहभागिता को एक आधारभूत सिद्धान्त तथा एक महत्त्वपूर्ण आवश्यकता समझा जाए।"

वर्तमान औद्योगिक युग में क्रान्तिकारी बदलाव हो रहे हैं। यदि हम गम्भीरता से इन बदलावों की विवेचना करें तो ऐसा प्रतीत होता है कि औद्योगिक बदलाव निम्न दो क्षेत्रों में हो रहे हैं–

(क) तकनीकी और

(ख) मानवीय।

आज सरकार, मिल मौलिक एवं श्रमिक–तीनों ऐसा स्वीकार करते हैं कि उत्पादन का आधार स्तम्भ कामगार हैं एवं औद्योगिक उत्पादन उसके अभाव में सम्भव नहीं है। आज मानवीय दृष्टिकोण एवं मूल्यों में भारी बदलाव हुए हैं। आज का उद्योगपति यह मानने लगा है कि उत्पादन में श्रमिकों की भूमिका महत्त्वपूर्ण है। साथ ही श्रम के कच्चे पदार्थ से तुलना भी नहीं की जाती है।

मानवीय दृष्टिकोण के कारण आज श्रमिकों के प्रति सेवा तथा सहानुभूति की भावनाओं का विकास होता जा रहा है। वर्तमान में इस धारणा को गहराई से स्वीकार किया जाने लगा है कि श्रम एवं पूँजी के मध्य मधुर सम्बन्धों की स्थापना होनी चाहिए, इसलिए आज कामगार के श्रम मूल्यों का समुचित मूल्यांकन किया जाता है एवं देश के अन्य नागरिकों की भाँति उन्हें भी सुविधाएँ प्रदान की जाने लगी हैं।

श्रमिकों का सहयोग और विश्वास प्राप्त करना आसान काम नहीं हैं। एक कामगार उत्पादन में बढ़ोतरी तब कर सकता है जब वह अपना खून-पसीना एक करेगा। ऐसा वह तभी करेगा जब ऐसा करने के लिए उसे उचित सामाजिक स्थान प्राप्त होगा। उत्पादन की दो धुरी हैं– पूँजीवाद और श्रमिक। पूँजीवाद उद्योग में पूँजी लगाता है तथा इसका संगठन करता है। श्रमिक इस संगठन का संचालन करता है। दोनों का हित इसी में है कि उत्पादन में बढ़ोतरी हो। इसमें पूँजीपति का अधिक लाभ होगा। साथ ही श्रमिक को भी महँगाई भत्ता और बोनस के रूप में ज्यादा पैसा मिलेगा। इससे स्पष्ट होता है कि दोनों वर्गों के मध्य सहयोग की स्थापना जरूरी है। यही कारण है कि उद्योगों के प्रबन्ध में कामगारों की सहभागिता अनिवार्य है।

प्रबन्ध में कामगारों की सहभागिता की अवधारणा

प्रबन्ध में कामगारों की सहभागिता का क्या तात्पर्य है? अर्थशास्त्रियों की ऐसी धारणा है कि उत्पादन में निम्न पाँच आधार हैं–

(1) पूँजी

(2) संगठन

(3) भूमि

(4) श्रम

(5) साहस।

उत्पादन में संगठन (Organization) का महत्त्व सबसे ज्यादा है। आज हम देख रहें हैं कि कतिपय उद्योगों को सफलता प्राप्त हो रही है। वे 'दिन दुनी रात

चौगुनी' उन्नति कर रहे हैं। साथ ही दूसरे उद्योग भी हैं जो लगातार पतन की ओर जा रहे हैं। अगर गम्भीरता से उद्योगों की असफलता के कारणों का विश्लेषण किया जाए, तो कई कारणों से होते हुए भी उद्योगों का 'संगठन सम्बन्धी कारण' सबसे ज्यादा महत्त्वपूर्ण प्रतीत होता है। इस दृष्टि से हम कह सकते हैं कि कतिपय उद्योग संगठित होते हैं तो कुछ उद्योगों में संगठन का अभाव पाया जाता है अथवा जो संगठन रहता है वह न तो वैज्ञानिक होता है एवं न ही परिस्थितियों के अनुकूल। इससे ज्ञात होता है कि उद्योगों की सफलता और असफलता का आधार संगठन है। उद्योग क्षेत्र में संगठन का तात्पर्य है 'औद्योगिक प्रबन्ध' से है।'

अभी तक प्रबन्ध अथवा उद्योगों के संगठन में मिल मालिकों का हाथ होता था। वे जैसा प्रबन्ध चाहते थे वैसा ही करते थे। श्रमिकों से इस सम्बन्ध में किसी तरह की राय नहीं ली जाती थी। श्रमिकों की सहभागिता का सीधा और सरल अर्थ यह है कि प्रबन्ध में श्रमिकों को उतना प्रतिनिधित्व प्राप्त हो जितना मालिकों को है। श्रमिक तथा मालिक दोनों ही साथ-साथ मिलकर औद्योगिक प्रबन्ध की स्थापना करें। इसी दृष्टिकोण को सामने रखकर महात्मा गांधी ने कहा था, "श्रमिक और मालिक एक ही परिवार के सदस्य हैं।"

इसका तात्पर्य यह हुआ कि उद्योग में श्रमिकों और मालिकों को एक-दूसरे से पृथक् नहीं किया जा सकता है। गांधी जी के विचारों पर अपना दृष्टिकोण व्यक्त करते हुए कहा डा. जी. धवन ने लिखा है, "राज्य द्वारा संचालित उपक्रमों में 'प्रबन्ध' से श्रमिकों का प्रतिनिधित्व उनके द्वारा चुने गए प्रतिनिधियों द्वारा किया जाना चाहिए तथा सरकार के प्रतिनिधियों के बराबर ही उनकी संख्या होनी चाहिए।" अन्तर्राष्ट्रीय श्रमसंगठन (International Labour Organization) ने भी उद्योगों के प्रबन्ध में श्रमिकों के सहयोग पर परामर्श किया था। साथ ही श्रमिकों की सहभागिता को प्रबन्ध का अनिवार्य अंग माना था।

सहभागिता की प्रमुख विशेषताएं

प्रबन्ध में कामगारों की क्या सहभागिता होनी चाहिए? अभी तक इस धारणा को स्पष्ट किया गया है। यहाँ हम श्रमिकों की प्रबन्ध में सहभागिता की मुख्य विशेषताओं की विवेचना करेंगे–

(1) प्रबन्ध में सहभागिता–श्रमिकों का निम्न दो आधारों पर संस्था में अधिकार हो जाता है–

(क) लाभ के अंश में एक निर्धारित हिस्सा पाने के कारण,

(ख) पूँजी में एक निर्धारित अंश होने के कारण।

इन दोनों का परिणाम यह होता है कि श्रमिकों का संस्था के प्रबन्ध का एक निश्चित अधिकार और उत्तरदायित्व हो जाता है। इसका फलितार्थ यह होता है कि श्रमिकों को उद्योगों के प्रबन्ध में निम्न भूमिकाओं का निर्वाह करना होता है–

(क) मालिकों के साथ प्रबन्ध में कदम से कदम मिलाकर और प्रबन्ध में सहयोग देना।

(ख) उन्हें संस्था के प्रबन्ध संचालन के लिए नीति-निर्धारण का अधिकार प्राप्त हो जाता है।

(ग) श्रमिक, उद्योगों के प्रबन्ध-संचालन में जो समस्याएँ आती हैं, उनके समाधान में सक्रिय योग दान देते है।

(घ) अपनी मजदूरी आदि के समबन्ध में मालिकों को प्रभावित करते हैं।

(2) त्रिपक्षीय लाभ–प्रबन्ध में कामगारों की सहभागिता की तीसरी विशेषता यह है कि इससे कामगारों को तीन तरह के लाभ होते हैं–

(क) प्रथम लाभ कामगार होने के नाते उन्हें मिलता है। वे मजदूरी प्राप्त करते हैं।

(ख) वे उद्योगों में पूँजी के अंशधारी भी होते हैं। अंशधारी होने के कारण उन्हें उद्योगों में जो मुनाफा होता है उसका एक हिस्सा प्राप्त होता है और

(ग) वे प्रबन्ध में भाग लेते हैं। इसका लाभ उन्हें यह होता है कि उद्योग में उसका नियंत्रण कायम हो जाता है।

(3) लाभ-अंश भागिता–इससे स्पष्ट है कि इसमें कामगारों की सहभागिता शुद्ध लाभ के एक निश्चित अंश में होती है। हर उद्योग का संचालन इसलिए किया जाता है कि इससे कतिपय लाभ हो। पूँजीवाद व्यवस्था में लाभ पर पूर्ण अधिकार मालिकों का होता है। आधुनिक युग में यह स्वीकार किया जाने लगा कि उद्योग में जो शुद्ध लाभ हो उसमें श्रमिकों को भी हिस्सा दिया जाए। लाभ-अंशभागिता प्रबन्ध में श्रमिकों की सहभागिता का एक ही हिस्सा है। इस योजना के अधीन उद्योग में जितना शुद्ध लाभ हो उसका कुछ हिस्सा श्रमिकों को बाँट दिया जाए।

(4) पूँजी में भागिता–उद्योगों को संचालित करने में पूँजी की आवश्यकता होती है। यदा-कदा पूँजी का प्रबन्ध एक मनुष्य करता है तो कभी कई व्यक्ति मिलकर पूँजी लगाते हैं और पूँजी की मात्रा के आधार पर लाभ का विभाजन कर लेते हैं। यहाँ पूँजी में सहभागिता से अर्थ है कि उद्योग को संचालित करने में जो पूँजी लगती है उसमें से कुछ हिस्सा कामगारों का भी हो। प्रश्न यह है कि श्रमिकों को पूँजी कहाँ से मिलेगी जो उद्योगों में लगाई जाए। इसके लिए ऐसी व्यवस्था है कि श्रमिकों को जो लाभ होता है उसके कुछ भाग अथवा एक भाग को उद्योगों की पूँजी

में मिला दिया जाता है। उद्योग से जो लाभ होता है उसको पूँजी की मात्रा के आधार पर विभक्त कर लिया जाता है। यह भी प्रबन्ध में श्रमिकों की सहभागिता का एक हिस्सा है।

प्रबंध में श्रमिकों की सहभागिता का प्रयोजन

उद्योगों के प्रबन्ध में श्रमिकों की सहभागिता के मुख्य उद्देश्यों को निम्न भागों में विभक्त किया जा सकता है–

(1) आर्थिक उद्देश्य–कामगारों द्वारा प्रबन्ध में सहभागिता का प्रथम उद्देश्य आर्थिक लाभ है। इसके जो मुख्य आर्थिक उद्देश्य हैं, उन्हें निम्न भागों में विभक्त किया जाता है–

(क) औद्योगिक सम्बन्धों को मधुर एवं सामंजस्यपूर्ण बनाना।

(ख) ज्यादा-से-ज्यादा लाभ कमाना।

(ग) उत्पादन में बढ़ोतरी करना।

(घ) उत्पादन में बढ़ोतरी करने के साथ ही उत्पादकता में भी बढ़ोतरी करना इसका आर्थिक प्रयोजन है।

(ङ) समाज, मालिक और श्रमिक को ज्यादा-से-ज्यादा लाभ पहुँचाना।

(2) सामाजिक उद्देश्य–प्रबन्ध में श्रमिकों की सहभागिता से केवल आर्थिक लाभ ही नहीं हैं बल्कि इससे सामाजिक लाभ भी हैं। श्रमिकों को प्रबन्ध में सहभोंगिता के जो उद्देश्य हैं, उन्हें निम्न भागों में विभक्त किया जा सकता है–

(क) प्रत्येक इन्सान में आत्मअभिव्यक्ति की भूख होती है। इस भमख को शान्त करना आवश्यक है। यदि इस भूख को शान्त नहीं किया गया तो व्यक्तिगत और सामाजिक विघटन की सम्भावना बनी रहती है। इस प्रकार की भूख श्रमिकों में भी होती है। औद्योगिक प्रबन्ध में श्रमिकों की सहभागिता से इसको शान्त किया जा सकता है।

(ख) प्रजातन्त्र की सफलता के लिए भी श्रमिकों की औद्योगिक प्रबन्ध में सहभागिता आवश्यक है।

(ग) श्रमिकों को समाज मे उचित स्थान दिलवाना जिससे वे अपने को देश के एक नागरिक के तौर पर जिन्दा रख सकें।

(घ) उसको मनुष्य के तौर पर सम्मान दिलाना इसका सामाजिक प्रयोजन है। इससे सबसे बड़ा लाभ यह है कि इससे श्रमिकों को उसकी हीनभावना से बचाया जा सकेगा।

एलेन फ्लेण्डर्स ने कामगारों को प्रबन्ध में हिस्सा दिलाने के उद्देश्यों की व्याख्या करते हुए लिखा, "प्रबन्ध में श्रमिकों की राय लिया जाना मौलिक तौर पर एक नैतिक प्रश्न है। इसके आर्थिक परिणामों का अपना पृथक् अस्तित्व है। मानव-प्राणी होने के नाते उनकी अपनी प्रतिष्ठा है और वे आत्मसम्मान के अधिकारी हैं।"

(3) मनोवैज्ञानिक उद्देश्य—प्रबन्ध में कामगारों की सहभागिता का मनोवैज्ञानिक दृष्टि से अत्यधिक महत्त्व है। वर्तमाने युग में मनोवैज्ञानिक पहलू का महत्त्व सबसे ज्यादो है।

प्रबन्ध में कामगारों की सहभागिता का महत्त्व निम्न प्रयोजनों के कारण है—

(क) इस तरह की व्यवस्था के कारण समाज में व्याप्त इस तरह की भावनाओं को प्रतिष्ठा प्राप्त करने में सहायता मिलती है कि 'श्रमिक मशीन के लिए नहीं है, बल्कि मशीन श्रमिक हेतु है।'

(ख) श्रमिकों के साथ मानवीय व्यवहार करने की दृष्टि से भी इसका महत्त्व है।

(ग) इससे जीवन की मूल प्रवृत्ति-सामाजिक सुरक्षा तथो समाजिक चेतना की भावनाओं को जागृत किया है।

(घ) इससे स्वस्थ नागरिकता का विकास होगा एवं साथ ही वे समाज में शान्तिपूर्ण उपायों से उत्पादन में अपना अंशदान दे सकेंगे। इससे श्रमिकों का व्यक्तित्व तो विकसित होगा ही साथ ही साथ राष्ट्रीय उन्नति की दिशा भी प्रशस्त होगी।

(ङ) इसका मनोवैज्ञानिक उद्देश्य यह है कि 'अधिकार चलाना' जैसी मान्यताएँ समाप्त हो जाती हैं। साथ ही इससे श्रमिकों में आत्मसम्मान की भावना जागृत होती है। इससे यह लाभ होता है कि उत्पादन में उत्तरदायित्व की भावना का विकास तो होता ही है, साथ ही उत्पादन में भी बढ़ोतरी होती है।

(च) इस तरह की भावनाओं को समाप्त करने में सहायता मिलती है कि श्रमिक ही कच्चे माल की भाँति ही एक पदार्थ है।

जी. एस. वालपोल ने उद्योगों में श्रमिकों की सहभागिता के महत्त्व की विवेचना करते हुए लिखा है—"समस्त मानवीय इच्छाओं में सबसे ज्यादा तीव्र इच्छा मनुष्य में मनुष्य के रूप में सम्मान पाये जाने की है। सह बात केवल शिकायत करने अथवा सुझाव देने के अधिकार तक सीमित नहीं है, बल्कि वह ऐसा प्रयास करने के उत्तरदायित्व को मान्यता चाहतें हैं। क्योंकि एक कर्मचारी होने के नाते वह उस उद्योग का संयुक्त भागीदार है, जिसमें उसका धन तो नहीं केवल धन लगा होता है।"

प्रबन्ध में श्रमिकों की सहभागिता का मौलिक उद्देश्य यह है कि श्रमिकों में उत्तरदायित्व की भावना का विकास किया जाए। यदि उनमें इस प्रकार की भावना

उत्पन्न हो जाएगी तो वे अपने तन, मन और श्रम से काम को करने का प्रयास करेंगे। साथ ही वे उद्योग से होने वाले लाभ को अपना लाभ और इससे होने वाली हानि को अपनी हानि समझेंगे। इसी भावना की अभिव्यक्ति एक खान श्रमिक ने निम्न शब्दों में थी–

"हमारा मालिक हमें मजदूरी एवं बोनस नहीं देता तथा यह कह कर टाल देता है कि व्यापार में घाटा है। अगर वह हमें यह बतलाए कि इस घाटे का कारण क्या है और घाटा कितना ज्यादा है तब हम इस समस्या का समाधान ढूँढ़ने में कोई भी प्रयत्न शेष नहीं छोड़ेंगे।"

प्रजातन्त्र की सफलता का आधार मात्र राजनीतिक प्रजातन्त्र ही नहीं है। इसके साथ ही औद्योगिक प्रजातन्त्र का भी सवाल जुड़ा है। उद्योग प्रजातन्त्र का एक ही हिस्सा है और प्रजातन्त्र का निर्माण मानव प्राणियों द्वारा होता है। समाज में औद्योगिक एवं राजनीतिक प्रजातन्त्र को समान अधिकार देने के सम्बन्ध में फ्लैन्डर्स ने जो कुछ लिखा है, वह इस तरह है–"कोई भी समाज वास्तविक रूप में उस समय तक प्रजातान्त्रि आधार पर खड़ा नहीं हो सकता जब तक यह अपने प्रजातान्त्रिक विचारों को उद्योग तथा राजनीतिक क्षेत्र में समान तौर पर लागू न करे।"

प्रबन्ध में श्रमिकों की हिस्सेदारी से लाभ

प्रमुख समस्या यह है कि कामगारों को औद्योगिक प्रबन्ध में भागीदार बनाने की क्या जरूरत है? इस योजना के कारण उद्योगों को क्या लाभ होता है? यहाँ सक्षेप में प्रबन्ध में श्रमिकों की सहभागिता से जो लाभ हैं, उन्हें निम्नांकित भागों में विभक्त किया जा सकता है–

(1) उत्पादन लागत में कमी–प्रबन्ध में कामगारों की सहभागिता के कारण उत्पादन मितव्ययिता आती है। श्रमिक उत्पादन को अपना समझते हैं। अतएव ऐसा प्रयास करते है कि उत्पादन लागत कम हो। इससे वे ईंधन, शक्ति, कच्चा माल तथा उपकरण आदि का मितव्ययिता से उपयोग करते हैं। इससे उत्पादन लागत में कमी आती है।

(2) औद्योगिक प्रजातन्त्र की स्थापना–प्रजातन्त्र का अर्थ केवल राजनीति प्रजातन्त्र से नहीं होती है। गांधीजी के अनुसार प्रजातन्त्र नीचे से ऊपर की तरफ अग्रसर होता है। इसलिए जब तक सामान्य जनता-किसानों, श्रमिकों आदि को स्वाधीनता प्राप्त नहीं होती तब तक जनतन्त्र का कोई अर्थ नहीं निकलता है। औद्योगिक प्रजातन्त्र की स्थापना के लिए यह जरूरी है कि श्रमिकों को उद्योग में

समान अधिकार प्राप्त हों। जब हम श्रमिकों को प्रबन्ध में हिस्सेदार बनाते हैं तो इससे औद्योगिक प्रजातन्त्र की स्थापना में सहायता मिलती है।

(3) श्रमिक समस्याओं का समाधान—श्रमिकों की कई तरह की समस्याएँ होती हैं जिनका हल अपने में ही एक समस्या रहती है। जब कामगार स्वयं ही प्रबन्ध में रहेंगे तो समस्या का समाधान आसान हो जाएगा।

(4) आत्मसम्मान—उद्योगों के प्रबन्ध में श्रमिकों की हिस्सेदारी का परिणाम यह होता है कि इससे श्रमिकों में आत्मसम्मान की भावना जागृत होती है।

(5) औद्योगिक शान्ति की स्थापना—वर्तमान औद्योगिक समाज की कई समस्याओं में, 'औद्योगिक अशान्ति' की समस्या सर्वाधिक महत्त्व की है। औद्योगिक अशान्ति के कारण देश को महान् आर्थिक संकट का सामना करना पड़ता है। इससे राष्ट्रीय हानि होती है। उद्योग के प्रबन्ध में श्रमिकों की सहभागिता का लाभ यह होता है कि मिल-मालिकों और श्रमिकों के बीच मधुर सम्बन्धों की स्थपना होती है। उद्योगों में श्रमिकों का अंश होने के कारण वे जल्दी ही हड़ताल और इसी प्रकार की अशान्ति की ओर अग्रसर नहीं होते। वे ऐसा अनुभव करते हैं कि अशान्ति से उनको भी व्यक्तिगत रूप से हानि होगी। इसका परिणाम यह होता है कि औद्योगिक शान्ति की स्थापना होती है।

(6) श्रमिकों की कार्य क्षमता में वृद्धि—कामगारों में उत्तरदायित्व की भावना का विकास हो जाता है। वे उद्योग तथा उसमें अपनी भूमिका का निर्वाह इस तरह करते हैं जैसे यह अपना काम हो। इसका फलितार्थ यह होता है कि श्रमिक लगन और उत्साह से काम करते हैं एवं अपनी शक्ति का प्रयोग निर्णायक कार्यों में लगाते हैं। इससे श्रमिक की कार्यक्षमता में बढ़ोतरी होती है।

(7) औद्योगिक सम्बन्धों में मधुरता का विकास—उद्योगों के प्रबन्ध में कामगारों की सहभागिता का सबसे बड़ा लाभ है कि इससे औद्योगिक सम्बन्धों में मधुरता का विकास होता है। औद्योगिक सम्बन्धों की स्थापना के दो आधार स्तम्भ होते हैं—

(क) मालिक, ओर

(ख) श्रमिक।

इस योजना के कारण मालिक तथा कामगार एक-दूसरे के समीप आते हैं। इससे इन दोनों में सहयोग की भावना का विकास होता है। इसका परिणाम यह होता है कि मिल-मालिकों एवं श्रमिकों के सम्बन्धों में मधुरता का विकास होता है।

(8) प्रबन्ध-क्षमता में वृद्धि—किसी उद्योग की सफलता एवं असफलता में श्रमिकों की भूमिका प्रमुख होती है। साथ ही संगठन का भी उद्योग की सफलता या

असफलता से घनिष्ठ सम्बन्ध होता है। अभी तक प्रबन्ध के काम में केवल मालिकों का योगदान रहता था, कामगारों का इसमें कोई स्थान नहीं होता था। इसका परिणाम यह होता कि शनैः शनैः कार्यक्षमता शिथिल हो जाती है और उत्पादन प्रभावित होता है।

प्रबन्ध में श्रमिकों को हिस्सेदार बनाने से मालिकों को दो लाभ होते हैं–

(क) इससे मालिक कामगारों की समस्याओं को सुलझाने के झंझट से बच जाते हैं क्योंकि प्रबन्ध में श्रमिकों से होने के दो लाभ है–
   (क) पहला कि समस्याओं का जन्म नहीं हो पाता,
   (ख) यदि समस्याएँ आती भी हैं तो प्रबन्ध में श्रमिकों के होने के कारण वे स्वयं ही समस्या का समाधान कर लेते हैं। इससे मालिक की कार्यक्षमता समस्याओं को सुलझाने में लगती है, उसको बचाया जाकर संगठन में लगाने में मदद मिलती है।

(ख) पगबन्ध में श्रमिक मालिकों को सहयोग देते हैं इससे उनकी प्रबन्ध क्षमता दुगनी हो जाती है। इससे कार्यक्षमता में भी बढ़ोतरी होती है।

(9) श्रमिकों को त्रिपक्षीय लाभ–प्रबन्ध में श्रमिकों हिस्सेदारी प्रदान करने से उन्हें निम्न तीन तरह के लाभ होते हैं–

(क) वे श्रमिक होते हैं, इस रूप में उन्हें उनके श्रम के बदले पारिश्रमिक प्राप्त होती है।

(ख) वे उद्योग के अंशधारी होते हैं–इस रूप में उन्हें उद्योग से होने वाले मुनाफे में हिस्सा मिलता है, और

(ग) वे उद्योग के सह-प्रबन्धक भी होते हैं–इस तौर पर उन्हें संस्था के संचालन में भाग लेने का अधिकार प्राप्त होता है।

(10) श्रमिकों का जीवन-स्तर में उन्नति–प्रबन्ध में श्रमिकों की सहभागिता का उन्हें यह लाभ होता है कि उन्हें अपने जीवन-स्तर को उन्नति की ओर ले जाने में मदद मिलती है।

इस योजना से श्रमिकों के जीवन-स्तर में बढ़ोतरी दो प्रकार से होती है–

(अ) न्यूनतम मजदूरी, अंश लाभ तथा लाभ में अन्य बोनस आदि के कारण श्रमिकों को अधिक पैसा मिलता है इससे उनका आर्थिक-स्तर उन्नत होता है,

(आ) इसका मनोविज्ञान लाभ यह होता है कि श्रमिक अपने को निर्जिव पदार्थ और यंत्रे की भाँति नहीं समझता। उसमें उत्तरदायित्व की भावना का विकास होता है। इससे श्रमिकों का नैतिक, सामाजिक एवं मनोवैज्ञानिक स्तर समुन्नत होता है।

(11) उत्पादन सम्बन्धी प्रगति–औद्योगिक प्रबन्ध में कामगारों की सहभागिता के कारण उत्पादन के क्षेत्र में निम्न दो तरह की उन्नति होती है–

(क) उत्पादन की मात्रा ज्यादा होती है।

(ख) उत्पादन उत्तम क्वालिटी का होता है।

कामगारों की हिस्सेदारी से होने वाली हानियाँ

उद्योगों के संगठन में श्रमिकों को जो प्रतिनिधित्व दिया जाता है, उससे कई लाभ है। किन्तु इसका आशय यह कदापि नहीं लगाना चाहिए कि यह प्रथा पूरी तरह दोषमुक्त है। इस प्रथा में गुणों के साथ ही साथ अनेक दोष भी हैं संक्षेप में, इन दोषों को निम्न भागों में विभक्त किया जा सकता है–

(1) लाभ अंश-भागिता के दोष–इस योजना का सबसे बड़ा दोष लाभ-अंश भागिता से सम्बन्धित है। इसके प्रमुख दोषों में कुछ इस प्रकार हैं–

(क) लाभ का अंश इतना कम होता है कि श्रमिक इस ओर विशेष घ्यान नहीं देता है।

(ख) लाभ में हिस्सेदारी व्यक्ति को निष्क्रिय बना देती है क्योंकि पुरूस्कार का कोई भी स्थान नहीं रहता है।

(ग) लाभ का जो अंश होता है, वह अनिश्चित होता है।

(घ) लाभ अंश-भागिता का दोष यह है कि इसमें गतिशीलता की कमी पाई जाती है।

(ङ) बहीखाते और हिसाब-किताब में गड़बड़ी के कारण भी ये योजना सफल नहीं हो पाती।

लाभ अंश-भागिता के उपरोक्त दोषों के कारण यह योजना सफल नहीं हो पाती।

(2) मालिकों द्वारा विरोध–इस योजना की असफलता का द्वितीय कारण स्वयं उद्योगपति हैं। वे प्रबन्ध को अपना जन्मसिद्ध अधिकार मानते हैं एवं इसमें किसी अन्य कि परछाई को भी स्वीकार करना नहीं चाहते हैं। उनका विचार है कि प्रबन्ध की दोहरी व्यवस्था के कारण इसमें समस्या उत्पन्न होगी एवं प्रबन्ध शिथिल हो जायेगा।

(3) संकुचित क्षेत्र–इस योजना का क्षेत्र भी अत्यन्त सीमित रहता है। क्योंकि यह योजना केवल संयुक्त स्कन्ध कम्पनियों में ही लागू होती है। इसका कारण यह है कि एकाकी साझेदारी व्यवसाय में इसका सवाल नहीं उठता।

(4) श्रमिक-प्रतिनिधियों की आयोग्यता—इस योजना का जो विरोध करते है उसका मत यह है कि श्रमिकों के जो प्रतिनिधि होते हैं, उसको न तो समुचित ज्ञान ही होता है एवं न ही पर्याप्त अनुभव! इसलिए श्रमिकों को प्रबन्ध में प्रतिनिधित्व देने का प्रश्न ही नहीं उठता।

(5) प्रजातन्त्रात्मक व्यवसाय के दोष—अब्राहम लिंकन ने प्रजातन्त्र पद्धति को परिभाषा में इसकी निम्न तीन विशेषताओं का वर्णन किया है—

(क) यह जनता का शासन होता है।

(ख) यह जनता हेतु होता है।

(ग) इस शासन-व्यवस्था का निर्माण स्वयं जनता ही करती है।

जो विद्वान् इस तरह की व्यवस्था की आलोचना करते हैं उसका विचार है कि 'प्रजातन्त्र मूर्खों के लिए है, मूर्खों द्वारा, मूर्खों के शासन है।' 'प्रजातन्त्रात्मक व्यवस्था के सम्बन्ध में इसी तरह के विचार एक और विद्वान ने व्यक्त करते हुए लिखा है, "अशिक्षित व्यक्तियों के हाथों में जनतन्त्रात्मक प्रणाली एक बालक के हाथ में अणु के समान होती है। जिस प्रकार बालक अपनी अज्ञानता के कारण अणु का गलत प्रयोग कर सकता है ठीक इसी प्रकार अशिक्षित व्यक्ति भी प्रजातन्त्र के लिए हानिकारक होते हैं। जो विद्वान् इस प्रकार का तर्क देते है उनका कहना है कि श्रमिक अज्ञानी, अशिक्षित, रूढ़िवादी और परम्परा प्रेमी होते हैं। साथ ही अनेक राजनीतिक दल उनकी अज्ञानता के कारण उनको गुमराह करने का प्रयास करते हैं। इससे हमेशा ऐसी आशंका बनी रहती हैकि यदि श्रमिकों को प्रबन्ध में स्थान मिल जाएगा तो औद्योगिक संस्था राजनीतिक पहलवानों का अखाड़ा मात्र ही रह जाती है।

योजना की सफलता के लिए सुझाव

श्रमिकों को प्रबन्ध में हिस्सेदारी दिलाने की योजना उपयोगी है। ऐसा हो सकता है कि इस योजना के कतिपय दोष हों। इसलिए जरूरी है कि दोषों को दूर किया जाए, ताकि योजना के मार्ग में व्यवधान न आएँ। यहाँ हम श्रमिकों की औद्योगिक संगठन में सहभागिता की सफलता हेतु निम्नलिखित सुझाव दे सकते हैं—

(1) कामगारों द्वारा उद्योगों के प्रबन्ध में हिस्सा देने की योजना को इस तरह लागू किया जाए कि सभी स्तरों पर समान तौर पर लागू हो सके।

(2) श्रम-संघों का विकास किया जाए। इससे श्रमिकों की ताकते में बढ़ोतरी होगी

(3) ऐसा प्रयत्न किया जाए कि श्रम-संघ पर पूर्णरूप से श्रमिकों का अधिकार रहे। इसमें राजनीतिक का स्वार्थी तत्त्वों को घुसने न दिया जाए।

(4) श्रमिकों एवं मालिकों में इस तरह की भावना का विकास किया जाए कि वे उद्योगों में समान हिस्सेदारी का अनुभव करें।

(5) श्रमिकों में इस तरह की इच्छा उत्पन्न की जाए कि वे उद्योगों के सभी भागों में सच्ची इच्छा एवं ईमानदारी से भाग लें।

(6) वर्तमान समय में श्रमिक पशुवत् जीवन बिता रहा है एवं उसके रहन-सहन का स्तर काफी नीचा है। इसलिए इस योजना हेतु जरूरी है कि श्रमिकों के रहन-सहन के स्तर को उन्नत किया जाये।

(7) श्रमिकों को समाज, देश और उद्योगपतियों द्वारा इस आशय का आश्वासन दिया जाना चाहिए कि उन्हें इन्सान की तरह जीवन व्यतीत करने के सामान्य अवसर प्रदान किए जाँएगे।

(8) मालिकों और श्रमिकों के बीच परामर्श, सुझाव आदि के लिए संचार की जो व्यवस्था हो, वह पर्याप्त तथा उचित हो।

(9) आज मानव-मानव के मध्य जो दूरी है, उसमें लगातार बढ़ोतरी होती जा रही है। इसलिए इस योजना की सफलता हेतु इस दूरी को समाप्त करना होगा। उदाहरणार्थ हेतु श्रमिकों एवं मालिकों के मध्य दूरी; श्रमिकों-शासनकीय कर्मचारियों और मालिकों के बीच की दूरी तथा श्रमिकों के विविध वर्गों के बीच जो दूरी है उसको खत्म किया जाना चाहिए।

(10) श्रमिकों में निम्न तरह की स्वतन्त्रता का होना आवश्यक है–

(क) विचार व्यक्त करने की स्वतन्त्रता,

(ख) संगठन बनाने की स्वतन्त्रता,

(ग) कारखाने में एवं इसके बाहर अपने उत्तरदायित्व को निभाने से सम्बन्धित स्वतन्त्रता।

(11) श्रमिकों को उत्पादन से सम्बन्धित निम्न तथ्यों की जानकारी प्राप्त कराई जाए–

(क) कच्चे माल की उपलब्धि के साधन और इसकी मात्रा,

(ख) वस्तुओं को बाजार में बेचने से सम्बन्धित जानकारी,

(ग) लाभ अंश,

(घ) उत्पादन की मात्रा और गुण,

(ङ) औद्योगिक प्रतिस्पर्धा आदि,

(12) श्रमिकों को निम्न प्रकार के लाभ दिलाकर उत्पादन में बढ़ोतरी करनी चाहिए–

(क) उत्पादन में लाभ का उचित भाग देकर,
(ख) अधिक मजदूरी देकर,
(ग) कार्य करने की दिशाओं में सुधार करके,
(घ) कार्य के घण्टों में कमी करके,
(ङ) श्रमिकों को सुरक्षा की व्यवस्था प्रदान करके,
(च) नौकरी को स्थायित्व प्रदान करके आदि।

(13) उद्योगों को सहकारी आधार पर चलाया जाए। इसमें श्रमिक दो तरह से अपना योगदान दे—
(अ) श्रम के द्वारो,
(आ) उद्योग में पूँजी का एक हिस्सा लगाकर।

(14) श्रमिकों में शिक्षा का प्रसार किया जाए जिससे उनमें जागरूकता की भावना का विकास हो सके।

(15) ऐसी व्यवस्था की जाए ताकि श्रमिक औद्योगिक प्रशिक्षण प्राप्त कर सकें। इससे निम्नांकित लाभ होंगे—
(क) उद्योगों के प्रबन्ध में अंशदान दे सकेंगे,
(ख) उत्पादन से जुड़ी प्रौद्योगिकी को समझ सकेंगे,
(ग) जटिल औद्योगिक संगठन का ज्ञान प्राप्त कर सकेंगे।

सहभागिता का ऐतिहासिक उल्लेख

विदेशों में औद्योगिक प्रबन्ध में श्रमिकों की सहभागिता का पर्याप्त विकास हो चुका है। फिर भी इसका इतिहास बहुत लम्बा नहीं है। इसे सुविधा की दृटि से निम्न भागों में विभक्त किया जा सकता है—

(1) फ्रांस में इस योजना का सूत्रपात्र 1842 में हुआ था। वहाँ एक अधिनियम बनाकर उन प्रत्येक उद्योगों में, जहाँ 50 से ज्यादा कामगार काम करते हैं, कार्यसमिति का गठन करना आवश्यक घोषित कर दिया गया था। जो राजकीय उद्योग हैं उनमें कार्य समितियों का गठन किया गया है। फ्रांस के विख्यात अर्थशास्त्री प्रो. चार्ल्स गाइड ने इस सम्बन्ध में लिखा है, "मजदूरी समझौते में, लाभ में हिस्सा देने के अलावा भी एक और महत्त्वपूर्ण आमूल बदलाव किया जा सकता है और वह यह भी श्रमिकों को न सिर्फ लाभ में हिस्सेदार बनाया जाए बल्कि उद्योगों के प्रशासन, उत्तरदायित्व तथा हानि में भी भागीदार बनाया जाए।

(2) स्वीडन में ब्रिटेन की भाँति ही 'संयुक्त समितियाँ है। इसमें मालिकों और श्रमिकों के प्रतिनिधि होते हैं। इनका गठन स्वेच्छा से किया जाता है। इन समितियों का काम सुझाव देना होता है।

(3) इसी प्रकार की योजनाएँ डेनमार्क, हालैण्ड और बेल्जियम में भी हैं। यहाँ उद्योगों में प्रबन्ध की दृष्टि से श्रमिकों को महत्त्वपूर्ण स्थान दिया जा रहा है।

(4) संयुक्त राज्य अमेरिका में यह योजना 1870 से लागू है।

(5) जर्मनी में भी इस तरह की योजना लागू है। वहाँ इस योजना को 'सहनिर्धारण' के नाम से जाना जाता है। इसके मुख्य रूप से 3 पहलू होते हैं–

(अ) **आर्थिक पहलू**–इसके तहत उद्योग की प्रबन्धकीय नीतियाँ आती हैं,

(आ) **व्यक्तिगत पहलू**–इसके तहत श्रमिकों की भर्ती, स्थानान्तरण एवं पदोन्नतियाँ आती हैं,

(इ) **सामाजिक पहलू**–यह काम के घण्टे, श्रमिकों की भर्ती, दुर्घटना, सफाई आदि से सम्बन्धित है।

(6) इस योजना का शुरू इंग्लैण्ड में 1928 में हुआ था। वहाँ यह योजना व्यक्तिगत और सार्वजनिक क्षेत्रों में समान रूप से लागू है। वहाँ उद्योगों में श्रमिकों को भाग दिलाने की दृष्टि से 'संयुक्त परामर्शदात्री समिति' का गठन किया जाता है। इनका गठन श्रम संघों और मालिकों के आपसी समझौते के आधार पर होता है। जो उद्योग बड़े हाते हैं, उनकी व्यवस्थ को भलीभाँति संचालित करने के लिए उपसमितियों का गठन किया जाता है। इस समिति को जो कार्य करने पड़ते हैं, वे इस प्रकार है–

(क) उत्पादन में सुधार करना, कार्य के घण्टों का अच्छी तरह से प्रयोग, पदार्थों के उपयोग आदि में मितव्ययिता बरतना।

(ख) उद्योगों में सुधार करने की दृष्टि से परामर्श देना।

(ग) श्रमिकों की स्वास्थ्य, सुरक्षा एवं समाज कल्याण से सम्बन्धित व्यवस्था करना।

(घ) मजदूरों की शिक्षा तथा प्रशिक्षण परामर्श की व्यवस्था, कार्य करने के नियम, अनुशासन एवं व्यक्तिगत समस्याओं से सम्बन्धित परामर्श और सलाह देना।

(7) यूगोस्लाविया में 'स्व-प्रबन्ध' का प्रचलन है। इसमें श्रमिकों को हो पूर्ण अधिकार होते हैं। चुनाव के द्वारा श्रमिक निम्न तीन प्रकार की समितियों को गठन करते हैं–

(क) श्रमिक परिषद,
(ख) प्रबन्ध मण्डल,
(ग) संचालक आदि।

भारतीय में सहभागिता का ऐतिहासिक पृष्ठभमि

भारत में सहभागिता का इतिहास काफी छोटा है। इस अल्प समय में भारत ने इस क्षेत्र में जो उन्नति की है, वह सराहनीय है। भारत में उद्योगों के प्रबन्ध में सहभागिता के इतिहास को निम्न भागों में विभक्त किया जा सकता है—

(1) भारत में गांधी जी के न्यासधारी सिद्धान्त को श्रमिकीय सहभागिता का शुरूआती एवं मौलिक आधार माना जाता है। महात्मा गांधी ने प्रबन्ध में श्रमिक को स्थान दिलाने के सम्बन्ध में एक मर्तबा अहमदाबाद सूती वस्त्र उद्योग में चल रहे संघर्ष के सन्दर्भ में कहा था—"यह उद्योगों के हित में काफी महत्त्वपूर्ण बात है कि श्रमिकों को अन्य भागीदारी के बराबर समझा जाए। इसलिए उनका अधिकार है कि वे मिल के व्यावसायिक कार्य के प्रबन्ध में पूरी-पूरी जानकारी रखें।" इसी सम्बन्ध में उन्होंने आगे कहा था—"मालिक और मजदूर दोनों ही बराबर के भागीदार हैं यद्यपि, मजदूर को उच्च नहीं माना जाता है।"

महात्मा गांधी का मत था कि समस्त सम्पत्ति प्रकृति की देन है। अतएव इस पर समाज का अधिकार होना चाहिए और इसका उपयोग जनता के कल्याण में किया जाना चाहिए। पूँजी तथा श्रम दोनों एक न्यास के स्वरूप हैं। इन्हें एक-दूसरे से पृथक् नहीं किया जा सकता। अतएव प्रबन्ध में श्रमिकों की सहभागिता के गांधी जी समर्थक थे।

(2) 1938 में 'दिल्ली क्लाथ एण्ड जनरल मिल्स कम्पनी लि.' ने प्रबन्ध में कामगारों को स्थान दिया था। उन्होंने मिल के 'संचालक मण्डल' में श्रमिकों को प्रतिनिधित्व दिया था। दूसरे उद्योगों ने इस दिशा में कोई कार्य नहीं किया। 1939 में द्वितीय विश्वयुद्ध छिड़ जाने के कारण इस तरफे विशेष उन्नति नहीं हुई।

(3) 1947 में 'औद्योगिक विवाद अधिनियम' पास हुआ। इस अधिनियम का मूल उद्देश्य मालिकों और श्रमिकों के बीच मधुर सम्बन्धों की स्थापना करना था। इसमें औद्योगिक प्रबन्ध में श्रमिकों की सहभागिता के बारे में विशेष व्यवस्था नहीं थी।

(4) 1956 में औद्योगिक नीति प्रस्ताव में इस प्रकार के संकेत दिए गए थे कि उद्योगों के प्रबन्ध में श्रमिकों को समान रूप से भाग लेने का अधिकार दिया जाना चाहिए।

(5) भारत सरकार द्वारा दूसरी पंचवर्षीय योजना में इस नीति को अपनाने के स्पष्ट दर्शन होते हैं। द्वितीय पंचवर्षीय योजन में स्पष्ट लिखा है ''एक समाजवादी समाज केवल द्रव्य के प्रोत्साहन पर ही निर्मित नहीं होता अपितु समाज के प्रति सेवाभाव और समाज द्वार इस प्रका की भावना आनी चाहिए कि वह प्रगतिशील राज्य की स्थापना में अपनी तरफ, से मदद कर रहा है। इसलिए औद्योगिक प्रजातन्त्र की स्थापना समाजवादी समाज की स्थापना के लिए एक आवश्यक दशा है।''

इस योजना की सफलता का आधार 'श्रमिकों की प्रबन्ध में हिस्सेदारी' को दिया गया है। साथ ही इस योजना में लिखा है कि इससे जो लाभ होंगे, वे इस तरह हैं–

(क) उत्पादकता में बढ़ोतरी जिसमें व्यापारी, श्रमिक और समाज प्रत्येक को लाल होंगे।

(ख) श्रमिकों को उद्योगों के संचालन तथा उत्पादन प्रक्रिया का अच्छा ज्ञान हो सकेगा।

(ग) श्रमिकों की आत्मअभिव्यक्ति की आकांक्षा की पूर्ति होगी जिसके फलस्वरूप औद्योगिक शान्ति, उत्तम साधनों और अत्यधिक सहयोग में बढ़ोतरी होगी। दूसरी पंचवर्षीय योजना में यह भी कहा गयाथा कि उद्देश्यों की प्राप्ति के लिए प्रबन्ध परिषदों को स्थापना की जाए और इसमें प्रबन्धकों, तकनीशियनों और श्रमिकों को प्रतिनिधित्व प्रदान किया जाए।

(6) भारत सरकार सिद्धान्त के रूप में यह स्वीकार करने लगी कि प्रबन्ध में श्रमिकों को योगदान दिया जाए। अब सरकार के सामने जो मौलिक कठिनाई थी, वह यह थी कि इस योजना को किस तरह लागू किया जाए? इसके लिए सरकार ने केन्द्रीय श्रम मंत्रालय के तत्कालीन सचिव श्री विष्णु सहाय के नेतृत्व में एक पार्टी का गठन किया। इस दल को स्वीडन, फ्रांस, बेल्जियम, जर्मनी, यूगोस्लाविया आदि देशों में इस योजना का अध्ययन करने हेतु 1956 में भेजा गया। इस दल के अपना प्रतिवेदन सरकार को 1957 में दिया जिसमें इस योजना को क्रियान्वित करने के निम्न सुझाव दिए गए थे–

(क) इस योजना को शुरूआती दौर में उन्हीं उद्योगों पर लागू किया जाए जिनकी प्रबन्ध-व्यवसथा सर्वश्रेष्ठ हो। जो छोटे-मोटे उद्योग हैं उन्हें आरंभिक काल में इस योजना में नहीं लाना चाहिए।

(ख) सरकार को यह निर्णय करने का अधिकार अपने पास रखना चाहिए कि किन उद्योगों में इस योजन को लागू किया जाएगा।

(ग) मजदूरी एवं बोनस की समस्या के समाधान के लिए संयुक्त परिषदों का निर्माण किया जाए। संयुक्त परिषद के निर्माण में निम्न तत्त्वों को ध्यान में रखा जाए–

(अ) कई उद्योग ऐसे होते हैं जो कई हिस्सों में विभक्त रहते हैं, इनके लिए एक संयुक्त परिषद का निर्माण किया जाए।

(ब) जो उद्योग, अनेक राज्यों या स्थानों में फैले हुए हैं, उनके लिए पृथक्-पृथक् परिषदों का निर्माण किया जाए। इनकी सीमाएँ प्रादेशिक और राष्ट्रीय हों।

(घ) संयुक्त परिषद में श्रमिकों के कितने प्रतिनिधि हों, कितने मालिकों के और कितने सरकार को इसका निर्धारण आपसी समझौते द्वारा होना चाहिए।

(ङ) परिषदों में विशेषज्ञों और तकनीशिनों को स्थान दिया जाना चाहिए।

(च) श्रम संघों और संयुक्त परिषदों–दोनों के उत्तरादायित्व स्पष्ट होने चाहिए।

(छ) संयुक्त परिषद की स्थापना निम्न उद्देश्यों की प्राप्ति के लिए की जानी चाहिए।

(अ) कारखाने से सम्बन्धित नियमों का पालन करने में मदद हेतु,

(ब) कामगारों के जीवन-स्तर में सुधार हेतु,

(स) श्रम और पूँजी में सुझाव और प्रेरणा देने हेतु,

(द) श्रमिकों को काम के सम्बन्ध में परामर्श और प्रेरणा देने के लिए।

(ज) संयुक्त परिषदों को निम्न तरह की जानकारी प्राप्त करने और सुझाव देने का अधिकार होना चाहिए–

(अ) उत्पादन एवं विपणन का संचालन,

(ब) कारखाने का संचालन,

(स) आय-व्यय, लाभ-हानि,

(द) उद्योगों की आर्थिक स्थिति,

(य) विपणन की दशाएँ।

(झ) निम्न कार्यों का सम्पादन करने से पूर्व संयुक्त परिषद से राय-परामर्श लेना चाहिए–

(अ) काम के नियमों का निर्माण,

(ब) श्रमिकों की छँटनी,

(स) नई विधियों को अपनाना,

(द) विवेकीकरण,

(य) कारखाने की बन्दी,

(र) दण्ड देना आदि।

(ञ) संयुक्त परिषद को श्रम कल्याण एवं प्रशिक्षण आदि के कार्य सौंपे जाएँ।

(ट) श्रमिकों के हितों की रक्षार्थ शिक्षा गोष्ठियों और रात्रि कक्षाओं आदि की व्यवस्था की जाए।

(ठ) त्रिदलीय (श्रमिक, मालिक और सरकार) संगठन का निर्माण किया जाए, जो श्रमिकों की शिक्षा-व्यवस्था करे।

(7) जुलाई 1957 में जो भारतीय श्रम सम्मेलन हुआ था, उसमें दल की मुख्य बातों को स्वीकार कर लिया गया था। इस सम्मेलन ने 12 सदस्यों की एक उपसमिति का गठन किया था। इस उपसमिति ने राय-परामर्श दिया था कि पहले 50 उद्योगों पर इस योजना को लागू किया जाए। इस समिति के सुझावों के अनुसार परीक्षण के तौर पर जिन संस्थाओं का चुनाव किया जाए, उनमें निम्न कसौटी को आधार माना जाए—

(क) इन इकाइयों में मालिकों और श्रमिकों के जो संघ हों, वे अनिवार्य तौर पर केन्द्रीय संगठन के सदस्य हों,

(ख) इन इकाइयों के औद्योगिक सम्बन्ध मधुर रहे हों,

(ग) उन इकाइयों में संगठित और शक्तिशाली श्रमसंगठन विद्यमान हो,

(घ) उन उद्योगों में कम-से-कम 500 श्रमिक काम करते हों,

(ङ) दोनों पक्ष इस योजना को लागू करने और सफल बनाने में सक्रिय मदद देने को तैयार हों।

(8) फरवरी 1958 में भारत सरकार ने एक त्रिसदस्यीय सम्मेलन का आयोजन किया था। इस सम्मेलन में श्रमिकों तथा मालिकों के प्रतिनिधियों, उनके केन्द्रीय प्रतिनिधियों, राज्य एवं केन्द्र सरकार के प्रतिनिधियों ने हिस्सा लिया था। इस सम्मेलन में केवल उन्हीं उद्योगों के प्रतिनिधियों ने हिस्सा लिया था, जिनमें इस योजना को लागू करना था। इस सम्मेलन ने संयुक्त परिषद् के गठन हेतु जो सुझाव दिए वे इस प्रकार हैं—

(क) समिति जो निर्णय ले, वे सर्वसम्मति से हों,

(ख) श्रमिकों के प्रतिनिधि यथासम्भव कामगार ही होने चाहिएँ,

(ग) परिषद् में बाहरी व्यक्तियों की संख्या 25% से अधिक न हो,

(घ) अखिल भारतीय स्तर पर विशेषज्ञों का एक पैनल बनाया जाए,

(ङ) संयुक्त परिषद की सदस्य संख्या 12 हो,

(च) इसमें श्रमिकों एवं मालिकों का प्रतिनिधित्व बराबर-बराबर हो,

(छ) श्रमिक एवं मालिक 'प्रबन्ध में श्रमिकों की सहभागिता सम्बन्धी प्रशिक्षण प्राप्त करें।

(9) श्री वी. वी. गिरी की अध्यक्षता में 31 दिसम्बर, 1958 तथा 1 व 2 जनवरी, 1959 को आगरा से 'अखिल भारतीय श्रम अर्थशास्त्रीय सम्मेलन' हुआ था। इसमें श्री गिरी ने श्रमिकों को प्रबन्ध में हिस्सा दिलाने पर जो दिया था।

(10) 8-9 मार्च, 1960 को दिल्ली में भारत सरकार की विचार गोष्ठी हुई थी। इस गोष्ठी में जो परामर्श दिए गए, वे इस तरह हैं–

(क) संयुक्त श्रमिक-प्रबन्धक परिषदें प्रभावशाली तरीके से कार्यों का सम्पादन कर रही हैं या नहीं? इसकी जाँच-पड़ताल करने हेतु केन्द्रीय एवं क्षेत्रीय स्तर पर समुचित व्यवस्था की जाए।

(ख) इस योजना को शेष संस्थानों पर भी लागू किया जाए,

(ग) केन्द्रीय त्रिपक्षीय समिति का गठन किया जाए। इस समिति को निम्नांकित दो काम सौंपे जाएँ–

  (अ) समय-समय पर योजना की प्रति का मूल्यांकन, और

  (ब) परिषों के मार्ग में जो कठिनाइयाँ आती हैं, उनका पता लगाता।

(घ) एक ऐसे अधिकारी की नियुक्ति करना, जो विभिन्न संस्थानों में योजनाओं की उन्नति का लेखा-जोख ले,

(ङ) योजना को क्रियान्वित करने के लिए विधान निर्माण की आवश्यकता नहीं है।

(11) 22 फरवरी, 1961 को, जो अन्तर्राज्यीय मंत्री सम्मेलन हुआ था उसमें यह तय किय गया था कि जहाँ तक सम्भव हो सके, इस योजना को लागू किया जाए।

(12) इस योजन को जिन संस्थानों में परीक्षण के तौर पर 1961 के अन्त तक लागू किया गया था, वे इस तरह हैं–

(क) सार्वजनिक क्षेत्र–

  (क) ग्वालियर लेदर टेनरी एण्ड टेन्ट कारखाना, मुरार, ग्वालियर,

  (ख) नाहन फाउण्ड्री, नाहन (हिमाचल प्रदेश)

  (ग) राजकीय सीमेण्ट फैक्ट्री, चुर्क, मिर्जापुर, उत्तर प्रदेश।

  (घ) राजकीय प्रिसीजन इन्स्ट्रूमेन्टस कारखाना, लखनऊ।

  (ङ) भारतीय इंजीनियरिंग संघ,

(च) हिन्दुस्तान मशीन टूल्स लिमिटेड, जलाहली, बंगलोर,
(छ) केरल स्टेट ट्रान्सपोर्ट डिपार्टमेण्ट, त्रिवेन्द्रम,
(ज) पंजाब राजकीय प्रेस, चंडीगढ़,
(झ) केरल सोप कारखाना, कोझीकोड, केरल,
(ञ) राजकीय तेल कारखाना, कोझीकोड, केरल,
(ट) राजकीय हाइड्रोजनेशन कारखाना, कोझीकोड, केरल,
(ठ) श्रावणको प्लाइवुड इण्डस्ट्रीज, पुल्लर, केरल,
(ड) हिन्दुस्तान इन्सेक्टिसाइड्स प्राइवेट लिमिटेड, नई दिल्ली,
(ढ) अरगडा कोलियरी हजारीबाग,
(ण) कथारा, कोलियरी आफ दि नेशनल कोल डेवलपमेण्ट कारपोरेशन, राँची,
(त) केरल राजकीय सिरेमिक्स, कुण्डरा, केरल,
(थ) राजकीय सिरेमिक्स कन्सर्न्स, कुण्डरा, केरल,

(ख) व्यक्तिगत क्षेत्र–

(क) पानी टोला टी एस्टेट, असम,
(ख) सोना झील टी एस्टेट, कलकत्ता,
(ग) राजकुमार मिल्स लिमिटेड, इन्दौर,
(घ) हुकुमचन्द मिल्स, इन्दौर
(ङ) फर्टिलाइजर्स एण्ड केमिकल्स कम्पनी, त्रावणकोण, अलवाई,
(च) मेलेइयेबल आयल एण्ड स्टील कास्टिंग्स प्राइवेट लिमिटेड, केरल
(छ) फर्टिलाइजर्स एण्ड केमिकल्स ट्रावनकोर, प्राइवेट लिमिटेड, केरल
(ज) इम्पीरियल तम्बाकू कम्पनी लिमिटेड, किड्डपुर,
(झ) गोपालपुर टी एस्टेट, पश्चिमी बंगाल,
(ञ) सिम्पसन ग्रुप ऑफ इण्डस्ट्रीज, मद्रास,
(ट) इण्डियन एल्यूमिनियम कम्पनी लिमिटेड, बेलूर,
(ठ) वाली जूट कम्पनी लिमिटेड, वाली, हुगली,
(ड) कानकनशाह जूट कम्पनी लिमिटेड, कलकत्ता,
(ढ) देहली क्लाथ मिल्स, दिल्ली।
(ण) बम्बई सिल्क मिल्स लिमिटेड, मुम्बई,
(त) टाटा आयरन, एण्ड स्टील कम्पनी लिमिटेड, जमशेरपुर,
(थ) अरविन्द मिल्स, अहमदाबाद,

(द) देवीदयाल केबिल इण्डस्ट्रीज, मुम्बई

(ध) श्री गंगानगर शुगर मिल्स, गंगानगर (राजस्थान),

(13) 1961 में मध्य तक इस योजना को निम्न क्षेत्रों में लागू किया जा चुका था–

(क) 47 सार्वजनिक क्षेत्रों में,

(ख) 100 व्यक्तिगत क्षेत्रों में।

डॉ. मालिक के शब्द इन सम्बन्ध में अत्यन्त महत्त्वपूर्ण हैं, जो इस तरह हैं–

"आप किसी व्यति का समय खरीद सकते हैं। पैस देकर उसकी दैनिक उपस्थिति प्राप्त कर सकते हैं। इसके अलावा आदमी विविध तरह के आवयविक कार्य वेतन के परिवर्तित में कर सकता है। किन्तु आप किसी मानव का हृदय और आत्मा पैसा देकर नहीं खरीद सकते, जिन्हें प्राप्त किए बिना उस मनुष्य का श्रेय कृतित्व आप नहीं प्राप्त क सकते। तो उसे आप कैसे पा सकते हैं? कामगार व्यक्ति को लाभ की पूँजी से समान भागीदार बनाकर ही आप उसके कृतित्व को पा सकते हैं।

वर्तमान आर्थिक एकीकरण एवं विश्व में मुक्त व्यापार की नीति के तहत प्रबन्ध में कामगारों की सहभागिता और भी बढ़ गई है। व्यापारिक प्रतिस्पर्धा आज वैश्विक स्तर पर शुरू हो गई है। इस कारण प्रबन्धन भी श्रमिकों के साथ संघर्ष उत्पन्न नहीं कर, बाजार को प्रतिस्पर्द्धा पर अत्यधिक ध्यान देना है। आज राष्ट्रीय-अन्तर्राष्ट्रीय स्तर पर श्रम- कानून में काफी संशोधन कर दिया गया है तथा कामगारों को भी अब बहुत-सी ऐसी सुविधाएँ प्रात होने लगी है जो उन्हें पूर्व में प्राप्त नहीं थीं। श्रम न्यायालय ज्यादातर श्रमिक कठिनाइयों पर निगरानी रखता है तथा कामगारों को कानू के दायरे में न्याय प्रदान किया जाता है।

12

औद्योगिक विशेषीकरण एवं स्वचालन

यदि हम कहें कि आज का युग औद्योगिक युग है तो इसमें किसी प्रकार का कोई संदेह नहीं होगा। विभिन्न प्रकार के उद्योग-धंधों का विकास हो चुका है एवं आगे भी तीव्र गति से जारी है। इस विकास ने उद्योग के क्षेत्र में श्रमविभाजन को जन्म दे दिया है।

विशेषीकरण परिभाषाएँ

जरोसलाव तूमा (Juroslave Tuma) ने विशेषीकरण को परिभाषित करते हुए लिखा है, "विशेषीकरण मानसिक कार्य या शारीरिक प्रयत्नों की विशेष समस्याओं अथवा कार्यों पर केंद्रित करने को कहा जाता है।" इस परिभाषा से यह पता चलता है कि समस्याओं एवं कार्यों का विशेषीकरण ही विशेषीकरण है। विशेषीकरण आधुनिक औद्योगिक एवं वैज्ञानिक क्षेत्र में वह प्रक्रिया है जिसके कारण योग्यता, अनुभव एवं कार्य के क्षेत्र को अत्यंत सीमित करके केंद्रित कर लिया जाता है।

विशेषीकरण को सामाजिक विज्ञानों के विश्वकोष (Encyclopaedia of Social Sciences) में इस प्रकार परिभाषित किया गया है, "विशेषीकरण एक तकनीकी शब्द है जिसमें औद्योगिक, सामाजिक एवं जैवकीय तथा आर्थिक ये सब तत्त्व आते हैं जो कि साधारणतया श्रम विभाजन के पद के अंतर्गत माने जाते हैं। इस तरह विशेषीकरण तकनीकी दृष्टि से श्रम विभाजन का ही अधिक वैज्ञानिक रूप है।"

किम्बाल (Kimball) ने विशेषीकरण को परिभाषित करते हुए लिखा है, "विशेषीकरण प्रयास के सीमित क्षेत्र में केंद्रीयकरण को कहते हैं।" इस परिभाषा से यह पता चलता है कि विशेषीकरण में प्रयास के क्षेत्र अत्यंत सीमित होते हैं एवं उसमें शक्ति को केंद्रित किया जाता है।

विशेषताएँ

विशेषीकरण की निम्न प्रकार की विशेषाएँ कही जा सकती हैं–

1. इसका आधार श्रम विभाजन है। अर्थात् विशेषीकरण तभी होता है जब किसी उद्योग में श्रम विभाजन को अपनाया जाता है। आज अधिकतर उद्योगों में इसे अपनाया जा रहा है।

2. इसे वैज्ञानिक तथा औद्योगिक प्रगति से प्रोत्साहन मिलता है। अर्थात् विभिन्न उद्योग-धंधों में वैज्ञानिक विकास के साथ-साथ विशेषीकरण को अपनाया जाता है।

3. यह आधुनिक औद्योगिक प्रणाली पर आधारित होता है। किसी भी उद्योग में आधुनिकीकरण के लिए विशेषीकरण को अपनाया जाता है।

4. इसका आधार विशिष्ट प्रशिक्षण होता है। अर्थात् विशिष्ट प्रशिक्षण के आधार पर किसी भी उद्योग में विशेषीकरण किया जाता है।

5. इसका आधार उपलब्ध प्राकृतिक साधनों का ज्यादातर शोषण एवं उत्पादन में अधिकतम वृद्धि करना है। अर्थात् विशेषीकरण का उद्देश्य उत्पादन में अधिक से अधिक वृद्धि होता है।

6. इससे औद्योगिक इकाइयों में आत्म निर्भरता के साथ साथ अंतर्निर्भरता का विकास होता है।

7. इसमें विशिष्ट ज्ञान के साथ अनुभव को भी महत्त्व दिया जाता है। अर्थात् विशेषीकरण में अनुभव को भी पर्याप्त महत्त्व दिया जाता है।

गुण

विशेषीकरण आज मानव जीवन के हर क्षेत्र में देखने को मिल रहा है। विशेषीकरण से विभिन्न लाभ हुए हैं। इसके निम्नलिखित गुण कहे जा सकते हैं–

(1) प्रमापीकरण–विशेषीकरण के बढ़ने के साथ-साथ प्रमापीकरण की भी संभावना बढ़ गई है। इसका कारण यह है कि विशेषीकरण से अधिक प्रामाणिक वस्तुएँ एवं सेवाएँ उपलब्ध हो पाती हैं। वास्तविकता यह है कि प्रमापीकरण स्वयं भी

इस प्रकार का विशेषीकरण है। किम्बाल ने इस संबंध में लिखा है, "प्रमापीकरण से तात्पर्य किसी भी शाखा की थोड़े से निश्चित प्रकारों, आकारों, एवं विशेषताओं को सीमित करना है।" विशेषीकरण से जो प्रमापीकरण होता है उससे अपव्यय कम होता है। इससे श्रमिकों के स्वास्थ्य की सुरक्षा होती है एवं दुर्घटनाओं से बचाव होता है चूँकि हर श्रमिक अपने कार्य का विशेषज्ञ होता है। इससे उपभोक्ताओं को सही एवं विश्वसनीय वस्तुएँ मिल पाती हैं चूँकि प्रमापीकरण वस्तुओं के गुणों को बनाए रखता है। इससे धन एवं समय का अपव्यय भी कम होता है। यंत्रीकरण की ज्यादा सहायता लेने के कारण औद्योगिक क्षमता का विकास होता है। इससे बड़े पैमाने पर उत्पादन संभव हो पाता है तथा उच्च कोटि की वस्तुओं का निर्माण होता है। इस तरह यह पता चलता कि विशेषीकरण का एक गुण प्रमापीकरण है।

(2) निपुणता में वृद्धि—विशेषीकरण के कारण निपुणता बढ़ती है। इसका कारण यह है कि इसमें विशेष निपुण व्यक्ति ही कोई विशेष कार्य कर पाता है। साथ ही उसकी निपुणता इसलिए भी बढ़ती है चूँकि वह एक ही कार्य को लगातार करता है। निपुणता बढ़ने से समय एवं शक्ति की बचत होती है तथा उत्पादन बढ़ता है।

(3) उत्पादन की दृष्टि से लाभ—उत्पादन की दृष्टि से विशेषीकरण के अनेक लाभ होते हैं। इससे उत्पादन में वृद्धि होती है चूँकि व्यक्ति के निरंतर एक ही कार्य करते रहने से उसमें और भी निपुणता बढ़ती है। एडम स्मिथ के अनुसार विशेषीकरण के कारण व्यक्ति की कार्यक्षमता में वृद्धि होती है। विशेषीकरण से उत्पादन के व्यय में कमी होती है तथा उत्पादित वस्तुओं की श्रेष्ठता बढ़ती है। इससे उत्पादन क्रिया का विभिन्न उपक्रियाओं में विभाजन होता है जिससे मशीनों का ज्यादा से ज्यादा प्रयोग संभव हो पाता है। विशेषीकरण से श्रम एवं साधनों, संपत्ति एवं समय के अपव्यय में कमी होती है। इससे सभी तरह की बचत होती है क्योंकि श्रमिक निपुण होते हैं जो कम समय में ज्यादा उत्पादन करते हैं। इस तरह यह पता चलता है कि विशेषीकरण का एक गुण उत्पादन की दृष्टि से लाभ है।

(4) परस्पर निर्भरता—विशेषीकरण से कोई भी व्यक्ति बिना पारस्परिक मदद के कोई कार्य नहीं कर सकता है। अर्थात् वह अकेला कार्य नहीं कर सकता है। उसे इसमें दूसरों की मदद लेनी होती है। व्यक्ति बहुत छोटे क्षेत्र में कार्य करता है। उसके सामने अनेक ऐसी समस्याएँ आती हैं जिसके लिए उसे दूसरों की मदद की जरूरत पड़ती है। अगर फिल्म उद्योग का ही उदाहरण लिया जाए तो यह कहा जा सकता है कि कोई भी फिल्म फाइनेंसर, संगीतकार, अभिनेता, कथा लेखक, डायरेक्टर, अभिनेत्री एवं कैमरामैन की मदद से बनाई जाती है। इसके अतिरिक्त भी इसे बनाने

में सैकड़ों लोगों की जरूरत पड़ती है। सभी अपने-अपने क्षेत्र के विशेषज्ञ होते हैं। कहने का आशय यह है कि अकेला कोई व्यक्ति उद्योग नहीं चला सकता है। विशेषीकरण के कारण उनमें आपसी निर्भरता और अधिक बढ़ जाती है। इस तरह यह पता चलता है कि विशेषीकरण का एक गुण परस्पर निर्भरता है।

(5) यंत्रीकरण—विशेषीकरण से यंत्रीकरण में वृद्धि होती है। यंत्रीकरण बढ़ने से कम श्रम की मदद से बृहत् पैमाने पर उत्पादन होता है। इससे वस्तुओं की कीमत कम होती है।

(6) अनुसंधान—विशेषीकरण के कारण कोई भी संस्था सीमित क्षेत्र में कार्य करती है। इसलिए वे अपने क्षेत्र में अनुसंधान पर बल देते हैं। अनुसंधान विशेषीकरण को बढ़ाने में मददगार सिद्ध होता है। आज लगभग प्रत्येक बड़े उद्योग में उससे संबंधित अनुसंधानशालाएँ स्थापित की गई हैं। इस तरह यह पता चलता है कि विशेषीकरण का एक गुण अनुसंधान में प्रोत्साहन है।

(7) प्रशिक्षण की सुविधा—विशेषीकरण से प्रशिक्षण की सुविधा प्रदान करना आसान हो जाता है। किसी भी व्यक्ति को बहुत अधिक सिखाना नहीं होता है, बल्कि केवल उसी विशेष कार्य का प्रशिक्षण देना होता है जो उसे करना है। इस तरह यह पता चलता है कि विशेषीकरण का एक गुण प्रशिक्षण की सुविधा है।

(8) रोजगार में वृद्धि—विशेषीकरण के कारण प्रत्येक उद्योग हजारों उपक्रियाओं में बँट जाता है जिससे विभिन्न योग्यताओं वाले हजारों व्यक्तियों को रोजगार मिलता है। इस तरह यह पता चलता है कि विशेषीकरण का एक गुण रोजगार में वृद्धि है।

(9) श्रम संघों का विकास—बड़ी संख्या में एक ही प्रकार के श्रमिकों एवं कार्यकर्ताओं के पाए जाने से उनमें भाईचारा बढ़ता है तथा वे ज्यादा आसानी से श्रम संगठन बना लेते हैं। इसका कारण यह है कि उनकी माँगें एवं समस्याएँ एक जैसी होती हैं। इसलिए आधुनिक औद्योगिक समाजों में लगभग प्रत्येक व्यवसाय में संघ देखा जाता है जो कि व्यवसाय में लगे लोगों के हितों की रक्षा के लिए सामूहिक सौदेबाजी करता है एवं इस प्रकार विभिन्न व्यवसायों के संघों में परस्पर निर्भरता बढ़ाता है। इस तरह यह पता चलता है कि विशेषीकरण का एक गुण श्रम संघों का विकास है।

(10) व्यक्तिगत उत्तरदायित्व में वृद्धि—विशेषीकरण से व्यक्ति जिम्मेदार बनता है क्योंकि वह अपने कार्य का विशेषज्ञ होता है तथा उससे यह अपेक्षा की जाती है कि वह पूरी जिम्मेदारी से कार्य को ठीक तरह से कर सकेगा। सच्चाई यह है कि लोग विशेषज्ञ के पास इसी आशा से जाते हैं कि वह अपनी साख बनाए रखेगा।

इस तरह यह पता चलता है कि विशेषीकरण का एक गुण व्यक्तिगत उत्तरदायित्व में वृद्धि है।

(11) व्यापार में वृद्धि—विशेषीकरण से व्यापार में वृद्धि होती है चूँकि प्रमापीकरण से साख बढ़ी है। इसके अतिरिक्त व्यापार में आवश्यक धन का प्रबंध करने के लिए बैंक एवं यातायात एवं परिवहन के साधन बढ़ते जा रहे हैं। आज व्यापार में प्रत्येक उपक्रिया में मदद देने के लिए विशेष संस्थाएँ पाई जाती हैं। इनमें बैंक, बीमा कंपनियाँ, आडिट कंपनियाँ तथा यातायात एवं माल होने वाला कंपनियाँ आदि।

विशेषीकरण के उक्त गुणों के अलावा कुछ अन्य गुणों की भी चर्चा की जा सकती है जो निम्नलिखित हैं—

(i) आविष्कारों की संख्या में वृद्धि,
(ii) प्रसाधनों का उचित प्रयोग,
(iii) कुशल संगठनकर्ताओं की संख्या में वृद्धि,
(iv) कम मूल्यों पर अच्छी वस्तुओं की उपलब्धि,
(v) आर्थिक क्षेत्र में विभिन्न पहलुओं के परस्पर अधिक घनिष्ठ सहयोग, तथा
(vi) पारिश्रमिक में वृद्धि।

पेंसन ने विशेषीकरण के गुणों के संबंध में लिखा है, "विशिष्टीकरण का परिणाम श्रम की अपेक्षाकृत ज्यादा उत्पादनशीलता, पूँजी के विनियोग के लिए अधिक अवसर, व्यवसाय की अपेक्षाकृत अधिक विविधता, संगठनकर्ता की अपेक्षाकृत अधिक कुशलता आदि रूपों में प्रकट होता है।"

दोष या अवगुण

उद्योग में किसी भी प्रकार का परिवर्तन पूर्णतया फायदेमंद नहीं होता है। लाभ के साथ-साथ उससे कुछ हानियाँ भी होती हैं। अर्थात् विशेषीकरण से जहाँ एक ओर लाभ हुआ है वहीं दूसरी ओर कुछ हानियाँ भी हुई हैं। विशेषीकरण के निम्नलिखित अवगुण या दोष कहे जा सकते हैं—

(1) उत्पादन संबंधी—विशेषीकरण के कारण अनेक श्रमिक संघों का जन्म होता है। ये संघ माँग एवं पूर्ति के नियम का अनुचित लाभ उठाकर कभी-कभी उत्पादकों पर अनुचित दबाव डालते हैं। इसी प्रकार बड़े-बड़े उद्योगों के ज्यादातर उपक्रियाओं में बँट जाने से जब कभी उनमें समायोजन का कुछ भी अभाव होता है तभी कठिनाई उत्पन्न हो जाती है।

(2) कुटीर उद्योगों का पतन—विशेषीकरण से उत्पादन बड़े पैमाने पर होने के कारण कुटीर उद्योगों का पतन हुआ है। कुटीर उद्योग में एक ही व्यक्ति या समूह उद्योग से संबंधित सभी कार्यों को करता है। कुटीर उद्योग में इस तरह बनी वस्तुएँ विशेषीकरण पर आधारित बड़े उद्योगों से प्रतियोगिता नहीं कर सकती हैं। इसलिए जहाँ-जहाँ विशेषीकरण बढ़ता है वहाँ कुटीर उद्योग का पतन होता है जिससे बहुत बड़ी संख्या में बेरोजगारी फैलती है।

(3) मनोवैज्ञानिक हानियाँ—विशेषीकरण बढ़ने से आत्मनिर्भरता कम होती जाती है क्योंकि प्रत्येक कार्य में विशेषज्ञ पर निर्भर करने लगते हैं। यहाँ तक कि आज के औद्योगिक समाज में वैवाहिक अनुकूलन जैसे निजी मामले में भी विशेषज्ञ की सलाह लेने की प्रवृत्ति बढ़ती जा रही है। विशेषीकरण के कारण व्यक्ति का ज्ञान ज्यादा सीमित क्षेत्र में सिमट जाता है जिससे उसका मानसिक विकास ज्यादा एकांगी हो जाता है। यह व्यक्तित्व के विकास के लिए हानिकारक होता है। विशेषीकरण के कारण व्यक्ति को लंबे समय तक एक ही तरह का कार्य करना पड़ता है। इससे वह ऊब जाता है। उसे नवीनता नहीं मिलती है। कार्य नीरस हो जाता है। इस प्रकार यह स्वाभाविक है कि व्यक्ति की कार्यक्षमता कम हो जाती है। इससे जीवन यंत्रवत् बन जाता है, उत्तरदायित्व की भावना घटने लगती है तथा मानव का व्यक्तित्व अविकसित रह जाता है। बालकों तथा स्त्रियों के लिए विशेषीकरण विशेष रूप से हानिकारक सिद्ध होता है। यह उनके मस्तिष्क एवं व्यक्तित्व दोनों पर बुरा प्रभाव डालता है। विशेषीकरण का शारीरिक विकास पर भी बुरा असर पड़ता है। इसका कारण यह है कि हर व्यक्ति अपने विशेष कार्य में शरीर के कुछ विशेष अंगों का इस्तेमाल करता है जिसका प्रभाव उसके शरीर पर बुरा पड़ता है। इस तरह यह पता चलता है कि विशेषीकरण का एक दोष मनोवैज्ञानिक हानियाँ हैं।

(4) सामाजिक हानियाँ—इससे औद्योगिक समाज में अनेक दोष उत्पन्न हुए हैं जो सामाजिक विघटन को बढ़ाने में सहायक हुए हैं। विशेषीकरण से बड़े उद्योगों का विकास हुआ है। इन उद्योगों में स्त्रियों एवं बालकों का शोषण होता है, औद्योगिक संघर्ष प्रोत्साहित होता है, मजदूरों की गंदी बस्तियाँ बढ़ती हैं, लोग गाँव छोड़कर नगर में आते हैं, औद्योगिक नगरों में महँगाई बढ़ती है, ज्यादा उत्पादन होने से संतुलन बिगड़ जाता है तथा अन्य विभिन्न प्रकार की समस्याओं का जन्म होता है। कारखानों में भीड़ से आपस की समस्या, गुंडागर्दी, निर्वैयक्तिकता, गंदगी की समस्या, स्वार्थ, वेश्यावृत्ति, दूषित मनोरंजन, बेरोजगारी, मद्यपान, जूआ एवं भिक्षावृत्ति आदि अनेक समस्याओं का जन्म होता है। विशेषीकरण से उत्पन्न जटिल औद्योगिक व्यवस्था

विवाह, परिवार, पड़ोस एवं समाज सभी के विघटन के कारण हुई है। इससे आत्मनिर्भरता में कमी आई है। इससे मनुष्य अपने निजी कार्यों हेतु भी आत्म निर्भर न होकर दूसरों पर निर्भर हो जाता है। इससे वर्गभावना बढ़ी है तथा विभन्न वर्गों में संघर्ष उत्पन्न हुआ है। इस तरह यह पता चलता है कि विशेषीकरण का एक दोष सामाजिक हानियाँ हैं।

(5) धन का अपव्यय—विशेषीकरण से नई-नई मशीनों का आविष्कार होता है। इसके लिए छोटे-मोटे कार्यों के लिए भी प्रशिक्षण की आवश्यकता होती है। प्रशिक्षण के लिए ज्यादा मात्रा में धन की आवश्यकता होती है। धन का बहुत बड़ा भाग प्रशिक्षण में खर्च हो जाता है तथा उत्पादन में उसका कोई लाभ नहीं होता है। इस तरह यह पता चलता है कि विशेषीकरण का एक दोष धन का अपव्यय है।

(6) शोषण में वृद्धि—औद्योगिक समाज की सबसे बड़ी हानि श्रमिकों की बुरी स्थिति है। पूँजीपति सभी जगह उद्योगों के विकास में श्रमिकों का शोषण करते हैं। यह यंत्रीकरण के कारण और अधिक संभव हो सका है। किसी भी कार्य के लिए मशीन का निर्माण हो जाने पर हजारों हाथ बेकार जाते हैं तथा इस ओर कोई ध्यान नहीं दिया जाता। बहुत-सी मशीनें खतरनाक होती हैं तथा उन पर कार्य करने वाले श्रमिक अक्सर दुर्घटना का शिकार होते रहते हैं। इसी तरह अनेक मशीनों पर कार्य करने वाले श्रमिकों को इतनी मेहनत करनी पड़ती है कि उनका शरीर बेकार हो जाता है। खासकर बालकों एवं स्त्रियों की स्थिति बदतर होती है। विशेषीकरण के कारण विभिन्न मशीनों का आविष्कार होता जा रहा है एवं इससे श्रमिकों की स्थिति अमानवीय होती जा रही है। लेकिन इस ओर कोई ध्यान नहीं दिया जाता है। इस प्रकार यह पता चलता है कि विशेषीकरण का एक दोष धन का अपव्यय है।

(7) मानव मूल्यों की हानि—विशेषीकरण से मानव मूल्यों की हानि होती है। इससे व्यक्तियों के मस्तिष्क में मानव का जो चित्र बनता है वह एकदम एकांगी होता है। इसमें मनुष्यों को वस्तु समझकर उनसे व्यवहार किया जाता है। इसमें ज्ञान बहुमुखी न होकर अत्यंत सीमित हो जाने के कारण जीवन मूल्य भ्रष्ट हो जाते हैं एवं कहीं भी स्वाभाविक विकास दिखाई नहीं पड़ता है। हर व्यक्ति अपने सीमित कार्य के बारे में जानता है तथा उसी के बारे में सोचता है, उसका उत्तरदायित्व उसी तक सीमित माना जाता है। लेकिन इस सबसे पूर्ण वस्तु पूर्ण मनुष्य एवं संपूर्ण जीवन की भारी हानि होती है। यदि एक ही क्षेत्र में कार्य करने वाले अनेक विशेषज्ञों में समायोजन का अभाव हो जाए तो भयंकर हानि होती है। इस प्रकार यह पता चलता है कि विशेषीकरण का एक दोष मानव मूल्यों की हानि है।

वर्गीकरण

वर्तमान समय में औद्योगिक समाज में अनेक प्रकार के विशेषीकरण देखने को मिलते हैं। अर्थात् आज विशेषीकरण के कई प्रकार हैं। ये प्रकार निम्नलिखित प्रकार के कहे जा सकते हैं–

(1) श्रम का विशेषीकरण–इस प्रकार के विशेषीकरण में श्रम की विशेषताओं के आधार पर विशेषीकरण किया जाता है जिससे शारीरिक एवं मानसिक विशेषताओं के अनुरूप कार्य विभाजन हो।

(2) व्यवसायों का विशिष्टीकरण–वर्तमान समय में सभी व्यवसायों का विशिष्टीकरण हो गया है। यदि चिकित्सा के क्षेत्र का ही उदाहरण लिया जाए तो यह कहा जा सकता है कि इस व्यवसाय का विशिष्टीकरण हो गया है। पहले चिकित्सक सभी तरह के रोगों की चिकित्सा करते थे। लेकिन विशेषीकरण के कारण आज शरीर के विभिन्न अंगों की चिकित्सा के लिए अलग-अलग विशेषज्ञ चिकित्सक होते हैं। यथा–आँख, नाक, कान, गला, दाँत एवं शरीर के अलग-अलग अंगों के अलग-अलग विशेषण चिकित्सक होते हैं। इसी तरह कपड़ा सिलाई के व्यवसाय को ही लिया जाए तो इसमें भी विशेषीकरण दिखाई पड़ता है। जैसे लेडीज सूट स्पेशलिस्ट, जेंट्स शूट स्पेशलिस्ट तथा इसी तरह अन्य न जाने कितने स्पेशलिस्ट (विशेषज्ञ) देखे जा सकते हैं। इस प्रकार यह पता चलता है कि व्यवसायों का विशिष्टीकरण विशेषीकरण का एक प्रकार है।

(3) औद्योगिक विशेषीकरण–औद्योगिक विकास के साथ-साथ अनेक उद्योग पूरी वस्तु का निर्माण नहीं करते हैं बल्कि उसके किसी विशेष पुर्जे को ही बनाते हैं। जैसे अगर साईकिल का ही उदाहरण लिया जाए तो इसके विभिन्न पुर्जों को विभिन्न जगहों पर बनाया जाता है तथा उसे जोड़कर एक साईकिल का निर्माण होता है। इसी तरह अन्य वस्तुओं के निर्माण में भी यही बात देखी जाती है। इस तरह यह पता चलता है कि औद्योगिक विशेषीकरण, विशेषीकरण का एक प्रकार है।

(4) भौगोलिक विशेषीकरण–भौगोलिक आधार पर भी आजकल अलग-अलग क्षेत्रों में ऐसे उद्योगों का विशेषीकरण करने का प्रयास किया जाता है जिनके लिए स्थानीय क्षेत्र में उपयुक्त जलवायु, प्राकृतिक साधन, कच्ची सामग्री एवं श्रम शक्ति सरलता से उपलब्ध हो सके। भारत में कोलकाता में जूट उद्योग, मुंबई में सूती वस्त्र उद्योग एवं टाटा नगर में लोहा उद्योग भौगोलिक विशेषीकरण के कारण विकसित हुए हैं। लगभग सभी देशों में भौगोलिक विशेषीकरण पाया जाता है। इस प्रकार यह पता चलता है कि विशेषीकरण का एक प्रकार भौगोलिक विशेषीकरण है।

(5) तकनीकी विशेषीकरण—आधुनिक काल में प्रत्येक उद्योग में वस्तु बनाने की अलग-अलग क्रियाओं को अधिक से अधिक उपक्रियाओं में विभाजित कर दिया जाता है तथा इनमें से प्रत्येक उपक्रिया के लिए अलग तकनीक विकसित की जाती है जिस पर विशेषज्ञ कार्य करते हैं। यह तकनीकी विशेषीकरण है। जैसे अगर जूता उद्योग का ही उदाहरण लिया जाए तो इस उद्योग में जूता बनाने की क्रिया लगभग 200 उपक्रियाओं में विभाजित की गई है।

(6) अन्य विशेषीकरण—आर्थिक क्षेत्र में उत्पादन के अलावा अन्य पहलुओं में भी आज विशेषीकरण बढ़ता जा रहा है। पहले एक ही व्यक्ति रुपया जुटाता था, उत्पादन एवं विनिमय के कार्य किया करता था लेकिन अब अर्थ संबंधी कार्य बैंक करते हैं। आरंभ में एक ही बैंक बैंकिंग के सब प्रकार के कार्य करता था लेकिन अब बैकों में भी विशेषीकरण दिखाई पड़ता है। यथा—औद्योगिक बैंक, भूमि बंधन बैंक एवं व्यापारिक बैंक आदि।

सीमाएँ

विशेषीकरण की सीमाएँ निम्नलिखित कही जा सकती हैं—

(1) व्यापार एवं उद्योग की प्रगति—विशेषीकरण की सीमा व्यापार एवं उद्योग की प्रगति पर निर्भर होती है। जितना ये बढ़ते हैं उतनी ही यह बढ़ जाती है। इसलिए जिस वस्तु की बड़े पैमाने पर जरूरत नहीं है उसके विषय में विशेषीकरण संभव नहीं होता है। उदाहरण के लिए कलात्मक वस्तुओं का उत्पादन विशेषीकरण की सहायता से नहीं किया जा सकता।

(2) वस्तु की माँग—विशेषीकरण तभी संभव हो सकता है जबकि वस्तु की स्थाई रूप से बड़े पैमाने पर माँग हो। जिन वस्तुओं की माँग नहीं होती है उनमें विशेषीकरण से कोई लाभ नहीं मिलता है।

(3) बाजार का विस्तार—वस्तुओं के विनिमय से बाजार बढ़ते जाने के साथ-साथ विशेषीकरण सीमित करना होता है क्योंकि विशेषीकरण द्वारा उद्योग संभव होता है।

(4) पूँजी की मात्रा—पूँजी की मात्रा भी विशेषीकरण की सीमा निश्चित करती है। जहाँ यह मात्रा अत्यधिक है वहाँ विशेषीकरण सफल होता है लेकिन जहाँ यह बहुत कम है वहाँ विशेषीकरण करना व्यर्थ है।

(5) वैज्ञानिक एवं तकनीकी प्रगति—वैज्ञानिक तथा तकनीकी प्रगति से भी विशेषीकरण की सीमा निर्धारित होती है। यह प्रगति बढ़ जाने के साथ विशेषीकरण

बढ़ता जाता है तथा कम होने से कम होता जाता है। आज के युग में विभिन्न विचारकों ने वैज्ञानिक एवं तकनीकी प्रगति के दोषों की ओर ध्यान दिलाया है जिससे विशेषीकरण के दोष भी स्पष्ट हैं।

(6) व्यापार संबंधी सुविधाएँ—व्यापार संबंधी सुविधाएँ विशेषीकरण की सीमा निर्धारित करती हैं। ये सुविधाएँ बढ़ते जाने के साथ विशेषीकरण बढ़ता है तथा कम होने के साथ कम होता है। इन सुविधाओं में यातायात एवं संदेशवाहन के साधन, बैंक एवं बीमा कंपनियाँ आदि उल्लेखनीय हैं। इनके उपलब्ध न होने पर विशेषीकरण लाभदायक नहीं होता है।

(7) श्रम की उपलब्धि—विशेषीकरण तभी होता है जब पर्याप्त मात्रा में श्रम उपलब्ध हो तथा विभिन्न श्रमिकों में सहकारिता की भावना हो। यदि किसी इमारत को बनाने वाला राज, मजदूर, ओवरसियर, बिजली तथा पानी का प्रबंध करने वाले कर्मचारियों में मदद न हो तो कितना भी अच्छा नक्शा बनाने तथा कितना भी धन लगाने पर भी केवल विशेषीकरण के कारण इमारत खराब हो जाएगी।

(8) कुशल संगठन—विशेषीकरण उसी उद्योग में फायदेमंद हो पाता है जहाँ उद्योगपति कुशल संगठनकर्ता होता है, क्योंकि वह उद्योग में बहुत से विशेषज्ञों के कार्यों का संगठन करके उससे लाभ उठा सकता है।

उक्त विवरण के आधार पर कहा जा सकता है कि विशेषीकरण प्रत्येक दशा में लाभदायक नहीं होता है। विभिन्न साधनों को अपनाकर इसका लाभ उठाया जा सकता है।

लाभ उठाने की प्रमुख विधियाँ

विशेषीकरण का लाभ उठाने के लिए कुछ बातों को ध्यान में रखना जरूरी प्रतीत होता है। ये निम्न प्रकार के कहे जा सकते हैं—

(i) श्रम विभाजन करने के पहले इस पर आने वाली लागत का अध्ययन किया जाना चहिए ताकि ऐसा न हो कि लाभ से ज्यादा विशेषीकरण की लागत बढ़ जाए।

(ii) विशेषीकरण का फायदा उठाने के लिए हर कार्य को प्रशिक्षित व्यक्ति को सौंपा जाना चाहिए।

(iii) विशेषीकरण का लाभ उठाने के लिए यह जरूरी होता है कि उससे होने वाली हानियों को यथासंभव दूर करने का प्रयास किया जाना चाहिए।

(iv) उद्योग में कार्य करने वाले प्रत्येक व्यक्ति का कार्य क्षेत्र एवं उत्तरदायित्व पूरी तरह निश्चित होना चाहिए।

(v) व्यक्तियों या समूहों में कार्यों का विभाजन उनकी रुचि के आधार पर किया जाना चाहिए।

(vi) उद्योग के संपूर्ण कार्य को जहाँ तक संभव हो सके ज्यादा से ज्यादा पूर्ण उपकार्यों में विभाजित करके प्रत्येक उपकार्य एक व्यक्ति या समूह को सौंपा जाना चाहिए।

(vii) इस विभाजन के पश्चात् संगठनकर्ता को उनमें आवश्यक समन्वय उत्पन्न करने का प्रयास करना चाहिए।

(viii) विशेषीकरण वहीं लाभदायक साबित होता है जहाँ उद्योग बहुत बड़े पैमाने पर किया जा रहा हो।

(ix) विशेषीकरण में ज्यादा मशीनों का प्रयोग होने के कारण इन मशीनों पर काम करने के लिए प्रशिक्षित एवं उत्तरदायी श्रमिक लगाए जाने चाहिए।

(x) हर व्यक्ति को संपूर्ण वस्तु बनाने में भाग लेने के आनंद का अनुभव होना चाहिए।

स्वचलन

आधुनिक युग में उद्योग के क्षेत्र में स्वचालित मशीनों का प्रयोग बढ़ता जा रहा है। स्वचलन से आशय उद्योग में ऐसी मशीनों का अधिक से अधिक प्रयोग करना है जो कि स्वयं अपनी शक्ति से चलती है। विज्ञान के विकास के साथ-साथ मानव समाज में जीवन के अलग-अलग क्षेत्रों में यंत्रों एवं मशीनों का प्रयोग बढ़ता जा रहा है। पहले ज्यादातर मशीनें मानव शक्ति द्वारा चलाई जाती थीं। लेकिन आधुनिक समय में जीवन के हर क्षेत्र में स्वचालित यंत्रों का प्रयोग बढ़ता जा रहा है। स्वचालित यंत्र स्वयं चलता है। स्वयं चलने का तात्पर्य यह होता है कि उसका चलना मनुष्यों को शुरू करना सिर्फ होता है। इसके बाद वह अपनी शक्ति से चलता रहता है जब तक कि मनुष्य उसे बंद न कर दे। इसमें यंत्र अपने आप नहीं चलता है अपितु उसे हमेशा मनुष्य ही चलाता है।

स्वचलन को विभिन्न विद्वानों ने परिभाषित किया है। इन विद्वानों द्वारा दी गई परिभाषाएँ निम्नलिखित हैं—

एनसाइक्लोपीडिया अमेरिकान (Encyclopaedia American) में स्वचलन को इस तरह परिभाषित किया गया है, "स्वचलन औद्योगिक उत्पादन एवं वैज्ञानिक अनुसंधान की एक प्रगतिशील तकनीक है जो कि मशीनों तथा बड़े पैमाने पर उत्पादन के मौलिक प्रत्ययों से विकसित की गई है।"

स्वचलन को परिभाषित करते हुए ए.बी. फिलिप्पो ने लिखा है, "सरलतम अर्थ में स्वचलन को उन यांत्रिक प्रक्रियाओं के लिए प्रयोग किया जाता है जो कि स्वचलित आत्म-नियंत्रण की सीमा तक यंत्रीकृत की गई हैं।"

स्वचलन को परिभाषित करते हुए गुडमैन ने लिखा है, "स्वचलन स्वतः कार्य करने की तकनीक है जिसमें कार्य प्रणालियाँ, प्रक्रियाएँ, सामग्री का रूप, परस्पर संकलित करके आर्थिक औचित्य की दृष्टि से उपयोग किए जाते हैं। विचार एवं प्रयास का यंत्रीकरण कुछ मामलों में प्रक्रियाओं के स्वतः नियमित क्रम को प्राप्त करने के लिए किया जाता है।" इस परिभाषा से यह पता चलता है कि स्वचलन का मुख्य लक्ष्य आर्थिक दृष्टि से लाभ प्राप्त करना होता है।

जॉन डिबाल्ड (John Debald) ने स्वचलन को परिभाषित करते हुए लिखा है, "स्वचलन एक नवीन शब्द है जिसका तात्पर्य स्वतः चलित क्रियाओं और वस्तुओं को स्वतः चालित क्रिया से बनाना है।"

उक्त परिभाषाओं के आधार पर यह कहा जा सकता है कि स्वचलन आर्थिक कुशलता बढ़ाने के लिए उद्योगों की प्रक्रियाओं, पद्धतियों एवं वस्तुओं के आकार प्रकार को स्वचलित यंत्रों के माध्यम से चलाने को कहा जाता है।

विशेषताएँ

स्वचलन की कुछ विशेषताएँ कही जा सकती हैं जो निम्नलिखित हैं—

(1) पदार्थों, मशीनों तथा विधियों का समन्वय—स्वचलन की प्रथम विशेषता मशीनों, पदार्थों एवं विधियों का समन्वय (Co-ordination of Machines, Materials and Method) कहा जा सकता है। स्वचलित कारखाने में मशीनों के अतिरिक्त कच्ची सामग्री एवं उत्पादन विधि होती है। कारखाने की सफलता इन तीनों के समन्वय पर निर्भर करती है। यह समन्वय मनुष्य करता है। आजकल इसके लिए कम्प्यूटर का प्रयोग किया जाता है।

(2) स्वचलित नियंत्रण—दूसरी विशेषता स्वचलन की स्वचलित नियंत्रण (Automatic Control) कहा जा सकता है। पहले मशीनों की गति को कम-ज्यादा करने, रोकने एवं पुनः चलाने के लिए मनुष्यों की आवश्यकता होती थी। लेकिन अब यह नियंत्रण स्वचलित होता है।

(3) मशीनीकरण—तीसरी विशेषता स्वचलन की मशीनीकरण (Mechanisation) कहा जा सकता है। स्वचलन मशीनीकरण है चूँकि इसमें यथासंभव जो कार्य पहले मानवों द्वारा किए जाते थे उनको मशीनों के द्वारा करने का

प्रयास किया जाता है। इसके लिए विशेष प्रकार की मशीनों की आवश्यकता होती है तथा उच्च कोटि की तकनीक की आवश्यकता होती है। इस तरह यह पता चलता है कि मशीनीकरण स्वचलन की एक विशेषता है।

(4) विवेकीकरण—चौथी विशेषता स्वचलन की विवेकीकरण कहा जा सकता है। स्वचलन विवेकीकरण का एक अंग है। विवेकीकरण एक व्यापक अवधारणा है जिसमें स्वचलन के अतिरिक्त अन्य कार्य भी आते हैं। फिर भी स्वचलन से विवेकीकरण में वृद्धि होती है।

(5) कम्प्यूटरीकरण—पाँचवीं विशेषता स्वचलन की कम्पयूटरीकरण कहा जा सकता है। आजकल कम्प्यूटर के माध्यम से स्वचलित नियंत्रण किया जाता है। इससे सूक्ष्म से सूक्ष्म नियंत्रण संभव हो जाता है।

प्रक्रिया

उद्योग के क्षेत्र में स्वचलन को अपनाने के लिए कुछ सोपानों एवं प्रक्रियाओं को अपनाया जाता है। स्वचलन की निम्न प्रकार की प्रक्रियाएँ कही जा सकती हैं—

(1) स्वचलित मशीनों का चुनाव—पहला सोपान स्वचलन की प्रक्रिया में स्वचलित मशीनों का चुनाव (Selection of Automatic Machines) कहा जा सकता है। स्वचलन के लिए ऐसी मशीनों का चयन करना आवश्यक होता है, जो अपने आप चलती हों तथा जिनसे तैयार किया हुआ माल हाथ लगाए बिना अगली अवस्था में पहुँच जाता है। अगली अवस्था में मशीन माल को उठाती है तथा इस तरह आगे कुछ काम करती है तथा इसी प्रकार आगे भेज देती है। इस तरह एक से दूसरी स्वचालित मशीनों से निकलते हुए शुरू का कच्चा माल बिना हाथ लगाए अंत में तैयार माल के रूप में बाहर आता है। इस संपूर्ण व्यवस्था में मनुष्यों को सिर्फ मशीनों पर नजर रखनी पड़ती है तथा उनको चलाना या बंद करना पड़ता है। अगर ऐसा नहीं होता है तो सभी कार्य मशीनों के द्वारा ही संपन्न होता है। आजकल बहुत सारे उद्योगों में इस प्रकार की स्वचलित प्रक्रिया देखी जा सकती है।

(2) उत्पादन गुण का नियंत्रण—दूसरा सोपान स्वचलन की प्रक्रिया में उत्पादन गुण का नियंत्रण (Control of Production Quality) कहा जा सकता है। स्वचलन मशीनों का चलन करने के बाद यह निश्चित करना पड़ता है कि उद्योगों को किस तरह की वस्तुओं का निर्माण करना चाहिए। एक बार वस्तु का प्रकार एवं गुण निश्चित हो जाने पर मशीनों को उसी के अनुसार फिट किया जा सकता है। इसमें यह देखना आवश्यक प्रतीत होता है कि उत्पादन की किस्म में किसी प्रकार का अंतर नहीं आना चाहिए।

(3) कम्प्यूटर का प्रयोग—तीसरा सोपान स्वचलन की प्रक्रिया में कम्प्यूटर का प्रयोग (Use of Computer) कहा जा सकता है। पहले स्वचलित मशीनों पर नियंत्रण एवं उत्पादन गुण की देखभाल मनुष्यों द्वारा की जाती थी। आजकल उत्पादन नियोजन एवं नियंत्रण के लिए कम्प्यूटरों की मदद ली जाती है। इस प्रकार कम्प्यूटरों के प्रयोग से स्वचलन की प्रक्रिया और भी अधिक स्वचलित हो गई है।

लाभ

आधुनिक समय में उद्योगों में स्वचलन बढ़ता ही जा रहा है। इससे उत्पादकों, श्रमिकों एवं उपभोक्ताओं आदि सभी को लाभ हुए हैं। स्वचलन से होने वाले लाभ निम्न प्रकार कहे जा सकते हैं—

(1) प्रमापीकरण—स्वचलित यंत्रों की मदद से बनने वाली वस्तुएँ प्रमापित होती हैं। इनमें एक बार जो किस्म तय हो जाती है। लगातार उसी किस्म की वस्तुएँ बनती रहती हैं।

(2) उत्पादित वस्तु में विविधता—स्वचलित यंत्रों के निर्माण से नई-नई उपभोक्ता वस्तुओं को बनाना संभव हो सका है। इससे अल्प समय में ही किसी एक वस्तु के स्थान पर दूसरी वस्तु को बनाया जा सकता है एवं इस प्रकार की उत्पादित वस्तु में विविधता उत्पन्न की जा सकती है।

(3) उत्पादन में वृद्धि—स्वचलन के कारण बहुत बड़े पैमाने पर उत्पादन संभव हुआ है। इसमें थकान का प्रभाव नहीं रह पाता है तथा थोड़े से श्रमिक स्वचलित यंत्रों के द्वारा बहुत बड़ी मात्रा में उत्पादन कर लेते हैं। इस प्रकार यह पता चलता है कि स्वचलन का एक लाभ उत्पादन में वृद्धि है।

(4) श्रमिकों की जीवन वृद्धि—स्वचलनीकरण में श्रमिक अत्यधिक परिश्रम एवं कार्य करने की दूषित परिस्थितियों के प्रभाव से बच पाता है। उसे निरंतर लंबे समय तक एक-सा कार्य करने की नीरसता सहन नहीं करनी पड़ती है क्योंकि यह कार्य स्वचलित मशीनों द्वारा होता है। इससे श्रमिकों की जीवन वृद्धि हुई है। अतः श्रमिकों की जीवन वृद्धि स्वचलन का एक लाभ है।

(5) जीवन स्तर को ऊँचा उठाना—स्वचलन के कारण जनता के रहन-सहन का स्तर ऊँचा उठा है। इसका कारण यह है कि कम दाम पर वस्तुएँ उपलब्ध होती हैं।

(6) वेतन में वृद्धि—श्रमिकों की कार्यक्षमता बढ़ने से उत्पादन बढ़ता है एवं उत्पादन बढ़ने से उन्हें ज्यादा वेतन मिलने की संभावना बढ़ जाती है। इस तरह यह पता चलता है कि स्वचलन का एक लाभ वेतन में वृद्धि है।

(7) कार्यक्षमता में वृद्धि—स्वचलन से थोड़े-से कर्मचारी बहुत ज्यादा उत्पादन कर लेते हैं। इससे प्रति मजदूर उत्पादन अधिक होता है। इस प्रकार यह पता चलता है कि स्वचलन कर्मचारियों की कार्यक्षमता में वृद्धि करता है जो इसका एक लाभ है।

(8) अनुसंधान को प्रोत्साहन—स्वचलन वैज्ञानिक खोज एवं अनुसंधान का परिणाम है तथा इसे नए-नए उद्योगों में लागू करने के लिए लगातार खोज एवं अनुसंधान की आवश्यकता होती है। स्वचलन से सबसे ज्यादा लाभ उत्पादक को होता है। इसलिए बड़े-बड़े उद्योगों में उत्पादक वैज्ञानिक खोज एवं अनुसंधान में आर्थिक मदद देने को सहमत हो जाते हैं तथा इस तरह इस क्षेत्र में अभूतपूर्व प्रगति होती है। इस तरह यह पता चलता है कि स्वचलन का एक लाभ अनुसंधान को प्रोत्साहन है।

(9) उत्पादकों को होने वाले फायदे—स्वचलन से सबसे अधिक लाभ उत्पादकों को होता है, क्योंकि न तो श्रमिक का वेतन ही बहुत अधिक बढ़ता है एवं न ही उपभोक्ता को वस्तु कम मूल्य पर उपलब्ध होती है। स्वचलन से होने वाला ज्यादातर अंश पूँजीपति हड़प जाता है। स्वचलित मशीनों में उद्योग में पूँजी का एकाधिकार बढ़ जाता है। पूँजी की मदद से पूँजीपति उद्योग में बड़ी-बड़ी मशीनें लगा लेता है तथा श्रमिक का महत्त्व घट जाता है। श्रमिकों की सौदा करने की शक्ति भी समाप्त हो जाती है एवं पूँजीपति उन्हें मनमाना वेतन देने लगता है। इन सभी कारणों से विभिन्न स्थानों पर स्वचलन का विरोध किया गया है। इस तरह यह पता चलता है कि स्वचलन का एक लाभ उत्पादकों को होने वाला लाभ है।

(10) औद्योगिक खतरों से बचाव—स्वचलित मशीनें मनुष्य के हस्तक्षेप के बिना स्वयं चलती रहती हैं। इसलिए औद्योगिक खतरों से सुरक्षा की दृष्टि से उसका काफी उपयोग है। इससे श्रमिक औद्योगिक खतरों से बचा रह सकता है क्योंकि यह खतरनाक कार्य मशीनें करती हैं। इस तरह यह पता चलता है कि स्वचलन का एक लाभ औद्योगिक खतरों से बचाव है।

दोष

स्वचलन के कुछ लाभ होते हैं। लेकिन इसका तात्पर्य यह नहीं है कि उससे कोई हानि नहीं होती है। इससे होने वाली हानि या दोष निम्नलिखित हैं—

(1) उत्पादक का एक विचार—स्वचलन का सबसे बड़ा दोष उद्योगों पर उत्पादक का एकाधिकार स्थापित होना है जिसके कारण यह उद्योग को अपने लाभ

के लिए प्रयोग करने लगता है एवं मनचाही सौदेबाजी करने लगता है। स्वचालित वस्तुओं से छोटे उद्योग प्रतियोगिता नहीं कर सकते। इसलिए व्यापार के क्षेत्र में भी स्वचलन से एकाधिकार बढ़ता है एवं छोटे उद्योगों तथा व्यापारों को भारी हानि पहुँचती है। इस तरह यह पता चलता है कि स्वचलन का एक दोष उत्पादक का एकाधिकार है।

(2) असंतुलित औद्योगिक विकास—स्वचलन से औद्योगिक क्षेत्र का संतुलन समाप्त हो जाता है। जिन क्षेत्रों में स्वचलन होता है वहीं प्रगति तेजी से होती है। अन्य क्षेत्र बहुत पीछे छूट जाते हैं क्योंकि उनमें स्वचलन इतनी सरलता से संभव नहीं होता है तथा न ही उद्योग के हर क्षेत्र में स्वचलन संभव हो पाता है। इसके कारण उद्योग के अलग-अलग पहलुओं के विकास की गति में विलंबना (Lag) देखी जा सकती है। इस तरह यह पता चलता है कि स्वचलन का एक दोष असंतुलित औद्योगिक विकास है।

(3) कारीगरी एवं कलात्मकता का ह्रास—स्वचलन से हरेक प्रकार की वस्तुएँ स्वचलित मशीनों से कम मूल्य तथा अच्छी किस्म की बनाने लगती है जिससे कारीगरों एवं कलाकारों की माँग कम हो जाती है चूँकि उनकी बनाई वस्तुएँ कभी भी उतनी सस्ती नहीं हो सकतीं जितनी स्वचलित मशीनों से बनाकर बिकती है। इस तरह यह पता चलता है कि स्वचलन का एक दोष कारीगरी एवं कलात्मकता का ह्रास है।

(4) बेरोजगारी में वृद्धि—स्वचलन के कारण बेरोजगारी में वृद्धि हुई है। किसी भी उद्योग में स्वचलित मशीनों के लगने से उसमें कार्यरत सैकड़ों मजदूर बेकार हो जाते हैं। मशीन पर कम मजदूर से ही कार्य चल जाता है। स्वचलित मशीनों को चलाने हेतु उच्च स्तर की तकनीक भी जरूरी होती है। इसके लिए तकनीकी प्रशिक्षण की जरूरत होती है। इसलिए कम प्रशिक्षित या अप्रशिक्षित लोगों को नौकरी नहीं मिल पाती है। स्वचलन से सफेदपोश नौकरियों की संख्या बढ़ती जाती है तथा लोग शारीरिक श्रम से दूर भागने लगते हैं। इस तरह बेरोजगारी फैलती है। यह बेरोजगारी तात्कालिक या दीर्घकालिक दोनों हो सकती है। इस प्रकार यह पता चलता है कि स्वचलन का एक दोष बेरोजगारी में वृद्धि है।

स्वचलन भारत में

आधुनिक समय में सभी उद्योगों में स्वचलन का प्रचलन बढ़ गया है। भारत में भी आज इसका प्रचलन तीव्रगति से हुआ है। स्वतंत्र भारत में सर्वप्रथम सूती वस्त्र

उद्योग में स्वचलित मशीनों का प्रयोग किया गया। आज के समय में इसके अतिरिक्त रासायनिक उद्योग, लोहा उद्योग एवं पेट्रोलियम उद्योग आदि में भी इस तरह के यंत्रों का प्रयोग बढ़ता जा रहा है। इस संबंध में समय-समय पर भिन्न-भिन्न प्रकार की समितियाँ स्थापित हुई हैं। इन्होंने महत्त्वपूर्ण सिफारिश की हैं। 1957 के भारतीय श्रम सम्मेलन ने यह सुझाव दिया था कि स्वचलन से छँटनी नहीं होनी चाहिए, बल्कि श्रमिक को उसी संस्थान में कोई दूसरा काम मिल जाना चाहिए एवं उनका वेतन नहीं घटना चाहिए। स्वचलन का फायदा उद्योग के सभी अंगों को मिलना चाहिए। श्रमिकों के कार्य की दशाओं में सुधार किया जाना चाहिए। 1968 में भारतीय श्रम सम्मेलन में पुनः स्वचलन पर विचार किया गया। 1966 में तेल कंपनियों एवं जीवन बीमा नियम ने कम्प्यूटरों की स्थापना पर विचार किया। 1967 में स्थायी श्रम समिति ने कम्प्यूटरों के विषय में विचार किया। 1968 में फिर इस पर विचार किया गया। 1969 में राष्ट्रीय श्रम आयोग (National Labour Commission) ने स्वचलन के विषय में कुछ प्रमुख सुझाव दिए। इसके मत में स्वचलन की योजना में समस्त श्रमिकों को कार्य देने की व्यवस्था होनी चाहिए। स्वचलन के फलस्वरूप उत्पादकता एवं कुशलता बढ़नी चाहिए। स्वचलन से होने वाले लाभों को श्रमिकों में विभाजित किया जाना चाहिए। स्वचलन से लागत में कमी करके समाज को लाभ पहुँचाया जाना चाहिए।

इस आयोग ने उद्योग के अलग-अलग क्षेत्रों में कम्प्यूटरों के प्रयोग की सिफारिश की। 1972 में श्रम मंत्रालय की स्वचलन समिति ने अपनी रिपोर्ट में कुछ महत्त्वपूर्ण सिफारिशें कीं। इसके अनुसार स्वचलन की योजनाओं को लागू करने से पहले श्रमिकों एवं मालिकों को सहमति प्राप्त कर लेनी चाहिए। यदि कम्प्यूटरों का प्रयोग किया जाए तो उससे पहले उसका मूल्यांकन कर लेना चाहिए। सांखिकी, सुरक्षा, अनुसंधान, शिक्षा एवं विज्ञान आदि के क्षेत्रों में कम्प्यूटरों का प्रयोग किया जा सकता है। स्वचलन से होने वाली बेरोजगारी को दूर करने का प्रयत्न किया जाना चाहिए। 1973 में संयुक्त राष्ट्र संघ के औद्योगिक विकास संगठन (Industrial Labour Organisation) ने विकासशील देशों में कम्प्यूटरों के प्रयोगों की संख्या का अध्ययन करने हेतु भारत में एक सर्वेक्षण कराया जिसने जटिल कार्यों में कम्प्यूटरों के प्रयोग का समर्थन किया लेकिन यह चेतावनी दी कि श्रमिकों की संख्या को कम करने के लिए उनका उपयोग नहीं किया जाना चाहिए। कम्प्यूटरों के प्रयोग से कर्मचारियों की छँटनी एवं बेरोजगारी जरूरी नहीं है। यह खतरा पूरी तरह से स्वचलन पर ही होता है जिसकी भारत में कोई संभावना नहीं है। इसलिए स्वचलन से उत्पन्न

होने वाली अस्थाई बेकारी को श्रमिकों को नवीन कार्यों में लगाकर दूर किया जा सकता है। इसी तरह बेकारी बीमा योजना (Unemployment Insurance Scheme) लागू करने की भी सिफारिश की गई। अंततः यह कहा गया कि स्वचलन का लाभ पूँजी, श्रम, उपभोक्ता एवं सरकार सभी को होना चाहिए तथा सभी के सहयोग से इसे लागू किया जाना चाहिए। भारतवर्ष में स्वचलन को बहुत कम अपनाया गया है। पंचवर्षीय योजनाओं में भी यह कहा गया है कि योजनाओं की सफलता हेतु उद्योगों में स्वचलन होना चाहिए। कम्प्यूटर का सबसे पहले प्रयोग कोलकाता के भारतीय सांख्यिकी संस्थान में किया गया। व्यावसायिक उद्देश्य से इसका सबसे प्रथम प्रयोग 1963 में एक अमेरिकी तेल कंपनी ने किया इसके बाद से भारत में कम्प्यूटरों का प्रयोग बढ़ता गया। इस तरह यह पता चलता है कि भारत में स्वचलन की गति मंद है। इसकी गति मंद होने के कुछ कारण होते हैं जो निम्नलिखित हैं–

(1) पूँजी की कमी–स्वचलन के लिए अत्यधिक मात्रा में पूँजी की आवश्यकता होती है। भारत में पूँजी का अभाव पाया जाता है। इसलिए यहाँ स्वचलन की योजनाएँ नहीं अपनाई जा सकी हैं। बड़ी-बड़ी फर्मों को भी कम्प्यूटर खरीदने में कठिनाई होती है।

(2) उच्च तकनीकी योग्यता की कमी–भारत में स्वचलन की गति मंद होने का उच्च तकनीकी योग्यता की कमी (Lack of High Technicalability) कहा जा सकता है। स्वचलित मशीनों को चलाने के लिए उच्चस्तर की तकनीकी योग्यता का होना आवश्यक होता है। भारत में इस प्रकार की तकनीकी शिक्षा का अत्यंत अभाव पाया जाता है। अगर विदेशों से विशेषज्ञों को प्राप्त किया जाए तो इसमें आर्थिक कठिनाई आड़े आती है। इसलिए स्वचलन में कठिनाई होती है।

(3) रूढ़िवादिता–भारत में स्वचलन की गति मंद होने का रूढ़िवादी (Traditionalism) कहा जा सकता है। भारतीय समाज में गतिशीलता कम पाई जाती है। इसकी वजह यह है कि यहाँ के लोग रूढ़िवादी होते हैं। रूढ़िवादिता के कारण वे नवीनता को अपनाने से डरते हैं तथा पुरानी परंपराओं के अनुसार चलना पसंद करते हैं। उनमें साहस एवं जोखिम उठाने की प्रवृत्ति का अभाव पाया जाता है। इसलिए भारतीय उद्योगपति स्वचलन की दिशा में विशेष उत्साह नहीं दिखाते हैं।

(4) बेरोजगारी–भारत में स्वचलन की गति मंद होने का बेरोजगारी (Unemployment) कहा जा सकता है। भारत में बड़ी संख्या में लोग बेरोजगार हैं एवं जनसंख्या वृद्धि के साथ-साथ उनकी संख्या में वृद्धि ही होती जा रही है। अगर

स्वचलन को अपनाया जाए तो उनकी संख्या में और अधिक वृद्धि होगी। इसलिए भारत में स्वचलन की गति मंद है।

(5) विदेशी मुद्रा की कमी—भारत में स्वचलन की गति मंद होने का विदेशी मुद्रा की कमी (Lack of Foreign Exchange) कहा जा सकता है। स्वचलित मशीनें भारत में नहीं बनती हैं बल्कि विदेशों में बनती हैं। उन्हें विदेशों से मँगाने में बड़े पैमाने पर विदेशी मुद्रा की जरूरत पड़ती है। भारत में विदेशी मुद्रा का अभाव पाया जाता है। इसलिए विदेशों से स्वचलित मशीनों को मँगाने के लिए आवश्यक विदेशी मुद्रा की व्यवस्था नहीं हो पाती है। फलतः स्वचलन नहीं हो पाता है।

(4) सरकारी नीति—भारत में स्वचलन की गति मंद होने का सरकारी नीति (Government Policy) कहा जा सकता है। भारत में बेरोजगारी की समस्या विकराल रूप धारण कर चुकी है। साथ ही औद्योगिक विकास में भी असंतुलन पाया जाता है। इसलिए भारत सरकार स्वचलन को विशेष प्रोत्साहन देने की स्थिति में नहीं है। भारत जैसे गरीब मूल्क में कुटीर उद्योगों को प्रोत्साहित करना भी जरूरी होता है, जबकि स्वचलन से कुटीर उद्योगों पर बुरा असर पड़ता है। साथ ही भारत एक समाजवादी देश है जिसका उद्देश्य ज्यादा से ज्यादा लोगों को काम देना है। स्वचलन इसमें भी बाधक होता है। इसलिए यहाँ बड़ी मात्रा में स्वचलन को लागू करना संभव नहीं हो पाता है। फिर भी अनेक उद्योगों में स्वचलन हुआ है तथा धीरे-धीरे अन्य उद्योगों में भी इसे अपनाया जा रहा है। राष्ट्रीय श्रमिक आयोग ने भी चुने हुए सीमित आधार पर कम्प्यूटरीकरण की सिफारिश की है। लेकिन इसकी गति मंद है। इस प्रकार यह मालूम है कि भारत में स्वचलन की गति धीमी होने का एक कारण सरकारी नीति है।

13

औद्योगिक दुनिया में नेतृत्व

जीवन के प्रत्येक क्षेत्र में नेतृत्व का अत्यंत महत्त्व रहा है। ठीक इसी प्रकार औद्योगिक दुनिया में भी नेतृत्व का अत्यंत प्रमुख महत्त्व है। यदि संगठन में नेतृत्व कुशल होता है तब संगठन कार्य भी ठीक प्रकार से होता है। अगर संगठन अकुशल हाथों में चली जाए तो कोई भी कार्य सुचारु रूप से नहीं हो पाता है। नेता एवं नेतृत्व दो ऐसे शब्द हैं जिनसे शायद ही आज कोई व्यक्ति अपरिचित हो। आज ये दोनों शब्द अत्यंत प्रचलित एवं लोकप्रिय हैं। अगर यह कहा जाए कि आज हर व्यक्ति के मन में प्रत्यक्ष या अप्रत्यक्ष रूप से नेता बनने की ललक पाई जाती है तो इसमें कोई अतिशयोक्ति नहीं होगी। सामाजिक, आर्थिक, राजनीतिक, राष्ट्रीय एवं अंतर्राष्ट्रीय हर स्तर पर नेता एवं नेतृत्व के बारे में पढ़ा या सुना जाता है। नेता एवं नेतृत्व की धारणा वर्तमान समय में ही नहीं पाई जाती है अपितु अति प्राचीन काल से समाज में यह धारणा पाई जाती रही है। जब मनुष्य असभ्य अवस्था में था एवं जंगलों में निवास करता था जब भी नेता होते थे एवं आज जब वह सभ्यता के उच्चतम शिखर पर पहुँचने का दावा कर रहा है तब भी नेता अलग-अलग रूपों में दृष्टिगोचर हो रहे हैं। जहाँ नेता है वहाँ नेतृत्व का होना स्वाभाविक है। भारत के गाँवों से लेकर देश तक आज नेता एवं नेतृत्व के दर्शन हो सकते हैं। यह आज एक व्यापक अवधारणा बन गई है। मानव एक सामाजिक प्राणी है। वह अपनी मूल प्रवृत्ति के अनुसार समाज में रहना पसंद करता है। वह अपनी अलग-अलग प्रकार की जरूरतों की पूर्ति के लिए भी समूह का निर्माण करता है तथा उसमें निवास करता है। इन समूहों के द्वारा

अपने उद्देश्यों की पूर्ति के लिए वह अलग-अलग प्रकार के आदर्शों, नियमों एवं कार्य पद्धतियों का निर्माण करता है। समूह में इन आदर्शों एवं नियमों का पालन कर पाने, कार्य पद्धतियों के अनुसार कार्य संपन्न करवाने तथा समूह के सदस्यों में एकता तथा संगठन बनाए रखने के लिए नेतृत्व की आवश्यकता पड़ती है। इसलिए नेतृत्व एक सार्वभौमिक घटना है। कहने का तात्पर्य यह है कि समाज चाहे सरल हो या जटिल, आदिम हो या सभ्य, परंपरागत हो या मुक्त, किसी-न-किसी रूप में प्रत्येक समाज में नेतृत्व अवश्य पाया जाता है। नेतृत्व न सिर्फ मानव समाज में पाया जाता है अपितु पशु-पक्षियों में भी यह पाया जाता है। इस प्रकार यह पता चलता है कि नेतृत्व एक सार्वभौमिक एवं व्यापक धारणा है। यह सभी क्षेत्रों में पाया जाता है। यह न केवल सामाजिक तथा राजनीतिक क्षेत्र में पाया जाता है बल्कि आर्थिक तथा उद्योग के क्षेत्र में भी पाया जाता है। औद्योगिक क्षेत्र में पाए जाने वाले नेतृत्व को औद्योगिक नेतृत्व के नाम से जाना जाता है। नेतृत्व का सीधा संबंध नेता से होता है। इसलिए नेतृत्व का अर्थ जानने से पूर्व नेता का अर्थ जानना आवश्यक प्रतीत होता है।

नेता का अर्थ

नेता उस व्यक्ति को कहा जाता है जो अपनी योग्यता, बुद्धि, प्रतिभा एवं शक्ति के आधार पर अन्य व्यक्तियों को प्रभावित तथा निर्देशित करता है तथा सामूहिक जीवन को समय विशेष पर नियोजित, संशोधित, नियंत्रित, परिवर्तित तथा पथ-प्रदर्शित करता है, साथ ही नेता अन्य व्यक्तियों के लिए आदर्श भी होता है, हर क्षेत्र का अपना-अपना नेता होता है। फलस्वरूप, पहलवान का नेता वही होगा जो पहलवानी के दाँव-पेंचों में निपुण हो। इसके विपरीत पहलवानी दाँव-पेंच को जानने वाला किसी राजनीतिक दल का नेता नहीं हो सकता है। राजनीतिक दल का नेता वही हो सकता है जिसे राजनीतिक दाँव-पेंचों की जानकारी हो। नेता चाहे किसी भी क्षेत्र का हो लेकिन जो अपने अनुयायियों को रास्ता दिखाता है वही नेता होता है। इसलिए वह अपने समूह के लिए आदर्श होता है। चूँकि वह समूह के लिए आदर्श होता है इसलिए स्वाभाविक है कि समूह के सदस्य उसका अनुगमन करें। नेता का अन्य व्यक्तियों पर इतना प्रभाव होता है कि वे उसका कहा मानते हैं। नेता के अनुयायी नेता के उपदेशों को जीवन में उतार लेना चाहते हैं तथा उसके एक इशारे पर अपनी जान पर भी खेल जाते हैं। अर्थात् नेता में अपने अनुयायियों को जरूरी दिशा में मोड़ने की क्षमता होती है। इस संबंध में फ्रॉयड का कथन है कि नेता अनुयायियों का अहम आदर्श (Ego-ideal) बन जाता है।

नेता की विभिन्न प्रकार की परिभाषाएँ हमें देखने को मिलती हैं। विभिन्न विद्वानों ने अपने-अपने तरीके से नेता को परिभाषित करने की कोशिश की है।

नेता को परिभाषित करते हुए स्प्रॉट (Sprott) ने 'Social Psychology' में लिखा है, "कोई भी जो दूसरों के लिए एक आदर्श है, बहुधा एक नेता कहलाता है।"

नेता को परिभाषित करते हुए लॉपियर एवं फ्रॉन्सवर्थ ने लिखा है, "नेता वह व्यक्ति है जो अन्य व्यक्तियों के विचारों एवं व्यवहारों से प्रभावित होने की अपेक्षा दूसरे व्यक्तियों के विचारों एवं व्यवहारों को अधिक प्रभावित करता है।"

हुलियारकर, जियनदानी एवं कूले ने नेता को परिभाषित करते हुए 'Outlines of Social Psychology' में लिखा है, "नेता वह होता है जो नेतृत्व करता है, मानने योग्य सुझाव देता है, पथ-प्रदर्शन करता है, दूसरों के लिए आदर्श के रूप में कार्य करता है, सम्मति देता है और ऐसी आज्ञाएँ देता है जिनका सम्मान एवं पालन किया जाता है।"

नेतृत्व का अर्थ

जब अपने कुछ विशिष्ट गुणों के कारण कोई व्यक्ति दूसरे लोगों के व्यवहार को नियंत्रित एवं निर्देशित करने की स्थिति में होता है तो इस स्थिति को नेतृत्व कहा जाता है। नेतृत्व की एक विशिष्ट प्रकृति होती है एवं कोई व्यक्ति अपने कुछ विशिष्ट गुणों के कारण ही अगुआ बनकर नेतृत्व कर सकता है। नेतृत्व में नेता तथा अनुयायी दोनों का ही होना जरूरी होता है, चूँकि अगर अनुयायी ही नहीं होंगे तो नेता नेतृत्व किसके ऊपर करेगा। अर्थात् समूह में नेतृत्व करने वाले नेता का स्थान सर्वोपरि होता है तथा उसी के निर्देशों का पालन उस समूह के सभी व्यक्ति करते हैं। समय-समय पर नेतृत्व की जरूरत पड़ती है। उदाहरणार्थ, स्वतंत्रता संग्राम के समय इस संग्राम को संचालित करने के लिए नेतृत्व की आवश्यकता पड़ी थी एवं विभिन्न नेताओं ने इसका नेतृत्व किया था। इन नेताओं में महात्मा गांधी, जवाहरलाल नेहरू एवं सुभाषचंद्र बोस आदि का नाम प्रमुख है। महात्मा गांधी जब 1920 से 1945 तक अखिल भारतीय कांग्रेस का नेतृत्व कर रहे थे तो सभी कांग्रेसियों को उनके नेतृत्व को स्वीकार करना पड़ा था। गांधी जी ही उस समय इस संस्था द्वारा चलाए गए स्वतंत्रता संग्राम का नेतृत्व, मार्गदर्शन एवं संचालन कर रहे थे। इस प्रकार यह पता चलता है कि समय-समय पर विभिन्न कारणों से नेतृत्व की जरूरत पड़ती है। एक कुशल एवं सफल नेतृत्व वही होता है जो समूह के सभी सदस्यों को अपने

साथ लेकर चलता है। नेतृत्व एक संबंधित अवधारणा (Relative Concept) है। इसका आशय यह है कि जिस व्यक्ति में नेतृत्व के गुण होते हैं उसमें अनुसरण करने के कुछ गुण अवश्य पाए जाते हैं। जब अनुसरण करने की अपेक्षा व्यक्ति में आदेशपूर्ण प्रवृत्ति अधिक विकसित हो जाती है तथा ज्यादातर व्यक्तियों द्वारा उसे स्वीकार कर लिया जाता है तब वही व्यक्ति समूह में नेता का पद प्राप्त करता है। कुछ लोग नेतृत्व तथा प्रभुत्व दोनों का समान अर्थ लगाते हैं। लेकिन यह विचार सही प्रतीत नहीं होता है। दोनों एक-दूसरे से पृथक् अवधारणाएँ हैं। इस संबंध में किम्बाल यंग ने बताया है कि प्रभुत्व में शक्ति या सत्ता का तत्त्व आवश्यक रूप से जुड़ा रहता है। प्रभुत्व द्वारा व्यक्तियों के व्यवहारों में जो परिवर्तन लाया जाता है वह साधारणतया दबाव के कारण लाया जाता है। इसके विपरीत नेतृत्व के द्वारा व्यक्तियों के व्यवहारों में जो परिवर्तन लाया जाता है वह ऐच्छिक होता है। इसके अतिरिक्त नेतृत्व की सफलता हेतु नेता एवं अनुयायियों में घनिष्ठता तथा पारस्परिक त्याग का होना आवश्यक होता है। विभिन्न विद्वानों ने नेतृत्व की अवधारणा का वर्णन अलग-अलग अर्थों में किया है। कभी-कभी नेतृत्व का अर्थ प्रसिद्धि से भी लगाया जाता है। कभी-कभी नेतृत्व का अर्थ ऐसी स्थिति से समझा जाता है जिसमें एक व्यक्ति स्वेच्छा से या दबाव में आकर दूसरे व्यक्ति के आदेशों का पालन कर रहे हों। कभी-कभी ऐसा भी माना जाता है कि अगर किसी व्यक्ति में शक्ति के आधार पर दूसरे व्यक्तियों से इच्छित व्यवहार करवा लेने की क्षमता है तो उसे भी नेतृत्व कहा जाएगा। लेकिन नेतृत्व के संबंध में यह सभी धारणाएँ संकुचित धारणाएँ कही जा सकती हैं। विस्तृत अर्थ में नेतृत्व व्यवहार का तरीका है जिसमें एक व्यक्ति दूसरों के व्यवहारों से प्रभावित होने की अपेक्षा अपने व्यवहारों से दूसरों को ज्यादा प्रभावित करता है। यह कार्य चाहे दबाव के कारण किया गया हो अथवा व्यक्तित्व के गुणों को प्रदर्शित करके।

विभिन्न विद्वानों द्वारा नेतृत्व की परिभाषा की गई है। जो निम्न प्रकार से परिभाषित हैं–

लॉपियर एवं फ्रान्सवर्थ ने नेतृत्व को परिभाषित करते हुए 'Social Psychology' में लिखा है, "नेतृत्व एक व्यवहार है जो कि अन्य व्यक्तियों के व्यवहार को नेता पर उनके व्यवहार के प्रभाव की अपेक्षा अधिक प्रभावित करता है।" इस परिभाषा मे न सिर्फ नेतृत्व की अवधारणा पर प्रकाश पड़ता है बल्कि नेता तथा अनुयायियों के बीच पाए जाने वाले संबंध भी स्पष्ट हो जाते हैं। इससे यह पता चलता है कि नेता का अपने अनुयायियों पर एकपक्षीय प्रभाव नहीं पड़ता है। यदि

नेता अपने अनुयायियों को प्रभावित करता है तो उससे प्रभावित होता भी है। फर्क सिर्फ प्रभावित करने की क्षमता की मात्रा में है। चूँकि नेता में दूसरों के व्यवहारों को प्रभावित करने की क्षमता ज्यादा होती है इसलिए वे अपने अनुयायियों को अधिक प्रभावित करते हैं। इस प्रकार यह स्पष्ट होता है कि पारस्परिक प्रभाव के दृष्टिकोण से नेता एवं अनुयायियों में केवल मात्रा का अंतर होता है।

नेतृत्व को परिभाषित करते हुए पिगोर्स ने 'Leadership or Domination' में लिखा है, "नेतृत्व परस्पर प्रोत्साहित करने की एक प्रक्रिया है जबकि प्रभुता नियंत्रण की एक प्रक्रिया है जिसमें श्रेष्ठता प्राप्त करके एक व्यक्ति अथवा समूह अपनी इच्छानुसार प्रयोजनों को सिद्ध करने के लिए दूसरों की क्रियाओं पर नियंत्रण करता है।"

मैकाइवर तथा पेज ने 'Society' में नेतृत्व को परिभाषित करते हुए लिखा है, "नेतृत्व से हमारा तात्पर्य लोगों को प्रोत्साहित करने अथवा निर्देशित करने की वह योग्यता है जो कि पद के अलावा व्यक्तिगत गुणों से आती है।" इस परिभाषा से यह पता चलता है कि नेतृत्व एवं पद में भेद होता है। सिर्फ ऊँचा पद प्राप्त होने से कोई व्यक्ति नेता नहीं बन जाता है। भले ही पद से उसे नेता बनने में कुछ सुविधा प्राप्त होती हो। नेतृत्व व्यक्ति के पद पर आश्रित न होकर उसके व्यक्तिगत गुणों पर निर्भर करता है। इसलिए कभी-कभी ऐसा देखने को मिलता है कि वैधानिक रूप से चुने हुए नेता की बात कोई नहीं मानता है एवं कुछ लोगों की बात लोग मानते हैं। इसका कारण उसका व्यक्तिगत गुण होता है। राजनीतिक क्षेत्र में भी नेतृत्व के व्यक्तिगत गुणों का पाया जाना जरूरी होता है। इसके अभाव में राजनीतिज्ञ अपना पद सुरक्षित नहीं रख सकता है। इस तरह नेतृत्व के लिए व्यक्तिगत गुणों का होना जरूरी होता है।

अकोलकर ने नेतृत्व को परिभाषित करते हुए 'Social Psychology' में लिखा है, "विस्तृत अर्थों में नेतृत्व का तात्पर्य किसी समय में एक व्यक्ति का अनेकों पर पारस्परिक प्रभुत्व है।"

नेतृत्व को परिभाषित करते हुए टीड ने 'The Art of Leadership' में लिखा है, "नेतृत्व किसी लक्ष्य के लिए जिसके लिए वे वांछनीय पाते हैं, सहयोग के लिए जनता को प्रभावित करने की क्रिया है।"

कार्टराइट एवं जेन्डर ने नेतृत्व को परिभाषित करते हुए 'Group Dynamics : Research and Theory' में लिखा है, "नेतृत्व का संबंध समूह के सदस्यों द्वारा किए गए उन कार्यों से है जो समूह के उद्देश्यों को निश्चित करने में सहायता करते

हैं, समूह को इसके उद्देश्यों की ओर बढ़ाते हैं, समूह के सदस्यों के बीच अंतःक्रिया के स्तर को सुधारते हैं तथा समूह की एकता को बनाए रखने एवं समूह को साधन उपलब्ध कराने में सहायता करते हैं।''

नेतृत्व को परिभाषित करते हुए क्रेच एवं क्रचफील्ड ने ''Individual in Society' में लिखा है, ''नेतृत्व संबंधी हमारे विवेचन में समूह के उन सदस्यों को हम नेता के रूप में परिभाषित करेंगे जो समूह के क्रियाकलापों को प्रभावित करते हैं।''

सीमेन तथा मॉरिस ने नेतृत्व को परिभाषित करते हुए लिखा है, ''नेतृत्व की एक अनुकरणीय अस्थाई परिभाषा नेतृत्व के प्रभाव के स्वरूप पर बल देती है, नेतृत्व के कार्य वे कार्य हैं जो अन्य व्यक्तियों को एक सामूहिक दिशा में कार्य करने के लिए प्रभावित करते हैं।'' इस परिभाषा से यह पता चलता है कि दूसरे व्यक्तियों के व्यवहारों को प्रभावित कर लेना ही नेतृत्व नहीं है बल्कि दूसरे के व्यवहारों को इच्छित दिशा में प्रभावित करना नेतृत्व है।

नेतृत्व को परिभाषित करते हुए किम्बाल यंग ने 'Handbook of Social Psychology' में लिखा है कि, ''जैसे सामान्यतः नेतृत्व कहा जाता है उसे अधिक उपयुक्त रूप में प्रभुत्व कहा जा सकता है। नेतृत्व प्रभुत्व का वह स्वरूप है जो प्रभावित एवं नियंत्रित होने वाले सदस्यों द्वारा कम या अधिक रूप में अपनी इच्छा से स्वीकार किया जा सकता है।'' इस परिभाषा से यह पता चलता है कि नेतृत्व प्रभुत्व से बहुत हद तक मिलती-जुलती धारणाएँ हैं। हालाँकि दोनों बिलकुल एक नहीं हैं।

टेननबाम ने नेतृत्व को परिभाषित करते हुए 'Encyclopaedia of Social Sciences' में लिखा है, ''नेतृत्व सामाजिक संरचना को परिभाषित, प्रवर्तित तथा संपोषित करता है इसलिए सामाजिक व्यवस्था नेतृत्व के द्वारा आयोजित की जाती है।''

नेतृत्व को परिभाषित करते हुए शॉ ने लिखा है, ''नेतृत्व समूह के सदस्य का नेता है जो समूह के सदस्यों को, समूह के सदस्य जितना उसे प्रभावित करते हैं, उससे कहीं अधिक वह उन्हें प्रभावित करता है।''

शेरिफ एवं शेरिफ ने 'Social Psychology' में नेतृत्व को परिभाषित करते हुए लिखा है, ''नेता किसी संगठनात्मक श्रेणीबद्धता में (अपने) सर्वोच्च पद के साथ एक सदस्य है। (उसकी) प्रस्थिति के सक्रियात्मक माप समयानुसार (उसके) प्रभावयुक्त हो अग्रसर होने की मात्रा में है।''

नेतृत्व को परिभाषित करते हुए न्यूकॉम्ब ने 'Social Psychology' में लिखा है कि, ''एक नेता वह (व्यक्ति) है जिसकी भूमिका विशेष प्रकार से भिन्न

होती है। विभिन्न नेताओं की आवश्यक भूमिकाओं के लिए ठीक-ठीक व्यवहार तो भिन्न-भिन्न होते हैं, किन्तु सभी में सामान्य रूप से पाया जाने वाला कारक यह है कि अन्य सभी भूमिकाएँ विशेष रूप से उन पर निर्भर करती हैं।"

डेनियल केट्ज एवं राबर्ट एल. शान ने नेतृत्व को परिभाषित करते हुए लिखा है, "नेतृत्व की अवधारणा, जिस प्रकार यह समाज विज्ञान साहित्य में प्रयोग की जाती है, के तीन मुख्य अर्थ हैं : किसी एक पद की श्लाघ्यता, किसी व्यक्ति की एक विशेषता तथा एक विशेष प्रकार का व्यवहार।"

नेतृत्व को परिभाषित करते हुए लिण्डग्रेन ने लिखा है, "नेतृत्व, किसी हद तक, दूसरों को प्रभावित करने के प्रयास से भी कहीं अधिक है, नेतृत्व की उपस्थिति का आभास इसके परिणामस्वरूप होने वाले परिवर्तनों से प्रदर्शित होता है।"

उक्त परिभाषाओं के आधार पर यह निष्कर्ष निकाला जा सकता है कि नेतृत्व में दूसरों को प्रभावित करने की क्षमता होती है। यद्यपि नेता स्वयं भी दूसरों से प्रभावित होता है लेकिन वह दूसरों को अपेक्षाकृत अधिक प्रभावित करता है। जो व्यक्ति जितनी अधिक मात्रा में समूह के सदस्यों के व्यवहारों को प्रभावित करता है वह व्यक्ति उतनी ही ज्यादा मात्रा में समूह नेतृत्व का अधिकारी होता है। नेतृत्व में आपसी अंतःक्रिया भी होती है। नेता अपने समूह के सदस्यों के व्यवहार को प्रभावित करता है तथा वह अनुयायियों के व्यवहार से प्रभावित भी होता है। इस तरह नेता एवं अनुयायियों के बीच पारस्परिक अंतःक्रिया चलती रहती है। वास्तविक नेतृत्व वही व्यक्ति कर सकता है जिसका व्यवहार समूह के सदस्यों के व्यवहार को प्रभावित करता हो। इस प्रकार यह कहा जा सकता है कि नेतृत्व में दो तरफा प्रभावित करने की क्षमता पाई जाती है। भले ही किसी तरह से प्रभाव क्षमता अधिक हो एवं किसी तरफ से प्रभाव क्षमता कम हो।

प्रमुख विशेषताएँ

नेतृत्व की विभिन्न प्रकार की विशेषताएँ होती हैं जो निम्नलिखित हैं—

1. यह एक विशिष्ट प्रकार का व्यवहार है जो प्रभुत्व तथा अनुनय-विनय के संबंधों पर आधारित होता है।

2. इसमें पारस्परिक अंतःक्रिया पाई जाती है। नेतृत्व में नेता एवं अनुयायियों के बीच परस्पर अंतःक्रियात्मक संबंध पाए जाते हैं। इसमें नेता स्वयं भी अनुयायियों से प्रभावित होता है एवं अनुयायियों को भी प्रभावित करता है। यह बात अलग है कि नेता अपने अनुयायियों से प्रभावित होने की अपेक्षा उन्हें अधिक प्रभावित करता है। लेकिन दोनों एक-दूसरे को प्रभावित करते हैं।

3. इसमें नेता एवं अनुयायियों के बीच जो पारस्परिक संबंध पाए जाते हैं वे शक्ति एवं दबाव पर आधारित नहीं होते हैं बल्कि स्वेच्छा पर आधारित होते हैं। शक्ति एवं दबाव पर आधारित नेतृत्व अधिक स्थिर नहीं होता है।

4. नेता एवं अनुयायियों के बीच परस्पर सहयोगात्मक संबंध होता है। यही कारण है कि नेता अपने अनुयायियों को कभी आदेश देता है, कभी सुझाव देता है तथा कभी अनुनय-विनय भी करता है।

5. सामाजिक जीवन के विभिन्न पक्षों में विभिन्न प्रकार का नेतृत्व पाया जाता है। इतना ही नहीं बल्कि अलग-अलग परिस्थितियों में भी विभिन्न प्रकार का नेतृत्व पाया जाता है। यही कारण है कि कोई राजनीतिक क्षेत्र का नेता होता है, कोई धार्मिक क्षेत्र का नेता होता है, कोई शिक्षा क्षेत्र का नेता होता है एवं कोई संगीत क्षेत्र का नेता होता है। अर्थात् विभिन्न क्षेत्रों में पृथक्-पृथक् नेतृत्व पाया जाता है।

6. नेतृत्व में नेता एवं अनुयायी दोनों पक्षों का होना आवश्यक होता है। अगर अनुयायी ही नहीं होंगे तो नेता नेतृत्व किसका करेगा? इसलिए दोनों पक्षों का होना आवश्यक होता है।

7. इसमें नेतृत्व करने वाला व्यक्ति अनुयायियों की तुलना में उच्च एवं श्रेष्ठ होता है।

8. समय एवं परिस्थिति के अनुरूप नेतृत्व का स्वरूप परिवर्तित होता रहता है।

9. इसमें नेता एवं अनुयायी दोनों परस्पर एक-दूसरे को प्रभावित करते हैं।

स्वरूप

नेतृत्व की प्रकृति निम्नलिखित होती हैं–

(1) इसके दो आधार हैं–पहली प्रकृति नेतृत्व की यह है कि इसके मुख्य रूप से दो आधार होते हैं–एक नेता स्वयं तथा दूसरे उसके अनुयायी। नेता उस समूह का ही सदस्य होता है। उसका अपना विशिष्ट व्यक्तित्व होता है तथा कुछ विशेष गुण भी होते हैं। वह समूह की विशेष परिस्थितियों में विशेष प्रकार की भूमिका अदा करने में सक्षम होता है। अनुयायियों के विश्वास एवं आस्था पर ही किसी व्यक्ति का नेतृत्व निर्भर करता है। यदि अनुयायी नहीं है या उसकी आस्था अथवा विश्वास नहीं है तो नेतृत्व का प्रश्न ही नहीं पैदा होता है। जो व्यक्ति समूह का विश्वासपात्र नहीं बन सकता वह नेतृत्व भी नहीं कर सकता है। इस प्रकार यह पता चलता है

कि नेता एवं नेतृत्व दोनों एक-दूसरे के पूरक हैं। एक के बिना दूसरे का अस्तित्व संभव नहीं है।

(2) पारस्परिक व्यवहार प्रतिमान के संकेत—दूसरी प्रकृति नेतृत्व की यह है कि यह नेता एवं अनुयायियों के बीच पाए जाने वाले पारस्परिक व्यवहार प्रतिमान को इंगित करता है। इसमें दोनों का एक-दूसरे पर प्रभाव पड़ता है। नेता जितना अनुयायियों के व्यवहार से प्रभावित होता है उससे ज्यादा वह अपने व्यवहार से अनुयायियों को प्रभावित करता है। सच्चाई यह है कि नेतृत्व की सफलता ही इस बात पर निर्भर करती है कि नेता अपने अनुयायियों के विचारों, भावनाओं तथा क्रिया-प्रतिक्रियाओं से कहाँ तक अनुकूलन कर पाता है एवं किस हद तक अपने अनुयायियों को लेकर चल पाता है। यदि नेता गुणवान होता है तो वह अपने गुणों के बल पर समूह में उच्च स्थिति प्राप्त कर लेता है। नेता अपने व्यवहार से समूह के सदस्यों के व्यवहार को प्रभावित करने के साथ-साथ संकटपूर्ण परिस्थितियों में समूह के सदस्यों का मार्गदर्शन भी करता है। इतना ही नहीं अपितु नेता समूह के सदस्यों की मनोवृत्तियों तथा व्यवहारों को निर्देशित करने में भी सफल रहता है।

(3) नेतृत्व जबरदस्ती थोपा नहीं जा सकता—तीसरी प्रकृति नेतृत्व की यह है कि नेतृत्व अनुयायियों पर जबरदस्ती थोपा नहीं जाता है। इसमें अनुयायियों के स्वैच्छिक समर्पण का भाव समाहित होता है। जो नेतृत्व अनुयायियों की परवाह नहीं करता वह निरंकुश होता है। वह अल्पजीवी भी होता है चूँकि निरंकुशतापूर्वक अधिक दिनों तक नेतृत्व नहीं किया जा सकता है। वही नेतृत्व सफल होता है जो अपने अनुयायियों के सहयोग एवं सद्‌भावना को जीत पाता है। वर्तमान समय लोकतांत्रिक नेतृत्व का है। यद्यपि अधिनायकवादी नेतृत्व भी प्रभावशील है लेकिन उसमें अपने अनुयायियों को साथ लेकर चलने का बीज सन्निहित होता है। अनुयायियों का विश्वास खोकर कोई भी नेतृत्व कायम नहीं रह सकता है।

(4) नेतृत्व का एक विशिष्ट परिस्थिति से संबंध—चौथी प्रकृति नेतृत्व की यह है कि चाहे वह कोई भी नेतृत्व हो उसका संबंध एक विशिष्ट परिस्थिति से होता है। यहाँ परिस्थिति से आशय व्यवहार के एक निश्चित क्षेत्र से है। उदाहरणस्वरूप जो कला के क्षेत्र का नेतृत्व करता है वह राजनीति के क्षेत्र का नेतृत्व नहीं कर सकता। प्रत्येक क्षेत्र के नेता का अपना-अपना कौशल होता है। कोई भी एक कौशल ऐसा नहीं होता है जो एक व्यक्ति को सभी व्यवहार क्षेत्रों में या परिस्थितियों में सभी प्रकार के लोगों पर नेतृत्व की सामर्थ्य दे सके।

(5) यह एक सार्वभौमिक घटना है—पाँचवीं प्रकृति नेतृत्व की यह है कि यह एक सार्वभौमिक घटना है। अर्थात् यह सभी जगहों एवं सभी समाजों में पाया जाता

है। इतना ही नहीं अपितु यह सभी कालों में भी पाया जाता है। समूह चाहे लघु हो अथवा बड़ा नेतृत्व उसमें अवश्य पाया जाता है। साथ ही आदिकालीन समाज से लेकर वर्तमान समाज तक नेतृत्व सदा अस्तित्व में रहता है।

(6) सदस्यों में नेतृत्व के गुण का अभाव—छठी प्रकृति नेतृत्व की यह है कि सभी सदस्यों में नेतृत्व के गुण नहीं पाए जाते हैं। नेता में समूह के अन्य सदस्यों की अपेक्षा ज्यादा मौलिकता एवं साहस का अस्तित्व होता है। नेता में यह विशिष्ट गुण होता है कि वह समूह की आकांक्षाओं, अभिलाषाओं एवं जरूरतों का पूर्वानुमान लगाकर शीघ्र सफल हो जाए। साथ ही नेता अपने समूह के सदस्यों में संयम, अनुशासन एवं नियम निष्ठा आदि भी बनाए रखता है। यह उत्तरदायित्व नेता की होती है कि वह समूह को संगठित एवं सुदृढ़ बनाए रखे।

उत्पत्ति

नेतृत्व की उत्पत्ति किस तरह होती है, इस संबंध में एकमत का अभाव पाया जाता है। यह एक विवादास्पद विषय है। कुछ विद्वानों का विचार है कि नेतृत्व का विकास व्यक्ति के कुछ गुणों तथा योग्यताओं के आधार पर होता है जो किसी भी व्यक्ति को वंशानुक्रम से प्राप्त होती है। इस विचार के अनुसार नेता जन्मजात होते हैं। इस सिद्धांत को व्यक्ति सिद्धांत (Man Theory) के नाम से जाना जाता है। इस सिद्धांत के अनुसार नेतृत्व का गुण वंशानुक्रमण की प्रक्रिया (Process of Heredity) के द्वारा एक पीढ़ी से दूसरी पीढ़ी को हस्तांतरित होता रहता है। इसका विचार या सिद्धांत के समर्थकों में ब्राउन (Brown), कारलायल (Carlyle), इमरसन (Emerson) तथा गॉल्टन (Galton) आदि विद्वानों का नाम वर्णनीय है। इस सिद्धांत के अनुरूप नेता जन्मजात होते हैं, बनाए नहीं जाते हैं। नेतृत्व के गुणों के विकास में परिस्थितियों या पर्यावरण का कोई योगदान नहीं रहता है।

द्वितीय विचारधारा यह है कि नेतृत्व के विकास के लिए परिस्थितियाँ या पर्यावरण जरूरी होती हैं अर्थात् नेता समय एवं सामाजिक स्थितियों की उपज हैं। इस सिद्धांत को समय सिद्धांत (Time Theory) के नाम से जाना जाता है। इस सिद्धांत के समर्थकों में केलर (Keller), जेनकिंस (Jenkins), कार्टराइट (Cartwright) एवं जेन्डर (Zander) आदि का नाम वर्णनीय है। इस सिद्धांत के समर्थकों ने यह भी तर्क प्रस्तुत किया है कि विश्व में ऐसे कितने ही नेताओं के उदाहरण मिलते हैं जिनके माता-पिता में नेतृत्व के गुण नाम मात्र भी नहीं थे। यदि नेता जन्मजात होते या नेतृत्व के गुणों का विकास आनुवंशिक प्रक्रियाओं के कारण

होता तो सिर्फ वे ही व्यक्ति नेता होते जिनके माता-पिता नेता थे। लेकिन वास्तविकता ऐसी नहीं है। अक्सर ऐसा भी देखा जाता है कि जिनके माता-पिता नेता थे उनकी किसी भी संतान में नेतृत्व के गुण नहीं पाए गए या सभी संतानों में नहीं पाए गए जो इस बात को साबित करते हैं कि नेतृत्व का कारण आनुवंशिकता नहीं है। इसलिए समय सिद्धांत (Time Theory) के समर्थकों का कहना है कि नेता बनाए जाते हैं, जन्मजात नहीं होते हैं। इस सिद्धांत के अनुसार नेता परिस्थितियों एवं पर्यावरण की उपज हैं। यही वजह है कि इस सिद्धांत के समर्थकों ने यह विचार दिया है कि 'The greatman is a product of his time and place'.

उक्त दोनों विचारों या सिद्धांतों के अवलोकन से यह पता चलता है कि नेतृत्व की उत्पत्ति से संबंधित दोनों विचार या सिद्धांत एक-दूसरे के विरोधी हैं। वास्तविकता यह है कि दोनों ही सिद्धांत एकपक्षीय हैं एवं दोषरहित नहीं हैं। नेता न तो केवल बनाए जाते हैं और न ही इसका विकास सिर्फ आनुवंशिक प्रक्रियाओं या पर्यावरणीय प्रक्रियाओं के कारण होता है बल्कि इसके गुणों का विकास आनुवंशिकता एवं पर्यावरण दोनों ही प्रकार के कारकों की अंतःक्रियाओं के परिणामस्वरूप होता है। नेतृत्व का संबंध सामूहिक अंतःक्रियाओं से होता है अर्थात् यह नेता एवं अनुयायियों के बीच पारस्परिक अंतःक्रिया का परिणाम होता है। इस प्रकार यह कहा जा सकता है कि सामाजिक परिस्थितियों के अनुकूल रहते ही कोई व्यक्ति अपने व्यक्तित्व के कुछ विशिष्ट गुणों के आधार पर नेता बन सकता है। किम्बाल यंग (Kimball Young) ने इस संबंध में विचार व्यक्त करते हुए लिखा है, "हमारा अपना मत है कि व्यक्तित्व एवं परिस्थिति संबंधी कारक दोनों को ही महत्त्व देना चाहिए।" अतः यह पता चलता है कि नेतृत्व पर्यावरण एवं आनुवंशिकता दोनों ही कारकों की उपज है।

बोगार्डस ने 'Leaders and Leadership' में नेतृत्व की उत्पत्ति के निम्नलिखित तीन आधारों की चर्चा की है–

(1) सामाजिक परिस्थितियों उत्तेजनाओं से उत्पत्ति–नेतृत्व की उत्पत्ति में सामाजिक परिस्थितियाँ एवं उत्तेजनाओं की भूमिका अत्यंत प्रमुख होती है। किसी समाज में यदि कोई जाति या वर्ग सामाजिक निर्योग्यताओं का शिकार है, उसे अपने सामाजिक, आर्थिक एवं सांस्कृतिक विकास के संपूर्ण अवसर प्राप्त नहीं हैं तो उस जाति या वर्ग के व्यक्ति नेता नहीं बन सकते। इसे एक उदाहरण के द्वारा ज्यादा स्पष्ट किया जा सकता है। स्वतंत्रता प्राप्ति से पूर्व भारत में शूद्र आर्थिक, सामाजिक, धार्मिक एवं राजनीतिक निर्योग्यताओं के शिकार थे। इसलिए

उन्हें नेता बनने का अवसर प्राप्त नहीं था। स्वतंत्रता प्राप्ति के बाद उन्हें सभी क्षेत्रों में उच्च जातियों के समान अधिकार प्राप्त हैं इसलिए उन्हें नेतृत्व में भी स्थान प्राप्त हो रहे हैं। इसी तरह एक छोटे स्थान की तुलना में बड़े स्थान में किसी भी व्यक्ति को नेतृत्व के ज्यादा अवसर प्राप्त होते हैं। इसी तरह उच्च जाति, उच्च आर्थिक पृष्ठभूमि एवं उच्च भूस्वामित्व आदि सामाजिक स्थितियों वाले लोगों को निम्न जाति, निम्न आर्थिक पृष्ठभूमि एवं कम स्वामित्व वाले लोगों की तुलना में नेतृत्व के ज्यादा मौके प्राप्त होते हैं। इस तरह यह कहा जा सकता है कि नेतृत्व सामाजिक दशाओं से प्रभावित होता है।

(2) व्यक्तित्व से उत्पत्ति—व्यक्तित्व को बोगार्डस ने नेतृत्व की उत्पत्ति का तीसरा आधार माना है। व्यक्ति की शारीरिक शक्ति, तीक्ष्ण बुद्धि, कार्यकुशलता, मानसिक योग्यता, प्रेरणात्मकता, व्यापक समझ, सामाजिकता, उत्साह एवं मित्रता आदि उसके व्यक्तित्व के गुण भी उसे नेतृत्व प्रदान करने में मददगार होते हैं। इन गुणों के आधार पर वह दूसरों को प्रभावित, नियंत्रित एवं निर्देशित कर सकता है।

(3) जन्मजात या वंशानुगत उत्पत्ति—वंशानुक्रमिक उत्पत्ति के अनुसार नेतृत्व वंशानुक्रमिक रूप से बनते हैं। अर्थात् यह वंशानुक्रमण की प्रक्रिया के द्वारा बनाए जाते हैं। इस संबंध में फ्रांसिस गॉल्टन (Francis Galton) का कथन था कि प्रतिभाशाली व्यक्तियों को बनाया नहीं जाता अपितु वे जन्मजात होते हैं। गॉल्टन के इस विचार के आधार पर यह कहा जा सकता है कि वंशानुक्रम के उत्तम गुणों के आधार पर ही व्यक्ति कुछ अच्छे कार्य कर सकता है, महान बन सकता है या नेतृत्व प्राप्त कर सकता है। लेकिन व्यावहारिकता में ऐसी बातें देखने को नहीं मिलतीं। विश्व के अनेक ऐसे महान नेता हुए हैं जिन्हें उत्तम वंशानुक्रमण प्राप्त नहीं हुआ है। साथ ही विभिन्न महान नेताओं की संतानें भी महान नहीं बन सकी हैं। इसलिए यह कहा जा सकता है कि वंशानुक्रम नेतृत्व की उत्पत्ति में मददगार होता है लेकिन यह उसका एकमात्र कारण नहीं है।

बोगार्डस द्वारा प्रस्तुत उक्त विचारों से यह मालूम होता है कि नेतृत्व की उत्पत्ति एवं विकास उपरलिखित तीनों आधारों के सम्मिश्रण से होता है। इनमें से किसी एक कारक के आधार पर अथवा किसी एक कारक के अभाव में नेतृत्व का विकास नहीं हो पाता है। इसलिए नेतृत्व के गुणों के विकास के लिए तीनों ही कारकों का होना जरूरी होता है। इस संबंध में जेनिंग्स (Jennings) का विचार है कि नेतृत्व के विकास के लिए व्यक्तित्व के गुण एवं परिस्थिति दोनों ही जरूरी हैं।

नेतृत्व : स्थिति तथा कार्य

समूह में नेतृत्व की अपनी एक खास स्थिति होती है। उसका अपने अनुयायियों से कुछ विशिष्ट संबंध भी होता है। चूँकि उसकी स्थिति विशिष्ट होती है इसलिए उसका कार्य भी विशिष्ट होता है चूँकि स्थिति के अनुसार ही कार्य का भी निर्धारण होता है। नेतृत्व की स्थिति एवं कार्य निम्नलिखित कहे जा सकते हैं—

(1) अनुगामियों का आदर्श--नेतृत्व अनुगामियों का आदर्श होता है। किसी भी समूह में वही व्यक्ति नेता बन सकता है जिसको और लोग भी आदर्श मानते हैं। अगर लोग उसको लंबे समय तक आदर्श मानते रहेंगे तो वह लंबे समय तक नेता बना रह सकता है। यदि लोग उसको कम समय तक आदर्श मानते रहेंगे तब वह उतने ही समय तक नेता बना रह सकता है। अर्थात् जब तक वह लोगों के लिए आदर्श बना रहेगा, तब तक वह नेता बना रहेगा।

(2) प्रत्येक व्यक्ति नेता नहीं बन सकते—व्यक्ति नेता नहीं बन सकते हैं। नेता एक सम्मानित तथा प्रतिष्ठित व्यक्ति होता है। समूह के अन्य लोगों के सामने आदर्श रूप में रहने हेतु यह आवश्यक होता है कि नेता सम्मानित एवं प्रतिष्ठित हो। अक्सर जो जितना बड़ा नेता होता है उसकी उतनी ही सम्मान एवं प्रतिष्ठा होती है।

(3) नेतृत्व की आशा का शिक्षण—नेतृत्व की आज्ञा को शिरोधार्य किया जाता है। अर्थात् उसके अनुयायियों द्वारा उसकी आज्ञा का पालन किया जाता है। जिस प्रकार एक परिवार में बालक अपने पिता की आज्ञा को टाल नहीं सकता है उसी प्रकार समूह में नेता की आज्ञा उसके अनुयायियों के लिए सदैव शिरोधार्य होती है।

(4) नेतृत्व सदैव आदरणीय होता है—नेतृत्व का हमेशा सत्कार किया जाता है। नेतृत्व एवं अनुयायियों के आपसी व्यवहार में अनुयायी हमेशा नेतृत्व का सत्कार करते हैं। नेतृत्व की बातों को ध्यान से सुना जाता है। नेतृत्व के लिए उसके अनुयायी अपनी जान तक की परवाह नहीं करते हैं। उसके एक संकेत पर वे मरने-मिटने तक को तैयार रहते हैं। अनुयायियों के इस सत्कार से नेता भी प्रोत्साहित होता है एवं अपना उत्तरदायित्व पूरा करता है।

(5) व्यवहार का निर्धारण—नेतृत्व समूह के व्यवहार को निर्धारित करता है। समूह के सभी लोग नेतृत्व के सुझावों एवं जिज्ञासाओं का अनुगमन करते हैं। इस प्रकार समूह के नेतृत्व की स्थिति श्रेष्ठतम एवं केंद्रीय होती है। उसके अनुयायी हमेशा उसकी ओर प्रवृत्त रहते हैं। हर कठिनाई में वे नेतृत्व की ओर देखते हैं और वह जैसा कहता है वैसा ही वे करते हैं। इस संबंध में सीमेन तथा मोरिस (Seeman and Morris) ने कहा है, "नेतृत्व की एक अस्थाई रूप से मानने योग्य परिभाषा उसके प्रभाव के पहलू पर जोर देती है। नेतृत्व के कार्य उन व्यक्तियों के कार्य हैं जो अन्य व्यक्तियों को अनुरूप दिशा में प्रभावित करते हैं।"

(6) सदस्यों पर नियंत्रण—नेतृत्व समूह के अन्य सदस्यों पर नियंत्रण रखता है। प्रत्येक समूह में बहुत से व्यक्ति होते हैं। उनके विशेष तरह के संबंधों से नेतृत्व की प्रक्रिया निश्चित होती है। इस संबंध में पिगोर्स (Pigors) ने 'Leadership or Domination' में लिखा है, "नेतृत्व व्यक्ति और पर्यावरण के संबंध में लागू किया गया एक ऐसी परिस्थिति का ज्ञान देने वाला प्रत्यय है, जबकि एक व्यक्ति पर्यावरण में इस तरह स्थित होता है कि उसके संकल्प अनुभूतियों और अंतःदृष्टि के सामान्य लक्ष्य को प्राप्त करने के लिए दूसरे निर्देशित और नियंत्रित होते हैं।"

(7) नेतृत्व एवं अनुयायी के बीच—नेतृत्व तथा अनुयायी दोनों एक-दूसरे को प्रभावित करते हैं। यद्यपि इस पारस्परिक प्रभाव में नेतृत्व का प्रभाव निश्चय ही ज्यादा होता है। एक सफल नेतृत्व हमेशा अपने अनुयायियों के मनोविज्ञान पर ध्यान रखता है। वह उनका आदर करता है एवं उनकी भावनाओं को ठेस नहीं पहुँचाता है। वह अपने-अपने अनुयायियों पर जोर-आजमाइश नहीं करता है अपितु उनके दिलों पर अधिकार करता है। इस तरह वह उसका प्रिय नेता बन जाता है। वह अपने अनुयायियों से भी प्रभावित होता है। उनके विचारों एवं ज्ञानों से नेतृत्व भी प्रभावित होता है। इस प्रकार यह मालूम होता है कि नेतृत्व एवं अनुयायी दोनों एक-दूसरे को प्रभावित करते हैं।

प्रशिक्षण

जहाँ तक नेता को प्रशिक्षण होने का प्रश्न है यह शुरू से ही एक विवाद का मुद्दा रहा है। कुछ लोगों का मत है कि नेता जन्मजात होते हैं अर्थात् नेतृत्व एक जन्मजात गुण है तथा इसका विकास वंशानुक्रमण की प्रक्रिया के आधार पर होता है। साथ ही कुछ लोग नेतृत्व को ईश्वरीय देन मानते हैं और यह समझते हैं कि ईश्वर ही किसी व्यक्ति को नेता के रूप में जन्म देता है। इसलिए नेतृत्व के प्रशिक्षण की कोई आवश्यकता नहीं है। इस तरह का विचार ब्राउन तथा गॉल्टन आदि विद्वानों ने दिया है। इसके विपरीत केलर तथा जेकीन्स आदि 'Time Theory' के समर्थकों के अनुसार नेतृत्व के विकास में पर्यावरण का मुख्य हाथ होता है। इस प्रकार नेतृत्व की सफलता के लिए नेता का प्रशिक्षित होना आवश्यक है। अतः यह स्पष्ट होता है कि नेताओं के प्रशिक्षण की समस्या के संबंध में विभिन्न विद्वानों ने अलग-अलग

विचार प्रस्तुत किए हैं। आधुनिक युग में 'Time Theory' के समर्थकों का विचार विशेष रूप से मान्य है। वर्तमान युग में सैनिकों, प्रशासनिक अधिकारियों, डॉक्टर एवं बी.एल.डब्ल्यू. आदि के लिए प्रशिक्षण की व्यवस्था है, लेकिन राजनीति के क्षेत्र में जनता द्वारा चुने गए प्रतिनिधियों को प्रशिक्षण देने की कोई व्यवस्था नहीं है। आज यह महसूस किया जा रहा है कि प्रशिक्षण किसी व्यक्ति को उसकी जिम्मेवारियों एवं कार्यों को सही दिशा प्रदान करने में मदद करता है। इससे व्यक्तियों की योग्यताओं एवं कार्यक्षमताओं में वृद्धि होती है। फलतः प्रशिक्षण के आधार पर ही एक व्यक्ति अपने उत्तरदायित्व को सही ढंग से निभा सकता है। यही वजह है कि आज नेताओं के प्रशिक्षण की भी जरूरत महसूस की जा रही है। नेताओं को प्रशिक्षित करने पर वे अपने उत्तरदायित्वों को ठीक ढंग से समझ सकते हैं एवं विकास कार्यों को सही दिशा दे सकते हैं। अगर यह कहा जाए कि न सिर्फ वर्तमान समय में नेताओं के प्रशिक्षण की जरूरत को महसूस किया जा रहा है बल्कि प्राचीन काल से ही इसकी जरूरत महसूस की जा रही है। रामायण एवं महाभारत हिंदुओं के दो प्राचीन ग्रंथ भी राजाओं के प्रशिक्षण की आवश्यकता पर बल देते थे। इससे भी यह पता चलता है कि नेताओं के लिए प्रशिक्षण आवश्यक है। नेताओं को नीति-निर्धारण एवं नियोजन आदि से संबंधित कार्यों को करना पड़ता है। साथ ही नेता समूह प्रतिनिधि तथा मार्गदर्शक के रूप में कार्य करता है। इन सभी उत्तरदायित्वों का निर्वाह करने हेतु नेताओं का प्रशिक्षण आवश्यक होता है। लेकिन इसका यह अर्थ कदापि नहीं लगाया जाना चाहिए कि केवल प्रशिक्षण ही किसी व्यक्ति को नेता बना सकता है। प्रशिक्षण एक नेता की कार्यकुशलता में वृद्धि कर सकता है। इस तरह नेतृत्व के प्रशिक्षण की भी जरूरत होती है। यही कारण है कि पश्चिमी देशों में अलग-अलग विद्वानों ने प्रायोगिक अध्ययनों के आधार पर नेतृत्व की सफलता में प्रशिक्षण के महत्त्व को स्पष्ट किया है। इस तरह के किए गए अध्ययनों में बेवल्स द्वारा 1942 में किया गया अध्ययन तथा लिपेट एवं ब्रेडफोर्ड द्वारा व्यावसायिक समूह के निरीक्षकों पर किया गया अध्ययन विशेष उल्लेखनीय है। इन विद्वानों ने नेतृत्व की सफलता के लिए नेतृत्व के प्रशिक्षण की आवश्यकता पर बल दिया है। अतः यह कहा जा सकता है कि नेतृत्व की सफलता के लिए प्रशिक्षण आवश्यक है।

नेतृत्व में प्रतिष्ठा की भूमिका

प्रतिष्ठा नेतृत्व का महत्त्वपूर्ण पहलू एवं आधार है। किसी भी समूह के कार्यों को सफलतापूर्वक संचालित करने के लिए यह जरूरी होता है कि समूह के सदस्यों

अर्थात् अनुयायियों में नेता की प्रतिष्ठा हो। अगर नेता की प्रतिष्ठा होती है तो समूह के सदस्य उसकी आज्ञा का पालन करते हैं। यदि उसकी प्रतिष्ठा नहीं होती है तो कोई भी उसकी आज्ञा का पालन नहीं करता है। इससे नेतृत्व अर्थहीन हो जाता है। साथ ही समूह के उद्देश्य तथा योजनाएँ भी अधूरी रह जाएँगी। इस तरह यह पता चलता है कि समूह के उद्देश्यों की पूर्ति के दृष्टिकोण से भी नेता की प्रतिष्ठा जरूरी है। नेता की प्रतिष्ठा के कारण ही समूह के सदस्य नेता को अपना आदर्श एवं संरक्षक मानते हैं, उसका अनुसरण करते हैं तथा अपनी सुरक्षा के लिए उस पर आश्रित भी रहते हैं। नेतृत्व समूह के उद्देश्यों एवं योजनाओं की पूर्ति के लिए सदस्यों को विभिन्न तरह के उत्तरदायित्वों को सौंपता है जिनका सदस्य सहर्ष एवं सम्मानपूर्वक पालन करते हैं। नेतृत्व भी अपनी प्रतिष्ठा को बढ़ाने के लिए समूह की आवश्यकताओं की पूर्ति की ओर ज्यादा ध्यान देते हैं। जो नेतृत्व जितना अधिक समूह के सदस्यों की जरूरत की पूर्ति की ओर ध्यान देता है वह उतना ही ज्यादा प्रतिष्ठित होता है। इससे उसके नेतृत्व की जड़ें भी मजबूत हो जाती हैं। यही कारण है कि जो नेता जितना बड़ा होता है उसकी प्रतिष्ठा उतनी ही ज्यादा होती है। नेता की प्रतिष्ठा बनाए रखने के दृष्टिकोण से उसे समूह में कोई उच्च पद प्रदान किया जाता है। यह पद नेता की प्रतिष्ठा एवं नेतृत्व को सफल बनाए रखने में मददगार होता है। किम्बाल यंग ने इस संबंध में लिखा है, "नेतृत्व की एक दर्शनीय विशेषता प्रतिष्ठा है।"

नेतृत्व के गुण

नेतृत्व के कुछ गुण होते हैं। भिन्न-भिन्न विद्वानों ने नेतृत्व के लिए विभिन्न गुणों को जरूरी माना है। विद्वानों के बीच इस संबंध में मतभेद पाया जाता है कि नेतृत्व में किन-किन गुणों का समावेश होना चाहिए। यही वजह है कि जहाँ टीड ने नेतृत्व के 10 सामान्य गुणों की चर्चा की है, वहीं ऑलपोर्ट ने 18 एवं बर्नार्ड (Bernard) ने 28 गुणों की चर्चा की है। अलग-अलग विद्वानों द्वारा बताए गए इन गुणों को दो भागों में विभक्त किया जा सकता है। ये निम्न प्रकार से हैं–

(क) मनोवैज्ञानिकों द्वारा प्रस्तुत नेतृत्व के लिए आवश्यक गुण, तथा

(ख) समाजशास्त्रीय अनुसंधानों से प्राप्त निष्कर्षों के आधार पर नेतृत्व के आवश्यक गुण।

(क) मनोवैज्ञानिकों द्वारा प्रस्तुत नेतृत्व के आवश्यक गुण

अलग-अलग मनोवैज्ञानिकों ने नेतृत्व के लिए भिन्न-भिन्न प्रकार के अनिवार्य गुणों की चर्चा की है। इन मनोवैज्ञानिकों में टीड (Tead), टर्मन (Terman),

कॉफिन (Coffin), पैट्रिज (Patridge) एवं आलपोर्ट (Allport) आदि का नाम उल्लेखनीय है।

(I) कॉफिन (Coffin) के अनुसार नेतृत्व के प्रमुख गुण

कॉफिन ने 'The Three Component Story of Leadership' में नेतृत्व के निम्नलिखित गुणों की चर्चा की है–

(i) नैतिकता,
(ii) आत्म-निर्भरता,
(iii) बुद्धि,
(iv) कल्पना,
(v) संयम,
(vi) उत्तरदायित्व,
(vii) सामाजिकता,
(viii) सामाजिक संवेदना,
(ix) प्रेरणा एवं संकल्प,
(x) शांति चित्रता, तथा
(xi) गतिशील शारीरिक विशेषताएँ।

(II) टीड (Tead) के अनुसार नेतृत्व के प्रमुख गुण

टीड के अनुसार नेतृत्व के निम्नलिखित गुण हो सकते हैं–

(i) शारीरिक एवं मानसिक शक्ति,
(ii) मैत्रीभाव,
(iii) उत्साह,
(iv) बुद्धि,
(v) कार्यकुशलता,
(vi) निश्चयात्मकता,
(vii) उद्देश्य एवं दिशा का ज्ञान,
(viii) विश्वास, एवं
(ix) प्रशिक्षण की क्षमता।

(III) टर्मन (Terman) के अनुसार नेतृत्व के प्रमुख गुण

टर्मन ने 'A Preliminary Study in the Psychology and Pedagogy of Leadership' में नेतृत्व के निम्नलिखित गुणों की चर्चा की है–

(i) कम स्वार्थी,
(ii) कम भावुक,
(iii) अधिक हिम्मती,
(iv) आकर्षक व्यक्तित्व,
(v) अधिक बड़ा, तथा
(vi) दूसरी विशेषताओं में उत्कृष्ट।

(IV) ऑलपोर्ट (Allport) के अनुसार नेतृत्व के गुण

ऑलपोर्ट (Allport) ने 'Social Psychology' में नेतृत्व के निम्न प्रकार के गुणों की चर्चा की है।

(i) शारीरिक शक्ति,
(ii) तेज चाल,
(iii) मधुरवाणी,
(iv) फुर्तीलापन,
(v) दृढ़ता,
(vi) स्पष्टवादिता,
(vii) संयम,
(viii) अटूट शक्ति,
(ix) तीव्र बुद्धि,
(x) प्रबोधता,
(xi) कार्य संलग्नता,
(xii) साहस,
(xiii) उत्तम चरित्र,
(xiv) सामाजिकता,
(xv) व्यापक समझ,
(xvi) सामाजिक उत्तेजनाओं के प्रति सजग,
(xvii) प्रेरणात्मकता, एवं
(xviii) चतुर।

(V) पैट्रिज (Patridge) के अनुसार नेतृत्व के प्रमुख गुण

पैट्रिज ने 'Leadership Among Adolescent Boys' में नेतृत्व के निम्न लिखित प्रकार के गुणों की चर्चा की है–

(i) शारीरिक सारत्व,

(ii) आकृति,

(iii) बुद्धि, एवं

(iv) आकृति।

विभिन्न मनोवैज्ञानिकों द्वारा बताए गए नेतृत्व के उक्त गुणों से यह पता चलता है कि अधिकांश मनोवैज्ञानिकों ने साधारणतयः शारीरिक शक्ति, तीव्रता, बुद्धि, कार्यकुशलता, व्यापक समझ, प्रेरणात्मकता, सामाजिकता, उत्साह एवं मित्रता आदि को इसका प्रमुख गुण बताया है। नेतृत्व की वर्तमान अवधारणा व्यक्तित्व एवं सामाजिक परिस्थितियों के बीच अंतःक्रिया का परिणाम है। अतः नेतृत्व के लिए न सिर्फ व्यक्तित्व से ही संबंधित गुण आवश्यक हैं, बल्कि सामाजिक-सांस्कृतिक परिस्थितियों से संबंधित गुण भी आवश्यक हैं।

(ख) समाजशास्त्रीय अनुसंधानों से प्राप्त निष्कर्षों के आधार पर नेतृत्व के आवश्यक गुण

समाजशास्त्रीय अनुसंधानों के आधार पर नेतृत्व के कुछ गुण होते हैं। इस आधार पर भी विभिन्न विद्वानों ने नेतृत्व के भिन्न-भिन्न गुणों की चर्चा की है। इन विद्वानों में बेकनहाइमर (Bachenheimer), लुईस (Lewis), एस.सी. दूबे (S.C. Dubey), एस.के. श्रीवास्तव (S.K. Srivastava), सलाम अंसारी (Salam Ansari) तथा सेन एवं राय (Sen and Roy) आदि का नाम वर्णनीय है।

(I) एस.सी. दूबे (S.C. Dubey) के अनुसार नेतृत्व के प्रमुख गुण

एस.सी. दूबे (S.C. Dubey) ने 'Village India' में नेतृत्व के निम्न प्रकार के गुणों की चर्चा की है–

(i) सम्पत्ति,

(ii) धर्म,

(iii) जाति,

(iv) भू-स्वामित्व,

(v) दृढ़ आयु,

(vi) बातचीत की योग्यता, तथा

(vii) सरकारी नौकरी तथा ग्रामीण संगठनों में प्रस्थिति।

(II) एस.के. श्रीवास्तव (S.K. Srivastava) के अनुसार नेतृत्व के प्रमुख गुण

एस.के. श्रीवास्तव ने 'Directed Social Change and Rural Leadership in India' in 'Emerging Patterns of Rural Leadership in Southern Asia' में नेतृत्व के निम्न प्रकार के गुणों की चर्चा की है–

(i) सम्पत्ति,
(ii) उच्च जाति,
(iii) शिक्षा एवं बुद्धि,
(iv) उच्च वर्ग,
(v) अधिक आयु,
(vi) ईमानदारी,
(vii) राजनीतिक नेताओं से प्रभावित, एवं
(viii) सरकार को प्रभावित करने की क्षमता।

(III) बेकनहाईमर (Bachenheimer) के अनुसार नेतृत्व के प्रमुख गुण

बेकनहाईमर ने नेतृत्व के निम्न प्रकार के गुणों की चर्चा की है जो निम्नलिखित हैं–

(i) आर्थिक शक्ति,
(ii) उच्च जाति,
(iii) शिक्षा,
(iv) भाषा,
(v) शक्तिशाली दल, तथा
(vi) बाहरी लोगों से संबंध।

बेकनहाईमर ने नेतृत्व के उक्त गुणों की चर्चा 'Elements of Leadership in Andhra Village, in Leadership and Political Institution of India' में की है।

(IV) लुईस (Lewis) के अनुसार नेतृत्व के प्रमुख गुण

लुईस ने 'Village Life in Northern India' में नेतृत्व के निम्न प्रकार के गुणों की चर्चा की है–

(i) सम्पत्ति,
(ii) परिवार की प्रतिष्ठा,

(iii) शिक्षा,
(iv) अवकाश,
(v) बाहरी लोगों से संबंध,
(vi) परिवार में सदस्यों की अधिक संख्या, एवं
(vii) व्यक्तित्व के गुण।

(V) सलाम अंसारी (Salam Ansari) के अनुसार नेतृत्व के प्रमुख गुण

सलाम अंसारी के अनुसार नेतृत्व के निम्न प्रकार के गुण होते हैं। इन गुणों की चर्चा उन्होंने 'Rural Leadership in West Pakistan' in 'Emerging Patterns of Rural Leadership in Southern Asia' में की है–

(i) संपत्ति,
(ii) आयु,
(iii) पारिवारिक प्रतिष्ठा,
(iv) धर्म,
(v) अतिथि सत्कार,
(vi) अवकाश का समय,
(vii) सरकारी अधिकारियों से संबंध, एवं
(viii) अनुयायियों की समस्याओं का समाधान।

(VI) सेन एवं राय (Sen and Roy) के अनुसार नेतृत्व के प्रमुख गुण

सेन एवं राय ने 'Awareness of Community Development in Village India' में नेतृत्व के निम्न प्रकार के गुणों की चर्चा की है–

(i) उच्च जाति,
(ii) उच्च शिक्षा,
(iii) उच्च आर्थिक स्थिति,
(iv) राजनीतिक ज्ञान,
(v) अधीनतावादी,
(vi) विश्व बंधुत्व, एवं
(vii) धर्म-निरपेक्षता।

अलग-अलग समाजशास्त्रियों द्वारा किए गए अनुसंधानात्मक अनुभवों के आधार पर नेतृत्व के लिए बताए गए गुणों में अधिकांश विद्वानों ने उच्च आर्थिक स्थिति, अधिक भू-स्वामित्व, उच्च जाति, अवकाश का ज्यादा समय, सार्वजनिक

कार्यों में रुचि या समाज सेवा, बाहरी लोगों से संबंध, प्रतिष्ठित एवं बड़े आकार वाला परिवार, राजनीतिक ज्ञान एवं ज्यादा आयु आदि सामाजिक-सांस्कृतिक गुणों को महत्त्व दिया है।

उक्त नेतृत्व के गुणों के संबंध में मनोवैज्ञानिकों के विचारों तथा अनुसंधानात्मक निष्कर्षों के तुलनात्मक वर्णन से यह मालूम होता है कि मनोवैज्ञानिकों ने जहाँ व्यक्तित्व संबंधी गुणों को महत्त्व दिया है वहीं अनुसंधानात्मक अध्ययनों में सामाजिक-सांस्कृतिक दशाओं को अधिक महत्त्व दिया है। नेतृत्व के गुण (व्यक्तित्व संबंधी गुण) निम्न प्रकार से कहे जा सकते हैं—

(i) शारीरिक शक्ति,
(ii) तीव्र बुद्धि,
(iii) प्रेरणात्मकता,
(iv) सामाजिकता,
(v) मित्रता,
(vi) उत्साह,
(vii) कार्य कुशलता, एवं
(viii) व्यापक समझ।

व्यक्तित्व के सामाजिक-सांस्कृतिक परिस्थितियों से संबंधित निम्न प्रकार के गुण कहे जा सकते हैं—

(i) उच्च शिक्षा,
(ii) उच्च आर्थिक स्थिति,
(iii) उच्च भू-स्वामित्व,
(iv) उच्च जाति,
(v) समाज सेवा,
(vi) बाहरी लोगों से संबंध,
(vii) अवकाश का ज्यादा समय,
(viii) अपेक्षाकृत अधिक आयु,
(ix) राजनीतिक ज्ञान, एवं
(x) प्रतिष्ठित एवं बड़े आकार का परिवार।

आधुनिक समय में नेतृत्व के विकास में मनोवैज्ञानिक तत्त्व उतने प्रमुख नहीं हैं जितना कि सामाजिक-सांस्कृतिक वातावरण। नेतृत्व एक अंतःक्रियात्मक प्रक्रिया है। इसमें व्यक्ति एवं समाज के बीच अंतःक्रिया होती रहती हैं। इसके परिणामस्वरूप

व्यक्ति विशेष अपने गुणों तथा क्रियाओं से समुदाय को प्रभावित करता है। परिणामतः समुदाय उसकी ओर आकर्षित होकर उसका अनुसरण करने लगता है। इस तरह नेतृत्व को सामाजिक-सांस्कृतिक दशाओं के बीच उदित होती हुई प्रक्रिया कहा जा सकता है।

उक्त वर्णनों से यह पता चलता है कि अलग-अलग विद्वानों ने नेतृत्व के अलग-अलग गुणों की चर्चा की है। बर्ड (Bird) ने तो नेतृत्व के 79 गुणों की चर्चा की है। लेकिन यहाँ नेतृत्व के कुछ सामान्य गुणों की चर्चा की जा रही है जो निम्न प्रकार से हैं–

(i) पृथक् शारीरिक गुण–पहला गुण नेतृत्व के लिए कुछ शारीरिक गुणों का होना आवश्यक होता है। नेतृत्व को शारीरिक रूप से सामर्थ्यवान होना चाहिए। उसकी ऊँचाई, वजन एवं स्वास्थ्य आदि ऐसी होनी चाहिए जिससे उसका डील-डौल या व्यक्तित्व आकर्षक लगे। मुरझाया चेहरा, बुझी-बुझी आवाज एवं आँखें, मरी हुई चाल, ठिगना एवं बेडौल कद आदि नेतृत्व के मार्ग में बाधक हैं। शारीरिक गुणों में स्फूर्ति का भी काफी महत्त्व है। कहने का तात्पर्य यह है कि शारीरिक परिपूर्णता नेतृत्व के लिए एक आवश्यक गुण है।

(ii) प्रतीक्षण बुद्धि–दूसरा गुण नेतृत्व का बुद्धि है। अर्थात् नेता को बुद्धिमान होना चाहिए। साधारणतया यह माना जाता है कि नेतृत्व को समूह के अन्य सदस्यों की तुलना में अधिक बुद्धिमान होना चाहिए। मूर्ख एवं गँवार भी नेतृत्व कर सकते हैं लेकिन उनमें बुद्धिमत्ता पाई जानी चाहिए। अगर नेतृत्व बुद्धिमान होगा तभी वह अपने अनुयायियों का मार्गदर्शन कर सकेगा। विभिन्न अध्ययनों से यह भी मालूम चलता है कि ज्यादा बुद्धिमान व्यक्ति ही नेतृत्व करता है। नेता ज्ञान एवं मानसिक योग्यता में बढ़ा-चढ़ा होता है। लेकिन ऐसा नहीं है कि अनुयायी नेतृत्व की तुलना में मंदबुद्धि के होते हैं। नेतृत्व एवं अनुयायियों की बुद्धि में काफी ज्यादा अंतर नहीं होता है। यदि ऐसा होगा तो दोनों के बीच पारिवारिक अंतःक्रिया ठीक ढंग से स्थापित नहीं हो पाएगी। इस संबंध में प्रो. वैब ने लिखा है कि व्यावहारिक एवं औद्योगिक क्षेत्रों में बौद्धिक योग्यता को नेतृत्व का महत्त्वपूर्ण आधार नहीं मानना चाहिए। बुद्धिबल में निपुण लेकिन शारीरिक बल में बिलकुल क्षीण व्यक्ति पहलवानों की जमात का नेतृत्व नहीं कर सकता है।

(iii) आत्मविश्वास का गुण–तीसरा गुण नेतृत्व का आत्मविश्वास है। अर्थात् नेतृत्व के लिए दृढ़ आत्मविश्वास का होना जरूर होता है। यदि मजबूत आत्मविश्वास होगा तभी नेतृत्व गंभीर उत्तरदायित्वों को निभाने में सक्षम हो सकेगा।

नेतृत्व को एक ओर अपने अनुयायियों का पथ-प्रदर्शन करना पड़ता है तो दूसरी तरफ कठिन से कठिन परिस्थितियों से गुजरना पड़ता है। ऐसी परिस्थिति में यदि नेता में आत्मविश्वास की कमी होगी तो अनुयायी नेतृत्व पर अपना विश्वास खो बैठेंगे। कॉक्स (Cox) तथा ड्रेक (Drake) आदि विद्वानों ने आत्मविश्वास तथा नेतृत्व में घनिष्ठ संबंध बताया है। जिस व्यक्ति में आत्मविश्वास नहीं होगा, जिसमें निर्णय करने की क्षमता नहीं होगी वह कभी भी सफल नेतृत्व नहीं कर सकता है। नेतृत्व में अपने अनुयायियों को लेकर आगे बढ़ने की क्षमता होती है। इतिहास विभिन्न प्रकार के ऐसे उदाहरणों से भरा पड़ा है जब नेताओं ने आत्मविश्वास के बल पर सत्ताधारी अंग्रेजों के विरुद्ध भारत के स्वतंत्रता संग्राम का सफलतापूर्वक नेतृत्व किया था। ऐसे नेताओं ने महात्मा गांधी का नाम सबसे आगे है। इस प्रकार यह मालूम होता है कि आत्मविश्वास नेतृत्व का एक गुण है।

(iv) सामाजिक गुण–चौथा गुण नेतृत्व का सामाजिकता है। अर्थात् नेतृत्व के लिए सामाजिकता का होना आवश्यक होता है। इस गुण के बिना न तो वह अपने अनुयायियों के मनोभावों, विचारों एवं प्रतिक्रियाओं आदि को समझ सकता है और न ही व्यवहार का अनुकूलन कर सकेगा। लोकतांत्रिक नेतृत्व के लिए तो सामाजिकता एवं मिलनसारिता का गुण होना जरूरी होता है। मिलनसारिता वह गुण है जो नेता एवं अनुयायियों के आपसी संबंधों को दृढ़ बनाता है एवं नेतृत्व को स्थायित्व प्रदान करता है। विभिन्न विद्वानों ने भी अपने अध्ययनों के आधार पर यह विचार दिया है कि नेतृत्व की सफलता के लिए नेता में सामाजिकता का गुण होना जरूरी होता है। उदाहरणार्थ कैटल एवं स्टाईस के अनुसार सामाजिकता के आधार पर नेता एवं अनुयायियों का संबंध दृढ़ होता है। इसलिए नेतृत्व के लिए सामाजिकता का गुण होना आवश्यक होता है। इसी तरह मूर एवं न्यूकॉम्ब ने भी नेतृत्व का एक प्रमुख लक्षण सामाजिकता बताया है। अतः यह स्पष्ट होता है कि नेतृत्व में मित्रता, सहयोग एवं प्रेम आदि गुणों का होना आवश्यक है।

(v) मजबूत इच्छाशक्ति का होना–पाँचवाँ गुण नेतृत्व का दृढ़ इच्छाशक्ति है। अर्थात् नेतृत्व के लिए दृढ़ इच्छाशक्ति का होना जरूरी होता है। यह होने से ही वह अपने आदर्शों का निर्वाह कर सकता है एवं समस्त प्रतिरोधों का सामना करते हुए अनुयायियों का सच्चा पथ-प्रदर्शक बन सकता है। नेतृत्व को समय-समय पर अग्नि परीक्षाएँ देनी पड़ती हैं। उसमें इस प्रकार के गुण होने चाहिए कि वह मुश्किल से मुश्किल परिस्थितियों में भी अपने उत्तरदायित्वों को पूरा करने से विचलित नहीं हो। यही गुण एक नेतृत्व को अनुयायियों की नजर में आदर्श बना देता है। इस मत

की पुष्टि हान वॉल्ट, हेमिल्टन, मोरिस, स्टॉगडिल एवं हेनरी आदि विद्वानों के अध्ययनों से होती है। दृढ़ इच्छा शक्ति के बल पर ही भूतपूर्व भारतीय प्रधानमंत्री स्व. इंदिरा गांधी ने कई ऐसे कदम उठाए थे जो उनके अनुयायियों को भी चौंका देने वाले थे। इस तरह दृढ़ इच्छा शक्ति नेतृत्व का एक गुण कहा जा सकता है।

(vi) मेहनती या परिश्रमी–छठा गुण नेतृत्व का परिश्रमप्रियता है। अर्थात् नेतृत्व को परिश्रम प्रिय होना चाहिए। जो नेतृत्व आलसी, परिश्रम से जी चुराने वाला एवं आराम पसंद होगा वह अपने अनुयायियों का सही नेतृत्व नहीं कर सकता है। परिश्रम नेतृत्व का मूल मंत्र है। वास्तविकता यह है कि किसी भी कार्य की सफलता हेतु परिश्रम का होना आवश्यक होता है। बिना परिश्रम एवं लगन के कोई भी कार्य सफल नहीं हो पाता है। ऐसे बहुत से नेताओं के उदाहरण मिलते हैं जो साधनहीन परिवारों में पैदा हुए हैं एवं परिश्रम के बल पर उच्च कोटि के नेता बन गए हैं। इस तरह परिश्रम प्रियता नेतृत्व का एक गुण है।

(vii) कल्पनाशील–सातवाँ गुण नेतृत्व का कल्पना शक्ति है। अर्थात् नेता में कल्पना के गुणों का होना जरूरी होता है। इस कल्पना शक्ति के आधार पर नेता भविष्य की संभावित परिस्थितियों के विषय में अंदाजा लगा सकता है एवं उसका सामना करने के लिए अपने आपको तैयार कर सकता है। नेतृत्व को योजना बनाने तथा समूह की समस्याओं का निदान ढूँढ़ने का भी कार्य करना पड़ता है। इस कार्य में भी कल्पना शक्ति नेता की मदद करती है। एक नेतृत्व कल्पना शक्ति के बल पर ही भावी संकटों का अनुमान सुगमतापूर्वक लगा सकता है।

(viii) लचीला स्वभाव–आठवाँ गुण नेतृत्व का लचीलापन है। एक सफल नेतृत्व के लिए नेता के व्यक्तित्व में लचीलापन का होना आवश्यक होता है। उसमें अनावश्यक कठोरता नहीं पाई जानी चाहिए। लचीलेपन के गुण के कारण ही नेता परिवर्तित परिस्थितियों को अपने अनुसार ढाल पाता है। वह समय की माँग के अनुसार नेतृत्व को मोड़ दे सकता है। रूढ़िवादी नेता परिवर्तनशील समाज के साथ कदम से कदम मिलाकर नहीं चल सकता है। आज के तेजी से परिवर्तित सामाजिक वातावरण में नेतृत्व का लचीला होना अत्यंत आवश्यक होता है। एक लचीला नेता ही अपने विरोधियों के साथ भी सामंजस्य बैठा सकता है। समय पड़ने पर वह अपने विरोधियों को भी अपने साथ ला सकता है। पं. जवाहरलाल नेहरू एवं इंदिरा गांधी आदि नेताओं में इस प्रकार के गुणों का समावेश था जिसके कारण वे कई बार अपने विरोधियों को भी अपने साथ ला सकी थीं। इस प्रकार लचीलापन नेतृत्व का एक गुण कहा जा सकता है।

(ix) उद्दीपकता का गुण—नौवाँ गुण नेतृत्व का उद्दीपकता है। अर्थात् नेता के अंतर्गत प्रसन्नचित्तता, तत्परता, प्रफुल्लता, बातचीत में कुशलता, स्फूर्ति एवं उत्साह आदि व्यक्तित्व के गुणों का होना जरूरी होता है। ये गुण व्यक्तित्व को आकर्षक एवं प्रभावकारी बनाते हैं। नेतृत्व की सफलता के लिए उद्दीपकता का गुण काफी आवश्यक होता है। स्व. इंदिरा गांधी में उद्दीपन के गुण काफी हद तक विद्यमान थे। उनकी स्फूर्ति नवयुवकों को भी मात देने वाली होती थी। वे हमेशा नए-नए विचारों को लोगों के सामने रखती थीं। इसलिए उनके चिंतन में एक मौलिकता का दर्शन होता था। इसी प्रकार के उद्दीपक गुणों का समावेश एक नेतृत्व में होना चाहिए।

(x) नैतिक गुण—दसवाँ गुण नेतृत्व का नैतिकता है। नेतृत्व की सफलता के लिए नेता में ईमानदारी, सत्यवादिता, परामर्शवादिता आदि नैतिक गुणों का होना जरूरी होता है। यहाँ यह लिखना भी अनुचित नहीं प्रतीत होता है कि अपने इन नैतिक गुणों के कारण ही महात्मा गांधी एक महान् नेता बन गए।

(xi) दूरदृष्टि—ग्यारहवाँ गुण नेतृत्व का अंतर्दृष्टि है। अंतर्दृष्टि की सहायता से नेता अपने अनुयायियों की प्रतिक्रियाओं को आसानी से भाँप लेता है एवं उसके अनुरूप कार्य करता है। अपनी अंतर्दृष्टि के बल पर ही नेता अपने अनुयायियों, समाज एवं राष्ट्र को आने वाले खतरों से सचेत करता है। किसी भी देश में उच्च पद पर आसीन नेतृत्व अपनी अंतर्दृष्टि के बल पर ही पहले से सुरक्षात्मक व्यवस्थाएँ करके राष्ट्र की सुरक्षा की दिशा में आवश्यक कदम उठाता है।

उक्त गुणों का नेतृत्व में होना जरूरी होता है चाहे ये गुण कम मात्रा में हों या अधिक मात्रा में। लेकिन उपर्युक्त गुण जितनी अधिक मात्रा में जिस नेता में होंगे, वह उतना ही ज्यादा सफल नेता बन सकता है। नेतृत्व करने हेतु विभिन्न गुणों का अर्थपूर्ण सामंजस्य होना चाहिए। नेतृत्व के सभी गुणों को तीन भागों में वर्गीकृत किया जा सकता है—

(क) **नियोजन**—इसमें निम्न प्रकार की बातें आती हैं—
   (1) समस्याओं को जानने की क्षमता, एवं
   (2) इन समस्याओं के समाधान के लिए योजनाएँ बनाने की क्षमता।

(ख) **संगठन**—इसमें निम्नलिखित बातों का समावेश होता है—
   (1) योजनाओं को सफल बनाने के लिए कार्यकर्त्ताओं और आवश्यक वस्तुओं को जुटाने की व्यवस्था,
   (2) संपूर्ण व्यवस्था का संगठन करके एक संतुलित इकाई बनाने की योग्यता,

(3) आकस्मिक परिवर्तनों के लिए क्षमता।

(ग) संलग्नता–इसमें निम्नलिखित बातों का समावेश होता है–

(1) योजना को कार्यान्वित करने के लिए समस्त उत्तरदायित्व को भिन्न-भिन्न व्यक्तियों में विभाजित करने की क्षमता,

(2) संपूर्ण व्यवस्था का सफल निरीक्षण करने की क्षमता, एवं

(3) संपूर्ण व्यवस्था पर अपना नियंत्रण बनाए रखने की क्षमता।

नेतृत्व का विभाजन

नेतृत्व सामाजिक जीवन की क्रियाशीलता का आधार है। इसलिए सामाजिक जीवन के सभी क्षेत्रों में विभिन्न तरह के नेतृत्व के दर्शन होते हैं। अलग-अलग विद्वानों ने नेतृत्व के विभिन्न प्रकार बताए हैं। नेतृत्व के वर्गीकरण विभिन्न आधारों पर किए गए हैं जो निम्नलिखित हैं–

(क) नेतृत्व की उत्पत्ति के आधार पर,

(ख) नेतृत्व के उद्देश्य के आधार पर,

(ग) नेतृत्व की प्रकृति के आधार पर, एवं

(घ) अनुयायियों के साथ नेता के संपर्क की प्रकृति के आधार पर।

(क) नेतृत्व की उत्पत्ति के आधार पर नेतृत्व का विभाजन

नेतृत्व की उत्पत्ति के आधार पर नेतृत्व के निम्नलिखित प्रकार या वर्गीकरण हो सकते हैं जो निम्न प्रकार से हैं–

(i) शासन द्वारा नियुक्त नेता–शासन द्वारा नियुक्त नेता जैसा कि नाम से ही स्पष्ट है कि उस नेता को कहा जाता है जो शासन द्वारा नियुक्त किया जाता है एवं शासन द्वारा पद प्राप्त करने से ही उनके नेतृत्व की उत्पत्ति होती है। सरकारी अधिकारी वर्ग इसी समूह के अंतर्गत आता है।

(ii) समूह द्वारा नियुक्त नेता–इस प्रकार के नेता समूह के व्यक्तियों द्वारा चुने जाते हैं। भारत में पंचायतों, स्थानीय निकायों एवं लोकसभा तथा राज्यसभा आदि के नेता समूहों के द्वारा चुने जाते हैं।

(iii) आत्म-नियुक्त नेता–कुछ नेता ऐसे होते हैं जिनको न तो शासन अधिकार देता है और न समूह। वे अपने व्यक्तिगत गुणों के कारण स्वयं आगे बढ़कर लोगों का नेतृत्व करते हैं या फिर लोग स्वयं उनके गुणों के कारण उनके नेतृत्व को स्वीकार करते हैं। महात्मा गांधी जैसे लोकप्रिय नेता इस प्रकार के नेतृत्व के उदाहरण कहे जा सकते हैं।

(ख) नेतृत्व का उद्देश्यों के आधार पर विभाजन

उद्देश्यों के आधार पर भी नेतृत्व का वर्गीकरण किया जा सकता है। अलग-अलग क्षेत्रों में अलग-अलग समूह विभिन्न उद्देश्यों को लेकर काम करते हैं। उद्देश्यों की प्राप्ति के लिए जो नेता सबसे गुणवान एवं सामर्थ्यवान दिखाई देता है उसे उस क्षेत्र का नेता मान लिया जाता है। इस वर्ग में निम्न प्रकार के नेता आते हैं–

(i) शासक नेता–शासन के क्षेत्र में शासक या सत्तारूढ़ व्यक्ति नेता बनते हैं। उदाहरण के लिए, प्रत्येक जिले में जिलाधीश शासन के क्षेत्र का एक नेता होता है।

(ii) बौद्धिक नेता–बौद्धिक क्षेत्र में बौद्धिक नेतृत्व की आवश्यकता होती है। विज्ञान तथा दर्शन आदि के क्षेत्रों में महान् वैज्ञानिक तथा महान् विचारक बौद्धिक नेता कहे जा सकते हैं। ऐसे नेता मार्ग दिखाते हैं एवं दूसरे उसका अनुगमन करते हैं। फ्रॉयड एवं शंकराचार्य इसी तरह के नेता थे।

(iii) कलाकार नेता–कला के क्षेत्र में महान् कलाकार ही नेतृत्व कर सकता है। तानसेन, प्रेमचंद तथा रवीन्द्रनाथ ठाकुर आदि कलाकार नेता की श्रेणी में रखे जा सकते हैं।

(ग) नेतृत्व की प्रकृति के आधार पर नेतृत्व का विभाजन

नेतृत्व का वर्गीकरण नेतृत्व की प्रकृति के आधार पर भी किया जा सकता है। इसके आधार पर नेतृत्व दो तरह के होते हैं–

(i) स्वच्छेचारी नेतृत्व–निरंकुश नेतृत्व वह नेतृत्व होता है जो सत्ता एवं प्रभुता को अपने पास बनाए रखता है। उसे समूह में काफी ज्यादा शक्ति प्राप्त रहती है। वह स्वयं अपनी इच्छानुसार समूह की नीतियों का निर्धारण करता है, योजनाओं का निर्माण करता है, समूह में सदस्यों के व्यवहारों को निश्चित करता है, सदस्यों के कार्यों एवं आपसी संबंधों को स्पष्ट करता है तथा पुरस्कार एवं दंड की व्यवस्था करता है। इस प्रकार यह कहा जा सकता है कि समूह के ज्यादा कार्यों को वह स्वयं करता है। समूह पर उसका पूर्ण नियंत्रण रहता है। उसका जो विरोध करता है वह दंड का भागी होता है। उसकी बातों को मानने वाला पुरस्कार पाता है। वह सभी महत्त्वपूर्ण जगहों पर अपने आदमियों को नियुक्त करता है। इस प्रकार के नेता की नीति 'फूट डालो शासन करो' की होती है। इस तरह के नेतृत्व के संबंध में क्रेच एवं क्रचफील्ड ने लिखा है, ''प्रभुत्व संपन्न नेता प्रजातांत्रिक नेता की अपेक्षा ज्यादा निरंकुश शक्ति

रखता है, वह अकेला ही समूह की नीतियों का निर्धारण करता है, वह अकेला ही बड़ी-बड़ी योजनाएँ बनाता है, वह अकेला ही सामूहिक क्रियाओं के अगले पदों एवं उत्तरदायित्व के संबंध में पूर्णतया सचेत रहता है, वह अकेला ही सदस्यों की क्रियाओं और सदस्यों के पारस्परिक संबंधों के विषय में निर्देश देता है, वह अकेला ही अंतिम मध्यस्थ और न्यायाधीश के रूप में व्यक्तिगत सदस्यों को पुरस्कार और दंड देने का कार्य करता है और इसीलिए सामूहिक ढाँचे के अंतर्गत प्रत्येक व्यक्ति के भाग्य का निर्माण करता है।" इस प्रकार हम कह सकते हैं। निरंकुश नेतृत्व समूह में प्रभुता के पद सोपान स्थापित करके संपूर्ण समूह पर अपना अधिकार जमा लेता है। इस तरह के नेतृत्व के उदाहरण के रूप में हिटलर तथा मुसोलिनी आदि का नाम लिया जा सकता है। इन्होंने निरंकुश शासक के रूप में इतिहास में अपना नाम अमर कर लिया।

(ii) प्रजातांत्रिक नेतृत्व–लोकतांत्रिक नेतृत्व निरंकुश नेतृत्व के बिलकुल विपरीत होता है। लोकतांत्रिक नेतृत्व उस नेतृत्व को कहा जाता है जो समूह के सभी सदस्यों के साथ समानता का व्यवहार करता है। वह समूह के हर सदस्य का ज्यादा से ज्यादा ध्यान रखता है तथा हर सदस्य का अधिक से अधिक सहयोग प्राप्त करना चाहता है। वह सामूहिक उद्देश्यों एवं कार्यों को भी पूरा करने का प्रयत्न करता है। उसके कार्य करने का मूल मंत्र होता है समझौता, सामंजस्य एवं सहानुभूति। ऐसा नेतृत्व किसी प्रकार का आदेश नहीं देता है बल्कि सुझाव देता है। वह सामूहिक वाद-विवाद के आधार पर योजनाओं एवं कार्यविधियों का निर्धारण करता है। निरंकुश नेतृत्व की तुलना में लोकतांत्रिक नेतृत्व की सत्ता एवं प्रभुता किसी भी प्रकार कम नहीं होती है लेकिन समूह में उसके कार्य करने का तरीका, आदर्श एवं नीतियाँ अलग होती हैं। वह सामूहिक कार्यों एवं उत्तरदायित्वों को अपने तक सीमित न रखकर सभी सदस्यों में इसे बाँट देता है। वह समूह के सदस्यों के बीच आपसी संबंधों को मजबूत करता है एवं सदस्यों के बीच के तनाव, संघर्ष एवं विरोध को कम करता है। क्रेच एवं क्रचफील्ड ने प्रजातांत्रिक नेतृत्व की स्थिति को स्पष्ट करते हुए लिखा है, "एक प्रजातांत्रिक नेता समूह की क्रियाओं एवं उद्देश्यों के निर्धारण में प्रत्येक सदस्य को अधिक से अधिक भाग लेने के लिए प्रेरित करता है, वह उत्तरदायित्वों को केन्द्रित न करके सदस्यों में प्रसारित करता है; वह समूह की संरचना को मजबूत बनाने के लिए सदस्यों के बीच अंतर्संबंधों एवं संपर्क को प्रोत्साहित करता है; वह समूह के अंदर उत्पन्न तनाव एवं संघर्ष को कम करता है; वह ऐसी श्रेणीबद्ध समूह संरचना से बचने की कोशिश करता है जिसमें विशेष सुविधा प्राप्त एवं उच्च स्थिति वाले लोग

प्रभुत्व रखते हों।" इस प्रकार लोकतांत्रिक नेतृत्व समूह का प्रतिनिधित्व करता है। प्रजातांत्रिक नेतृत्व की विशेषताओं का वर्णन करते हुए किम्बाल यंग ने लिखा है, "इसके प्रमुख गुण समझौता, उदारता तथा समायोजन के अन्य लक्षण हैं। वह बॉस की तरह न तो कटु स्वभाव का और न ही आंदोलनकर्ता की भाँति अनुदार एवं कठोर होता है।"

(घ) अनुयायियों के साथ नेता के संपर्क की प्रकृति के आधार पर नेतृत्व का विभाजन

अनुयायियों के साथ संपर्क की प्रकृति के आधार पर भी नेतृत्व को विभाजित किया जा सकता है। विभिन्न नेताओं के अपने अनुयायियों से पृथक्-पृथक् संबंध होते हैं। कुछ नेता शासन से संबंधित होते हैं तो कुछ संस्था में उच्च पद के कारण होते हैं। इसी तरह कुछ कार्यकुशल नेता होते हैं तो कुछ हृदयग्राही नेता होते हैं। इस आधार पर नेतृत्व के निम्नलिखित विभाजन कहे जा सकते हैं–

(i) अभ्यस्त नेतृत्व–यह वह नेतृत्व होता है जो अपने-अपने क्षेत्रों के विशेषज्ञ होते हैं। विभिन्न क्षेत्रों के लोग जो अपने क्षेत्रों के विशेषज्ञ होते हैं वे स्वभावतया ही नेतृत्व का कार्य सँभाल लेते हैं। अनुयायियों से उनके संपर्क का आधार उनकी खास योग्यता होती है। ये अपने अनुयायियों से मिलने-जुलने, उन्हें जानने या उनके विचारों एवं व्यवहारों को समझने की जरूरत महसूस नहीं करते हैं। विशेषज्ञ होने के कारण लोग स्वयं समय-समय पर इनकी सलाह लेते हैं। विशेषज्ञ नेता को विशेषज्ञ कहना ही ज्यादा सही प्रतीत होता है। उन्हें नेता कहना उचित नहीं प्रतीत होता है।

(ii) हृदयग्राही नेतृत्व–हृदयग्राही नेतृत्व अपने अनुयायियों का दिल जीत लेते हैं। ऐसा नेतृत्व अपने अनुयायियों से निकटतम संपर्क कायम रखता है। ये ही सच्चा नेतृत्व करने वाले होते हैं। इन्हीं में नेतृत्व के समस्त गुण दिखाई पड़ते हैं।

(iii) उदाहरणार्थ नेतृत्व–प्रभुत्वशाली नेतृत्व उस नेतृत्व को कहा जाता है जो अपने अनुयायियों से प्रभुत्व का संबंध रखता है। वह उन पर शासन करता है चाहे वह अपनी शक्ति के कारण कितना ही सफल क्यों न दिखाई दे।

(iv) संस्थागत नेतृत्व–प्रत्येक संस्था में कोई न कोई उच्च पद अवश्य ग्रहण करता है। उदाहरणार्थ यदि विश्वविद्यालयीय संस्था को ही लिया जाए तो इसके प्रधान वाइस-चान्सलर होते हैं जिन्हें उस संस्था का सर्वोच्च अधिकारी माना जाता है। उसके अधिकारों के कारण सभी उसकी आज्ञा का पालन करते हैं। वास्तव में संस्थात्मक नेता पदासीन प्रमुख होता है। वह नेता नहीं होता है।

सही विवरणों से यह पता चलता है कि अलग-अलग आधारों पर नेतृत्व के कई वर्गीकरण किए गए हैं। विभिन्न विद्वानों ने भी नेतृत्व के विभिन्न प्रकार के वर्गीकरण प्रस्तुत किए हैं जो निम्नलिखित हैं—

प्रसिद्ध मनोवैज्ञानिक सी.जी. युंग ने 'Psychological Types' में व्यक्तियों के प्रकारों के आधार पर नेतृत्व को दो वर्गों में बाँटा है।

(i) बहिर्मुखी—बहिर्मुखी नेतृत्व उस नेतृत्व को कहा जाता है जिनकी प्रकृति बहिर्मुखी होती है। अधिकतर पुरुष नेता इसी वर्ग में आते हैं। शासन एवं राजनीति के क्षेत्र में अधिकतर नेतृत्व बहिर्मुखी होते हैं।

(ii) अंतर्मुखी—अंतर्मुखी नेतृत्व उस नेतृत्व को कहा जाता है जिनकी प्रकृति अंतर्मुखी होती है। विचार, कला, दर्शन एवं विज्ञान आदि के क्षेत्र में ऐसे ही नेता दिखलाई पड़ते हैं।

युंग (Yung) के उक्त वर्गीकरण की काफी आलोचना की गई है। ज्यादातर मनोवैज्ञानिक युंग के इस वर्गीकरण से सहमत नहीं हैं। युंग के वर्गीकरण के आधार पर बलिंग्राथ (Bellingrath), काल्वेल और वेलमैन (Callwell and Wellman) एवं स्वार्ड (Sward) आदि विद्वानों ने कुछ परीक्षण किए हैं। इनके आधार पर युंग का वर्गीकरण वैज्ञानिक प्रमाणित नहीं हुआ है।

बार्टलेट (Bartlett) ने नेतृत्व के निम्न प्रकार के वर्गीकरण बताए हैं—

(i) संस्थात्मक नेतृत्व, (ii) प्रभुत्वशाली नेतृत्व, तथा (iii) हृदयग्राही नेतृत्व।

नेतृत्व का वर्गीकरण कोनवे (Conway) ने भी 'The Crowd in Peace and War' में प्रस्तुत किया है। इसी तरह नेफ (Nafe) ने 'Psychological Description of Leadership' में नेतृत्व का वर्गीकरण प्रस्तुत किया है। इसके अलावा वुल्फ (Wolfe) ने 'Conservation, Radicalism and Scientific Method' में नेतृत्व का वर्गीकरण प्रस्तुत किया है। इसी प्रकार बूनर (Booner) ने नेतृत्व के तीन प्रकारों की चर्चा 'Social Psychology' नामक पुस्तक में की है। ये तीन प्रकार क्रमशः प्रजातांत्रिक नेतृत्व (Democratic Leadership), प्रभुत्व संपन्न नेता (Authoritarian Leadership), तथा चमत्कारिक नेतृत्व (Charismatic Leadership)। बोगार्डस (Bogardus) ने नेतृत्व के निम्न प्रकार बताए हैं—

(क) प्रत्यक्ष और अप्रत्यक्ष नेतृत्व,

(ख) सापक्षी और वैज्ञानिक नेतृत्व,

(ग) सामाजिक, अधिशासी व मानसिक नेतृत्व,

(घ) निरंकुश, पैमिट तथा प्रजातांत्रिक नेतृत्व, तथा
(ङ) पैगम्बर, संत, विशेषज्ञ एवं बॉस।

किम्बाल यंग (Kimball Young) ने नेतृत्व के सात प्रकारों की चर्चा की है–(i) राजनीतिक बॉस, (ii) प्रजातांत्रिक नेतृत्व, (iii) नौकरशाही नेतृत्व, (iv) कूटनीतिज्ञ नेतृत्व, (v) सुधारक नेतृत्व, (vi) आंदोलन नेतृत्व, तथा (vii) सिद्धांतवादी नेतृत्व।

लॉसवेल (Lasswell) ने अपनी पुस्तक 'Psycho-pathology and Politics' में नेतृत्व के पाँच प्रकारों की चर्चा की है जो निम्न प्रकार से हैं–

(i) प्रशासक अथवा नौकरशाह,
(ii) बॉस अथवा राजनीतिक नेतृत्व,
(iii) कूटनीतिज्ञ,
(iv) आंदोलक, तथा
(v) सिद्धांतवादी।

सारजेण्ट (Sargent) द्वारा अपनी पुस्तक 'Social Psychology' में नेतृत्व के सात प्रकारों की चर्चा की है जो निम्न प्रकार हैं–

(i) चमत्कारिक नेतृत्व, (ii) समूह प्रतीक नेतृत्व, (iii) प्रधान व्यक्ति, (iv) विशेषज्ञ, (v) अधिशासी नेतृत्व, (vi) आंदोलक सुधारक नेतृत्व, तथा (vii) आक्रमणकारी नेतृत्व।

श्वार्ज (Schwarz) ने अपनी पुस्तक 'General Types of Superior Men' में नेतृत्व के निम्नलिखित प्रकारों की चर्चा की है–

(i) विचारक प्रकार का नेतृत्व, तथा
(ii) प्रशासक प्रकार का नेतृत्व।

एव्लिन वुड ने 'Patterns of Influence Within Rural India' में नेतृत्व के छह प्रकारों की चर्चा की है जो निम्न प्रकार के हैं–

(i) कुलीन, (ii) नौकरशाह, (iii) धार्मिक पेशेवर, (iv) अल्पसंख्यक शासक, (v) परिवार या गुट का निरंकुश नेता, तथा (vi) मध्यस्थ।

विलियम बिडिल ने नेतृत्व के निम्न प्रकार के वर्गीकरणों की चर्चा 'Encouraging Community Development' में की है–

(i) यशस्वी, (ii) विशेषज्ञ, (iii) पितृ-तुल्य, (iv) स्वाभाविक नेता, (v) चालबाज, (vi) समुदाय संगठन या समुदाय शिक्षक, तथा (vii) सहभागी नेता।

एस.एन. सिंह ने अपनी पुस्तक नेतृत्व के निम्नलिखित प्रकारों की चर्चा 'Different Types of Local Leadership in Two Worth Indian Villages in Studies in Rural Leadership' में की है–

(i) परंपरागत, (ii) राजनीतिक, (iii) मत निर्माता, (iv) निर्णयकर्ता, तथा (v) जाति नेतृत्व।

एस.सी. दूबे ने अपनी पुस्तक 'Leaders and Local Groups' में नेतृत्व के निम्नलिखित प्रकारों की चर्चा की है–

(i) परंपरागत नेतृत्व
(ii) अनुभागीय नेतृत्व
(iii) संस्थात्मक नेतृत्व
(iv) प्रकार्यात्मक नेतृत्व, एवं
(v) व्यावसायिक नेतृत्व।

अलग-अलग विद्वानों द्वारा बताए गए नेतृत्व के उपर्युक्त वर्गीकरणों से यह पता चलता है कि विभिन्न विद्वानों ने अपने-अपने ढंग से इसका वर्गीकरण किया है। नेतृत्व के कुछ प्रकारों की चर्चा निम्न आधार पर की जा रही है–

(i) संत, पैगम्बर, विशेषज्ञ तथा बॉस–पैगम्बर किसी शक्ति के प्रतिनिधि के रूप में कार्य करता है। जैसे धार्मिक पैगम्बर ईश्वर के प्रतिनिधि के रूप में कार्य करता है। संत अपनी पवित्रता, उदारता एवं महानता के कारण लोगों को प्रभावित करता है। विशेषज्ञ अपने कार्यक्षेत्र में अन्य व्यक्तियों की अपेक्षा ज्यादा ज्ञान एवं क्षमता रखता है। बॉस अपनी प्रतिभा, चतुरता एवं कूटनीति के आधार पर लोगों पर शासन करता है।

(ii) राजनीतिक प्रधान–राजनीतिक बॉस अपने समूह का प्रधान होता है। वह प्रभावशाली होता है तथा अपने समूह का संगठन करता है, आंतरिक झगड़ों का निपटारा करता है, सत्ता के लिए संघर्ष करता है, कूटनीति से कार्य करता है एवं जनता को बड़ी-बड़ी योजनाएँ बनाकर विकास की आशा बँधाकर अपने नेतृत्व को बनाए रखता है।

(iii) राजनीतिक गुण–कूटनीतिज्ञ नेतृत्व अतर्राष्ट्रीय क्षेत्रों में सरकार एवं राष्ट्र का प्रतिनिधित्व करते हैं। ऐसे नेताओं को विदेशों में राजदूत बनाकर भेजा जाता है। वहाँ वे अपनी सरकार की नीतियों एवं आदेशों के आधार पर कार्य करते हैं। ऐसे नेता को अपने शब्दों एवं विचारों को कुशलतापूर्वक प्रयोग करना पड़ता है।

(iv) अफसरशाही नेतृत्व–नौकरशाही नेतृत्व उस नेतृत्व को कहा जाता है जिसके नेता अनुशासित, बुद्धिमान, नियमानुकूल तथा अपने अधिकारियों के भक्त होते हैं। वे स्वयं अपने आप कोई निर्णय नहीं लेते अपितु कानूनों तथा उच्च अधिकारियों या राजनीतिक नेताओं की आज्ञानुसार यंत्रवत् कार्य करते हैं।

(v) क्रांतिकारी नेतृत्व—आंदोलक नेतृत्व उस नेतृत्व को कहा जाता है जिनके नेता अनुदार एवं कठोर प्रकृति के होते हैं। वे हिंसा तथा तोड़-फोड़ में विश्वास करते हैं। साथ ही वे क्रांति के द्वारा वर्तमान व्यवस्था को बदलवाने के लिए प्रयत्नशील रहते हैं।

(vi) सुधारक नेतृत्व—सुधारक नेतृत्व उस नेतृत्व को कहा जाता है जो वर्तमान व्यवस्था को सुधारने हेतु अपने आदर्शों का प्रचार करता है। ये अपने विरोधियों की आलोचना करते हैं। ऐसे नेता आदर्शवादी होते हैं।

(vii) सिद्धांतवादी नेतृत्व—सिद्धांतवादी नेतृत्व उस नेतृत्व को कहा जाता है जिसमें नेता नए-नए सिद्धांतों का निर्माण करता है। उसके विचार तर्क पर आधारित होते हैं। वह केवल विचार करता है, उसके विचारों को स्वीकार भी किया जाए इसके लिए वह प्रयत्नशील नहीं रहता है। इस तरह उसे अव्यावहारिक कहा जा सकता है।

(viii) चमत्कारिक नेतृत्व—चमत्कारिक नेतृत्व उस नेतृत्व को कहा जाता है, जिसके नेता किसी समाजोपरि अथवा अलौकिक शक्ति के प्रतिनिधि के रूप में कार्य करते हैं अर्थात् वह अर्ध-दैवीय (Semi-devine) की स्थिति में रहता है। राम, कृष्ण, ईसा, मुहम्मद आदि इसी प्रकार के नेतृत्व के उदाहरण कहे जा सकते हैं।

(ix) अप्रत्यक्ष एवं प्रत्यक्ष नेतृत्व—प्रत्यक्ष नेतृत्व उस नेतृत्व को कहा जाता है जिसमें नेतृत्व स्वयं व्यक्तिगत रूप से उपस्थित होकर कार्य करता है तथा योजनाएँ एवं नीतियाँ बनाता है। वह समूह को आज्ञा भी देता है तथा समूह पर नियंत्रण भी करता है। इसके विपरीत अप्रत्यक्ष नेतृत्व में नेतृत्व स्वयं व्यक्तिगत रूप से उपस्थित नहीं रहता है। वह अपने कार्य-कलापों से लोगों को प्रभावित करता है जिससे उसके नेतृत्व को स्वीकार कर लिया जाता है।

(x) स्वेच्छाचारी नेतृत्व—स्वेच्छाचारी नेतृत्व उस नेतृत्व को कहा जाता है जिसमें नेता अपनी इच्छा एवं सुविधा के आधार पर बिना किसी की राय के कार्य करता है। जनता की इच्छाओं, जरूरतों एवं सुविधाओं की उसे कोई चिंता नहीं रहती है।

(xi) पैतृक नेतृत्व—पैतृक नेतृत्व उस नेतृत्व को कहा जाता है जिसका समाज में पिता-तुल्य स्थान होता है। वह समूह के हितों के लिए कार्य करता है। यदि कोई उसे सामूहिक हित में राय देता है तो वह उसको स्वीकार करता है। समूह के सदस्यों से उसका गहरा संबंध होता है।

(xii) अधिशासी, सामाजिक तथा मानसिक नेतृत्व—सामाजिक नेतृत्व उस नेतृत्व को कहा जाता है जो समूह के बीच सार्वजनिक कार्यों को करता है। इस प्रकार

के नेतृत्व का अपने अनुयायियों के साथ घनिष्ठ संबंध होता है। मानसिक नेता समाज में मानसिक कार्य करता है। वह अपने विचारों द्वारा समाज में परिवर्तन लाता है। अधिशासी नेतृत्व उस नेतृत्व को कहा जाता है जो सामाजिक एवं मानसिक दोनों तरहों के ही कार्यों को करते हैं।

(xiii) प्रतीकात्मक नेतृत्व—प्रतीकात्मक नेतृत्व में नेता अपने समूह का सवैधानिक प्रधान होता है। वह अपने समूह का प्रतीक मात्र होता है। उसे समूह के प्रमुख के रूप में आदर मिला रहता है लेकिन उसके हाथ में शक्ति या सत्ता नहीं होती है।

(xiv) प्रधान व्यक्ति—प्रधान व्यक्ति अपने समूह का प्रमुख एवं महत्त्वपूर्ण व्यक्ति होता है। इसलिए इसे नेता कहा जाता है। इसे संस्थात्मक नेता भी कहा जाता है।

(xv) विशेषज्ञ—अपने कार्यक्षेत्र में विशेषज्ञ अन्य व्यक्तियों की तुलना में अधिक ज्ञान एवं क्षमता रखता है। इसलिए उसे उस क्षेत्र का नेता कहा जाता है।

(xvi) जोर-जबरदस्ती वाला नेतृत्व—इस तरह का नेतृत्व आक्रामक, अनुदार एवं कठोर प्रकृति का होता है। वह लोगों को भयभीत करके नेतृत्व करता है। हिटलर को इस श्रेणी के नेतृत्व का उदाहरण माना जा सकता है।

लोकतांत्रिक तथा प्रभुत्व संपन्न नेतृत्व के मध्य अंतर

पहला अंतर लोकतांत्रिक नेतृत्व एवं प्रभुत्व संपन्न नेतृत्व में यह है कि जहाँ प्रजातांत्रिक नेतृत्व में समूह की नीतियों का निर्धारण नेता के प्रोत्साहन एवं सहयोग से सदस्यों द्वारा होता है वहीं प्रभुत्व संपन्न नेतृत्व में समूह की नीतियों का निर्धारण स्वयं नेता के द्वारा किया जाता है। कहने का तात्पर्य यह है कि जहाँ प्रजातांत्रिक नेतृत्व में नेता एवं उसके सहयोगी दोनों मिलकर नीति का निर्धारण करते हैं वहीं प्रभुत्व संपन्न नेतृत्व में यह कार्य नेता स्वयं करता है।

दूसरा अंतर लोकतांत्रिक नेतृत्व एवं प्रभुत्व संपन्न नेतृत्व में यह है कि प्रजातांत्रिक नेतृत्व में सामूहिक कार्यों में श्रम-विभाजन समूह द्वारा किया जाता है। इसके विपरीत प्रभुत्व संपन्न नेतृत्व में सामूहिक कार्यों में श्रम-विभाजन स्वयं नेता द्वारा किया जाता है।

तीसरा अंतर लोकतांत्रिक नेतृत्व एवं प्रभुत्व संपन्न नेतृत्व में यह है कि प्रजातांत्रिक नेतृत्व में नेता सामूहिक एकता को अपनी शक्ति समझकर सदस्यों में आपसी तालमेल एवं अंतःक्रिया को प्रोत्साहन देता है। इसके विपरीत प्रभुत्व संपन्न

नेतृत्व में नेता अपना नेतृत्व बनाए रखने के लिए 'विभाजित करो और शासन करो' (Divide and Rule) की नीति को अपनाता है।

चौथा अंतर लोकतांत्रिक नेतृत्व एवं प्रभुत्व संपन्न नेतृत्व में यह है कि प्रजातांत्रिक नेतृत्व में नेता सदस्यों की प्रशंसा एवं निंदा वास्तविक तथ्यों एवं तर्कों के आधार पर करता है। इसके विपरीत प्रभुत्व संपन्न नेतृत्व में सदस्यों के कार्यों का मूल्यांकन अर्थात् प्रशंसा में नेता अपना व्यक्तिगत दृष्टिकोण अपनाता है।

पाँचवाँ अंतर लोकतांत्रिक नेतृत्व एवं प्रभुत्व संपन्न नेतृत्व में यह है कि प्रजातांत्रिक नेतृत्व में समूह की योजनाओं एवं कार्यविधियों का निर्माण सामूहिक वाद-विवाद के आधार पर होता है। इसके विपरीत प्रभुत्व संपन्न नेतृत्व में समूह की योजनाओं एवं कार्यविधियों का निर्माण नेता द्वारा स्वयं किया जाता है।

छठा अंतर लोकतांत्रिक नेतृत्व एवं प्रभुत्व संपन्न नेतृत्व में यह है कि प्रजातांत्रिक नेतृत्व में नेता द्वारा शक्ति एवं सत्ता का विकेन्द्रीकरण किया जाता है। इसके विपरीत प्रभुत्व संपन्न नेतृत्व में नेता अपनी शक्ति एवं सत्ता को अपने ही हाथों में केन्द्रित रखता है अर्थात् सत्ता का विकेन्द्रीकरण नहीं किया जाता है।

सातवाँ अंतर लोकतांत्रिक नेतृत्व एवं प्रभुत्व संपन्न नेतृत्व में यह है कि प्रजातांत्रिक नेतृत्व में समूह के सदस्यों के साथ नेता का मित्रवत् संबंध होता है। इसके विपरीत प्रभुत्व संपन्न नेतृत्व में नेता का समूह के सदस्यों के साथ मित्रवत् संबंध नहीं होता है। लोग नेता से भयभीत रहते हैं।

आठवाँ अंतर लोकतांत्रिक नेतृत्व एवं प्रभुत्व संपन्न नेतृत्व में यह है कि प्रजातांत्रिक नेतृत्व में नेता अपने समूह का प्रतिनिधि होता है। इसके विपरीत प्रभुत्व संपन्न नेतृत्व में नेता समूह का संचालक एवं सर्वसत्ताधारी होता है।

नौवाँ अंतर लोकतांत्रिक नेतृत्व एवं प्रभुत्व संपन्न नेतृत्व में यह है कि प्रजातांत्रिक नेता समूह की क्रियाओं में सफलतापूर्वक भाग लेता है। इसके विपरीत प्रभुत्व संपन्न नेतृत्व सामूहिक क्रियाओं से दूर रहता है अर्थात् वह उसमें भाग नहीं लेता है।

दसवाँ अंतर लोकतांत्रिक नेतृत्व एवं प्रभुत्व संपन्न नेतृत्व में यह है कि प्रजातांत्रिक नेतृत्व में नेता के अभाव में समूह के रचनात्मक कार्यों में ज्यादा अंतर नहीं आता है। इसके विपरीत प्रभुत्व संपन्न नेतृत्व में नेता के अभाव में समूह के रचनात्मक कार्यों में अत्यधिक कमी आ जाती है।

ग्यारहवाँ अंतर लोकतांत्रिक नेतृत्व एवं प्रभुत्व संपन्न नेतृत्व में यह है कि प्रजातांत्रिक नेतृत्व में किसी संकट, समस्या या असफलता की स्थिति में सदस्य

ज्यादा सहयोग एवं दृढ़ इच्छाशक्ति का परिचय देते हैं। इसके विपरीत प्रभुत्व संपन्न नेतृत्व में किसी संकट या समस्या के समय नेता एवं सदस्य परस्पर दोषारोपण करने में लगे रहते हैं।

बारहवाँ अंतर लोकतांत्रिक नेतृत्व एवं प्रभुत्व संपन्न नेतृत्व में यह है कि प्रजातांत्रिक नेतृत्व में नेता सामूहिक हितों एवं इच्छाओं को ज्यादा महत्त्व देता है। इसके विपरीत प्रभुत्व संपन्न नेतृत्व में नेता स्वयं की इच्छाओं को सर्वोपरि मानता है तथा उसी के अनुसार कार्य करता है।

तेरहवाँ अंतर लोकतांत्रिक नेतृत्व एवं प्रमुख संपन्न नेतृत्व में यह है कि प्रजातांत्रिक नेतृत्व में अन्य नेताओं के विकास को प्रोत्साहित किया जाता है। इसके विपरीत प्रभुत्व संपन्न नेतृत्व में यदि कोई सदस्य नेता की सत्ता को चुनौती देता है या नेतृत्व प्राप्त करने की ओर अग्रसर होता है तो नेता द्वारा उसे तुरंत दबा दिया जाता है।

चौदहवाँ अंतर लोकतांत्रिक नेतृत्व एवं प्रभुत्व संपन्न नेतृत्व में यह है कि प्रजातांत्रिक नेतृत्व सामाजिक अन्तःक्रिया का परिणाम होता है। इसके विपरीत प्रभुत्व संपन्न नेतृत्व प्रभुत्व स्थापित करने की प्रक्रिया का परिणाम होता है।

पन्द्रहवाँ अंतर लोकतांत्रिक नेतृत्व एवं प्रभुत्व संपन्न नेतृत्व में यह है कि प्रजातांत्रिक नेतृत्व में 'हम की भावना' (We Feeling) देखने को मिलती है। इसके विपरीत प्रभुत्वसंपन्न नेतृत्व में 'मैं' की भावना (I Feeling) देखने को मिलती है।

प्रजातांत्रिक नेतृत्व में नेता की अनुपस्थिति में भी सभी कार्य सुचारु रूप से चलते रहते हैं। इस संबंध में क्रेच एवं क्रचफ्रील्ड (Krech and Crutchfield) ने लिखा है, "...the democratic leader may judge his success in terms of the degree to which the group is able to go along...." इसके विपरीत प्रभुत्व संपन्न नेतृत्व में नेता की अनुपस्थिति में कार्य नहीं चलता है। इस संबंध में क्रेच एवं क्रचफील्ड "Krech and Crutchfield) ने लिखा है, "...the authoritarian leader is the keystone of the group without whom the whole structure may collapse...."

प्रभुत्व संपन्न नेतृत्व में अंतिम न्यायाधीश नेता ही होता है और वही लोगों को दंड एवं पुरस्कार दोनों देता है। इस संबंध में क्रेच एवं क्रचफील्ड (Krech and Crutchfield) ने लिखा है, "The authoritarian leader...alone serves as the ultimate agent and judge of rewards and punishments for the individual members and hence of the fate of each individual within the group structure." प्रभुत्व संपन्न नेतृत्व समूह में भय और निराशा का भी

संचार करता है। इस संबंध में बी. कुप्पुस्वामी (B. Kuppuswamy) ने लिखा है, "The autocratic leader rouses group fear, insecurity and frustration."

प्रजातांत्रिक नेतृत्व में नेता समूह से ही शक्ति प्राप्त करता है। इस संबंध में बी. कुप्पुस्वामी (B. Kuppuswamy) ने लिखा है, "The democratic leadership gets its source of power from the group itself." इसके विपरीत प्रभुत्व संपन्न नेतृत्व समूह के अंदर से शक्ति प्राप्त नहीं करता है। इस संबंध में बी. कुप्पुस्वामी (B. Kuppuswamy) ने लिखा है, "....in imperialism as well as in dictatorship, the authoritarian power steams from outside the group."

विभिन्न विद्वानों ने भी प्रजातांत्रिक नेतृत्व एवं प्रभुत्व संपन्न नेतृत्व के बीच पाए जाने वाले अंतरों की चर्चा की है। प्रजातांत्रिक नेतृत्व में समूह के नीति निर्धारण के बारे में लिपिट एवं ह्वाइट (Lippit and White) ने लिखा है, "In democratic leadership the decisions are made after consultation." इसके विपरीत प्रभुत्व संपन्न नेतृत्व में समूह की नीति निर्धारण के बारे में लिपिट एवं ह्वाइट (Lippit and White) ने लिखा है, "The authoritarian leader...alone determines the policies of the group, alone makes major plans..." इस संबंध में बी. कुप्पुस्वामी (B. Kuppuswamy) ने लिखा है, "In the authoritarian form the leaders makes decisions without consultation."

विभिन्न विद्वानों द्वारा प्रस्तुत उक्त विचारों से भी पता चलता है कि प्रजातांत्रिक नेतृत्व एवं प्रभुत्व संपन्न नेतृत्व में बहुत से अंतर पाए जाते हैं।

प्रमुख सिद्धांत

वास्तव में, नेतृत्व, नेता एवं अनुयायियों के मध्य अंतःक्रियात्मक संबंधों एवं व्यवहारों पर आधारित होता है। नेतृत्व अलग-अलग सामाजिक-सांस्कृतिक दशाओं का परिणाम होता है। नेतृत्व का विकास किसी एक पक्ष या कारक के आधार पर संभव नहीं होता है। नेतृत्व के विभिन्न एक कारकीय व्याख्याएँ एवं सिद्धांत प्रचलित हैं जो निम्नलिखित हैं—

(1) नेतृत्व के संतुलन का सिद्धांत—इस सिद्धांत के अनुसार नेतृत्व की सफलता के लिए व्यक्तित्व के विभिन्न गुणों का होना जरूरी होता है। इन गुणों में संतुलन भी होना चाहिए। इसमें सभी गुणों का संतुलित विकास इस तरह से होना चाहिए कि दूसरों को अधिक मात्रा में प्रभावित करते हुए व्यक्ति अपनी प्रतिष्ठा बनाए रखे एवं नेतृत्व की रक्षा कर सके। यदि किसी गुण विशेष का ज्यादा विकास

हो जाता है तो इससे व्यक्ति के व्यक्तित्व पर प्रतिकूल प्रभाव पड़ सकता है। उदाहरणार्थ यदि किसी नेता में आशावादिता का गुण ज्यादा बढ़ जाता है तो उसकी विचार-शक्ति पर विपरीत प्रभाव पड़ता है तथा वह कुछ भी कर सकता है। इसलिए नेतृत्व की सफलता इस बात पर निर्भर करती है कि व्यक्ति में नेतृत्व के जो गुण मौजूद हैं उनमें उचित संतुलन पाया जाना चाहिए। ज्यादा आशावादिता एवं निराशा में संतुलन होना चाहिए। इस तरह यह पता चलता है कि नेतृत्व के विकास हेतु संतुलन का सिद्धांत जरूरी होता है।

यद्यपि संतुलन का सिद्धांत नेतृत्व के लिए जरूरी है लेकिन इसकी कुछ दुर्बलताएँ भी हैं जो निम्नलिखित हैं—

इसकी कमजोरी यह है कि यह सिद्धांत इने-गिने संतुलन के आधार पर ही नेतृत्व जैसी जटिल अवधारणा की व्याख्या करता है। नेतृत्व की सफलता सिर्फ गुणों के संतुलन पर ही नहीं अपितु परिस्थिति एवं पर्यावरण की व्याख्या संबंधी अन्य बातों पर निर्भर करती है। इस तरह इस सिद्धांत की दुर्बलता का पता चलता है।

(2) नेतृत्व के संयोग का सिद्धांत—संयोग के सिद्धांत के आधार पर नेतृत्व के विकास के लिए तीन कारकों एवं दशाओं का संयोग होना जरूरी होता है। ये तीन कारक इस प्रकार हैं—

(क) नेता की व्यक्तिगत योग्यता,
(ख) किसी संकट अथवा समस्या का उत्पन्न होना, तथा
(ग) संकट अथवा समस्या का सामना करने का व्यक्ति को अवसर प्राप्त होना।

इन तीनों कारकों के मिलने से अर्थात् संयोग से ही नेतृत्व का जन्म होता है। इनमें से किसी एक कारक या दो कारकों के रहने से नेतृत्व नहीं पनपता है। तीनों कारकों का होना जरूरी होता है।

(3) नेतृत्व को अयोग्यता में योग्यता का सिद्धांत—नेतृत्व का यह सिद्धांत क्षतिपूर्ति के मनोवैज्ञानिक सिद्धांत पर आधारित है। इस सिद्धांत के अनुसार जब व्यक्ति में कुछ कमी या अयोग्यता होती है तो वह अन्य किसी विषय में योग्यता प्राप्त करके उस कमी की क्षतिपूर्ति करता है। व्यक्ति जितनी ज्यादा बाधाओं का सामना करता है वह उनसे संघर्ष करने का अभ्यस्त हो जाता है। संघर्ष करने की यह क्षमता उसे नेतृत्व प्रदान करने में मदद प्रदान करती है। उदाहरणार्थ, यदि कोई छात्र बार-बार परीक्षा में असफल हो जाता है तो वह अपनी शक्ति को पढ़ाई के स्थान पर खेल के क्षेत्र में लगाकर उस क्षेत्र में विशेष स्थान प्राप्त कर सकता है या फिर दोगुनी शक्ति पढ़ाई के क्षेत्र में लगाकर ही अच्छा बन सकता है। इस तरह एक क्षेत्र

में असफल व्यक्ति दूसरे क्षेत्र में सफलता प्राप्त कर सकता है या उसी क्षेत्र में शक्ति लगाकर आगे बढ़ सकता है।

(4) नेतृत्व के विलक्षणता का सिद्धांत—इस सिद्धांत के अनुसार व्यक्ति अपनी किन्हीं विलक्षण योग्यताओं के आधार पर भी नेता बन जाता है। संसार में किन्हीं भी दो व्यक्तियों में समानता नहीं होती है। उनकी क्षमताओं एवं योग्यताओं में कुछ न कुछ अंतर जरूर होता है। इसलिए जब अपनी किसी विलक्षण योग्यता के आधार पर व्यक्ति समाज की किसी समस्या का समाधान कर देता है तो समाज उसे अपना नेता मान लेता है।

(5) नेतृत्व की अंतर्दृष्टि का सिद्धांत—इस सिद्धांत के अनुसार जिस व्यक्ति में जितनी अधिक अंतर्दृष्टि होती है, उसकी नेता बनने की संभावना भी उतनी ही अधिक होती है। अंतर्दृष्टि व्यक्ति को वह क्षमता प्रदान करती है जिसके बल पर वह किसी समस्या के विभिन्न पहलुओं को पहले से ही भाँप लेता है और उसके समाधान के उपाय खोज लेता है। कहने का तात्पर्य यह है कि जिस व्यक्ति में उद्देश्यों एवं हितों को पूरा करने की अधिक क्षमता होगी वह नेतृत्व का अधिकारी बन जाएगा।

(6) नेतृत्व के समूह प्रक्रिया का सिद्धांत—इस सिद्धांत के आधार पर नेतृत्व सामूहिक प्रक्रिया का परिणाम है। प्रत्येक समूह के अपने उद्देश्य होते हैं और अपनी सामान्य आवश्यकताएँ होती हैं। इन उद्देश्यों एवं जरूरतों की पूर्ति करने में जो व्यक्ति समूह के सदस्यों के लिए सबसे ज्यादा सहायक होता है, उसी के हाथ में नेतृत्व की बागडोर चली जाती है। यद्यपि इस दिशा में समूह के सभी सदस्य क्रियाशील होते हैं, लेकिन अपनी योग्यता एवं क्षमता के आधार पर जो व्यक्ति अधिक सफल हो जाते हैं वे ही समूह के नेता बन जाते हैं।

(7) नेतृत्व के मानसिक शक्ति के केन्द्रीयकरण का सिद्धांत—नेतृत्व के इस सिद्धांत के मुताबिक कोई भी ज्यादा अथवा कम बुद्धि वाला व्यक्ति अपने प्रयासों से अथवा शक्ति को केन्द्रित करके किसी भी क्षेत्र, समस्या एवं कार्य में सफलता प्राप्त कर लेता है। इस प्रकार एक साधारण योग्यता वाला व्यक्ति अपने परिश्रम एवं लगन को एक स्थान पर केन्द्रित करके कठिन से कठिन कार्य कर लेता है या बड़ी से बड़ी सफलता प्राप्त कर लेता है। लेस्टर वार्ड (Lesterward) ने ऐसे व्यक्तियों को 'Genious by Hard Work' की संज्ञा दी है।

नेतृत्व के उक्त सिद्धांतों के अवलोकन से पता चलता है कि नेतृत्व के सभी सिद्धांत पृथक्-पृथक् दृष्टिकोण प्रस्तुत करते हैं और नेतृत्व के विकास में एक ही

कारक को महत्त्व देते हैं। अन्य कारकों की सभी सिद्धांत अवहेलना करते हैं। सच्चाई यह है कि नेतृत्व किसी एक कारक की उपज नहीं है बल्कि यह विभिन्न कारकों की उपज है। नेतृत्व नेता एवं अनुयायियों के आपसी संबंधों एवं अंतःक्रियाओं का परिणाम है जिसे किसी एक या दो कारकों के आधार पर स्पष्ट करना अवैज्ञानिक है। फिर भी इन सिद्धांतों को उपयोगी कहा जा सकता है क्योंकि इनसे नेतृत्व के विभिन्न पहलुओं पर प्रकाश पड़ता है।

'प्रभुत्व' एवं 'नेतृत्व' के मध्य

रोज बोलचाल की भाषा में नेतृत्व एवं प्रभुत्व का एक ही अर्थ लगा लिया जाता है। लेकिन वास्तविकता यह है कि दोनों एक-दूसरे से पृथक् धारणाएँ हैं। दोनों के बीच कुछ मूलभूत अंतर पाए जाते हैं। नेतृत्व का अर्थ एवं उसके बारे में विस्तृत विवरण प्रस्तुत किया जा चुका है। यहाँ प्रभुत्व का अर्थ जान लेने के बाद दोनों के बीच पाए जाने वाले अंतरों को स्पष्ट करना सरल होगा। प्रभुत्व के अंदर सत्ता या शक्ति का तत्त्व छिपा रहता है। अलग-अलग क्षेत्रों में प्रभुत्व का दर्शन होता है। एक प्राचार्य का अपने छात्रों पर, एक अफसर का अपने मातहतों पर एवं एक मालिक का अपने नौकरों पर प्रभुत्व होता है। इसका कारण यह है कि इन सभी के आपसी संबंधों में अनिवार्यता एवं सत्ता का तत्त्व समाहित होता है। इन सभी के हाथों में कुछ ऐसी शक्ति या सत्ता का तत्त्व निहित रहता है जिसके बल पर वे उनकी मनोवृत्तियों को प्रभावित कर पाते हैं। प्रभुत्व के संबंध में किम्बाल यंग ने 'Handbook of Social Psychology' में लिखा है, "प्रभुत्व को एक ऐसे कार्य अथवा ऐसी प्रतिक्रिया के रूप में परिभाषित किया जा सकता है जो दूसरे की मनोवृत्ति और क्रिया को प्रभावित करती है।" प्रभुत्व की अवधारणा में दो तत्त्वों का समावेश होता है। इनमें प्रथम तत्त्व प्रभुता एवं दूसरा तत्त्व अधीनता है। किसी एक पक्ष में प्रभुता होती है तो दूसरे पक्ष में अधीनता होती है। यह स्वाभाविक है कि जब एक व्यक्ति प्रभावशाली होता है तो दूसरा व्यक्ति उसके अंतर्गत होता है। इस संबंध में किम्बाल यंग ने 'Handbook of Social Psychology' में लिखा है, "अधीनता के बिना प्रभुत्व वैसे ही नहीं हो सकता, जैसे अनुयायियों के अभाव में नेता नहीं हो सकता।" फिर भी प्रभुत्व एवं नेतृत्व में काफी कम अंतर है। इसलिए इस संबंध में किम्बाल यंग ने लिखा है, "जिसे हम आमतौर पर नेतृत्व की संज्ञा देते हैं उसकी विवेचना वास्तव में प्रभुत्व के रूप में ही करनी चाहिए।"

प्रभुत्व तथा नेतृत्व के मध्य निम्न प्रकार के भेद कहे जा सकते हैं–

प्रभुत्व एवं नेतृत्व में पहला अंतर यह है कि प्रभुत्व की अवधारणा में शक्ति तथा सत्ता की भावना ज्यादा स्पष्ट रहती है जबकि नेतृत्व में सहकारिता की भावना अधिक स्पष्ट रहती है। प्रभुत्व में अधीनस्थों के ऊपर एक तरह का दबाव पाया जाता है जबकि नेतृत्व में अनुयायियों पर इस प्रकार का दबाव नहीं पाया जाता है। प्रभुत्व में अधीनस्थों में हीन भावना पनप सकती है लेकिन नेतृत्व में इस तरह की कोई हीन भावना अनुयायियों में नहीं पाई जाती है।

प्रभुत्व एवं नेतृत्व के बीच दूसरा अंतर यह है कि प्रभुत्व में एक पक्ष अर्थात् प्रभुत्वधारी व्यक्ति अपने अधीनस्थ से प्रभावित हो, यह जरूरी नहीं होता है। इसके विपरीत नेतृत्व में नेता एवं अनुयायी एक-दूसरे से प्रभावित होते हैं।

प्रभुत्व एवं नेतृत्व के मध्य तीसरा अंतर यह है कि प्रभुत्व में अनिवार्यता एवं एक तरह के डर का भाव निहित होता है। इसमें अधीनस्थ व्यक्ति यह मानकर चलता है कि उसे प्रभुत्वधारी व्यक्ति के आदेशों एवं निर्देशों का पालन करना होगा। आदेशों तथा निर्देशों का पालन नहीं करने पर उन्हें दंड का भी भय रहता है। इसके विपरीत नेतृत्व में इस प्रकार की कोई बात नहीं पाई जाती है। नेतृत्व में अनुयायियों के स्वेच्छापूर्ण समर्पण का भाव निहित रहता है।

14

श्रम, श्रम संघ एवं श्रम कल्याण

श्रम

उद्योग और श्रम परस्पर सम्बन्धित है। बिना श्रम के उद्योग की कल्पना नहीं की जा सकती। यह श्रम शारीरिक तथा मानसिक दोनों तरह का होता था। पहले उद्योग में शारीरिक श्रम को महत्ता प्राप्त थी, परन्तु आज अत्यधिक विकसित प्रौदयोगिकी के कारण मानसिक श्रम ने काफी महत्व प्राप्त किया है। यद्यपि शारीरिक श्रम अभी भी पूर्णतया महत्वहीन नहीं हुआ है। इस तरह बिना श्रम के पूँजी एवं उदयोग के लिए जरूरी अन्य तत्व अस्तित्वहीन हो जाता है। इस तरह उद्योग के लिए श्रम एक जरूरी तत्व है जिससे सम्बन्धित कई समस्याएँ समय-समय पर उत्पन्न होती रहती है।

विभिन्न विद्वानों ने श्रम की निम्न परिभाषाएँ दी है–

(1) थामस–श्रम से शरीर व मस्तिष्क के उन समस्त मानवीय प्रयत्नों का बोध होता है, जो पारिश्रमिक पाने की आशा से किए जाएँ।

(2) जेवन्स–"श्रम मस्तिष्क अथवा शरीर का वह प्रयास है, जो उस कार्य से प्राप्त होने वाले प्रत्यक्ष सुख के अतिरिक्त पूर्णतः या अशंतः किसी लाभ के लिए किया जाये।"

इस तरह 'श्रम मानवीय प्रयत्नों से सम्बन्धित है। ये प्रयत्न शारीरिक एवं मानसिक दोनों तरह के हो सकते हैं। इन प्रयत्नों का उद्देश्य शारीरिक अथवा

मानसिक लाभ प्राप्त करना होता है। यह लाभ अप्रत्यक्ष या प्रत्यक्ष, पूर्णतः या आंशिक रूप से किसी भी रूप में हो सकता है।'

श्रम की मुख्य विशेषताएं

श्रम की विशेषताओं में निम्न तत्वों को शामिल किया जा सकता है–

(1) श्रम का श्रमिक से घनिष्ठ सम्बन्ध है। इन्हें अलग नहीं किया जा सकता। इस तरह श्रम एवं श्रमिक एक ही गाड़ी के दो पहलू है।

(2) श्रम बेचा जा सकता है। किन्तु इसका आशय यह कदापि नहीं है कि श्रमिक अपने गुणों को बेचता है, वह तो केवल अपने श्रम को ही बेचता है।

(3) श्रम नाशवान है। इसे संगृहित करके नहीं रखा जा सकता। इसका कारण यह है कि बीता हुआ दिन वापस नहीं आता।

(4) श्रम में गतिशीलता का तत्व भी पाया जाता है। इसका अर्थ यह है कि श्रम का एक स्थान से दूसरे स्थान को हस्तान्तरण किया जा सकता है। यह कोई स्थिर तत्व नहीं है।

(5) श्रम उत्पत्ति का आधार है। श्रम के अभाव में उत्पत्ति की कल्पना नहीं की श्रम की कार्यकुशलता में बढ़ोतरी की जा सकती है।

(6) श्रम का आशय मानवीय प्रयत्नों से है। ये मानवीय प्रयास दो भागों में विभक्त हो सकते हैं–

(क) शारीरिक, और

(ख) मानसिक।

(7) श्रम में सौदा करने की शक्ति अति अल्प मात्रा में होती है। श्रमिकों की सौदा करने की दुर्बल शक्ति के निम्न कारण हैं–

(क) श्रमिकों में व्याप्त गरीबी और दरिद्रता,

(ख) श्रमिकों की अज्ञानता, अशिक्षा एवं अनुभवहीनता,

(ग) श्रम संगठनों का अभाव और इनका दौर्बल्य,

(घ) श्रम नश्वर होने के कारण श्रमिक इसका संग्रह न करके तुरन्त बेचता है।

(ङ) बेरोजगारी।

(8) श्रमिकों की कार्यकुशलता एक ही तरह की न होकर इसमें भिन्नता होती है।

(9) श्रमिक उत्पादन का साधन ही नहीं है बल्कि साध्य भी है। श्रमिक केवल उत्पादन ही नहीं करता, बल्कि उपभोग में भी हिस्सा बँटाता है।

श्रम समस्या का आशय

'श्रम समस्या' एक व्यापक शब्द है। इसके तहत श्रमिकों की भर्ती की समस्या से लेकर उत्पादन बढ़ोतरी तक की समस्याओं को शामिल किया जाता है। जैसा ऊपर लिखा जा चुका है श्रम एवं श्रमिक अन्तर्संबंधित हैं और इन्हें एक दूसरे से अलग नहीं किया जा सकता। श्रम समस्या के तहत श्रमिकों की मुख्य समस्याओं को शामिल किया जाता है। श्रम समस्याएँ अधिकाशतः वृहद् उद्योगों में ही पाई जाती है, चाहे अर्थव्यवस्था का स्वरूप कुछ भी हो। एडम्स एवं समर ने लिखा है कि श्रम समस्याओं का क्षेत्र अति विशाल है। इसके तहत श्रम संघवाद तथा औद्योगिक शान्ति से सम्बन्धित समस्याओं को शामिल किया जाता है। श्रम समस्या का इसलिए भी ज्यादा महत्व है कि यह एक मानवीय तत्व है। मानवीय तत्व होने के कारण ही इससे सम्बन्धित कई समस्याओं का जन्म होता है। आधुनिक औद्योगिक जीवन में श्रम कठिनाइयों की जड़ें अत्यन्त गहरी जा चुकी है।

श्रम जन्य समस्याओं के कारण

जैसा ऊपर लिखा जा चुका है श्रम समस्या इसलिए ज्यादो जटिलता की ओर तत्पर होती है क्योंकि इसका सम्बन्ध मानवीय-तत्व से है। संक्षेप में, श्रम समस्याओं को जन्म देने तथा विकसित करने के जो मुख्य कारक हैं, उन्हें निम्न भागों में विभक्त किया जा सकता है–

(1) पूँजीवादी अर्थव्यवस्था–वैसे तो हर स्तर की अर्थव्यवस्था में कुछ न कुछ समस्याएँ विद्यमान थीं, किन्तु श्रम समस्याओं का जो अध्ययन वर्तमान युग में किया जाता है, उसका स्पष्ट सम्बन्ध आधुनिक युग की पूँजीवादी अर्थव्यवस्था से है। इस तरह की अर्थव्यवस्था में समाज स्पष्टरूप से दो भागों में विभक्त हो जाता है–

(क) पूँजीपति एवं

(ख) श्रमिक।

उद्योगों से जो आय होती है, उससे ये दोनों ही वर्ग ज्यादा से ज्यादा हिस्सा प्राप्त करने का प्रयत्न करते हैं। परिणाम यह होता है कि कई तरह की समस्याओं का जन्म और विकास होता है।

(2) राजनीतिक व्यवस्था–श्रम समस्याओं के जन्म तथा विकास में राजनीतिक व्यवस्था की भी प्रमुख भूमिका होती है। इसी व्यवस्था के फलस्वरूप श्रम समस्यायें

विकसित होती है। तानाशाही अर्थव्यवस्था में मालिक तथा शासकों के मध्य अन्तर्संबंध रहते हैं। फलस्वरूप मालिक, श्रमिक को थोड़ी-सी भी सुविधा नहीं देना चाहते हैं। परिणाम यह होता है कि अनेक समस्याओं का जन्म होता है।

(3) सामाजिक कारक—सामाजिक कारक भी श्रम समस्याओं को जन्म देती है। औद्योगिक अर्थव्यवस्था में कुटीर उद्योग समाप्त हो जाते हैं, वृहद् उद्योगों की स्थापना होती है। इसका परिणाम यह होता है कि औद्योगिक पूँजी का केन्द्रीकरण होता जाता है तथा समाज सन्तुलन खो देता है। परिणाम यह होता है कि कई प्रकार की समस्याओं का जन्म होता है।

(4) मनोवैज्ञानिक कारक—अन्त में, मनोवैज्ञानिक कारक भी श्रम कठिनाइयों को जन्म देते हैं। श्रमिक मनुष्य पहले है, श्रमिक बाद में। वह सामाजिक प्राणी है। समाज में भोजन तथा वस्त्र की अपेक्षा मनोवैज्ञानिक जरूरत भी होती है। वह समाज में रहकर सम्मान तथा प्रतिष्ठा पाना चाहता है तथा समाज में एक निश्चित इज्जत की लालसा करता है। कई समस्यायें इसलिए उत्पन्न होती है कि श्रमिकों की मनोवैज्ञानिक जरूरतों को पूरा नहीं किया जाता है।

श्रम समस्याओं के अध्ययन का महत्व

श्रम समस्याओं के अध्ययन का क्या महत्व है? आधुनिक काल में श्रम समस्याओं का अध्ययन क्यों किया जाता है? संक्षेप में, कामगारों की समस्याओं के अध्ययन का जो महत्व है, उसे निम्न प्रकार विभक्त किया जा सकता है—

(1) आधुनिक युग में औद्योगिकरण में लगातार बढ़ोतरी हो रही है। औद्योगिकरण कई समस्याओं को जन्म देता है। ये समस्याएँ मानव-जीवन से सम्बन्धित है तथा पूरे समाज को प्रभावित करती है। इसलिए इन समस्याओं का अध्ययन आवश्यक है।

(2) किसी भी राष्ट्र की आर्थिक उन्नति और विकास के लिए श्रम समस्याओं का अध्ययन आवश्यक है।

(3) हर देश का कर्त्तव्य है कि वह सभी नागरिक को आर्थिक स्वतन्त्रता मुहैया करे। आर्थिक स्वतन्त्रता तब तक प्रदान नहीं की जा सकती तब तक देश का औद्योगिक विकास न हो। इन सन्दर्भ में औद्योगिक विकास में सम्मिलित व्यक्तियों के जीवन और पद्धतियों का अध्ययन आवश्यक है,

(4) श्रमिक एक मनुष्य होता है। मनुष्य होने के नाते उसकी समस्याओं का अध्ययन जरूरी है।

(5) श्रम समस्याओं के द्वारो ही हमें किसी देश की वास्तविक स्थिति का ज्ञान होता है, और

(6) अन्त में, समाजवादी समाज की स्थापना हेतु भी श्रमिकों की समस्याओं के सम्बन्ध में जानकारी रखना अनिवार्य है।

भारतीय कामगारों की मुख्य कठिनाइयां

समस्यायें मानव-जीवन के साथ ही है। हर विकसित और अविकसित देश में कुछ न कुछ समस्याएँ होती है। भारत में कई प्रकार की समस्यायें है। इन समस्याओं में श्रमिकों की समस्या भी एक है। श्रमिकों को कई समस्याओं का सामना करना पड़ता है। इन समस्याओं के कारण श्रमिकों की शारीरिक तथा मानसिक क्षमता का ह्रास होता है। कार्यक्षमता की कमी चाहे शारीरिक हो अथवा मानसिक, उत्पादन को प्रभावित करती है। उत्पादन की कमी आने से राष्ट्र के विकास की गति धीमी हो जाती है। भारत के श्रमिकों की प्रमुख कठिनाइयों को निम्न भागों में बाँटा जा सकता है–

(1) पाली व्यवस्था के दोष–अक्सर सभी देशों तथा हर उद्योगों में पाली अथवा शिफ्ट (Shift) की प्रथा पाई जाती है। इस पाली-प्रथा के कारण श्रमिकों को निम्न समस्याओं का सामना करना पड़ता है–

(क) रात्रि पालियाँ स्वास्थ्य पर खराब असर डालती है। इससे कामगारों की उम्र सीमा कम होती है,

(ख) कार्य के घन्टे फैले हुए होने के कारण श्रमिकों को असुविधा का अनुभव होता है,

(ग) रात्रि शिफ्ट से पति-पत्नी अलग रहते हैं। इससे अनैतिकता में बढ़ोतरी होती है,

(घ) पाली प्रणाली के कारण श्रमिकों को कई प्रकार की दुर्घटनाओं का सामना करना पड़ता है,

(ङ) कुछ पाली ऐसे समय में शुरू और समाप्त होते हैं कि न तो समय पर खाना ही मिल पाता है और न ही नींद पूरी होती है।

(2) काम करने के अधिक घन्टे–काम करने के ज्यादा घन्टे भारतीय कामगारों की अगली महत्वपूर्ण कठिनाई है। काम के घण्टों में अधिकता के कारण श्रमिकों को निम्नांकित समस्याओं का सामना करना पड़ता है–

(क) सामाजिक जीवन के कामों की उपेक्षा

(ख) कार्यक्षमता में कमी

(ग) स्वास्थ्य पर कुप्रभाव।

(3) स्वास्थ्य की समस्यायें—श्रमिकों की दूसरी समस्याओं की तुलना में स्वास्थ्य की समस्या ज्यादा महत्वपूर्ण है। आज का औद्योगिक काम अनेक खतरों और जोखिमों से भरा पड़ा है। उन्हें अत्यन्त दयनीय परिस्थितियों में काम करना पड़ता है।

स्वास्थ्य से सम्बन्धित श्रमिकों की मुख्य समस्याएँ इस प्रकार है—

(क) कार्यस्थल का दोषपूर्ण वातावरण,

(ख) हानिकारक पदार्थों का प्रयोग,

(ग) आवास की कमी,

(घ) चिकित्सा सुविधाओं का अभाव,

उपरोक्त समस्याओं के अलावा श्रमिकों की जो और समस्यायें हैं, उन्हें निम्न भागों में बाँटा जा सकता है—

(4) जलवायु की समस्या—भारत की जलवायु गर्म है तथा कामगारों को कठोर परिश्रम करना पड़ता है। पोषण के अभाव में उनकी कार्यक्षमता में कमी आती है।

(5) प्रवासिता—प्रवासी प्रवृत्ति भारतीय श्रमिकों की मौलिक विशेषता है। प्रवासिता का तात्पर्य यह है कि भारतीय श्रमिक जहाँ काम करते हैं, वहाँ के स्थायी निवासी नहीं होते। इसके कारण उनका एक स्थान से अन्यत्र आना-जाना बना रहता है। इसके साथ ही भारतीय श्रमिक उपज और उत्सब के अवसर पर एक स्थान से दूसरे स्थान को जाते हैं। इस कारण उन्हें अपना काम छोड़ना पड़ता है।

भारतीय श्रमिकों में प्रवासिता के कारणों को निम्न शीर्षकों में बाँटा जा सकता है—

(क) कुटीर उद्योगों का पतन,

(ख) जनसंख्या में वृद्धि और

(ग) भूमि पर जनसंख्या का अत्यधिक दबाव।

प्रवासिता के दुष्परिणाम—प्रवासिता के कुपरिणामों का निम्न भागों में बाँटा जा सकता है—

(क) कार्य कुशलता में कमी,

(ख) स्वास्थ्य पर विपरीत असर,

(ग) अधिक व्यस्तता और दिमाग पर अधिक दबाव,

(घ) स्वस्थ मनोरंजन का अभाव एवं बुरी प्रवृत्तियों का विकास,
(ङ) मजदूरी में कमी,
(च) काम की अनिश्चितता में बढ़ोतरी,
(छ) औद्योगिक संगठनों पर प्रभाव।

(6) श्रमिक भर्ती की दोषपूर्ण पद्धति—श्रमिकों की दूसरी महत्वपूर्ण कठिनाई उनको भर्ती की पद्धति से सम्बन्धित है। इस समस्या से सम्बद्ध कुछ मुख्य समस्यायें इस तरह है—

(क) श्रमिकों की भर्ती मध्यस्थों द्वारा होती है। ये मध्यस्थ अनेक प्रकार की समस्याएँ पैदा करते हैं—
  (क) श्रमिकों और मालिकों के बीच तनाव और संघर्ष की स्थिति को जन्म देते हैं,
  (ख) श्रमिकों की भर्ती में कुशलता तथा अकुशलता को महत्व नही देते,
  (ग) भर्ती में मजदूरों से कमीशन लेते है।
(ख) भर्ती के अतिरिक्त श्रमिकों की पदोन्नति के फलस्वरूप मजदूरों में असन्तोष की भावना का विकास होता है।
(ग) स्थानान्तरण में भी पक्षपात किया जाता है। इस कारण भी श्रमिकों में अनेक प्रकार की समस्याओं का जन्म और विकास होता है।

(7) दोषपूर्ण प्रबन्ध की समस्या—इसके तहत दो तरह की समस्यायें आती है—
  (क) मालिका का व्यवहार तथा
  (ख) काम का दोषपूर्ण विभाजन।

(8) अनुपस्थितता—अनुपस्थितता भारतीय श्रमिकों की तीसरी तथा मौलिक विशेषता है। अनुपस्थितता का आशय है निर्धारित समय पर काम पर उपस्थित न होना। जब श्रमिक बिना पूर्व सूचना के कार्य पर नहीं आते, तो इसे अनुपस्थितता कहा जाता है। अनुपस्थितता से श्रमिकों को कई प्रकार की हानि उठानी पड़ती है—

(क) इससे कामगारों को आर्थिक नुकसान होता है,
(ख) गैरहाजिर रहने से श्रमिकों में अनुशासनहीनता की प्रवृत्ति का विकास होता है, जिससे उनकी प्रगति में बाधा पैदा होती है,
(ग) इस प्रवृत्ति के फलस्वरूप श्रमिकों और मालिकों के मध्य संघर्ष की स्थिति का जन्म और विकास होता है,
(घ) इससे परिवार को आर्थिक कठिनाइयों का सामना करना पड़ता है।

(9) श्रमिकों के हेर-फेर की समस्या—उद्योगों में ऐसा पाया गया है कि कर्मचारियों के कार्यों की प्रकृति में हेर-फेर किया जाता है अथवा बदलाव होता रहता है। इस हेर-फेर की समस्या का श्रमिकों के ऊपर निम्न दुष्प्रभाव पड़ता है—

(क) इससे कामगारों के संगठन को हानि पहुँचती है,
(ख) श्रमिकों की कार्यक्षमता में कमी आती है,
(ग) सेवाओं में स्थायित्व के अभाव के कारण उनके जीवन में उथल-पुथल मची रहती है,
(घ) अनिश्चितता के कारण मजदूर अपने भविष्य के सम्बन्ध में किसी प्रकार की योजना का निर्माण नहीं कर सकते,
(ङ) श्रमिकों में हेर-फेर या बदलाव के कारण श्रम संगठनों को कई प्रकार की कठिनाइयों का सामना करना पड़ता है,
(च) श्रमिकों में हेर-फेर की प्रवृत्ति के कारण भ्रष्टाचार को प्रोत्साहन मिलता है,
(छ) इसके फलस्वरूप मानवीय व भौतिक संसाधनों के प्रयोग में कठिनाइयाँ पैदा होती है।

(10) मजदूरों के नैतिक पतन की समस्या—इस समस्या के तहत मुख्य तौर पर निम्न समस्यायें आती है—

(क) जूआ,
(ख) मद्यपान और
(ग) वेश्यावृत्ति।

(11) निम्न जीवन-स्तर—जीवन-स्तर का सम्बन्ध मानव की आदत से है। जीवन-स्तर रहन-सहन के तरीकों को कहते हैं। संक्षेप में, जीवन-स्तर का सम्बन्ध मानवों की आदतों से है, जिनकी तृप्ति का वह अभ्यस्त हो गया है। जीवन-स्तर को सुविधा की दृष्टि से दो हिस्सों में बाँटा जा सकता है—

(क) उच्च जीवन-स्तर और
(ख) निम्न जीवन-स्तर।

श्रमिकों के निम्न जीवन-स्तर के फलस्वरूप उनके जीवन में निम्न कठिनाइयों का जन्म होता है—

(क) कार्यकुशलता में कमी,
(ख) अशिक्षा तथा अज्ञानता में बढ़ोतरी,
(ग) स्वास्थ्य-सुविधाओं का अभाव,
(घ) असन्तुलित तथा अपर्याप्त भोजन,

(ङ) स्वस्थ मनोरंजन का अभाव और आबादी में बढ़ोतरी,

(च) गन्दी बस्तियों में निवास।

(12) ऋणग्रस्तता—भारतीय कामगारों की सबसे बड़ी समस्या ऋणग्रस्तता की है जो मजदूरों की कार्यक्षमता में कमी और उनके निम्न जीवन-स्तर का मुख्य कारण है। शाही श्रम आयोग ने अपने अध्ययन में ऐसा पाया कि औद्योगिक क्षेत्र के 3/4 कामगार ऋणग्रस्त है। औद्योगिक केन्द्रों में श्रमिकों में पाई जाने वाली ऋणग्रस्तता के कई कारण है।

(क) कामगारों की कार्यकुशलता का ह्रास होता है।

(ख) श्रमिकों के नैतिक चरित्र में कमी आती है,

(ग) वर्ग-संघर्ष की भावना पैदा होता है,

(च) ऋणग्रस्तता, श्रमिकों की श्रम का मोल-भाव करने की शक्ति को कम करती है। इसके फलस्वरूप उन्हें वस्तुओं का अधिक मूल्य चुकाना पड़ता है,

(छ) इससे कामगारों में आत्मसम्मान की भावना का लोप होता है,

(ज) ऋणग्रस्तता में श्रमिकों के जीवन-स्तर में लगातार गिरावट आती रहती है,

(झ) ऋणग्रस्तता के फलस्वरूप श्रमिकों की समस्त अभिलाषाओं का नाश होता है।

(13) सामाजिक दशाओं एवं प्रथाओं से सम्बन्धित समस्यायें जैसे—

(क) जाति-प्रथा,

(ख) संयुक्त परिवार और

(ग) जातीय रीति-रिवाज और कानून।

(14) काम करने की बुरी दशायें—श्रमिकों के काम करने की जो दशायें हैं, उनकी निम्नांकित विशेषताएँ हैं—

(क) धूल, धुँआ आदि से सुरक्षा का अभाव

(ख) कल्याण कार्यों की कमी तथा इनकी अव्यवस्था,

(ग) स्वच्छता का अभाव,

(घ) सुरक्षा का अभाव (यन्त्रों से)

(च) स्वच्छ वायु तथो प्रकाश की कमी,

(छ) काम के ज्यादा घन्टे, आदि।

कारखानों में इन बुरी दशाओं में रहकर कामगारों को कठिन परिश्रम करना पड़ता है। इस कठिन श्रम के कारण उनकी कार्यक्षमता में गिरावट आती है, स्वास्थ्य का स्तर निम्न होता है और ऋणग्रस्तता में बढ़ोतरी होती है।

(15) मजदूरों की छुट्टी और सवैतनिक अवकाश की समस्या।

(16) मजदूरों में गरीबी की समस्या।

(17) शिक्षा का अभाव तथा श्रमिकों की अज्ञानी प्रकृति।

(18) रूढ़िवादिता तथा परम्परा प्रेम।

(19) आवास की समस्या।

(20) पुरानी मशीनों के प्रयोग की समस्या।

(21) वर्ग संघर्ष की समस्या।

(22) भारतीय श्रमिकों में प्रशिक्षण के अभाव की समस्या।

विवेकीकरण

श्रम एवं उद्योग अन्तर्संबंधित है। विवेकीकरण भी उद्योग में मुख्ये भूमिका अदा करता है। 'विवेकीकरण' अंग्रेजी के 'रेशनलाइजेशन का हिन्दी रूपान्तरण है। रेशनलाइजेशन शब्द 'रेशनल' से बना है, जिसका आशय है बौद्धिक या विवकी। विवेकपूर्ण व्यक्ति को विवकी अथवा बुद्धिमान कहा जाता है। इससे स्पष्ट होता है कि विवेक का स्पष्ट सम्बन्ध बुद्धि अथवा ज्ञान से है। मानव की ये क्रियायें कई तरह की हो सकती है–मूल्यात्मक, भावात्मक, और विवेकपूर्ण आदि।

मौलिक सवाल यह उठता है कि मनुष्य की कौन-सी क्रियायें विवेकपूर्ण कही जाएँ? मनुष्य की विवेकपूर्ण क्रियायें वे हैं जो तर्क एवं बुद्धि पर आधारित होती है। इस तरह सोच-समझकर बुद्धि तथा ज्ञान के आधार पर क्रियाओं को सम्पादित करना विवेकीकरण है।

उद्योगों में विवेकीकरण के महत्व में दिन-प्रतिदिन बढ़ोतरी होती जा रही है। हर उद्योग का एक निर्धारित लक्ष्य होता है, निश्चित उद्देश्य होता है। यह उद्देश्य उत्पादन क्षमता में बढ़ोतरी करना और लागत में कमी लाने से सम्बन्धित होता है। उत्पादन के पाँच आधार हैं–

(क) पूंजी

(ख) साहस

(ग) भूमि

(घ) श्रम

(ङ) संगठन

संगठन का विवेकीकरण से स्पष्ट सम्बन्ध है। उद्योगों में बुद्धि की मदद से संगठित करने की पद्धति को ही विवेकीकरण से नाम से जाना जाता है।

विवेकीकरण की परिभाषाएँ कई विद्वानों ने दी है। इनमें से कतिपय परिभाषाएँ यहाँ दी जा रही हैं–

(1) उर्विक–"विवेकीकरण एक दृष्टिकोण एवं प्रक्रिया दोनों ही है। दृष्टिकोण

के रूप में वैज्ञानिक विधियों का उपयोग करके संसार के आर्थिक जीवन का अधिक बौद्धिक नियन्त्रण सम्भव एवं वांछनीय है। प्रक्रिया के रूप में इसका अर्थ उत्पादन तथा उपभोग के संगठन की समस्त समस्याओं में वैज्ञानिक विधियों को अपनाने से है।''

कर्नल ऊर्विक ने विवेकीकरण की जो परिभाषा दी है उसकी विशेषताएँ निम्नवत् हैं–

(क) विवेकीकरण के दो पहलू हैं–

(अ) दृष्टिकोण से सम्बन्धित और

(ब) प्रक्रिया से सम्बन्धित।

(ख) विवेकीकरण में वैज्ञानिक विधियों का उपयोग किया जाता है, और

(ग) इसका उद्देश्य विश्व के आर्थिक जीवन का अधिक बौद्धिक नियन्त्रण है।

(2) अन्तर्राष्ट्रीय श्रम संगठन–अन्तर्राष्ट्रीय श्रम संगठन ने 1937 में अपनी बैठक में विवेकीकरण की परिभाषा दी थी। श्रम संगठन ने विवेकीकरण की परिभाषा को निम्न चार भागों में विभक्त किया था–

(क) अति संकुचित अर्थ में,

(ख) सामान्य अर्थ में,

(ग) व्यापक अर्थ में और

(घ) अति व्यापक अर्थ में।

वास्तविक परिभाषा इस प्रकार है–

(क) ''विवेकीकरण, अत्यन्त संकुचित अर्थ में, किसी उद्योग, प्रशासन या अन्य सेवा, सरकारी या गैर-सरकारी क्षेत्र में ऐसे सुधारों से सम्बन्धित है जिनके द्वारा प्राचीन परम्परगत्मक विधियों के स्थान पर व्यवस्थित और बौद्धिक विधियों का उपयोग किया जाता है।''

(ख) ''विवेकीकरण विस्तृत अर्थ में, ऐसे सुधार को कहते हैं, जिसमें औद्योगिक संस्थाओं के किसी समूह को इकाई मान लिया जाता है तथा व्यवस्थित, बौद्धिक और संगठित प्रयास के द्वारा अनियन्त्रित प्रतिस्पर्धा में होने वाली बर्बादी और हानियों को रोका जाता है।''

(ग) ''विवेकीकरण, विस्तृत अर्थ में ऐसे सुधार को कहते हैं जिसमें विशाल आर्थिक और सामाजिक समूहों की सामूहिक क्रियाओं में व्यवस्थित और बौद्धिक विधियों का उपयोग किया जाता है।''

(घ) ''विवेकीकरण, साधारण अर्थ में, किसी ऐसे सुधार को कहते हैं, जिसके द्वारा

पुरानी और परम्परागत पद्धतियों के स्थान पर व्यवस्थित और बौद्धिक विधियों का उपयोग किया जाता है।"

इन परिभाषाओं को ध्यान में रखते हुए विवेकीकरण की निम्न विशेषताओं का नियंत्रण किया जा सकता है–

(क) विवेकीकरण का स्पष्ट अर्थ व्यवस्थित तथा बौद्धिक विधियों के उपयोग से है,

(ख) विवेकीकरण में प्राचीन तथा परम्परागत पद्धतियों का प्रयोग किया जाता है,

(ग) विवेकीकरण दोनों तरह के प्रतिष्ठानों से सम्बन्धित है–

(अ) सरकारी और

(ब) गैर सरकारी।

(घ) इसका उद्देश्य संस्थाओं में होने वाली बर्बादी और हानियों पर रोक लगाना है,

(ङ) इन परिभाषाओं में विवेकीकरण जहाँ लागू हो, वे इस तरह हैं–

(अ) सामान्य अर्थ में इसका सम्बन्ध एक विशेष कारखाने से होता है,

(ब) विस्तृत अर्थ में यह एक विशेष उद्योग से सम्बन्ध रखता है तथा

(स) अत्यन्त ही विस्तृत अर्थों में इसका सम्बन्ध समस्त समाज से है।

(3) विश्व आर्थिक सम्मेलन–1927 में जेनेवा (Geneva) में जो आर्थिक सम्मेलन हुआ था, उसमें विवेकीकरण की जो परिभाषा स्वीकार की गई थी वह इस तरह है–"विवेकीकरण में श्रम के वैज्ञानिक संगठन, कच्चे माल तथा उत्पादित वस्तुओं की प्रमापीकरण क्रियाओं के सरलीकरण तथा यातायात और बिक्री के साधनों में उत्पत्ति को सम्मिलित किया जा सकता है।"

इस परिभाषा में विवेकीकरण की निम्न विशेषताओं की तरफ संकेत किया गया है–

(क) इसके द्वारा श्रम का वैज्ञानिक संगठन किया जाता है,

(ख) कच्चे माल और उत्पादित वस्तुओं का प्रमापीकरण किया जाता है,

(ग) उद्योगों में काम करने की जो प्रक्रियायें हैं, उन्हें सरल से सरलतम बनाया जाता है और

(घ) यातायात के साधनों में प्रगति की जाती है तथा बाजार व्यवस्था में सुधार किया जाता है।

(4) डा. टी. आर. शर्मा–"विवेकीकरण की व्याख्या व्यापक एवं संकुचित दोनों ही अर्थों में की जा सकती है। व्यापक अर्थ में विवेकीकरण का तात्पर्य किसी उद्योग की समस्त इकाइयों को एक समूह मानते हुए उसमें सामूहिक प्रयास के द्वारा ऐसे सुधार को लागू करना होता है जिससे अपव्यय एवं हानि में कमी लायी जा सके।"

(5) डा. डी. एच. मैकग्रेगर—"विवेकीकरण औद्योगिक संगठन का एक ऐसा प्रकार है जो राज्य के नियमों पर आधारित हो तथा जिसके उत्पादनकर्त्ताओं में इस प्रकार सम्बन्ध हों कि वे कार्य में विशेषीकरण ला सकें एवं शिथिलता के विच्छेदन पर एवं नयें इकाइयों के प्रवेश पर भलीभांति नियन्त्रण रख सके।"

अगर मैकग्रेगर की परिभाषा की विवेचना करें, तो विवेकीकरण के तहत निम्न तत्व शामिल किए जा सकते हैं—

(क) विवेकीकरण औद्योगिक संगठन का स्वरूप है।
(ख) इसमें अनुत्पादक इकाइयों को समाप्त किया जाता है।
(ग) उत्पादन बढ़ाने से सम्बन्धित नयें इकाइयों को स्वीकार किया जाता है
(घ) इन इकाइयों पर नियन्त्रण रखा जाता है।

(6) रोबिन्सन—विवेकीकरण फर्मों एवं उद्योग विशेष के मध्य सम्बन्धों के पुनर्संगठन से सम्बन्धित है।

प्रो. राबिन्सन की परिभाषा में विवेकीकरण की दो विशेषताओं का वर्णन किया गया है—

(क) इसके तहत फर्मों का आन्तरिक व्यवस्था को शामिले किया जाता है और
(ख) उद्योगों का पुनर्संगठन आता है।

(7) फ्लोरेंस—"विवेकीकरण एक ऐसा प्रयत्न है जिसके द्वारा किसी उद्योग के अन्तर्गत सभी इकाइयों के सामूहिक प्रयत्नों द्वारा वैज्ञानिक तर्कपूर्ण रीति से बर्बादी और अक्षमता को दूर किया जाता है।"

प्रो. सार्जेन्ट फ्लोरेंस ने विवेकीकरण की जो परिभाषा दी है उससे विवेकीकरण की निम्न विशेषताएँ निश्चित की जा सकती है—

(क) विवेकीकरण का स्पष्ट सम्बन्ध उद्योगों से है,
(ख) विवेकीकरण एक तरह के बौद्धिक प्रयासों को कहते हैं,
(ग) विवेकीकरण के द्वारा उद्योगों में होने वाली बर्बादी तथा अक्षमता को खत्मे किया जाता है,
(घ) इसके लिए वैज्ञानिक-कम-औद्योगिक एवं तर्कपूर्ण विधियों का उपयोग किया जाता है और
(ङ) उद्योगों के लिए संयोजन तथा संगठन किया जाता है।

विवेकीकरण की प्रमुख विशेषताएँ

इस अध्याय में विवेकीकरण की जो परिभाषाएँ दी गई है, उनकी विशेषताओं की विवेचना भी अलग-अलग रूप से की गई है। फिर भी इनमें कुछ सामान्य

विशेषताएँ हैं जो इन परिभाषाओं की सीमा में नहीं आती। यहाँ हम विवेकीकरण की सामान्य विशेषताओं की विवेचना करेंगे। विवेकीकरण की मुख्य सामान्य विशेषताएँ निम्न है–

(1) सामूहिक प्रयत्न–विवेकीकरण व्यक्तिगत प्रयत्नों का परिणाम न होकर सामूहिक प्रयत्नों का परिणाम है। इसमें किसी व्यक्तिगत इकाई में सुधार की ओर ध्यान न दिया जाकर उत्पादन से सम्बन्धित समस्त इकाइयों के सुधार की ओर ध्यान दिया जाता है। उत्पादन कई इकाइयों का योगदान होता है। इन सभी इकाइयों का उत्पादन में व्यक्तिगत महत्व न होकर सामूहिक महत्व होता है। इसके साथ ही जो इकाइयाँ कमजोर और अनुकूल होती है उन्हें दूसरी कुशल इकाइयों के साथ संयुक्त कर दिया जाता है।

(2) प्रमाणीकरण–विवेकीकरण की चौथी विशेषता प्रमापीकरण से सम्बन्धित है। प्रमापीकरण-माप करने की प्रक्रिया को कहते हैं जिसमें सेवा, मात्रा, गुणा इत्यादि की माप की जाती है। विवेकीकरण में प्रमापीकरण के प्रयोजनों को निम्न भागों में विभक्त किया जा सकता है–

(क) उत्पादित वस्तु को निर्धारित आकार एवं विशेषताएँ प्रदान करना,
(ख) उत्पादित वस्तुओं की किस्म तथा मात्रा को निर्धारिते माप प्रदान करना,
(ग) मनुष्य एवं यन्त्रों से सम्बन्धित प्रमापों को तैयार करना।

(3) विशेषीकरण–विवेकीकरण का सम्बन्ध विशेषीकरण से है। विशेषीकरण वह प्रक्रिया है जिससे परिश्रम के अपव्यय को रोका जाता है और योग्यता और अनुभव के आधार पर काम दिए जाते हैं। इसीलिए किम्बाल यंग ने 'प्रयास के सीमित क्षेत्र में केन्द्रीयकरण को ही विशेषीकरण' कहा है। विशेषीकरण को प्रमुख रूप से तीन भागों में विभक्त किया जा सकता है

(क) व्यवसायों का विशेषीकरण,
(ख) श्रम का विशेषीकरण और
(ग) भौगोलिक विशेषीकरण।

(4) एक प्रक्रिया–ववेकीकरण की पहली विशेषता यह है कि यह एक प्रक्रिया है। यह प्रक्रिया आर्थिक क्षेत्र से शुरू होकर सामाजिक जीवन तक लगातार गतिशील रहती है। इसका तात्कालिक उद्देश्य औद्योगिक स्तर को ऊँचा उठाना तो है ही, साथ ही इसका दीर्घकालिक प्रयोजन भी है और वह यह कि सामान्यजन के रहन-सहन के स्तर को ऊँचा उठाना और उन्हें जीवन-उपयोगी सुविधाएँ मुहैया करना। इसके तहत वाणिज्य और उद्योग का सावधानीपूर्वक, सोच-विचारकर,

नियोजन किया जाता है। विवेकीकरण, उद्योगों में नयें विचारधारा का प्रतिपादन करने वाली एक नयें पद्धति है।

(5) मशीनीकरण—विवेकीकरण में उन्नत यन्त्रों का उपयोग किया जाता है। जिस माध्यम एवं गति से उद्योगों में अधिकाधिक मशीनों का उपयोग किया जाता है उस प्रक्रिया को मशीनीकरण के नाम से जाना जाता है। विवेकीकरण का आधार ही सुधरी हुई आधुनिकतम मशीनें हैं। विवेकीकरण माध्यम से औद्योगिक क्षेत्र में होने वाली नयें आविष्कारों का पूरा-पूरा लाभ उठाया जाता है।

(6) गतिशील व्यवस्था—विवेकीकरण कोई स्थायी व्यवस्था नही है। इसका प्रत्यक्ष सम्बन्ध तो उद्योगों में होने वाली लगातार बदलाव से है। इसके तहत सामाजिक समस्याओं के सम्बन्ध में वैज्ञानिक दृष्टिकोण अपनाया जाता है। श्री. वी. वी. गिरि ने इसीलिए लिखा है, ''विवेकीकरण का तत्व पद्धतियों में क्रान्तिकारी बदलाव करता है जिसमें असामयिक परम्पराओं और अव्यवस्थित जीवन पद्धतियों का अन्त करके वैज्ञानिक प्रकृति के सिद्धान्त और विधियों को अपनाता है।'

(7) सरलता—विवेकीकरण की अगली विशेषता सरलता है। इससे उत्पादन पद्धतियों तथा कार्यों की जटिलता को समाप्त किया जाता है और उन्हें सरल से सरलतम बनाया जाता है। उत्पादन विधियों के आसान होने से ही श्रम विभाजन सम्भव हो सकता है। इस सरलता के निम्न लाभ होते हैं—

(क) उत्पादन में बढ़ोतरी होती है,
(ख) श्रमिकों की कार्यक्षमता में बढ़ोतरी होती है,
(ग) उत्पादन व्यय में कमी आती है और
(घ) इससे उत्पादनकर्त्ताओं को ज्यादा लाभ होता है।

विवेकीकरण के मुख्य उद्देश्य

विवेकीकरण की परिभाषाओं से यह ज्ञात होता है कि इसका उद्देश्य उत्पादन क्षमता में बढ़ोतरी करना तथा उत्पादन से होने वाले अपव्यय को रोकना है। जीवनस्तर को ऊँचा करना एवं उद्योग-धन्धों में स्थिरता लाना भी विवेकीकरण का उद्देश्य है। विवेकीकरण के उद्देश्य के सम्बन्ध में विविध संस्थाओं और संगठनों ने जो विचार व्यक्त किए हैं, वे इस तरह हैं—

विश्व आर्थिक सम्मेलन—1927 में जेनेवा में जो विश्व आर्थिक सम्मेलन हुआ था, इसमें निर्णित विवेकीकरण के उद्देश्यों को निम्न भागों में विभक्त किया जा सकता है—

(क) कम से कम प्रयासों के द्वारा मजदूरों को अधिक से अधिकतम कार्य क्षमता प्राप्त करना,

(ख) वस्तुओं की वितरण-व्यवस्था को सरल से सरलतम बनाना,

(ग) समाज के प्रत्येक व्यक्तियों हेतु अधिक स्थायी और उच्च-जीवनस्तर प्रदान करना,

(घ) उपभोक्ताओं को कम से कम पैसे पर जीवन-उपयोगी वस्तुएँ प्रदान करना,

(ङ) वितरण व्यवस्था में अनावश्यक व्यय, बेकार के मध्यस्थों और अनावश्यक यातायात को समाप्त करना,

(च) उत्पादन में प्रयुक्त शक्ति के निरर्थक अपव्यय को खत्म करना,

(छ) कच्चे माल में होने वाले अनावश्यक खर्च को समाप्त करना,

(ज) उत्पादकों हेतु उचित पारितोषिक की व्यवस्था करना।

बम्बई सूती वस्त्र जाँच समिति—1941 में जो बम्बई सूती वस्त्र श्रम जाँच समिति बैठी थी, उसने विवेकीकरण के निम्नांकित उद्देश्य बतलाए हैं—

(क) प्रति व्यक्ति उत्पादन में बढ़ोतरी करना,

(ख) प्रति मशीन उत्पादन में बढ़ोतरी करना,

(ग) कामगारों की कार्यक्षमता में बढ़ोतरी करना,

(घ) श्रमिकों की कार्य करने की दशाओं में सुधार करना,

(ङ) वित्तीय तथा औद्योगिक पुनर्संगठन करना।

विवेकीकरण के सामान्य उद्देश्यों को निम्न भागों में विभक्त किया जा सकतो है—

(1) जीवनस्तर को उन्नत करना—विवेकीकरण का अप्रत्यक्ष एवं अन्तिम उद्देश्य सामान्यजन के जीवनस्तर को प्रगति की ओर ले जाना है। जब लागत में कमी आएगी, तो जीवनपयोगी वस्तुएँ सस्ते दामों पर उपभोक्ता को सुलभ होगी। इसका परिणाम यह होगा कि उपभोक्ता की आर्थिक स्थिति सुदृढ़ रहेगी एवं जीवन सुखी और समृद्धिपूर्ण होगा।

(2) अपव्यय को रोकना—विवेकीकरण का सीधा सम्बन्ध उद्योगों में होने वाले अपव्यय को कम करना है। विवेकीकरण वह प्रक्रिया है जिसमें उद्योगों में प्रयोग की जाने वाली परम्परागत पद्धतियों के स्थान पर वैज्ञानिक तथो बौद्धिक विधियों को प्रयुक्त किया जाता है। उद्योगों में श्रम, शक्ति, संगठन में जो अपव्यय होता है, विवेकीकरण की मदद से उसे कम किया जाता है। अपव्यय के निम्न पदों पर अंकुश रखा जाता है—

(क) अगर उद्योगों का संगठन दोषपूर्ण होता है, तो उसमें पूँजी अधिक लगती है तथा कामगारों और उद्योगपतियों को अधिक परिश्रम करना पड़ता है। इसका परिणाम यह होता है कि उत्पादन में व्यय में बढ़ोतरी हो जाती है। विवेकीकरण वह प्रक्रिया है जिसके द्वारो दोषपूर्ण संगठन के कारण होने वाले अपव्यय को कम किया जाता है।

(ख) अत्यधिक प्रतिस्पर्धा की अवस्था में भी उद्योगों में खर्च की मात्रा बढ़ जाती है, क्योंकि प्रतिस्पर्धा के कारण उद्योगपतियों को ज्यादा श्रम और पूँजी लगानी पड़ती है। साथ ही विज्ञापन आदि के कारण ज्यादा पैसा व्यय करना पड़ता है। विवेकीकरण द्वारा इस फालतू खर्च को भी समाप्त किया जाता है।

(ग) उद्योगों में दोषपूर्ण, घिसी-पिटी एवं पुरानी मशीनों का उपयोग करने से अपव्यय होता है। इससे श्रम एवं समय ज्यादा लगता है और उत्पादित वस्तु भी निम्न श्रेणी की होती है। विवेकीकरण द्वारा इस अपव्यय को खत्म करने में मदद मिलती है।

(घ) उत्पादन के विविध साधन होते हैं। इन साधनों में तालमेल की कमी के कारण फालतू खर्च होता है। विवेकीकरण उत्पादन के विभिन्न साधनों में अगर स्थापित करके अपव्यय को रोकता है।

(3) औद्योगिक व्यवस्था में स्थिरता लाना—औद्योगिक क्षेत्रों में उन्नति का मूल आधार स्थिरता है। औद्योगिक क्षेत्र में वही देश उन्नति के शिखर पर पहुँचे है जहाँ स्थिरता रहती है। 1929 की विश्वमन्दी का प्रभाव हर देश की अर्थव्यवस्था पर पड़ा, किन्तु जर्मनी इस प्रभाव से अछूता रहा, क्योंकि वहाँ विवेकीकरण को अपना लिया गया था। विवेकीकरण उद्योगों की गिरती हुई दशा को उठाने में मदद करता है।

(4) उपलब्ध साधनों का श्रेष्ठतम उपयोग—उद्योगों की सफलता का आधार यह है कि देश में उपलब्ध प्रत्येक प्रकार के साधनों का श्रेष्ठतम प्रयोग किया जाये। विवेकीकरण द्वारा उद्योगों की सफलता हेतु उपलब्ध साधनों का अधिक वैज्ञानिक और बौद्धिक प्रयोग किया जाता है।

विवेकीकरण से होने वाले लाभ

विवेकीकरण मुख्यतः औद्योगिक उत्पाद से सम्बन्धित होता है। यदि उत्पादन में विवेक का उपयोग नहीं किया जाए तो उत्पादन प्रक्रिया असफल हो जाती है।

विवेकीकरण से कई लाभ हैं। इससे उद्योगों में स्थिरता आती है। उपभोक्ताओं और उत्पादकों को आर्थिक लाभ तो होता है। साथ ही, जनसाधारण का जीवनस्तर

भी समुन्नत होता है। इससे देश और समाज की बहुमुखी उन्नति होती है। संक्षेप में सुविधा की दृष्टि से विवेकीकरण के लाभों को निम्न भागों में विभक्त किया जा सकता है–

(1) उपभोक्ता को लाभ–विवेकीकरण से मात्र उत्पादकों तथा श्रमिकों को ही लाभ होता है, अपितु इससे वस्तुओं के उपभोक्ता को भी लाभ होता है। उपभोक्ता को जो लाभ होता है, वह इस तरह है–

(क) **जीवन-स्तर में वृद्धि**–कम कीमत पर अच्छी वस्तुओं के उपलब्ध होने का परिणाम यह होता है कि उपभोक्ता के जीवन-स्तर में बढ़ोतरी हो जाती है। इससे उपभोक्ता की बचत होती है और उनकी वास्तविक आय में बढ़ोतरी हो जाती है। इसका परिणाम यह होता है कि उपभोक्ता पूर्व की तुलना में अधिक वस्तुओं का उपभोग करने में समर्थ होता है।

(ख) **सस्ते मूल्य पर वस्तुएँ**–विवेकीकरण से लागत कम आती है तथा उत्पादन ज्यादा मात्रा में होता है। इसका फल यह होता है कि उत्पादित वस्तुओं का मूल्य कम हो जाता है। साथ ही विवेकीकरण एवं प्रमापीकरण की मदद से कम लागत में उच्चकोटि की वस्तुओं का उत्पादन किया जाता है। इसका परिणाम यह होता है कि उपभोक्ता अल्प कीमत पर उच्चकोटि की सामग्रियां प्राप्त कर लेते हैं। इससे उनकी आमदनी का उचित प्रयोग होता है।

(ग) **वस्तुओं के चुनाव की समस्या से मुक्ति**–विवेकीकरण के फलस्वरूप वस्तुओं का प्रमाप निश्चित हो जाता है। इससे उपभोक्ता को वस्तुओं के चुनाव की समस्या से मुक्ति मिल जाती है। प्रमापित वस्तुओं के दाम और चिन्ह्न सरलता से याद हो जाते हैं। इसका परिणाम यह होता है कि हर विक्रेता वस्तुओं को प्रमापित मूल्य पर ही बेचता है। इससे उपभोक्ता को मुनाफा होता है।

(2) समाज को लाभ–विवेकीकरण से अन्त में समाज को भी मुनाफा होता है। अभी हमने विवेकीकरण से उत्पादकों, श्रमिकों और उपभोक्ताओं को होने वाले मुनाफों का वर्णन किया। देश और समाज का निर्माण व्यक्तियों से होता है। विवेकीकरण से समाज को जो लाभ होता है, उसमें कुछ मुख्य इस तरह हैं–

(क) **विदेशी प्रतिस्पर्धा की योग्यता**–विवेकीकरण द्वारा उद्योगों में ऐसी क्षमता ला दी जाती है कि वे वैदेशिक प्रतिस्पर्धा का सामना कर सके। इससे औद्योगिक स्थायित्व आती है और दीर्घकालीन आर्थिक योजनाओं का निर्माण किया जा सकता है।

(ख) **आर्थिक साधनों का श्रेष्ठतम उपयोग**–विवेकीकरण द्वारा उद्योगों में होने वाले अपव्यय को खत्म किया जाता है। इस तरह देश के आर्थिक साधनों का श्रेष्ठतम प्रयोग किया जाता है।

(ग) **सामाजिक प्रगति**–अन्त में, विवेकीकरण के द्वारा समाज की उन्नति होती है। इससे देश आर्थिक दृष्टि से सम्पन्न हो जाता है। समाज की अर्थव्यवस्था में स्थायित्व आ जाती है। समाज के प्रत्येक वर्गों का समुचित कल्याण और उन्नति होती है। इस प्रकार विवेकीकरण से सामाजिक उन्नति होती है।

(घ) **आर्थिक तथा औद्योगिक प्रगति**–विवेकीकरण के द्वारा उद्योगों में उत्पादन की आधुनिकतम पद्धतियों का उपयोग वैज्ञानिक आधार पर किया जाता है। इससे उद्योगों में सफलता मिलती है। इसका परिणाम यह होता है कि समाज की आर्थिक एवं औद्योगिक उन्नति होती है।

(ङ) **राष्ट्रीय आय में वृद्धि**–विवेकीकरण से देश की आर्थिक तथा औद्योगिक उन्नति होती है और उत्पादन में बढ़ोतरी होती है। इससे राष्ट्र और समाज समृद्धिशाली बनता है और इस तरह राष्ट्रीय आय में बढ़ोतरी होती है।

(च) **राष्ट्रीय बचत**–विवेकीकरण से केवल राष्ट्रीय आय में ही बढ़ोतरी नहीं होती, बल्कि राष्ट्रीय बचत इस प्रकार होती है कि विवेकीकरण द्वारा अपव्यय को समाप्त कर दिया जाता है।

(छ) **व्यापार चक्र की समाप्ति**–व्यापार में उत्कर्ष तथा अपकर्ष का चक्र लगातार चलता रहता है। इससे कभी व्यापारिक उन्नति होती है, तो कभी अवनति। विवेकीकरण द्वारा माँग और पूर्ति में वैज्ञानिक तालमेल स्थापित किया जाता है जिससे समाज व्यापारिक चक्रों के कुप्रभावों से बचा रहता है।

(3) उत्पादकों को लाभ–विवेकीकरण का सबसे अधिक लाभ उत्पादनकर्त्ताओं को होता है। इससे उत्पादको को जो लाभ होता है, उनमें मुख्य निम्न हैं–

(क) **पूँजी का पूर्णतम उपयोग**–विवेकीकरण द्वारा उत्पादन में उतनी ही लागत लगानी पड़ती है जितनी जरूरत होती है, इसलिए अति-पूँजीकरण और अल्प-पूँजीकरण जैसी कोई समस्या उत्पन्न नही होती।

(ख) **श्रम और पूँजी में सहयोग**–विवेकीकरण से एक अन्य फायदा होता है कि इससे श्रमिक तथो पूँजीपति एक-दूसरे के समीप आते हैं। दोनों में सहयोग की भावना में बढ़ोतरी हो जाती है। इससे उत्पादन क्षमता बढ़ती है, साथ ही उत्पादन लागत भी न्यून हो जाती है। इससे उत्पादकों को मुनाफा होता है।

(ग) **औद्योगिक स्थिरता**–विवेकीकरण के द्वारा उद्योगों में स्थिरता का विकास होता है। इससे माँग और पूर्ति में सामन्जस्य बना रहता है। इससे पदार्थों के

मूल्यों में स्थिरता बनी रहती है। औद्योगिक स्थिरता से निम्नांकित लाभ होते हैं–

(अ) सस्ते मूल्यों में वस्तुओं की उपलब्धि,
(ब) अच्छे किस्म के माल की उपलब्धि,
(स) उत्पादन लागत में कमी,
(द) मजदूरों को ज्यादा मजदूरी और
(य) औद्योगिक सहयोग में बढ़ोतरी।

उद्योगों में स्थिरता से जो मुनाफा होते हैं इनसे उत्पादकों को स्पष्ट तौर पर लाभ होता है।

(घ) **उत्पादन क्षमता में वृद्धि**–विवेकीकरण से उत्पादकों को सबसे बड़ा लाभ यह है कि उत्पादन क्षमता में बढ़ोतरी हो जाती है। इसमें घिसी-पिटी एवं परम्परागत प्राचीन मशीनों के स्थान पर बौद्धिक एवं वैज्ञानिक मशीनों का उपयोग किया जाता है। इससे उत्पादन क्षमता बढ़ जाती है। उत्पादन क्षमता में बढ़ोतरी होने से उत्पादकों को ज्यादा लाभ होता है।

(ङ) **उत्पादन में मितव्ययिता**–विवेकीकरण के कारण उत्पादन में मितव्ययिता आती है। इसका परिणाम यह होता है कि नई तथा आधुनिक मशीनों का उपयोग किया जाता है, संगठन में सुधार किया जाता है एवं अनार्थिक इकाइयों को खत्म कर दिया जाता है। इससे उत्पादन में अल्पे लागत लगती है और उत्पादकों को मुनाफा होता है।

(च) **उत्पादन विधि में सुधार**–विवेकीकरण वह पद्धति है जिससे उत्पादन क्रियाओं को सरल से सरलतम किया जाता है। इससे दो लाभ होते हैं–

(अ) श्रमिकों की कार्यकुशलता में बढ़ोतरी होती है और
(स) इससे उत्पादन क्षमता बढ़ती है।

इसका परिणाम यह होता है कि उत्पादन में होने वाले खर्च कम हो जाता है। उत्पादन खर्च में कमी होने से भी उत्पादकों को लाभ होता है।

(छ) **प्रमाणीकरण से लाभ**–प्रमाणीकरण से जो मुनाफा होते हैं, उनमें प्रमुख इस प्रकार हैं–

(अ) इससे उपभोक्ताओं को आवश्यक माल की प्राप्ति सरलता और सुविधा से हो जाती है,
(ब) प्रमापीकरण से विशिष्टीकरण को प्रोत्साहन मिलता है। किम्बाल यंग ने विशिष्टीकरण के निम्न लाभ बताये हैं–

(a) विशेषज्ञों द्वारा उत्पादन होने से मितव्ययिता होती है,
(b) वृहद् पैमाने पर उत्पादन,
(c) उत्पादन खर्च में कमी,
(d) इससे पदार्थों की जाँच और उनके छाँटने की समस्या समाप्त हो जाती है,
(e) कामगारों की उत्पादन क्षमता में बढ़ोतरी होती है,

(स) विशेषीकरण से काम का बँटवारा योग्यता और कुशलता के आधार पर होता है। इससे उत्पादन क्षमता बढ़ जाती है,

(द) इससे श्रमिकों की साख में भी बढ़ोतरी होती है।

(य) इससे कार्यशील पूँजी से काम चल जाता है, क्योंकि सामग्रियों को संचित नहीं करना पड़ता।

(र) कई आकार और प्रारूप की वस्तुओं के बनाने में अधिक समय और धन नष्ट नहीं करना पड़ता है। इससे भी उत्पादकों को फायदा होता है।

(ज) **यंत्रीकरण**—विवेकीकरण में यन्त्रीकरण को बढ़ावा दिया जाता है। इससे अल्प समय में ज्यादा मात्रा में उत्पादन होता है तथा उत्पादन होता है तथा उत्पादन लागत में भी कमी आती है। यंत्रों के कारण उत्पादन में होने वाली समस्याओं को आसान बना दिया जाता है। इससे श्रमविभाजन को भी बढ़ावा मिलता है। इस प्रकार यन्त्रीकरण से भी उत्पादकों को लाभ होता है।

(झ) **औद्योगिक अनुसन्धान**—विवेकीकरण औद्योगिक अनुसन्धान को भी प्रोत्साहित करता है। इससे नये-नये मशीनों का आविष्कार होता है तथा उत्पादन की नयी पद्धतियों की खोज की जाती है। परिणाम यह होता है कि उद्योग लगातार उन्नति करते जाते हैं। उद्योगों में होने वाली उन्नति से उत्पादकों को लाभ होता है।

(ञ) **उत्पादकों में पारस्परिक सहयोग**—प्रतिस्पर्धा उद्योगों का आधार है, किन्तु विवेकीकरण के द्वारा प्रतिस्पर्धा की मात्रा में गिरावट आती है और उत्पादकों में परस्पर सहयोग की भावना का विकास होता है। विवेकीकरण की योजना को तभी कार्यान्वित किया जा सकता है जब उत्पादकों में परस्पर सहयोग हो। सहयोग के कारण भी उत्पादकों को लाभ होता है।

(ट) **वैज्ञानिक प्रबन्ध**—विवेकीकरण उद्योगों की वह प्रक्रिया है जिसमें वैज्ञानिक प्रबन्ध को अपनाया जाता है। इससे श्रमिकों की कार्यकुशलता में बढ़ोतरी हो

जाती है। वैज्ञानिक प्रबन्ध निम्न बातों पर आधारित होता है–

(अ) श्रमिकों के कार्य के उचित घण्टे,

(ब) श्रमिकों का वैज्ञानिक चुनाव,

(स) श्रमिकों का समुचित प्रशिक्षण और

(द) मनुष्य, मशीन और माल का उचित उपयोग।

इस प्रकार वैज्ञानिक प्रबन्ध से उत्पादन की मात्रा बढ़ जाती है। इससे उत्पादकों को लाभ होता है।

(ठ) **उचित संयोजन**–विवेकीकरण द्वारा उद्योगों के विविध अंगों में समुचित व्यवस्था की जाती है एवं उनमें उचित संयोजन किया जाता है। इससे उद्योगों में उत्पादन हेतु एक केन्द्रिय योजना बना ली जाती है। इससे अकुशल इकाइयों को खत्मे कर दिया जाता है। उचित संयोजन के द्वारा उद्योगों में निम्नांकित क्रियायें की जाती है–

(अ) सामूहिक यातायात की व्यवस्था से यातायात व्यय में कमी,

(ब) सामूहिक विज्ञापन और प्रचार,

(स) वस्तुओं का सामूहिक वितरण,

(द) वस्तुओं का सामूहिक क्रय तथा विक्रय,

(य) उत्पादन मात्रा पर केन्द्रिय नियन्त्रण,

(र) अति उत्पादन के भय का समापन,

(ल) बाजार में उद्योगों की साख में वृद्धि, और

(व) उद्योगों की स्थिति में दृढ़ता का विकास।

इस प्रकार विवेकीकरण उचित संयोजन को प्रोत्साहित करता है। इससे उत्पादकों को लाभ होता है और उत्पादन की प्रक्रिया पूर्णतया प्रभावित होती है।

(4) श्रमिकों को लाभ–विवेकीकरण का द्वितीये लाभ श्रमिकों को होता है। श्रमिकों को जो मुख्य लाभ होते हैं, वे इस तरह हैं–

(क) **कार्यक्षमता में वृद्धि**–वैज्ञानिक यंत्रों, श्रेष्ठ प्रबन्ध और श्रमिकों के उचित प्रशिक्षण का फल यह होता है कि कामगारों की कार्यक्षमता बढ़ जाती है। कार्यक्षमता में बढ़ोतरी विशेषीकरण और श्रमविभाजन का विशेष महत्व है। इससे मजदूरों की कार्यक्षमता बढ़ जाती है और वे अधिकाधिक सुनियोजित तरीकों से कामों का संचालन करते हैं। इससे मजदूरों की कार्यक्षमता बढ़ती है और उन्हें मुनाफा होता है।

(ख) **गतिशीलता में वृद्धि**–विवेकीकरण के कारण मजदूरों में गतिशीलता का विकास होता है। विशेषीकरण और श्रम विभाजन के कारण भी कामगारों में गतिशीलता की भावना का विकास होता है। गतिशीलता के कारण वे एक स्थान से अन्य स्थान में जाकर अधिक मजदूरी और लाभ कमाते हैं।

(ग) **श्रम कल्याण**–विवेकीकरण का उद्देश्य श्रमिकों की कार्यक्षमता में बढ़ोतरी करना है। इसके लिए कई प्रकार के श्रमकल्याण सम्बन्धी कार्य किये जाते हैं। इससे भी श्रमिकों को लाभ होता है।

(घ) **कार्य की उन्नत दशाएँ**–विवेकीकरण द्वारा श्रमिकों की कार्यक्षमता में बढ़ोतरी की जाती है। इसके लिए कामगारों की कार्य करने की दशाओं में सुधार किया जाता है। इससे भी श्रमिकों को मुनाफा होता है।

(च) **वेतन में वृद्धि**–प्रबन्ध उच्चकोटि का होने से कामगारों की कार्यक्षमता बढ़ जाती है। इससे उत्पादन खर्च में कमी आ जाती है तथा श्रेष्ठ और ज्यादा मात्रा में वस्तुओं का उत्पादन होने से व्यय की मात्रा में कमी हो जाती है। इससे उत्पादकों को ज्यादा लाभ होता है। अधिक लाभ होने से श्रमिकों की मजदूरी बढ़ा दी जाती है। इस तरह श्रमिकों को अधिक लाभ होता है।

(छ) **रोजगार की स्थिति**–विवेकीकरण से उद्योगों में दृढ़ता एवं उनके लाभों में स्थिरता आ जाने से रोजगार में स्थिरता आ जाती है। परिणामतः दीर्घकाल में बेकारी समाप्त हो जाती है और रोजगार के अवसर बढ़ जाते हैं एवं उनमें स्थिरता आ जाती है।

विवेकीकरण से होने वाली हानियां

विवेकीकरण आधुनिक वैज्ञानिक उन्नति की देन है। विवेकीकरण के कई लाभ हैं जिनका ऊपर वर्णन किया जा चुका है। किन्तु इसका आशय कदापि नही है कि विवेकीकरण से समाज और व्यक्ति को केवल लाभ ही लाभ है। विवेकीकरण की कई हानियाँ या दोष भी है, इसलिए श्रम-संघों द्वारा इसका विरोध किया जाता है। सैद्धान्तिक तौर पर विवेकीकरण से चाहे जो भी लाभ हों, व्यापारिक दृष्टि से इससे समाज को कई हानियाँ है। संक्षेप में विवेकीकरण के दोषों को निम्नांकित भागों में विभक्त किया जा सकता है–

(1) प्राचीन यन्त्रों का पतन–विवेकीकरण द्वारा प्राच्य और परम्परागत मशीनों के स्थान पर नयें और वैज्ञानिक मशीनों का उपयोग किया जाता है। इससे प्राचीन मशीनें बेकार हो जाती है और पूंजी का नाश होता है। चूँकि आविष्कार

तेजी से होते हैं, इसलिए जल्दी-जल्दी ही यन्त्र बदलते रहते हैं। इससे देश का आर्थिक पतन भी होता है।

(2) बेरोजगारी—विवेकीकरण का सबसे बड़ा दोष यह है कि इससे बेरोजगारी को प्रोत्साहन मिलता है। यद्यपि सैद्धान्तिक तौर पर ऐसा माना जाता है कि विवेकीकरण का बेरोजगारी से कोई सम्बन्ध नहीं है, किन्तु इसका व्यावहारिक पक्ष यह है कि पूँजीवादी व्यवस्था में विवेकीकरण से कामगारों की छटनी होती है जिससे कई श्रमिक बेरोज़गार हो जाते हैं।

(3) बड़े पैमाने पर उत्पादन—विवेकीकरण की प्रक्रिया द्वारा वृहद् पैमाने पर उत्पादन किया जाता है। वृहद् पैमाने पर उत्पादन से निम्न दोष पैदा होते हैं—

(क) आर्थिक संकट का भय,
(ख) उपभोक्ता की रूचियों की उपेक्षा,
(ग) औद्योगिक संघर्ष को बढ़ावा,
(घ) धन के असमान वितरण को बढ़ावा और
(ङ) उत्पादन की बेलोचदार प्रणाली का उदय, आदि।

(4) कुशल व्यवस्थापकों की कमी—विवेकीकरण एक बौद्धिक एवं वैज्ञानिक प्रक्रिया है। इसके संचालन हेतु कुशल, योग्य और प्रशिक्षित व्यक्तियों की जरूरत होती है। अल्पविकसित देशों में इस प्रकार के व्यक्तियों का अभाव होता है। फलतः इसका संचालन अकुशल व्यक्तियों द्वारा किया जाता है। इससे भी उद्योगों में कई तरह की समस्यायें पैदा हो जाती है।

(5) विशेषीकरण के दोष—विवेकीकरण में श्रम विभाजन एवं विशेषीकरण (Division of Labour and Specialization) को बढ़ावा दिया जाता है। इससे व्यक्ति एक ही तरह के कार्यों को सम्पादित करने की योग्यता रखता है और वह दूसरे तरह के कार्य नहीं कर पाता। अगर उद्योगों की प्रक्रिया में किसी तरह का बदलाव होता है, तो कई व्यक्ति कार्यों के सम्पादन में कठिनाई का अनुभव करते हैं।

(6) सहयोग का अभाव—विवेकीकरण द्वारा उद्योगों को विविध भागों में विभक्त कर दिया जाता है तथा कार्यों का बँटवारा विभागीय आधार पर कर दिया जाता है। हर विभाग अपने कार्यों हेतु आत्मनिर्भर और स्वतन्त्र होते हैं। इसका नतीजा यह होता है कि उद्योगों में समन्वय समाप्त हो जाते हैं। इससे उद्योगों की उत्पादन क्षमता कम हो जाती है एवं उद्योग को आर्थिक संकट का सामना करना पड़ता है।

(7) कुटीर उद्योगों का पतन—विवेकीकरण का सबसे बुरा प्रभाव कुटीर उद्योगों पर पड़ता है। विवेकीकरण द्वारा अपव्यय खत्म हो जाता है तथा श्रमिकों की कार्यकुशलता में बढ़ोतरी हो जाती है। इसका परिणाम यह होता है कि ऊँचे स्तर की श्रेष्ठ वस्तुएँ न्यूनतम कीमत पर प्राप्त होती है। कुटीर उद्योग इससे प्रतिस्पर्धा करने में असमर्थ रहते हैं। इस तरह कुटीर उद्योगों का पतन शुरू हो जाता है।

(8) एकाधिकार को प्रोत्साहन—विवेकीकरण से छोटी एवं अनार्थिक इकाइयों का विलीनीकरण हो जाता है। इसका फल यह होता है कि उद्योग विशेष में एकाधिकारिक दशाएँ पैदा हो जाती है। एकाधिकार से उत्पादकों को भले ही लाभ हो, इससे श्रमिकों तथा उपभोक्ताओं को हानि होती है। एकाधिकार की प्रवृत्ति को बढ़ावा देना विवेकीकरण का दूसरा दोष है।

(9) व्यक्तित्व का पतन—विवेकीकरण का तीसरा दोष यह है कि इससे व्यक्तित्व का विघटन अथवा पतन होता है। साथ ही मनुष्यों में पाई जाने वाली मौलिक प्रतिभा का भी नाश होता है। व्यक्ति चाहे जिस बौद्धिक स्तर का हो उसे एक ही तरह के कार्यों में लगाया जाता है। इससे श्रमिकों की व्यक्तिगत कुशलता और उनकी कार्यक्षमता का भी विनाश होता है। व्यक्ति जीवन से निराश हो जाते हैं और वे उद्योगों में एक मशीन की भांति कार्यों का सम्पादन करते हैं। इससे कामगारों की स्वतन्त्रता का भी वहन होता है।

(10) सम्पत्ति का केन्द्रीयकरण—विवेकीकरण के कारण सम्पत्ति का भी केन्द्रीयकरण होता है और वृहद् पूँजीवादी समाज-व्यवस्था का निर्माण होता है। विवेकीकरण द्वारा लघु इकाइयों का विशाल इकाइयों में विलयन किया जाता है। इससे उत्पादकों द्वारा श्रमिकों तथा उपभोक्ताओं का आर्थिक शोषण किया जाता है। इससे समाज में वैषम्यता का जन्म होता है। विषम आर्थिक जीवन तनाव तथा संघर्ष को जन्म देता है। इसका परिणाम यह होता है कि समाज में कई समस्याएँ उत्पन्न हो जाती है और सामाजिक विघटन शुरू हो जाता है।

(11) कलात्मक वस्तुओं की उपेक्षा—विवेकीकरण में प्रमापीकरण को आधार माना जाता है। इसका फल यह होता है कि मात्र उन्हीं वस्तुओं का उत्पादन किया जाता है, जो उपयोगी होती है। इससे कलात्मक वस्तुओं के उत्पादन की उपेक्षा कर दी जाती है एवं इनका उत्पादन समाप्त कर दिया जाता है। इनका कुपरिणाम यह होता है कि समाज में कला के विकास की गति बाधित हो जाती है।

(12) औद्योगिक भविष्य की अनिश्चितता—विवेकीकरण के दोषों के कारण जब उद्योग असफल हो जाते हैं, तो इनके प्रति लोगों में अविश्वास की भावना पैदा हो जाती है। इसका फल यह होता है कि उद्योगों के विकास का भविष्य अनिश्चितता के गर्त में भटकता रहता है।

भारत में विवेकीकरण का प्रारम्भ

भारत में विवेकीकरण का शुरू 1928 में हुआ जब **फ्रेड्रिक स्टोन** (Fredrick Stone) ने अपने अध्ययन, अनुभव और प्रयोगों के आधार पर बम्बई की कुछ मिलों पर अपना प्रथम उपयोग किया। इसी प्रकार विवेकीकरण के क्षेत्र में अन्य कई प्रयत्न किए गये, जो इस प्रकार हैं—

(क) 1926 में भारतीय सीमेन्ट उत्पादक संघ की स्थापना की गई थी। इसकी स्थापना का प्रमुख उद्देश्य उद्योग में तीव्र प्रतिस्पर्धा को कम करना था। इसकी स्थापना का उद्देश्य सीमेन्ट की कीमतों का निर्धारण करना तथा इस पर नियन्त्रण रखना था।

(ख) बम्बई के पश्चात् कानपुर की मिलों में विवेकीकरण का लागू किया गया। परन्तु श्रमिकों ने इसका विरोध किया। परिणामस्वरूप, 1937 में श्रमिकों ने 50 दिन की हड़ताल की। तत्पश्चात् मालिकों और मजदूरों के बीच जो समझौता हुआ, उसके फलस्वरूप 9 अगस्त, 1937 को हड़ताल तो समाप्त हो गई परन्तु मजदूरों के विरोध की वजह से कानपुर की मिलों में विवेकीकरण को लागू नहीं किया जा सकता।

(ग) 1939 से 1945 के मध्य भारतीय उद्योगों में विवेकीकरण की उन्नति धीमी रही। युद्धकाल में उत्पादन की तरफ विशेष ध्यान दिया गया और कोई भी मिल मालिक विवेकीकरण को अपनाकर श्रमिकों को नाराज करने के पक्ष में नही था।

(घ) 1955 में द्वितीय विश्वयुद्ध समाप्त हो गया एवं मिल मालिकों ने विवेकीकरण की तरफे ध्यान दिया। नई मशीनों को अपनाया जाने लगा और प्राचीन मशीनों को बदलना शुरू किया जाने लगा। इससे श्रमिकों की छंटनी शुरू हुई तथा श्रमिकों और मालिकों के बीच संघर्ष शुरू हो गए। इन संघर्षों को समाप्त करने हेतु 'इण्डस्ट्रियल ट्रिव्युनल' की स्थापना की गई।

(ङ) 1947 में भारत स्वतन्त्र हो गया। स्वतन्त्र भारत की बहुमुखी उन्नति हेतु विवेकीकरण को उद्योगों के आधारस्तम्भ के तौर परे स्वीकार किया गया। ऐसे

प्रयास किए जाने लगे कि श्रमिकों की कार्यक्षमता में बढ़ोतरी की जाये तथा मिलों की उत्पादकता को बढ़ाया जाये। भारत सरकार ने योजनाबद्ध विकास हेतु विकास योजना आयोग की स्थापना की। योजना आयोग ने कामगारों के विरोध को ध्यान में रखते हुए विवेकीकरण के सम्बन्ध में जो परामर्श दिए थे, वे इस तरह हैं–

(अ) नई मशीनों को लगाने से पूर्व उनका परीक्षण किया जाये,

(ब) जहाँ विवेकीकरण की योजना को कार्यान्वित करना हो, वहाँ नई भर्ती न की जाये,

(स) मिल मालिक तथा श्रमिक दोनों ही मिलकर तकनीकी विशेषज्ञों का चुनाव करें,

(द) ये विशेषज्ञ जाँच के आधार पर श्रमिकों के कार्यभार का निर्धारण करें,

(य) मिलों में काम करने की जो दशाएँ हैं, उनका प्रमापीकरण 22(Standardization) किया जाए,

(र) इसके साथा ही मृत्यु, अवकाश, बीमारी इत्यादि से जो स्थान रिक्त हों, उनकी पूर्ति न की जाये,

(ल) नई मशीनों की स्थापना से पहले निम्न दशाओं की ओर ध्यान देना आवश्यक है–

   (a) कच्चे माल की दशा,

   (b) पूँजी बाजार की अवस्था,

   (c) पूँजीगत सामग्रियों की उपलब्धि,

   (d) उत्पादित वस्तु की माँग इत्यादि।

(ब) वे श्रमिक जो अपनी इच्छा से छुट्टी ग्रहण करना चाहें, उन्हें ग्रेच्युटी देने की व्यवस्था होनी चाहिए,

(श) जहाँ तक सम्भव हो सके, छंटनी नए भर्ती किए गये श्रमिकों में से की जाये,

(ष) वे श्रमिक जिन्हें काम से भिन्न किया जाये और वे किसी अन्य कार्य हेतु प्रशिक्षण प्राप्त करना चाहे तो उन्हें समुचित मदद एवं निर्देशन दिया जाये,

(ह) विवेकीकरण को अपनाने से जो फायदा हो, उससे मजदूरों की मजदूरी बढ़ाई जाये तथा ऐसे प्रयत्न किये जाये कि उनका जीवन-स्तर उन्नत हो,

(क्ष) जो अतिरिक्त श्रमिक है, उनका प्रयोग सरकार के माध्यम से संचालित किया जाये कि वे अन्य विभागों में कार्य पा सकें।

(च) 1951 की औद्योगिक विकास समिति ने विवेकीकरण पर अपने विचार व्यक्त किये। इस समिति ने जो सुझाव दिये वे इस प्रकार है–

(अ) जहाँ तर्क सम्भव हो, कम से कम श्रमिकों की छंटनी की जाये,

(ब) विवेकीकरण की गति अत्यधिक तीव्र नहीं होनी चाहिए,

(स) योजना आयोग ने जो सुझाव दिये हैं, उन्हें शीघ्र ही अमल में लाया जाये।

(छ) इसी प्रकार 1929 में 'कांक्रीट एसोसिएशन ऑफ इण्डिया' की स्थापना की गई। इस समिति की स्थापना का उद्देश्य यह था कि लोगों को सीमेन्ट के अधिकाधिक उपयोग के प्रति जागरूक बनाया जाए।

(ज) 1930 में सीमेन्ट मार्केटिंग कम्पनी लिमिटेड की स्थापना की गई थी। इसकी स्थापना का मुख्य उद्देश्य सीमेन्ट की बिक्री और वितरण की व्यवस्था को नियमित करना था।

(झ) 1936 में कई प्रबन्धकर्त्ताओं ने मिलकर एक सीमेन्ट एजेन्सीस लिमिटेड की स्थापना की थी। इसकी स्थापना का उद्देश्य भी विवेकीकरण को बढ़ावा देना था।

(ञ) अहमदाबाद की सूती मिलों को भी विवेकीकरण का अपनाया गया। 1935 में अहमदाबाद मिल मालिक संघ और सूती वस्त्र श्रम संघ के बीच झगड़ा हो गया। इस झगड़े को निपटाने हेतु पंचायत की नियुक्ति की गई। बाद मे दोनों में समझौता हो गया, जो दिल्ली समझौता के नाम से जाना जाता है। इस समझौते में यह निर्धारित किया गया कि मिलों में विवेकीकरण को अपनाया जाए। श्रमिकों तथा उद्योगपतियों के मध्य यह समझौता निम्न आधारों पर हुआ था।

(अ) विवेकीकरण का इस प्रकार अपनाया जायेगा कि इससे श्रमिकों के स्वास्थ्य पर बुरा असर नहीं पड़ेगा और साथ ही बेकारी को प्रोत्साहन नहीं मिलेगा।

(ब) रोजगार देने में भूतपूर्व श्रमिकों को प्राथमिकता दी जाएगी। इससे श्रमिकों को विस्थापित करने में मदद मिलेगी।

(स) विवेकीकरण की योजना का क्रियान्वित करने में श्रमिक संघ तथा मिल मालिकों के संघ को समुचित प्रतिनिधित्व दिया जायेगा।

(द) ऐसे यन्त्रों का उपयोग किया जायेगा जिनसे विवेकीकरण की पद्धतियों का उचित नियमन सम्भव हो सके।

(य) यदि संयुक्त कमेटी झगड़ों का समाधान न कर सके तो इसे पंचायत को सौंपा जाये।

(ट) भारत की पंचवर्षीय योजनाओं में विवेकीकरण पर अधिक ध्यान दिया गया है। इन योजनाओं के तहत कई जाँच समितियों और आयोगों की नियुक्ति की गई। इनसे विवेकीकरण की दिशा में मदद मिलती है। भारत अल्पविकसित देश होने की वजह से यहाँ विवेकीकरण की उन्नति उतनी नही हुई जितनी अन्य देशों में हुई है।

सप्तम परियोजना से भारतीय उद्योगों में विवेकीरण को अधिक महत्व प्रदान किया जाने लगा। अष्टम् परियोजना में भारत के जरिए भी मुक्त व्यापार की नीति में शामिल हो जाने की वजह से उद्योग-धन्धों में विवेकीकरण को अत्यधिक महत्व प्रदान किया जाने लगा। वित्तमन्त्री डा. मनमोहन सिंह ने विवेकीकरण को उपयोग करते हुए भारतीय औद्योगिक आर्थिक ढाँचा एवं विदेशी पूँजी के साथ संतुलन स्थापित किया और थोक मूल्य सूचकांक, सेनसेक्स, मुद्रा-प्रसार इत्यादि पर सख्त नियन्त्रण स्थापित किया। यद्यपि, इस अवधि में कई उतार-चढ़ाव भी आए, किन्तु वित्तमन्त्री ने उन सभी उतार-चढ़ावों पर ध्यान केन्द्रित करते हुए भारतीय अर्थव्यवस्था को सुदृढ़ किया और भारतीय संवैधानिक दायरे के अन्तर्गत उनके नेतृत्व में भारत विश्व का द्वितीय सबसे बड़ा अर्थतन्त्र बनकर उभरा है। इसके तहत उत्पाद शुल्क, सीमा शुल्क इत्यादि में इन्होंने कई प्रकार की रियायतें प्रदान कीं।

सार्वजनिक क्षेत्र एवं व्यक्तिगत निगमित क्षेत्र—भारतीय मिश्रित अर्थव्यवस्था के तहत सार्वजनिक क्षेत्र एवं व्यक्तिगत निगमित क्षेत्र दोनों को ही प्रोत्साहित किया गया है। सार्वजनिक क्षेत्र पूर्णतया सरकार के नियन्त्रण में होता है तथा इसके ऊपर सभी तरह के वे कानून लागू होते हैं जो केन्द्र सरकार के तहत उद्योग का दर्जा प्राप्त इकाइयों को प्राप्त होते हैं और इसके सभी कर्मचारियो को वे सभी सुविधायें प्राप्त होती है जो अन्य कर्मचारियों (केन्द्रीय उद्योग के तहत आने वाली इकाइयाँ) को प्राप्त होती है और औद्योगिक भत्ता, बोनस इत्यादि। सार्वजनिक क्षेत्र लालफीताशाही से ग्रसित रहता है।

निजी-निगमित क्षेत्र—निजी निगमित क्षेत्र के तहत वे उदयोग आते हैं जो व्यक्तिगत उद्यमियों के माध्यम से चलाए जाते हैं। इसके 51% शेयर सरकार अपने पास रखती है तथा अन्य शेयर बाजार में बेच दिए जाते हैं जो विविध

व्यक्तियों से प्राप्त होते हैं। ये शेयरधारी केवल कम्पनी के लाभ तथा हित में शामिल होते हैं। प्रबन्धन से उसका कोई ताल्लुक नहीं रहता। व्यक्तिगत निगमित क्षेत्र के तहत उद्योग की स्थापना करने वाले व्यक्ति के पास प्रबन्धन का अधिकार रहता है और स्वामित्व भी उसी के पास रहता है चूँकि व्यक्तिगत व्यक्तियों को बेचे जाने वाले शेयरों में सबसे अधिक शेयर वह अपने पास रखता है। उद्योग में नियुक्ति, छँटनी, पदोन्नति इत्यादि का अधिकार ये उद्यमी अपने पास रखते हैं। सरकार का नियन्त्रण केवल राष्ट्रीय कानून का पालन करवाने के लिए इनके ऊपर होता है। टाटा, बिरला, डालमिया, अम्बानी आदि ग्रुप इसी तरह के उदयोग के तहत आते हैं। व्यक्तिगत निगमित क्षेत्र में लाल-फीताशाही का अभाव पाया जाता है।

उद्योग की पद्धतियाँ—उद्योग की पद्धतियाँ आधुनिक दशक में पूर्णतया परिवर्तित हो गयी है। उद्योग के उद्‌विकास की विविध अवस्थाओं का वर्णन पिछले अध्याय में कर दिया गया है। 1990 के उपरान्त विश्व में उद्योग की पद्धतियों में व्यापक बदलाव हुआ है तथा आज विश्व का कोई देश, किसी भी देश में अपना उद्योग स्थापित कर सकता है। विश्व औद्योगिक व्यवस्था का आज एक ही महत्वपूर्ण उद्देश्य रह गया है—विविध देशों की मुद्राओं को अधिक अपनी तरफ आकर्षित करने के तरीकों की ओर ध्यान केन्द्रित करना। भारत ने भी इसी उद्देश्य के तहत अपनी नीतियों को क्रियान्वित किया है तथा विदेशी मुद्रा प्राप्ति के लिए नयी विधियों को लागू किया है। भारतीय कम्पनियों ने भी अपनी पूँजी पश्चिमी एशिया, अफ्रीका एवं पश्चिमी देशों में लगाई है। इस प्रकार आधुनिक उद्योग की पद्धति का मुख्य उद्देश्य इस प्रकार है—

(क) अत्यधिक मात्रा में मुद्रा का प्रसार करना जिसके अन्तर्गत व्यापारिक प्रतिद्वंद्विता कीशुरुआत एवं सस्ती वस्तुओं का जनता के बीच उपलब्धि,

(ख) अधिक मात्रा में विदेशी मुद्रा सरकारी कोष में जमा करने की प्रवृत्ति का विकास।

भारत ने भी इसके अन्तर्गत अनेक नीतियों का अवलम्बन लिया है जिनमें कुछ महत्वपूर्ण इस प्रकार है—

(1) विदेशी निवेश से सम्बन्धित उपबन्धों को तरफ उदार बनाया गया है ताकि बिजली उत्पादन एवं परिपोषण, गैर-परम्परागत ऊर्जा उत्पादन तथा वितरण और सड़कों, पुलों, रेल मार्ग एवं दूसरे सम्बन्धित उपकरण सम्बन्धी उद्योग, पत्तनों, हवाई पट्टियों, पाइप-लाइनों तथा पोताश्रयों के निर्माण एवं रख-रखाव

से सम्बन्धित आधारभूत ढाँचा सम्बन्धी प्रमुख क्षेत्रों में 74% तक की विदेशी इक्विटी सहभागिता हेतु स्वतः अनुमोदन की सूची, स्थल एवं जल-परिवहन की मदद सेवाएँ शामिल करने के लिए बढ़ा दी गई है। इसमें राजमार्गों पर स्थित पुलों, चुंगी उगाही वाली सड़कों एवं वाहनों सुरंगों का प्रचालन, पोताघाट का प्रचालन एवं रख-रखाव तथा जहाजों पर लदान और उतारने का काम शामिल है।

(2) उत्पाद कर को विदेशी कम्पनी हेतु उदार बनाया गया है तथा आयात कर की सीमा को भी घटाया गया है।

(3) चुंगी कर को उदार बनाया गया है।

(4) सांविधानिक भारतीय टेलीकॉम विनियामक प्राधिकरण (T.R.A.E.) की स्थापना की है जो विनियामक कार्यों को नीति-निर्माण तथा प्रचलनात्मक कार्यों से पृथक करेगा। दूरसंचार विभाग एवं आर्थिक संस्थानों ने भी निर्धार्यता करार को अन्तिम रूप दिया है जो सेल्युलर एवं मूलभूत टेलीकॉम परियोजनाओं के वित्त-पोषण को आकर्षण बनाएगा।

(5) सेटेलाइट चैनल, वायुसेना, यातायात, होटल इत्योदि में भी विदेशी कम्पनी को काफी रियायतें प्रदान की गई है।

इसके अतिरिक्त भी कई तरह की सुविधाएँ प्रदान की गई है।

विवेकीकरण की कच्छप चाल

श्रमिकों द्वारा लगातार विवेकीकरण का विरोध करने की वजह से भी भारत में इसकी उन्नति नहीं हो सकी। विवेकीकरण की धीमी गति के महत्वपूर्ण कारक निम्न है–

(1) सरकार की उदासीनता–सरकार की उपेक्षापूर्ण नीति के कारण भी विवेकीकरण को सफलता नहीं प्राप्त हो रही है। स्वतन्त्रता से पहले भारत में विदेशी सरकार होने के कारण विवेकीकरण की ओर विशेष ध्यान नही दिया गया। साथ ही उद्योगों की उन्नति और श्रमिकों की कार्यक्षमता में बढ़ोतरी करने का कोई प्रयास नही किया गया। इससे भी भारत में विवेकीकरण की कॉफी उन्नति नही हो सकी। आजादी के बाद भारत सरकार ने इस तरफ पर्याप्त ध्यान दिया है।

(2) यान्त्रिक आत्मनिर्भरता का अभाव–विवेकीकरण वह प्रक्रिया है जिसमें नई और सुधरी हुई मशीनों का उपयोग किया जाता है। भारत में इस प्रकार की मशीनों का निर्माण नहीं होता। परिणाम यह होता है कि मशीनों का विदेशों से

आयात करना पड़ता है। इसके लिए भारी मात्रा में विदेशी विनियम की जरूरत होती है। विदेशी विनियम की स्थिति संकटपूर्ण होने की वजह से मशीनों का आयात सम्भव नहीं हो पाता है। इससे भी विवेकीकरण की उन्नति में बाधा उत्पन्न होती है।

(3) तकनीकी ज्ञान का अभाव—भारत में तकनीकी ज्ञान एवं अनुभव का भी अभाव है। विवेकीकरण की योजना का कार्यान्वयन तकनीकी ज्ञान एंव अनुभव के बिना नहीं हो सकता है। यहाँ ऐसे व्यक्तियों की भी कमी है जो विवेकीकरण के सम्बन्ध में कॉफी अनुभवी और प्रशिक्षित हों। इस वजह से भी भारत सरकार में विवेकीकरण को सफलता प्राप्त नहीं हो पाती है।

(4) श्रमिकों की अज्ञानता—ज्यादातर भारतीय श्रमिक निरक्षर और रूढ़िवादी है। इसके साथ ही वे निर्धनता के भी शिकार है। उन्हें प्राचीन परम्पराओ से अति मोह है। उनमें गतिशीलता की कमी पाई जाती है। इस सबका फल यह होता है कि वैज्ञानिक तरीकों द्वारा काम करना उनके लिए अति कष्टदायक होता है। फसल, उत्सव तथा इसी तरह के कई ऐसे अवसर आते हैं जब श्रमिक को काम छोड़कर गाँव जाना पड़ता है। गाँव से पुनः नगर आने पर उसे काम नहीं मिल पाता। इस तरह भारतीय श्रमिकों में वैज्ञानिक संगठन और प्रशिक्षण के अभाव की वजह से भी विवेकीकरण को सफलता नहीं मिलती है।

(5) उद्योगपतियों से सम्बन्धित कारक—उद्योगपतियों से सम्बन्धित कई कारक है जिनसे विवेकीकरण को सफलता नहीं मिल पा रही है। इन कारकों में कतिपय मुख्य इस प्रकार हैं—

(क) **रूढ़िवादिता**—तीसरा वजह उद्योगपतियों की रूढ़िवादिता है। वे परम्परावादी हैं तथा बदलाव को उपेक्षा की दृष्टि से देखते हैं। उन्हें उद्योगपति ने कहा जाकर व्यापारी कहना ज्यादा उपयुक्त प्रतीत होता है। इस वजह से वे भी विवेकीकरण को प्रोत्साहित नहीं करते हैं।

(ख) **साहस का अभाव**—भारतीय उद्योगपति साहसी भी नही है। उनकी नीतियाँ परम्परात्मक और रूढ़िवादी है। वे ज्यादा जोखिम उठाना नहीं चाहते। वे नवीनतम प्रयोगों और नई विधियों के अनुसंधान के प्रति उदासीन रहते हैं। अतः वे विवेकीकरण को उपेक्षा की दृष्टि से देखते हैं।

(ग) **स्वार्थी प्रवृत्ति**—उद्योगपतियों में पाई जाने वाली स्वार्थी प्रवृत्ति के कारण भारत में विवेकीकरण सफल नहीं हो पा रहा है। उद्योगपति विवेकीकरण से होने वाले लाभ को पूरी प्रकार हड़प जाना चाहते हैं। इससे विवेकीकरण को देश में काफी सफलता नहीं मिल पा रही है।

(घ) **सहयोग का अभाव**—दूसरी वजह भारतीय उद्योगपतियों में सहयोग का अभाव है। वे सामूहिक रूप से विवेकीकरण के सम्बन्ध में किस तरह का कार्यक्रम निश्चित करने तथा इस पर काबू करने में असमर्थ है। इससे भी विवेकीकरण को पर्याप्त सफलता नहीं मिल पा रही है।

भारत में विवेकीकरण की जरूरत

भारत में विवेकीकरण के संक्षिप्त इतिहास की विवेचना की गई है। इससे ऐसा ज्ञाते होता है कि भारत में विवेकीकरण की उन्नति अति धीमी है। साथ ही भारत में विवेकीकरण की धीमी उन्नति की वजह से भी विवेचना की गई है। विवेकीकरण की धीमी उन्नति के जो वजह हैं, उनका उन्मूलन करने से विवेकीकरण की गति को तेज किया जा सकता है। विवेकीकरण आधुनिक युग की सबसे बड़ी जरूरत है। विवेकीकरण के अभाव में कोई भी देश औद्योगिक उन्नति नहीं कर सकता। यही बात भारत पर भी लागू होती है। भारत को औद्योगिक फलकों में विवेकीकरण की जरूरत का प्रतिपादन निम्न आधारों पर किया जा सकता है—

(1) दरिद्रता को समाप्त करने के लिए—भारत में दरिद्रता चरम-सीमा पर है। यहाँ दरिद्रता को जीवन में कुछ इस तरह आत्मसात कर लिया गया था कि उसे 'दरिद्र नारायण' की संज्ञा से प्रतिपादित किया जाता था। भारत में दरिद्रता का जो भीषण स्वरूप है उसका मुख्य वजहे यह है कि यहाँ उद्योगों की उत्पादक शक्ति कम है। इससे दो मौलिक समस्याएँ उत्पन्न होती है—

(क) कम उत्पादन के कारण ऊँची लागत तथा

(ख) कम मजदूरी की समस्या।

ये दोनों कारण निर्धनता को प्रोत्साहित करते हैं। इसे खत्म करने हेतु यह जरूरी है कि उत्पादकता को बढ़ाया जाये। उत्पादकता में बढ़ोतरी हेतु आवश्यक है कि विवेकीकरण का अपनाया जाये। अतः विवेकीकरण की जरूरत निर्धनता को खत्म करने की नजर से भी है।

(2) अनार्थिक इकाइयों का सुधार—भारतीय उद्योगों में कई ऐसी इकाइयाँ हैं जिन्हें अनार्थिक कहा जा सकता है। सन् 1960 की सर्वेक्षण रिपोर्ट में ऐसा विचार व्यक्त किया गया था कि उस समय भारत में 39 सूती मिलें अनार्थिक प्रकार की थीं। इसी तरह अन्य उद्योगों में कई ऐसी इकाइयाँ हैं जिन्हें किसी भी हालत में आर्थिक नहीं कहा जा सकता है। इन इकाइयों को खत्म करना या इनमें आधुनिक सुधार जरूरी है। भारत में विवेकीकरण को अपनाना अतः भी जरूरी है कि इसकी मदद से अनार्थिक इकाइयों में सुधार किया जा सकता है।

(3) निर्यात को प्रोत्साहित करने के लिए—भारतीय उद्योगों में प्राचीन मशीनों और विवेकीकरण के अभाव की वजह से बने हुए माल का विदेशों में निर्यात करना सम्भव नहीं होता है। इसकी वजह यह है कि माल प्रतिस्पर्धा में ऊँची कोटि का नहीं होता है और साथ ही महँगा पड़ता है। अगर भारतीय उद्योगों में निर्यात को प्रोत्साहित करना है तो इसके लिए विवेकीकरण को अपनाना आवश्यक है।

(4) यन्त्रों के आधुनिकीकरण के लिए—भारतीय उद्योगों में जो यन्त्र तथा मशीनें लगी है, वे अति प्राचीन और घटिया किस्म के है। द्वितीय विश्वयुद्ध के समय पालियों (Shift) के रूप में इन यन्त्रों का पर्याप्त प्रयोग किया गया है। कई यन्त्र और मशीनें तो इस हालत में है कि उन्हें प्रयोग में नहीं लाया जा सकता। इसके बावजूद मरम्मत द्वारा उन यन्त्रों का अभी भी प्रयोग किया जा रहा है। आधुनिक युग प्रतिस्पर्धा का युग है और पुराने यन्त्रों की मदद से प्रतिस्पर्धा करना सम्भव नहीं होता। इसलिए यन्त्रों के आधुनिकीकरण के लिए आवश्यक है कि विवेकीकरण को अपनाया जाये।

(5) उत्पादन स्तर को ऊपर उठाने के लिए—भारतीय उद्योगों का उत्पादन स्तर विदेशों की तुलना में अति निम्न है। इसकी प्रमुख वजह यह है कि हमारी मशीनें एवं यन्त्र पुराने और घटिया किस्म के हैं। साथ ही, उद्योगों में विवेकीकरण का अभाव है। इसके साथ ही भारतीय उद्योगों में उत्पादन लागत भी ज्यादा आती है। अतः अगर भारतीय उद्योगों में उत्पादन स्तर को ऊपर उठाना है और लागत को कम करना है तो इसके लिए विवेकीकरण ही एकमात्र विकल्प है।

(6) विदेशी प्रतिस्पर्धा—कई भारतीय उद्योग विदेशों से सम्बन्धित है। इन विदेशी सम्बन्धित उद्योगों ने विवेकीकरण को अपना लिया है। किन्तु जो उद्योग पूर्ण भारतीय है उनमें विवेकीकरण कमी के कारण उत्पादकता का स्तर नीचा रहता है, लागत ज्यादा आती है तथा उत्पादित माल भी ऊँचे स्तर का नहीं होता है। इसके साथ ही विदेशों में उद्योगों में विवेकीकरण को अपना लिया है। इससे भारत प्रतिस्पर्धा में टिक नहीं पाता। इसका कुपरिणाम भारतीय अर्थव्यवस्था और जीवन पर पड़ता है। इन कुपरिणामों को समाप्त करने तथा विदेशी प्रतिस्पर्धा का सामना करने के लिए जरूरी है कि भारतीय उद्योगों में विवेकीकरण को अपनाया जाये।

(7) कार्यक्षमता में बढ़ोतरी के लिए—भारतीय श्रमिकों की कार्यक्षमता भी अत्यन्त कम है। इसके कई कारण है, जिनमें पुरानी मशीनें, आवास की कमी, निम्न स्वास्थ्य स्तर इत्यादि मुख्य है। कार्यक्षमता में सुधार के लिए यह जरूरी है

कि विविध इकाइयों में सहयोग की स्थापना की जाये। भारतीय उद्योगों में सुधार के लिए यह जरूरी है कि विवेकीकरण को अपनाया जाये। इससे भारतीय उद्योगों की उन्नति हो सकेगी।

(8) माँग की पूर्ति के लिए—सभ्यता के विकास के साथ ही साथ मनुष्य की जरूरतों में भी बढ़ोतरी होती जा रही है। इस बढ़ती हुई माँग तथो पूर्ति हम अपने पुराने तथा अवैज्ञानिक यन्त्रों की मदद से नहीं कर सकते। इससे हमें विदेशों पर निर्भर होना पड़ता है। साथ ही कर के रूप में अतिरिक्त पैसा देना पड़ता है। इससे पदार्थ मँहगी तो मिलती ही है, साथ ही देश की पूँजी विदेशों में चली जाती है। इस प्रकार इन समस्याओं से निपटने के लिए भारतीय उद्योगों में विवेकीकरण को अपनाना जरूरी है।

श्रम संघ

औद्योगिक शान्ति बनाये रखने के लिए श्रमसंघों की भूमिका अति प्रमुख होती है। विचारकों ने श्रम-संघ को अपने-अपने ढंग से परिभाषित किया है जो इस तरह हैः—

(1) आर. ए. लेस्टर—"यह मौलिक रूप से श्रमिकों का एक संघ है, जिसका मुख्य उद्देश्य अपने सदस्यों की रोजगार दशाओं को समुन्नत करने एवं संरक्षण के उद्देश्य से बनाया जाता है।"

इन्होने अपनी परिभाषा को और आगे बढ़ाते हुए लिखा है, "यद्यपि श्रमिक संगठन सामाजिक अथवा धार्मिक कार्यों को भी कर सकते हैं, किन्तु जब यह मुख्य रूप से श्रमिक सदस्यों के आर्थिक हितों की संरक्षा का ही काम करते हैं, तब हम इन्हें श्रमिक संघ कहते हैं।"

जोन्स ने श्रम संघ की जो परिभाषा दी है, उसमें निम्न विशेषताओं का वर्णन किया गया है—

(क) श्रम संघ महत्वपूर्ण रूप से श्रमिकों का ही संगठन है,

(ख) ये संघ धार्मिक एवं सामाजिक कामों का सम्पादन भी कर सकते हैं,

(ग) किन्तु इन्हें श्रमिक संघ तभी कहा जा सकता है, जब ये कामगारों के वित्तीय हितों का संरक्षण करते हों।

(घ) इसके दो मौलिक प्रयोजन होते हैं—

  (अ) श्रमिकों की दशाओं को समुन्नत करना,

  (ब) श्रमिकों को संरक्षण मुहैया करना।

(2) केन्निसन–"श्रमिकों को एक संघात्मक संगठन है जो व्यक्तिगत उत्पादक के रूप में एक दूसरे के पूरक होते हैं, जो मालिकों के साथ अपने श्रम को बेचने और इसको उत्पादक कार्य में लगाने के रूप में सम्बन्धित होते हैं और इस सम्बन्ध का सामान्य उद्देश्य मालिकों के साथ अपनी सौदा करने की शक्ति को दृढ़ करना होता है।"

केन्निसन ने श्रम संघ की जो परिभाषा की है, उसमें निम्न विशेषताओं का वर्णन है–

(क) ये श्रमिक निजी उत्पादक के तौर पर एक दूसरे के पूरक होते हैं,
(ख) इसके आधार पर ये मालिकों के साथ अपनी सांगठनिक शक्ति का सौदा करते हैं,
(ग) इसी संगठन को श्रम कहा जाता है।
(घ) श्रमिकों का एक संगठन होता है,

(3) सिडनी और वेब–"एक श्रमिक संघ मजदूरी करने वालों का संगठन है जिसमें श्रमिक अपने काम करने की दशाओं को समुन्नत करने के लिए लगातार मिलते-जुलते रहते हैं।"

जब हम सिडनी तथा वेब की परिभाषा की व्याख्या करते हैं, तो इसमें निम्नांकित विशेषताएं परिलक्षित होती है–

(क) यह संगठन उन मनुष्यों का है जो मजदूरी करते हैं।
(ख) इस संगठन का प्रयोजन श्रमिक अपने काम की दशाओं को उन्नतिशील करने के लिए करते हैं।
(ग) श्रम संघ एक तरह का संगठन है,

(4) वी. वी. गिरि–"श्रमिक संघों से हमारा आशय ऐसे संगठन से है, जिसका निर्माण ऐच्छिक रूप में सामूहिक शक्ति के आधार पर श्रमिकों के हितों की रक्षा के लिए किया जाता है।"

इस परिभाषा से श्रमिक संघों की जो विशेषतायें ज्ञात होती है, वे इस तरह है–

(क) इस संगठन की सदस्यता ऐच्छिक होती है,
(ख) श्रमिक संघ का आशय एक प्रकार के संगठन से है,
(ग) इस संघ में श्रमिकों की सामूहिक शक्ति निहित होती है तथा
(घ) इस संघ का प्रयोजन श्रमिकों के हितों की रक्षा करना होता है।

(5) ए. सी. जोन्स–"एक श्रमिक संघ आवश्यक रूप से श्रमिकों का ही संगठन है, मालिकों, सहभागियों अथवा व्यक्तिगत श्रमिकों का नही।"

जोन्स ने श्रम संघ की जो परिभाषा दी है, वह अति सरल है। इस परिभाषा से श्रम संघ की निम्नलिखित विशेषतायें स्पष्ट होती हैं–

(क) यह संगठन आवश्यक रूप से श्रमिकों का होता है,

(ख) श्रम संघ का आशय एक प्रकार के संगठन से है,

(ग) इस संगठन का सम्बन्ध मिल मालिकों, इसके भागीदारों तथा व्यक्तिगत श्रमिकों से नहीं होता है।

संक्षेप में, "श्रम संघ कामगारों का ऐच्छिक संगठन है जो कामगारों की दशाओं को समुन्नत करने और अपने श्रम का उचित मूल्य प्राप्त करने की दृष्टि से किया जाता है।" भारत में श्रम संघ का उपयोग उन सभी श्रमिकों से है जिन पर व्यवस्थित कारखानों में फैक्ट्री अधिनियम लागू होता है। 1991 तक भारत में इस तरह व्यवस्थित कारखानों में काम करने वाले श्रमिकों की संख्या 85 लाख थी। इनकी कार्यक्षमता को सन्तुष्ट रख औद्योगिक उन्नति का आधार बनाना ही श्रम संघ का प्रयोजन है।

श्रम संघों की विशेषताएं

उपरोक्त परिभाषाओं को नजर में रखते हुए श्रम संघों की निम्न सामान्य विशेषतायें निश्चित की जा सकती है–

(1) इस संघ की सदस्यता ऐच्छिक होती है। सामान्य अवस्था में हर श्रमिक को इस संघ की सदस्यता स्वीकार करनी पड़ती है, किन्तु अगर कोई श्रमिक इस संघ की सदस्यता ग्रहण नहीं करता है, तो उसे ऐसा करने हेतु विवश नहीं किया जा सकता।

(2) श्रम संघों के द्वारा श्रमिक मिल मालिकों के साथ अपनी शक्ति की सौदेबाजी करते हैं,

(3) श्रम संघ की प्रथम विशेषता यह है कि यह कामगारों का संगठन है।

(4) श्रम संघ का सीधा सम्बन्ध कारखाना प्रणाली से है। उद्योगों में जब से फैक्ट्री प्रणाली का जन्म हुआ, श्रम संघों का भी निर्माण शुरू हो गया। इस प्रकार श्रम संघों का प्रत्यक्ष सम्बन्ध फैक्टरी प्रणाली से है।

(5) सभी श्रमिक एक दूसरे से उत्पादक इकाई के रूप में सम्बन्धित होते हैं, तथा एक दूसरे को मदद करते हैं,

(6) इस संघ में श्रमिकों की सम्मिलित शक्ति निहित होती है,

(7) श्रम संघों के उद्देश्यों को मुख्य रूप से दो हिस्सों में विभक्त किया जा सकता है–

(क) श्रमिकों के कार्य की दशाओं को समुन्नत करना एवं उन्हें अपने परिश्रम का समुचित पारितोषिक दिलवाना, और
(ख) श्रमिकों को संरक्षण प्रदान करना। यह सरंक्षण बुढ़ापा, बीमारी तथा नौकरी से निकाले जाने से सम्बन्धित है।

(8) श्रम संघों का मौलिक काम ज्यादा है। इसके साथ ही श्रम संघ धार्मिक, सामाजिक एवं राजनीतिक कार्यों को भी सम्पादित कर सकते हैं।

श्रम संघों के उद्देश्य

मौलिक प्रश्न यह है कि श्रम संघों का निर्माण क्यों किया जाता है? कामगारों के जीवन में इस तरह के संघों की क्या जरूरत है? श्रम संघ किन उद्देश्यों की पूर्ति के लिए बनाये जाते हैं? इन सवालों के उत्तर में श्रम संघों के उद्देश्य निहित है। मानव, समाज में जितने भी संगठन बनाता है, वे सभी उद्देश्यपूर्ण होते हैं। श्रम संघों के उद्देश्यों को मुख्य रूप से निम्न भागों में विभक्त किया जा सकता है–

(1) श्रम संघ समाज कल्याण सम्बन्धी कई कार्यों का सम्पादन करते हैं। इन कार्यों की मदद से श्रमिकों और उनके आश्रितों के सामाजिक, आर्थिक और शिक्षा सम्बन्धी जीवन को उन्नति की तरफ ले जाने का प्रयत्न किया जाता है।

(2) यदि किसी श्रमिक को कानूनी मदद की जरूरत है, तो श्रम संघ श्रमिकों को कानूनी सुझाव और मदद प्रदान करने की व्यवस्था करते हैं।

(3) हड़तालों से सम्बन्धित निम्न कार्यों का सम्पादन भी श्रम संघों का करना पड़ता है–
(क) हड़ताल की विधिवत् घोषणा करना,
(ख) हड़ताल को संगठित करना तथा उसका संचालन करना,
(ग) हड़तालों से सम्बन्धित पूर्व योजना की रूपरेखा तैयार करना तथा उसे अन्तिम रूप देना,
(घ) मिल मालिकों से श्रमिकों के प्रतिनिधि के तौर पर वार्ता करना, और
(ङ) समस्याओं का हले शान्तिपूर्वक करना, आदि।

(4) श्रमिकों की अधिकाधिक भलाई हेतु निम्न योजनाओं की व्यवस्था करना–
(क) बीमारी एवं उसके इलाज की व्यवस्था,
(ख) सरकारी साख की व्यवस्था,
(ग) प्राविडेन्ट फन्ट की व्यवस्था,

(ङ) शिक्षा एवं मनोरंजन की व्यवस्था, आदि।

(5) श्रमिक कोष की स्थापना करना तथा कामगारों की बीमारी तथा अन्य मुसीबत के समय उनकी मदद करना,

(6) श्रमिकों में जो अक्षमता व्याप्त है, उसे समाप्त करना एवं उन्हें कार्य के योग्य बनाना।

(7) सभ्य जीवन की जरूरतों को श्रमिकों तक पहुँचाना भी श्रम संघ का उद्देश्य है।

(8) श्रमिकों तथा मालिकों के बीच लगातार तनाव की सम्भावना बनी रहती है। श्रम संघ इस तनाव को दूर करने का प्रयत्न करती है।

(9) श्रमिकों के जीवन में कई ऐसे अवसर आते हैं जब वे अपने को असहाय अवस्था में पाते हैं। ऐसी स्थिति में श्रम संघ श्रमिकों की मदद करते हैं तथा उन्हें उचित निर्देशन देते है।

(10) श्रम संघ का प्रथम और मौलिक उद्देश्य श्रमिकों को संगठित करना होता है।

(11) 'संघे शक्ति कलयुगे।' ऐसी धारणा है कि आधुनिक युग कलियुग है एवं कलियुग में शक्ति संघों में निहित होती है। इस तरह शक्ति प्राप्त करने के उद्देश्य से संघों की स्थापना की जाती है।

(12) संघ की स्थापना का आधार श्रमिकों में आपसी सहयोग एवं बधुत्व की भावना है।

(13) श्रम संघों की मदद से श्रमिकों तथा मिल मालिकों के मध्य अपसी मदद की भावना को उन्नत करने का प्रयत्न किया जाता है।

श्रमिक संघों के मुख्य कार्य

श्रम संघ कामगारों के जीवन से सम्बन्धित महत्वपूर्ण कामों का सम्पादन करते हैं। इन कार्यों को विद्वानों ने विभिन्न भागों में विभक्त किया है। सुविधा की दृष्टि से श्रम संघों के कार्यों को मुख्य तौर पर तीन भागों में विभक्त किया जा सकता है–

(1) बाहरी कार्य–श्रम संघ के बाह्य कार्यों को बहिर्मुखी कार्य अथवा सामान्य जीवनस्तर से सम्बन्धित कार्य (Intra-mural Functions) भी कहा जा सकता है। इन कार्यों में वे कार्य भी शामिल किए जाते हैं जिनका सम्बन्ध श्रमिकों के सामान्य जीवनस्तर में बढ़ोतरी करने से होता है। इन कार्यों की मदद से श्रमिकों की कार्यकुशलता में बढ़ोतरी की जाती है तथा उन्हें समुचित मदद देने

का प्रयत्न किया जाता है। इन कार्यों का सम्बन्ध सहयोग तथा पारस्परिक बन्धुत्व की भावना से होता है। इसीलिए इन कार्यों को 'बन्धुत्व कार्य' के नाम से भी जाना जाता है। इसके तहत जिन कार्यों को शामिल किया जाता है, वे इस तरह है–

(क) श्रमिकों में बन्धुत्व और आपसी सहयोग की भावना को प्रोत्साहित करने से सम्बन्धित कार्य,

(ख) शिक्षा तथा संस्कृति के प्रसार से सम्बन्धित कार्य,

(ग) निम्न अवस्थाओं में श्रमिकों को वित्तीये मदद दिलाने से सम्बन्धित कार्य–

 (अ) वृद्धावस्था,

 (ब) बीमारी और रोग,

 (स) बेरोजगारी और

 (द) हड़ताल एवं तालाबन्दी।

(घ) श्रमिकों को कानूनी मदद और परामर्श से सम्बन्धित कार्य।

(ङ) श्रम कल्याण तथा समाज कल्याण से सम्बन्धित निम्न कार्यों का सम्पादन–

 (अ) सस्ते ब्याज पर कर्ज दिलाने से सम्बन्धित कार्य,

 (ब) सस्ते मकान एवं अन्य जीवनपयोगी वस्तुएँ प्राप्त कराने से सम्बन्धित कार्य,

 (स) कामगारों के बालकों हेतु स्कूल खोलने से सम्बन्धित कार्य,

 (द) पुस्तकालय तथा वाचनालय की व्यवस्था करना,

 (य) स्वस्थ मनोरंजन की व्यवस्था से सम्बन्धित काम,

 (र) स्वास्थ्य सुविधाएँ उपलब्ध कराने से सम्बन्धित कार्य।

(2) राजनीतिक कार्य–श्रम संघ का तीसरा काम राजनीतिक जीवन से जुड़ा है। श्रम संघ जिन राजनीतिक कार्यों का सम्पादन करता है, वे इस तरह हैं–

(क) चुनाव लड़ने तथा इसमे क्रियाशील तौर पर हिस्सा लेने से सम्बन्धित कार्य,

(ख) ऐसे कार्यों का सम्पादन करना जिनसे सरकार के निर्माण में समुचित योग दिया जा सके,

(ग) नेताओं का चुनाव में हिस्सा करना,

(घ) श्रम संघ को शक्तिशाली दल के तौर पर परिवर्तित करना आदि।

(3) आन्तरिक कार्य–श्रम संघों के आन्तरिक कार्यों को अन्तर्मुखी कार्य अथवा काम की दशाओं से सम्बन्धित कार्य कहकर सम्बोधित किया जा सकता है। इसके तहत वे कार्य आते हैं जिनकी मदद से श्रमिकों के रोजगार की स्थिति में सुधार होता है। आन्तरिक कार्यों के अन्दर श्रम संघ निम्न कार्य करते हैं–

(क) मिल मालिकों से उचित व्यवहार प्राप्त करने से सम्बन्धित काम,
(ख) सामूहिक सौदेबाजी से सम्बन्धित कार्य,
(ग) हड़ताल एवं बहिष्कार से सम्बन्धित कार्य,
(घ) पर्याप्त मजदूरी दिलाने हेतु किए जाने वाले प्रयासों से सम्बन्धित कार्य,
(ङ) काम के घण्टों में कमी करने सम्बन्धी कार्य,
(च) कारखाने के भीतर काम करने की दशाओं में सुधार से सम्बन्धित कार्य,
(छ) मिल मालिकों से पारस्परिक वार्तालाप से सम्बन्धित काम आदि।

इसके साथ ही श्रमिकों को ज्यादा लाभ दिलाना तथा औद्योगिक व्यवस्था में नियन्त्रण रखने से सम्बन्धित अधिकारों को भी इसमें सम्मिलित किया जाता है। इन अधिकारों को न पाने से वे असहयोग और हड़तालें शुरू कर देते हैं। इसीलिए श्रम संघ के इन कार्यों को 'लड़ाकू कार्य' कहकर सम्बोधित किया जाता है।

श्रमिक संघों से होने वाले प्रमुख लाभ

श्रम संघों के जो मुख्य लाभ हैं, उन्हें निम्न शीर्षकों के तहत रखा जा सकता है–

(1) श्रमिकों का कल्याण–श्रम संघ कई ऐसे कार्य करते हैं जिनका सम्बन्ध सामाजिक कल्याण तथा श्रम कल्याण से होता है। इस तरह श्रम संघ से यह लाभ है कि इससे श्रमिकों का ज्यादा-से-ज्यादा कल्याण सम्भव हो जाता है।

(2) पारस्परिक सहयोग में वृद्धि–श्रम संघ के अभाव में कामगार बिखरे हुए होते हैं और आपस में मदद की स्थापना और पारस्परिक बन्धुत्व की भावना को बढ़ाने में सहयोग नहीं कर सकते हैं। इस कमी की पूर्ति श्रम संघ की मदद से की जाती है। इसका सब से बड़ा लाभ यह होता है कि श्रमिक अपनी शक्ति की सौदेबाजी कर सकते हैं तथा पूँजीपति उनका शोषण नहीं कर पाते हैं।

(3) उत्पादन में वृद्धि–श्रम संघ कामगारों में मदद की भावना का प्रसार करते हैं एवं औद्योगिक शान्ति की स्थापना में योग देते हैं। इससे उत्पादन में बढ़ोतरी होती है।

(4) औद्योगिक विकास–जब उद्योगों में उत्पादन ज्यादा होता है, तो इससे देश समृद्धिशाली बनता है। साथ ही, देश का औद्योगिक विकास भी होता है।

(5) राष्ट्रीय आय में वृद्धि–जब उद्योगों में उत्पादन ज्यादा होता है, तो इससे उद्योगों को अधिक लाभ होता है। साथ ही देश की पूंजी में भी बढ़ोतरी होती है। इससे राष्ट्र की आय में बढ़ोतरी होती है।

(6) अनुशासन की स्थापना—अनुशासन के अभाव में औद्योगिक अशान्ति की संभावनो रहती है। इसका प्रभाव उत्पादन पर पड़ता है। अतएव उत्पादन के स्तर को बनाए रखने हेतु श्रमिकों को अनुशासन में रखना जरूरी है। श्रम संघ श्रमिकों को अनुशासन में रखने का प्रयत्न करते हैं।

(7) शिक्षा और स्वास्थ्य की व्यवस्था—श्रम संघ से दूसरा लाभ शिक्षा एवं स्वास्थ्य से जुड़ा है। श्रम संघ कामगारों में शिक्षा प्रसार तो करते ही हैं, साथ ही स्वास्थ्य सुविधाओं को जुटाने का भी प्रयास करते हैं।

(8) जीवन स्तर में वृद्धि—श्रम संघों से यह भी लाभ है कि ये श्रमिकों के जीवन स्तर में बढ़ोतरी के लिए भी प्रयत्न करते हैं। श्रम संघ कई ऐसे कार्य करते हैं जिनसे श्रमिकों की आर्थिक, सामाजिक तथा राजनीतिक उन्नति होती है। उनके वेतन में बढ़ोतरी की जाती है। काम करने की दशाओं को उन्नतिशील बनाया जाता है। साथ ही, स्वास्थ्य तथा शिक्षा की सुविधाएँ प्रदान की जाती है। इससे निश्चित तौर पर श्रमिकों के जीवनस्तर में बढ़ोतरी होती है।

(9) कार्यक्षमता में वृद्धि—श्रमिकों का जीवनस्तर उन्नत होने से उनके दैहिक और मानसिक स्वास्थ्य में बढ़ोतरी होती है और इसका परिणाम यह होता है कि कामगारों की कार्यक्षमता में बढ़ोतरी होती है।

(10) श्रम नियमों के निर्माण में सहायता—श्रम संघ श्रम नियमों के निर्माण में भी मदद करता है। श्रम संघ अपने प्रतिनिधि लोकसभा में भेजते हैं। ये प्रतिनिधि श्रम कानूनों के निर्माण में महत्वपूर्ण भूमिका निभाते हैं। इससे सरकार नियम बनाकर श्रमिकों हेतु सुविधाओं की व्यवस्था करती है। इससे श्रमिकों के जीवन-स्तर में बढ़ोतरी तो होती है, साथ ही वे राष्ट्र के आदर्श नागरिक भी बनते हैं।

श्रम संघों के मुख्य दोष

श्रम संघों से श्रमिकों को अनेक लाभ हैं किन्तु ये लाभ स्थायी नहीं है। अगर कुशल और लगनशील कार्यकर्त्ता न हों तथा संगठन में दोष हो, तो इससे कामगारों को कई हानियाँ भी होती है। श्रम संघों के जो मुख्य दोष है, उन्हें निम्न शीर्षकों के तहत रखा जा सकता है—

(1) औद्योगिक अशान्ति की सम्भावना—श्रमिक संघों का एक संगठन होता है। इस संगठन में शक्ति निहित होती है। वे शक्ति का प्रयोग हड़ताल और तालाबन्दी के तौर करते हैं। इसका परिणाम यह होता है कि औद्योगिक अशान्ति

फैलती है तथा उत्पादन-स्तर में कभी आती है इससे राष्ट्रीय आय में भी कमी आती है।

(2) कार्यक्षमता का ह्रास—औद्योगिक अशान्ति, आगजनी तथा तालाबन्दी की अवस्था में श्रमिक निर्माण कार्य करने में असमर्थ रहते हैं। इस अवस्था में उन्हें मजदूरी नहीं मिलती तथा श्रम संघों को अलावा चन्दा देना पड़ता है। इससे उनकी आर्थिक स्थिति खराब होती है एवं जीवन-स्तर निम्न होता है। इसका फल यह होता है कि कामगारों की कार्यक्षमता में कमी आती है।

(3) स्वार्थसिद्धि के साधन—आधुनिक श्रम संघ राजनीतिक स्वार्थसिद्धि के साधन के तौर पर प्रयुक्त किये जाते हैं। नेता अपने अधिकारों तथा पदों को प्राप्त करने की दृष्टि से श्रम संघों का प्रयोग करते हैं।

(4) जीवनस्तर में गिरावट—श्रम संघों का काम हड़ताल तथा तालाबन्दी करना भी है। इससे कामगारो की कार्यक्षमता कम होती है। साथ ही कई उद्योग पूरी तरह से बन्द कर दिये जाते हैं। इसका कुपरिणाम यह होता है कि कई श्रमिक बेरोजगार हो जाते हैं और उनके जीवन-स्तर में लगातार गिरावट आती जाती है।

(5) श्रमिकों में दलबन्दी—श्रम संघ श्रमिकों के मध्य दलबन्दी की भावना को प्रोत्साहित करते हैं। श्रम संघ की एक कार्यकारिणी होती है। इसमें कामगारों द्वारा चुने हुए लोग होते हैं। चुनाव में विभिन्न स्वार्थों और रूचियों वाले व्यक्ति हिस्सा लेते हैं। चुनाव के कारण श्रमिकों के गुटबाजी तथा दलबन्दी जैसी भावनाओं का विकास होता है।

(6) पदलोलुपता की भावना—श्रम सघं श्रमिकों में कर्त्तव्य की भावना को कम करते हैं तथा साथ ही श्रमिकों को पद का लोभी बना देते हैं। इन पदों को प्राप्त करने का प्रयत्न सभी श्रमिक करते हैं। पद प्राप्त होने पर वे अपने कर्त्तव्यों की इतिश्री समझ लेते हैं। इस तरह श्रम संघ पदलोलुपता की भावना का प्रसार करते हैं।

श्रमिक संघों की सफलता के मुख्य आधार

अभी श्रम संघों के गुणों और दोषों की हमने विवेचना की। श्रम संघों का मौलिक उद्देश्य श्रमिकों को आर्थिक सुरक्षा एवं संरक्षण मुहैया करना है, तभी श्रम संघ अपने प्रयोजनों को प्राप्त कर सकेंगे। श्रम संघ अपने कार्यों का सफलतापूर्वक तभी सम्पादन कर सकते हैं जब उसका आधार शक्तिशाली हो। एक सफल श्रम संघ में निम्नांकित विशेषताओं का होना जरूरी है—

(1) सदस्यता से सम्बन्धित–श्रम संघों की सफलता उसके सदस्यों पर आश्रिते करती है। इसीलिए श्रम संघों की सफलता हेतु उनके सदस्यों में निम्न विशेषताओं का होना जरूरी है–

(क) सदस्यों में इस बात की आजादी हो कि वे अपने विचारों को आजादी पूर्वक प्रकट कर सकें,

(ख) सदस्यता विस्तृत होनी चाहिए अर्थात् प्रत्येक श्रमिकों को सदस्य बनने का समान मौका मिलना चाहिए,

(ग) सदस्यता ऐच्छिक होनी चाहिए। सदस्यों को इच्छा से इसका सदस्य बनाना चाहिए। उन्हें ऐसा महसूस नहीं होना चाहिए कि उन पर सदस्यता जबरन थोपी जा सकती है।

(घ) कामगार पर्याप्त मात्रा में सुनिश्चित हों,

(ङ) उन्हें जागरूक होना चाहिए। अपने अधिकारों एवं कर्त्तव्यों के बारे में जानकारी होनी चाहिए।

(2) संगठन से सम्बन्धित–श्रम संघों की सफलता का आधार संगठन है। संगठन के अभाव में कोई भी संघ नहीं चल सकता। श्रम संघ की सफलता हेतु उसमें संगठन से सम्बन्धित निम्नांकित विशेषताएँ होनी चाहिए–

(क) श्रम संघ को अपने सदस्यों से लगातार चन्दा लेना चाहिए, क्योंकि चन्दे के अभाव में कोई भी संगठन नहीं चल सकता है।

(ख) संघ के प्रति सदस्यों में ईमानदारी की भावना का होना आवश्यक है,

(ग) इस संगठन को सरकार तथा मिल मालिकों द्वारा मान्यता प्राप्त होनी चाहिए,

(घ) श्रम संघों के संगठन का आधार प्रजातन्त्रात्मक हो,

(ङ) संगठन को समदर्शी होना चाहिए। प्रत्येक सदस्यों के साथ समानता का व्यवहार करना चाहिए,

(च) संगठन के द्वारा ही श्रम और पूंजी के बीच सभी प्रकार के झगड़ों का निपटारा करना चाहिए।

(3) सामूहिक कल्याण की सुदृढ़ भावना–श्रम संघों का संगठन केवल नारों पर नहीं चल सकता। वे तब तक सफल नहीं सकते, जब तक उनमें सामूहिक कल्याण की भावना न हो। उन्हें कारखाना मालिकों और सरकार के प्रति वफादारी की अपेक्षा श्रमिकों के प्रति वफादार होना चाहिए। जहाँ तक सदस्यों के हितों की रक्षा का सवाल है इसके लिए उन्हें अपना सर्वस्व न्यौछावर कर देने हेतु तत्पर रहना चाहिए।

(4) राजनीतिक प्रभावों से परे—सफल श्रम संघ को राजनीतिक प्रभाव से परे होना चाहिए। पेशेवर (Professional) राजनीतिज्ञ कामगार नेताओं को अपने प्रभाव में रखकर उनका शोषण करते हैं। साथ ही अपने राजनीतिक प्रयोजनों की पूर्ति करते हैं इसलिए जहाँ तक सम्भव हो सके श्रम संघों को राजनीतिज्ञों के प्रभाव से दूर रखना चाहिए। तभी वे सफल हो सकते हैं।

(5) रचनात्मक कार्यक्रम—श्रम संघों को निर्माणात्मक कार्यक्रमों को अपनाना चाहिए। अगर श्रम संघ रचनात्मक अथवा निर्माण सम्बन्धी कार्यक्रमों को नहीं अपनायेंगे, तो उनके लिए सफलता प्राप्त करना असंभव होगा।

(6) श्रमिक ही नेता हों—ज्यादातर ऐसा पाया जाता है कि श्रम संघों के नेता अथवा संचालक श्रमिक न होकर बाहरी व्यक्ति होते हैं। ऐसा होने से वे श्रमिकों का कल्याण नहीं करते एवं अपने उद्देश्यों की ही पूर्ति करते हैं। साथ ही वे श्रमिकों की कठिनाइयों को भी नही समझते हैं और न ही इन समस्याओं के समाधान की तरफ ध्यान देते हैं। इसीलिए श्रम संघों को सफलता नहीं मिल पाती। अतएव श्रम संघों की सफलता हेतु यह आवश्यकता है कि जो नेता गण हों वे श्रमिकों से ही हों।

(7) अन्य आधार—श्रम संघों की सफलता के जो अन्य आधार है, वे इस तरहे हैं—

(क) श्रम संघों को भ्रामक प्रचार तथा धारणाओं में आकर काम नहीं करना चाहिए,

(ख) हर कार्य को सम्पादित करने से पूर्व उस कार्य के सभी पहलू पर गम्भीरता से विचार कर लेना चाहिए।

(ग) श्रम संघों का जो संगठन किया जाये, उसका आधार सबों के लिए न्याय तथा बुद्धि हो,

(घे) सदस्यों में ऐसी भावना प्रस्फुटित किया जाना चाहिए जिससे वे कंधों से कंधा मिलाकर काम कर सकें।

श्रमिक संघ तथा मजदूरी

उचित मजदूरी के निर्धारण में श्रम संघों का क्या महत्व है? कामगारों की मजदूरी का निर्धारण श्रम संघ किस तरह करते हैं? श्रम संघ श्रमिकों की मजदूरी को कैसे प्रभावित करते हैं? ये कुछ ऐसे प्रश्न है जिनके उत्तर से यह निश्चित होता है कि श्रमिकों के निर्धारण में श्रम संघों का क्या महत्व है? श्रम संघ प्रमुख रूप से इसी उद्देश्य से निर्मित किये जाते हैं, कि इनकी मदद से श्रमिकों को उनके

परिश्रम का उचित मूल्य दिया जा सके। इसका उद्देश्य यह होता है कि श्रमिक एक निश्चित जीवन-स्तर को बनाये रखें। साथ ही अपनी कार्यक्षमता में बढ़ोतरी कर सकें। इस सम्बन्ध में विद्वानों में दो प्रकार की विचारधाराएँ हैं। कुछ विद्वानों ने स्वीकार किया है कि मजदूरी के निर्धारण में श्रमिकों का महत्वपूर्ण अंशदान है। इस सम्बन्ध में कुछ प्रमुख विद्वानों ने विचार इस तरह है–

शास्त्रीय अर्थशास्त्रियों (Classical Economists) का विचार है कि श्रम संघ मजदूरी में किसी तरह की बढ़ोतरी नहीं करते हैं। उनका तर्क यह है कि यदि मजदूरी में बढ़ोतरी होगी तो निर्धारित रूप से लाभ की मात्रा कम हो जायेगी। यदि लाभ अल्प होगा तो उद्योग कम हो जायेंगे, क्योंकि उद्योगों का उद्देश्य अधिक से अधिक लाभ कमाना होता है। इससे श्रमिकों की माँग कम हो जायेगी। इससे कामगारों की पगार भी कम हो जायेगी। साथ ही बेरोजगारी में भी बढ़ोतरी होगी। इन अर्थशास्त्रियों का यह निष्कर्ष है कि श्रम संघों का मजदूरी निर्धारण में कोई प्रभाव नहीं पड़ता। वेब ने उन व्यक्तियों को दलील का वर्णन किया है, जो श्रम संघों का विरोध करते हैं। वह इस तरह है–

''श्रमिक संघवाद उन शोषण करने वाले उद्योगों में एक ऐसे कुचक्र को जन्म देती है जिनमें लगातार पारिश्रमिक की दर में कमी होते रहने से काम के गुण में ह्रास होता है जबकि उत्पादक पदार्थों के गुण में अपेक्षातया कमी होने से उन्हें अधिक अच्छे दाम पर बेचना सम्भव नहीं होता, जिसके फलस्वरूप मजदूरी की दर कम रखने के लिए मालिकों को विवश होना पड़ता है।''

किन्तु वर्तमान अर्थशास्त्रियों (Modern Economists) का मत है कि श्रम संघ मजदूरी में बढ़ोतरी करा सकते हैं। इस सम्बन्ध में प्रसिद्ध अर्थशास्त्री कीन्स (Keynes) के मत इस प्रकार है–

''द्रव्य में दी जाने वाली मजदूरी को कमी का प्रत्येक श्रम संघ कुछ न कुछ विरोध करेगा, चाहे यह कम क्यों न हो, लेकिन चूंकि कोई भी श्रम संघ जीवन निर्वाह लागत के बढ़ जाने के प्रत्येक अवसर पर विरोध करने की कल्पना नहीं कर सकती, इसलिए ये पूर्ण रोजगार में बढ़ोतरी होने में बाधा उपस्थित नहीं करती, जैसा कि प्राचीन अर्थशास्त्रियों ने आरोप लगाया है।''

निम्न विधियों से श्रम संघ मजदूरी में अंशदान दे सकते हैं–

(1) संगठन बनाकर कामगारों में सामूहिक सौदेबाजी करने की शक्ति को पैदा करके,

(2) श्रमिकों को रहने की अच्छी दशायें निर्मित करके,

(3) चिकित्सा तथा स्वास्थ्य की सुविधाएँ उपलब्ध कराकर,

(4) बोनस सम्बन्धी सुविधाएँ देकर।

इन सभी साधनों से असली मजदूरी में अप्रत्यक्ष रूप से बढ़ोतरी होती है।

प्रसिद्ध अर्थशास्त्री मार्शल ने मजदूरी में बढ़ोतरी हेतु श्रम संघों की निम्न क्रियायाओं को सम्पादित करने का परामर्श दिया है–

(1) श्रम संघों को औद्योगिक केन्द्रों में शिक्षण एवं प्रशिक्षण संस्थायें खोलने का प्रयत्न करना चाहिए। इससे श्रमिकों की कार्यक्षमता में बढ़ोतरी होगी। कार्यक्षमता में बढ़ोतरी होने से मजदूरी में बढ़ोतरी होगी।

(2) श्रम संघों को ऐसा प्रयत्न करना चाहिए जिससे श्रमिकों में पाई जाने वाली व्यावसायिक शक्ति को खोजा जा सके। इससे श्रमिकों में कुशलता का विकास होगा और उनकी मजदूरी में स्थायी बढ़ोतरी होगी।

(3) श्रम संघों को ऐसा प्रयत्न करना चाहिए, जिससे श्रमिकों के विभिन्न वर्गों के बीच सहयोग की स्थापना की जा सके। इससे उत्पादन में बढ़ोतरी होगी और श्रमिकों की मजदूरी में भी स्थायी बढ़ोतरी होगी।

(4) श्रम संघों को ऐसा प्रयत्न करना चाहिए कि उद्योग और व्यापार सुगमता और निश्चितता से चलते रहें। इससे श्रमिकों को रोजगार मिलता रहेगा। मजदूरी निर्धारण हेतु समझौता मण्डल की स्थापना करनी चाहिए। इस मण्डल की मदद से श्रमिकों की मजदूरी में स्थायी बढ़ोतरी की जा सकती है।

(5) मजदूरी में बढ़ोतरी के लिए यह जरूरी है कि श्रमिकों को जीवन स्तर ऊँचा हों, इसलिए श्रम संघों को श्रमिकों के जीवन-स्तर को ऊँचा उठाने का प्रयत्न करना चाहिए। इसके लिए श्रम संघ वर्तमान एवं भावी पीढ़ी में आत्म-सम्मान, स्वतन्त्रता, ईमानदारी की आदतों को उत्पन्न करने का प्रयत्न करे।

इस प्रकार श्रम संघ मजदूरी में तभी बढ़ोतरी कर सकते हैं जबकि उनका संगठन सुदृढ़ हो और उनमें समुचित शक्ति हो।

श्रम कल्याण

कारखानों में काम करने वाले कामगारों के कल्याण, उनकी सुरक्षा तथा स्वास्थ्य सम्बन्धी विविध पहलुओं को नियमित करने का दायित्व सरकार अपने ऊपर लेती है। स्वतन्त्रता प्राप्ति के पश्चात औद्योगिक विकास को गति प्रदान करने हेतु भारत सरकार ने कारखाना अधिनियम, 1948 प्रतिपादित किया। इसका प्रयोजन कामगारों को औद्योगिक और व्यावसायिक खतरों से सुरक्षा प्रदान करना

था। केन्द्रशासित प्रदेश तथा विविध राज्य सरकार इस अधिनियम के तहत अपने प्रावधान और नियम बनाती है और निरीक्षणालयों की सहायता से इन्हें कार्यान्वित करती है।

श्रम कल्याण सामूहिक सौदेबाजी का एक मुख्य तत्व कैसे बन गया, इसको जानने से पहले हम यह जान लें कि श्रम-कल्याण क्या है? इसकी क्या विशेषताएँ हैं? इसकी जरूरत क्यों है? तथा इस दिशा में भारत में लिए गए ठोस कदम कितने सफल हुए हैं?

श्रम-कल्याण की मुख्य परिभाषाओं में से कुछ निम्न हैं–

(1) पेन्टन–"श्रम-कल्याण कार्यों से अर्थ श्रम से सुख, स्वास्थ्य और समृद्धि के लिए उपलब्ध की जाने वाली दशाओं से है।"

(2) अन्तर्राष्ट्रीय श्रम संगठन–"श्रम-कल्याण से ऐसी सेवाओं और सुविधाओं को समझा जाना चाहिए जो कारखाने के अन्दर या निकटवर्ती स्थानों में स्थापित की गई हों ताकि उनमें काम करने वाले श्रमिक स्वस्थ और शान्तिपूर्ण परिस्थितियों में अपना काम कर सकें तथा अपने स्वास्थ्य और नैतिक स्तर को ऊँचा उठाने वाली सुविधाओं का लाभ उठा सकें।"

(3) ग्राउण्ड–"श्रम-कल्याण से तात्पर्य विद्यमान औद्योगिक प्रणाली तथा अपनी फैक्ट्रियों में रोजगार की दशाओं का उन्नत करने के लिए मालिकों द्वारा किए जाने वाले ऐच्छिक प्रयत्नों से है।"

(4) कैली–"श्रम कल्याण कार्य का अर्थ किसी फर्म द्वारा श्रमिकों के व्यवहार और कार्य के लिए अपनाये जाने वाले कुछ सिद्धान्तों से है।"

(5) सामाजिक विज्ञान का विश्वकोष–"श्रम कल्याण से अर्थ, कानून, औद्योगिक व्यवस्था और बाजार की आवश्यकताओं के अतिरिक्त मालिकों द्वारा वर्तमान औद्योगिक व्यवस्था के अन्तर्गत श्रमिकों के काम करने और कभी-कभी जीवन निर्वाह और सांस्कृतिक दशाओं के उपलब्ध करने के ऐक्षिक प्रयत्नों से है।"

श्रम कल्याण की प्रमुख विशेषताएं

श्रम कल्याण कार्य की निम्न विशेषताएँ होती हैं–

(1) इससे श्रमिकों को जीवन-स्तर ऊँचा होता है एवं उनका दृष्टिकोण विस्तृत होता है,

(2) श्रम कल्याण कार्य केवल मालिकों से ही सम्बन्धित न होकर राष्ट्रीय और अन्तर्राष्ट्रीय जीवन से भी जुड़ा है,

(3) इन कार्यों का उद्देश्य सामाजिक असन्तोष तथा क्रान्ति को समाप्त करना है,

(4) ये कल्याण कार्य ऐच्छिक संस्थाओं द्वारा भी किये जा सकते हैं।

(5) श्रम-कल्याण कार्य का तात्पर्य कतिपय विशेष सुविधाओं से है जो श्रमिकों को प्रदान की जाती है,

(6) इन विशेष सुविधाओं का सम्बन्ध कार्य करने की उन्नत दशाओं से है।

(7) विशेष सुविधाओं का उद्देश्य श्रमिकों के शारीरिक, मानसिक, आत्मिक, नैतिक, बौद्धिक तथा सामाजिक जीवन की प्रगति है,

श्रम कल्याण के मुख्य उद्देश्य

श्रम-कल्याण कार्यों के उद्देश्यो को निम्नांकित भागों में विभाजित किया जा सकता है–

(1) नागरिकता की भावना का बोध कराना,

(2) कामगारों, मालिकों और सरकार के बीच स्वस्थ सम्बन्धों का निर्माण करना,

(3) कामगारों को कार्य की मानवीय दशाएँ उपलब्ध करना,

(4) कार्यक्षमता में बढ़ोतरी करना,

(5) राष्ट्रीय उत्पादन को प्रोत्साहित करना एवं

(6) अनुकूल सामाजिक परिस्थितियाँ निर्मित करना।

श्रम कल्याण संबंधी कार्यों का विभक्तिकरण

श्रम-कल्याण कार्य अत्यन्त ही विस्तृत है। इन्हें सीमाओं में नहीं बांटा जा सकता सुविधा की दृष्टि से श्रम-कल्याण कार्यों के तीन भाग किये जा सकते हैं–

(1) वैधानिक–इसके तहत शासन की ओर से श्रमिकों की भलाई हेतु किये जाने वाले कार्यों को शामिल किया जाता है।

(2) ऐच्छिक–ऐच्छिक कल्याण कार्यों का उद्देश्य परोपकार होता है। मालिक अपने श्रमिकों की सुविधा हेतु अपनी इच्छा से जो कल्याण कार्य करते हैं, उन्हें ऐच्छिक श्रम-कल्याण कार्य कहा जाता है।

(3) पारस्परिक–पारस्परिक कल्याण कार्य श्रमिकों के आपसी सहयोग द्वारा किये जाते हैं। इनका उद्देश्य आत्म-सहायता है।

श्रम कल्याण कार्य के अवयव

श्रम-कल्याण कार्य के मुख्य अंग क्या है? श्रम-कल्याण कार्यों के तहत कौन-कौन से तत्वों का समावेश होता है। संक्षेप में श्रम-कल्याण कार्यक्रम के

निम्न अंग होते हैं–

(1) चिकित्सा, स्वास्थ्य तथा पोषण की समुचित सुविधाएँ,
(2) मनोरंजन की व्यवस्थाएँ,
(3) भोजन की समुचित व्यवस्था,
(4) काम के सन्तोषजनक एवं वैज्ञानिक घण्टे,
(5) पर्याप्त मजदूरी की दरें,
(6) दुर्घटनाओं की रोक-थाम की समुचित व्यवस्था,
(7) साफ-सुथरे मकानों का निर्माण,
(8) उचित मजदूरी और यन्त्र,
(9) मितव्ययी जीवन की शिक्षा,
(10) श्रमिकों की भर्ती के वैज्ञानिक ढंग,
(11) वातावरण-जहाँ श्रमिक काम करने की उचित व्यवस्था। वहाँ स्वच्छता, वायु और प्रकाश का उचित प्रबन्ध,
(12) प्रौद्योगिकी एवं सामान्य शिक्षा की व्यवस्था,
(13) श्रमिक केन्द्रों को आकर्षक बनाना।

श्रम कल्याण कार्यों की जरूरत

श्रमिकों के कल्याण, ज्यादा उत्पादन तथा राष्ट्रीय आर्थिक उन्नति हेतु कामगारों हेतु कल्याण कार्यों की जरूरत है। भारत में श्रम-कल्याण कार्य की जरूरत के सम्बन्ध में निम्न तर्क दिए जा सकते हैं–

(1) उत्तरदायित्व की भावना–श्रम-कल्याण कार्यों का फलितार्थ यह होता है कि इससे श्रमिकों में उत्तरदायित्व की भावना का विकास होता है। इससे वे औद्योगिक कायों में विशेष रूचित लेते हैं।

(2) मानसिक शान्ति–श्रम-कल्याण कार्य औद्योगिक शान्ति की स्थापना करते हैं। साथ ही श्रमिकों के सामाजिक गुणों का विकास और उत्तरदायित्व की भावना को जाग्रत करते हैं। इसका परिणाम यह होता है कि श्रमिकों में मानसिक शान्ति की भावना विकसित होती है।

(3) औद्योगिक शान्ति की स्थापना–भारत में श्रम-कल्याण कार्यों की प्रथम जरूरत औद्योगिक शान्ति की स्थापित करने की दृष्टि से है। औद्योगिक शान्ति के अभाव मे न तो समुचित उत्पादन ही हो सकेगा और न ही औद्योगिक विकास तथा उन्नति ही सम्भव है। श्रम-कल्याण कार्यों का कामगारों के मन पर

यह प्रभाव पड़ता है और वे मानसिक दृष्टि से ऐसा अनुभव करने लगते हैं कि उद्योगपति एवं राज्य उनके कल्याण कार्यों के प्रति जागरूक हैं। इससे स्वस्थ वातावरण का निर्माण होता है तथा औद्योगिक शान्ति की स्थापना हो सकती है।

(4) सामाजिक गुणों का विकास—कल्याण कार्यों का द्वितीय प्रभाव यह पड़ता है कि इससे कामगारों में अनेक सामाजिक गुणों का विकास होता है। कैण्टीन, मनोरंजन तथा स्वास्थ्य सुविधाओं का परिणाम यह होता है कि श्रमिकों में कई सामाजिक गुणों का विकास होता है।

(5) कार्यक्षमता में वृद्धि—श्रम-कल्याण कार्यों से श्रमिकों में कई सामाजिक गुणों का विकास होता है। उन्हें कई प्रकार की सुविधाएं मुहैया की जाती है। इन सुविधाओं का परिणाम यह होता है कि श्रमिकों की कार्यक्षमता में बढ़ोतरी होती है।

भारत में श्रम कल्याण के मुख्य कार्य

भारत में श्रम-कल्याण कार्यों में कई सरकारी और गैर-सरकारी संस्थाओं का योग है। भारत में कामगारों के कल्याण-कार्य से सम्बन्धित भावना का विकास द्वितीय विश्वयुद्ध के पश्चात हुआ था। अनियोजित शहरीकरण तथा औद्योगिकरण का परिणाम यह हुआ कि कई तरह की समस्याओं का जन्म हुआ। इन समस्याओं के कारण श्रमिकों की कार्यक्षमता में कमी आने लगी एवं उत्पादन पर इसका प्रभाव पड़ने लगा। ऐसी परिस्थिति में उद्योगपति, सरकार एवं अन्य संस्थाओं ने श्रमिकों के कल्याण कार्यों की ओर ध्यान दिया। भारत में निम्नांकित संस्थाओं ने श्रम-कल्याण सम्बन्धी कार्यों का सम्पादन किया है—

(1) उद्योगपति,
(2) श्रमिक संघ,
(3) केन्द्र सरकार,
(4) राज्य सरकार,
(5) समाज सेवी संस्थाएँ, और
(6) नगरपालिकाएँ।

इन संस्थाओं द्वारा श्रमिकों हेतु किये गए कल्याण कार्यों का विवरण इस तरह है—

(1) केन्द्र सरकार—भारत सरकार ने कामगारों के कल्याण की दृष्टि से कई अधिनियम का निर्माण किया है। इन अधिनियमों का विवरण इस तरह है—

(क) बागान श्रमिक अधिनियिम, 1951

(ख) श्रम-कल्याण केन्द्र

(ग) राष्ट्रीय सुरक्षा पुरस्कार योजना

(घ) श्रम दशाओं का सर्वेक्षण

(ङ) मोटर परिवहन कर्मचारी अधिनियम, 1961

(च) अभ्रक खान श्रम-कल्याण निधि

(छ) लोहा खान श्रम-कल्याण सेस अधिनियम, 1961

(ज) खानों में सुरक्षात्मक उपाय

(झ) कोयला खान श्रम-कल्याण निधि

(ञ) श्रम कल्याण निधियाँ

(2) राज्य सरकार—केन्द्रीय सरकार के अलावा राज्य सरकारों ने भी इस सम्बन्ध में अधिनियमों का निर्माण किया है। ये अधिनियम सरकार की परिस्थितियों के अनुसार होते हैं। इसके साथ ही राज्य सरकार ने कामगारों के कल्याण हेतु श्रम-कल्याण विभाग की स्थापना भी की है।

(3) उद्योगपति—जहाँ तक श्रमिकों के कल्याण का प्रश्न है इसके लिए विविध उद्योगपतियों ने भी महत्वपूर्ण कार्य किये हैं। वर्तमान युग में श्रमिकों के प्रति उद्योगपतियों की उदासीनता खत्म होती जा रही है और वे इस सम्बन्ध में ज्यादा जागरूक होते जा रहे हैं। उद्योगपतियों द्वारा सामान्यतया जो कल्याण कार्य किये जाते हैं उन्हें निम्नांकित शीर्षकों में बाँटा जा सकता है—

(क) जलपान-गृहों की स्थापना,

(ख) सरकारी समितियों की स्थापना,

(ग) मनोरंजन गृह एवं वाचनालयों की व्यवस्था,

(घ) चिकित्सा की व्यवस्था,

(ङ) शिक्षा की व्यवस्था,

(च) प्राविडेण्ड फण्ड आदि की व्यवस्था।

(4) श्रमिक संघ—कामगार संघों का गठन जिस उद्देश्य से किया जाता है वह श्रमिक कल्याण है। भारत में कामगारों के कल्याण की दृष्टि से जो श्रमिक संघ स्थापित हैं उनमें से कतिपय इस प्रकार हैं—

(क) कानपुर मजदूर सभा,

(ख) इन्दौर मिल संघ,

(ग) अहमदाबाद टेक्साटाइल श्रम संघ,

(घ) रेल कर्मचारी संघ।

इन संघों के अलावा श्रमिकों के कई संगठन है जो श्रमिकों के कल्याण हेतु कार्य करते हैं।

(5) समाज-सेवी संस्थाएँ—श्रम-कल्याण के क्षेत्र में कई सारी स्वयंसेवी संस्थाएँ काम कर रही है। उदाहरण के लिए—

(क) सेवा सदन समिति,
(ख) मुम्बई समाज सेवा लीग,
(ग) मुम्बई प्रेसीडेन्सी महिला मण्डल।

(6) नगरपालिकाएँ—कई नगरनिगमों तथा नगरपालिकाओं ने भी श्रमकल्याण के सम्बन्ध में कई कार्य किए हैं। इन नगरपालिकाओं में दिल्ली, मुम्बई, अजमेर, कानपुर, चेन्नई है। इन नगरपालिकाओं ने श्रमिकों के कल्याण हेतु जो कार्यक्रम किये, उनमें से कतिपय निम्नांकित है—

(क) प्राथमिक स्कूल एवं स्वास्थ्य केन्द्रों की स्थापना,
(ख) रात्रि पाठशालाएँ,
(ग) निवास की व्यवस्था,
(घ) प्राविडेझट फण्ट आदि।

कल्याणात्मक कार्यों के असफल रहने के कारण

कई योजनाओं और संस्थाओं द्वारा श्रम-कल्याण कार्य किये गये हैं, किन्तु इनमें उतनी सफलता नहीं प्राप्त हुई, जितनी मिलनी चाहिए। श्रम-कल्याण कार्यों की असफलता के मुख्य कारण निम्नांकित है—

(क) प्रशिक्षित कार्यकर्त्ताओं का अभाव,
(ख) अधिनियमों की अपर्याप्तता,
(ग) नियोजन तथा वैज्ञानिक दृष्टिकोण का अभाव,
(घ) उद्योगपतियों द्वारा उपेक्षा,
(ङ) मजदूरों में जागरूकता की कमी।

उक्त कमियों को दूर कर देने से श्रम से जुड़ी मुश्किलों का समाधान होगा, और कल्याण कार्यों को गति मिलेगी।

❑❑❑